www.ingramcontent.com/pod-product-compliance
Lightning Source LLC
Chambersburg PA
CBHW061052210726
48294CB00001B/113

در جستجوی عشق

نوشته:

عطا ثروتی

ISBN # 978-1-7358163-9-5

با تشکر از دوستان خوبم سارا (حیدری) سپاس و آذر بسیر که در پیرایش این کتاب کمک کردند.

طرح روی جلد: الهه انوی.

این کتاب در سال 2022 منتشر شده است. این کتاب در ایالات متحده آمریکا چاپ و صحافی شده است

این آثار به زبان‌های انگلیس و فارسی و چینی به انتشار رسیده است.

جهت خرید کتاب‌ها به سایت www.ataservati.com / www.atalove1.com :

و تمام کتاب‌فروشی‌های محلی در سراسر دنیا

کتاب‌های منتشرشده‌ی عطا ثروتی:

(مجموعه‌ی شعرهای معنوی)

من لوتوس هستم

رمان‌ها:

در جستجوی بهشت

(داستان هوارد باسکرویل)

تار

در جستجوی عشق

تراژدی سه‌گانه

عقد قنات

(شامل سه کتاب)

آسیه

گداالله

امامزاده

نمایشنامه‌ها:

سر پل ته رودخانه

آرامش بعد از طوفان

پنجره

جهت تهیه کتاب‌ها:

۱. سایت www.eeiff.com

۲. انتشارات اینگرام

۳. سایت www.amazon.com

٤. کتابفروشی‌های سراسر دنیا

فهرست مطالب

پیش گفتار

اتمـام ایـن کتـاب حدود ۱۰ سـال بطول انجامید، اما ۹ سـال و ۱۱ مـاه اول، او فقط ۱۰ صفحـه از آن را نوشـته بـود. و سـپس یـک روز، او خـود را در کافـه‌ی زنجیـره‌ای اسـتارباکس یافت، درسـت زمانی که ورشکسـت شـده بـود و فقط بـا ۲۰۰ دلاری که از همسـایه‌اش قـرض گرفتـه بـود از کانادا به آمریکا برگشـته بـود. آنجا نشسـته و منتظر مدیـر کارهـای هنـری خود کریسـتینالین بـود. در فکـر بود که بـا زندگـی‌اش چه باید می‌کـرد. درک و قبـول ورشکسـت شـدن وقتی‌کـه پـا به سـن ۵۰ سـالگی می‌گذارید چنـدان آسـان نیسـت، در ایـن فکر بود که فقـط ۸۵ دلار در جیبش باقی مانـده بود. در ایـن فکـر بـود کـه چه بایـد می‌کرد و یا اگـر باید از کسـی تقاضای کمک می‌کـرد یا نه.

او تـازه از ونکـوور کانادا رسـیده بود. ظاهراً او به دلیل ناامیدی در سیسـتم حقوقی از آمریـکا قهـر کـرده و بـه کانادا مهاجرت کـرده بود که بـا زن جدید ایرانـی کانادایی خود زندگـی جدیـدی را آغـاز کند. امـا آنچه را که فکـر می‌کرد باطل یافـت. در حقیقت این مهربانی او نسـبت به دیگران بود که او را به دردسـر انداخته بود. و همیشـه برای کمک بـه دیگـران آمـاده بـود. امـا ایـن بـار او توسـط پیرمـرد حریصی کـه عطا فکـر می‌کرد داشـت بـه او کمـک می‌کـرد در چاله افتـاد و او را فریـب داد. و زندگیش بر بـاد رفت. و بعـد هـم زن جدیـدش مهـر آخر را زد. وقتـی از سـفر آمریـکا به کانادا برگشـت خانه‌اش را خالـی دیـد. بـا از دسـت دادن خانـه و زندگـی انـگار همه دوسـتانش را هم از دسـت داده بـود و ازدواج کوتاه‌مـدت دوسـاله‌اش نیـز به‌پایـان رسـیده بود. هضـم و درک آنچه واقعـاً اتفـاق افتـاده بود برای او چندان آسـان و قابـل درک نبود. فهـم این‌که همه‌ی آن آدم‌هایـی کـه قبـلا دور وبـرش بودند چطـور به‌یکباره ناپدید شـده بودند. درسـت وقتی کـه او بـه کمـک آنهـا نیاز داشـت. درک این‌که انسـان تنهـا بدنیا می‌آیـد و تنها زندگی می‌کنـد و تنهـا می‌میـرد برایـش جدیـد و قابل فهـم بـود. به‌دنبال تنظیـم کامپیوترش بـود، انـگار بـا تنظیـم آن داشـت زندگـی جدیـدش را تنظیـم می‌کـرد. به‌طـور اتفاقی نوشـته‌ای را پیـدا کـرد. ایـن داسـتانی بـود کـه او ۹ سـال پیـش شـروع به نوشـتن آن کـرده بود. نوشـته در مـورد زندگی مادرش بود که او بدرخواسـت خانم اولش کریسـتی شـروع بـه نوشـتن آن کـرده بود، اما بیشـتر از یـک صفحه ادامـه پیدا نکرده بـود. بدون اینکـه بدانـد شـروع به خوانـدن آن کرد و در ضمن خواندن شـروع بـه تصحیحش کرد.

صدایـی توجـه او را جلـب کـرد، او سـرش را بلند کرد و یکـی از کارمندان اسـتارباکس را دیـد، «ببخشـید، مـا بـه زودی تعطیل خواهیم شـد. بسـاعت کامپیوترش نـگاه کرد، سـاعت تقریبـا ۱۰ شـب را نشـان می‌داد. او نمی‌دانسـت که چطـور زمان بـه این زودی گذشـته بـود. او حـدود ۴ سـاعت در حـال نوشـتن بـود و متوجـه شـد که بیـش از ۲۰ صفحـه تایـپ کـرده اسـت. تازه متوجه شـد کـه آمدن مدیـر هنریش را کامـلا فراموش کـرده بـود. نمی‌دانسـت چرا او پیداش نشـده بود. از اسـتارباکس بیرون رفـت، به اطراف نـگاه کـرد و نمی‌دانسـت چـه کنـد و یـا شـب را کجا باید سـر می‌کـرد. صـدای خانمی او را بخـود آورد، «بنظـر می‌رسـد تـو هـم جایـی را نداری که بـری...؟» با شـنیدن صدا بطـرف آن برگشـت، نگاهـش بـه یک خانـم بی‌خانمـان افتاد که در گوشـه‌ای نشسـته و بـه او لبخنـد مـی‌زد و ادامـه داد، «نگـران نبـاش زندگی به کوتاهی باز و بسـته شـدن چشـم اسـت تـا بفهمی‌آمـده و رفتـه...» تـازه فهمیـده بود کـه او هـم واقعـاً بی‌خانمان اسـت. دفعـه بعـد کـه او سـاعتش را نگاه کرد یک‌ونیم شـب را نشـان مـی‌داد. تمام این مـدت را بـا ایـن خانـم بی‌خانمـان مشـغول صحبت بود. اسـم او الکسـا بود. بـه او گفت کـه از کانـادا بـا ۲۵۰ دلار و بلیـط اتوبـوس که از طرف کلیسـا بـه او داده شـده بود و به دلیـل هـوای سـرد کانـادا، به لس‌آنجلـس کوچ کرده اسـت.

سـاعتی بعـد داخـل اتومبیلـش دراز کشـیده بـود و در تنهایـی خـود، بـه زندگـی جدیـدش فکـر می‌کـرد. الکسـا بـه او کمـک زیـادی کـرده بـود کـه زندگـی جدیدش را لمـس و تحمـل کنـد. ۲۳ روز بعد ایـن داسـتان بـه کتابـی تبدیل شـده بـود و فقط در فکـر ایـن بـود کـه چگونـه آن را پایـان دهـد. در ایـن ۲۳ روز هر روز در اسـتارباکس بـا یـک انگشـت تایـپ می‌کـرد، هـر روز یـک سـاندویچ لوبیـا ۴۹ سـنتی می‌خـورد و چـای زنجبیـل می‌نوشـید. او ۴۰۷ صفحـه تایـپ کـرده بـود، و بـه هـر دلیلی کـه خود نمی‌دانسـت و بـه درخواسـت دوسـت جدیـدش الکسـا آن را «در جسـتجوی عشـق» نامیـد. یـک مـاه بعد،کتـاب دوم وی، کـه بیـش از ۴۰۰ صفحـه بـود را بـا عنـوان «بابا» تایـپ کـرد کـه بعدهـا اسـم آن را به «تـار» تغیـر داد. و در تمـام این مدت او شـبها در کنـار دوسـتان بی‌خانمانـش در جـوار آتش می‌نشسـت و بـرای آنها تعریـف می‌کرد که فـردا چـه قسـمتی را خواهـد نوشـت و فردایـش در اسـتارباکس آنچـه را که بـرای آنها تعریـف کـرده بود به رشـته‌ی تحریر درمی‌آورد. یکـی دوتا از دوسـتان بی‌خانمانش هم

همیشه اطراف استارباکس که بین خیابان ودمن و وانیز بلوارد در خیابان ونچورا بلوارد در منطقه‌ی ولی بود به دیدنش می‌آمدند که مطمئن شوند او به نوشتنش ادامه می‌دهد. در اواخر هم غذای خود را با او شریک می‌شدند که او به نوشتنش ادامه بدهد. در طول این دو ماهی که او با دوستان بی‌خانمانش زندگی می‌کرد تازه وقت پیدا کرده بود که به خود فکر کند، به اینکه او چه کسی بود و چه از زندگی می‌خواست؟ به اینکه روح و وجود خودش را به مکنت دنیوی فروخته بود. اما حالا که هیچ نداشت آرامش بهتری داشت، سلامتیش را باز یافته بود. در تمام این مدت به جز دخترش و یکی از برادرزاده‌هایش که او را خیلی دوست داشت با هیچکس دیگری در تماس نبود و صحبت نمی‌کرد.

او در زمانی که وضع مالیش خوب بود به دیدن ما در خانه سالمندان می‌آمد و ما را بیرون می‌برد و در رستوران از ما پذیرایی می‌کرد که احساس بی‌کسی نکنیم. و معمولا همیشه جمعه‌ها این‌کار را می‌کرد. اما به‌یکباره دیگه پیداش نشد و من تصمیم گرفتم پیداش کنم و ببینم بر او چه گذاشته است. او با خونسردی به چشمان من نگاه کرد و گفت، «بیل شبهایی که توی ماشینم می‌خوابیدم و از سانرفش ستاره‌ها را تماشا می‌کردم، لحظاتی که در کنار افراد بی‌خانمان در اطراف آتش کوچک نشسته و با آنها گفتگو می‌کردم، این لحظات از بهترین زمان زندگی من بودند. آرامش و صلح داشتم و به هیچ‌چیز دیگری فکر نمی‌کردم... من چیزهای زیادی در مورد معنی واقعی زندگی درک کردم. از آنها و به خصوص از الکسا، یک خانم مسن کانادایی یاد گرفتم. او به من کمک کرد تا دوستان جدید خود را درک کنم... و بله بیل این بهترین نعمتی بود که خداوند به من عطا کرد که خودم را پیدا کنم... خوشبختی را بفهمم... نعمتی بود که من همه‌چیز را از دست بدهم تا بفهمم کی هستم و از زندگی چه می‌خواهم... و چه مرا خوشحال و سالم می‌کند... این باید اتفاق می‌افتاد تا من غم و اندوه را ترک کنم، گذشته را پشت‌سر بگذاریم و در آینده زندگی نکنم....» و درست وقتی که دیگر شرکای عطا که مثل او همه‌چیز را از دست داده بودند یکی از آنها خودکشی کرد و دیگری ناپدید شد، عطا این اتفاق را نعمتی از طرف خدا دانست و نتیجه‌اش این شد که عطا پنج رمان، کتاب شعرش را و فیلم کوتاهی با عنوان «سلفیش» و سه سناریوی

دیگـر را در مـدت یک سـال نوشـت و آماده کـرد. در اینجا بود که مـن گفتم می‌خواهم در تنظیـم کتابهایـش بـه او کمـک کنم... و بعـد از خوانـدن این کتاب آنقـدر مجذوب آن شـدم که از او تقاضا کردم که پیشـگفتارش را برای او بنویسـم و او از این پیشـنهاد خوشـحال شـد. و این اسـت آنچه من نوشـتم

فصل اول

انسان بی گناه متولد می‌شود، دوست داشتن و تنفر را از طریق سفر خود از تولد تا مرگ می‌آموزد، او می‌آموزد که چگونه دوست داشته باشد و چگونه متنفر باشد...

انبوهی از جویبارها و نهرهای زیبا، کوه‌های سر به فلک کشیده را در آغوش گرفته بودند. کوه‌هایی که در بهار و تابستان با گل‌های وحشی رنگین و در پاییز به زیبایی غروب آفتاب زرد و در زمستان با برف سفید پوش می‌شدند، رودخانه‌ای وحشی که به شفافیت یک کریستال از دل کوه بیرون می‌زد و با درختان سبز احاطه شده بود و آب زلال آن خروشان و سرزنده برروی صخره‌ها روان بود و در سفرش به پائین نوید زندگی و زنده بودن را سر می‌داد، به زیبایی این مکان جلوه خاصی بخشیده بود، مکانی که به داشتن چشمه‌های جوشان و لاله‌های وحشی معلقش و گل‌های وحشی رنگارنگش و هوای خنک غیرقابل وصفش معروف بود. اینجا «خوانسار» نامیده می‌شد. محل تولد نادر در یکی از دهات‌های اطراف خوانسار قرارداشت. یکی از قدیمی‌ترین خاطراتش همین رودخانه خروشانی بود که در بچگی از آن می‌ترسید و توله‌سگ سیاه و سفیدی به اسم خالی که بهترین دوست ورفیقش بود و خروس وحشی قرمز و سیاه و سفید با کاکل قرمزش، خروسی که همیشه اورا می‌ترسانید.

رتق وفتق کارهای عمارت و رسیدگی به امور کارگران و سر و کله زدن با پدر معتادش بود. وقتی که پدرش از تریاک نشئه بود و او دورو برش پرسه می‌زد اصلا متوجه اش نمی‌شد. پدرش از سن دوازده سالگی به بهانه داشتن پا درد تریاک مصرف می‌کرد و دود کردن این افیون برایش یک مشغولیت دائمی‌شده بود. پدرش مزرعه‌دار ثروتمندی بود که فارغ از نگرانی مسائل معیشتی خانواده به

خودش می‌پرداخت. مادرش هم متمول بود و ثروت خانوادگی خودش را داشت و در واقع رئیس خانواده او بود و به تنهایی مزرعه را اداره می‌کرد. از خاطرات دیگر او مشاجره‌های دائمی بین پدر و مادرش بود که متاسفانه بارها و بارها شاهد آن بود و گاهی این مشاجره‌ها منجر به نزاعی جدی و مضروب شدن مادر پیش چشمان گریان و معصومش می‌شد، دردناک‌تر این بود که توان هیچ اقدامی برای متوقف کردن این تراژدی دردناک را در خود نمی‌دید. این واقعه مدام اتفاق می‌افتاد. تلخ‌ترین خاطره‌اش از این نزاع ها زمانی بود که پدرش ماشین چوبی را که او و همبازی‌هایش در مزرعه ساخته بودند را شکست و با تکه بزرگی از آن شکسته‌ها مادرش را شدیداً» مضروب کرد.

پسر دیگری به نام هادی که کوچکترین فرزند مزرعه‌دار ثروتمندی در ناحیه جنوب همان منطقه بود رقیب او محسوب می‌شد این‌دو هرکدام سرکردگی گروه خودشان را بعهده داشتند و هیجان‌انگیزترین قسمت زندگی آنها در فصل تابستان بود که زمان مسابقه ماشین سواری آنها فرا می‌رسید. دربین این دو گروه رقابت تنگاتنگی وجود داشت که گاهی به دشمنی واقعی بچه‌گانه و زد و خورد بین آنها هم می‌انجامید. مهمترین رقابت بین این دو گروه مسابقه با ماشین چوبی در جاده اصلی خارج از دهکده بود. هر گروه باید ماشین مسابقه‌اش را ساخته و تا روز مسابقه از دید رقیب پنهان می‌کرد. نادر آن سال مجبور شده بود با همکاری گروهش تمام بهار را برای ساختن ماشین‌شان به سختی کار کند. شب قبل از مسابقه او ماشین را به طبقه دوم عمارت برد و آن را در تالار خانه‌شان جای داد. این تالار گنجایش ششصد نفر را داشت. خانواده او از این تالار برای جشن و عروسی و عزاداری استفاده می‌کردند و گاهی هم برای مراسم شب زنده‌داری مثل احیاء از آن استفاده می‌شد. برای فرش کردن آن به بیش از هشت فرش حدودا بیست‌متری نیاز بود. کف این تالار از خاک سفت بود.

نادر در مقابل شومینه بزرگ تالار که دو متری دهانه داشت نشسته و محو تماشای رنگ‌های آتش بود، او آتش را بسیار دوست داشت، بساط منقل پدر هم در همانجا نزدیک شومینه چیده می‌شد. پدرش عادت داشت در قسمتی از کف سالن که مفروش نبود دست و صورتش را بشوید. آبی که در کف اتاق می‌ریخت

در خـاک سـفت جـذب و ناپدیـد می‌شـد. گویی خـاک تشـنگی اش را فرو می‌نشـاند و ایـن بـرای مـادرش کـه کف اتاق را همیشـه خیس و کمی گلـی می‌دیـد آزاردهنده بود و همیشـه بـه او خُـرده می‌گرفـت. اما پدرش نمی‌خواسـت به خودش زحمـت داده و به ایـوان رفتـه و دسـت و صورتـش را بشـوید. پدرش مـرد خـوب و مهربانی بـود اما وقتی مصـرف تریاکـش دیر می‌شـد گویـی شـیطانی از قلبش بیرون مـی‌زد و دیگر کسـی را نمی‌شـناخت. آتـش منقـل و قـوری چـای‌اش بایـد همیشـه حاضـر می‌بـود تـا آرامش خانـه برقـرار بمانـد. نـادر همـان شـب ماشـین را کـه از چـوب بید بـوده و بسـیار برای سـاختنش زحمـت کشـیده بـود را با غرور بـه تالار آورده و درسـت در همان قسـمت از کـف که مفروش نبود گذاشـت. این ماشـین برایش بسـیار ارزشـمند بـود و برای همین تصمیم داشـت شـب را در همان تالار بخوابد تا از ماشـین محافظت کند. نمی‌خواسـت تـا انجـام مسـابقه چشـم از آن بردارد. دو سـال متوالـی گروهش مسـابقه را باخته بودند و این‌بـار تصمیـم داشـتند کـه حتما برنده شـوند.

در آن شـب بیشـتر کشـاورزان در بالکنی نسـبتا بزرگ که بین اتاقها قرار گرفته و به همـه‌ی اتاق‌هـا در داشـت و از پائیـن پله‌هـا بـه آن ختم می‌شد، برای شکسـتن و مغز کـردن محصـول گـردو و بادام جمع شـده بودند. آنجا بیشـتر از پنجاه نفر با سـنگ‌های کوچـک روی گردوهـا می‌کوبیدنـد تا پوسـت گردوهـا را از آنها جدا کنند کـه البته بعدا و وقتـی پوسـت آنها خشـک می‌شـد بـاز جمع می‌شـدند و آنهـا را می‌شکسـتند و مغز آنهـا را از پوسـت جـدا می‌کردنـد کـه بـرای فروش آمـاده کنند. یکـی از کشـاورزها که محمدباقـر نـام داشـت کمانچـه مـی‌زد. وقتی‌کـه نـوای سـاز با صـدای کوبیدن سـنگ روی گردوهـا بهـم می‌آمیخـت و آهنـگ خـاص ایـن جماعـت شـکل می‌گرفـت چنـد نفـری هـم بـا حلالـی و دیگـر تنقـلات و چایـی از آنهـا پذیرایـی می‌کردنـد. بـه خیس کـرده انگـور در آب «حلالـی» می‌گفتنـد که بسـیار خوشـمزه بـود. نادر در طول شـب در اطـراف کارگـران قـدم مـی‌زد و هـر از چندگاهـی کنار ماشـین می‌رفـت و از نزدیک آن را برانـداز می‌کـرد. در حالی که کارگرها مشـغول شکسـتن گردوهـا و صحبت کردن از ایـن ور و آن‌ور بودنـد «بی‌بـی» یـک دیـس پر از میـوه برایشـان آورد چند لحظه بعد پـدر نـادر پریشـان بـا عجلـه از پله‌هـا بـالا آمـد و وارد بالکـن شـد، او بـه کسـی توجه نداشـت امـا بـه محـض اینکه «بی‌بـی» را دید مثـل یک شـاهین بـه او زل زد. «بی‌بی»

زن میانسالی بود که در کارها به افراد فامیل کمک می‌کرد و برای نادر مثل یک خاله عزیز و مادر دوم او محسوب می‌شد. بی‌بی با دیدن پدر نادر هول شد چون منقل و قوری چای پدر حاضر نبود پس با عجله رفت که آن را حاضر کند. همه می‌دانستند که پدرش به چه احتیاج دارد. امشب او زودتر از معمول به خانه آمده بود. نادر که نگران بی‌بی بود، دنبالش رفت. صدای پدرش به گوشش می‌خورد که با فریاد و نعره لعن و نفرین نثار بی‌بی می‌کرد. نادر مادرش را که آن موقع برای تصمیم‌گیری در امر مهمی با دو نفر از پیشکاران در اتاق دیگری مشغول مذاکره بود را صدا کرد، اما بعد پشیمان شد، چون می‌دانست اگر مادرش دخالت کند او هم کتک خواهد خورد. این موضوع قبلا بارها اتفاق افتاده بود بنابراین برگشت در گوشه‌ای نشست و پاهایش را در بغل گرفت و چانه‌اش را روی زانوهایش گذاشت و به ماشین خیره شد و سعی کرد پدرش را نادیده بگیرد. اضطراب داشت؛ پدرش هم نمی‌خواست دست از غرزدن بردارد. تا اینکه در حالی که بی‌بی سینی بساط پدرش را جلوی او قرار می‌داد، به پدرش قری زد، «خدا نسل اونیکه این کفت کاری را پیدا کرد صاف کنه...» پدر که از این کنایه‌ی «بی‌بی» خرسند نبود و بسیار خشمگین هم شده بود، کنترلش را از دست داد و روی زانوهایش نیم‌خیز شد و بی‌بی را تهدید به زدن کرد. «همچین می‌زنم تو سرت که سرت بره لا بالش‌ها». نادر نمی‌دانست این اصطلاح سرت بره تو بالش یعنی چه اما می‌دانست که تهدید بود، نادر از رفتار ناشایستی که پدرش دائم با بی‌بی و مادرش داشت خسته شده بود اما تا آن روز مقابل پدرش نایستاده بود. اما این‌بار توان تحمل را از کف داد، و روی پاهایش بلند شد و خطاب به پدرش گفت، «تو گه می‌خوری دست به او بزنی» این رفتار و جمله نادر چنان پدر را در تعجب و شاکی و عصبانی کرد که مثل گلوله‌ای که از داخل تفنگ درآمده باشد خشمناک و خارج از کنترل از جایش پرید و چنان سیلی محکمی بر صورت نادر زد که او تعادل خود را از دست داد و چند متر آنطرف‌تر روی زمین افتاد. با شنیدن فریاد بی‌بی و گریه‌ی نادر مادر سراسیمه وارد شد و با دیدن این منظره کفش خود را از پا درآورد و با عصبانیت و فریاد بطرف پدر پرتاب کرد که درست خورد تو سرش و بعد داخل منقل جلویش افتاد و قوری چای و ذغال‌های داغ و آتشین و خاکستر به اطراف و سر و روی پدر پاشیده شدند.

پـدر از درد آتـش و آب داغ مثـل یـک گرگ وحشـی، دیوانـه‌وار از جای خـود پرید، این کار مـادر عصبانیـت و خشـم او را صـد چنـدان کـرد و حالت حیوانی او ظاهر شـد.

نـادر کـه کودکـی بیـش نبـود و چند ماهـی به پنج سـالگیش مانـده بود سـریع به مـادر پنـاه بـرد وپشـت‌پاهای او پنهان شـد، به خوبـی احسـاس مهربانانه مـادر را که به حمایتـش آمـده بـود حس می‌کرد. اما این احسـاس امنیت چندان دوام نداشـت او گیج و گنـگ و وحشـت‌زده از بیـن پاهای مادرش شـاهد رفتـار دیوانه‌وار و وحشـیانه پدرش بـود. پـدر بـه طرف ماشـین چوبی نادر که در گوشـه‌ی تالار گذاشـته بود حمله‌ور شـد، یکـی از پایه‌هـای چوبـی ماشـین را زیـر پاهایش شکسـت و بـا آن به مـادرش حمله‌ور شـد، درحالی‌کـه او هنـوز پاهـای مـادرش را با تمام وحشـتش در بغل داشـت کـه او را از گزنـد ضربـات پـدر در امـان نگهدارد شـاهد بود که چگونـه چوب روی بـدن و پاهای مـادرش کـه بـدن کوچک نـادر را محافظت می‌کرد فـرود می‌آمد، اما مـادرش همچنان ضربه‌هـای دردنـاک چـوب را تحمـل کـرده و او را بیـن پاها و بغلش محافظـت می‌کرد. بـا سـر و صـدای بی‌بـی و فریاد نادر صـدای کمانچه در ایـوان قطع شـد و کارگرها برای کمـک آمدنـد. چنـد نفر پـدرش را گرفتند و به زور از اتـاق خارج و به ایـوان بردند. او به سـختی بـه مادرش آسـیب رسـانده بـود و حـالا بجـای آوای کمانچه که تـا چند لحظه پیـش شـور وحـال خاصـی از پویایـی زندگـی ایجاد کـرده بود، صـدای گریـه ی مادر و نفریـن او و بی‌بـی شـنیده می‌شـد. اشـک‌های سـرد و غلطـان جاری شـده از چشـمان مـادر روی صورتـش سـر می‌خوردنـد و روی صورت نـادر که هنوز محکم پاهای فرشـته نجاتـش را در بغـل داشـت و به طرف بـالا و صورت مادر زل زده بـود می‌چکیدند، با این حـال مـادر هنـوز او را محافظت می‌کـرد گویی که خطر هنـوز وجود داشـت. این اولین بـار نبـود کـه شـاهد کتک خـوردن مـادرش بـود. او از سـه سـالگی‌اش یا حتـی قبل‌تر شـاهد ایـن وقایـع تلـخ بود وآنچـه برای وی بسـیار دردنـاک بـود عاجز بـودن از مقابله با پـدر ودفاع از مـادرش بود.

نـادر از همان اولین بار که شـاهد اشـک ریختـن مادرش از درد تنبیه‌هـای ناعادلانه پـدرش بـود از او متنفـر شـده بـود وایـن نفـرت تـا سـال‌های متمـادی بـا او بـود. اقوام وکارگران واقعا مادرش را دوسـت داشـتند و همیشـه سـریعا برای کمک و محافظت از او و جلوگیـری از شـدید شـدن درگیـری مداخله می‌کردنـد. اما انگار ماجـرای کتک‌کاری

آن شب با همیشه تفاوت داشت، آنها هنوز پدر را داخل ایوان نگه داشته بودند و اجازه‌ی داخل شدن را به او نمی‌دادند واینکار او را خشمگین‌تر می‌کرد چراکه مصرف تریاکش دیر شده بود و هر چه بیشتر می‌گذشت او حالش وخیم‌تر می‌شد و خوی وحشیگری در او نمایان‌تر می‌گردید. نادر می‌دانست که پدرش انسان بدی نبود، اما وقتی تریاکش دیر می‌شد افیون شدیدا بر او غلبه می‌کرد و او را از یک انسان مهربان به یک مرد پرخاشگر و ظالم تبدیل می‌کرد. اما بعد از مصرف تریاک رفتارش تغییر کرده و دوباره مرد خوب و مهربانی می‌شد، او برای ترک اعتیادش بارها تلاش کرده بود، یکبار عباس برادر بزگتر او را به تهران برده و در محل ترک اعتیاد نگه داشته بودند اما فایده ای نداشت و باز به کشیدن ادامه داده بود. در آن شب دست برقضا دومین برادر بزرگش بیژن که در تهران زندگی می‌کرد و به ندرت به مزرعه می‌آمد در میانه بلوا از راه رسید. او داخل شد و کنار شومینه ی بزرگ که روبروی در ورودی قرار داشت نشست/ بسیار خشمگین بود به آتش خیره شد / نور و رقص آتشی که در شومینه می‌سوخت او را برافروخته‌تر نشان می‌داد. نادر بخوبی توانست خجالت برادرش را از رفتار شرم‌آور پدر ببیند و احساس کند. او مات و مبهوت مانده بود و نمی‌توانست کلمه‌ای بگوید. نادر خشمی که در چشمان او می‌جوشید و بر خطوط چهره‌اش هویدا می‌شد را می‌دید.

قلبش به برادرش التماس می‌کرد که بلند شود و پدرشان را به خاطر کاری که با مادرشان کرده بود تنبیه کند. آنطرف‌تر چند نفر به همراه بی‌بی که هنوز نفرینش برقرار بود مادر را دلداری داده و با او همدردی می‌کردند. پدر همچنان در ایوان در تلاش بود که داخل بیاید و تریاکش را بکشد. اما از ورود او ممانعت می‌شد و این برای او قابل قبول نبود، فریادش بلند بود و به همه ناسزا می‌گفت، چنان خشم بر او غلبه کرده بود که حال مار زخم خورده و یا حیوان وحشی را داشت که برای زنده ماندن به هر کاری دست می‌زد. از لای در یکی ازسنگ‌هایی راکه برای شکستن گردوها استفاده می‌شد به داخل پرتاب کرد و این سنگ در سفر خود مستقیم بطرف بیژن رفت و درست محکم بردست‌های بیژن که حالا برای اینکه خشمش را پنهان کند صورتش را پشت دستهایش پنهان کرده بود خورد وهمین ضربه سبب شد که شیر خفته و خشمگین درون او را بیدار کند. بیژن ناگهان از جا

پرید و به طرف پدرش یورش برد. بیشتر از هشت مرد به سختی توانستند جلوی او را بگیرند که از در اتاق خارج نشود. پدر که دریافت در خطر است به خود آمد و بالاخره تسلیم خواسته کسانی که او را می‌خواستند بطرف پایین پله‌ها هدایت کنند شد اما قدرت بیژن بیش از آن بود که مردان بتوانند از رسیدن او به پدرش جلوگیری کنند و درست وقتی که پدر به سر پله‌ها رسیده بود که به پایین فرار کند، دست بیژن از لابلای کسانی که او را نگه داشته بودند به پدرش رسید و با خشم بسیار به صورت پدرش مشت سنگینی کوبید. همان یک ضربه کافی بود که صورت پدر را در خون بکشد. مردان بیشتری برای کمک و متوقف کردن بیژن آمدند و بالاخره او را مهار کردند و پدر توانست از راه پله‌ها به طبقه اول عمارت برسد و از آنجا به بیرون فرار کند.

نادر هرگز آن شب وحشتناک را فراموش نکرد، او از فکر اینکه باعث آن حادثه شده بوده مدت‌های طولانی احساس گناه می‌کرد. برادرش بیژن را به خانه پسر عمویش بردند تا او را آرام کنند. همه به خانه‌های خود رفته بودند. بی‌بی هم خوابیده بود. حالا فقط مادر بود و نادر و تالارخالی و درندشت. نادر کنار شومینه اشک‌ریزان به تماشای مادرش نشسته و بسیار غمگین بود، مادرش در حالی‌که از درد ناله می‌کرد خدا راصدا کرده و از او کمک می‌خواست. نادر گیج و گنگ از خود می‌پرسید که این خدا کیست که مادرش از او کمک می‌طلبد؟ خدا چگونه می‌تواند به مادرش کمک کند؟ او چه شکلی است؟ او هرگز ندیده بود که خدا به خانه‌شان بیاید. در آن لحظه بود که نام خدا به عنوان کسی که خوب است و قرار است به مادرش کمک کند و باید مرد بزرگی باشد در حافظه او برای ابد ثبت شد. اما چرا این خدا به کمک مادرش نمی‌آمد؟ پس چرا هرگز به آنها سرنمی‌زد. نادر بطرف مادر رفت با دست‌های کوچکش به آرامی مشغول نوازش پای کبود مادر که به سیاهی زغال شده بود، شد، تمام وجودش را اندوه فرا گرفته بود گریان از مادرش خواست که رفته و دراز بکشد. مادر که بیشتر بفکر فرزندش بود که چرا باید دراین سن شاهد چنین وقایعی باشد سعی کرد بر درد خود فائق شود وبا نوازش نادر را آرام کند سپس با نادر همراه شد و کنار شومینه دراز کشید. نادر در آغوش پر مهر او جای گرفت مادر با موهای او بازی می‌کرد کاری که نادر واقعا دوست داشت

حتـی وقتـی کـه بزرگتر شـده بود. نـادر وانمود کـرد خوابش بـرده و صبر کـرد تا اینکه مادرش بخـواب رود.

صـدای پـارس سـگی که از بیرون شـنیده می‌شـد توجـه او را جلب کرد، به سـمت پنجـره جلـوی ایـوان خیره شـد. چهار پنجـره دو در قدی مشـرف به ایـوان جلویی قرار داشـت کـه بطـرف جلوی عمـارت بـاز می‌شـدند. دیوارهای خانه بسـیار ضخیـم بودند. جلـوی پنجره وسـطی سـه تا پلـه بود که بـه ایوان بزرگتری کـه حدود پانـزده نفری در آن‌جـا می‌گرفتنـد می‌خـورد، بعد از ایـن ایوان حص بزرگـی جلوی عمارت قرار داشـت و دیوار بلندی که دور عمارت کشـیده شـده بود. فاصله ایوان و دیوار دور عمارت بسـیار زیـاد بـود. یکـی از پنجره‌هـای قـدی کمـی باز بـود. نادر بـا احتیاط کـه مـادرش بیدار نشـود از کنـار مـادرش جدا شـد و به طرف پنجره رفـت که آن را ببندد تا صدای سـگ مـادرش را از خـواب بیدار نکند. چشـمان نادر از قسـمت باز پنجره به مـاه بزرگی که در آسـمان می‌درخشـید و زمین را روشـن می‌کـرد افتاد. بـه آرامی و با احتیـاط وارد ایوان شـد و در را پشـت سـرش بسـت و به مـاه زل زد.ایـوان داخل پنجره گنجایـش دونفر را داشـت، همـه‌ی پنجره‌ها به ایـوان بزرگتری که گنجایـش حدود پانزده تا بیسـت نفر را داشـت بـاز می‌شـدند، و جلـوی پنجره ی قدی وسـطی چندتا پلـه بود که بـه این ایوان می‌خـورد. نـادر درحالیکـه بـه مـاه زل زده بـود بـا تردیـد فکر می‌کـرد آیا ایـن خدایی اسـت کـه مـادرش او را بـرای کمک صدا می‌کـرد؟ اگر چنین بود شـاید می‌توانسـت از او کمـک بگیـرد، صـدای پارس سـگ درسـت وقتـی که نادر با ماه مشـغول گفتگو شـد دوباره شـنیده شـد و سـکوت را شکسـت، او آرام با صداقت کودکانه‌اش درحالیک اشک می‌ریخـت بـه مـاه خیـره شـده بـود و بـا خـدا صحبـت می‌کـرد، «خدایا به مـن کمک کـن... مـن نمی‌دونـم شـما کی هسـتی؟ می‌تونـی صـدای منو بشـنوی؟ لطفا بـه مادر مـن کمـک کن، پاشـو خوب کن. خـدا، صدامو می شـنوی؟» او آنچنـان محو گفتگو با خدا شـده بود که متوجه نشـد چشـمانش بسـته و اشـکهایش جاری شـده‌اند، تسـکین عجیبـی از ایـن گریـه را تجربـه کـرد، اما همچنـان دردلـش باخدا سـخن می‌گفت چرا کـه نمی‌خواسـت مـادرش صدایـش را شـنیده و سـبب بیـدار شـدن او شـود، سـپس صدایی را شـنید؛ «پسـرم خدا صداتو شـنید...»

چشـمان نـادر بی‌اختیـار بـاز شـدند، درکمال تعجـب پیر مـرد باریک انـدام با ریش

سفید، حدودا شصت ساله را دید که کنارش در بالکن نشسته و با لبخندی مهربانانه به او نگاه می کند. پیر مرد در حالی که اشکهای نادر را از گونه‌هایش پاک می کرد، ادامه داد «خدا همیشه صداتو می‌شنوه، اون همه چیز و می‌بینه، نگران نباش، هر اتفاقی دلیلی داره، مادرت که چیزیش نیست... خوب خوبه... درست مثل اینکه هیچ اتفاقی نیافتاده...»

نادر بدون این‌که حضور ناگهانی پیر مرد در کنارش برای او سوالی باشد، یا از او بترسد بسیار خرسند و خندان بود و احساس راحتی می کرد، قبلا هرگز او را ندیده بود او هرگز به خانه‌شان نیامده بود و حتی از کشاورزان یا از دوستان یا فامیل هم نبود، اما غریبه به نظر نمی‌آمد و انگار سال‌های سال بود که او را می شناخت، پس با او آغاز به گفتگو کرد.

به دلیل درگیریها و خصومتی که پدربزرگش در قدیم با خانه‌های اطراف داشت، خانه آنها طوری ساخته شده بود که وارد شدن در شب به آنجا بسیار سخت و تقریبا غیر ممکن بود. دیوار بلندی به ارتفاع دو طبقه دور عمارت را احاطه کرده بود و فقط یک در ورودی داشت که آنقدر کوتاه بود که کسی نمی‌توانست سوار بر الاغ وارد شود. طبقه اول فقط برای حیوانات استفاده می‌شد. حیاط بزرگی برای جا دادن حیوانات همراه با انبار بزرگی برای علوفه و غذاهای حیوانات وجود داشت. سه اصطبل، هر یک برای اسب، گاو و گوسفند و بز وجود داشت. طبقه دوم خیلی بزرگ و برای اقامت خانواده بود. وارد شدن به خانه حتی برای این پیرمرد آرام و مهربان که کنار نادر نشسته بود و به او آرامش می‌داد تقریبا بدون گرفتار شدن غیر ممکن بود. خانواده مادر او را در سن سیزده سالگی برای برقرار شدن صلح بین فامیل پدرش با فامیل مادرش به پدرش داده بودند. مادرش آنقدر کوچک و نحیف بود که یکی از دایی‌هایی که او را دایی حیدر صدا می‌کردند و بسیار تنومند و شجاع بود در بغل گرفته و از مزرعه شان به مزرعه پدر نادر آورده بود، نادر از مادرش شنیده بود که در آن موقع او نه معنی شوهر را می‌دانست و نه معنی ازدواج . پدرش از او قول گرفته بود که باید از پدر شوهرش حاجی غلام حسین اطاعت کند و هر چه او می گوید پیروی کند، این تمام چیزی بود که او از ازدواج می‌دانست. دراصل خدمتکار پدر شوهرش شده بود. همسر پدر بزرگش فوت کرده

بـود، هرکسـی دربـاره مرگـش چیـزی می‌گفت، بعضـی هـا می‌گفتند که پـدر بزرگش به یک کشـاورز دسـتور قتل همسـرش را داده بوده و او را کشـته بودند. داسـتان دیگر ایـن بـود کـه او نتوانسـته بـود از پـس فشـارها و رفتار سـختگیرانه شـوهر و فامیلش بر بیایـد و دق کـرده بود.

مـادر نـادر در خانـه پـدر شـوهر از میـان سـه عـروس از همـه محبوب‌تر بـود و این گاهـی به نفعـش بود.

وامـا ایـن پیـر مـرد آمده بـود که بـه نادرکمک کند کـه از پدرش متنفر نباشـد و به او نصیحـت کنـد بـا قدرت بیشـتری با چنین بـی انصافی‌هـا و اعمال ناعادلانـه برخورد کنـد. ایـن گفتگو برای نادر بسـیار ارزشـمند ودلنشـین بـود. او همه چیز را دربـاره نادر می‌دانسـت حتـی بهتـر از خـود نـادر او را مـی شـناخت و می‌دانسـت او چه احساسـی دارد. دیگـر اشـکهایش روی صورتـش جـاری نبود اما هنوز نمی‌دانسـت خدا چه کسـی اسـت. یکبـار دیگـر بـه ماه نگاه کـرد و بعد رو کـرد به پیرمرد و پرسـید: «تـو خدایی؟»

لبخنـدی روی صـورت آرام و نورانـی پیرمـرد ظاهـر شـد و با صـدای ملایمی زمزمه کـرد، «نـه خدا شـمایی...!» نادر منظور او را از این حرف ندانسـت اما بلافاصله خنده‌اش گرفـت. ناگهـان پنجـره قـدی کـه پیرمـرد جلـوی آن و کنار نادر نشسـته بود باز شـد و مـادرش وارد بالکـون کوچـک شـد و کنـار نادر ایسـتاد، درسـت همانجایی کـه پیر مرد چنـد لحظـه پیـش و قبـل از ورود مـادرش نشسـته بود. نـادر چند لحظه گیـج و گنگ و نگـران شـد کـه چـه به سـر پیر مـرد آمـد و چطور به یـک بار مـادرش جـای پیرمرد را گرفـت. و چطـور در کـه بـه طـرف داخـل پنجـره قـدی بـاز می‌شـد بـه پیر مـرد که داخـل و پشـت در نشسـته بـود نخـورد؟ نگـران و با تعجـب نگاهش بطرف ایـوان دیگر رفـت و دیـد پیرمـرد تـوی ایـوان پائینی جلوی آنها ایسـتاده بـود. و هنـوز لبخند بر لب داشـت. نـادر آنقـدر نگـران بـود کـه حتی جـواب مـادرش را که از او پرسـیده بـود آنجا بـه تنهایـی چـه می‌کنـد و بـا چه کسـی صحبـت می‌کند. یـا نشـنید و یا نمی‌دانسـت چـه جوابـی بـرای مادرش داشـته باشـد. چـرا که می ترسـید مـادرش با دیـدن پیرمرد داد و فریـاد دزد، دزد، آمـده را سـر دهـد و پیـر مـرد ناچار شـده و فرار را برقـرار ترجیح دهـد و ایـن چیـزی نبود کـه نادر می‌خواسـت. در ایـن لحظه دوبـاره صـدای پیرمرد را شـنید «نگـران نبـاش پسـرم... تنها کسـی کـه منـو میتونه ببینـه تویی... مـادرت منو

نمـی بینـه... دیـدی بهت گفتم پـای مادرت خوب خوب شـده، هیچیش نیسـت...» نادر از آنچـه شـنید قـدرت گرفتـه و بـا لکنت جـواب مـادر را داد «داشـتم... داشـتم با خدا صحبـت می‌کـردم... ازش می‌خواسـتم پاهاتـو خـوب کند...»

همین‌طـور هـم بـود مـادرش نمی‌توانسـت پیرمـرد را ببیند. مـادر لبخند بـر لب و در حالـی کـه پاهایـش را به نادر نشـان مـی‌داد جـواب داد، «انـگار خدا صداتو شـنید... یـک پیرمـرد آمـد بخوابـم و دسـت به پاهـام کشـید... ببین دیگه سـیاه نیسـت خوب، خوب شـد...»

نـادر می‌دیـد کـه پاهای کبـود مادرش همچون برف سـفید بودنـد و از کبودی هیچ نشـانی نبـود، بی اختیـار نگاهش به طـرف پیرمرد برگشـت، «نگفتم خدا صداتو شـنید و پاهـای مادرتو خـوب کرد...»

و بعـد بـه یکبـاره پیـر مرد ناپدید شـد. نـادر گیج و گنـگ در جسـتجوی پیرمرد از جایـش بلنـد شـد، هر چه نگاه کرد نشـانی از او نبود که نبود. سـپس مـادرش محکم او را بـه آغـوش کشـید گرمای بازوانـش فوق‌العاده تسـلی‌دهنده بود. او سـرش را از آغوش مـادرش بیـرون آورد و حیـرت‌زده دیـد که پیرمـرد چند متر دورتـر از آنها دوبـاره روی بالکن ایسـتاده اسـت. لبخنـدی زد و ناگهان ناپدید شـد. چشـم‌های بهـت‌زده‌اش هنوز بدنبـال پیرمـرد می‌گشـت، امـا بـه مـادرش چیزی نگفـت. گویی می‌دانسـت کـه نباید بـرای مـادرش حضـور پیرمـرد را شـرح دهد. او می‌دانسـت که بایـد این اتفـاق را پیش خـود نگـه دارد. همان شـب کمی بعد کنار مـادرش در رختخواب دراز کشـیده بود و در حالـی کـه چشـمهایش به پنجـره دوخته شـده بود بـه پیرمرد فکـر می‌کرد، بـه آرامی چشـمانش را بسـت امـا ناگهـان بـه یـاد ماشـین افتـاد و بـه دقـت طـوری که مـادرش را بیـدار نکنـد بـالا را نـگاه کـرد، امـا ماشـین چوبی دیـده نمی‌شـد. موضوع مسـابقه و ماشـینی را کـه سـاخته بودنـد را فرامـوش کرد. پسـران گروه مسـابقه اش که بـه او در سـاخت ماشـین کمـک کرده بودنـد را به یـادآورد. باخود فکـر کرد حتما آنهـا به خاطر از دسـت دادن ماشـین بسـیار ناراحت شـدند. یادش آمـد هنگام دعوا دیـده بود قطعات ماشـین شکسـته را جمـع می‌کردنـد؛ حتما روز بعد غم سـنگینی را در چشـمان شـان خواهـد دیـد، امـا اگر بـه خاطر از دسـت دادن ماشـینی که سـاخته بودند قلبشـان هم شکسـته شـده باشـد کلمـه ای نخواهنـد گفـت. چرا که او پسـر خـان بود و آنهـا هرگز

جرات نمی‌کردند او را مورد مواخذه قرار دهند. اما او در آن لحظه بیشتر بفکر پیرمرد بود و نمی‌توانست به مسابقه و ماشین چوبی فکر کند. حتی توجهی نداشت که ماشین چوبی از دست رفته بود. فکر پیرمرد ذهن او را درگیر کرده بود. برایش روشن نبود که چرا انقدر با این پیر مرد ناشناس راحت و از دیدنش خرسند شده بود. حتی هرگز به ذهنش نرسید که او کی بود و یا از مادرش در مورد او بپرسد و یا با اینکه کودکی بیش نبود از ظاهر و غیب شدن ناگهانیش بترسد. چشمانش روی هم رفتند و همه چیز برایش تاریک شد.

صبح روز بعد بود که علی اکبر، یکی از بچه هایی که ماشین را با او ساخته بود، با تکان دادن نادر او را از خواب بیدار کرد، «چرا خوابیدی؟ ما مسابقه داریم.... داره دیر میشه، چرا هنوز خوابیدی؟ اگر نریم می بازیم...»

نادر همینجور به او خیره شده بود و فکر می‌کرد که چطور خبر شکسته شدن ماشین را به او بدهد، چطور به او بگوید که نمی توانند در مسابقه شرکت کنند، بدون اینکه توی چشمان او نگاه کند از شرمندگی سرش را روی بالش گذاشت و زمزمه کرد، «میبخشی، ماشین تو دعوا شکست... ماشین نداریم...»

«بلند شو... کی میگه ماشین نداریم... ماشین درست درسته... جلد باش بلند شو... دیرمون میشه...»

نادر با شنیدن اینکه ماشین درست شده در تعجب شد. ابتدا باورش نمی‌شد، علی اکبر راست می‌گفت، نادربلند شد و با علی اکبر به دالان بزرگ خانه شان رفت و دید ماشینشان درست مثل اولش سالم بود و آماده برای مسابقه و تمام اعضای تیم هم حاضر بودند که راه بیفتند. نادر با تعجب به ماشین خیره شده بود که چگونه می‌توانست ماشینی که یک ماه تمام طول کشیده بود که درستش کنند در مدت چند ساعت که او در خواب بود و آنهم شبانه و توسط دوستانش تعمیر یا دوباره ساخته شده باشد؟ به چشمهای علی اکبر خیره شد و مشخص بود که دنبال جواب می گشت، « یکی از مهمانهای خودتون، پیر مرده، ماشین رو آورد پایین و مشغول درست کردنش شد... ما هم بهش کمک کردیم...»

یکی دیگر از بچه های گروه، مرتضی زبان گشود، «باورت نمیشه نادر، این پیر مرده، دستش معجزه بود مثل اماما...»

لبخنـد بـر لبهـای نادر ظاهر شـد، تنهـا خودش می‌دانسـت که پیر مرده چه کسـی می‌توانسـت باشـد، امـا بهـر دلیلی بود انـگار یـک نیرویـی او را واقف می کـرد که هرگز ایـن سّـر را بـا کسـی بازگو نکنـد و در باره‌ی او سـخنی بر زبـان نیاورد. یکی دو سـاعت بعـد سـر خـط جمـع شـده و آمـاده‌ی مسـابقه بـا هـادی و گروهـش بودند. قلـب همه سـریع مـی‌زد، امـا نـه قلـب نـادر، او باور داشـت که همـه چیز حـالا خوب خواهـد بود؛ انهـا هنوز می‌توانسـتند در مسـابقه شـرکت کنند.

مسـابقه شـروع شـد. حدود پنجاه متر نرفته بودند که ماشـین کوچکشـان از وسـط شکسـت، و آنهـا یکبـار دیگـر باختنـد، امّا اینبـار او مثل سـال‌های گذشـته از این باخت ناراحـت نبـود. متوجه شـد که یکی از دوسـتانش شـروع بـه رقص کرد و با ملحق شـدن دیگـران باخـت شـان را جشـن گرفتند. ممکنه این بـه خاطر پیرمردی بود که نادر شـب گذشـته دیـده بـود، ممکنـه زندگـی چیزی بـا ارزش تـر از برنده شـدن به آنهـا آموخته بود. خودشـان نمی‌دانسـتند چه سـبب شـادی آنها از باخت تشـان شـده بود. جشن آنها هـادی و گروهـش را متعجـب و عصبانـی کـرد، تـا بـه آنجایـی که شـروع به مشـاجره با گـروه نـادر کردند، اگـر یکی دو نفر که از آنجـا عبور می کردند مداخلـه نمی‌کردند حتما بیـن آنهـا زد و خـورد هم می‌شـد. آنهـا را جـدا و روانه خانه‌هایشـان کردند.

بعـد از آن شـب، هـر وقـت نـادر غمگیـن یـا ناراحـت می‌شـد، پیرمرد ریش سـفید بسـراغ او می‌آمـد و بـر او ظاهـر می‌شـد و او را آرام می‌کرد. مثل این بـود که از دلگیری نـادر باخبـر می‌شـد، او همیشـه زیـر یـک درخت قدیمـی توت پشـت حسـینیه ی ده کـه مراسـم عـزاداری مـاه محـرم در آن برگزار می‌شـد در نزدیکی چاه آب حسـینیه در خـواب بـر او ظاهر می‌شـد، همیشـه هـم زیر درخـت توت می‌نشسـتند و همیشـه هم بـرف ملایمـی مـی باریـد و او با نـادر صحبـت کـرده و او را آرام می‌کرد.

امـا هیچوقـت نمی‌توانسـت تمام مکالماتـش با او را بعـد از بیداری به خاطـر بیاورد، جـز اینکـه ایـن پیرمـرد یک دوسـت خـوب و مهربان بود کـه غـم و انـدوه را از ذهن او پـاک کـرده و بـه جایش شـادی، عشـق، صلـح و آرامـش را جایگزین می کـرد. از همان برخـورد اول علاقـه بـه پیرمرد در وجود او رشـد کـرده بود زیرا به کمک او آشـوب های درونش را گره گشـایی می کرد. تا آن موقع نادر جنگ سـختی با روح و روانش داشـت، و ایـن پیرمـرد بـود کـه کمکش می کرد و سـبب می‌شـد کـه او به یک بلوغ اعلا دسـت

یابد و آرامش تازه ای وجودش را با صلح و عشق آشنا و پر کند. هر وقت او بر نادر ظاهر می‌شد نادر احساس می کرد تازه متولد شده است. نادر هرگز با کسی در مورد این پیرمرد سخنی نگفت، خودش هم نمی‌دانست چرا؟ بعدها این مسئله برای خودش هم معما شده بود. او مثل این یک نیروی ناشناخته بود که هیچوقت برایش مورد سوال و تردید قرار نمی گرفت.

ملاقاتها با او در خواب همیشه ادامه داشت تا نادر از سن شانزده سالگی گذشت، و دیگه مرد جوانی شده بود و بعد از آن این ملاقاتها متوقف شد و هر چه نادر او را صدا می کرد هیچ فایده ای نداشت که نداشت، تازه بعد از اینکه او بر نادر ظاهر نمی‌شد نادر به این فکر افتاد که چرا تاکنون در مورد این پیرمرد با هیچکس سخنی نگفته بود؟ و یا چرا هیچوقت این ملاقات‌ها برایش مورد سوال قرار نگرفته بودند؟ شاید فکر می کرد که اگر در مورد او صحبتی بکند، پیر مرد دیگر بر او ظاهر نشود و یا مردم به او بخندند. اما حالا به اعتبار و کمک همان دوست مسن ریش سفید، نادر قادر به آشنایی بیشتر و قبول پندارهای نیکو شده بود.

******

بعلت وضعیت پدر نادر برادر بزرگترش عباس که تا چهار سالگی نادر در مزرعه با آنها زندگی می کرد بجای پدر سرپرستی خانواده را به عهده گرفته بود و به مادر کمک می کرد. اعضای خانواده نادر را بعلت ته‌تغاری بودن بسیار لوسو نونور کرده بودند، مخصوصا مادر و خواهرانش. عصر یک روز تابستان وقتی نادر مشغول بازی با دوستانش در جلوی عمارت بود به یکباره یکی دوتا از بچه با دیدن چندین امنیّه که سوار بر اسب‌هایشان بطرف عمارت در راه بودند پا به فرار گذاشتند. امنیّه‌ها معمولا با سبیل‌های کلفت و لباس نظامی، تفنگ و اسبشان خیلی ترسناک بودند. بخصوص بچه ها خیلی از آنها می ترسیدند و وقتی آنها را می‌دیدند پا به فرار گذشته ویا گوشه‌ای پنهان می‌شدند. وقتی امنیه ها همراه نماینده دهکده که کدخدا نامیده می‌شد رسیدند نادر تنها کسی بود که هنوز جلوی عمارت کنار یک نهر کوچک بازی می کرد. وقتی آنها نادر را در حال بازی دیدند توقف کردند و بانگاهی غضبناک به او خیره شدند، اما کک نادر هم نگزید او همینجور به آنها خیره شد، سپس برای ترساندن او با سیبیل‌شان بازی کردند اما فایده ای نداشت، نادر

مثـل بچـه هـای دیگـر از آنها نمی ترسـید، اغلـب رئیس آنهـا گاهی به عنـوان میهمان بـه خانـه آنهـا رفـت و آمـد داشـت و هنـگام دیدار نـادر کـه بچه کوچـک خانـواده بود معمـولا در اطـراف آنها پرسـه می‌زد.

آنهـا بـه آهسـتگی به طرف خانـه راندند. کدخـدا به طـرف در رفت و وارد شـد، بعد از کمـی جلـوی در ظاهـر شـد و از امنیـه ها خواسـت که وارد شـوند، انـگار نادر حس کـرده بـود کـه ورود آنهـا به خانه شـان اینبار یـک وضعیت دوسـتانه نیسـت تلخ ترین نگاهـی را کـه می‌توانسـت بـروز دهـد نثـار آنهـا کـرد. کمی بعـد از رفتـن امنیّـه ها به داخـل عمـارت مادرشـاز حیـاط خارج شـد و بـا عجله بطرف نـادر رفـت و او را از جلوی دیـد آمنیـه هـا کنار کشـید و سـرش را پاییـن آورد و آهسـته به نـادر گفت، «بدو سـر راه عبـاس و بـه او بگـو جلـوی خانـه آفتابـی نشـه، بگـو امنیّه هـا آمـده انـد او را ببرند، بـدو، او داره میـاد خانـه... بـدو...» نـادر بلافاصلـه راه افتـاد در حالـی که برای رسـیدن بـه بـرادرش مـی دوید، احسـاس کـرد که وجـودش پر شـده از نفـرت هرچه بیشـتر از مـردان نظامی‌شـده بود. خسـته شـده و عرق کرده بـود اما توقف نکـرد. از میان درختان پـر پیـچ و تـاب زیبـای در مسـیر جـاده ی پر پیچ خـم در کنار نهـر پر آبی کـه از میان مزرعـه عبـور می‌کـرد با سـرعت می گذشـت. گرچـه اطرافـش را مناظر زیبایـی احاطه کـرده بـود امـا در چنیـن لحظـه ای توجهـی بـه آن زیبایـی ها نداشـت تمـام توجهش بـه مسـیری بـود کـه بـرادرش عباس بـه طرفـش می‌آمد کـه مبـادا او را نبینـد، وقتی بـرادرش بـه او رسـید بـا نهایت عجله پیغـام را به او رسـاند. بـرادرش آرام نگاهش کرد و گفـت، «خـب، نگـران نباش، حـالا بیا بریـم خانه...»

نادرمتعجـب از رفتـار برادر همراه او به سـمت خانه راهی شـد. او خیال کرد، ممکنه بـرادرش چیـزی را کـه بـه او گفته بود نفهمیده باشـد بـرای همین پیغام مـادر را دوباره تکـرار کـرد، صدایـش را بـالا بـرد و دوبـاره توضیـح داد کـه، «حاجـی خانم گفت شـما نبایـد بـری خانـه... امنیّه ها آمدند شـما رو بگیرنـد و ببرند...»

امـا بـه دلیلـی کـه برایـش مجهـول بـود بـرادرش او را در بغـل گرفت و بـا خودش بـه طـرف خانـه بـرد. اوگیـج بـود، بـرادرش همچنـان آرام به طرفـی که نبایـد می‌رفت در حـال حرکـت بـود. آنهـا بـه خانـه رسـیدند و همـه منجملـه مـادرش متعجـب و بسـختی عصبانـی شـد کـه چرا عبـاس خـودش را نشـان داده اسـت. چند سـاعت بعد

نادر دید مردان قانون برادرش را در حالی که به مادرشان نگاه می‌کرد با خود بردند، نادر نمی‌توانست بفهمد چرا؛ آخه عباس چه کار غلطی انجام داده بود؟ او دلش می‌خواست قدرت داشت و حمله می‌کرد و امنیّه ها را می کشت و مانع بردن برادرش می‌شد. حالا احساس پریشانی داشت. از خدا کمک خواست، اما هیچ کمکی نیامد و برادرش رفته بود. بعدها به سوال او پاسخ داده شد. عباس هیچ کار غلطی انجام نداده بود و در واقع خیلی هم کارش ارزشمند بود. او به ارتش برای انجام دو سال خدمت سربازیش ملحق شده بود تا به مملکتش خدمت کرده و از آن دفاع کند. رفتن به نظام وظیفه حتی حالا هم در ایران اجباری است مگر اینکه شخص با نفوذی را بشناسید که بتواند به شما کمک کند که نروید. و یا اینکه مشکل جسمی داشته یا پدر مادر پیر داشته باشید و شما تنها نان‌آور خانواده باشید می توانید از خدمت سربازی معاف شوید.

سالها بعد نادر دلیل اصلی اینکه چرا عباس بر خلاف میل مادرش به سربازی رفت را دانست. او می خواست از دست مزرعه خلاص شود و زندگی جدیدی را برای خود و خانواده اش شروع کند. برای همین هم عباس بعد از اینکه به سربازی رفت دیگر به ده برنگشت همانجا در تهران ماندگار شد.

وضعیت پدرشان برای عباس بسیار آزاردهنده بود او می‌خواست ازاین وضعیت خلاص شود. با سخت کار کردن بعد از خدمت سربازی، کاری در دولت گرفت و همزمان در رشته خودش هم کار می‌کرد و به درجه و مقام مورد نظرش رسید او کاملا در شغلش متعهد و دلسوز بود. در مدت کوتاهی یکی از افراد بانفوذ در سازمان امنیت کشور معروف به ساواک شد. نادر به یاد داشت که بعدها وقتی بزرگ شد و در تهران به دانشکده می‌رفت برادرش مرتب برای انجام کاری به اتاق او می‌آمد. آنزمان نادر در خانه جدید مادرش در تهران زندگی می‌کرد و در کالج هنرهای دراماتیک دانشجو بود. عباس گاهی می‌آمد و بعد از دست کردن دستکشی که با خود داشت، ماشینی تایپی را که داخل پلاستیک سیاهی و کمد نادر پنهان کرده بود را در می آورد و شروع به کار با آن می‌کرد و بعد از اتمام کارش دوباره آنرا داخل پلاستیک گذاشته و سر جایش پنهان می‌کرد. هروقت هم مشغول تایپ می‌شد از نادر می خواست که برای مدتی از اتاقش بیرون برود اما نادر از گوشه پنجره او

را زیـر نظـر داشـت. چیـزی کـه بسـیار باعث تعجب او می‌شـد دسـتکش دسـت کردن عبـاس بـه هنـگام تایـپ کردن بـود .یکی دوبار هـم بعد از تایـپ نامه و گذاشـتن آن در یک پاکت در بسـته از نادر خواسـت دسـتکش دسـت کرده و سـپس آن نامه را پسـت کنـد. البتـه عبـاس دورا دور مواظـب نـادر بود که دسـت از پا خطا نکنـد و همانطور که بهـش گفتـه بـود بـه پاکـت نامه حتی نـگاه هم نکنـد امـا او با زیرکـی وقتی نامـه را به صنـدوق پسـت مـی انداخـت نگاهـی بـه آن انداختـه و می‌دید کـه روی پاکـت به جزء چنـد عـدد هیـچ آدرس و نامـی نوشـته نشـده بـود. بعد ها کشـف کـرد که عبـاس این نامـه هـا را مسـتقیما بـرای شـاه مـی فرسـتاد و خطاهـای مقامات بـالای دولتـی را که مـردم از آنهـا شـکایت کـرده بودند را مسـتقیما بدون اطلاع هیچ سـازمان دیگـری و در خفـا به شـاه کـه او را مامـور رسـیدگی و تحقیق این امرکـرده بودگـزارش می‌داد.

پـری خواهـر نـادر اولیـن عضـو خانواده بـود که همـراه با شـوهرش مزرعـه را ترک کـرد و بـه تهـران رفـت. او جـوان بـود اما باز هـم از نـادر خیلی بزرگتـر بود. سـفر او به تهـران حرکتـی بـود کـه باعث شـد بعـد از آن کل خانـواده به تهـران نقل‌مـکان کنند. بـرادرش عبـاس دومیـن نفـری بود کـه به تهران رفـت. و بعـد از او بـرادر دیگرش بیژن بـود کـه بـدون اطـلاع مـادرش وقتـی بـرای دریافـت پـول چنـد گاو کـه مـادر آنهـا را فروختـه بـود و او را فرسـتاده بـود کـه بهـای آنهـا را دریافت کنـد، بعـد از دریافت پول گاوهـا از همانجـا بـه تهـران رفت و چنـد روزی طول کشـید که نگرانی مادر با شـنیدن خبـر اینکـه او در تهـران و نـزد پـری اسـت بـر طـرف شـد. سـپس نوبـت تـرک نـادر شش‌سـاله شـد. در تهـران خواهـرش پـری کـه فقط دوازده سـال از نـادر بزرگتـر بود و بلـور زن بزرگتریـن بـرادرش عبـاس از نادر مراقبـت می‌کردند. آن دو برایـش مثل مادر دوم بودنـد. پـری درتهـران نادر را در مدرسـه ثبت نام کرد. نادر در آن زمان نمی‌دانسـت بـرای چـه به تهران فرسـتاده شـده، اما بعد فهمید اصـل ماجرا این بوده که ندانسـته در مدرسـه روسـتا مشـکلات غیر قابـل جبرانی درسـت کرده بـود. او یک بچه دردسرسـاز بـود کـه فقط با شـش سـال سـن بـرای بیـرون انداختـن یکـی از معلم‌هایـش تجمعی تشـکیل داده بوده.

قضیـه از ایـن قـرار بـود کـه دختـر یکـی از معلم‌هـا کـه تنها شـاگرد دختـر همان مدرسـه بـود بـا نادر سـر سـازش نداشـت او رفتـار گسـتاخانه‌ای با بقیـه بچه‌هـا و نادر

داشت و این رفتار بد اگر چه برای دیگران قابل تحمل بود و از معلمشان می‌ترسیدند اعتراضی بکنند، اما برای نادر قابل قبول نبود. او چون پدرش معلم بود خودش را سر تر از بچه‌های دیگر می‌دانست. از طرفی هم خانواده نادر او را لوس کرده بودند و او رفتاری داشت که گویی پادشاه روستا است، بنابراین نمی‌توانست اجازه دهد که دختر آقا معلم با او مثل یک زیر دست رفتار کند.

و بالاخره یک روز نادر دختر آقا معلم را انگولک کرد و دختر هم به پدرش شکایت نمود. آقا معلم که او را آقای زهرایی صدا می کردند، نادر را با زدن چند ترکه به کف دستش جلوی شاگردها تنبیه کرد، البته نه به شدتی که بقیه شاگردان را تنبیه می کرد، او فقط قصد داشت او را بترساند. معلم ها هم خیلی سخت گیر بودند مثل این بود که ارث بابایشان را از محصلین می خواستند، همیشه آنها را تنبیه می کردند. بدترین و دردناکترین تنبیه بچه های مدرسه فلک کردن آنها بود، برای فلک کردن پاهای دانش آموزی که باید فلک می‌شد را بالا نگه می داشتند و با ترکه چوبی محکم به کف پای او می‌زدند. به همین دلیل شاگردان به شدت از معلمان ترسیده و از آنها حساب می‌بردند. معمولا محصلین در ده همیشه وقتی سر و کله ی معلمشان پیدا می‌شد با احتیاط راهشان را کج می کردند که با او روبرو نشوند و یا پنهان می‌شدند، اگر هم مجبور به روبرو شدن با او بودند، همیشه سرشان را پایین انداخته و چشمشان به زمین دوخته می‌شد و سلام بلندی هم می کردند که ادای احترام خود را ابراز کرده باشند و صد البته بعد از رد شدن از معلمشان توی دلشان چندتا ناسزا نثار او می کردند که خود را خالی کرده باشند. بعد از تنبیه آنروز آنقدر که نادر از نظر روحی آسیب دیده بود جسمش دردمند نبود، چرا که غرور او مقابل سایر شاگردان جریحه دارشده بود. آقای زهرایی برای اینکه بچه ها را بترساند که راه نادر را پیشه نکنند و نشان بدهد که هیچ یک از بچه ها نباید به دخترش بی‌احترامی کنند و به او آزاری برساند وگرنه مثل نادر تنبیه می شوند، نادر را تنبیه کرده بود. اما نادر مثل بقیه بچه‌ها که هنگام تنبیه به التماس می‌افتادند و گریه سر می‌دادند، موقع تنبیه شدن نه گریه کرد و نه التماس فقط به آقای زهرایی خیره شد. معلوم بود که از همان لحظه در فکر کشیدن نقشه‌ای برای انتقام بود. بلافاصله بعد از اتمام کلاس که بچه‌ها باید راهی خانه می‌شدند، نادر دست بکار

شـد و چندتا از بچه ها را دور خود جمع کرد و گروهش را تشـکیل داد و برای شـکایت از آقای زهرایی معلمشـان و تقاضای اخراج او به طرف شـهر خوانسـار و اداره‌ی فرهنگ راهـی شـدند. نـادر بـه بچه ها تلقیـن کرده و آنها را شـیر کرد کـه آنها باید بـرای اینکه آقـای زهرایـی دیگـر تنبیه شـان نکنـد به اداره فرهنگ که در شـهر خوانسـار در شـش کیلومتـری ده بـود رفته و شـکایت کنند. سـاعت چهار بعـد از ظهر بود که سفرشـان را به شـهر خوانسـار آغـاز کردند. نـادر در طول راه موعظـه می‌کرد دسـتهایش را به طرف آسـمان آبـی بلنـد می‌کـرد و ایـن طـرف آن طرف حرکت مـی‌داد و بـا حـرارت در باره اینکـه چگونـه بایـد یک کار ضروری و شـجاعانه را انجـام بدهند به بقیـه تاکید می‌کرد. هیچوقـت هـم بـه فکر هیچکـدام خطور نکرد که تا خوانسـار یکـی دوسـاعتی راه دارند و بـه زودی شـب می‌شـود و اداره‌ای کـه عازمـش بودند خواهد بسـت. آنها سفرشـان را در جـاده خاکـی کـه به خوانسـار می‌رفـت ادامـه دادند. حالا حـس بزرگ شـدن و مرد بـودن هـم بـه آنها دسـت داده بـود و خدا را بنـده نبودند تـا اینکه به بنای یـک اتاقه‌ای رسـیدند کـه بـرای آنها بسـیار مشـهور بود. بـرای رفتن به خوانسـار چاره‌ای نداشـتند و بایـد از ایـن بنـای یـک اتاقه‌ای که سـر راهشـان لب جاده و کنار قبرسـتان قرار داشـت رد می‌شـدند.چرا کـه جهـت چـپ بنا به قبرسـتان و تپه هـا می‌خورد و جهت راسـتش بـه باغهـای ده قوچـان کـه جلویشـان دیوار بلندی کشـیده شـده بـود. اما حـال و هوا و افسـانه هایـی کـه در بـاب ایـن بنا گفته شـده بود سـبب وحشـت بچه ها می‌شـد، چرا کـه گفتـه می‌شـد روزی خانمـی وارد ایـن اتاقک شـده و هرگز بیرون نیامد اسـت، حالا روحـش اطـراف بنـا سـرگردان اسـت و هـر زمـان ممکن اسـت ظاهـر شـده و هر کس کـه وارد بنـا شـود و یـا از کنـار آن رد شـود را بـا خـودش ببـرد. حتی گفته می‌شـد که یکـی دو نفـر را هـم بـا خود برده اسـت. بـرای همین با دیـدن بنا ترس بر جسـم و روح آنهـا غلبـه کـرد و در نزدیکی اتاقک متوقف شـدند. هیـچ کدام از آنها جرات گذشـتن از جلـوی بنـا که درسـت لـب جاده هم قرار داشـت را نداشـتند، می ترسـیدند کـه با روح مواجـه شـده و او آنهـا را بـا خـود ببـرد. نـادر رهبر بـود و نمی‌توانسـت اجـازه بدهد که آنهـا بفهمنـد او هم ترسـیده و مجبور به برگشـت شـوند. بفکر راهی بود کـه بدون ترس از مـرگ و بـرده شـدن توسـط روح زن بـه ان دنیـا از این بنـا عبورکنند. اما تـه دلش او هـم مثل بقیه ترسـیده و وحشـت داشـت از جلوی بنـا عبورکند. حالا هیچکـدام جرات

برداشـتن یـک قـدم را هـم نداشـتند. نادر سـعی کرد آرام عمـل کند و هر جوری شـده بـود از آنجـا عبـور کنـد تـا تـرس بقیه هـم ریختـه و آنها هـم همیـن کار را کـرده و به راهشـان ادامـه دهنـد. نـادر رو به آنها کـرد، «من خودم رد میشـم که شـما ببینید روح کسـی را نمی گیـره ببره...»

نـادر بـه طـرف بنا خیره شـد، ترس تمـام وجـودش را گرفته بـود، بـه آرامی بطرف بنـا حرکـت کـرد، بـه بنـا نرسـیده بود کـه از تـرس ایسـتاد، اما می‌دانسـت کـه باید بر ترسـش فائـق آیـد. قلبـش چنان مـی‌زد که مـی خواسـت در سـینه اش منفجر شـود. عـرق سـردی تمـام بدنـش را گرفتـه بـود. صدای زمزمـه و التماسـش به خدا بلند شـد از خـدا مـی خواسـت او را از ایـن وضعیـت بد نجـات دهد و به خـدا قول داد اگـر او را از دسـت روح خانـم مـرده نجات بدهد بقیه عمرش انسـان خوبی خواهد بـود. انگار معامله اش بـا خـدا بـه کمکـش آمد و با سـرعت در حالی که چشـمهایش را از ترس بسـته بود از جـا کنـده شـد و از جلـوی بنـا با سـرعت رعـد رد شـد. انقدر ترسـیده بود کـه بعد از رد شـدن از بنـا محکـم بـه زمیـن خـورده و چندی طول کشـید که از ترس چشـمهای بسـته اش را بـاز کنـد، چنان ترسـی بـه جان و تنش افتـاده بود که نفسـش درنمی‌آمد، احسـاس می کـرد در حـال مـردن اسـت، وقتـی مطمئن شـد کـه از جلوی بنا رد شـده اسـت بالاخره توانسـت نفسـش را بیرون بدهد و دوباره احسـاس شجاعت کند. لبخندی روی صورتـش نشسـت و رو بـه بقیـه که در آن طرف بنا ایسـتاده بودند کـرد و با افتخار فریـاد زد، «دیدیـد هیـچ اتفاقـی برای مـن نیفتاد... یـالله راه بیفتیـد ترسـوها... دیرمون میشه...»

امـا هیـچ کـدام از آنهـا جرات حرکت نداشـتند هوا هم دیگه داشـت تاریک می‌شـد و هنـوز هـم کـه هنـوز بـود باز بـه فکر هیچ کـدام نرسـید اگر حـالا از این بنـا هم عبور می‌کردنـد هنـوز بـه خوانسـار نرسـیده هـوا تاریـک می‌شـد و اداره ای باز نبـود که آنها شـکایت خـود را تسـلیم کننـد در ثانی چگونه بر می گشـتند. بهرحال التمـاس و تهدید و دسـتورهای نـادر هیـچ کمکـی نمی کـرد و هیچکـس جرات تـکان خـوردن از جایش را نداشـت و برعکـس عقـب گـرد می‌کردنـد. حـالا نـادر آنطـرف بنـا گیـر کـرده بود و دوسـتانش ایـن طـرف حتی خودش هم توان و جرأت رد شـدن از جلوی بنا و پیوسـتن بـه دوسـتانش را در خـود نمی‌دیـد. خورشـید هم کم‌کم داشـت غروب می کـرد. همین

طـور کـه بـه دوسـتانش در آن طـرف بنـا خیره شـده و در خشـم می سـوخت صدایی بگـوش نـادر خورد، «آقـا نـادر، اینجا چـه کار می‌کنی؟»

بـا شـنیدن صـدا چنان ترسـید که گویی چنـد متری از جـاش پرید، فکر کـرد روح خانـم مـرده اسـت کـه باهـاش حرف می زنـه و آمـده او را با خـودش ببرد امـا در کمال تعجـب پسـر عموی بزرگـش، داش محمود را دید کـه در چند متری او بـا دوچرخه‌اش ایسـتاده بـود. داشـتن دوچرخـه در آن زمـان در دهـات بسـیار مهّـم بـود و هـر کسـی نمی‌توانسـت یکـی از آنهـا را صاحـب باشـد مگـر اینکه دسـتش بـه دهانش می‌رسـید. بـرای نـادر چنـد لحظـه ای داش محمـود حکـم خدا را داشـت کـه به کمک آنهـا آمده بـود، داش محمـود سـوالش از نـادر را تکـرار کـرد، «آقا نـادر اینجا چه می کنـی؟ راهی کجا هسـتید...؟»

نـادر کـه با دیدن داش محمود ترسـش تا اندازه‌ای ریخته و دوباره شـجاع شـده بود گفـت «داریـم میریم خوانسـار... اداره ی فرهنـگ از آقای زهرایی شـکایت کنیم... اون حـق نـداره منو با ترکـه بزنه. منـو زده که چرا دسـتم خورده بـه دخترش...»

داش محمـود چنـد لحظـه در فکـر شـد و همینجـور بـه آنها خیره شـد. نـادر هنوز فکـر می‌کـرد واقعـا» داش محمـود از طـرف خدا فرسـتاده شـده و تصمیـم دارد در این لحظـه ترسـناک بهشـون کمـک کند، بـرای همین هم سـکوت اختیـار کرده بـود، بهر حـال تـرس او و همـه ی بچـه ها تا انـدازه ای ریختـه و نفس راحتی کشـیدند و لبخند پیـروزی روی صورتشـان ظاهـر شـد. حـالا با دیـدن داش محمـود بادی هـم به غبغب نـادر افتـاده بـود و می‌خواسـت بـا غـرور بـه همـه دوسـتانش بگویـد کـه داش محمود یـک قهرمانـه امـا این بـاد به غبغـب افتادن چنـدان دوام نیافـت، چرا کـه داش محمود دوچرخـه اش را بـه بنا تکیه داد و دسـتش بطرف سـگک کمربنـدش رفت و کمربندش را کشـید و بـا سـرعت در هـوا چرخانـد و بـه دنبـال آنهـا افتـاد و در حالـی کـه آنهـا را مـی‌زد فریـادش هـم بلند شـد، «گوز قماشـها حالا دیگه مرد شـدید و میخوایـد برید از معلمتـون شـکایت کنیـد... وقتـی همه تنـو گرفتـم و انداختم تـو این بنا کـه روح زن غیبـی ببرتتـون آنوقت آدم می شـید...»

بچـه هـا وقتـی فهمیدند کـه داش محمود نه تنها قصـد کمک به آنهـا را ندارد بلکه هـر لحظـه امـکان دارد آنهـا را گرفتـه و به داخـل اتاقک بیانـدازد فرار را بر قـرار ترجیح

داده و هـر کـدام بـه طرفـی در رفتند. حالا ترس بیشـتری هـم به دل و جانشـان افتاده بـود. اگـر چـه داش محمـود کاری بـه نادر نداشـت امـا نادر ایـن را نمی‌دانسـت و او هم تامـل نکـرده و بـه دنبـال بچـه ها فرار کرد و با یک چشـم بهـم زدن همه آنها تـار و مار شـده و در باغهـای اطـراف از دیـد داش محمود ناپدید شـدند و هیچ اثـری از هیچ کدام نبـود. داش محمـود نگاهـی بـه اطـراف کـرد و نمی‌دانسـت چه کنـد. حالا نگران شـده بـود کـه نکنـد اتفاقـی بـرای آنها بیفتـد، فکر کرده بـود که اگر آنهـا را بترسـاند جاده‌ی صـاف را گرفتـه و بطرف ده خودشـان فـرار خواهند کرد اما اینطور نشـده بود. باغهاییکه آنهـا در پشـت دیوارهـای آنهـا ناپدید شـده بودند متعلق بـه ده دیگری بـود بنام قوچان و می‌دانسـت دنبـال آنهـا گشـتن هـم فایـده ای نـدارد چـرا کـه اگـر او را می‌دیدنـد از ترسشـان از پناهگاهشـان خـارج نمی‌شـدند، پـس در ایـن فکـر شـد کـه اگـر راهش را بگیـرد و بـرود آنهـا از مخفیگاه هایشـان بیـرون آمده و به خانه هایشـان برمـی گردند و همیـن کار را هـم کـرد امـا قبل از رفتـن فریادش بلند شـد، «اگر فوری بـه خانه هاتون بـر نگردیـد با ایـن کمربند میام سـراغتون...»

بعدشـم هـم سـوار دوچرخه اش شـد و نگران از آن جا دور شـد و خـدا خدا می‌کرد اتفاقـی بـرای آنهـا نیفتد. اما بچه ها هنـوز از ترس روح زن غیبـی و داش محمود جرأت بیـرون آمـدن از مخفیـگاه خـود را نداشـتند از طرفی هم نگـران این بودند کـه آدمهای ده قوچـان آنهـا را پیـدا کننـد و فکـر کننـد کـه آنها بـرای دزدی بـه باغهای آنهـا آمده انـد و آنهـا را گرفتـه اسـیر کـرده و بزننـد و حتـی بکشـند. آنهـا حـالا از چهـار طرف با خطـر مواجـه شـده بودنـد، روح زن غیبـی، داش محمـود، مـردم ده قوچـان و گرگهای وحشـی، چـرا کـه هـوا روبه تاریکی گذاشـته بـود و هیچ بعیـد نبود که سـرو کله گرگها هـم پیـدا شـود. یکـی دو نفـر آرام اشـک می‌ریختنـد، چرا که جـرات بلند گریـه کردن را هـم نداشـتند کـه مبـادا صـدای آنهـا را کسـی بشـنود. بـه دل نـادر هم تـرس افتاده بـود حـالا او خـود را مقصـر اصلـی تمـام ایـن ماجرا می‌دانسـت. آنهـا تاکنـون هرگز در وضعیتـی ایـن چنیـن ترسـناک گرفتار نشـده بودند. آخر همـه آنها بین شـش تا هفت سال بیشـتر نداشتند.

بـا تاریـک شـدن هـوا و پیـدا نشـدن نـادر، داش محمـود و مـادر نـادر کـه از ماجرا آگاه شـده بـود بـرای آنها بسـیار نگران شـدند. بنابراین چندین نفر همـراه داش محمود

شـدند و جارچـی هـا در ده بـراه افتادنـد و خـود را بـه محلـی که بچـه ها ناپدید شـده بودنـد رسـاندند و آنهـا را صـدا می‌زدنـد و بالاخـره نـادر و بـه دنبالش بقیه آنهـا کم کم از مخفیـگاه هـای خـود بیـرون آمدنـد و بـه خانـه های خـود برگشـتند. بعدهـا بود که نـادر فهمیـد آقـای زهرایی معلمی که او قصد شـکایت و اخراجش را داشـت از دوسـتان نزدیـک داش محمـود بـود و داش محمـود یکـی از اصلـی ترین کسـانی بود کـه او را به معلمـی گماشـته بـود. بعـد هم نـادر دریافـت که اتاقـک را بـرای این سـاخته بودند که مسـافران سـر راه جایی برای نماز گذاردن داشـته باشـند و شـاید کمی هم اسـتراحت کننـد، امـا بچـه هـا از آن بجای نماز گذاردن بـرای خلوتگاه و لواط اسـتفاده و گاهی هم در آن مـی شاشـیدند. بنابرایـن یکـی دو نفـر بر این تدبیر شـدند که قصـه ی زن غیبی را چـو بیاندازنـد کـه بچـه هـا ترسـیده و به بنـا نزدیک نشـوند و البتـه این حقّـه کارگر هم شـده بود.

فصل دوم

مواجه شدن با بی‌تفاوتی و مخالفت...

مـدت کوتاهـی بعـد از ماجـرای رفتـن نـادر به شـهر برای شـکایت از دسـت آقای زهرایـی و مقابلـه بـا روح بانـوی غیبـی، بـرادرش عبـاس تصمیـم گرفـت نـادر را بـرای همیشـه بـه تهران ببرد. تاکنـون اکثرا فقط زمسـتانها را در تهران به همراه مادرش سـر می‌کـرد. امـا حـالا نـادر بـه هفت سـالگی رسـیده بود و وقـت رفتنـش به مدرسـه بود، عبـاس ترجیـح داد نـادر در شـهر بـه تحصیلاتـش ادامـه بدهـد. بنابراین نادر بـه تهران فرسـتاده شـد تـا بـا بـرادرش عبـاس و زنـش بلـور و خواهـرش پـری که همـه در یک خانـه ی دوطبقـه سـاکن بودنـد زندگی کند. نـادر خیلـی زود فهمید که رفتـار و کردار بـرادرش درسـت خلـق و خوی نظامیان را بخود گرفته اسـت. درسـت مثـل این‌که آنها در یـک پـادگان ارتشـی زندگـی می‌کردنـد. او بـا زمانـی کـه در مزرعه بود بسـیار فرق کـرده بـود، حـالا بسـختی می‌شـد در کنـارش آرامش داشـت، اما خوشـبختانه بیشـتر بـه سـفر می‌رفـت و کمتـر در خانـه بـود و ایـن فرصتی بـود که همـه در خانـه آرامش داشـته باشـند، چراکـه دیگـر نـه شـکایتی بـود و نـه امـر و نهـی، از نظـر او هیـچ کس کارش را درسـت انجـام نمـی‌داد و از همـه ایـراد میگرفـت، وقتـی در خانـه بـود همگی احسـاس زندانـی بـودن داشـتند، نادر ابتـدا تهران را دوسـت نداشـت، به ایـن دلیل که نحـوه زندگـی در تهـران اختـلاف شـدیدی بـا مزرعـه و کارهایی داشـت که معمـولاً به آنهـا عـادت کـرده بـود و انجـام مـی‌داد، و هیجانـی که فکـر می‌کـرد را حداقل بـرای او نداشـت، مخصوصـاً بـرای کسـی کـه از روسـتا می‌آمد بسـیار کسـالت آور بـود، آنها در میـان روسـتایی هـا ثروتمنـد بودند و از عـزت و احترام خاصی برخوردار، امـا این ثروت بـرای زندگـی در شـهر بزرگـی مثـل تهران آنقـدر موثر نبـود کـه او از همـان احترام و جـاه و جـلال و بـرو بیایـی کـه او در ده داشـت برخـوردار باشـد. در روسـتا او خانـزاده محسـوب می‌شـد و همـه اهالـی بـه او و سـایر اعضـای خانـواده توجـه می‌کردنـد، امـا درتهـران کسـی آنهـا را نمـی شـناخت، در ثانـی هـر چقـدر هـم که متمـول بودنـد باز

هـم چـون یـک روسـتایی محسـوب می‌شـدند بـه آنهـا در شـهر به بچشـم یـک عقب افتـاده نـگاه می‌کردنـد و احترامـی کـه بـه یک فرد شـهری می گذاشـتند را بـرای آنها قائـل نبودنـد. پذیـرش ایـن موضـوع برای کسـی مثـل نادر کـه بـرو و بیایی در روسـتا داشـت بسـیار سـخت و گـران بـود. معمـولاً اینطـور بـود که اگر شـما یک فرد شـهری بودیـد، شـما را بـا فرهنـگ و بلند مرتبـه در نظر می‌گرفتنـد. نادر در ایـن محل عجیب و غریـب احسـاس بیگانگـی می‌کـرد، دریافـت که دیگر پسـر خان و رهبر گروه نیسـت، بـی فرهنـگ محسـوب می‌شـد و دیگـر بـه حسـاب نمی‌آمـد. بیشـتر اوقات تنهـا بازی می‌کـرد. دوسـتان کمـی داشـت کـه از بچـه هـای خجالتـی و یـا طرد شـده بودنـد، از مدرسـه اش متنفـر بـود و هـر روزصبـح بـا بدخلقـی عـازم مدرسـه می‌شـد، هیچ کس او را نمی‌دیـد و از هیـچ توجهـی برخـوردار نبـود و برعکـس هیـچ فرصتـی برای نشـان دادن خـودش نداشـت، و هـر روز بدخلق تر و غمگین تر می‌شـد، پسـری کـه در مزرعه شـجاعانه ابـراز وجـود می‌کـرد و برای خودش سـرگروه بـود حالا خجالتی و گوشـه گیر شـده و بسـیار افسـرده بـود. حـالا بـودن در مزرعـه برایـش حکـم یـک رویا را داشـت. بالاخـره یـک روز از پـری پرسـید، «میتواند به مزرعه برگـردد، « اما جـواب اومنفی بود، همـه فکـر می‌کردنـد برایـش بهتـر اسـت که در شـهر باقـی بمانـد. بـه او می‌گفتند به زودی بـه زندگی شـهری عـادت میکنی.

مسـلما ایـن شـرایط روی او اثر گذاشـت و زندگیـش را تغیر داد. او حالا دلسـوزیش بـه زیردسـتان بیشـتر شـده بـود و یـاد گرفت به طبقـه کارگر احتـرام بیشـتری بگذارد و از آنهایـی کـه دچـار کبـر و خودسـتایی هسـتند دوری کنـد. در حیـاط مدرسـه می ایسـتاد و بـه پسـرهایی کـه فوتبال بـازی می‌کردند، نگاه می‌کـرد از اینکـه او را به بازی نمی‌گرفتند، بسـیار دلگیر بود، می‌دید که چگونه پسـرها خوشـحال و سـرگرم هسـتند و او هنـوز یـک غریبـه اسـت. در مزرعـه اش رهبـر تیـم بـود. تنهـا کسـی بـود که همه تصمیـم هـا را می‌گرفـت. او تصمیـم می‌گرفت چه کسـی بـازی کند و چه کسـی بازی نکنـد، حتـی اگـر می خواسـت می‌توانسـت قانـون بـازی را عوض کنـد، امـا اینجا توی شـهر او اصـلا بـه حسـاب نمی‌آمد. درسـت مثل اینکـه اصلا وجـود خارجی نداشـت، با تمـام ایـن مشـکلات و تنهایـی او موفـق شـد اولین سـال مدرسـه را تمام کنـد، اما یک شـوک فرهنگـی شـدید و یـک خاطـره آزار دهنـده برایـش بـه جـا مانـد، آرزو می‌کرد

تمام این اتفاقات ناخوشایند زندگیش سریعتر به پایان برسد. وقتی بالاخره تابستان از راه رسید، سر از پا نمی شناخت چون می‌توانست به مزرعه برگردد، به شدت احتیاج داشت از این فضای دلگیر و آزار دهنده دور شود، اما چندی بعد از ورود به مزرعه فهمید که تغییراتی در درونش روی داده است. انگار چیزی را از دست داده بود، اما نمی‌توانست آنرا دقیقا دریابد که چیست، فقط احساس تغییر می‌کرد. زندگی شهری به طریق غیر قابل تصوری رویش اثر گذاشته بود. در شهر خیلی غمگین بود و آرزوی بازگشت به مزرعه را داشت، اما حالا درآنجا بود اما احساس قبل را نداشت و می‌دید حس گذشته را نسبت به اینجا ندارد و گویی به اینجا هم تعلق نداشت. دوستانش در مزرعه مشتاق دیدارش بودند. می خواستند ماشین چوبی دیگری بسازند و اینبار مسابقه را ببرند، اما او دیگر به مسابقه اهمیت نمی‌داد. احساس سردرگمی می‌کرد و در کمال تعجب میل داشت به شهر برگردد.

بعد از رفتن نادر از مزرعه به تهران و شروع مدرسه در آنجا مادرش به اداره ی مزرعه ادامه داد، اما با رفتن او بسیار احساس تنهایی می‌کرد و جای خالیش را بسیار حس می‌کرد. اما می‌دانست که آینده نادر مهمتر از این بود که او پیش مادرش بماند. با بودن نادر در تهران حالا مادرش از آن پس زمستان و بیشتر پاییز را با خانواده اش در تهران می گذراند. شخصیت برادرش به خاطر آموزشهای نظامی جنبه ها و گرایشهای جدیدی یافته بود. می‌توانست خشم خود را کنترل کند و ظرفیتش بالا رفته بود، از طرف دولت مورد احترام بود و به عنوان یک عضو قابل احترام پر نفوذ ساواک موقعیتش را محکم کرده بود، اما با وجود پست و مقامی که داشت فرد متواضعی بود ودغدغه اصلی او بیشتر خدمت به مردم بود و نه به خودش و این رفتار باعث می‌شد سایرین احترام بیشتری به او بگذارند. موقعیت جدید او کمک بزرگی برای ارتقاء شرایط مالی و اجتماعی خانواده بود. در آن دوران اگر در ارتباط با فرد پر نفوذی بودید شما هم به شکلی از آن شرایط بهره مند وذینفع می‌شدید. اگرچه وقتی عباس درخانه بود فضای خانه مثل یک پادگان نظامی بود اما بهرحال او موقعیت خوبی برای خانواده فراهم کرده بود، تنها کسی که مقابل او ایستادگی می‌کرد نادر بود. از نظر عباس او باید یک دکتر و یا مهندس می‌شد تا از احترام جامعه و مردم برخوردار شود.

امـا نـادر اینگونـه فکـر نمی‌کـرد، حتـی نشسـتن در یـک اطاق بـا بـرادرش برایش دردنـاک بـود. وقتـی او مشـغول انجـام تکالیفش می‌شـد در واقع تظاهر به انجـام اینکار می‌کـرد، او فقـط چشـمش بـه کتاب بـود و لب میزد کـه نمایش دهد در حـال خواندن اسـت، در حالیکـه حواسـش جـای دیگر بـود، در واقع وسـواس بـرادر و فشـار او بر نادر نتیجه عکس داشـت، در حقیقت باعث شـد که او از مدرسـه بیزارتر شـود. نظارت شدید بـرادرش در زمـان مطالعـه اش برایش مشـقتبار بود. او مجبور بود هر روز بعد از مدرسـه چندیـن سـاعت در اطاق نشـیمن بنشـیند و مطالعه کند. احسـاس می‌کرد کـه زندانی شـده اسـت. هـر یک سـاعت یکبـار به بهانـه توالت رفتـن سـالن را ترک می‌کـرد، خانه شـان کامـلا شـیک و لوکـس بحالـت ییلاقی سـاخته شـده بـود و آشـپزخانه و توالت و حمـام کنـار هـم در حیـاط بودنـد. گاهـی وقتها نـادر داخـل توالت بـدون دلیـل مدتها می‌نشسـت، انهـم فقط بـرای اینکه مجبور نباشـد به کتابهـای ملال آورش خیره شـود.

ایـن خانـه جدیـد در زمیـن وسـیعی به مسـاحت بیسـت هزار متـر قـرار گرفته بود کـه پـر از درختهـای قدیمی و بـزرگ بود و چند چاه عمیق نا امن داشـت. گاهی شـبها دزدان بـرای فـرار از پلیـس در آنجا پنهان می‌شـدند و به همین دلیل نا امن و ترسـناک بـود و پلیسـها کـه مـی بایسـتی دزدها را می‌گرفتند همیشـه می ترسـیدند کـه هنگام دویـدن از میـان درختـان تنومنـد داخـل این چاهها سـقوط کننـد. ابتدا خانـواده های خیلـی معـدودی در اطـراف خانـه آنهـا زندگـی می‌کردنـد، اما همسـایه ها تعدادشـان کمکـم زیـاد شـد. یک روزکـه نادر در حال پرسـه زدن در بـاغ بود صـدای زیبای طنین ویولونـی از لابـلای درختـان از انتهـای بـاغ بگوشـش خـورد و انـگار روح و جسـمش را تصاحـب کـرد. نـادر احتیـاج به فکر کردن نداشـت، کنجـکاو و حیران از صـدای ویولون در بیـن درختـان در حرکـت بـرای یافتـن منبـع صدا شـد، و وقتـی به ته باغ رسـید در داخـل قـاب پنجـره طبقـه دوم خانـه ای که در قسـمت شـرقی منزلشـان و مشـرف به باغشـان بـود چشـمش به دختر همسـن و سـال خودش افتـاد که جلوی پنجـره بطرف بـاغ آنهـا ایسـتاده و مشـغول نواختن ویولـون بـود. او آنچنان زیبـا بود که به یکبـار و با همـان نـگاه اول نـادر را در جایـش میخکـوب کـرد و تـوان حرکـت را از او گرفـت. نادر شـنیده بـود کـه همـه آنهایـی که در قسـمت شـرقی و لب رودخانـه زندگـی می کنند یهودی هسـتند. بلافاصله به ذهنش خطورکرد که مسـلمانان و یهودیان رفتار دوسـتانه

ای با هم نداشته و ندارند و دیده و شنیده بود حداقل مسلمانان سعی در تحقیر و اهانت به یهودیان را داشته و دارند. شنیده بود که یهودیان هم چنین هستند. اما چون هیچ خانواده یهودی را نمی شناخت نمی‌دانست این موضوع صحت دارد یا نه و درک نمی‌کرد علت این خصومت چیست. حالا با دیدن این دختر داخل قاب پنجره، این خانواده یهودی بیشتر از بقیه برای نادر جالب و حائز اهمیت شده بودند. این دختر به نسبت سن کمش خیلی خوب می نواخت، درست به خوبی یک استاد موسیقی. بعد از آن روز کار نادر در آمده بود، هرروز بعد از مدرسه هر فرصتی که پیدا می‌کرد به طرف ته باغ غیبش می‌زد و روی درختی می‌نشست و بین شاخه ها خودش را پنهان می‌کرد و ساعتها به تماشای عشق ویالونزنش به او ماتش میبرد. بعضی وقتها هم فکر می‌کرد دختر می تواند او را ببیند، چون او به طرف جایی که نادر بود نگاه می‌کرد و وقتی می خواست تمرین را شروع کند لبخندی هم بطرف او میزد و ادامه می‌داد. نادر سعی می‌کرد تا جاییکه امکان دارد خود را از دید دختر پنهان کند و برای همین هم خودش را هر چه بیشتر میان شاخ و برگها فرو برده و از دید او پنهان می‌کرد. بعد از مدتی بالای یکی از درختان کهن مشرف به خانه دختر ویولونزن و در لابلای شاخه ها خانه ای برای خودش ساخت که از دید دختر در امان باشد و دیگر بیشتر اوقاتش را آنجا می گذراند. او این خانه را پر از خرده ریزهای ضروری کرده بود تا هنگامیکه پنهانی به تماشای تمرین آهنگ لذت بخش او می‌نشست همه چیز در دسترسش باشد و مجبور به ترک آنجا نشود. این نقطه کوچک سری کاملا میان شاخه های این درخت تنومند پنهان بود. بین شاخه ها یکی دوتا روزنه کوچک قرار داشت که فقط بتواند بخوبی دختر را ببیند. بنابراین فکر نمی‌کرد کسی بتواند او را ببیند. او به هیچکس درباره خانه درختی اش حرفی نزده بود، نه به خواهرش و نه حتی به بلور. نادر برای ساعتها به دختر ویولونزنش خیره می‌شد و در رویای موی بلندش که مثل یال اسب بلند و صاف و براق بود و چشمان بادامی شکلش با مژه های پرپشت مشکی اش فرو می‌رفت و از خود بیخود می‌شد. گاهی فکر می‌کرد این دختر ویولونزن می داند که او آنجاست و وانمود می‌کند که او را نمی بیند. ولی با وجود اینکه دختر او را با ادا و اطوارش آزار می‌داد و اغفال می‌کرد اما نادر به این بازی خو گرفته بود و از آن لذت می‌برد.

مـی خواسـت راهـی بـرای حـرف زدن بـا ایـن دختـر زیبـا پیـدا کنـد. در فکـر کوچک هشـت سـاله‌اش داشـت نقشـه ازدواج بـا او را می کشـید در حالیکه حتی نامـش را هم نمی‌دانسـت. متعجـب بـود کـه چقـدر مردم در اشـتباه هسـتند کـه به خاطـر اختلاف مذهـب یـا فرهنـگ از یکدیگـر متنفـر مـی شـوند. اگـر امکانـش بـود ظرف یـک ثانیه بـا ایـن دختـر درحالیکـه می‌دانسـت یهـودی اسـت ازدواج می کـرد، اوکه می‌دانسـت حتـی بـه او اجـازه نخواهنـد داد بـا این دختر یهودی دوسـتی کنـد، اما برای نـادر مهم نبـود دیگـران چـه فکری می کردنـد، او همیشـه در رویـای ازدواج با او بود. این مسـئله اختـلاف بیـن یهـودی و مسـلمان باعث شـده بود کـه بطور کلـی از مذهب زده شـده و از آن گریـزان باشـد. فکـر اینکـه مسـلمانان و یهودیها چطـور اینقدر حقیرانـه درباره‌ی هـم فکـر مـی کننـد او را آزار مـی‌داد. برای او این بـاوری غلط بود و بایـد تغییر می کرد. قبـلا کـه ایـن دختر ویولونـزن در زندگیش پیدا نشـده بود، نمی‌توانسـت برای رسـیدن تابسـتان صبـر و حوصلـه کند کـه برای دیدن دوسـتانش راهی مزرعه شـود. امـا بعد از پیـدا شـدن ایـن دختـر ویولونـزن در زندگیش از رسـیدن تابسـتان متنفر بـود چرا که بایـد آنجـا را تـرک و با مادرش بـه مزرعه می‌رفت. او چاره ای نداشـت جـز اینکه تهران را بـه مقصـد مزرعـه ترک کند و این سـخت تریـن و دردناک ترین زمـان زندگیش بود.

وقتـی تابسـتان تمـام شـد فکـر اصلـی اش برگشـتن بـه خانـه چوبـی بـرای دیدن ویولونـزن زیبایـش بـود. پری و بلور با لبخندی شـاد از او اسـتقبال کردند. چشمانشـان می گفـت کـه دلشـان برای نادر تنگ شـده اسـت. دیـدن آنها بـرای نادر هم خوشـایند بـود، فهمیـد کـه چقدر بـه آنها خـو گرفته اسـت. خانم هـا برایـش آبمیوه آمـاده کرده بودنـد، فـوری آن را سـر کشـید، چـون بـرای بازگشـت بـه خانـه درختیو دیدن عشـق ویالونزنـش لحظـه شـماری می کـرد. بعـد از مکالمـه کوتاهـی بـا «بلـور» و «پـری» به سـرعت بیـن درختـان بـاغ ناپدیـد شـد. همانطـور کـه از درخـت بـالا می‌رفـت گـوش مـی‌داد کـه شـاید صـدای ویولون را بشـنود، اما هیچ صدایی شـنیده نمی‌شـد. سـاعتی بـه انتظـار باز شـدن پنجره و ظاهر شـدن دختر ویولونزنش آنجا نشسـت، امـا نه پنجره ای بـاز شـد و نـه دختـر ویولونزنش ظاهر شـد. نا امید وغمگیـن از درخـت پائین آمد و بـه خانـه برگشـت، در حالیکه تمام شـب بـه دختر فکر می کـرد امید داشـت که صدای جادویـی موسـیقی اش را دوبـاره بشـنود. یـک هفته گذشـت و نـادر هر روز سـاعتی را

بـه انتظـار او داخـل خانـه درختیـش می‌نشسـت، اما هنـوز هیـچ خبـری از او نبود که نبـود. بـزودی مدرسـه ها باز شـد و هر روز او بعـد از تعطیلی مدرسـه دوان دوان خود را بـه خانـه درختیـش می رسـاند و بـه انتظار می‌نشسـت که شـاید عشـقش را ببیند، اما پنجـره همچنـان بسـته بـود و هیچ امیدی باقـی نبود و نادر هـر روز نا امیدتر و افسـرده تـر می‌شـد. چنـد بـار از اطـراف خانـه و در خانه آنها رد شـده بود که سـر و گوشـی آب بدهـد و شـاید نشـانی از او پیـدا کنـد، اما هیچ نشـانی از او نبـود که نبـود. او نگران بود که مبـدا آنهـا از آنجا رفته باشـند.

تـا بالاخـره، یـک روز کـه در خانـه درختیـش خوابـش برده بـود یکباره با صـدای با شـکوه و جادویی ویولون او بیدار شـد، چشـمانش را گشـود، فرشـته اش داخل و جلوی قـاب پنجـره مشـغول نواختن بـود. انقدر هیجان زده شـد که یادش رفـت داخل خانه‌ی درختیـش نشسـته بـود و بـی اختیار از جـا پرید که با رقـص و پایکوبی جشـن بگیرد و همین سـبب شـد که بیشـتر داخل شـاخه ها فرو رفته و تعادلش را از دسـت داده و از داخـل شـاخ هـا به پائین سـقوط کنـد. اما برایـش اصلا مهم نبـود و حتی نمی‌دانسـت و حـس نمی‌کـرد کـه سـر و صـورت و دسـت پاهایش زخـم و زیلـی و خون آلود شـده بودنـد. در پـای درخـت بـه رقـص و پایکوبی ادامـه داد و حـالا دختر که گویـا او را دیده بـود ریتـم ویالونـش را بـا حرکات رقص او هماهنگ کرده و بـرای او می نواخـت. او هم مانند نادر شـادی و شـعف تمـام وجـودش را گرفته بود.

مـاه هـا می‌آمدنـد و می‌رفتنـد و نـادر هر فرصتـی که پیـدا می‌کـرد در داخل خانه درختیش به تماشـای عشـقش می‌نشسـت و از شـنیدن صدای ویولون او از خود بیخود می‌شـد. امـا بـاز هم نتوانسـته بـود این دختـر را ملاقات کند، شـاید می ترسـید که اگر او را ملاقـات کند این احسـاس قشـنگ و زیبـا و جادویی از بین رفتـه و بمیرد، بنابراین به تماشـا و شـنیدن ویولون او راضی و شـاد بود و اگر او را نمی‌دید و از شـنیدن صدای ویلون او محروم می‌شـد بی حوصله و افسـرده می‌شـد. روزی بفکرش افتاد که شـعری مناسـب موسـیقی که عشـقش مـی نواخت سـروده و هر وقت کـه او مـی نواخت همراه بـا نـوای سـاز او زمزمـه کنـد و همیـن کار را هم کـرد، و از آن پس او می نواخـت و نادر هـم شـعرش را زمزمـه می‌کـرد، ایـن وضعیت یکسـال دیگر طول کشـید درسـت مثل مـوش و گربـه بازی بود. بیشـتر تکالیف مدرسـه اش را در خانه درختیـش انجام می‌داد.

هیچ یک از اعضاء خانواده چیزی درباره ی محل سری درختی او نمی‌دانستند. حیاط آنها آنقدر بزرگ بود که چند گروه فیلمبرداری شات هایی از فیلم‌هایشان را آنجا فیلمبرداری کرده بودند. او برای رد گم کردن که از رازش باخبر نشوند، گاهی از خانه خارج شده و وارد کوچه می‌شد و دوان دوان بطرف انتهای کوچه رفته و از تیر چراغ برق سیمانی که کنار دیوار باغشان بود بالا رفته از روی دیوار می پرید داخل باغ و در میان انبوهی از درختان ناپدید می‌شد و خودش را به خانه درختیش می رساند و در تماشای دختر ویولونزنش غرق می‌شد.

به زودی تابستان دیگری از راه رسید و او دوباره به روستایشان رفته و پس ازبازگشت خبری از دخترهمسایه نبود. او چندین روز دنبالش گشت، اما اینبار حتی هیچ پرده‌ای پشت پنجره‌ها نبود و چنین به نظر می‌رسید که هیچ جنبنده‌ای در آنجا زندگی نمی‌کرد. چند بار نزدیک خانه رفت تا شاید او را ببیند، اما هیچ کس در خانه نبود، گاهی با احساس درماندگی به در خانه شان می‌رفت و با کلی ترس و دلهره زنگ در را به صدا در می آورد اما ناامید و غمگین به خانه‌اش برمی گشت. آنها از آنجا رفته و غم و افسردگی را برای نادر باقی گذاشتند. چندین سال به همین منوال گذشت و دختر هرگز برنگشت و نادر هر چه جستجو کرد هیچ نشانی از او نیافت. اما هرگز چهره دختر ویولونزنش و آهنگ ویولونش از ذهن و وجود نادر پاک نمی‌شد و همچنان زنده و باقی بود و نادر به یاد و به امید دیدن او زنده بود و زندگی می کرد و بخشی از وجود نادر شده بود.

بعد از ناپدید شدن عشقش نادر خیلی کسل و بی‌حوصله بود، دلش برای او خیلی تنگ می‌شد. وحالا با ناپدید شدن او بیشتر بفکر دوستانش در مزرعه می‌افتاد و حس می‌کرد دلش برای آنها هم تنگ شده. برای بچه ای مثل او در شهر سرگرمی وجود نداشت. برای سرگرم کردن خودش سعی کرد کارها و فعالیتهای مختلفی را ابداع کند که شاید کمتر به عشق گم شده اش فکر کند. هنوز از تکالیف مدرسه متنفر بود و می خواست علیه فشارهایی که برادرش دائماً برای درس خواندن بر او وارد می‌کرد شورش کند، و همینطور باورهای سایر افراد خانواده هم طبق میل او نبود، اما دیدارهای مرتب اوبا پیر مرد ریش سفید درخواب پیوسته باعث آرامش او و دعوتش به صبر وبردباری می‌شد. البته گاهی در برابر برادرش

طغیـان می‌کـرد کـه همیشـهبه شکسـت او منجر می‌شـد.

بـزودی دانسـت کـه باید دسـتاویزهای دیگـری برای خلاص شـدن از فکـر و خیال و غـم نبـود عشـق ویولونزنـش و فـرار از خانـه و بـرادر بزرگش پیـدا کند و وقتـش را با چیزهایـی دیگـری پـر کنـد. کم‌کـم دوسـتهای بیشـتری در مدرسـه پیـدا کـرد و یک روز بـرای بـازی فوتبـال بـه او پیشـنهاد داده شـد و در مـدت کوتاهـی بازی کن بسـیار ماهـری شـد و ایـن شـروعی بـود برای لـذت بـردن از زندگیش. امـا باز هم بـرادرش که فکـر می‌کـرد توجـه بـه فوتبـال او را از درس و پیشـرفت عقـب مـی اندازد شـادی را بر او حـرام می‌کـرد و حـالا مجبـور بـود بـرای بـازی فوتبـال دزدکـی از خانه خارج شـود. برایـش خیلـی سـخت بـود کـه برای بـازی کـردن مجبـور بـود دروغ بگویـد. دزدکی از مدرسـه بیـرون رفتن، سـوار کـردن همه نوع حقه هـا و ترفندها، دروغ گفتـن به والدین و معلم‌هـا فقـط برای بدسـت آوردن شـانس بازی با دوسـتان برایش خوشـایند نبود، اما چـاره‌ای نداشـت. یـا بایـد دروغ می‌گفـت و بـه بـازی ادامه مـی‌داد، و یا از بـازی فوتبال دسـت می‌کشـید کـه این دومـی برایش غیـر ممکن مـی نمود. اغلـب والدیـن تعلیم و تربیـت را تنهـا ضامـن و عامـل موفقیت شـما می داننـد و ورزش موضوع قابـل اعتباری بـرای سـاختن آینـده بحسـاب نمی‌آیـد و در نظـر آنها فقط وقـت تلف کردن اسـت. هر شـب وقتیکـه خانـواده اش خـواب بودند مغز نـادر در حـال برنامه ریزی طـرح جدیدی بـود تـا روز بعـد دزدکی بیرون برود و شانسـی بدسـت بیاورد که چنـد دقیقه قبل و بعد از مدرسـه کمـی فوتبـال بازی کنـد. معمولاً در دبسـتان بازی آنها قبل از شـروع کلاس در حیـاط مدرسـه و بعـد از تعطیلـی مدرسـه در خیابانـی خلـوت انجام می‌شـد. آنها با یـک توپ پلاسـتیکی فوتبـال بازی می‌کردنـد. و آنچنان بـه این توپ وابسـته بودند که بـدون آن انـگار چیـزی را گـم کـرده انـد. روز او معمولاً خیلی زود حدود سـاعت شـش صبـح آغـاز می‌شـد. اغلب وظیفـه اش با عجلـه رفتن به نانوایـی و خریدن نـان داغ تازه بـود. معمـولا یـک و یـا دوتـا نـان اضافه همیشـه سـفارش می‌دادند، چـرا که نـادر تا از نانوایـی بـه خانـه می‌رسـید، نصـف و یـا یـک نـان را خالـی خـورده و یـا به دوسـتانش سـر راه تعـارف می‌کـرد اگـر او را مجبـور بـه خـوردن صبحانـه نمی‌کردنـد یـک لحظه هـم معطـل نکـرده و سـریع خانـه راتـرک می‌کرد، چـون باعث می‌شـد که بـرای رفتن بـه مدرسـه و لگـد زدن بـه تـوپ دقایـق کمتـری وقت داشـته باشـد و اگـر او را مجبور

به خـوردن صبحانـه می کردنـد لقمـه هـا را نجویده سـریع قورت مـی‌داد، حـدود نیم کیلومتـر راه می‌رفـت تـا بـه مدرسـه برسـد. معمـولا سـر راهـش بـه مدرسـه در مغازه محلـه شـیر پاسـتوریزه اش را خریده و دربیـن راه می‌خورد. چرا که شـنیده بود این کار انـرژی او را بیشـتر می کنـد. او بـاور داشـت که یـک مرد بـزرگ، قوی و شکسـت‌ناپذیر خواهـد شـد. سـخت درس می‌خواند تـا نمره های بالاتـری بگیرد تا اگر بـرادرش عباس او را هنـگام بـازی کـردن فوتبـال گیر می انداخت دچار دردسـر کمتری شـود. داشـتن نمـرات بـالا بـه او کمـک زیـادی می کـرد. حاضـر بـه پرداخت هـر بهایـی بود تـا بتواند چنـد دقیقه بیشـتر فوتبال بـازی کند.

اما بعد از اینکه وارد دبیرسـتان می‌شـدند سیسـتم بازی تغییرکرده و پیشـرفته‌تر می‌شـد. تـوپ پلاسـتیکی به تـوپ چرمی تبدیـل و زمین فوتبال جانشـین زمین حیاط مدرسـه و کوچه می‌شـد و معمولا رسـم بر این بود که یا به یک تیم محلی می‌پیوسـتی و یـا عـده ای دور هـم جمـع می‌شـدند و تکه زمینی خالـی را پیدا کـرده و آن را به یک زمیـن فوتبـال تبدیـل می کردنـد. معمولاً بچه هـای هر محله تیـم فوتبال خودشـان را داشـتند. پسـرها یـک قطعـه زمینـی را که خالی و صـاف بود پیـدا می‌کـرده و با قدرت تمـام روی آن کار می کردنـد تـا کامـلا تمیز شـود، سـپس دروازه‌ها را برپـا می کردند و بـازی شـروع می‌شـد. بـا برپـا شـدن زمیـن فوتبال، کـم کم بچه‌هـای محـل یکی یکی پیدایشـان می‌شـد و خودشـان را معرفـی می کردنـد کـه این خود شـروع یک دوسـتی جدیـد بـود.و بالاخـره بـا انتخـاب و خریـد لبـاس متحدالشـکل و اسـم تیم کـه معمولا توسـط کاپیتـان تیـم و یـا افـرادی که قدم اول را گذاشـته و تیـم را تشـکیل داده بودند و البتـه گاهـی هـم با مشـورت کسـی کـه بازیش بهتـر از دیگـران بود انتخاب می‌شـد. بعـد از تشـکیل تیـم آنها از تیمهـای دیگر برای بازی و مسـابقه با هم دعـوت می کردند و دعـوت می‌شـدند. شـب قبل از مسـابقه هیچکـس از هیجـان خوابش نمی‌بـرد. حتی در یـک بـازی سـاده فوتبال هم مبارزه جدی را در پیش داشـتند، مشـکل‌ترین قسـمت کار خریـدن لباس یک شـکل بـود که برای اکثـر بازیکنان گران بود. هیجـان انگیزترین قسـمت بـازی داشـتن رویـای بـازی کـردن با یـک توپ چرمـی واقعی بـرای اولیـن بار بـود. به‌عنـوان یـک مبتدی می‌بایسـتی بـا یک توپ پلاسـتیکی شـروع می کـردی و با همسـایه‌های کوچـه خودت همبازی می‌شـدی، سـپس وقتـی بزرگتر می‌شـدی حدود

شانزده و یا کمی بیشتر و کمتر می‌توانستی به یک تیم فوتبال محلی که همیشه با یک توپ چرمی و لباس کاملا یک شکل بازی می‌کردند ملحق شوی. نادر هم با دوستش محمد ماندگریان و عده ای دیگر یک تکه زمین بایر و خالی را که یک رودخانه کوچک در سمت شرق آن در جریان بود را به زمین فوتبال خود تبدیل کردند. دور زمین فوتبالشان از طرف گوشه‌های شمال، جنوب و غرب دیوار کشیده شده بود و در قسمت شرق آن یک رودخانه وجود داشت. در قسمت جنوب این دیوار کوچه‌ای بود که به یک رودخانه کوچک منتهی می‌شد که ورودی میدان فوتبالشان بود. اسم تیمشان را هم «شهرزاد» گذاشتند و رنگ لباس شان را هم مغز پسته ای انتخاب کردند و با سفری به لاله زار و فروشگاه ورزشی جدیکار که از فوتبالیستهای معروف ایران بود که شوتهای سنگینش بسیار معروف بود خریداری کردند. یکی از اعضاء تیم به نام «حمیدی»، که همکلاسی آنها بود درست مقابل میدان بازی در این کوچه زندگی می‌کرد. او بازیکن خوبی نبود اما همیشه شاد بود. او خواهر زیبایی به نام فرشته داشت و به همین دلیل بچه ها هوای او را داشتند. اطاق خواب فرشته در طبقه دوم مشرف میدان بود. و البته همه بازیکنان در این فکر و آرزو بودند که روزی با او دوست شده و بیرون بروند. گرچه او چند سال از آنها بزرگتر بود اما آنها به این موضوع اهمیت نمی‌دادند، آنچه فرشته را برای نادر جالبتر کرده بود این بود که فرشته ویولون میزد و او را همیشه به یاد عشق دختر ویلونزنش می انداخت. گرچه او رفته بود اما چهره و خاطراتش همیشه در مغز و قلب و روح نادر حک شده و از بین نرفته بود و نمی‌رفت و بیاد او زنده بود و زندگی می‌کرد. نادر هنوز باید بازی کردنش را به هر قیمت و حقه ای بود از برادرش مخفی نگه میداشت، برای همین هم وقتی مچ دست راستش یکی دوبار صدمه دید و ترک خورده بود نه برای بهبود آن به بیمارستان رفت و نه حرفی با کسی زد که نکند خدایی نکرده خبرش به گوش برادر بزرگش برسد

به هرحال بعدها وقتی که دستش برای سومین بار بدجوری شکست، بهایش را پرداخت کرد. نادر عادت داشت تجهیزات فوتبالش را در خانه دوستش پنهان کند تا برادرش آنها را نبیند. او همیشه کتاب هایی را همراه داشت تا برادرش فکر کند او برای درس خواندن با دوستانش از خانه بیرون می رود. اما چیزی را که نادر

نمی‌دانست این بود که برادرش عباس همیشه از همه چیز اطلاع داشت. وقتی برادرش به خانه میآمد خانه آرام و سوت و کور می‌شد و هر کسی سراغ کاری می‌رفت و نشان می‌دادند سرگرم هستند، نادر هم از این قانون مستثنی نبود، او هم چنین وانمود می‌کرد که کاملا درگیر انجام تکالیف و مطالعه است. این کار اغلب تظاهر بود، اما آنها مایل نبودند کسی را که حمایت و سرپرستی خانواده را دارد خشمگین کنند.

بعدها تیم آنها به یکی از بهترین تیمهای آن منطقه تبدیل شد و وقتی مسابقات قهرمانی فوتبال آغاز شد تیم آنها که یکی از تیمهای مورد علاقه و خوب بود و برنده شد. جای او در تیم «بک راست « بود، او خیلی قوی جثه بود و محکم برخورد می‌کرد تا جاییکه بازیکنان دیگر از جلوی او کنار می‌رفتند. به طور معمول هر روز به شنا می‌رفت که باعث شده بود که بدنش قوی و بلند و باریک و مناسب یک فوتبالیست شود. پاها و سینه اش خیلی ماهیچه ای شده بودند. مخصوصا پاهایش. او اغلب دکمه های بالای بلوزش را باز میگذاشت تا موهای سینه عضلانی‌اش بهتر مشخص شود، فکر می‌کرد با این کارش بیشتر توجه دخترها را بخود جلب خواهد کرد، در این دوران کمتر به مزرعه می‌رفت و مادرش تنهایی به مزرعه سر میزد. او اغلب نگران سلامتی مادرش بود، می ترسید وقتی در آنجا با پدرش تنهاست با هم دعوا کنند و کسی نیست که از مادرش حفاظت کند. این فکر آزار دهنده هیچگاه از مغزش بیرون نمی‌رفت. اما خوشبختانه برادران دیگرش مسن تر شده بودند. یکی از آنها «بیژن» پایش را زمین می کوبید و پدرش را تهدید می‌کرد و به این ترتیب دیگر توهین و آزاری متوجه مادرش نبود اما اعتیاد پدر ادامه داشت و همچنان اگر مصرف تریاکش دیر می‌شد رفتارش تغییر می‌کرد، البته حالا دیگر بخاطرحمایت «بیژن» از مادر سعی می‌کرد خودش را کنترل کند.

*****

فصل سوم

گمشده در تهران...

بازی فوتبال یکجور دلدادگی و از خود بیخود شدن برای نادر شده بود، درست مثل کسی که به ماده مخدر اعتیاد پیدا کرده باشد. در حقیقت فوتبال داروی درمان افسردگی ناشی از غم از دست دادن معشوق ویالونزنش بود و در عین حال به او کمک کرد که جایگاهی برای خودش در تهران پیدا کند. حالا زندگی او با فوتبال بهم آمیخته بود و هیچ چیز برایش به اندازه فوتبال مهم نبود. بنظر می‌رسید هر چه بزرگتر می‌شد، اختلاف نظراتش با برادرش هم بیشتر می‌شد. درست درهمین زمان انقلاب سفید شاه شکل گرفت، مهمترین اصل ترویج سپاه دانش بود که هدفش با سواد و روشنفکر کردن توده بیسواد بود که منجر به مبارزه با خرافات مذهبی می‌شد و این برای مذهبیون که با ترویج خرافات خود و گمراهی مردم نان می‌خوردند یعنی بسته شدن دکان ریا و تزویرشان بود، بنابراین بواسطه تحریک عوامل خارجی با مخالفت‌های داخلی مخصوصاً روحانیون روبرو شد، در حالیکه این حرکت ها باعث قدرتمندی ایران و بی نیازیش از نفوذ سیاسی سایر کشورهای می‌شد که همیشه چشم به آب و خاک و منابع سرشار ایران داشتند. اما گرفت پول و قدرت از دست ثروتمندان و رجال روحانی کاری بود که انجامش خصوصا در جامعه‌ای مثل ایران که توده‌ی مردم با خرافات مذهبی دست بگریبان هستند چندان کار آسانی نبود. برای همین تبلیغات منفی علیه این تغییرات باعث خشم زمین دارانو خصوصا روحانیون شد، زیرا طبق یکی از اصل های آن تقسیم اراضی و دادن آنها به کشاورزان باید به اجرا در می‌آمد. بدین معنی که زمین‌های آنها گرفته و با قیمت پائینی به کشاورزان فروخته شدند، که تبعات آن گریبانگیر خانواده نادر هم شد. مادرش را از قدرت و مکنت به پائین کشید. انقلاب سفید در سال ۱۳۴۲ شمسی مقارن با ۱۹۶۳ میلادی توسط محمدرضا شاه پهلوی پایه‌گذاری شد. در اصل بسیاری از اصل‌های آن قدم درستی برای پیشرفت ایران و ایرانی‌ها بود اما فقدان تکنولوژی، مدیریت و صلاحیت تشکیلاتی و اجرایی و خصوصا مخالفت

روحانیـان کـه از عوامـل خارجـی دسـتور و کمـک می‌گرفتند سـبب مشـکلات زیادی شـد و بهمیـن خاطـر جنبـش مدرنیـزه کردن ایـران از طریـق یک سـری اصلاحات که بایـد منجر به مشـروعیت سـلطنت شـاه می‌شـد نتیجه عکس برایش داشـت. خصوصا دشـمنی روحانیـون بـا شـاه جان بیشـتری گرفـت آنها بنـای آشـوب را گذاشـتند زیرا قدرتمندهـای سـنتی بـر کنـار شـده و انتخابـات محلی غیر مذهبـی برگزار شـدند و به زنـان حـق رای اعطـاء شـد بـه علاوه ایجاد و گسـترش موسسـات آموزشـی مثل سـپاه دانـش و ترویج که به روشـن کردن ذهن توده ی مردم مشـغول شـدند بـرای روحانیون تهدیـد مسـلمی بـود و بـرای آنهـا نمی‌توانسـت قابل قبـول باشـد. بهر دلیلی بـود اصل اصلاحات ارضی موفقیت نداشـت و با شکسـت روبرو شـد و سـیل جماعت روسـتایی به سـوی شـهرهای بـزرگ سـراریز شـدند. دهکده هـا خالی و شـهرها پر جمعیت شـدند. گرچـه بـرای مـادر نـادر هم خیلی سـخت بود ،امـا باید مزرعه شـان را تـرک می‌کرد. او کـه جانشـین پـدر جهت اداره امورات مزرعه محسـوب می‌شـد و نقش اربـاب را بعهده داشـت و همیشـه مشـغول رتق و فتق امورِ بود حالا هیچ مسـئولیتی نداشـت و در خانه بـه انجـام امور خانه داری مشـغول شـده بـود. زمانیکه در روسـتا بودنـد هنگامیکه افراد خانـواده بـه صرف ناهار و یا شـام مشـغول می‌شـدند همیشـه تعـدادی از کشـاورزان به آن هـا ملحـق می‌شـدند. ایـن سیاسـت مـادرش بـود که همـه بایـد روی زمیـن و کنار آنهـا می‌نشسـتند و بـا آنها غـذا می‌خوردند که مبادا بـه آنها توهینی شـود. برای همین آنهـا بـه نـدرت از میز ناهارخـوری اسـتفاده می‌کردند، چـون دور میز جـای کافی برای همه نبود و مادرش نمی‌خواسـت که کشـاورزان احسـاس کنند که زیر دسـت هسـتند و بایـد روی زمیـن بنشـینند. خاطـره آن روزهـا ی پرشـورو هیاهـو و دور هـم بـودن ها مـادرش را آزار مـی‌داد، تـرک کردن مزرعه مشـکل دیگری برای مـادرش و افراد خانواده ایجـاد کـرده بـود، بـا ادامـه کاهـش کار کشـاورزی، زارعیـن مزرعـه ترک کـرده و یکی یکـی عـازم تهران می‌شـدند و اولین جـا خانه خانواده نـادر و دیدن مادر او بـود و انتظار داشـتند کـه بـه هـر طریـق و هر شـکلی مـادر نیازهای آنهـا را همانطـور کـه در مزرعه تامیـن می‌کـرد در تهـران هـم با پیدا کردن شـغل بـرآورده کنـد. برای همیـن مادرش برای پسـرانش همیشـه فهرسـتی داشـت تا بـرای زارعیـن کاری پیدا کننـد و در کمال تعجب، آنها بسـیار موفق شـدند و توانسـتند مشـاغلی را برای خودشـان به راه بیاندازند.

دو تـا از آنهـا روحانـی بودند، مادرش از آنها خواسـته بود هفته ای یکبار به خانه‌شـان بیاینـد و دعـا و روضه بخوانند، گاهـی عده ای معدود پای روضه خوانی آنها می‌نشسـتند و گاهـی هـم هیچکس نبـود. جای کنجکاوی داشـت که چگونه آخوندها عادت داشـتند به خانه بیایند تنها در یک اتاق بنشینند و برای در و دیوار روضه بخوانند و سپس اجرت شـان را که در یک پاکت برای شـان کنار گذاشـته شـده بود را دریافت کنند. گاهی هم کـه دیـر می‌آمدنـد چنـد زن مسـن تر آنجـا حضور داشـتند و منتظـر بودند. شـوهر این زنـان در بـاغ گل بـرادر نـادر که گل‌هـای زیادی پرورش داده می‌شـد بعنـوان باغبان کار می‌کردنـد. ایـن خانـم ها معمـولاً در جلسـات روضه خوانـی می‌آمدنـد و در طبقه پائین می‌نشسـتند و آخوندهـا در طبقـه بـالا وقتیکه روضه شـان را شـروع می‌کردنـد خانم ها خیلی بلند گریه می‌کردند، طوریکه صدایشـان در طبقه دوم شـنیده شـود. مردان روضه خـوان بـا هم بـرادر بودند، برادر بزرگتر شـیخ علـی اول می‌آمد و برادر جوانتر شـیخ رضا روضـه خـوان دوم بـود، او صـدای خوبی هم داشـت و تاثیر معنوی خاصـی ایجاد می‌کرد و دعاهـا و مناجـات او زنـان را کامـلاً احساسـاتی می‌کـرد، روضه خوانها با داسـتان هایی کـه راجـع بـه محمـد و حسـین و کربلا و حضـرت عباس و علـی اکبر و علـی اصغر برای زنان سـر هم می‌کردند جلسـه را گرم می‌کردند. اما این داسـتان های سـاختگی ارتباط خیلی کمی با اصول اساسـی اسـلام داشـتند. هرچه داسـتان غم انگیزتر بود زنان بیشـتر گریـه می‌کردنـد. زنـان تحصیـل کـرده نبودند و به آسـانی آخوندهـا فکر آنهـا را کنترل می‌کردنـد و بـه آنهـا القـا می‌کردنـد که هرچه بیشـتر گریه کنند، بیشـتر مـورد رحمت خـدا قـرار مـی گیرنـد. بعـلاوه باور داشـتند این راهـی برای رفتن به بهشـت اسـت. این یـک روش متـداول بـود کـه روحانیون بـرای کنترل گروه زیـادی از مردم فقیـر عامی در ایـران بـه کار می‌بردنـد. این موضوع همیشـه نـادر را آزار مـی‌داد. آخوندها بـرای گرفتن پـول از مـردم ایـن داسـتان گویی هـا را گسـترش داده و می‌پروراندند. قسـمتی از روش کارشـان ایـن بـود که یـک داسـتان را بارهـا و بارها می‌گفتند و بـه این ترتیـب به مردم القـا می‌کردنـد کـه به ایـن طریق به خـدا نزدیکتر می‌شـوند. از نـگاه دیگـری روحانیون مذهـب را غصـب کـرده و از آن بـه عنوان ابزاری بـرای ایجاد یک کسـب و کار پرمنفعت برای خودشـان اسـتفاده می‌کردند.

یکـی از ایـن روزهـا شـیخ رضـا کـه صدایـش بسـیار خـوش بـود و بیشـتر طرفدار

داشت دیر کرده بود. صدای گلایه و شکایت چند زنی که منتظر او بودند بلند شد. به یکباره از طبقه بالایی که آخوندها معمولا می‌نشستند صدایی روضه خوانی بلند شد. زنها در ابتدا در تعجب شدند که چگونه او از جلوی چشم آنها رد و به طبقه بالا رفته است که آنها او را ندیدند و تغییر کمی از صدایش را هم به گردن سرماخوردگی گذاشتند و خیلی زود جذب صدای او شده و گریه آغاز کردند. چند دقیقه از روضه‌خوانی و گریه زنان نگذشته بود که صدای یاالله شیخ رضا که وارد خانه شده و روی پله ها که به طبقه دوم می‌رفت و جلوی در ظاهر شده بود، البته شیخ رضا با شنیدن صدای روضه خانی از طبقه دوم چندان خرسند هم نبود، خصوصا اینکه زنان چنان داغ گریه می‌کردند که حتی او را ندیده بودند، صدای یاالله دوباره شیخ رضا تکرار شد و اینبار رساتر و بلندتر هم بود. با شنیدن صدای شیخ رضا و دیدن او جلوی در به یکباره گریه همه قطع شد و در تعجب بهم زل زدند و از خود پرسش می‌کردند که اگر این شیخ رضا است پس چه کسی در طبقه دوم مشغول روضه‌خوانی است. مادر نادر حاجیه خانم با دیدن شیخ رضا نتوانست جلوی خنده اش را بگیرد و جلوی در ظاهر شد و مشغول سلام و احوال پرسی با او شد. او می‌دانست که این دست گل را چه کسی به آب داده است، می‌دانست که نادر آنها را سر کار گذاشته و مشغول روضه خوانی شده بوده. با حرکت حاجیه خانم به طبقه دوم و بدنبالش شیخ رضا، نادر به محض اینکه متوجه آمدن شیخ شد روضه را قطع کرده و با عجله از روی پشت بام راهی خانه خواهرش که در کنار آنها زندگی می‌کرد شد.

واضح بود که نادر با این بازی های خود بیشتر قصد داشت ذهن مادرش را از مزرعه و نبودن در آن بکاهد و کمی خنده و شادی جایگزینش کند. چرا که از دست دادن کار روزانه در اداره‌ی مزرعه حاجیه خانم را بسیار افسرده کرده بود و دائم به پر و پای این و آن می پیچید. خصوصا اینکه طولی نکشید که از دست دادن در آمد مزرعه اثرش را گذاشته و زندگی آنها آنچنان مثل گذشته زرق و برق نداشت و روز به روزرو به وخامت گذاشت. همه اعضا خانواده به جز نادر مجبور شدند که شغلی برای خود پیدا کنند، او اصلاً از موقعیت بد خانواده مطلع نبود چرا که همه چیز را از او پنهان نگه می داشتند. در این زمان مادرش کاملاً مقیم تهران شده بود

و نـادر هنـوز بچـه خانـواده بود. پسـر بچه بودن او ربطی به سـنش نداشـت؛ ایـن مادر و خواهـران و حتـی بـرادران بودنـد کـه به او مثل یک اسـباب بـازی نگاه می کردنـد. نادر هرگـز نمی‌توانسـت تصـور کنـد کـه ایـن توجـه بیـش از حـد آنها بـه او چه تجـارب و نتایجـی را بعـد هـا بـه علت بچه ننـه بودنش برا یـش خواهد داشـت. به طـور کلی دور نگـه داشـته شـدن او از مسـائل منفی و معضلات روزانـه و ناز پروردگـی او اگر چه در نو جوانـی برایش آسـایش بخـش بود اما بعدها صدمـه اش را خورد. مسـلما وقتی که همه چیـز برای شـما مهیا باشـد دیگـر پول برایتان ارزشـی نخواهد داشـت و بنظر می‌رسـد همـه چیز براحتی بدسـت می‌آید و این سـبب می‌شـد کـه درس‌های مبـارزه با زندگی را نیامـوزد و در آینـده ایـن امـر مشـکل سـاز شـود. بهرحـال او سـریع رشـد می کرد و بیشـتر و بیشـتر بـا واقعیت‌های تلـخ زندگی روبرو می‌شـد.

یکـی از ایـن واقعیـت هـا ایـن بود کـه با حضـور و اقامت دائمـی مـادرش در تهران اوضـاع بـرای همـه آنهـا پیچیده تر شـد. بین مـادر و پسـر بزرگش عباس مرتـب رقابت بر سـر اینکه چه کسـی رهبر خانواده باشـد در جریان بود. مادر سـال ها ی سـال رهبر و مسـئول مزرعـه و خانـواده شـان بـود و تمـام کارهای مربـوط بـه آن را اداره می کرد و بـه طـور روزمـره بـه اقوام و دوسـتان سـر مـی‌زد و بـه آنها رسـیدگی می کـرد و چنین می‌اندیشـید کـه همچنـان بایـد دائمـاً امر و نهی همـه را بکند و همه باید بـه او گوش و از او پیـروی کننـد. بـا مقیـم شـدن او در تهران و مواجهـه با زندگی شـهری و جدیدش او تقریبـا بـا مشـکلاتی روبرو شـده بود کـه قبلا نادر جـوان بـا آن برخورد کـرده بود. از دسـت دادن مزرعـه هرگـز واقعـاً در ذهـن حاجیـه خانـم ثبت نشـده و قبولش بـرای او تقریبـا غیـر ممکـن بـود. حاجیـه خانم با شـیوه زندگـی در این شـهر بزرگ آشـنایی و عـادت نداشـت و در تهـران گم شـده بود. هیچ کس نمی‌توانسـت به جز نـادر او را درک کنـد، او بـه حـرف هـای مادرش گـوش می‌داد وسـعی می کرد بـا او مسـتقیما مخالفت نکنـد، اگـر چـه آن هـا گاهـی باهـم بحـث می کردند اما نـادر بر عکـس بـرادرش که به حاجیـه خانـم مـی پرید و پرخـاش می کرد، روش شـوخی و مـزاح را در پیش می گرفت و بـرای همیـن هـم مهم نبود مـادرش چقدر عصبانی می‌شـد چرا که آخـرش منجر به خنـده وصلـح و برنـده شـدن نادر می‌شـد. اگر هـم کار نادر و مـادرش به جـای باریکی می‌رسـید و نـادر نمی‌توانسـت مـادر را بـه خنده و تسـلیم وا دارد با شـوخی پاهای مادر

را گرفتـه سـعی در بـاز کـردن پـای او می کـرد و می گفـت، «اصلا تو چه حقی داشـتی بـدون اجـازه مـن، منـو به این دنیای خشـن و پر از مشـقت بیاری؟ اصلا مـن می خوام برگـردم سـر جای اولـم... نمی‌خواهم اینجا باشـم... حـالا مهم نبود حاجیـه خانم چقدر عصبانـی بـود، خنده برصورتش نقش می بسـت و جای خشـم و عصبانیـت را می گرفت و در تـلاش می‌شـد کـه از شـر نادر خلاص شـود و همیشـه کلام مـادر با خنـده ای در چهـره اش ایـن بـود، «تـو حـدد به شـارعه ... خدا هـم نمی تنه با تـو چه کنـه...؟» نادر هـم همیشـه در جـواب می گفـت، «حاجیـه خانم تـو دیگه خانه نشـین شـدی... رئیس دیگـه منـم...» و البتـه همـه ایـن سـخنان بـه شـوخی بـوده و نوعی بـازی و سـرگرمی بـرای حاجیـه خانـم شـده و به آن عادت کـرده بود. در ایـن میان خواهرش پـری و زن عبـاس بلـور کـه نظاره گـر آنان بودند هـم خنده سـیری می کردند. آنچه کـه موضوع را بیشـتر جـذاب می کـرد ایـن بود کـه در تهران عبـاس چـون از همه بزرگتر بـود هدایت و حمایـت خانـواده را بـه عهـده گرفته بـود. او بزرگترین فـرد مذکر خانواده بـود و مدت طولانـی در تهـران اقامـت داشـت. راه و چـاه زندگی شـهری را می شـناخت و کسـب و کار هوشـمندانه ارائـه مـی‌داد و باعـث پیشـرفت آنهـا می‌شـد. عباس احسـاس می کرد مـادرش بایـد بـه راحتی بازنشسـتگی را قبـول کند و رهبـری او را بپذیرد. امـا این برای یـک مـادر ایرانـی قدرتمند که بـرای دهه‌ها رهبـری و اداره کارهـای کل فامیل و مزرعه را بـه عهـده داشـت و بـه همـه امـر و نـه می کـرد، قبـول اینکه حـالا هیچکاره اسـت و حـالا اوسـت کـه باید بحرفهای پسـرش گـوش داده و آنها را دنبال کنـد غیر ممکن بود.

نـادر می‌دیـد کـه حال و روز مادرش داشـت رو به افسـردگی می گذاشـت، خصوصا او بـه طـور عجیبـی به جـای اینکه نگران از دسـت رفتن مزرعه باشـد بیشـتر نگران دو گربـه ای بـود کـه در مزرعـه جا گذاشـته بودند و دائمـاً درباره آنها حرف مـی‌زد و نگران بـود کـه آیـا «بی‌بی» که مسـئولیت مراقبـت از آنهـا را بعهـده گرفته بـود بـه آنها غذا می‌دهـد یانـه. بی‌بـی قبـلا وقتی حاجیه خانم زمسـتان و پاییـز را در تهـران می گذراند نگـه داری گربـه هـا را بـه عهده داشـت. جالـب این بـود که گربه هـا مثل اینکـه دقیقاً زمـان برگشـت حاجیـه خانم را می‌دانسـتند و درسـت در ثانیـه ای که او پایش را روی زمیـن مزرعـه مـی گذاشـت حضورش را احسـاس می‌کردنـد. آن هـا پشـت در منتظر می‌نشسـتند و وقتی صدای او را از طبقه پائین می شـنیدند سراسـیمه به اسـتقبالش

می‌رفتند و پاهایش را در آغوش می گرفتند و دیگر توجهی به بی‌بی نمی کردند بی‌بی هم در اعتراض طعنه می‌زد که، «ببین خجالت هم سرشان نمی شه... چه نمک نشناسایی...؟ بزار حاجیه خانم بره ببینم که بهتون غذا میده؟

حالا با یاد آوری همین طعنه بی‌بی، حاجی خانم نگران بود که آیا او از گربه هایش نگهداری می کند و به آنها غذا می‌دهد یا نه؟

یک روز وقتی نادر به خانه آمد دید که مادرش از میان بوته هایی که کنار دیوار حیاط خانه شان روییده بود رد شده و با احتیاط اطراف را وارسی می کند و مثل اینکه چیزی را پنهان کرده باشد رفتار می کند. او وانمود کرد مادرش را ندیده اما بعداً آنجا را وارسی کرد و متوجه شد مادرش پنهانی به گربه های وحشی غذا می‌داد و یقیناً آنجا را انتخاب کرده بود که آن را از دید برادر بزرگترشان پنهان کرده باشد. چون عباس اعتقاد داشت که گربه ها بیماری می آورند و نباید حمایت شوند او درباره پاکیزگی بسیار سخت گیر بود. برایش خیلی سخت بود که قبول کند گربه ها به حیاط خانه رفت و آمد کنند و آنجا را مکان امنی برای تجمع خود بدانند. برای همین نادر هم راز مادرش را مخفی نگه داشت ولی بعد ها دانست که پری خواهرش و بلور همسر برادرش هم از موضوع گربه ها خبر داشتند و حتی برای خوشحالی حاجیه خانم در غذا دادن به گربه ها کمک می کردند. یک روز که نادر سر زده به خانه آمد دید که مادرش درحا گریه کردن است، و وقتی علت را جستجو کرد فهمید که برای گربه هایش می گریسته است. قبلا هم شاهد گفتگوی مادر و برادرش عباس بود که مادرش از عباس خواسته بود که گربه ها را از مزرعه به تهران منتقل کنند، اما عباس با حالتی آزار دهنده فقط به او پاسخ منفی داده و به نوعی آوردن و فکر کردن به گربه ها را به تمسخر گرفته بود. و این مادرش را بسیار آزرده کرده بود. البته عباس انسان خوبی بود، اما رفتار و گفتارش گاهی ناراحت کننده بود. نادر دریافت که علاقه مادرش به گربه های وحشی احتمالاً برای این بود که به خاطر جا گذاشتن گربه هایش در مزرعه احساس گناه می کرد.

و بالاخره نادر تصمیم گرفت به مزرعه برود و به گربه ها سر بزند و ببیند آیا می تواند آن ها را به تهران بیاورد. اما نادر تا کنون به تنهایی سفر نکرده بود و هیچ کس به او اجازه نمی‌داد تنها برود، بنابراین نقشه ای کشید. مقداری پول پس‌انداز

کرد، یک صبح زود مادرش را بوسید و خانه را ترک کرد و راهی روستا شد، در ایستگاه اتوبوس و قبل از اینکه سوار اتوبوس شود به خواهرش پری زنگ زد و به او گفت که راهی مزرعه است که گربه های مادرش را بیاورد و البته به نصیحت های پری هم گوش نداد و برای اینکه برادر بزرگ را عصبانی نکنند به او بدروغ گفتند که نادر چند روزی خانه ی خواهرش است. در ایستگاه سوار یک اتوبوس به مقصد مزرعه شد. حدود شش ساعت راه بود. این اولین بارش بود که تنها با اتوبوس به مزرعه می‌رفت. گر چه ده سال بیش نداشت، اما احساس بزرگی می کرد. اتوبوس از شهرهای کوچک سر راه می گذشت و او در صندلی اول پشت سر راننده نشسته بود و با راننده اتوبوس و کمک راننده صحبت می‌کرد. طوری حرف می‌زد که انگار همه چیز را می‌داند.

معمولا اتوبوس در طول راه در یک قهوه خانه می ایستاد تا مسافران غذا و اشامیدنی خورده و اگر نیاز به توالت رفتن داشتند از آن استفاده کنند. معمولاً راننده ها مورد احترام رستوران دارها بودند، زیرا برای آنها مشتری می‌بردند، و البته خودشان مجانی غذا می‌خوردند و بهترین کباب را به آنها می‌دادند. نادر خیلی نزدیک به راننده و کمکش نشسته بود. کبابش را آوردند اما قبل از اینکه بتواند به آن دست بزند یکی از پیشخدمتها رسید و آن را از جلویش برداشت و با کباب دیگری که خیلی بزرگتر و چرب و چیلی تر هم بود عوض کرد. سپس رو به راننده کرد و با اشاره به او به نادر فهماند که کی دستور داده بود که کباب بهتری به او بدهند. نگاه نادر بطرف راننده برگشت، راننده خم شد به طرف نادر و با یک پوزخند گفت، «این کباب واقعی ست، بخور خیلی ترد است...»

بنظر می‌رسید وقتی نادر قصه ی مادر و گربه هایش را برای او تعریف کرده بود و گفته بود در راه مزرعه است که گربه های مادرش را به تهران ببرد، راننده ازاینکه او بفکر مادرش بوده خوشش آمده و قصد داشت از او حمایت کند. حالا برایش بهترین کباب را آورده بودند و او مهمان راننده بود، این کباب برایش بسیار لذید بود و از خوردنش سیر نمی‌شد. اتوبوس دوباره راه افتاد و او بیصبرانه انتظار رسیدن به مزرعه را می کشید و سرجای خودش بند نبود. بالاخره اتوبوس به یک ساختمان دو اتاقه کوچک که سر جاده و بالای مزرعه واقع شده بود رسید. یک خانواده سه نفره

آنجـا زندگـی می‌کردنـد پـدر خانـواده کـه کل عباس نام داشـت بـه کمک خانـواده‌اش یـک چایخانـه کوچک را سـر جـاده بـرای مسـافران اداره می‌کـرد. یکـی از اتاق‌ها برای پذیرایـی از مسـافران بـود و در اتـاق دیگر خودشـان زندگـی می‌کردند. وقتیکـه نادر از پله‌هـای اتوبـوس پائین آمد احسـاس عجیبی به او دسـت داد، اینطور احسـاس می‌کرد کـه بـه آنجـا تعلق نـدارد و در زمیـن و خاک خودش غریبه اسـت. هیچ چیـز مثل قبل نبـود. صدایـی کـه از چایخانـه بلند شـد افـکار عجیـب او را بهم ریخت، «خـوش آمدید نـادر خـان، برگشـتین، خدا حفظتـون کنه، دیگر بـرای خودتن مردی شـدین...»

نـادر برگشـت و کل عبـاس قهـوه چی را دید که بـه او خوش آمد می‌گفت، درسـت همانجـور کـه بـه برادرانـش و مادرش در گذاشـته خوش آمـد می‌گفت، نادر با شـنیدن صـدای خـوش آمـد کل عبـاس بادی به غبغـب انداخت و حرکـت کرد. خیلـی زود نادر پـا در جـاده باریکـی گذاشـت که به خانه شـان منتهی می‌شـد، اما همچنـان هیچ چیز مثـل قبـل نبود، فضای غمناکی سراسـر مزرعـه را در بر گرفته بود. در صورت سـاکنین آنجـا خوشـحال و شـادابی گذشـته دیده نمی‌شـد. گویـی در شـهر ارواح راه می‌رفت. از کنـار نهـر پـر آبـی کـه آب را بـرای آبیاری زمیـن ها می‌بـرد عبور کـرد. قـدم هایش را کنـد کـرد و بـه عقب برگشـت تـا نهر را برانـداز کند ،سـطح آب پائین و تیره بـود. با هر قدمـی کـه بـر می داشـت سـوالات بی جـواب بیشـتری در ذهنـش زنده می‌شـدند. به پـل بزرگـی کـه روی رودخانـه بزرگی زده شـده بود رسـید. جـاده کنار ایـن رودخانه به عمارتشـان می‌رفـت، صدایـی که از عبـور آب رود خانه به گوشـش می‌خـورد به بلندی صـدای آن رودخانـه وحشـی کـه او در کودکی بخاطر داشـت و از آن می ترسـید نبود و دیگر آن شـور و هیجان را نداشـت. قدم هایش کوتاه و کوتاهتر شـد. زارعین از کنارش رد می‌شـدند و بـه او احتـرام مـی گذاشـتند و بـا او گفـت و گـو می‌کردنـد. چهـار نفـر از زارعیـن در راه بـه او پیوسـته و او را همراهـی کردنـد و هر کدام مشـکلات خودشـان را بازگـو می‌کردنـد و کنجـکاو بودنـد کـه بفهمنـد ایـا مـادرش به روسـتا بر مـی گردد یـا نـه، و همه مشـتاق بودند که بفهمنـد ماجرا چیسـت. زارعیـن بیچاره شـدیداً دچار کمبـود آب بودنـد بـه عـلاوه احسـاس می‌کردنـد خشـم خداونـد دامـن گیر آنها شـده اسـت، بالاخـره بـه نزدیکی خانه رسـید و بی‌بـی را دید، او بعـد از هجرت آنهـا به تهران در نزدیـک خانـه آنهـا زندگی می‌کـرد و وقتی مـادرش در آنجا نبود مسـئولیت مراقبت

از گربـه هـا را بـه عهـده داشـت. بی‌بی در حالیکه دسـتپاچه چـادرش را مرتـب می‌کرد بـه نـادر رسـید، قـدری عصبـی بنظر می‌رسـید. او هرگـز قبلاً جلـوی نادر چادر به سـر نمی‌کـرد. امـا حـالا شـاید بـه خاطـر اینکـه خیال می‌کـرد نـادر بزرگتر شـده بـود و به چشـم بی‌بـی یـک مرد بالغ بـود حالا بایـد از او رو می‌گرفـت. نادر حس کـرد که بی‌بی مـی خواهـد چیـزی بـه او بگوید اماحرفهایش بی سـروته بـود. نادر از گفتـار بی‌بی گیج شـده و برایـش معنی و مفهومی نداشـتند و بیشـتر حالت غـر زدن داشـت. بالاخره نادر حـرف اورا قطـع کـرد وگفـت، "بی‌بـی، من بیشـتر برای رسـیدگی بـه گربه‌ها آمـده‌ام. مـادرم نگرانشـان اسـت، آمدم با خودم ببرمشـون تهـرون، آنها چطور هسـتند؟»

و ایـن همـان سـئوالی بـود کـه بی‌بی ازشـنیدن آن می ترسـید و گویـی منتظر بود یکـی بـه کمکـش آمده و او را از پاسـخ دادن نجات بدهد، بی‌بی سـاکت ایسـتاده و هیچ نگفـت تـا اینکـه یکی از زارعین سـکوت را شکسـت، «آقا نادر به نظر میرسـد که ناپدید شـده اند؛ ما نتوانسـتیم آنهـا را پیدا کنیم.»

«نـادر در فکـر شـد و زمزمه کـرد، «باید همه جـا را بگردیم و پیداشـون کنیم... باید از خانه شـروع کنیم.»

بی‌بـی بـا شـنیدن حرفهـای نـادر کلید بدسـت بطـرف در عمارت بـراه افتـاد و نادر و بقیـه هـم بدنبالـش. یکـی از مـردان از روی ادب سـریعاً کلیـد را از بی‌بـی گرفت و به طـرف در عمـارت رفتـه آن را بـاز کـرد و به نـادر تعارف کرد کـه داخل شـود. وقتی که کارگـران بـا همـان احترامـی که بـرای مـادر و برادرانش داشـتند بـا او رفتـار می‌کردند احسـاس خوبـی پیـدا کرد، نـادر و بدنبالش همـه وارد خانه شـدند. آنچـه را که می‌دید بـه نظر ش مثل گذشـته خوشـایند و زیبا و دوسـت داشـتنی نبود. بوته‌هـا و علف‌ها در حیـاط و در جائیکـه گاو و گوسـفندان و بزهـای زیـادی نگهداری می‌شـدند رشـد کرده بودنـد. ایـن منظـره او را افسـرده کـرد بـه حـدی کـه فکـر تـرک خانـه بسـرش خورد، نمی‌خواسـت بـه آن منظـره نـگاه کند، کمی آنجا ایسـتاده در سـکوت و با احساسـی از تاسـف بـه همـه جـا می نگریسـت، کشـاورزان هم همینجـور بـه او خیره شـده بودند و بـه نظـر می‌رسـید کـه چیـزی را از او پنهان مـی کنند. او می خواسـت برگـردد و خانه را تـرک کنـد امـا نتوانسـت چون بایـد دنبـال گربه ها می گشـت. به خـودش گفت هر چـه سـریعتر خانـه را بگـردد و گربـه ها را پیدا کـرده و زودتـر آنجا راترک کنـد. بخاطر

همیـن هـم قـدم هایـش را سـریعتر کـرد، از حیـاط عبـور کـرد و وارد دالان بزرگی که بـه طویلـه هـا و پلـه هـا وطبقه بـالا می‌خورد شـد و راه پله هـا را در پیش گرفـت، آنجا تاریـک بـود؛ یکـی از مـردان همراهـش با اسـتفاده از کبریت راه را روشـن کرد. درسـت وقتـی کـه داشـت بـه طـرف اولین خـم پله هـا بـرای ورود به بـالا ی پله ها می‌رسـید، چشـمش بـه یکـی از گربـه ها افتاد که پشـت در اتاق نشسـته بـود و با چشـمان کاملا بـاز مسـتقیماً بـه او خیـره شـده بود، ایـن گربه زرد و سـفید بـود، برای یـک لحظه نادر ایسـتاد و خندیـد، چـون گربـه را پیدا کـرده بود و می‌دانسـت حالا که او آنجاسـت پس گربـه دیگـر هـم بایـد در همـان اطراف باشـد. اما هنـوز چند پله بـرای رسـیدن به آنها باقـی بـود و نمی‌توانسـت تمـام فضای پشـت در ورودی به اتاق ها را ببینـد، یکی دو پله بـالا تـر رفـت و متوجـه شـد کـه گربه ای هم که سـیاه و سـفید بود، درسـت بـه همان صورت گربه دیگر روی پاهایش نشسـته، چشـمانش کاملاً باز بود و او هم مسـتقیماً به او زل زده بـود. از پیـدا شـدن گربه ها احسـاس راحتی کرد اما ناگهان چیـزی او را آزرد، چـرا آنهـا حرکت نمی کننـد؛ اصلاً هیچ حرکتی نداشـتند. «ای خاک تو سـرتون کنن .. آمدنـد اینجـا پشـت در... چنـد ماه پیش غیبشـون زد... عقلم نکشـید بایـد می‌آمدم و اینجا را سرکشـی می کـردم...»

ایـن صـدای بی‌بی بود که سـکوت ناشـی از بهت نادر را درهم شکسـت. نادر شـوکه شـده بـود و نمی‌توانسـت حرفـی بزند یا تکانـی بخورد، دسـتش را بالا آورد تـا به بی‌بی اشـاره کنـد کـه دیگر در بـاره گربه ها حـرف نزند. بی‌بـی نفهمید که گربه هـا به انتظار بازگشـت حاجیـه خانـم بـه آنجا باز گشـته و انقـدر برای بازگشـت حاجیه خانـم انتظار کشـیده بودند که همانطور از سـرما خشکشـان زده و مرده بودند. و سـرما مانع متلاشی شـدن آنهـا شـده بـود و به گونه ای بودنـد که انگار زنده هسـتند. غم سراسـر وجود نادر را فـرا گرفتـه بـود، علیرغم غرورش، اشـک از چشـم هایش جـاری و روی صورتش روان شـد. مردهـا بـه نادر نـگاه می کردنـد، امـا او نمی‌توانسـت جلـوی گریـه اش را گرفته و خـودرا کنترل کند.

*****

فصل چهارم

رسم گذار...

زمـان بـه سـرعت مـی گذشـت و نـادر بـزرگ و بزرگتـر می‌شـد. او دیگر یک پسـر نوجـوان و بالـغ شـده بـود. در طـرف دیگر کوچـه ای که خانه نـادر در آن قرار داشـت، خانـه ای مشـغول سـاخت شـد، این بنا درسـت مقابـل خیابـان کوچکی بود کـه زمین بـاغ خانـواده ی نـادر را بـه دو قسـمت جـدا می‌کـرد و نـادر هـر روز در آن بـه تمریـن فوتبالـش می‌پرداخـت و شـاهد بـالا رفتـن ایـن بنا بـود و در شـگفت که چقـدر چیزها سـریع شـکل مـی گیرند و از اینکـه خانواده ای در مجـاورت خانه شـان زندگی خواهند کـرد، خوشـحال بـود. درآن اطـراف خانواده هـای زیادی نبود اما در سـمت شـرق خانه شـان تعـدادی خانـوار یهـودی نزدیک رودخانـه کوچکی زندگـی می‌کردنـد. زمینی که خانـه نـادر در آن واقـع شـده بود آنقدر بزرگ بـود که دو خیابان متقاطـع آن را به چهار قسـمت مساوی تقسـیم کـرده بـود، در ایـن خیابـان ها بـه راحتـی دو ماشـین از کنار یکدیگـر رد می‌شـدند، در وسـط تقاطـع میـدان کوچکـی احـداث شـده بود که وسـط آن حـوض فـواره داری داشـت و دور آن باغچـه ای پـر از گل‌های رنگارنـگ بود. وقتیکه نـادر نمی‌توانسـت بـه زمین فوتبال بـرود و یا وقتیکه کاری برای سـرگرمی نداشـت. در ایـن خیابـان تمریـن می‌کـرد. او همچنان تـوپ فوتبالـش را از برادرش مخفـی می‌کرد و مجبـور بـود در غیاب او تمرین کند. طولی نکشـید که سـاختمان تمام شـد و خانواده ای بـه آنجـا نقـل مـکان کـرد، در اتاقهـای طبقـه دوم کـه مشـرف بـه خیابانی بـود که نـادر آنجـا تمریـن می‌کرد سـه نوجوان سـاکن شـده بودند، ایـن اتاقها کاملاً مشـرف به خیابـان بـود و آنها از پنجره های اتاقشـان می‌توانسـتند بـازی او را ببیننـد. نادر می‌دید آنهـا خصوصـا برادر بزرگشـان گاه گاهی جلوی پنجره ایسـتاده و او را تماشـا می‌کردند.

یکـی از ان روزهـا صـدای او را شـنید، «همبازی مـی خواهی؟»

«نـادر سـرش را بلند کرد، پسـر خوش سـیمای بلند قـدی را دید کـه جلوی پنجره

طبقـه دوم ایسـتاده بـود، معلـوم بـود کـه جواب نـادر بله بـود. جـوان از جلـوی پنجره غیبـش زد و طولـی نکشـید کـه ازطریق تیر سـیمانی بـرق کنار دیـوار روی دیـوار و به داخـل باغ نـادر پرید، «اسـم من حسـینه...»

«نادر هستم»

و بـازی آنهـا و بایـد گفـت دوسـتی آنهـا از همـان لحظـه آغاز شـد. وقتی حـرف از فوتبـال و یـا شـنا بـود حسـین تـوان مقابله نداشـت، امـا زمانی کـه صحبت بسـکتبال می‌شـد ایـن نـادر بـود که حرفی برای گفتن نداشـت و همیشـه بـه او می باخـت. بازی آنهـا بطـور روزانـه و چنـد هفتـه ادامـه یافـت. امـا ناگهان حسـین بـه مدت یـک هفته پیدایـش نشـد نـگاه نادر هر روز بـه پنجره ی اتاق حسـین دوخته بود، اما هیچ نشـانی از حسـین نبـود کـه نبـود. نادرمی خواسـت در خانه شـان را بزنـد اما حس کـرده بود کـه شـاید حسـین مشـکلی در خانـه داشـت باشـد و نمی‌خواسـت او جلوی خانـه آنها ظاهـر شـود. بخاطـر همیـن از رفتن بـه خانه حسـین پرهیز کـرد. نادر خیـال می‌کرد کـه شـاید حسـین هم مثـل او بـدون اجازه پـدرش بازی می‌کـرد، چون اگر غیـر از این بـود از نـادر بـرای رفتـن به خانه شـان دعـوت می‌کـرد، بعلاوه وقتـی پـدرش خانه بود بیـرون نمی‌آمـد. بعـد از چندیـن روز حسـین دوبـاره پیدایـش شـد، امـا حسـین قبلی نبـود، بسـیار بـی حوصلـه بود، هیـچ توضیحی هـم در مورد علـت غیبتش نـداد. بعد از اینکـه چنـد دقیقـه بازی کردند، حسـین خیلـی ناراحت و کج خلق شـد و بـدون دلیل بـا نـادر وارد بحـث و عصبانـی شـد و رفت، نـادر از رفتار دوسـتش متحیر شـد، چون تا قبـل از آن هرگـز چنیـن رفتـاری را از حسـین ندیـده بـود، کنجـکاو شـد بفهمد قضیه چیسـت، سراسـر روز بعد را در مدرسـه به حسـین فکر می‌کرد. مدرسـه شـان جدا بود و فقـط یکدیگـر را بعـد از مدرسـه می‌دیدنـد، اما هر دو سـال تحصیلی‌شـان یکـی بود.

چنـد روز نـادر بـه ایـن فکـر می‌کـرد کـه بـه در خانـه حسـین برود یـا نه تـا اینکه یـک روز صـدای ضربـه ای را کـه به پنجره اتاقش کـه بطرف کوچه بود خورد را شـنید، پنجـره را بـاز کـرد، حسـین ناراحـت پشـت پنجـره بـود و بـه نـادر نـگاه می‌کـرد، نان سـنگکی هـم در دسـت داشـت، معلوم بـود از نانوایی بر می گشـت، با انـدوه اظهار کرد، «اومـدم بگـم که خیلی متاسـفم که سـرت داد زدم تقصیر تو نبود باید خـودم را کنترل می‌کـردم مـن بایـد قبـل از اینکـه پـدرم برگرده خونه باشـم.» بعد حسـین بـا عجله از

جلـوی پنجـره غیبـش زد، و نـادر را نگـران و پر از سـوالات بی پاسـخ تنها گذاشـت. اما خیالش راحت شـد که او باعث ناراحتی و عصبانیت دوسـتش نبوده و به فکرش رسـید که حسـین هم شـرایطش مثل خودش اسـت. چون نادر همیشـه تحت نظارت وکنترل بـرادرش زندگـی می‌کـرد بخوبی می‌توانسـت حسـین را درک کند. پدر حسـین رئیس دادگاه حمایـت خانـواده در تهـران بـود، مرد سـخت گیـری بود و علی رغم اینکه شـغل قضـاوت اختلافات خانوادها را داشـت بـا این حال اوضاع و احوال خانواده خودش بسـیار در هـم وآشـفته بود. حسـین دربـاره پدرش چیـزی به نادر نگفتـه بود، امـا بالاخره یک روز طاقتـش تمام شـد و نتوانسـت خـودش را کنترل کند، گویی از همـان اول هم فقط آمـده بـود دردش را بـا نادر به اشـتراک بگذارد، به محض اینکـه او را دید بغضش ترکید و اشـکش مثـل ابـر بهـاری جاری شـد، هق‌هق گریه اش نمی‌گذاشـت درسـت صحبت کنـد، جملاتـش مقطع بود آنقدر خشـمگین ودل شکسـته بـود که برای پـدرش آرزوی مـرگ می‌کـرد. حـالا نـادر بیش از گذشـته احسـاس رفاقـت و صمیمیت با او را داشـت و بسـیار برایـش غمگیـن و متاسـف شـده بـود. بخوبی میتوانسـت تصور کنـد او در چه رنجـی بسـر میبـرد. چیـزی کـه حسـین را بیشـتر از همـه رنـج مـی‌داد این بـود که او پدرش را مسـئول مرگ مادرش می‌دانسـت و هرگز او را بخاطر آن نمی بخشـید و از او متنفـر بـود. نـادر تـازه فهمید که حسـین بـا نامادریش زندگـی می‌کند و نه بـا مادرش و ایـن موضـوع بـه تنهایـی برای هـر فرزنـدی میتواند مصیبتی باشـد. نادر متوجه شـد که زندگی آن دو در مواردی بسـیار بهم شـبیه اسـت و شـاید به همین دلیل سـر را هم قـرار گرفتـه انـد. حـالا اتحاد و دوسـتی آنهـا قوی تر از گذشـته بـود. نادر فکـر می‌کرد کـه مـی تواننـد بـرای یک عمر با هم دوسـت بمانند. بعد از گذشـت چند هفته حسـین آرامتـر و تقریبـاً عـادی شـده بـود. آنهـا مرتـب و دزدکـی از خانه خـارج شـده و فوتبال بـازی می‌کردنـد. یـک روز بـرای خـوردن غـذای مختصـری بـه یک سـاندویچ فروشـی محلـی رفتنـد. نـادر می خواسـت دربـاره اوضاع داخلی خانه حسـین بیشـتر بدانـد، اما نمی‌توانسـت فرصت مناسـبی پیدا کند که از او سـئوال کند. او احسـاس کرد حسـین نمـی خواهـد چیـزی بگویـد و غالبـاً از حـرف زدن دربـاره اش طفـره می‌رفـت، در پس افـکار نـادر بـه علـت نگرانـی از وضعیـت حسـین معضلـی ایجـاد شـده بـود. سـال بعد حسـین در مدرسـه نـادر ثبـت نـام کـرد و آنهـا بـا هم همکلاسـی شـدند و تـا آنجا که

می‌توانستند از دوران نوجوانی‌شان لذت می‌بردند. در این زمان نیمی از خانه نادر به یک بانک محلی بنام صادرات اجاره داده شد و در بخشی از همان ساختمان یک کلوپ ورزشی زیبا برای کارمندان بانک احداث شد. جنبه مثبتی که داشت خانواده نادر دسترسی کامل به تمام امکانات آنجا را داشتند و نادر شبانه روز از استخر بزرگش که مطابق با استانداردهای بین المللی بود استفاده می کرد و در آنجا شنای برنامه ریزی شده اش را شروع کرد و عملاً تمام ساعاتی را که در زمین فوتبال نبود در استخر می گذراند. طولی نکشید که آماده برای مسابقات کشوری شد. اما هنوز هم به درس و مدرسه اهمیت نمی‌داد و تا آنجا که می‌شد آنها را نادیده می‌گرفت. اما با این حال و با اینکه مطالعه ی اندکی هم می کرد همیشه قبول می‌شد، بزرگترین مشکلش هم درسهای املا بود و عربی، نادر گاهی است را با ص می نوشت، در طول این مدت اوضاع خانه حسین و شرایط خانواده اش هر روز رو به وخامت بود و مشکلات حسین هر روز بیشتر می‌شد. کسی نمی‌توانست حدس بزند که حسین، دو برادرش و پدر و نامادری اش در چه وضعیتی زندگی می کردند، آنها وانمود می کردند که خانواده خوشبختی هستند، اما در حقیقت عکس آن بود. از طرفی هم نادر چنان سرگرم شنا و فوتبال شده بود که هیچ اطلاعی از موضوعات داخلی خانواده خودش نداشت. چیزی که او نمی‌دانست این بود که مشکلات مالی آنها بیشتر شده بود و در حالیکه تمام اعضاء خانواده اش دچار آشفتگی مالی شدید بودند او در دنیای رویایی فوتبال و شنا زندگی می کرد. هیچ چیز دیگه آشفته اش نمی‌کرد و بیشتر افراد خانواده هم نمی‌خواستند او مضطرب شود و فکر می‌کردند برایش بهتر است که درباره مشکلات مالی چیزی ندانند. او دیگر یک بازیکن قابل احترام در فوتبال شده بود و اگر در بازیی حضور داشت تیم آنها برنده می‌شد. هنوز هم پنهانی از برادر بزرگش بازی می کرد، کفشها و لباس ورزشی اش را در میان درختان یا پیش دوستانش مخفی می کرد و سر راهش آنها را بر می داشت و برای اینکه کسی متوجه نشود باید برنامه ریزی دقیق و منظمی ترتیب می‌داد. او غرق در بازی فوتبال و شنا شده بود، گاهی هم به خانه درختیش می‌رفت و ساعتی می‌نشست و به یاد عشق ویولونزنش در رویای او گم می‌شد و به این فکر می کرد که اگر آنجا بود و بازی فوتبال و یا او را در استخر می‌دید که بی شباهت به ماهی

نبـود، حتمـا عاشـقش می‌شـد و به او افتخـار می کرد. کسـب موفقیـت و افتخاراتش در فوتبـال و شـنا برایـش بـه انـدازه بدسـت آوردن معشـوقش مهـم نبود، هیـچ چیز جای عشـق ویولونزنـش را در قلـب او نمی گرفـت وقلبش بـه او اختصاص داشـت. البته اضافه شـدن حسـین بـه زندگـی اش تا انـدازه ای کمـک کرد تا فکـرش از دختـر ویولن زنش منحـرف شـود. امـا هـر بـار کـه در پی موسـیقی بود و یـا آهنگی مـی شـنید اینطور به نظـر می‌رسـید کـه چهـره آن دختر جادویـی در ذهنش شـکل می گرفت. بـزودی و در نهایـت تعجـب نـادر متوجـه شـد که حسـین از اینکه نـادر تمـام وقتش را صـرف بازی فوتبال و شـنا در اسـتخر می کرد چندان خرسـند نبود و علنا شـروع به غر زدن و ایراد گرفتـن از نـادر کـرد و دم بـه دم او را نصیحـت می کـرد و می گفـت کـه وقتـش را تلف می کنـد، امـا وقتـی دیـد نادر گوش شـنوا نـدارد کم کـم لحنش تغییـر کرد وهمـراه با عصبانیـت شـکل سـرزنش بخودش گرفت. حسـین سـعی می کرد کـه نـادر را به درس خوانـدن بیشـتر تشـویق کند، امـا واقعیت این بود کـه خودش هم در همان سـطح نادر بـود و نمـره هایشـان تقریبـاً یکی بودنـد. چیزی را که حسـین به آن فکـر نمی کرد این بـود کـه وقتـی را که نادر در اسـتخر می گذراند برایش منفعت داشـت، او شـناگر قابلی شـد و خیلی زود توانسـت بـه رقابتهای کشـوری بپردازد.

اگـر چـه چنین موفقییتی می بایسـت باعث خوشـحالی و سـرفرازی هـر خانواده‌ای باشـد کـه پسرشـان بـه چنیـن مهمی دسـت یافته اسـت و مـی توانـد قهرمان شـنای کشـور شـود و یـا در تیمهـای حرفـه ای فوتبـال بـازی و حتـی در آینـده بـه تیـم ملی بپیونـدد امـا بـرادر نادر که در ابتدا از پیشـرفت او در شـنا راضی و خشـنود بود لحظه‌ای کـه متوجـه شـد کـه او امـکان بـه قهرمانـی رسـیدن را دارد فقط بـه خاطـر اینکه فکر می کـرد حتـی قهرمـان شـدن آینـده ای بـرای او نخواهد داشـت و امـکان دارد نـادر از درسـهایش غافل شـده و سـبب شـود کـه او در رشـته مهندسـی و یا دکتـری و وکالت موفقیتـی بدسـت نیـاورد کامـلاً بـا ادامـه ورزش مخالفـت و در مقابـل نادر ایسـتادگی کـرد و حتـی نمی‌خواسـت چیـزی دربـاره‌اش بشـنود. در نظـر او نـادر بایـد یـک دکتر یـا مهنـدس یـا وکیـل می‌شـد و انتخـاب دیگـری وجـود نداشـت. در چشـم او شـنا و فوتبـال فقـط سـرگرمی بودند و هرگز شـغل به حسـاب نمی‌آمدند. عباس بـدون اینکه بدانـد بـه یـک فرمانـده ارتش تبدیل شـده بـود و در چشـم او نـادر، یکی از سـربازانش

بـود کـه تحـت فرمـان او هسـتند و بایـد بـدون چون و چـرا تنهـا اوامـر او را دنبال کند و هیـچ سـوالی هـم نداشـته باشـد. امـا نـادر می‌دانسـت کـه هرگـز بـه دنبال خواسـته بـرادرش نخواهـد رفت، ولی طبق آداب و رسـوم می بایسـتی به بـرادر بزرگترش احترام می‌گذاشـت، مخصوصـاً که بـرادرش بعلت معتـاد بودن پدر حالا سرپرسـتی خانـواده را بعهـده داشـته و جایگزیـن او بـود. بنابرایـن او نمی‌توانسـت بـه خودش اجـازه بدهد که بـا انجـام کاری کـه برخـلاف میل برادرش اسـت بـه او بـی احترامی‌کنـد. او مجبور بود بـا سیاسـت رفتـار کنـد، اما آنقدر مهارت نداشـت کـه کامـلاً در مقابـل او زیرکانه عمل کنـد. از طرفـی او می‌دانسـت کـه عبـاس مـرد بـدی نیسـت و کاری را انجـام می‌دهـد کـه فکـر می‌کنـد به صـلاح نادر اسـت و او مـی خواهـد آینده بهتـری را بـرای برادرش پایـه گـذاری کنـد. او شـاهد بـود که هـر چه بـرادرش در آمـد داشـت را بـرای خانواده خـرج می‌کـرد در حقیقـت مقـداری از حقوقـش را هـم هـر مـاه برای خـرج تحصیلات بستگانشـان اختصـاص مـی‌داد. ایـن نشـان می‌داد کـه برادرش انسـان خوبی اسـت. اما در عیـن حـال هیچکـس جـرات و قـدرت نداشـت در مقابـل عبـاس بایسـتد. او مـورد احتـرام کل فامیـل و همچنیـن تمام کسـانی که آنها را می شـناختند بود و این بیشـتر بـه خاطـر موقعیـت اجتماعـی او بـود. البتـه عباس همیـن رفتـار را با همه داشـت و نه تنهـا بـا نـادر، درسـت مثـل اینکـه یـک پـادگان را اداره می‌کند نه یـک خانـواده را. اما نسـبت بـه نـادر بسـیار حسـاس تـر بود چرا کـه به او بیشـتر علاقـه داشـت و ته قلبش می‌دانسـت کـه نادر می‌توانسـت بـه درجات بالاتـری برسـد و این احساسـات دو جانبه مشـکل تصمیـم گیری نادر را که باید در مقابل عباس ایسـتادگی کند و یـا از او پیروی، زندگـی را بـرای نـادر بسـیار مشـکل‌تر می‌کرد.

نـادر دریافتـه بـود که رفتـار ناخوشـایند و غیر معقـول و آزار دهنده پدرشـان روی طریقـه برخـورد برادرش بـا آنها تاثیر زیادی گذاشـته بود. او مخالف شـدید مصرف مواد مخـدر و الـکل بـود، عبـاس در این عقیـده بود که ثروت انسـان می توانـد در یک لحظه نابود شـود، اما تحصیلات همیشـه با انسـان باقی می ماند و سـرمایه ای بود که نابودی نداشـت. امـا نـادر بـه تنهـا چیـزی کـه هرگـز فکـر نمی‌کـرد پـول و ثـروت و موقعیت اجتماعـی داشـتن بـود و نمی‌توانسـت درسـهایی را که بـه زور به مغزش فـرو می‌کردند را درک کند و بفهمد. او فقط می خواسـت کاری را که دوسـت دارد انجام بدهد و شـاد

و سرگرم باشد و البته عباس تنها کسی نبود که نادر باید او را خوشحال می‌کرد، برادر بزرگ دیگرش بیژن هم بود که دستور کار خودش را داشت. او با نصیحت‌های مداوم روزانه خود در مورد آینده نادر حضور و موقعیت خودش را بعنوان برادر بزرگتر یاد آوری می‌کرد. آنها هر کدام فلسفه متفاوتی داشتند و فرق آنها با هم مثل تفاوت شب و روز بود و مادرش هم از طرف دیگر دائماً گوشزد می‌کرد و نق می‌زد یا اینکه با ملایمت او را نصیحت می‌کرد که باید در یک اداره دولتی استخدام شوی... و در اینصورت یک حقوق ثابتی خواهی داشت که مادام‌العمر ماهیانه برایت خواهد بود. مثال دائمی او یکی از مردانی بود که در اداره ثبت شهری نزدیک مزرعه شان استخدام شده بود و مثل یک پادشاه با همان حقوق کمش زندگی می‌کرد. نادر می‌دانست که منطق مادرش برچه مبنایی استوار بوده است. شما می‌توانستی ثروت زیادی داشته باشی، مثل یک کوزه پر از طلا که مخفی باشد اما اگر ناپدید شود دیگر نمی تواند به شما کمکی کند، اما دریافت حقوق مرتب حتی اگر میزانش کم هم باشد این درآمد قطع نخواهد شد و می‌توان در آرامش زندگی ساده ای را ادامه داد. مادرش همیشه درباره آینده او نگران بود چون او بسیار دست و دلباز بود و پول و ثروت برایش هیچ ارزشی نداشت و براحتی بذل و بخشش می‌کرد. همگی نگران آینده او بودند، اما نادر برای مقابله با همه این دل نگرانیها و بگو مگوها خودش را درآب دلچسب استخر رها می‌کرد و غوطه می‌خورد. گاه گاهی که افکارش بیش از حد در گیر می‌شد آرزو داشت که پیرمردی که در نو جوانی به خوابش می‌آمد بر او ظاهر شده و دوباره به او آرامش دهد اما... ظاهر شدن او از چند وقت پیش متوقف شده بود. او هرگز برای فهمیدن اینکه او چه کسی بود کنجکاوی نکرده بود. هرگز به خود نگفت این پیرمرد عاقل و دلسوز چه کسی بود؟ یا چرا از او نامش را نپرسید؟ یا اینکه از او چه می خواست؟ او هنوز هم نمی‌دانست و همچنان حضور او در زندگیش همانند یک راز بود. وقتیکه دوست مسن عاقلش به ملاقاتش می‌آمد دیگر هیچ چیز نمی‌توانست رویش تاثیر بگذارد. آرزو داشت پیرمرد همان دور و بر باشد تا درباره حسین از او بپرسد، حتماً باید جوابی برایش داشته باشد. دوستی او با حسین کمی دچار نوعی آشفتگی شده بود. حسین مخالف ورزش کردن نادر بود. در کل از اولین ملاقاتی که با حسین داشت،

او خیلی کمتر رفتارش مسالمت‌آمیز بود. حالا هر وقت با هم بودند بیشتر بحث می‌کردند که حق باکیست و چه کسی درست می‌گوید، اما هر دو حد و حدود خود را می‌دانستند و اجازه نمی‌دادند این اختلاف نظرها به دوستیشان لطمه زده و منجر به پایان آن شود. چندی بعد در زمین خالی کنارخانه حسین ساختمانی را شروع به ساخت کردند و در ظرف چند ماه خانواده‌ای به آنجا آمدند. در پنجره طبقه دوم این خانه دختر زیبای باریک اندامی شروع به ظاهر شدن کرد. در آن زمان نادر زیاد در فکر دختر ها نبود و غرق در شنا کردن و فوتبال شده بود. اولین بار که دختر را در قاب پنجره دید، سریعاً دختر ویولونزنش را به خاطر آورد. برای نادر جای تعجب بود که او کجاست، هر بار که او را بخاطر می آورد صدای ساز او در گوشش طنین می انداخت، دیدن این دختر همسایه تازه کششی را که در قلبش نسبت به عشق ویولونزنش داشت را دوباره زنده کرد. او برای لحظه‌ای به طرف خانه درختی که مدتها پیش ساخته بود، نگاه کرد و روزها در افکار خودش غرق شد. ظهور فرشته گونه این دختر باریک و بلند روابط او با حسین را تغییر داد. رفتار حسین دوستانه‌تر شده بود و کمتر قضاوت می‌کرد، علاوه بر این دیگر چیزی برای انتقاد از نادر در مورد دختر ویولونزنش وجود نداشت، چرا که حسین خاطر دختر جدید را به دل گرفته بود. حالا این حسین بود که کارش شده بود موش و گربه بازی کردن با این دختر تازه رسیده و خود نمایی جلوی چشمان او. برای تحت تاثیر قرار دادن دختر تازه وارد رقابت رسماً شروع شد. این موضوع زمانی بود که حسین شروع کرده بود به کلاس کاراته رفتن. یک روز او با چند تکه آجر نمایشی اغراق آمیز اجرا کرد، آجرها را روی هم گذاشت بعد از چند دقیقه مدیتیشن و جمع کردن انرژی اش با کوبیدن دستش روی آجرها، آجر بالایی را خرد کرد و در آن لحظه دختر و دوستانش تماشاچیان این صحنه بودند. از آن روزی که آجر ها شکسته شد نادر به کاراته علاقمند شد. در ظرف چند روز غرق در بازی و تمرین کاراته شد. حسین و نادر هر دو می خواستند در کاراته مهارت یافته و حرفی برای گفتن داشته باشند و برای همین در رقابت شدند و نمایش آنها برای دختر همسایه و دوستانش ادامه داشت. اما گاهی همه چیز از کنترل آنها خارج می‌شد و رقابت دوستانه آنها مسیرش عوض می‌شد. گاهی با اره قسمتی

از آجرهـا را مـی بریدنـد کـه شکسـتنش راحت‌تر باشـد ونمایـش جذاب تـری از قدرت نمایـی اجـرا کننـد. ایـن بزرگترین حقه‌ای بـود کـه آن دو در پرونده زندگـی خود ثبت کـرده بودنـد. همـه اینکارهـا برای تحـت تاثیر قـرار دادن دختر همسـایه بـود. یک روز صبـح در ایسـتگاه اتوبـوس دختـر همسـایه به حسـین علامـت داد که می خواهـد با او صحبـت کـرده و دوسـت شـود امـا حسـین و حتـی نـادر وقتـی موضوع جدی می‌شـد و زمـان نزدیـک شـدن و صحبـت بـا دختر میرسـد بسـیار خجالتـی بودند. هیـچ راهی وجـود نداشـت آنهـا بتوانند قـدم پیش بگذارند و سـر صحبـت را باز کننـد و جالب این بـود کـه آن دو بـه هـم تهمت ترسـو بـودن می‌زدند که تـوان صحبت کردن بـا دخترها را نداشـتند. در تمـام طـول دوسـتی نـادر و حسـین رابطه ی آنها همیشـه بـالا و پائین می‌شـد. امـا همیشـه رفاقـت آنها باقی بـود و قطع نمی‌شـد. قصه ی مـوش و گربه بازی آنهـا بـا دخترها هم همیشـه ادامه داشـت و همچنان هیچکـدام برای صحبـت کردن با آنهـا قدمـی جلو نمی گذاشـت.

*****

فصل پنجم

وقتی همه ی آرزوهای شما بر باد می رود...

تابســتان از راه می‌رسـید و نـادر نمی‌توانســت هیجـان خـود را بـروز ندهـد، شـور و حال عجیبی داشــت. زمان شـروع مسـابقات فوتبال و شـنا و جمع شـدن دوسـتان دور هـم و گفتگـو دربـاره‌ی تمـام کارهـا و فعالیت‌هایـی بود کـه نـادر از آنها نهایـت لذت را می‌بـرد. خصوصـا رویـای قهرمان شـدن هـر روز در وجـودش قوت بیشـتری می گرفت. نـادر دوسـتان جدیـدی در گـروه شـنای خود داشـت. هر روز از سـاعت یک بعـد ازظهر تـا پنـج و شـش عصر اسـتخر بـود و تمرین شـنا می کرد و بین تمرینات شـنا همیشـه بـازی فوتبـال در کنـار اسـتخر بـا پـای برهنـه و یـک دروازه کوچـک بـدون دروازه‌بـان برقـرار بـود. بـازی کـن معروف تیـم ملی فوتبـال پرویز قلیچخانـی گاه به گاه برای شـنا پیـداش می‌شـد و نـادر از بـازی بـا او بسـیار لـذت می‌بـرد، هـر دو آنها در قسـمت بک بـازی می کردنـد. درایـن تیـم تعـدادی بازیکـن از کلوپ‌هـای شـناخته شـده دیگر هم بودنـد امّـا هیچکـدام معروفتـر از قلیچخانـی نبودند. حالا بـازی فوتبال و شـنای نادر در سـطح رقابتهـای حرفـه‌ای بـود. برادرش عبـاس چندان مخالفتی با شـنا نداشـت زیرا از نظـر او شـنا بـرای مردم عادی ورزش محسـوب نمی‌شـد. شـاید هـم به خاطـر این بود کـه نادرجـان عبـاس و دوسـتش را در همـان اسـتخر نجـات داده بـود. یـک روز عباس مشـغول شـوخی بـا یکی از دوسـتانش بود و او را به قسـمت عمیق‌تر اسـتخر بـرده بود و نمی‌دانسـت کـه شـنا نمی‌دانـد. دوسـتش به بـرادرش چنـگ انداخت و هر دو سـریعاً بـه تـه آب رفتنـد دوسـت عبـاس او را نگه داشـته بـود و ول کن هـم نبود و هـر دو کم کـم داشـتن خفـه می‌شـدند. ایـن اتفـاق بعـد از سـاعت کار اسـتخر رخ داده بـود و آن موقـع غریـق نجات در اسـتخر نبود. برادرش همیشـه وقتی از اسـتخر اسـتفاده می کرد کـه بـرای بقیّـه بسـته بود، ایـن اتفاق حدود هفـت بعد از ظهـر روی داد و نـادر در خانه شـام می‌خـورد کـه کسـی از محوطـه اسـتخر فریـاد بـرآورد: «کمـک نادرخـان، کمک نادرخان...»

و سپس بلور شروع کرد به فریاد و صدا زدن او. نادر از پنجره بیرون پرید و از طریق محوطه باغ به طرف استخر با هر سرعتی که در توان داشت دوید، این مسافت حدوداً هفتصد متر بود هنوز به استخر نرسیده بود فریاد نگهبانی با ترس و هراس بطرف او بلند شد، "برادرتان، برادرتان نادر خان... داره غرق می شه...!»

نادر خودش را به کنار استخر رساند و نگهبان دوید به طرف قسمت عمیق و اشاره کرد به برادر نادر و دوستش داخل قسمت گودی استخر، با دیدن عباس زیر آب او هم معطل نکرد و شیرجه زد، در ظرف چند دقیقه هردوی آن‌ها را از استخر بیرون کشید، نادر حتی متوجه بریدگی روی سینه‌اش هم نشده بود. بعدها حدس زد که دوست برادرش از ترسش وقتی که نادر به او نزدیک شده بوده، به سینه‌اش چنگ انداخته تا نادر را بگیرد. نادر مجبور شده بود به او فشار بیاورد تا او عباس را رها کند تا نادر بتواند آن‌ها را بیرون بکشد. آندو مدّت‌ها بعد از آن حادثه همیشه سر اینکه چه کسی مقصر بوده باهم بحث و جدل داشتند. بنظر می‌رسید بخاطر همین عباس تحت تأثیر قرار گرفته بود و حالا چندان مخالفتی با شنا کردن نادر نشان نمی‌داد، اما در مورد فوتبال سخت گیری و مخالفت همچنان ادامه داشت. بالاخره زمان مسابقات شنا و فوتبال فرا رسید و نادر برای رقابت‌های پیش روی آماده می‌شد. نادر همیشه فکر می‌کرد که عباس از فوتبال بازی کردن او خبر ندارد، امّا در اشتباه بود، چیزی نبود که عباس از آن خبر نداشته باشد، او همه چیز را درباره همه کس می‌دانست، خصوصا برادرش نادر. قبل از همه چیز او یک مأمور سری آموزش دیده بود و با هر قدمی که در زندگی برمی‌داشت از تمام اطلاعات خبردار می‌شد.

اواسط مرداد بود و مسابقات فوتبال ظرف یک هفته شروع می‌شد. همین‌طور مسابقات شنا، برنامه هم مشخص شده بود. تنها یک مسابقه فوتبال بود که با مسابقه شنای نادر تداخل داشت. نادر خوشحال بود که می‌تواند در هر دو مسابقات شنا و فوتبال شرکت داشته باشد. در آن مدت به سختی توانسته بود ملاقاتی با حسین داشته باشد، دلش برای حرف زدن با او درباره چیزهایی که در زندگی برایش رخ داده بود تنگ شده بود، حدوداً یک ماه پیش بود که او را در مسیر خانه شان دیده بود و فهمیده بود که حسین از چیزی ناراحت است و دیگر او را ندیده

بـود، فکـر می کرد شـاید برای مـدت کوتاهی به شـهر زادگاهـش "بروجرد" رفته باشـد. حداقـل امیـدوار بـود چنین باشـد. خیلی دلش می خواسـت حسـین در کنار اسـتخر و یـا بیـن تماشـاچیان فوتبال او را تشـویق کند.

نـادر بـرای یـک باشـگاه به طـور حرفـه‌ای فوتبـال بـازی می کـرد. با پسـران بزرگ البتـه بـا نـام جعلـی نمی‌خواسـت نـام اصلـی‌اش در جایـی درج نشـود. ایـن کار بـرای ایـن بـود کـه اگـر چیزی در موردش نوشـته شـد زیر اسـم اصلیش نباشـد کـه برادرش از آن اطـلاع پیـدا کنـد. جلـوی دوربیـن عکاسـی هـم نمی‌رفـت و نمی‌خواسـت مردم چیـزی دربـاره او بداننـد. خوشـحالی و لـذّت او در ایـن بـود کـه در میـدان فوتبـال بـا شناخته‌شـده‌ترین بازیکن‌هـای مملکـت بـازی می کنـد. در اولین بـازی در این باشـگاه تیم‌شـان برنـده شـد و نـادر یکـی از مهره هـای اصلی بـرد آنها بحسـاب می آمـد. بازی بعـد شـش روز دیگـر بـود امّـا به دلیلـی آرامش نداشـت. انـرژی بـدی او را احاطه کرده بـود کـه آزارش مـی‌داد. خودش هم نمی‌دانسـت چرا؟ احسـاس کرد که نبایـد در بازی بعـدی حضـور داشـته باشـد امّـا چگونـه می‌توانسـت از شـرکت در چنین بـازی مهمی خـودداری کند؟

شـب قبـل از بـازی خیلـی نگران بـود، خوابـش نمی‌برد، زودتـر از معمول بلند شـد از اتـاق خـارج شـد و درمیـان مـه عبـاس را دیـد کـه در بیـرون ورزش می کنـد. او آن تمرین‌هـا را حـدود چهـل و پنـج دقیقه کـم و بیش انجام مـی‌داد. وقتی که نـادر را دید درحالـی کـه به چشـم‌هایش نـگاه می کـرد گفت:

«درسـت اسـت کـه الآن مدرسـه نـداری، امّـا بایـد بـرای مطالعـه درس‌هـای سـال آینـده‌ات حداقـل یکی دو سـاعت در روز مطالعـه کنی. باید پایه‌ات قوی باشـد تا بتوانی در یـک رشـته خوب در دانشـگاه وارد شـوی..»

نـادر از چنیـن سـخنرانی هایـی بیـزار بـود، بخصـوص صبح بـه آن زودی. متأسـف شـد کـه چرا درسـت در آن لحظـه از رختخواب بیرون آمده اسـت. قبـل از اینکه بتواند جوابـی آمـاده کنـد صـدای مـادرش بلنـد شـد، «عباس سـر صبحـی ولش کـن... اون درسشـو می‌خونـه، وارد دانشـگاه هـم میشـه». همیشـه وقتـی کـه نـادر بـه دنبـال راه فـراری از دسـت بـرادرش بـود، مادرش به کمکـش می‌آمد. عبـاس و مادرش شـروع به بحـث کردنـد و در ایـن حـال نـادر وانمـود کـرد کـه باید بـه توالت بـرود، درسـت مثل

این‌کـه آنجـا اتـاق دومـش اسـت و تنهـا محلی کـه خلوتش را کسـی بهـم نمی‌ریخت.

درحالـی کـه در توالـت نشسـته بـود بفکرش خـورد که حضـور بی موقـع و طولانی بـرادرش درسـت روزی کـه او مهمتریـن مسـابقه اش را داشـت معمولـی نیسـت. او بـه سـختی ایـن دوربرهـا می‌ماند و اگـر در تهران هم بـود طولانی مـدت در خانه نمی‌ماند. بـرادرش در را زد و گوشـزد کـرد کـه بـه اندازه کافی آنجا مانده اسـت. نـادر مقداری آب داخـل توالـت ریخـت که وانمـود کند کارش تمام شـده اسـت. او فقط می خواسـت که بـرادرش ورزش را تمـام کنـد و بـه اتاقـش بـرود تـا بتوانـد خانه را تـرک کند، امّـا او در توالـت مـدت طولانـی مانـده بـود. وقتـی در را بـاز کرد دیـد مـادرش آنجا ایسـتاده و با چشـمان باز شـده خیره مانده اسـت. او نگران بود که نادر مریض شـده باشـد و بخاطر همیـن مقـداری داروی سـنّتی خانگـی از چندیـن نوع در سـینی که در دسـت داشـت آمـاده کـرده بـود، او برای هر قسـمت از بدن شـما دارویی داشـت، به نظر می‌رسـید که فـوراً می‌فهمیـد کـه چـه مشـکلی برای شـما پیش آمـده و به طـور اعجاب‌انگیـزی این داروهـا کامـلاً خـوب عمل می کردنـد، حتی اگر فکـر نمی کردید که مشـکلی پیدا کرده باشـید بازهـم خـود به خـود احسـاس می کردید بهتـر از قبل شـده‌اید.

«مـادر مـن خوب هسـتم، هیچ چیزیم نیسـت... فقط می خواسـتم از دسـت عباس خـلاص شـوم، لطفاً کاری با من نداشـته باشـید، به هیـچ دارویی احتیاج نـدارم..."

نادر می‌دانسـت بعد از توضیحی که در مورد برادرش داد مادرش او را تنها گذاشـته و دنبالـش نمـی‌رود. از توالـت بیـرون آمـد و به سـرعت لباسـش را عوض کـرد و قبل از این‌کـه عبـاس بتوانـد تکالیفـی را برایـش تعیین کنـد کـه کل روزش را بگیـرد از خانه خـارج شـد. آن روز جمعه و روز تعطیلی بود. اگر نمی‌توانسـتید عبـاس را در طول هفته ببینیـد، می‌توانسـتید مطمئـن باشـید کـه روز جمعـه حتمـاً او را خواهید دیـد. در این تعطیـلات آخـر هفتـه، او به طور غیرمنتظـره‌ای به جـای جمعه روز پنجشـنبه به خانه مـادرش آمـده بـود، امّـا نـادر خوش شـانس بـود و توانسـت صبـح از خانه خارج شـود. مسـابقه سـاعت چهـار عصـر شـروع می‌شـد و آن موقع سـاعت هفـت صبح بـود و نادر می‌بایسـت ایـن سـاعات را یـک جـوری بگذرانـد. خسـته بود و نمی‌دانسـت کجـا برود، نمی‌توانسـت بـه خانـه خواهـرش بـرود چـون ممکـن بود عبـاس به آن‌ها سـر بزنـد. به دوسـتانش فکـر کـرد. «حمیدی» دوسـت هم تیمـی‌اش در اولیـن گـروه فوتبالش بود.

«حمیدی» اهل تحصیل نبود بنابراین خانواده‌اش یک مغازه صفحه و نوارفروشی برایش خریداری کرده و او آن را اداره می کرد. نادر به دیدن او رفت و زیر یک پتو بالای بالکونی داخل مغازه ی «حمیدی» دراز کشید. خوشحال بود که از دنیا فرار کرده و می‌تواند تا رسیدن زمان مسابقه آنجا استراحت کند. هنگام رفتن از مغازه «حمیدی» برایش کباب آورد، اما نادر تمایلی به خوردن آن نداشت، چون فکر می کرد سنگین می‌شود و نمی‌تواند خوب بازی کند، ولی در اثر اصرار «حمیدی» برای رعایت ادب قدری از آن خورد و رفت. نادر همیشه به مغازه «حمیدی» سر می‌زد چون که او وسایل بازی فوتبال نادر را در مغازه‌اش نگهداری می کرد. نادر رفت تا سر راهش دوست دیگرش «بهمن» را ببیند. او از هم تیمی‌های شنایش بود. آن دو با هم رقابت می کردند. نادر رکورد شنای آزاد را شکسته بود و «بهمن» رکورد قورباغه را. آن‌ها این دو رشته شنا را به راهنمایی مربّی‌شان آقای «سُروری» انتخاب کرده بودند.

مسابقات رقابتی نزدیک می‌شد و بهمن و نادر به شدت درحال تمرین بودند. امتیاز نادر بر بهمن این بود که استخر در قسمتی از خانه‌اش قرار داشت او وقت بیشتری برای تمرین داشت. نادر بعد از ساعت‌ها تمرین کنار استخر می‌نشست، چشمانش را می‌بست و طول استخر را در نظر می‌گرفت هر ضربه را می‌شمرد و شدت هر نفس را حساب می کرد. او روش «مدیتیشن» خودش را ابداع کرده بود تا روحیه‌اش را بالا نگهدارد و احساس می کرد که این مدیتیشن باعث می‌شود شنا را بهتر انجام دهد. صحبت آن روز او با بهمن طبق معمول درباره «شنا» بود، امّا هیجان زیادی هم به خاطر بازی فوتبالش داشت و در انتظار لحظه‌ای بود که قدم به زمین فوتبال بگذارد و ببیند که استادیوم پُر از هیجان و تماشاچیانی است که بازیکن‌ها را تشویق می کنند. اگر رؤیای او به واقعیت می‌پیوست مثل این بود که بدون بال در آسمان پرواز می‌کند.

از بهمن جدا شد و به استادیوم رفت. می خواست قبل از ورود هرکس دیگری آنجا باشد و قدری تمام محوطه را دراختیار خودش داشته باشد. او وارد استادیوم خالی شد و در ردیف جلو نشست. برای لحظه‌ای فکر کرد این محل به او تعلق دارد و اکنون «یک مرد» است، امّا بلافاصله احساسی مالیخولیایی به او دست داد و

چنیـن بـه ذهنش خطـور کرد کـه دیگر این مـکان زیبـا را هرگز نخواهد دیـد. توجهی بـه ایـن احسـاس نکرد و بـه درک مزه شـیرین آن لحظـه ادامـه داد. کل زندگی‌اش که منجـر شـده بود بـه این لحظـه در ایـن میدان بـه نمایـش درمی‌آمد.

بـرای یـک لحظـه به گذشـته سـفر کـرد، بـه روزهایی کـه پسـر کوچکی بـود و در کوچـه فوتبـال بـازی می کـرد و امیدوار بـود که روزی توپ پلاسـتیکی‌اش بـا یک توپ چرمـی عـوض شـود. تمـام مغـازه دارهـا او را بـه عنـوان پسـر کوچکـی که بـرای انجام دسـتورات خانـواده‌اش بـه این طرف و آن طرف می‌رود می‌شـناختند و حالا آن پسـرک عضـو یـک تیـم فوتبال اسـت و مـرد بزرگی شـده و خیلی‌هـا بـه او احتـرام می گذارند. جـزء معـدود کسـانی بـود کـه می‌توانسـت بـزودی بعنـوان عضـوی از تیم ملـی منظور شـود. مشـغول مـرور ایـن رویدادهـا در ذهنـش بود که چنـد کارگـر وارد شـدند، برای آن‌هـا اهمیـت نداشـت که او کیسـت اسـت. دیگـر وقتی برای رفتـن به اتـاق رختکن و آمـاده شـدن برای بـازی نمانـده بود.

طولـی نکشـید کـه در رختکـن با خـودش تنهـای تنها نشسـته و در فکر بـود، فکر می کـرد چـرا زودتـر از همه آمده بـود. به اطـراف و در ورودی نگاهـی انداخت هیچکس دیـده نمی‌شـد، بـه ذهنـش خورد کـه اگر بقیـه بازیکنان برسـند و ببینند کـه او خیلی زودتر آمده خوشـایند نباشـد. به محض این‌که در قفسـه را باز کرد که وسـایلش را در آن بگـذارد صدایـی او را از فکـر و خیـال بیـرون آورد، « نگـران چی هسـتی؟ هر چیزی کـه قـراره اتفـاق بیافتـد می‌افتـد، هیـچ کسـی هـم نمی‌توانـد از آن جلوگری کنـد... از دسـت کسـی کاری سـاخته نیسـت نه من و نـه حتی شـما و نه هیچکس دیگـر... پس خوشـحال باش که اینجا هسـتی و به خاطر داشـته باش که اینجا بودن آرزوی هزاران، هـزار جـوان مثل توسـت... تو به ایـن رؤیا واقعیـت داده‌ای، حتی اگرچه بـرای یک بازی و یـا حتـی بـرای چنـد دقیقه درآن میدان بودن باشـد..." سـر" نادر" از پشـت در قفسـه بیـرون آمـد و بطـرف صدا برگشـت و دید مرد مسـنی با ریش کوتاه و سـفیدش درحال جـارو کـردن کف اسـت، پیـر مرد مؤدبانه به نادر اشـاره کـرد که پاهایش را کنار بکشـد تـا آنجـا را جـارو کنـد. نـادر همینجور بـه او ماتش بـرده بود، نمی‌دانسـت یکدفعـه و از کجـا و بـدون اینکـه او بفهمـد و یـا او را ببینـد کنـار او پیـداش شـده بـود، نـادر خیال می کـرد در تمـام ایـن مـدت تنهـا بـود، پیرمـرد سـاک او را از دسـتش گرفـت و داخل

قفسـه جـا داد و مشـغول جـارو کردن از نادر رد شـد. نادر همانطور که بـه او ماتش برده بـود غـرق در گفتـه هـای پیـر مرد شـد ،حرفهـای او در ذهنش زنـده و زمزمه می‌شـد، خصوصـاً قسـمت اخـرش، "تـو بـه ایـن رؤیـا واقعیـت داده‌ای، حتـی اگر چه بـرای یک بـازی و یـا حتـی بـرای چند دقیقـه در آن میـدان بودن باشـد..." نـگاه نـادر از پیر مرد سـفر و بـه طـرف در ورودی برگشـت، هیچکـس دیـده نمی‌شـد، دوبـاره سـفر نگاهش بطـرف پیرمرد برگشـت، امـا پیرمردی دیده نمی‌شـد، انـگار پیرمرد یکبـاره غیبش زده بـود. امـا چطـوری، دری در آن قسـمت رختکـن نبـود کـه او از آن خـارج شـده باشـد. نگاهـش گیـج و گنـگ در جسـتجوی پیرمـرد بـه اطـراف در گردش بـود، صـدای وارد شـدن چنـد نفـر از بازیکن‌هـای دیگـر او را بخـود آورد. با نزدیک شـدن به نـادر آن‌ها با حالتـی حیـرت زده بـه چهره آشـفته و نگران نـادر خیره شـدند. خود را به نـادر معرفی و بـه او خـوش آمـد گفتند، اما آنها وقتی بیشـتر متعجب شـدند که نادر از آنها پرسـید کـه آیـا پیرمـرد نظافت‌چی را دیـده اند؟ و البته آن‌ها با تکان دادن سرشـان به او پاسـخ دادنـد، «نـه.» بازیکنان مشـغول آماده شـدن برای بازی شـدند.

نادر روی نیمکت جلوی قفسـه لباسـهایش نشسـت و در حال آماده شـدن شـد اما هنـوز صـدای مـرد نظافت‌چـی در ذهنش زنـده بـود و او را به یاد دوسـت پیرمردش که در نوجوانـی و در مواقـع ضـروری بسـراغش می‌آمـد انداخت. از خود سـوأل کـرد که آیا او بـوده کـه امـروز پـس از مدتهـا ظاهر شـده بـود؟ آیـا برایش پیغامـی داشـته؟ اما چه پیغامـی؟ دوسـت پیـر مـردش مدتهـا بـود که بـر او ظاهـر نمی‌شـد و این معمایـی بود کـه نـادر هنـوز آن را حـل نکـرده بـود. بـرای همین نگران شـد، بـا اینحال می‌دانسـت کـه بایـد نگرانیـش را از بیـن بـرده و تمـام هـوش و حـواس و ذهـن و انـرژی‌اش را بـه سـوی بـازی و میـدان بـازی منعکس و متمرکـز کند. حـالا بازیکنان دیگر کـم کم وارد می‌شـدند و پیوسـتن او بـه آنهـا را خـوش آمـد می‌گفتند. هـر چقدر اعضاء تیم بیشـتر وارد می‌شـدند، هیجـان محیـط بیشـتر افزایـش می‌یافت. سـرانجام لحظه ورودشـان به زمیـن بـازی سـبز و شـادابی کـه کاملاً آمـاده بود فرا رسـید. همـان طور کـه اعضا تیم وارد میـدان می‌شـدند صـدای غریـو جمعیـت بلند شـده و با سـرود و آواز نـام بازیکنان معـروف را صـدا می‌زدنـد. نـادر در ایـن فکـر بـود کـه روزی می‌رسـد کـه نـام او هم در فضـای میـدان طنیـن خواهـد افکنـد و ایـن افتخـاری در زندگـی‌اش خواهد بـود. برای

یک پسر از یک ده کوچک هیچ چیز نمی‌تواند بالاتر از کسب چنین افتخاری باشد. خصوصا که بزودی شاید قهرمان شنا هم می‌شد. همان طور که از راه ورودی وارد میدان می‌شدند، شنید کسانی نام او را صدا می‌زنند. نگاه کرد "حمیدی" و چند تن دیگر از دوستانش را دید. نادر از داشتن این حامیان خوشحال شد و دستش را بالا برد تا از آن‌ها تشکر کند، وقتی به آن‌ها نگاه می‌کرد پشت آنها چند ردیف بالاتر در میان جمعیت چشمش به مردی افتاد که به او خیره شده بود، نگاهش مهربانانه و دوستانه نبود. احساس بدی پیداکرد مرد به سرعت آنجا را ترک کرد. در حالی که نادر بین جمعیت در جستجوی مرد غیرعادی بود یکی از بازیکنان به او نزدیک شد و صدایش بلند شد «حالت خوبه...؟" و با صدای او نادر بخود آمد و دوباره فهمید که باید تمام حواسش را به بازی متمرکز کند. طولی نکشید بازیکنان دو تیم همه سر جایشان برای شروع بازی قرار گرفتند. با افتادن چشم نادر به یکی از آنها جا خورده و ماتش برد، اول خیال می‌کرد اشتباه کرده بود، اما خوب که نگاه کرد فهمید چشمهایش درست می‌دید ابراهیم دوست دوران دبستان و راهنمائیش بود که در نقش فوروارد چپ و درست جهتی که نادر بک راست بازی می‌کرد ایستاده بود و آن دو باید همدیگر را کنترل می‌کردند. مدتهای زیادی بود که نادر از او هیچ خبری نداشت اما این سبب نمی‌شد که بیاد نیاورد که چه وقتهای خوشی را با هم گذرانده بودند و همه آن خاطرات به یکباره برایش زنده شدند، از وقتیکه ساختمان بزرگی را اداره فرهنگ شمیرانات در منطقه‌ی ضراب‌خانه ساخت و نصف این ساختمان را دبستان پسرانه و نصف دیگر را دبستان دخترانه کرد، فقط یک دیوار حیاط دو مدرسه را از هم جدا می‌کرد. یادش آمد که ابراهیم و او با هم دختر بازی آغاز کرده بودند و بخاطر همین بسیار با هم جور شدند، ابراهیم مثل نادر خجالتی نبود و خیلی راحت پا جلو گذاشته و ارتباط برقرار می‌کرد. به یاد آورد که یک سوراخ در قسمتی که بوته و درختهای زیادی قرار داشت و می‌توانستی داخل و پشت آنها از دید ناظم و مستخدم ها در امان باشی ایجاد کرده بودند و با دخترها یاد داشت رد و بدل می‌کردند. اما برادر یکی از دخترها آنها را لو داد. چرا که نادر همیشه عادت داشت برخلاف آداب و رسوم عمل کند و نامه‌ای به برادر یکی از دخترها داد که به خواهرش بدهد و برادر مستقیما نامه را به پدرش داد و مشخص

بـود کـه پدر به مدرسـه گزارش و شـکایت کرد. با خواسـتن نادر در دفتر مدرسـه و بعد از تحقیقـات، محـل مخفـی آنهـا لو رفـت و البته نادر مسـبب آن بود و ایـن حرکت نادر و لـو رفتـن محـل مخفی آنها سـبب برانگیخته شـدن خشـم بقیه پسـرها و دخترهایی شـد کـه دنبـال رابطه با هم بودند و سـبب کدورت نـادر و ابراهیم شـد و رابطه ی آن دو کمـی بـه سـردی گرائیـد. چرا که این باعث شـد کـه رابطه دوسـتی ابراهیم بـا دختری کـه او بسـیار بـه او علاقـه داشـت لـو بـرود و رابطـه ی دوسـتی آنها بهـم بخـورد. البته بعدهـا بـا هـم اولیـن تیم فوتبـال خود شـهرزاد را درسـت کردنـد و هم تیم شـدند، اما طولـی نکشـید کـه رابطه ی آنهـا دوباره بهـم خورد.

ایـن حـرکات غیـر معمـول و اینکـه نـادر همیشـه بـر علیـه آداب و رسـوم حرکت می‌کـرد او را بـا دیگـران متمایـز می‌کرد و شـاید شـخصیت پر رنـگ تری بـه او می‌داد. امـا گاهـی برایـش گـران تمام می‌شـد و صلح و آرامشـش را بـر هم می‌زد. نمی‌دانسـت چـرا در آن لحظـه یاد پدر ابراهیم افتاده بود. جثه بزرگ و سـبیل پر پشـتش برایش یاد آوری شـد کـه او بـا یـک موتور بـزرگ ارتشـی گاهی ابراهیم را از مدرسـه بر می‌داشـت و یـا او را بـه مدرسـه مـی رسـاند و همیشـه هم لباس ارتشـی بر تن داشـت. تمـام این خاطـرات در چنـد لحظـه در ذهـن نادر زنده و محو شـد. حالا بعد از مدتها نـادر با روبرو شـدن بـا ابراهیـم انهـم در زمیـن فوتبال خیلی غافلگیر شـده بـود، خصوصـا اینکه نادر مدتهـای زیـادی بـود کـه هیـچ خبـری از ابراهیم نداشـت و نمی‌دانسـت چـه می‌کرد، شـنیده بـود کـه او فوتبـال را تـرک کـرده بـود. امـا حـالا می‌دید با یـک تیم مهـم قرار داد بسـته بـود و بـرای اولیـن بـار در تیـم مخالـف و درسـت درمقابـل او بـازی می‌کرد. ابراهیـم بـه نـادر نزدیک شـد و لبخنـد بر لب سـکوت را شکسـت، "دهنت سرویسـه... بـه گـرد مـن هم نمی رسـی... سـه تـا گل می زنـم... آخر هم یـک لگدی بهـت می زنم کـه هیچ وقـت یادت نـره..."

و البتـه ابراهیـم لبخنـدی بـر لـب داشـت و بنظر می‌رسـید کـه لحنش دوسـتانه و رنـگ و بـوی شـوخی را داشـت و شـاید قصد داشـت دوبـاره دوسـتی آنها برقرار شـود.

نادر سریع پاسخ داد "عاقلان دانند... رفاقت هم کمکی بهت نمی کنه..."

البتـه کُـر کُـری و رجـز خوانـی بین دوسـتان و ورزشـکاران همیشـه مرسـوم بود و حـالا نـادر و ابراهیـم بـرای یکدیگـر کُـر کُـری و رجزخوانی آغاز کـرده بودنـد، خصوصا

اینکـه ایـن اولیـن بـاری بود کـه در مقابل یکدیگـر بازی می کردنـد. در ایـران بازی‌های ورزشـی در میـان جوانهـا و قبـل از حرفـه ای شـدن آنهـا بیشـتر بـرای افتخارآفرینی و شـهرت بـود و نـه برای کسـب پول. نادر اعتقاد داشـت احتـرام می‌تواند سـبب موفقیت فـرد شـود و مهمتریـن خصلـت یـک ورزشـکار در ابتـدا فروتنـی، مهربانی، همـدردی، کمـک و بخشـش بـه دیگـران بود و خود سـعی می کرد ایـن خصلتها را دنبـال و به آنها عمـل کنـد. نـادر بـرای تمرکـز فکـرش شـروع بـه چنـت کـردن در ذهن خود شـد که فکرهـای بـد را از خـود دور کـرده و فقـط روی بازی تمرکـز کند و از هر ثانیـه آن لذت ببـرد، سـوت شـروع مسـابقه زده و بـازی آغـاز شـد. تمـام فکـر و ذهـن نـادر روی مهار کـردن ابراهیـم مـی چرخیـد، انگار غیر از مسـابقه جمعی کـه در میـدان در جریان بود یـک مسـابقه فـردی هـم بیـن نـادر و ابراهیم بـر قرار بـود. نادر عـزم کرد هر طور شـده بـود ابراهیـم را مهـار کنـد. از همـان لحظـه که سـوت شـروع مسـابقه زده شـد مبارزه بیـن آنـدو آغـاز گردیـد گویـا فقـط همـان دو نفـر در زمین رقیـب یکدیگر هسـتند. به کل فرامـوش کردنـد در یـک تیـم و همـراه بـا دیگران بـازی می‌کننـد، انـگار خاطرات گذشـته گریبـان هـردوی آن‌هـا را گرفتـه بـود و اثبـات این‌کـه چـه کسـی بهتر اسـت کل موضوعـی بـود کـه بـه صـورت افـکار و احساسـات غیرقابل حلّـی در ذهـن و وجود آن دو جنـگ جداگانـه ای آغـاز کـرده بـود کـه بـا آنچه در زمیـن می گذشـت تفاوت و ربطـی نداشـت. کم‌کـم رقابت آنها داشـت بجای باریک و باریکتر کشـیده می‌شـد، نادر متوجـه شـد کـه هـر بـار که بـا ابراهیـم مواجـه می‌شـد این طـور بـه نظـر می‌آمد که هـدف ابراهیـم بیشـتر پاهـای نـادر بود و زیر ران و سـاق و بـدن نادر لگد میـزد تا ضربه زدن بـه تـوپ و عبـور از نـادر اگـر چه لگدهـای ابراهیم دردنـاک بودند و یکـی دو دفعه هـم سـبب زمیـن خـوردن نادر شـده بود، امـا نادر بسـیار قوی جثـه بـود و حمله های غلـط و نامردانـه او را دفـع می‌کـرد و چنـدان صدمـه ای بـه او نمی‌خـورد. بـرای همین هـم ابراهیـم در ایـن قصـد شـد که ضربـه هایـش را شـدیدتر و محکمتر و مسـتقیم تر بـر سـاق پـای نـادر وارد کنـد. حالا نـادر مطمئن شـد کـه ابراهیـم عمدا قصـد اذیت و آزار و صدمـه زدن بـه او را در سـر دارد و یـا شـاید قصـد دارد با این کارهـای خود نادر را خشـمگین و عصبانـی کـرده و تمرکـز او را از روی بـازی منحرف کنـد و اگر این مقصود ابراهیـم بـود درسـت فکر کـرده بود، نـادر کمی عصبی شـده تمرکزش بهم خـورده و از

بـازی تیمـی بـاز مانده بود. بیسـت دقیقـه از بازی گذشـته بـود در یک تهاجـم ابراهیم کـه قصـد عبـور از نـادر را داشـت ناگهـان با سـرعت چرخشـی کـرد و لگـد محکمی به سـاق پـای نـادر زد و هـم زمان او را محکم هل داد و سـبب شـد نادر روی بازوی سـمت راسـتش و مچـی کـه قبلا یکـی دوبار صدمـه دیده بود محکـم زمین بخورد. این سـبب شـد کـه بفکـر نادر خطـور کند که ابراهیم همیشـه او را از سـمت چپ به طرف راسـت هـل می‌دهـد، نـادر واقعـاً نمی‌فهمید که قصـد واقعی ابراهیم چیسـت؟ رقابـت در بازی عادلانـه فوتبـال و یـا صدمـه زدن و خشـمگین و عصبانـی کـردن نـادر؟. ابراهیـم مـی خواسـت نـادر را تحریـک کند که جهت تلافی مرتکـب خطا و در نهایـت از بازی اخراج شـود. اما چرا یک دوسـت قدیمی قصد آسـیب زدن به او را دارد؟ شـاید آنها در گذشـته عـدم توافق‌هایـی بـا هـم داشـتند امّـا نـه آنقـدر کـه بخواهند به هم آسـیب جسـمانی وارد کننـد. تیـم نـادر بـه خاطـر این خطاهایـی کـه ابراهیـم روی نادر مرتکب می‌شـد چنـد ضربـه آزاد دریافـت کـرده بـود. با این حال خشـم ابراهیـم فروکش نکـرد و عزم و جزمـش ایـن بـود کـه نـادر را کلاً از بازی اخـراج کند. بـرای همین نـادر تصمیم گرفت بـه ابراهیـم اخطـار و درسـی بدهـد که شـاید از کرده ی خود پشـیمان شـود. دفعه بعد کـه ابراهیـم بـرای عبور از نادر سـریعا بطـرف او می دوید، نـادر درکنارش قـرار گرفت و تنـه محکمـی بـه او زد کـه نتیجه آن این شـد که ابراهیـم محکم به زمین پـرت و چند بـار قـل بخـورد. بـا خطـای نادر بـازی چند لحظه بـرای زدن خطـا متوقف شـد و نادر و ابراهیـم وقـت داشـتند یکدیگر را سـبک و سـنگین کنند. نادر می‌دانسـت ایـن عمل او ابراهیـم را دیوانـه می‌کنـد، امّـا وقتـی ابراهیم بلند شـد بجـای اینکه به نادر خیره شـود بـه بالا و طرف محل تماشـاچیان خیـره ماند، عمل و نگاه ابراهیـم غیرطبیعی بود. بنظر می‌رسـید داشـت بـا نگاهش با کسـی گفتگو می‌کـرد. نادر مسـیر نـگاه او را دنبال کرد و یـک مرتبـه متوجـه جثه بزرگ مردی شـد که قبلا با او آشـنایی داشـت پـدر ابراهیم. قـدش آنقـدر بلنـد و هیکلـش بقـدری گنـده بود کـه در میان تماشـاچیان بخوبـی و با یـک نـگاه می‌شـد او را پیـدا کرد. فکـر و خیال ذهن نادر را بخود مشـغول کـرد. از خود می‌پرسـید پـدر ابراهیـم آنجا چـه کار می‌کرد؟ نادر یاد نداشـت او هرگز بـه دیدن بازی پسـرش آمده باشـد. نـگاه نـادر از روی پدر ابراهیم سـفر کرد و بطرف ابراهیم برگشـت، می‌دیـد کـه او بـه نادر خیره شـد بـود، اما بمحـض اینکه نگاه نـادر در چشـمان او افتاد

ابراهیم فورا نگاهش را از نادر دزدید و غرق در فکر مشغول بازی شد. نادر هم باید به بازی بر می‌گشت.

چهل دقیقه از نیمه‌ی اول گذشته بود که تیم نادر اولین گل خود را زد. حالا آن‌ها جلو بودند، در اولین چهل دقیقه ابراهیم نتوانسته بود با اذیت و آزار نادر چیزی به دست بیاورد و این باعث عصبانیت بیش از حد او شده بود، ابراهیم آشفته بود و دائماً به طرف جایگاه تماشاچیان و محلی که پدرش ایستاده بود خیره می‌شد، این طور به نظر می‌رسید که از طرف او تحت فشار شدیدی قرار داشت. احساس بدی به نادر غلبه کرده بود. مسخره است که شخصی به طور غریزی احساس کند چیزی در اطرافش درست نیست، اما با اینحال آن را نادیده بگیرد و از آن گذر کند و همیشه با نیروی انرژی طبیعی می‌جنگد و بخیال خودش کار درست را کرده است. گاهی اوقات بهتر است که شخص بدون عکس‌العمل نشان دادن به احساس غریزه ای خود، آرام بماند و به آن بیاندیشد. شاید صوابی در آن بیابد. توپ توسط دروازه بان تیم مقابل بطرف دروازه تیم نادر و جایی که ابراهیم بود شوت شد. نادر که می‌دانست توپ داشت روی هوا از او و ابراهیم بطرف دروازه تیم نادر رد می‌شد و تخمین زده بود که کجا فرود خواهد آمد با سرعت تمام بطرف آن دوید و قبل از اینکه به توپ برسد چند متر روی هوا در پرواز شد که قبل از رسیدن ابراهیم که او هم با سرعت بطرف توپ می‌آمد با حرکت قیچی توپ را از دروازه خودشان بطرف دروازه مخالف و مخصوصا از ابراهیم دور و خطر را برطرف کند. تمام حواس نادر به توپ و پشتش به ابراهیم بود. نادر چند متری روی هوا بلند شده بود، کل بدنش در هوا بود، پاهایش بالاتر از بقیه بدنش قرار داشت. در ظرف چند ثانیه ابراهیم زیر او قرار گرفت و درست زمانی که نادر با یک حرکت قیچی توپ را بطرف دروازه ابراهیم برگشت داد دستهای ابراهیم زیر باسن نادر قرار گرفتند و او را با همه توانش بطرف بالا هل داد در نتیجه نادر تعادلش را از دست داد و پاهایش با زاویه نود درجه به هوا بلند شد و شدیداً درست روی دست راستش که قبلا صدمه دیده بود روی زمین فرود آمد و چند تا قل خورد.

نادر با احساس درد بسیار شدید در حالیکه دست چپش را زیر دست راست قرارداده و آنرا را روی سینه نگه داشته بود بسختی بلند شد و به آرامی چند قدم

برداشت که به بازی ادامه بدهد اما دردی که در مچش احساس می‌کرد آنقدر شدید و کشنده بود که به تمام استخوان‌هایش سرایت کرده و آن را حس می‌کرد، مثل این بود که کسی بدنش را به زمین کوبیده و شلاق زده و چاقوی نوک تیزی در استخوانهایش فرو می‌کرد. ابراهیم کارت قرمز گرفت و از بازی اخراج شد. اما اخراجش چه فایده ای برای نادر داشت؟ نادر همان طور در شوک بود وانمود می‌کرد که چیز مهمی نیست. او هنوز بازوی راستش را محکم روی سینه‌اش نگه داشته بود. اما درد غیر قابل تحمل بود. بدون اینکه بداند اشک از صورتش جاری شد. چندتا از بازیکنان و کمک مربی کمک کردند و او را از میدان خارج و به اتاق رختکن بردند.

اگر کسی به بازو و خصوصا مچش دست می‌زد، فریادش به هفت آسمان می‌رسید. آن‌ها فهمیده بودند که مچ او خیلی بد اسیب دیده است. گر چه درد جسمی او بسیار شدید بود امّا اندوه درونیش بخاطر اتفاقی که افتاده و نتوانسته بود به بازی ادامه بدهد خیلی بیشتر او را غمگین کرده بود. می‌دانست که اینبار دستش بدجوری شکسته است. این را هم می‌دانست که چند روز دیگر مسابقات کشوری شنا شروع می‌شد و او با دست شکسته نمی‌توانست در آن شرکت کند و باید قهرمان شنا شدن را به فراموشی بسپارد.

همان طور که ماشین از خیابان‌های شهر عبور می‌کرد هر تکان حتی بسیار جزیی باز هم سبب می‌شد درد شدیدی از مچش شوت شده و بر جسم و جانش شلیک شود، شلیکی که قابل تحمل حتی برای نادر هم نبود. او از راننده خواست رادیو را روشن کند تا جریان بازی را بشنود که شاید ذهنش را از دردی که می‌کشید منحرف کند. در رادیو بحث بر سر این بود که کاری که ابراهیم کرده بود در خور و شأن یک ورزشکار نبود و او باید برای همیشه از ورزش محروم شود. و ناگهان نام نادر از رادیو شنیده شد و دانست که برادرش این را خواهد شنید و بعد از این روز دیگر زندگی‌اش مثل گذشته نخواهد بود. برادرش دلیلی محکمی پیدا کرده بود که او را در فشار بگذارد و حتی شاید مادرش هم با او اینبار همراه شود و این فکر بیشتر از هر چیز دیگر او را غمگین کرده و رنج می‌داد، روی صندلی ماشین دراز کشید دلش می خواست درمیان سوراخ دوخت تشک‌های صندلی ناپدید شود. بر خلاف

عقیـده همه دوسـتان که می خواسـتند او به بیمارسـتان بـرود او از راننده خواسـته بود او را بـه خانـه ببـرد. بـه محـض ورودش به خانـه با آن وضعیت آشـفته اولین کسـی که او را دیـد پـری خواهـرش بـود کـه بـه دیدن مـادرش آمده بـود. پـری با نـگاه اولش به نـادر سـریعاً فهمیـد کـه چیز بـدی باید بـرای او اتفـاق افتاده باشـد، دوید طرفـش و به بازویـش نـگاه کـرد، "خـدا مرگم بده، نـادر چه اتفاقی برایـت افتاده؟ صورتـت مثل برف سـفید شـده ! بـرو داخل تا حاجیـه خانم تـو را در این حـال نبینه..."

وقتـی پـری ندانسـته دسـت او را لمس کـرد که بفهمد چـه اتفاقی برای نـادر افتاده باعث شـد نادر درد شـدیدی را متحمل شـود و او به خاطر غرورش به سـختی خودش را کنتـرل کـرد کـه فریـاد نکشـد و ازپـری خواسـت دیگر دسـتش را لمس نکنـد. پری بـه او کمـک کـرد کـه بـا احتیـاط طوریکه که مـادر متوجـه او نشـود وارد اتاقش شـود و روی تخـت دراز کشـید و ملافـه را روی صورتـش کشـید کـه اگر مـادرش اتفاقی وارد می‌شـد صورتـش را نبینـد. پـری بلافصلـه بـرای او پمـادی آورد کـه به دسـتش بمالد امـا امـکان لمـس دسـتش نبـود. آن دو توافـق کردند که خواهـرش پری دکتـر فتاحی کـه دکتـر شـخصی آنها بـود را پیدا کنـد و نادر را در موقع مناسـب پیـش او ببرد. وقت دکتـر بـرای روز بعـد گذاشـته شـد، نادر می خواسـت آن شـب را در خانه بمانـد که اگر خبـری به برادرش رسـیده باشـد پیـش او وانمود کند کـه اتفاق بدی نیافتـاده و یا اصلاً اتفاقـی بـرای او رخ نـداده اسـت. هنوز هم امید داشـت به طـور پنهانی به بـازی فوتبال ادامـه بدهـد. بلـور زن بـرادرش هم به تیم آنها پیوسـت و حالا هر سـه بر این شـدند که حاجیـه خانـم را تـا روز بعد که وقت دکتر داشـت از نـادر دور نگه دارند. نـادر تا آنجایی کـه امـکان داشـت به مدیتیشـن روی آورد کـه کمکی به تحمـل دردش بکنـد. دردش بـه حـدی بود که اصلاً نمی‌توانسـت بدنـش را تکان دهـد در تمام اسـتخوان‌هایش درد شـدیدی را حـس می‌کـرد. جرات تـکان دادن هیچ قسـمتی از بدنش را نداشـت. بعد از چنـد سـاعت شـنید که بـرادرش زنگ زده می خواسـت در مـورد او بداند امـا خواهرش پـری بـه کمکـش آمـده و عبـاس را قانـع کرد که حـال نادر خـوب بوده و فقط سـردرد شـدیدی دارد و خـواب اسـت، امـا عبـاس قانـع نشـده بود. نادر نمی‌دانسـت کـه عباس چقـدر در مـورد اتفاقـی کـه بـرای او در زمیـن فوتبـال افتاده بـود می‌دانسـت، بنابراین از پـری و بلـور خواسـت کـه گوشـی را از روی تلفـن بردارنـد تـا اگـر بـرادرش زنگ زد

بوق اشغال بزنند. اما پری و بلور موافق نبودند البته آنها بیشتر نگران این بودند که مادرشان خبردار شود. نادر برای تسکین دردش سعی می‌کرد لحظات خوب بازی را بیاد بیاورد که صدای باغبان حسین را از بیرون شنید که با مادرش صحبت می‌کرد پری و بلور نمی‌توانستند کاری انجام دهند او در حال گفتگو با حاجی خانم شده بود، آن‌ها هر دو در اتاق کنار نادر ایستاده بودند و منتظر بودند تا بفهمند بعدش چه می‌شود، "سلام حاجیه خانم، نادرخان چطور هستند، دستشان چطور است؟ شکستگیش که بد نیست... گفتم یه دست گل براشون بیارم... «باغبان همان‌طور حرف می‌زد امّا حالا حاجیه خانم معطل تمام شدن صحبت باغبان حسین نشده و بطرف اتاقی که نادر در آن استراحت می‌کرد در حرکت شده و با سرعت وارد اطاق شد و رو کرد به پری و بلور، "مگه پسره چش شده دوباره؟ دوباره چه دسته گلی به آب داده؟ چه اتفاقی براش افتاده؟ چرا به من نگفتید دستش شکسته! ؟ چه به سرش آمده؟"

درست وقتی که می خواست دست نادر را لمس کند پری و بلور جلوی او را گرفتند و پری گفت، "دستش شکسته حاجیه خانم امّا نمی‌خواد عباس چیزی بفهمه، فردا میبریمش بیمارستان، من با دکتر فتاحی صحبت کردم گفت فردا ببرمش بیمارستان که خودش بهش برسه... شما نگران نباش امّا این حرفها برای حاجیه خانم کافی و قانع کننده نبود و سر و صدایش بلند شد. چادرش را سرش کرد و اصرار داشت که باید همین حالا او را به بیمارستان ببرند، سر پری و بلور هم داد و بیداد می‌کرد و بد و بیراه می‌گفت که چرا بفکر نادر نیستند. پری و بلور می‌دانستند نادر عزیز دوردانه مادرشان است و در حقیقت عزیز دوردانه آنها و همه بود. باغبان حسین که می خواست خود شیرینی خود را تکمیل کرده باشد جلوی در ظاهر شد و می‌خواست دسته‌گلی را که برای نادر آورده بود به او بدهد و او ادامه داد که چطور از رادیو درباره‌ی این حادثه ناگوار شنیده است. چشمان نادر به بطرف باغبان چرخید و دلش می خواست می‌توانست او را با مشت و لگد از اتاق بیرون و دسته گلش را روی سرش خرد کند. اما کاری از دستش بر نمی‌آمد فقط چشمانش را بست که او را نبیند.

پری هر جوری شده بود حاجیه خانم را قانع کرد که بهتره تا صبح صبر کرده

و فـردا او را پیـش دکتـر فتاحـی ببرنـد، چـرا کـه میترسـید دکتـر دیگر تجویز اشـتباه کـرده و درمـان درسـت را انجـام ندهـد، بالاخره مـادر قانع شـد و پذیرفت تا فـردا صبر کنـد. اول صبـح نـادر و پری در تاکسـی بطرف بیمارسـتان نجمیـه در راه بودند. بسـیار هـم خوشـحال بودنـد که حاجی خانـم قبول کرده بـود در خانه باقی بمانـد و فقط پری نـادر را همراهـی کنـد. نـادر درحالی که دسـتش پیچیده شـده و از گردنـش آویزان بود و بـا دسـت دیگـرش آن را محکـم نگه داشـته و به سـینه اش جسـبانده بـود که تکانی نخـورد سـرش را بـه پشـت صندلـی ماشـین تکیـه داد ه و به پـری نگاه می‌کرد، اشـک از چشـمان پری سـرازیر شـده بـود و با بـرادر همدردی می‌کـرد. نادر بـرای چند لحظه درد خـودش را فرامـوش کـرد و چنـان به خاطـر مهربانی پـری تحت تأثیر قـرار گرفت کـه بـرای او نگـران و ناراحت شـد و می خواسـت او را در آغوش بگیـرد. اما توان حرکت نداشـت فقـط بـه سـختی لبخنـدی زده و خواهـرش را دعوت بـه صبوری کـرد. وقتی راننـده فهمیـد نـادر چـه کسـی اسـت و در کدام بازی دسـتش شکسـته بود شـروع به تعریـف و تمجیـد از او را آغـاز کـرد و بـه او اطـلاع داد که تیم نادر با امتیـاز یک بر هیچ برنـده شـده اسـت و با شـنیدن این خبر خنـده روی صورت نـادر ظاهر شـد. برای چند لحظـه او دردی را احسـاس نکـرد و از این‌کـه تیمـش برنده شـده بود خیلی خوشـحال بـود. اما احسـاس خوشـحالیش زیـاد دوام نیـاورد، درد دوبـاره وقتی که ماشـین از روی یـک سـرعت‌گیر عبـور کـرد شـروع شـد. بالاخـره ماشـین جلوی بیمارسـتان نجمیـه ایسـتاد. امـا خبـردار شـدند که دکتـر فتاحی به بیمارسـتان سـینا رفته بود و خواسـته بـود آنهـا بـه آنجـا بروند. دکتـر فتاحی می خواسـت نادر را آنجـا معالجه کنـد. وقتی به بیمارسـتان سـینا وارد شـدند، یک پرسـتار منتظرشـان بود و مسـتقیم آن‌ها را به اتاق انتظـار بـرد. بعـد از دقایقـی پرسـتار برگشـت و گفـت دکتر فتاحی سـر عمـل جراحی سـت و بـرای همیـن کمـی طـول می‌کشـد کـه آنهـا را ببینـد. پرسـتار آنهـا را به یک اتـاق خصوصـی منتقـل کرد و قصد برسـی دسـت نادر را داشـت، اما صدای نـادر و پری همزمـان بلند شـد، "نه، دسـت نزنید!»

پرسـتار عقـب نشـینی کـرد و کمـی متعجب شـد. بعـد از این‌که پـری دربـاره درد دسـت او توضیـح داد. پرسـتار بـا یـک قـرص قوی برگشـت و نادر بـا خوشـحالی آن را قـورت داد. نـادر چشـم‌هایش را بسـت و سـعی داشـت بـه خـواب رود تـا درد را کمتـر

احساس کند. پری هم که درکنارش نشسته بود و شب گذشته خواب به چشمانش نرسیده بود بدون اینکه بداند چشمهایش بسته شدند. انگار پری هم همانند نادر احساس درد می کرد. قرص مسکن کمی به نادر کمک کرده بود و او کم کم داشت از هوش می‌رفت و در همان حال افکار و خاطراتش در ذهنش با سرعت نور زنده می‌شدند. اما با زنده شدن و یاد آوری اینکه مسابقات کشوری شنا چهار روز دیگر شروع می‌شد و او نمی‌توانست در آن شرکت و افتخار قهرمانی را کسب کند درد و رنجش را صد چندان می کرد. او به مدت یکسال و نیم برای آماده شدن در این رقابتها تلاش کرده بود. فکر کردن به آن او را در افسردگی عمیقی فرو برد. دیگر قادر نبود ثابت کند که جوان‌ترین رکوردار در مملکت است و دیگر نمی‌توانست برای مادر و خواهرش غرور آفرین باشد.

در آستانه هفده سالگی بود و می‌خواست تجربه انتقال از دوره نوجوانی به جوانی و مرد شدن را با کسب افتخار و غرور آفرینی برای خانواده اش همراه کند و اینگونه خودش را به اثبات برساند، می‌دانست دستیابی به مقام قهرمانی می تواند برای او دستاوردهای بسیاری داشته و بواسطه آن احترام و حمایت برادر و خانواده اش را از تصمیم‌گیریهاش بدست آورد. شاید این موضوع سبب می‌شد آنها او را به حال خود رها کرده تا بتواند خودش آینده اش را رقم بزند. امّا حالا این موقعیت را از دست داده بود و دوباره همان آش بود و همان کاسه و هیچ چیز تغییر نکرده بود هیچ، بلکه با شکستن دستش بدتر هم شده بود. حالا هیچ کاری از دستش بر نمی‌آمد جز این‌که کنار استخر و یا زمین فوتبال بنشیند و ناظر رقابت دیگران باشد و بازی فوتبال دیگران را تماشا کند و رنج ببرد.

خاطرات همچون طوفانی سهمگین به ذهنش آمده و محو می‌شدند. درست بین خواب و بیداری در یک حالت رؤیایی قرار گرفته بود و بالاخره دوباره تصویر دوست پیرمردش در فکر آشفته‌اش شکل گرفت. او را دید که کنارش نشسته و لبخند مهربان و آرامی بر چهره دارد. پیرمرد به آرامی بازوی او را لمس کرد در این لحظه نادر کاملاً از هوش رفت. بعد از در خواب شدن، نادر خود را در یک بعدازظهر زیبای تابستان در زمین فوتبال شهرزادکه برای اولین بار تیم خود را تشکیل داده بودند و بازی فوتبال را بطور جدی آغاز کرده بود مشغول بازی یافت. صدای

موزیـک از یکـی از خانه‌هـای مشـرف به زمیـن فوتبال شـهرزاد در فضا پخش می‌شـد. ایـن زمیـن اولیـن زمینـی بـود که نـادر به کمـک ابراهیم درسـت کـرده بودند. نـادر با تیـم خـودش مقابـل تیـم دیگـری بـازی می‌کردنـد. سـپس یکـی از بازیکن‌هـای تیـم مقابـل تـوپ را بـا شـدت هرچه تمام‌تـر بطـرف دروازه تیم نادر فرسـتاد، تـوپ به طرف دروازه نـادر اوج گرفـت و همـه را غافلگیـر کـرد، نادر به سـرعت روی هوا بلند شـد و در حالـی کـه با یکـی از بازیکنان تیم مخالف برخورد کرد با شـدت توپ را شـوت و از روی دروازه خـود دور کـرد، تـوپ بطـرف و سـمت رودخانه کوچکی که در قسـمت شـرقی و بعـد از تکـه زمیـن کوچکـی قرار داشـت رفت. هیچکس نمی‌خواسـت دنبـال توپ رفته و آن را بیـارد، معمـولاً تیمـی کـه توپ را در اختیار داشـت و باید بازی را شـروع می‌کرد و یـا نزدیک‌تریـن بازیکـن بـه توپ، بدون تعارف بدنبـال توپ رفتـه و آن را آورده و بازی دوبـاره شـروع می‌شـد. امـا اینبار بنظـر می‌رسـید هیچکس نمی‌خواسـت بـرای آوردن تـوپ اقـدام کنـد. حالا توپ هم وارد رودخانه کم آب و نسـبتا کثیفی شـده و وسـط آب مـی چرخیـد و انگار منتظر بود کسـی بـرای گرفتنش داخل آب رفتـه و آن را برگرداند. همـه سـر جایشـان ایسـتاده بودند و بنظر می‌رسـید منتظر نـادر بودند کـه رفته و توپ را برگردانـد. زیـرا فکر می‌کردند که او مسـئول فرسـتادن توپ به رودخانـه بوده خودش هـم بایـد رفتـه و آن را برگردانـد. حتـی «حمیدی» که عادت داشـت دنبـال توپها برود همینجـور نشسـته و از جایـش تکان نخـورد. نادر دلگیـر از اینکه چـرا هیچکس بدنبال تـوپ نمـی رود بالاخره بطـرف توپ در حرکت شـد.

موزیـک هنـوز از خانـه مجـاور زمیـن پخش می‌شـد و صدایـش در گـوش او همان طـور کـه بـه طرف توپ در سـرازیری می‌دوید طنیـن افکنده بود. نادر احسـاس می‌کرد بی‌نتیجـه دنبـال تـوپ مـی‌رود چـون حتمـاً آب آن را بـا خودش بـرده بود. با رسـیدن بـه رودخانـه و دیـدن تـوپ که بر عکـس آب رودخانـه که بطـرف پائین در جریـان بود تـوپ وسـط آب ایسـتاد و دور خـودش می‌چرخیـد، در تعجب شـده و ماتش بـرده بود، بنظـرش می‌رسـید تـوپ داشـت بـه او چشـمک می‌زد کـه بیا و مـن و بگیر. شـاخه‌ای پیـدا کـرد و سـعی کـرد تـا تـوپ را به طرف خـودش بکشـد، این طـوری مجبـور نبود داخـل آب شـود. امّـا شـاخه کمکـی نکـرد فقط باعث شـد که تـوپ چند متـر به طرف پائیـن و در جهـت جریـان آب حرکـت کنـد ولی دوبـاره سـاکن باقی مانـد و چرخیدن

بدور خودش را ادامه داد، چنین به نظر می‌رسید که توپ روی آب ایستاد و برای گرفتنش نادر را به تقلا و نبرد دعوت می کرد. نادر کافی بود وارد آب شود و با دستهایش توپ را بردارد، همین کار را هم کرد، اما بمحض اینکه دستش به توپ رسید و قصد گرفتن را داشت توپ از دستش بیرون خزید و چند متر آنطرف تر دوباره ایستاد و دور خودش چرخیدن آغاز کرد و به بازیش با نادر ادامه داد و منتظر بود نادر برای گرفتنش بطرف او حرکت کند. چندبار این داستان تکرار شد و هر بار که نادر قصد گرفتن توپ را از آب داشت همان آش بود و همان کاسه و همان بازی ادامه داشت. نادر کمی به توپ زل زد و در فکر این بود که انگار توپ جاندار و هوشمند است و با نادر بازیش گرفته بود. حالا نادر کاملاً بازی فوتبال و بچه‌ها که در زمین فوتبال منتظر برگشتنش بودند را فراموش کرده بود. او غرق این بازی جدید با توپ و گرفتن آن شده بود. تصمیم گرفت هرجوری بود توپ را از آب بگیرد. اما توپ به حرکت ادامه می‌داد تا خودش را از دسترس او خارج کند، تا این‌که به یک پل باریک خاکی رسیدند. توپ چند لحظه درست قبل از اینکه زیر پل ناپدید شود ایستاد و دور خودش چرخید و انگار دوباره داشت به نادر علامتی می‌داد و یا او را به ادامه بازی تشویق و دعوت می کرد، و بعد دوباره از دست نادر که بسرعت بطرف او حرکت کرد و توپ را لمس کرد ه بود مثل دفعات دیگر بیرون خزید و زیر پل و داخل یک تونل تاریک ناپدید شد. نادر نمی‌خواست برای گرفتن توپ وارد آن تونل تاریک و باریک شود، تنها راه دیگرش برای رسیدن و گرفتن توپ این بود که به بالای پل رفته و خود را به آنطرف پل برساند. به ذهنش خورد که بالا و اطراف پل چند مغازه قرار داشت و یکی از آنها لبنیاتی بود که به یکی از فامیلهایشان غفوری تعلق داشت و او لباس فوتبال بر تن داشت و شاید به او و دیگران بی‌احترامی می‌شد او را با لباس فوتبال ببینند، چرا که با شلوار کوتاه ورزشی بین مردم رفتن در آن زمان مرسوم نبود و بی احترامی به خانمها تلقی می‌شد. بنابراین تصمیم گرفت با سرعت از روی پل رد شده و به آنطرف پل برود. در یک چشم بهم زدن در سمت دیگر پل بود و یکبار دیگر توپ وسط نهر آب نشسته بود و بار دیگر او وارد نهر شد، امّا این بار پاهایش در لجن فرو رفت امّا منصرف نشد و دوباره به طرف توپ رفت، اما دوباره همان ماجرا تکرار شد. توپ از

دست و از میان انگشتان او گریخت، مطمئن شده بود که توپ با او بازیش گرفته بود، امّا فکر نمی‌کرد که بتواند از این تعقیب و گریز احمقانه دست بردارد و باید بر توپ فایق آید.

بالاخره رودخانه و توپ به یک دیوار بلند رسیدند و یکبار دیگر توپ بعد از اندکی توقف انگار دوباره با نادر در گفتگو بود، و بعد داخل آب از طریق آبراه زیر دیوار به راهش ادامه داد و از دید نادر ناپدید شد. نادر نمی‌توانست انتهای دیوار را ببیند و یا از زیر دیوار رد شود، بنابراین با عجله از رودخانه بیرون رفت و خود را به بالا و کنار دیوار رساند محلی که طول دیوار کمتر بود و او راحتر می‌توانست از آن بالا رفته و ببیند آن طرف دیوار چه خبر است.می‌دید طول دیوار از دو طرف انتها نداشت. بلافاصله روی دیوار بود و با دیدن آنچه آن سوی دیوار بود ماتش برد، حالا توپ و گرفتن آن را فراموش کرده بود. باغی پُر از درخت‌های مختلف سبز و زیبا و نخلهای بلند و سبز و انواع گل‌های زیبا که بسیاری از آنها را هرگز به عمرش ندیده بود را نظاره گر شد، صحنه‌ای نفس‌گیر از رودخانه‌ای پر آب و روشن و تمیز و آبی رنگ که دو طرفش سنگ‌های رنگارنگ مرمر قرار داشتند. اگر می خواست بهشت را ببیند این خود بهشت بود، بله این باید بهشت باشد زیرا تاکنون جایی مشابه آن را به عمرش ندیده بود. وسط رودخانه توپ آرام در انتظارش نشسته بود و گویا دوباره به او چشمک می‌زد، نادر اینبار نگران آب کم و رودخانه کثیف نبود و از بالای دیوار به داخل رودخانه شیرجه رفت و برای گرفتن توپ بطرف او در حال شنا شد، با رسیدن به توپ خوشحال دستش را بطرفش برد تا آن را بگیرد، اما توپ دوباره از لای دستهای نادر بیرون خزید و چند متر آنطرف تر دوباره ایستاد و هنوز به بازی خود با نادر ادامه می‌داد و دوباره به نادر چشمک می‌زد و او را به مبارزه می طلبید. نادر هم معطل نکرد و به دنبال توپ رفت و می‌دانست نمی‌تواند تسلیم شود. اما اینبار دم به دم از رودخانه بیرون می‌آمد و بطرف توپ داخل رودخانه شیرجه می‌رفت و بازی نادر و توپ همچنان ادامه داشت. در یک لحظه نادر وقتی بیرون و کنار رودخانه ایستاده و به توپ زل زده بود و در فکر نقشه ای برای گرفتن توپ بود و اینکه آیا باید به گرفتن توپ ادامه بدهد یا نه، به یکبار فکری به ذهنش خورد، احساس خاصی در وجودش جان گرفت که او درست مثل قهرمان فیلم‌ها

است که تا نرسیدن به هدفش کنار نمی‌کشد و فیلم و قصه ادامه دارد، امّا چیز عجیبی که در این مورد وجود داشت این بود که او تاکنون هرگز به سینما نرفته و فیلمی را واقعاً ندیده بود و حتی از تلویزیون هم هیچ نوع فیلم داستانی ندیده بود او فقط از تلویزیون فوتبال تماشا می‌کرد. این را شنیده بود که "قهرمانان در فیلم‌ها تسلیم نمی شوند" و حس می‌کرد که او یکی از قهرمان های فیلم است، و این چیزی بود که به ذهنش آمده بود و در آن طنین انداخت، ایده جدیدی بود که در ذهن و وجود نادر زنده شده بود که برایش شیرین و انرژی بخش بود و او را بیشتر تشویق می‌کرد که تا توپ را نگیرد از پا ننشیند و این احساس برایش بنوعی عجیب هم بود.

بازی بین نادر و توپ ادامه داشت و حالا سرعت هم گرفته بود. نادر با عجله و بسرعت از آب بیرون و دوباره بطرف توپ شیرجه می‌رفت و در این بازی نادر کم کم تمام لباسهایش را از دست داد و کاملا لخت و عور شد، اما انگار هیچ توجهی به آن نداشت و با اینکه کم کم داشت خسته و فرسوده می‌شد به مبارزه اش با توپ و رودخانه ادامه داده و دست بردار هم نبود. تا اینکه رودخانه به یک استخر دایره شکل بزرگی رسید و پایان یافت، اما آب این استخر بر عکس آب زلال و آبی‌رنگ رودخانه بسیار کثیف و لجن آلود و سیاه بود، توپ هم وسط رودخانه و آب لجن‌آلود و سیاه مثل قبل بانتظار نادر ایستاده بود. بعد از کمی تامل و فکر نادر که چشمانش را از توپ بر نداشته بود داخل آب لجن‌آلود و بطرف توپ شیرجه رفت و بالاخره اینبار توپ از دست او فرار نکرد و در دستهای نادر قرار گرفت. خوشحال در حالی که توپ را محکم در دستهایش نگه داشته بود از استخر لجن‌آلود خارج شد و خرسند و خوشحال از موفقیت خود توپ را روی هوا بلند کرد و فریاد شادیش بلند شد. اما عجیب این بود با اینکه از آب لجن‌آلود لخت بیرون آمده بود یکباره احساس کرد لباسهای نو و مرتب و تمیز و رنگا رنگی بر تن داشت و هیچگونه لجن و لکه‌های سیاه و آب روی بدن و لباس نادر و یا توپ دید نمی‌شد و هردو خشک خشک بودند، انگار توپ را بارها با آب صابون شسته بودند.

به ناگهان صدای فریاد شادی مردم در گوش نادر طنین افکند، نگاهش دراطراف سیری کرد و دید که تا بی نهایت مردم در اطرافش گرد آمده بودند و برای او فریاد

شادی و تشویق سر داده بودند، نادر نمی‌توانست انتهای جمعیت را ببیند، جمعیتی که از همه نژادها، چینی، اروپایی، آسیایی، با موهای سیاه و طلایی، مردمان سیاه و سفید همه جمع آمده بودند و برای تشویق او فریاد می‌زدند. جالب توجه این بود که نژاد چینی بیشتر به چشم او می‌آمد و در ذهنش مشخص بودند تا نژادهای دیگر. نادر خرسند و خوشحال توپ را روی سرش روی هوا بلند کرد که جواب ابراز احساسات آنها را بدهد و به یکبار از داخل توپ آتشفشانی به بیرون فوران زد و قبه‌های رنگارنگ از داخل توپ به بیرون و بالا شوت می‌شدند و به پرواز می‌آمدند و به اطراف روی جمعیت و نادر سقوط کرده و پخش می‌شدند. طولی نکشید که قبه‌های رنگارنگ آتشفشان از رنگهای مختلف تمام جمعیت را پوشاند و منظره‌ای نفس‌گیر را بوجود آورد که روح و روان را از هر انسانی می‌ربود. نادر و جمعیت در این قبه‌های رنگارنگ آتشفشانی در شور و شعف گم شدند.

همان‌طور که فریاد شادی نادر ادامه داشت، او در بیمارستان به واقعیت بازگشت و از خواب و رویایش بیدار شد، اما این بار فریاد شادی نبود که از حلق نادر بیرون می‌آمد، فریاد دردی را سر داده بود که در دست شکسته‌اش در تمام استخوانهایش حس می‌کرد، چشمانش به دکتر فتاحی افتاد که بالای سرش ایستاده بود و بدون اینکه بداند دست نادر چقدر صدمه دیده بود مچ نادر را گرفته بود که آن را معاینه کند و همین سبب ایجاد درد شدیدی در نادر شد و او را از خواب شیرینش بیدار کرده بود. باز چشمش به پری افتاد که در گوشه‌ای دور از چشم ایستاده و مشغول پاک کردن اشکهایش بود که برای نادر می‌ریخت و نمی‌خواست نادر آنها را ببیند. طولی نکشید که نادر خود را در اتاق عمل یافت و دکتر دیگری مشغول زدن آمپول بیهوشی به او بود. چشمان نادر بسته و او بیهوش شد. عمل دستش انقدر بد بود که شش ساعت طول کشید، و باز چشمانش به خواهرش پری باز شد که هنوز بالای سرش به انتظار بهوش آمدن او ایستاده بود، اما اینبار گریه نمی‌کرد و خنده بر لب داشت. به دستش نگاه کرد، فقط می‌توانست نوک انگشتانش را ببیند از وسط انگشتانش تا زیر شانه هایش را گچ گرفته بودند. دستش با یک زاویه ۹۰ درجه نسبت به سینه‌اش نگه داشته شده بود. دکتر فتاحی وارد اتاق شد و به او اطلاع داد که مدت ۶ ساعت زیر عمل بوده است. مچش از سه جا بدجوری شکسته

شـده بـود. دکتـر فتاحی بیشـتر از آن که دکتر آن‌ها باشـد دوسـت خانوادگی‌شـان هم بـود، بـرای همیـن و چـون بـه نـادر علاقه‌مند هـم بود مسـلم بود کـه از نصیحـت نادر خـودداری نکـرده و برایـش در مـورد زندگـی سـخنرانی کـرد و این‌کـه چطـور مـردم می‌تواننـد عمـر خـود را بـا محاسـبات غلـط تلف کننـد گفت. سـپس نادر بیمارسـتان را تـرک کـرد درحالـی کـه سـخنان او در ذهـن نادر درسـت مثل لباسـهایی کـه داخل یـک ماشـین لباسـشویی می چرخیدنـد، چرخیدن آغاز کـرده بودند و ول کـن نادر هم نبودنـد، بـه بیـرون و آینـده خیـره شـده بـود. قبول سـخنان دکتـر فتاحـی و رؤیاهایی کـه بر سـر داشـت بـا هـم وارد جنگ و گریـز و مبارزه شـده بودنـد. وقتی با ماشـین به خانـه برمی‌گشـتند دلـش می خواسـت گریه کنـد، امّا نتوانسـت. فقط به بیـرون پنجره خیـره شـده بـود و فکـر می‌کـرد که آیـا زندگی‌اش به پایان رسـیده اسـت؟ بـه این فکر می‌کـرد کـه شـاید زندگیش حـالا به یک زمـان و دوران جدیدی وارد شـده اسـت. باید قبـل از این‌کـه بـرادرش بتوانـد عقایـد خـود را با فشـار بـه او بقبولانـد راه تـازه‌ای برای حفـظ هویـت و رسـیدن بـه رویاهایش پیـدا کند. نمی‌دانسـت که این چالـش به کجا خواهـد انجامیـد، امّـا می‌دانسـت کـه بایـد هرطور شـده بـا آن مواجـه شـود. در کمال انـدوه در اعمـاق روانـش احسـاس کرد که انـگار باید بـا فوتبال خداحافظـی کند، حتی نمی‌دانسـت آیـا می‌توانـد بـاز هم خوب شـنا کند و مسـابقه بدهـد یا نه. هرچه بیشـتر در این‌بـاره فکـر می‌کـرد بیشـتر متوجـه می‌شـد کـه نقشـه‌هایش بـه بـاد رفته اسـت. درسـت مثـل گـردی کـه از قالی تکانده می‌شـود. مثـل این بود که کسـی زندگـی او را در اختیار گرفته و آن را دوباره نوشـته و کپی نهایی‌اش را روی پیشـانی او کوبیده باشـد. در ایـن فکـر بـود که زندگـی‌اش رسـماً راه و جهت جدیـدی را درپیش گرفته اسـت.

چهـار روز بعـد نـادر کنار اسـتخر نشسـته بـود و رقابـت جوانهـا دیگر را با حسـرت تماشـا می‌کـرد. مربّـی او آقـای سـروری غمگین بـه او نگاه می‌کـرد، نادر احسـاس کرد کـه او هـم بـه همـان انـدازه‌ی نـادر بخاطـر اتفاقـی که بـرای نـادر افتـاده بـود در غم و انـدوه بـود. آقای سـروری می‌دانسـت کـه قبل از هـر چیز نـادر رکوردار بین‌المللی دو رشـته شـنا بـود و اگر او در این مسـابقات شـرکت می‌کـرد نه تنها برای خـودش افتخار آفریـن بـود بلکـه بـرای او کـه مربیش بود افتخـار می‌آفریـد. امـا متعجّب بـود که چرا نـادر خـودش را در چنیـن وضعیتـی قـرار داده و به خـودش صدمه زد بـود درحالی که

می‌دانسـت رقابـت مهمـی را درپیـش داشـته اسـت. او می‌دانسـت اگر بازویـش در گچ نبـود می‌توانسـت مسـابقه بدهـد. او می‌توانسـت امـروز جوان‌تریـن قهرمـان باشـد. امـا حـالا او در کمـال درماندگـی آنجا نشسـته و تماشـا می‌کرد که چگونه "بهمـن" در مقام سـوم قـرار گرفتـه اسـت. بعد از پایـان مسـابقات و وقتی همه رفتـه بودند نـادر هنوز به تنهایـی کنـار اسـتخر نشسـته و در انـدوه به آینـده اش فکر می‌کرد، "سـال آینـده را از تـو نگرفتـه انـد... بـاز هم مـی تونـی جوانتریـن قهرمان بشـی... تو باید سـال آینـده در مسـابقات شـرکت کنـی..." نـادر برگشـت و مربیـش آقـای سـروری را دید کـه کنارش ایسـتاده بـود و داشـت به او امید قهرمان شـدن در سـال آینده را مـی‌داد. اما بهر دلیلی کـه بـرای نـادر مشـخص نبـود و نمی‌دانسـت چـرا، صدایـی در ذهنش زمزمـه کرد که دیگر سـال آینده ای برای شـرکت او در مسـابقات شـنا وجود ندارد. نادر حس می‌کرد کـه بایـد بـا فوتبـال و شـنا و در جمـع بـا ورزش خـدا حافظی کنـد. امـا او صاحب این صدایـی را کـه بـه او ایـن چنیـن ندای غـم انگیـزی را داده بود را نمی شـناخت.

*****

فصل ششم

پس از آن لحظه‌ی تعیین کننده در دوره نوجوانی‌اش فرارسید...

ماه در فرهنگ ایرانیان نمادی از عشق و احترام و زیبایی است. بیشتر شاعران این مرز و بوم درخشش معشوق یا مادر خود را با نور ماه توصیف کرده اند. شاید به این دلیل که نور ماه تاریکی شب را می‌زداید. مزید بر این، ماه در قالب ماه کامل، ماه نیمه و ماه هلال در طالع بینی سنتی ایران نقش مهمی دارد.

اما در این شب مهتابی وقتی نادر زیر نور ماه کنار استخر در تنهایی نشسته و به بد اقبالی خود فکر می‌کرد ماه چندان زیبایی و اهمیتی برایش نداشت و به این فکر می‌کرد که چرا چنین اتفاقی برایش رخ داده است. چرا او باید درگیر این بداقبالی شده باشد و در آن لحظات اصلاً به انعکاس نور ماه و بازی آن همراه با حرکات آب هیچ توجهی نداشت. اما در واقع از آنجایی که پرتو نور ماه بهترین راه برای خلاصی از تاریکی شب است، توانست مقداری از غم او را کاهش دهد. نادر به آب خیره شده و در فکرش به وضوح می‌دید که در آب همچون ماهی سرگردان شنا می‌کند و برای به جا گذاشتن یک رکورد جدید تلاشی بی پایان را آغاز کرده است، او خود را مانند یک ماهی تصور می‌کرد که تمام فضای زیر آب را در اختیار دارد. طول و عرض استخر را پشت سر می‌گذاشت و انگار به ماهی گم شده در آب تبدیل شده بود. بنظر می‌رسید پرتوی نور ماه به آب روشنایی می‌داد تا نادر بتواند خود را درون آب ببیند. اما یاد آوری خاطرات ناخوشایند او را تنها نمی گذاشتند و دم به دم در ذهنش جان گرفته و بازی زجر آور و غیر قابل تحملی را برایش به نمایش می‌گذاشتند.

بعد از چندی دریافته بود که شکستن دستش در زمین فوتبال اتفاقی نبود، دیگر شکی نداشت که ابراهیم عمداً این بلا را سرش در آورده بود. فهمیده بود که

ابراهیــم همیشــه دورا دور مواظــب او بــوده و هیچوقــت از زندگی او خارج نشــده بود. اما دردناکتــر ایــن بــود کــه او این بلا را به دســتور و نقشــه‌ی بــرادرش عباس بــر او تحمیل کــرده بــود. امــا مطمئن نبود که عباس چنین کرده باشــد. برایش ســوأل بــود که عباس چطــوری ابراهیــم را مــی شــناخت. برایــش هم معمــا بود که چرا بعد از شکســته شــدن دســت نــادر، عبــاس مدتــی زیــادی پیداش نبــود و جلــوی نادر ظاهــر نمی‌شــد. اگر هم بــرای دیــدن مــادرش به خانــه‌ی او می‌آمد مطمئن می‌شــد کــه نادر نباشــد. بعد ها هم کــه آمدنــش بــه خانه ی مــادرش عادی شــد، هرگز از نادر نپرســید که چرا دســت او در گــچ اســت، تصــور می کــرد بــرادرش توضیح پــری را که بــه او گفته بود دســت نــادر در اثرســرخوردگی روی پوســت موز شکســته اســت را باور کرده. و واقعاً از نگرانی شــدیدش نســبت بــه زندگــی نادر، دســت برداشــته باشــد. اما با گذشــت زمــان نادر بیشــتر نگران می‌شــد و شــاید هــم گیــج شــده بــود که چــرا دیگــر عبــاس بــا او کاری نــدارد. در واقع مثــل ایــن بــود که عباس ســعی دارد با بــرادر کوچکش صلح کند و یا شــاید او براســتی دســتور شکســتن دســت نــادر را داده بود و حالا احســاس بدی می کــرد و بخاطر همین هــم رفتــارش بــا نادر نرم تر شــده بــود و به نــدرت دربــاره درس هایش از او می پرســید و کمتــر پرخــاش می کــرد و دســتور مــی‌داد. نــادر از این تغییراتــی که در عبــاس ایجاد شــده بــود لــذت می‌برد اما ضمنــاً آن را دوســت هم نداشــت. در اعماق قلبش احســاس می‌کــرد کــه یــک پای قضیــه لنگ اســت و یک چیــزی توی این ماجرا درســت نیســت ولی علت و چگونگی آن را نمی فهمید. هرچه بیشــتر می گذشــت بیشــتر از این حالت عــذاب مــی کشــید امــا کاری هــم از دســتش بر نمی‌آمــد به غیــر از این‌که صبــر کند تا یــک روزی فرصت مناســبی دســت بدهد و از عباس علتش را بپرســد. امــا نگران بود که مواجــه شــدن با آن ممکن اســت وضعیــت را بدتر هم بکند و ممکن اســت عباس دوباره تغییــر رویــه دهــد و بــا او مثــل یکــی از ســربازانش رفتار کنــد، بنابرایــن نگرانــی را کنار گذاشــت و وقتــش را بــرای ایــن صــرف کرد کــه دنبال ابراهیم بگــردد و او را پیــدا کند و از او جویــای حقیقــت شــود. او فکر می کــرد منبع تمام اطلاعات و اســرار ابراهیم اســت. بنابرایــن از هــر فرصتــی که پیدا می‌کرد اســتفاده کــرده و در به در دنبــال ابراهیم بود و البتــه هرگــز بعد از آن حادثه نتوانســت به دیدن میــدان فوتبال برود یا بازی دوســتانش را تماشــا کنــد. برایــش خیلــی دردناک بــود و تا جایی کــه می‌توانســت کاری می کرد تا

از فکر فوتبال منصرف شود. حالا به تنهایی روی آورده بود و بیشتر وقتش را در شبها و به تنهایی کنار استخر می گذراند. به آب خیره می‌شد و گاهی در رویای رقابت و برنده شدن، سیر می کرد و این افکار آن بقدری قوی بود که شروعی شد برای رسیدن به هدفش. هدفی که نه فوتبال بود و نه قهرمان شنا شدن.

نادر در عین حال که با سرنوشت خود در جنگ بود و در به در به دنبال ابراهیم می گشت و به سرنوشت و آینده ی خود هم می اندیشید و از مادرش هم غافل نمی‌شد. می‌دید مادرش بیشتر و بیشتر افسرده حال می‌شد، یک شب که کنار استخر در تنهای زیر نور ماه نشسته بود تصمیم گرفت با مادرش صحبت کند، برای همین تمرین می‌کرد که به او چه بگوید. همچنان که به ماه نگاه می‌کرد با او آغاز به گفتگو کرد و آنچه را که در فکرش زنده می‌شد و با ماه در میان می‌گذاشت را روی کاغذ آورد که با غم مادرش شریک شود و شاید کمی به رفع افسردگی او کمک کند. چنان در خود و صحبت با ماه گم شده بود که درخیالش تصور می‌کرد ماه مادرش بود و داشت مستقیما با مادرش گفتگو می‌کرد. به زودی چندین صفحه خط خطی شده و جلویش انباشته شده بود. اما هرگز آن یاد داشت‌ها را با مادرش در میان نگذاشت و کسی آنها را ندید.

در همین احوال نامه ای را دریافت کرد، در ابتدا خیال می‌کرد از ابراهیم باشد، اما با خواندن آدرس و اسم روی نامه متعجب شد، چند بار اسم فرستنده نامه را خواند که مطمئن شود درست خوانده است، در تعجب بود که چرا محتوای نامه انقدر ضخیم است، نامه ها معمولا نازک بودند و بالاخره مطمئن شد نامه از دوست گمشده اش حسین بود و از بروجرد پست شده بود. شهری که خانواده حسین آن جا مزرعه داشتند و حسین اهل آنجا بود. مدت طولانی بود که از حسین خبر نداشت. آخرین بار بحث مختصری با هم داشتند، خیلی دلش برای او تنگ شده بود. نادر همیشه به پنجره اطاق او نگاه می‌کرد، تقریباً هر روز اما هیچ اثری از حسین نبود. او بداخل درخت ها رفت تا محل ساکتی برای خواندن نامه پیدا کند، نامه ۲۶ صفحه بود در مدت کوتاهی نامه را خواند. نامه حسین کاملاً به موقع رسیده بود. وقتی بهتر از آن نبود. محتوای نامه در باره ی حقیقت مصیبت بار خانواده حسین و رابطه او با پدرش بود، رفتاری که روی حسین تاثیر خیلی بدی گذاشته و رفتارش

را عـوض کـرده بود و او پر از خشـم شـده بـود، حرف هـای دردناک او سراسـر صفحات را پـر کـرده بـود، "دوسـت بسـیار عزیزم نادرجـان... مرا بخـش که بدون خـدا حافظی و شـبانه تهـران را تـرک کـردم. مـن دیگر برنخواهم گشـت، مـن از پدرم متنفر هسـتم و دیگـر نمـی توانـم او را تحمـل کنم، کمربندی که باید شـلوار پـدرم را نگـه دارد هر روز و هـر شـب بـرای شـلاق زدن به پشـت و با سـن من بـه کار مـی رود، دیگر نمـی توانم رفتـار بـد و ظالمانـه آن مـرد دیوانـه را کـه خـودش را پـدر من مـی داند قبـول کنم. او تصـور می‌کنـد عشـق و صلـح را در خانـواده مـن فراهـم کـرده اسـت و من مـی دانم او مـادرم را بـه همیـن صـورت شـکنجه داده و کشـته اسـت. من دیگه خسـته شـده ام از این‌کـه تنبیـه شـوم تا اینکـه برادرهایـم بتواننـد در آرامش باشـند، دیگر نمـی توانم به خاطـر اینکـه برادرانم بوسـیله این مـرد ظالم شـلاق نخورند جلوی او ایسـتادگی کنم و بجـای آنهـا شـلاق او را تحمـل کنم... مـن دیگر به تهـران برنمی گردم و دبیرسـتانم را همیـن جـا تمـام می کنم و سـپس به آمریکا مـی روم. نمی‌خواهـم در ایـران بمانم و با ایـن مرد دیوانه سـر و کار داشـته باشـم. دیگـر نمی‌خواهم هرگـز از او کتک بخـورم..." متن نامه بسـیار دردناک بود و حسـین با بیشـترین اعتمادی که می‌شـد، احساسـاتش را با نادر به اشـتراک گذاشـته بود، حسـین گفته بود که چیزهای بیشـتری برای گفتن دارد و بقیـه اش را روز بعـد در نامـه ا ی دیگری پسـت خواهد کـرد. نادر مطمئن بود که نامـه ی بعـدی حسـین به دسـتش می‌رسـد، همینطـور هم شـد، روز بعد قسـمت دوم نامـه را کـه حـدود ۲۸ صفحه بـود دریافت کرد و دوبـاره نادر در همان جـای قبلی تنها و آرام نشسـت و نامـه حسـین را خوانـد. حالا با خوانـدن این دو نامه او آگاهی بیشـتری از زندگـی خصوصـی حسـین بدسـت آورده بود و بـرای موقعیت اندوه بـار او ناراحت بود و حـالا احتـرام بیشـتری برایـش قائل بـود او بهترین دوسـتش بوده و با مطلع شـدن از شـرایط زندگـی او دیگـر مشـکلات خـودش را فراموش کرده بـود، فکر می‌کـرد که این یـک نعمـت اسـت کـه در چنیـن راه پـر پیچ و خـم زندگی یک دوسـت خوب و انسـان خوش قلبی مثل حسـین داشـت که به او اعتماد کرده و مشـکلات خصوصی زندگیش را بـا او در میـان گذاشـته بـود. حسـین در ادامـه اینطور توضیـح داده بود، "نـادر تو باید خـدا را شـکر کنـی کـه چنین خانـواده گرم و خـوب و مهربانـی داری. خصوصـا مادرت حاجیـه خانـم، هرگـز بـه او بـی احترامـی نکن. تو نمـی دانی کـه چقـدر ارزش دارد که

مـادرت در کنـارت هسـت، او یکـی از بهتریـن و مهربان‌ترین‌هاسـت، او یـک فرشـته اسـت..." حسـین دربـاره مادرش راسـت می‌گفـت، او به یقین یک فرشـته بـود. خبردار شـدن از حسـین او را کمـی آرام کـرد، امـا دلـش مـی خواسـت حسـین برمی گشـت. اینطـور بهتـر بـود و نادر می‌توانسـت مطمئن باشـد کـه حسـین در آرامش اسـت. نادر مـی خواسـت حسـین بداند که همیشـه می توانـد روی او بـه عنوان یک دوسـت خوب و وفـادار حسـاب کنـد. حـالا نـادر متوجه شـده بود کـه در تمـام این مدت اشـتباه فکر کـرده بـود که حسـین اصلاً اهمیتی بـه او نمی‌داده و بنظر می‌رسـید کـه او را به عنوان یـک دوسـت کنـار گذاشـته. فهمیده بود که حسـین نمی‌خواسـته کـه نادر با شـنیدن مشـکلات او، آزرده خاطر و نگران شـود. دانسـته بود که حسـین بیشـتر بفکر نادر بوده تـا خـودش. نادر فکـر می‌کرد که اغلب اوقات مـا در باره ی دیگران و خصوصا دوسـتان و آشـنایان خـود خیلی در اشـتباه هسـتیم، و در مـورد آنها قضاوتهای نادرسـت داریم و بدتـر از همـه بعضی وقت ها نمی خواهیم حقیقت را قبول کنیم که در اشـتباه هسـتیم و فقـط مشـکلات خـود را مـی بینیم .چند روز قبل از این‌که مدرسـه شـروع شـود، گچ دسـت نـادر را بـاز کردنـد. او پیش دکتر فتاحی رفـت و او خودش گچ را برید و دسـتش را بـاز کـرد. وقتـی کـچ را بـاز کردند با دیدن مچ و سـاعد و بازویش کـه ماهها داخل گچ بـود وحشـت زده و نگـران شـد. انگار دسـتش آب رفتـه بود وحـالا به اندازه بـازوی یک بچـه نـازک و نحیـف به نظر می‌رسـید، با دیدن دسـتش کـه واقعاً به طرز وحشـتناکی صدمـه دیـده بـود نگـران شـد که نکند خـوب جا نیافتـاده باشـد و آن ها مجبور شـوند دوبـاره دسـتش را شکسـته و دوبـاره گـچ بگیرند، او شـب هـای زیـادی در تنهایی کنار اسـتخر نشسـته و پیـش ماه دعا کرده بـود که این اتفـاق رخ ندهد. اما دکتـر برای نادر توضیـح داد کـه در ظـرف چند ماه دسـتش بـه اندازه طبیعـی و اولیه خـود برمی گردد و ادامـه داد کـه علتـش ایـن اسـت کـه مـدت زیادی دسـتش تحـرک نداشـته و هوا به آن نرسـیده و بـه همیـن دلیل ضعیف شـده و عضلاتش تحلیل رفته اسـت. سـپس یک لحظـه تعییـن کننـده در دوره نوجوانـی اش فـرا رسـید. دکتر فتاحی به سـمت قفسـه کوچـک کتـاب هایـش رفت و کتابی برداشـت و برگشـت با یـک حالت جـدی آن را به نـادر داد و گفـت، "می‌خواهـم ایـن کتـاب را بخوانی، ایـن کتاب زندگی مـرا عوض کرد، از مـن مـردی را سـاخت کـه امـروز تـو می بینـی... شـما بایـد آن را بخوانـی و مطمئن

باش که آن را باید پس بیاری..."نادر می‌دانست منظور او از این‌که گفت، " از من مردی را ساخت که امروز تو می‌بینی" چیست. نادر می‌دانست که دکتر از یک خانواده خیلی فقیر بوده است و هنگامی که مدرسه می‌رفته کار می‌کرده و خودش خرج خود و حتی مادرش و برادر کوچکش را فراهم می‌کرده است. کار کردن و هم زمان مدرسه رفتن در ایران چندان متداول نبود. شما باید همچون یک صخره سخت باشی و تقریباً تمام دوران نوجوانی و زندگی دانشجویی خود را فدا کنی و این برای نادر که همیشه پول در اختیار داشت چندان قابل لمس نبود. بهر حال نادر قول داد که کتاب را بخواند و بعد از این‌که تمام کرد به او برگرداند. وقتی که در ماشین نشسته بود و به بازوی لاغرش خیره شده و به فکر پیدا کردن ابراهیم بود. چشمش روی جلد کتاب ثابت ماند. اسم کتاب "پیرمرد و دریا" نوشته "جان اشتاین بک" نویسنده ی آمریکایی بود و بعد از آن کتاب را فراموش کرد، حتی فراموش کرد که کتاب را در اختیار دارد و قول داده بود که آن را بخواند. پری چندین بار به او متذکر شد که دکتر فتاحی می خواهد بداند که آیا کتاب را خوانده ای و می خواهد مطمئن شود که آن را برمی گردانی. جوابش این بود که تقریباً دارم تمامش می کنم. وقتی تمام شد آن را به او برخواهم گرداند، اما در واقع او حتی نمی‌دانست کتاب کجاست. فکر می‌کرد یک نسخه دیگر از آن را می خرد و می خواند و بعد از خواندن به دکتر برمی گرداند اما دوباره خیلی زود کتاب و خواندنش را فراموش کرد. مدرسه ها شروع شدند و او را در یک مدرسه خصوصی ثبت نام کردند، این یکی برای او خیلی دشوار بود. به آخرین چیزی که فکر می‌کرد درس های مدرسه بود. بعد از اتفاقی که برایش افتاده بود دیگر از مدرسه متنفر شده بود و در حال تبدیل شدن به یک فرد تندخو بود، دیگر خوش قلب و مؤدب و یک پسر خجالتی روستایی نبود. برای رفتن به مدرسه هر روز می بایست اتوبوسی را سوار می‌شد که مستقیماً از خیابان جلوی خانه‌ی آن‌ها عبور می‌کرد. فقط کافی بود از در باغ بیرون آمده و به آنطرف خیابان رفته و سوار اتوبوس شده و خودش را به مدرسه برساند. معمولا هم پسرها برای نشان دادن خودشان صبر می‌کردند تا اتوبوس که تقریبا همه دو طبقه هم بودند حرکت کند، بعد آنها سریع می دویدند و داخل قسمت باز عقب اتوبوس دو طبقه می پریدند. آن موقع همه اتوبوس های دوطبقه قرمز بودند

و پشت آن ها یک ورودی گرد بزرگ بدون در بود و یک میله آلومینیومی درست در وسط قسمت ورودی آن قرار داشت برای این‌که مردم دستشان را به آن بگیرند. یک کمک راننده همیشه جلوی این قسمت باز می ایستاد که بلیط مسافران را پاره کند و مطمئن شود که مردم مجانی سوار نشوند. آن روز نادر در قسمت باز عقب یک دوطبقه ایستاده بود و اتوبوس به راهش ادامه می‌داد، یک لحظه نادر سرش را برگرداند و ناگهان چشمش به حسین افتاد که از عرض خیابان می دوید تا خودش را به اتوبوس رسانده و سوار شود، اما اتوبوس حرکت کرده بود و حسین به آن نرسید، می‌دانست که حسین سوار اتوبوس بعدی می شود. از دیدن حسین خیلی خوشحال شد، ولی نمی‌دانست در کدام مدرسه ثبت نام کرده است. اتوبوس در ایستگاه بعدی نگه داشت، نادر پیاده شد و منتظر ماند تا اتوبوس حسین برسد. می‌دانست که او سوار اتوبوس بعدی شده و نادر با رسیدن آن سوار همان اتوبوس می‌شد و حسین را می‌دید.

خیلی زود اتوبوسی که حسین در آن بود توقف کرد و نادر پرید بالا و با حسین که جلو در ایستاده بود رو به رو شد. آنها کمی به هم نگاه کرده و بعد خندیدند. آنها معمولاً همدیگر را بغل نمی‌کردند چون فکر می‌کردند که دیگر بزرگ شده اند و باید نشان می‌دادند که مردان بالغی هستند. اما در آن لحظه نتوانستند به این مسئله اهمیت بدهند و همین که به هم رسیدند یکدیگر را بغل کردند. هر دو از دیدن یکدیگر خوشحال بودند و قبل از این‌که بتوانند حرفی بزنند وقتش رسیده بود که نادر از اتوبوس پیاده شود. متوجه شد که حسین به مدرسه جم می‌رفت . نادر آنزمان به مدرسه بهمن می‌رفت. نادر از اینکه او را در یک مدرسه خصوصی ثبت نام کرده بودند بسیار شاکی بود چرا که یکی از همسایه های آنها در همان مدرسه درس می‌داد و معمولا مدرسه های خصوصی بیشتر از مدرسه های دولتی در مورد درس ها سخت گیری می‌کردند. برنامه برادر نادر، عباس این بود که نادر خیلی سخت درس بخواند اما او چطور می‌توانست یک دکتر یا مهندس یا یک وکیل خوب شود وقتی که خوب درس نمی خواند.

نادر بعد از پیاده شدن از اتوبوس باید ده دقیقه دیگر پیاده می‌رفت تا به مدرسه‌اش برسد. جلوی در ورودی مدرسه اولین چیزی که نگهبان به او گفت این

بـود کـه، "شـما از روز اول دیـر کردی نبایـد دیگه تکراربشـه. یادت نره کـه این جا این چیزهـا را تحمـل نمـی کنند، این یک مدرسـه دولتی نیسـت، اینجا با همـه چیز جدی برخـورد مـی شـود، بـار دیگر اگر دیـر بیایید نمی توانم شـما را بـه مدرسـه راه بدهم..."

از همـان روز و سـاعت و لحظـه ی اول نـادر از آن مدرسـه و دربانـش متنفـر شـد و دلـش مـی خواسـت کتـک مفصلی به دربان مدرسـه بزند. امـا جلوی خـودش را گرفت. معمـولاً نـادر انسـان صلـح جـو و مهربانی بـود و به همـه خصوصـا بزرگترهـا و بانوان و زیـر دسـتان احتـرام زیـادی مـی گذاشـت. اما حالا شـخصیتش داشـت کم کـم عوض می‌شـد و خشـم و عصبانیـت جـای مهربانـی و محبـت و صلـح جویـی را می‌گرفـت. احساسـی در او زنـده شـده بود که با شـخصیت خلق و خوی او متفاوت بـود. قبلاً هرگز چنیـن احساسـی به او دسـت نداده بـود، حتی برای یـک بار هم. بدترین قسـمتش این بـود کـه تمایـل شـدیدی بـه تنبیه کـردن نگهبـان پیدا کـرده بـود، اما جلـوی خودش را گرفـت و آن روز راهـش را گرفـت و رفـت. امـا تحمـل نـادر چنـدان دوام نیـاورد و دو هفتـه بعـد یکی از همکلاسـی هایـش را زد و او نقش زمین شـد. طغیـان او به این ختم نشـد، یکـی دو هفتـه بعـد دوبـاره او درگیـر دعـوای دیگری شـد و همین سـبب اخراج او از مدرسـه بهمـن شـد. امـا بـرای او مهـم نبـود. در حقیقـت خوشـحال هم بـود، چرا کـه حـالا می‌توانسـت در مدرسـه جـم کـه حسـین آنجـا می‌رفت ثبـت نام کنـد. ولی چنیـن اتفاقـی نیفتاد و او را در مدرسـه دیگری ثبـت نام کردند. مدرسـه جدید او بهرام بـود و حتـی ایـن مدرسـه ی جدیـد بـه مدرسـه ی حسـین دورتـر هم شـده بـود. این مسـئله او را بسـیار نارحـت کـرد. امـا طولی نکشـید که او بـا معلـم کلاس فیزیکش در گیـر شـد. او مرد مسـن بلنـد قد بزرگ جثـه ای بود. اما نور چشـمش کم بود. همیشـه همسـرش بـا ماشـین او را به مدرسـه می رسـاند. این معلـم وقتی شـکلی را روی تخته مـی کشـید نـادر و بقیـه دانـش آمـوزان مجذوبانـه و در تعجب بـه آن نـگاه می‌کردند، چـون هیـچ خطـی را جا نمی گذاشـت و با آنکه چشـمش نمی‌دید و حتـی به تخته ی سـیاه نـگاه نمی‌کـرد، شـکلها را کامـل و دقیـق می کشـید. نادر عـادت داشـت که آخر از همـه بـه کلاس بـرود و اول از همـه از کلاس خـارج شـود. هیـچ وقت هـم با خودش کتابـی نداشـت، فقـط یک دفترچه یادداشـت همراهش بـود. او وانمـود می‌کرد که همه درس هـا را بلـد اسـت. حـدود سـه هفتـه می‌شـد که به ایـن مدرسـه جدید رفتـه بود.

صبـر می کـرد تا معلم نزدیک کلاس برسـد بعـد بلافاصله جلوی او وارد کلاس می‌شـد، قانـون ایـن معلـم ایـن طور بـود که هیـچ شـاگردی نمی‌توانسـت بعـد از او وارد کلاس شـود، بنابرایـن وقتـی وارد کلاس می‌شـد در را پشـت سـر خـودش مـی بسـت. اما این قانـون برای نادر دردسـر شـده بـود، چرا که بازی را که او شـروع کرده بود نمی‌توانسـت ادامـه بدهـد و آن دیـر رفتـن بـه کلاس بـود. بنظر می‌رسـید نـادر همیشـه دنبال یک چیـزی بـود که خشـم خـودش را نشـان داده و بر علیه قانون مدرسـه عمل کنـد و این بـرای کسـی کـه احترام به قوانین و مقررات برایش در الویت قرار داشـت بسـیار سـخت بـود. خـودش هـم گیج بـود و نمی‌دانسـت کـه چکار می کـرد. یـک روح سـرکش بر او چیـره گشـته بـود و شـخصیت جدیـدی از او سـاخته بـود که همـواره در پی سرکشـی و شکسـتن قانـون و سـرپیچی از مقـررات بـود. نـادر همیشـه آخرین شـاگردی بود که تقریبـا بـا ایـن آقا معلـم وارد کلاس می‌شـد و گاهی هم درسـت زمانیکه معلـم درحال بسـتن در بـود از زیـر دسـتهای او مثـل ماهی لیز خـورده و وارد کلاس می‌شـد. اما یک روز که زمان شـروع کلاس رسـید و معلم وارد کلاس شـد و در حال بسـتن در بود برای نـادر کـه پشـت سـر او قصد ورود داشـت به انـدازه ای کافـی در باز نبود که وارد شـود و نـادر مجبـور شـد در را هـل داده تـا وارد شـود، اما معلم بـه او چنین اجـازه ای را نداد و در را محکـم نگـه داشـت امـا نادر او را از سـر راهش هـل داد و کنار زد و این باعث شـد کـه معلمش درسـت جلـوی اولین ردیف صندلی هـا روی زمین بیافتد. معلـم دیوانه وار بلنـد شـد و فریـاد زد: «چـه الاغی ایـن کار و کردا؟»

اول همـه سـاکت بودنـد، سـپس یکـی از شـاگردان دهان باز کـرد و نـام او را گفت، «نـادر... آقـا...» شـاگرد فضـول نمی‌دانسـت کـه چه حرکت اشـتباهی را مرتکب شـده بـود. در عـرض یـک چشـم برهـم زدن نادر او را در دسـت هـای خود داشـت و از پنجره بـه بیـرون پـرت کرد و خودش هـم دنبالش بیرون پریـد. بالاخره این دعـوا و کتک زدن همکلاسـیش نادر را به هدفش که اخراج از مدرسـه بود رسـاند. این دومین مدرسـه‌ای بـود کـه او را اخـراج کـرده بودنـد و از این‌کـه دیگـر جایـی او را ثبت نـام نخواهند کرد غـره و خشـنود بـود. از طرفـی هـم روابط بین نادر و حسـین قدری متشـنج بـود. چون حسـین دائمـاً از نـادر می خواسـت کـه راه درسـت را در پیش بگیرد و نـادر هیچ گوش شـنوایی نداشـت. دوبـاره روابطشـان مثـل قدیـم شـده بـود و هیچکدام نمی‌خواسـتند

خدشه‌ای در آن ایجاد کنند. این تشنج بخش دائمی و مستمر روابط بین آن دو را تشکیل می‌داد، هر دو می‌دانستند که به دلجوی و حمایت یکدیگر در موقع ضروری نیاز داشتند و آن زمانی بود که یکی از آنها بیشتر درگیر تشنج و افسردگی می‌شد چرا که هر دو با یک مشکل سر و کار داشتند و باید با آن مبارزه می‌کردند و آن کنترل شدید خانواده آن دو بود که جهنمی برای آن دو ساخته بود و البته تراژدی زندگی آنها بنوعی متفاوت بود، اما هر دوی آنها از این امر در عذاب بودند. و حالا نادر دچار این تشنج شده بود و به کمک احتیاج داشت، نادر تشخیص نمی‌داد که آشکارا پر از خشم و عصبانیت شده است. او مرد نوجوانی بود که از دست برادرش دیوانه شده بود، از دست دنیا دیوانه شده و می خواست به خاطر آنچه بر اوگذشته بود از خود و همه انتقام بگیرد. اگر راهی وجود داشت در مقابل همه چیز و حتی خودش به مخالفت و طغیان و شاید گرفتن انتقام دست می‌زد و بیشترین چیزی که نادر را رنج می‌داد و دیوانه تر می‌کرد این بود که برادرش، عباس هنوز او را کاملا بحال خودش ول کرده بود و نادر نمی‌دانست چرا؟ حتی هنوز نمی‌دانست که آیا برادرش براستی در شکستن دستش دخالت داشت یا نه. هنوز نتوانسته بود ابراهیم را پیدا کند، انگار آب شده بود و رفته بود زیر زمین. به او گفته شده بود که برادرش درباره آنچه که برای نادر در مدرسه هایش اتفاق افتاده هیچ چیزی نمی داند. برادر دیگر او، بیژن کسی بود که تلفنی او را در مدرسه دیگری ثبت نام کرده بود. اما این بار و این مدرسه با بقیه فرق می‌کرد. تنها مدرسه ای که حالا او را قبول کرده بود مدرسه فردوسی بود. قبل از این‌که به آن مدرسه فرستاده شود از آن مدرسه متنفر بود. اما حالا بسیار خرسند بود چرا که مدرسه فردوسی مشهور بود که محل تنبلها و درس نخوانها و لات و لوت هاست و هیچکس به فکر درس خواندن نبود و فقط وقت کشی می‌کردند، البته تعداد کمی هم بودند که سخت درس می خواندند و درس خواندن را جدی می‌گرفتند.

نادر هم چنان در جهنمی که برای خودش ساخته بود در عذاب بود و از این اعتراض به زمین و زمان دست بردار نبود. در این مدرسه جدید که همه خود را بزن بهادر می‌دانستند، اولین کاری که باید انجام می‌داد گرفتن یک زهر چشم از دیگران بود که بزن بهادره های دیگر که قبل از او خودی نشان داده بودند

حساب کار دستشون بیاد. اولین چیزی که توجه اش را جلب کرد ناظم مدرسه «آقا حسینی» بود که هر روز صبح جلوی در مدرسه می ایستاد و آمد و رفت دانش آموزان را کنترل می کرد. یک ترکه هم در دست داشت که در موقع نیاز از آن استفاده می کرد. آقای «آقا حسینی» یک معلم و ناظم معمولی مدرسه نبود، او در زمانی که نادر هنوز سنی نداشت دروازه‌بان معروف تیم ملی فوتبال بود. او همیشه یک عینک تیره به چشم می‌زد و می گفتند که یکی از چشمشهایش کور است. داستان از این قرار بود که هنگام یک مسابقه در مقابل تیم روسیه او جلوی تیم حریف را برای زدن گل گرفته بود و همین سبب خشمگین شدن یکی از بازیکن‌های روسی شده بود و لگدی با تمام قدرتش مستقیم به چشم های او زده بود و همین باعث کور شدن یکی از چشمهایش شده بود و حالا تنها یک چشم سالم برایش باقی مانده بود. به همین دلیل آقای آقاحسینی برای همه آنها جایگاه ویژه ای داشت و به عنوان دروازه بان تیم ملی برای همه قابل احترام بود، خصوصا برای نادر که خودش بازی کن خوبی بود. اما نادر نمی‌دانست که آیا آقای « آقاحسینی» نادر را می شناخت یا نه و آیا می‌دانست برای نادر چه اتفاقی افتاده بود؟ نادر می خواست خودش را به او نزدیک کند و از تجربیات او بهره مند شود، با خود فکر می کرد که هردوی آنها از یک نوع مشکل مشترک رنج می‌بردند. خیلی زود نادر فهمید که آقای «آقا حسینی» چندین میز پینگ پنگ در حیاط مدرسه دارد و آن ها را کرایه می‌دهد. هر کسهم که میزی را در کرایه داشت می‌توانست آن ساعت سر کلاس نرود و مسلم بود که یکی از میزها همیشه در کرایه نادر بود. او حتی طرفدار و علاقه مند به بازی پینگ پنگ هم نبود. اما به مرور زمان بازی او خیلی خوب شد. یک بار تمام میزها کرایه رفته بود و نادر نمی‌توانست از رفتن سر کلاس خودداری کند و هرچه کرد هیچ یک از آنهاییکه میزها را در کرایه ی خود داشتند راضی نمی‌شدند با هر قیمتی که شده بود نوبتشان را به نادر کرایه بدهند. نادر در خشم شد و همه ی راکتها را از دست آنها گرفت و خرد کرد که قابل استفاده برای بازی نباشند، توپ های پینگ پنگ را هم زیر پایش له کرد و فریادش بلند شد، «بهتره شماها پاتونو از مدرسه بیرون نگذارید...»

نادر نمی‌دانست چرا و چگونه چنین عملی را مرتکب شده بود، چرا که بخاطر

احترام خاصی که به آقا حسینی می گذاشت تصمیم داشت خشم خود را کنترل کند و با کسی درگیر نشده و قانون شکنی نکند. اما او مثل گذشته قادر به غلبه برخشمش نبود و وقتی از کوره در می‌رفت کسی قادر به کنترل او نبود. حالا هم کار از کار گذشته و آنها برای شکایت نزد آقا حسینی رفتند. نادر هم به آرامی به کلاس خودش رفت.

نادر در کلاس نشسته و منتظر بود که در باز شده و آقای "آقا حسینی" جلوی در ظاهر و داد بزند که نادر از مدرسه اخراج شدی و از این امر هیچ خرسند نبود، اما هر چه او منتظر ماند و به در خیره شد که باز شده و آقا حسینی در قاب در ظاهر شود، هیچ اتفاقی نیافتاد نه دری باز شد و نه آقا حسینی جلوی در ظاهر شد و نه کسی او را از مدرسه اخراج کرد. نادر کمی مشکوک شد که چه اتفاقی افتاده است؟ وقتی کلاس تمام شد، گیج شده بود ولی در عین حال خوشحال بود. او فکر می کرد با کاری که کرده از مدرسه اخراج شود، اما چنین اتفاقی نیفتاد. از طرفی از این خوشحال بود که اگر آقای "آقا حسینی" بعد از چنین حادثه ای با او کاری نداشته است، دیگر کسی جرأت درافتادن با او را نخواهد داشت و این یک موقعیت برد- برد بود، بجز آن قسمت که مجبور بود در مدرسه باقی بماند و سر کلاسها حاضر شده و آنها را تحمل کند و این دشوارترین قسمت قبول این معامله برای او بود. چند هفته کسل کننده گذشت و بالاخره نادر که خسته شده بود یک روز تصمیم گرفت غیبت کرده و به مدرسه نرود. ولی روز بعد شک کرد که چه باید بکند، غیبت کند و یا راهی مدرسه شود؟ بالاخره تصمیم گرفت که به مدرسه برگردد تا ببیند عکس العمل آقای "آقا حسینی" چه خواهد بود. به محض اینکه جلوی در مدرسه رسید، آقای حسینی آنجا منتظرش بود و اولین کلامی که گفت این بود که: "دیروز چه اتفاقی برات افتاده بود که مدرسه نیامدی؟"

برای یک ثانیه، میلیون ها فکر و جواب از مغز نادر عبور کرد و او بالاخره زیر لب زمزمه کرد، "آقا حسینی، عموم فوت کرده بود."

و در کمال تعجب، آقای "آقا حسینی" بعد از آن هیچ نگفت و از او خواست سر کلاسش برود. حتی تسلیت هم به او نگفت. به نظر او فرار از مدرسه‌اش با کشتن عمویش براحتی موجه شده بود. پس از آن با خود تصور می کرد که چند تا عمو

می‌تواند داشته باشد؟ اگر پنج تا عمو داشته باشد او می تواند با کشتن آن‌ها پنج بار از مدرسه فرار کند. بدین ترتیب شروع کرد به کشتن دروغی عموها، عمه‌ها، خاله‌ها، دایی‌ها، و انهم نه یکی و دوتا چندین نفر از هر کدام، مهم هم نبود که آنها وجود خارجی داشتند و یا نداشتند برای نادر مهم نبود، او آنها را می کشت، تنها عکس‌العملی هم که با آن از طرف آقاحسینی مواجه می‌شد، فقط این بود که می‌گفت، "خیلی خب، برو سر کلاست بود."

و البته هر روز قبل از شروع مدرسه آقای "آقا حسینی" همیشه درست جلوی در مدرسه در یک ساعت مشخص برای جواب گرفتن منتظر ایستاده بود. بالاخره لحظه ای که نادر انتظارش را نداشت رسید. آن روز هوا ابری بود و او در روزهای ابری بیشتر غمگین بود. روز قبلش به مدرسه نرفته بود و می‌دانست که آقای "آقا حسینی" جلوی در منتظر او ایستاده و منتظرش است و نادر به این فکر بود که امروز چه کسی را به آن دنیا بفرستد. تا آن موقع همه فامیل را روانه آخرت کرده بود، حتی پدرش را. تنها کسی را که هنوزنکشده بود مادرش بود، پس حالا چی؟ به نظر می‌رسید هر چه او بیشتر به دروغ آدم میکشت، عکس العمل‌های آقا حسینی همیشه مهربان تر و آرام تر می‌شد و این کارش در نادر بیشتر احساس گناه را زنده می‌کرد و کم کم داشت از خودش بیزار می‌شد. بعضی وقت ها می خواست با سنگ بزند توی سر آقا حسینی و از او بپرسد که چرا این قدر با او مهربان است ؟چرا آن قدر در مقابلش صبور است ؟چرا درباره دروغ هایش چیزی نمی گوید؟ نادر می اندیشید که چقدر دروغ های لعنتیش از او آدم بدی ساخته است، فکر می‌کرد بهتر بود آقا حسینی با او مهربان نبود و با او بد رفتاری می‌کرد در آن صورت تکلیف نادر معلوم تر بود که چه باید می‌کرد.

اما بهشت موقتی او زیاد دوام نیاورد. وقتی به در مدرسه نزدیک می‌شد از دور آقای «آقا حسینی «را دید که مثل همیشه با ترکه ای در دست و لبخندی برلب جلوی در به انتظار ایستاده بود. اما نادر این بار کسی را برای فرستادن به سفر آخرت نداشت. به شکست نزدیک شده بود، برای همین بدون مقدمه شروع به دویدن کرد، می خواست وانمود کند که کلاسش دیر شده و باید قبل از شروع خود را سر کلاس برساند. او هیچ وقت برای رسیدن به کلاس ندویده بود. درست وقتی که

به در مدرسه رسید و قصد ورود داشت، ترکه ی آقای آقا حسینی راهش را بست و او مستقیم در چشمان نادر زل زد. چشم در چشم مدتی بهم خیره شدند و نادر چیزی برای گفتن نداشت. چندین نفر از شاگردان آن جا اطرافشان را گرفته و منتظر ورود به مدرسه بودند و تماشا می‌کردند که چه اتفاقی خواهد افتاد؟ نادر گیج و گنگ ایستاده بود، «خب اجازه بده ببینم، شما چندین عمو و عمه و خاله و دایی و دوست و آشنا و بیشتر بستگان تو، حتی پدرت را تا حالا کشتی، اینبار چه کسی را داری که بکشی؟ تنها کسی که باقی مانده بکشی مادرته که هنوز نمرده؟ شاید...»

اقا حسینی احتیاج نداشت ادامه داده و کلام بیشتری بر زبان بیاورد. می‌دانست وجود نادر را تکان داده بود. فقط همینجور به نادر نگاه کرد و منتظر جوابش شد. می‌دانست که درون نادر آتش زبانه می‌کشید و مثل یک ببر زخمی آماده‌ی حمله بود. مادرش خط قرمز اوبود. نادر می خواست با مشت چنان بر دهان و عینک سیاه اقا حسینی بکوبد که چشم دیگرش را هم از دست بدهد. نادر دستش را مثل یک سنگ محکم مشت کرده بود، طوری محکم که بند انگشتانش قرمز شده بودند. چشمانش را بست و احساس کرد که بدنش آماده حمله است ولی هنوز بی‌حرکت بود. همین موقع بوق ماشینی که قصد عبور داشت و چندتا دانش‌آموز جلوی او را گرفته بودند سکوت را شکست و سبب شد چشمان نادر بی‌اختیار باز شدند و نادر خشمگین و با چشمانی خون‌آلود بطرف ماشینی که بوق زده بود برگشت، انگار منتظر چیزی بود که حرکت و حمله‌ی خود را آغاز کند، اما چشمانش درست افتاد روی پنجره ماشین و مسافری که داخل و پشت شیشه نشسته و به او لبخند می‌زد. نفس در سینه ی نادر به یکباره حبس شد، توان نفس کشیدن از او گرفته شد. درست مثل این‌که دیگر آنجا نبود. همان طور به پنجره و مسافر ماتش زده بود، شاگردان سلانه سلانه از جلوی ماشین رد شدند و ماشین حرکت کرد و دور شد.

اما حالا مشتهای نادر شل شل شدند و توان قدرت از آنها گرفته شد، مدتی بی حرکت آن جا ایستاد همین طور به سمت ماشینی که عشق ویلون زنش را با خود برده و ته جاده ناپدید شد، چشم دوخته بود. حتی متوجه نبود که همه ی شاگردان و حتی آقای آقا حسینی، وارد مدرسه شده بودند و او حالا تنهای تنها آنجا ایستاده بود، اما در مدرسه هنوز باز بود. صدای یکی از دانش‌آموزان سکوت نادر را

شکسـت و او را بـه خـودش آورد. او بـه نادر پیشـنهاد می کرد که بـا او پینگ پنگ بازی کنـد، "مـی خواهی بـازی کنیم؟ من میـز پینگ پنـگ را دارم... بیا بـازی..."

نـادر بـی اراده بـه طرف میـز پینگ پنگ رفت، امـا هر چه فکر کـرد دل بازی کردن نداشـت، کتـاب و دفترچـه اش را روی زمین و کنار دیوار انداخت و روی آنها نشسـت. در حالی که زانوهایش را بین دسـتهایش نگه داشـته و چانه اش را روی زانوهایش گذاشـته بـود و بـه زمین خیره شـده بود در فکر شـد، فکرش چنان آشـفته بود که حالش داشـت بهـم می‌خـورد. بـه زمیـن خیره شـده بـود. در ذهنش اتفاقـات را مـرور می کـرد، چه بر سـر پسـری کـه از یک مزرعه ی کوچک به شـهر هجرت کـرده بود رخ داده بود؟ کسـی کـه مـادرش بـه او افتخار می کرد. کسـی که همیشـه عادت داشـت هر چقـدر و هر وقت امـکان داشـت بـه همـه کمک کنـد. آمـدن او به تهران، عشـقش بـه دختـر ویولونزنش، شکسـتن دسـتش، ابراهیـم، بـرادرش عبـاس، مـادرش و همـه و همه در خاطـرش جان می گرفتنـد و بـی جـان می‌شـدند و همـه ی اینها سـببش دختری بـود که دوبـاره او را بعـد از مدتـی کـه گمـش کرده بود بـا آن لبخند زیبـا و مهربان و جادویش دیـده بود که در ماشـین نشسـته بـود و به او لبخند می‌زد. یـک بار دیگر صدای ویولون او در گوشـش طنیـن انداختـه بود و دیگر چیز دیگری را نمی‌توانسـت بشـنود. کسـی که پشـت پنجره ماشـین بـود همـان دختـر ویولون نـوازش بود که حـالا او هم مثـل نادر بزرگ شـده بود بـا موهـای بلنـد و بـراق، چشـمان درشـت بادامی، بـا لبخند فرشـته گونه ای کـه کاملاً برازنـده وجـودش بـود و بـر جسـم و جـان نادر آتـش افروختـه بود. مهـم نبـود او را چه مـدت ندیـده و یـا او چقـدر بـزرگ شـده بود، نـادر با همـان نـگاه اول او را شـناخته بود. همان چند لحظه نگاه عشـق ویولونزنش از پشـت شیشـه ماشـین به نادر، خشـم و غم و نامیدی را از وجود او شسـته و نهال عشـق و محبت و مهربانی و امید را جایشـان کاشـته بـود. اگـر چـه ماشـین بـه همان سـرعتی که آمـده بود، بـا همان سـرعت هم دور شـده بـود، امـا نـگاه او حتـی اگـر چند لحظـه بیش نبود امـا کار خـودش را کرده بود، درسـت مثـل این‌کـه نشـانه و پیام آوری از سـوی خداوند بود که یکی از فرشـته هایـش را دوباره بـر نـادر ظاهـر کرده بـود تا او را بـه راه راسـت رهنمون کنـد. آری ظهـور ناگهانی دختر ویولونزنـش او را از راه تاریکـی کـه او مـدت هـا در آن گـم شـده بود و هیـچ چیز برایش اهمیتـی نداشـت بـه یکبار خلاص کـرده بود.

آن شب خواب به چشمانش ننشست. تمام فکر و ذکرش در این بود که باید بفهمد او کجا زندگی می کرد؟ صبح روز بعد خودش را در همان ساعت در جایی یافت که روز قبل در همان جا و همان ساعت عشق ویلونزنش بر او ظاهر شده بود، نادر بی‌صبرانه منتظر بود تا ماشین عشق ویولونزنش دوباره از آنجا عبور کند و او را ببیند. اما ماشین هرگز نیامد. این طور به نظر می‌رسید که ظهور و حضور دورادور دختر ویولونزنش با آنکه حتی هنوز کلمه‌ای بین آن دو رد و بدل نشده بود، دوباره امید زنده بودن و زندگی کردن را به دل نادر برگردانده بود، حالا دلیلی برای زنده ماندن و زندگی کردن داشت. طولی نکشید که نادر بطرف مدرسه رفت و جلوی در مثل هر روز آقای آقا حسینی ایستاده بود، اولین چیزی که او متوجه شد، لبخند برلب و کتابی بود که در دست نادر دیده می‌شد، همان لبخند در چهره ی آقا حسینی هم ظاهر شد، چندی در چشمان هم نگاه کردند، بدون اینکه هیچ کلامی بین آنها رد و بدل شود نادر داخل محیط مدرسه شد. آقای، آقا حسینی می‌دانست این نادر دیگر نادر قبلی که او دیده و می شناخت نبود. او حالا همان قهرمانی بود که با افتخار و قدرت می‌برد و با همان افتخار و قدرت باخت خود را هم قبول می کرد و به زندگی ادامه می‌داد و جا زدن و نا امیدی جزء مرام و مسلکش نبود. او می‌دانست که راه و روش و صبر و حوصله اش روی نادر کارگر شده و از آن روز به بعد نادر هرگز غیبت نداشت. همیشه سر وقت سر کلاس حاضر بود، اما هنوز هم به مطالعه و درس و مشق علاقه مند نبود.

یکی دو هفته گذشت، قبل و بعد از مدرسه، نادر به در همه جا و هرجا که بفکرش می‌خورد دنبال عشق ویولونیش گشته بود، اما هیچ نشانی از او نبود. در همان حال که نادر بیشتر و بیشتر در ماجراهای زندگی در گیر و از درس و مشق و مدرسه بری شده بود، برعکس حسین بیشتر و بیشتر به درس و تحصیلاتش توجه می کرد. حسین دائماً او را نصیحت می کرد که او هم همین کار را بکند. اما جواب نادر همیشه این بود که او نمی تواند بفهمد بر نادر چه گذشته است و تا او شخصاً با این تجربه های تلخی که به زور بر نادر تحمیل شده مواجه نشود معنی و مفهوم درد و رنج ناشی از آن را نمی داند و مقابله با آن را نمی فهمد. به او می گفت او کسی نبوده که در دو رشته ورزشی می‌توانست روی سکوی قهرمانی بایستد، اما این افتخار

و شادی را از او گرفته بودند. بحث و جدل دوستانه ی آنها به هیچ جا نمی‌رسید و یکبار دیگر آن دو مسیرهای متفاوتی را در پیش گرفتند. با گذشت زمان، حسین به طور جدی برای رفتن به آمریکا سخت تلاش می‌کرد و حاضر می‌شد. هدف حسین این بود که به آمریکا برود و سپس به مرور زمان برادرانش را هم ببرد، و برای همیشه آنها را از شر اذیت و آزار پدرش خلاص کند. این هدف همیشه او را امیدوارمی‌کرد و انگیزه ای بود برای ادامه ی زندگی. نادر واقعاً دوست نزدیکی به غیر از حسین نداشت، بقیه فقط همکلاس های او بودند. حسین دیگر دنبال سرگرمی نبود، همه ذهن و فکرش رفتن به آمریکا بود و همین جور هم شد و حسین بعد از دیپلم گرفتنش عازم آمریکا شد. بعدها در فرودگاه از حسین شنید که پدر حسین به او قول داده بود، که اگر با رتبه بالا و افتخارآمیز فارغ التحصیل شود او را به آمریکا خواهد فرستاد. برای همین حسین بروجرد را به طور دائم ترک کرده و به تهران برگشته و به تنها چیزی که اهمیت می‌داد درس خواند و رفتن به آمریکا بود.

کم کم نادر دوباره داشت افسرده حال می‌شد. اگر چه ظاهرش ساکت و آرام بود، اما درونش مثل آتشفشانی بود که کم کم از داخل منفجر می‌شد و دودی که از این انفجار در سراسر درون و وجودش پراکنده می‌شد، احساسات و بینش او را تار کرده و او را به دنیایی از پوچی سوق می‌داد. این موقعیت و مرحله ای تلخ بود که هیچکس نمی خواهد با آن دست به گریبان شود. گاهی اوقات به خودکشی فکر می‌کرد، اما فکر مادرش او را باز می داشت. او خواهان ظهور و راهنمایی پیرمرد دوستش بود، نادر در آن حالت واقعا به ظهور و کمک او نیاز داشت. اما بعد از اینکه دستش شکست و خوابی که در بیمارستان دید، پیر مرد دیگر در رویاهای او ظاهر نشد، مهم نبود او چقدر التماس و در خواست می‌کرد، بنظر می‌رسید او هم نادر را فراموش کرده بود. درست وقتی که اوضاع و احوال روحی نادر داشت به اوج ناامیدی و افسردگی می کشید، دوباره معجزه ای رخ داد، یک روز برفی در زمستان بود، برفی پفکی همه جا را پوشانده بود. همه چیز سفید شده بود، مردم پیاده در برف به دنبال کار خودشان در رفت و آمد بودند و طوری بود که درختان، ماشین ها و خیابان ها و ساختمان ها زیر انبوهی از برف پوشیده شده بودند. دل نادر هوای حسین را کرده بود و تصمیم گرفت برای دیدن او به مدرسه ی حسین

رفتـه و بـا او دیـداری تـازه کنـد. دلـش بـرای حسـین تنـگ شـده بـود. فکـر می‌کرد شـاید بعـد از مدرسـه چنـدی با هم وقـت بگذراننـد. مهم نبـود آنها چقدر بـا هم بحث و جـدل می‌کردنـد، در آخـر بـاز بهتریـن دوسـت و شـفیق یکدیگـر بودنـد و هیچ چیز نمی‌توانسـت ایـن احسـاس را از آن دو بگیـرد. البته برای دیدن حسـین جلوی مدرسـه ی او بایـد کمـی زودتـر از مدرسـه ی خـودش راه می‌افتـاد و بعد از مدتها نـادر تصمیم گرفـت از "آقا حسـینی" بپرسـد کـه آیا می تواند زود مدرسـه را ترک کند یـا نه، برایش جالـب بـود کـه بـدون اینکه پرسشـی از او شـود که چـرا؟ به او اجـازه داد.

نـادر قبل از تعطیل شـدن مدرسـه ی حسـین جلوی مدرسـه او منتظـرش بود. جم مدرسـه حسـین در قلهـک کنـار خیابان قدیم شـمیران که تهـران را به بخش شـمالی آن شـمیران وصـل می‌کـرد در داخـل و ابتـدای یـک کوچـه پهـن قـرار داشـت. نـادر می‌دانسـت کـه یک مدرسـه دخترانه هـم که هما نامیده می‌شـد در انتهـای این کوچه بـود و گوشـه‌ای کـه نادر ایسـتاده بـود بهترین مکانی بود که پسـرها آنجا جمع شـده و به انتظار رسـیدن دختر مورد نظرشـان می ایسـتادند. دخترهای مدرسـه ی هما باید از جلـوی مدرسـه ی جم عبـور می‌کردند و به سـر کوچه و خیابان شـمیران می‌رسـیدند و از آنجـا بـه خانـه هـای خـود می‌رفتند. سـر این کوچـه در خیابان شـمیران ایسـتگاه اتوبـوس بـود کـه همه دخترها و پسـرها برای سـوار شـدن بـه اتوبوس و رفتـن به خانه هـای خـود از آن اسـتفاده می‌کردند. بنابراین سـر این ایسـتگاه محل تجمع پسـرها بود کـه بـا رسـیدن دختر مورد علاقه‌ی خود با او رابطه برقرار کرده و شـاید دوسـت شـوند.

آن روز نـادر تنهـا ایسـتاده بـود، جـوری احسـاس تنهایـی می‌کـرد که انـگار وجود خارجـی نداشـت. معمـولاً در زمـان تعطیلی مدرسـه ی دخترانه کسـی آنجـا به تنهایی نمی ایسـتاد، همیشـه با یکی دوتا از دوستانشان جمع و منتظر رسیدن جمع دخترهای مدرسـه می‌شـدند. اگـر کسـی تنها در انتظار آنجا ایسـتاده بـود، معمولاً همـه متوجه او می‌شـدند و اگـر طـرف به چشـم بچه هـای محل آشـنا نمی‌آمدی آنها می‌دانسـتند که او از محـل دیگـری بـرای دختـر بـازی به محـل آنها آمـده و این بـرای آنهـا قابل قبول نبـود و بیشـتر وقتهـا بـه دعـوا و زد و خـورد بـرای ترسـاندن و راندن غریبه هـا از محل خودشـان منجـر می‌شـد و البتـه این کار خـود را حمایـت از نامـوس و دخترهای محله خـود می‌دانسـتند و بنوعی پسـرهای محـل از دخترهای محل خود حمایـت می‌کردند،

حتـی اگـر از نزدیـک یکدیگر را نمی شـناختند. پسـرها همیشـه مسـیر حرکـت دختر مـورد علاقـه خـود را خـوب می‌دانسـتند. می‌دانسـتند کـه او پیاده بـه خانه مـی رود و یـا اینکـه اتوبوس سـوار می شـود. در آن زمان دختر و پسـرها نمی‌توانسـتند آشـکارا با هـم دوسـت و رابطـه برقـرار کنند. چـون از نظر خانواده هـا این امر قبیـح و ممنوع بود. بنابرایـن همـه قرارهـا بـدون اطـلاع والدیـن انجـام می گرفت، مخصوصـاً از بـرادر و پدر دختـر مخفـی مـی ماند و مرسـوم بـود که مـردان از خواهـران یا دخترانشـان محافظت می کردنـد و اسـم آن را غیرت داشـتن و دفـاع از ناموس خود می گذاشـتند و این غیرت داشـتن و نشـان دادن آن در مناطـق جنوبـی شـهر تهران امکان داشـت به چاقو کشـی و حتی کشـت و کشـتار هم منجر شـود.

*****

فصل هفتم

شیفتگی سحرآمیز به دختر ویولونیست ...

زنـگ مدرسـه حسـین زده شـد. بـا آنکه مدرسـه چند صـد متر از نـادر دور بـود باز هـم صـدای هیاهـوی دانـش آمـوزان را بـه وضـوح مـی شـنید، بـه زودی کوچه پرشـد از شـاگردان. بیشـتر آنهـا بـرای رفتـن عجلـه ای نداشـتند و وقـت کشـی می کردنـد تا دخترهـا تعطیـل شـده و بتونـن اونهـا رو ملاقـات کنـن. هر کـدام جای مطمئنـی برای ایسـتادن خـود پیـدا می کردنـد و بـرای دیدن دختـر رویایی شـان منتظر او می‌شـدند. نـادر فقـط منتظر حسـین بـود. علاقمند به دیدن و صحبـت با او بود. بـه زودی دختران دسـته، دسـته از دور پیـدا شـدند و شـوخی و خنـده بین گروه های پسـرها بـا دخترها شـروع شـد. هر کسـی بظاهر با دوسـتش در حـال گفتگو و شـوخی و خنده بـود اما در حقیقـت تمـام هـوش و حـواس او در پـی دختر مورد نظرش بود و مشـغول تبـادل نگاه و معاشـقه بـا یکدیگـر. امـا نادر جـزء هیچکـدام از آنها نبـود. او همان طور کـه صبورانه دنبـال حسـین می گشـت، حواسـش بـه اوضـاع پیرامونش هم بـود. بالاخره حسـین را دیـد کـه همـراه گروهی از دوسـتان نزدیک می شـود. آنهـا با هم در حـال یک مکالمه جـدی بودنـد، حسـین بلنـد قـد و خیلـی خـوش سـیما و همیشـه جـدی بـود و برای دختـران یـک دوسـت پسـر رویایی محسـوب می‌شـد، امـا خـودش چنـدان تمایلی به دختران نداشـت و در مقابلشـان شـرم حضورداشـت، درسـت مثل نادرکه او هم همین طوربـود. حسـین بالاخـره نـادر را دیـد و بطـرف او آمـد و نادر همراهشـان شـد. اما بعد از کمـی مکالمـه مختصـر و سـلام و علیـک بـا هـم حسـین به مکالمـه‌اش بـا بچه‌های دیگـر در مـورد بحـث زبان انگلیسـی و اینکه چطور زبان را سـریع‌تر یـاد بگیرند تا برای رفتـن بـه امریـکا آماده باشـند ادامه داد. بچـه های دیگر هم بـه او نظر می‌دادنـد و نادر همچنـان از مکالمـه خارج بود. آنها ایسـتادند وکم کم داشـتند به مکالمـه ی خود پایان می‌دادنـد، چـون یکـی دو تـا از همراهان حسـین بـرای رفتن به خانه شـان باید مسیر

دیگـری را در پیـش می‌گرفتنـد. نـادر علاقـه‌ای بـه مکالمـه آنهـا نداشـت بـرای همین منتظـر بـود و وقـت کشـی می‌کرد تا حرف حسـین با دوسـتانش تمام شـود. همینطور کـه بـه اطـراف نـگاه می‌کـرد چنـد دختر کـه درسـت آن سـمت خیابـان در ایسـتگاه اتوبـوس ایسـتاده بودنـد توجه اش را جلـب کردند با تعجب به آن سـمت خیره و ماتش بـرده بـود، فکـر کرد خـواب می بیند، بـدون درنگ همانطـور که به یکـی از آن دخترها خیـره شـده بـود به آن سـمت خیابان رفت. امـا دختر مـورد نظرش هیچ متوجـه نبود، حتـی وقتـی کـه نـادر تقریبا بـدون توجه بـه ترافیک از وسـط خیابان رد شـد و نزدیک بـود دچـار تصـادف شـود، هنـوز آن دختر متوجه ی او نشـده بـود. وقتی نزدیکتر شـد، دیگـه حتم داشـت اشـتباه نکرده بـود، مطمئن بود که چشـمانش داشـتند همان دختر ویولونیسـت و عشـق گمشـده اش را می‌دیدند. بله او برگشـته بود و نادر او را پیدا کرده بـود. او حـالا زیباتـر و شـیرین تر از همیشـه در مقابل دیدگانش ایسـتاده بـود، دیگر به هیـچ چیـز اهمیـت نمی‌داد، حسـین هم فراموشـش شـده بـود، از درون فریـاد می‌زد و افـکار زیـادی به مغـزش می‌آمد «خـدا او چقدر زیباسـت؟»

بالاخـر دختـر ویولونیـش با همان لبخند معصومانه و مقدسـی که بر صورت داشـت بـه طـرف او چرخیـد و تـک نگاهـی به او کـرد و نگاهش بطرف دوسـتانش برگشـت اما بلافاصلـه دوبـاره نگاهـش بطرف نادر برگشـت و چشـمان آن دو در هم قفل شـدند، هر دو در جـای خـود میخکوب شـدند. نادر نمی‌توانسـت حـدس بزند که آیا دختـر او را به خاطـر دارد و یـا می داند که او همان کسـی اسـت که سـالها پیش از خانـه درختی اش او را تماشـا می‌کـرد. امـا بـه دلایلـی کـه خجالتی بـودن یکـی از آنها بـود، عکس‌العمل نـادر ایـن بـود کـه خودش را پشـت درختی کـه در جلـوی کتابخانه عمومی شـهرداری بـود مخفـی کنـد. اما سـوأل‌های زیادی ذهنش را مشـغول کرده بـود، آیـا او را دید؟ آیا می‌دانـد او کیسـت؟ نادر نمی‌خواسـت به نظر دختـر دلخواهش مثل یـک فرد غمگین، زخم‌خـورده و کسـی کـه فکـر می‌کـرد دیگر زنده نیسـت نشـان داده شـود. او به طرف دیگـر درخـت خزیـد و سـعی کـرد بـا احتیـاط کـه دیـده نشـود و بـدون اینکـه دختر متوجه‌اش شـود او را تماشـا کند. اما وقتی دید تمام حواس دختـر ویولونیش به اوسـت و مسـتقیم چشـم به او دوخته بود، نادر دوباره خودش را پشـت درخت کشـید و پنهان و سـاکت و بـدون حرکـت در فکر چاره شـد که چطور احساسـاتش را کنتـرل و رفتاری

عـادی در پیـش بگیـرد. اصـلا نمی‌توانسـت بفهمـد چرا هر وقت چشـمش بِه چشـمان او مـی افتـد کنتـرل احساسـات خـود را از دسـت می‌دهد و آنقدر دسـتپاچه می شـود. انـگار نـگاه عشـقش یـک جورایی او را جـادو می‌کرد، گویـی وقتی نگاهش در چشـمان نادر می‌افتاد در چشـمهای جذاب و درخشـانش یک نیروی اسـرارآمیزی وجود داشـت کـه آن را بـه او منتقـل می‌کـرد و تمـام قلـب و روح و وجود نـادر را در اختیار می‌گرفت و او را از خـود بیخـود می‌کـرد. نـادر فقـط نسـبت بـه این دختر ایـن جور بود نـه با فرد دیگـری. پشـت درخـت پنهـان شـده بود و سـعی می‌کـرد با سـایه‌ها یکی شـود، «کجا یکدفعـه غیبـت زد؟ آدم بشـو نیسـتی... فقط بلدی با فوتبـال بازی کـردن و دختر بازی وقـت تو تلـف کنی...»

حسـین کنـار او ایسـتاده بـود اما نـادر آنقـدر در فکر و خیـال عشـق ویولونیش گم شـده بـود کـه انـگار صدای حسـین را نمی شـنید، حتی اگـر چه بـه او زل زده بـود اما بنظـر می‌رسـید حسـین وجـود خارجـی نداشـت و آنجـا نبـود. او فقـط صـدای توقـف اتوبـوس را شـنید و می‌دانسـت کـه عشـقش سـوار آن اتوبـوس خواهـد شـد و در آن صـورت او هـم بایـد سـوار آن اتوبـوس می‌شـد تـا ببینـد کـه او کجـا پیـاده می شـود. بنابرایـن بـه دقـت نـگاه کـرد تا ببینـد آیا او سـوار شـده یا نـه؟ عشـقش در حالیکه به پشـت سـر خـود و بـه طـرف نـادر نـگاه می‌کـرد و بنظـر می‌رسـید او را هم بـا نگاهش بـه سـوار شـدن دعـوت می‌کرد، سـوار اتوبـوس قرمـز رنگ دوطبقـه‌ای شـد. به محض اینکـه عشـقش وارد اتوبـوس شـد نـادر معطـل نکـرد و دویـد و درسـت وقتـی اتوبوس می‌خواسـت حرکـت کنـد پرید بالا و میله جلـوی در باز را گرفت و تعـادل خود را حفظ کـرد. بعـد هـم راه را از پشـت مردم باز کرد و چشـم در چشـم عشـقش انداخـت که به او بگویـد کـه اتوبـوس را از دسـت نـداده بـود. عشـقش هم سـر پا ایسـتاده بـود و میله بـالای سـرش را کـه بـرای راه عبـور در اتوبوس بود را نگه داشـته بود. سـپس یک پسـر بلنـد شـد جـای خـود را بـه عشـقش داد. معمولا وقتـی که تمـام صندلی‌هـای اتوبوس پـر می‌شـد، بقیـه مسـافران بایـد وقتـی کـه صندلـی خالی بـرای نشسـتن نبود سـر پا بایسـتند. پسـرها عادت داشـتند در اتوبوس روی یک صندلی می‌نشسـتند بعد وقتیکه دختـری کـه زیبـا و برازنـده بود کنار آنها می ایسـتاد جای خـود را بـه آن دختر می‌داد و بـه ایـن ترتیـب بالای سـر دختر می ایسـتاد و سـعی می‌کرد بـا او ارتبـاط برقرار کند

و شـایـد بـه دوسـتـی آنها منجر می‌شـد. مرسـوم بـود که پسـرها و گاهی دخترهـا برای دیـدن عشـق مـورد نظـر خـود بـا کلک بـازی هـای خـود نمایشـی اجـرا می‌کردند که وانمـود کننـد کـه اتفاقـی سـر راه او قـرار گرفته و مهـم هم نبود کـه این اتفاقـی بودن همیشـه اتفـاق می‌افتـاد و تمامـی هـم نداشـت و همیشـه سـر راه او سـبز می‌شـدند و جـای خـود را بـه او می‌دادنـد. نـادر بـا دیدن پسـره کـه جایـش را به عشـقش داده بود کمـی نمانـده بود که بطرفش رفته و با مشـت محکمی سـر و صـورت او را خرد و خمیر کنـد. امـا بـه آنهـا نزدیـک نبـود و در عین حال نمی‌دانسـت چـرا حسـادت می‌کند.

چطـور می‌توانسـت چنیـن احساسـی داشـته باشـد کـه ادعـای قـدرت یـا مالکیت دختـری را کـه هنـوز یـک کلام هـم بـا او صحبـت نکـرده بود را داشـته باشـد درسـت مثـل اینکـه دختـره بـه او تعلـق داشـت و او مالـک اوسـت. حتی مطمئن نبودعشـقش واقعا چه احساسـی نسـبت به او داشـت، اما نادر او را عشـق خود می‌دانسـت در فکرش دختـر متعلـق به او بـود و اهمیت نمـی‌داد دیگران چه بگویند و هیچکس نمی‌توانسـت فکـر او را عـوض کنـد. نادر متوجه شـد که عشـقش از لابلای جمعیت سـعی داشـت او را پیـدا کنـد و بـه دنبـال ایـن اسـت کـه ببیند آیـا نـادر هنوز داخـل اتوبوس هسـت یا نـه؟ بالاخـره قبـل از اینکه اتوبوس در ایسـتگاه مینـا توقف کند عشـقش از جایش بلند شـد و بـا دوسـت دیگـرش کـه زری صدایـش می‌کردنـد و بخاطر قـد بلندش بـه زری بلنـده معـروف بـود بطـرف در عقب دوطبقـه در حرکت شـدند و این نشـانه ی این بود کـه آنهـا قصـد دارنـد در ایسـتگاه مینا پیـاده شـوند. نادر می‌دانسـت که عشـقش برای پیـاده شـدن بایـد از جلـو و کنـار او عبور کنـد. حالا مجبور بـود که انتخاب کنـد که آیا قبـل از او پیـاده شـود یـا نـه، یا خود را از سـر راه او دور کند. می ترسـید اگر بـا او روبرو و یـا همدیگـر را لمـس کننـد او کنتـرل خـود را از دسـت بدهد. نادر دسـتپاچه شـد و فـوری بـه طبقـه ی بـالای اتوبـوس رفت که بـا او روبرو نشـود و در ثانـی از طبقه ی بالا می‌توانسـت ببینـد فریبـا بـه کدام جهـت می‌رفت، بـا حرکت سـرعت گرفتـن اتوبوس فریبـا را دیـد کـه در حالـی کـه از عـرض خیابـان عبـور می‌کرد بطـرف اتوبـوس و نادر نگاهـی انداخـت، انـگار مـی خواسـت بداند کـه آیا نادر پیـاده شـده و یـا او را می‌دید، و بالاخـره در کوچـه ای از دیـد نادر ناپدید شـد. حالا نادر می‌دانسـت او وارد چه کوچه‌ای شـده بود.

طولی نکشید که نادر به خانه‌اش رسید. وقتی وارد خانه شد جلوی او بلور ایستاده بود. «حسین دو بار آمد اینجا سراغت. دنبالت می گرده به او زنگ بزن یا برو ببینش...»

نادر تازه یادش آمد که کاملا حسین را نادیده گرفته و قبل از پریدن داخل اتوبوس حتی یک کلمه هم با او حرفی نزده بود. رفت سراغ تلفن و گوشی را برداشت و شماره حسین را گرفت، چند لحظه بعد با حسین صحبت می‌کرد و تمام ماجرا را برای او تعریف کرد. اما وقتیکه نادر دختره را عشق ویولونی خود نامید، حسین بلند به او خندید، «تو حتی اسم او را هم نمیدانی و عاشق او شده‌ای و فکر می کنی با او ازدواج خواهی کرد؟ مرد تو دیوانه ای ... تو کی می‌خواهی آدم بشی...؟»

و بعد پشت تلفن سکوت بود و سکوت، جیک از نادر بر نمی‌آمد حسین زود متوجه شد که اعتراض و نصیحتش به نادر برای او چندان خوشایند نبود. اگر چه او را نمی‌دید اما می‌توانست از پشت تلفن حس کند که برای اولین بار نادر را عصبانی و آزرده کرده بود، انگار صدای قلب نادر را از پشت تلفن می شنید، این سکوت برای حسین تازگی داشت، حسین هرگز نادر را به این حال و تا این اندازه خشمگین ندیده بود. می‌توانست تصور کند که صورت نادر مثل گوجه فرنگی قرمز شده بود، ماهیچه های صورت و گردنش بالا زده و حرکت می‌کردند. می‌دانست که نادر هر لحظه ممکن است کنترل خود را از دست داده و کاری کند که بعد از آن پشیمانی سودی نداشته باشد و دوستی آنها برای همیشه خدشه دارشود. بنابراین باید برای آرام کردن او کاری می‌کرد، لبخند بر لبهای حسین نشست وراه و روش مزاح پیشه کرد و صدایش بلند شد، « دیونه، حداقل باید اسم کسی که عاشقش شدی را بدونی... اسمش فریبا است... اگر بخواهی خودم میرم خواستگاریش...»

و بعد گوشی را گذاشت. اما با این عمل حسین دوستی بدون قید و شرط آنها هنوز به قوت گذشته ادامه داشت. بعد از آن هم حسین هیچ حرف منفی درباره فریبا به نادر نگفت که نگفت. می‌دانست تا روزی که نادر با یک فرد واقعی ازدواج نکند فریبا برای او و یا حداقل در ذهنش یک عشق رویایی و الهی خواهد بود. حسین حالا می‌دانست که او نادر قبلی نخواهد بود، چیزی در درون نادر تغییر

کـرده بـود این‌قـدر ایـن تغییر مشـخص بود که حتـی مـادرش و پری خواهـرش و بلور متوجـه آن شـده و شـروع بـه سـئوال و جـواب از او کـرده بودنـد. مـی خواسـتند بداند بـر او چـه مـی گـذرد؟ امـا نادر فقـط لبخنـد آرامی مـی‌زد و سـکوت اختیار کـرده بود. همـه بخوبـی تغیـر رفتـار نـادر را می‌دیدنـد و حـس می کردنـد، خصوصـا کـه او هرگز قبـلا توجهـی به لباس پوشـیدن نداشـت، فقط چیـزی تن می کـرد و می‌زد بیـرون. اما حـالا بـه لبـاس پوشـیدن و موهایش اهمیت مـی‌داد. از بلور می‌خواسـت کـه اگر امکان دارد پیراهنـش را بـرای او اطـو کنـد. بـاور این همه تغییر برای اطرافیان بسـیار سـخت بـود. آنهـا فکـر می کردنـد نوعـی تحول روحـی را در پـی گرفته و یـا اینکه بـا آنها بازی می کنـد، امـا مطمئـن نبودند کـدام حقیقت داشـت در عین حـال خوشـحال بودند که حـالا داشـتند لبخنـد روی صـورت او می‌دیدند و نمی‌خواسـتند چیزی بـه خطر بیافتد و موجـب تغییـر ایـن شـادی تـازه بـه دسـت آمـده او شـوند. بنابرایـن بـا او همراهی و کمـک می کردنـد و گاهـی در مـورد تغییـر رفتـارش با او شـوخی و مزاح سـر می‌دادند. آن شـب نـادر همـه چیـز را بـرای صبـح روز بعـد آمـاده کـرد. امـا مشـکل این بـود که تمـام شـب را نتوانسـته بـود بخوابـد و دائـم در تختخـواب غلت مـی‌زد و منتظـر بود تا خورشـید طلـوع کنـد. او مشـغول طـرح نقشـه ای بـود کـه چکار کنـد و چـکار نکند و چطـور خـودش را به مدرسـه حسـین که به مدرسـه عشـقش نزدیکتر بـود منتقل کند و بـه ایـن طریـق می‌توانسـت فریبا را هـر روز ببیند یا او را تا مدرسـه بدرقه کنـد و او را وقتـی کتابهایـش را در بغل و روی سـینه های زیبایش قرار داده بود تماشـا کند. مهمتر از همـه می‌خواسـت شـجاع شـده و بـه طریقـی جرات حـرف زدن بـا او را پیـدا کرده و بـرای صحبـت کـردن بـا او راهـی پیـدا کند. اما بـرای نادر کـه یک شـخصیت خجالتی داشـت انجـام این نقشـه چندان راحـت نبود.

بالاخـره تاریکـی مـرده‌ی شـب جایـش را به نـور زنده‌ی صبـح داد. نادر بلند شـد و دوش گرفـت و آمـاده‌ی رفتـن شـد. برنامـه اش ایـن بـود کـه قبـل از رسـیدن فریبا به ایسـتگاه اتوبـوس مینـا که روز قبـل او آنجا پیاده شـده بود، خودش را به آنجا رسـانده و جـای مناسـبی پیدا و مخفی شـود کـه وقتی فریبا به ایسـتگاه می‌رسـید او را در انتظار خـود نبینـد و همـه چیـز طبیعـی جلـوه کند و نـادر بعـد از رسـیدن آنها ظاهر شـود و وانمـود کنـد تـازه و اتفاقـی آنجـا رسـیده اسـت. و ایـن نقشـی بـود که همه‌ی پسـرها

بـازی می‌کردنـد و دخترهـا هـم بـا آن آشـنا بودنـد و بـه ریـش پسـرها می‌خندیدنـد، اما پسـرها دسـت بـردار نبودنـد و به این بـازی احمقانه خـود همچنان ادامـه می‌دادند. بـرای همیـن لازم بـود که خیلـی زود از خانه خارج شـود تا بتواند جـای مطمئنی برای مخفـی شـدن پیـدا کند. به علاوه نمی‌دانسـت که او چه سـاعتی به ایسـتگاه می‌رسـید یـا کجـا زندگـی می‌کـرد. تمام ایـن سـئوالات آزاردهنده منتظر جـواب بودنـد. و جواب همـه سـئوالات وقتـی داده می‌شـد کـه فریبا را در ایسـتگاه مینـا می‌دید.

حـالا او در راه یک زندگی جدید و تجربه شـیرین عشـق بود امـا اینبار زمین فوتبال و توپ فوتبال و اسـتخر شـنا نبود که او را به شـور و شـوق واداشـته بود و نمی‌خواسـت بـا حرکت‌هـای بازیـش دیگـران را تحـت تاثیـر قرار بدهـد. اینبـار یک خورشـید زیبا و گرم و درخشـان بود که در جسـم و روحش می تابید و آن را داغ و به آتش می کشـید. ایـن یـک احسـاس تـازه و عجیـب بود، مثـل اینکـه در بلندای آسـمان پـرواز می کرد و رویـا گونـه در میـان ابرهـا مـی رقصیـد و در زمـان گـم شـده بـود. او بـود که بـا کت و شـلوار جدیـد، کفـش جدیـد و پیراهـن جدید مـی دوید تا قبل از عشـقش به ایسـتگاه اتوبـوس مینـا برسـد و اگر عشـقش آن روز او را می‌دید، لباسـهای جدیـدش بازتابی بود از تازگـی‌ای کـه عمیقا در جسـم روحش احسـاس می‌کـرد. نادر از خودش می پرسـید وقتـی عشـقش او را ببینـد دقیقا چکاری باید انجام دهد. می‌توانسـت برای رسـیدن به ایسـتگاه مـورد نظرش سـوار اتوبوس شـود اما ایـن کاررا نکرد پیاده راهی آنجا شـد ولی بـاز هـم خیلـی زودتر از ورود فریبا رسـید، آنقـدر زود که هیچ محصلـی در خیابان نبود. او جایـی را انتخـاب کـرد کـه فریبـا او را نبیند. نزدیک ایسـتگاه در طـرف دیگر خیابان تیـر برقـی سـیمانی بوته های بلند گل‌هایی قرار داشـت. در آن زمان در شـهر به جای تیرهـای چوبـی برق تیرهای سـیمانی گذاشـته بودنـد. خوبی این تیرهای سـیمانی برق ایـن بـود که سـوراخ هایـی در بدنه اش داشـت که از آن بـرای بالا رفتن از تیر اسـتفاده می‌کردنـد. نـادر می‌توانسـت پشـت تیـر بایسـتد و از یکـی از این سـوراخها عشـقش را تماشـا کنـد و او هـم هرگـز متوجـه نـادر نمی‌شـد. حـدود یک سـاعت منتظـر ماند اما هیـچ اثـری از فریبـا نشـد. چندین بـار از محلی که ایسـتاده بـود خارج شـد تا مطمئن شـود کـه تمـام جهـات در دیدش قـرار دارد. حـالا همه ی دانـش آموزان سـوار اتوبوس می‌شـدند و راهـی مدرسـه بودنـد. اما هنـوز از فریبا هیـچ خبری نبود کـه نبود.

نـادر کـم کم داشـت دیرش می‌شـد و او باید به موقع به مدرسـه خودش می‌رسـید که حداقل نیم سـاعت یا بیشـتر طول می کشـید اما نمی‌خواسـت تا عشـقش را ندیده بـود آنجـا را ترک کند. متاسـفانه هنوز پیدایش نشـده بود. نادر خیلی نـا امید و غمگین شـد. فکـر می کـرد نکند عشـقش مسـیر دیگـری را انتخـاب کرده بـود که سـر راه نادر نباشـد و نمی‌خواسـت او را ببینـد. تصمیـم گرفـت از مخفیگاه خود خارج شـود و برای بررسـی اطـراف بـه راه افتاد. شـاید دختر جایی پنهان شـده بود مثل کاری کـه او کرده بـود. بـا عجلـه از عرض خیابان گذشـت و به آنطرف رفت، او کوچه ای را کـه دختر روز قبـل وارد آن شـده بـود را خـوب نگاه کرد، هیچ خبـری از او نبود. نا امید سـرش بطرف اتوبوسـی که در آن لحظه در ایسـتگاه ایسـتاد برگشـت، با افتادن چشمانش در چشمان عشـقش که جلوی قسـمت باز اتوبوس دوطبقه کنار حسـین ایسـتاده بود توان حرکت از او سـلب شـد. هـر دوی آن هـا تـا مدتهـا بعـد از اینکـه اتوبـوس حرکـت و رفتـه بود بطـرف هـم نـگاه می کردنـد. نمی‌دانسـت کـه چطـور ایـن اتفـاق افتـاده بود. چطـور با حسـین در آن اتوبـوس بـود. روز قبـل فریبـا در ایسـتگاه مینا پیاده شـده بود امـا امروز صبـح بایـد بـه ایسـتگاه چاله هـرز که جلوی خانـه نادر بود و حسـین و نادر همیشـه از آن بـرای سـوار شـدن بـه اتوبـوس اسـتفاده می کردنـد رفته و با حسـین سـوار اتوبوس شـده باشـد. افـکارش پریشـان شـد. چندیـن فکـر به ذهنـش خطور کـرد و هـر یک از دیگـری نگـران کننـده تـر بـود. در این فکر شـد کـه آیا حسـین با فریبـا قرار داشـته؟ نکند آنها بهم علاقه مند هسـتند؟ نکند او دوسـت دختر حسـین اسـت؟ و برای همین حسـین او را از دیـدن و داشـتن علاقه بـه او منع می کرد. نادر انقـدر در فکر و خیال گم شـده بـود که تقریبـا رفتن به مدرسـه اش را فراموش کرد و همینطور بـه طرف اتوبوس نـگاه می کـرد، حتـی وقتی که اتوبوس بسـیار از دیـد او دور و ناپدید شـده بود. هنوز هم بطـرف آن خیـره شـده بود. بعد متوجه شـد که محصلـی دارد با تمام وجـودش می دود تا به مدرسـه اش برسـد. بیادش آمد که باید به مدرسـه می‌رفت و مدرسـه اش داشـت دیـر می‌شـد و بـه دنبـال پسـر بچه او هم شـروع بـه دویدن کـرد. مثل این بـود که این دو بـا هـم مسـابقه گذاشـته انـد. امـا نـادر بنوعی با دویـدن می خواسـت بر غـم و اندوه خـود غلبـه کنـد و از فکرهـای بـدی کـه در ذهنش می گذشـت فـرار کند و شـاید هم داشـت خودش را تنبیه می کرد. درسـت به موقع قبل از اینکه در کلاس بسـته شـود به

مدرسه رسید. او دلش می خواست که مدرسه آتش بگیرد تا او مجبور نباشد آنجا بماند یا بتواند دلیلی برای منتقل شدن به مدرسه ی حسین داشته باشد. حتی اگر حسین با عشق او دوستی داشت.

در کلاس فقط جسمش حضور داشت اما فکرش جای دیگری بود، که البته این چیز جدیدی برای او نبود. او همیشه درباره همه چیز فکر می کرد غیر از اینکه در کلاس چه می گذرد. او برای اولین بار در زندگی در این فکر بود که اگر به حرف برادر بزرگترش گوش می‌داد حالا می‌توانست از او کمک بگیرد و حتم داشت که او را به مدرسه حسین منتقل می کرد. البته در آن صورت او می بایستی موافقت می کرد که خواسته های برادرش را دنبال کند و فوتبال و شنا و ورزش را کنار گذاشته و سخت درس بخواند تا دکتر یا مهندس یا وکیل دادگستری شود. اما می‌دانست که اینکار می تواند برادرش را بیشتر غرق زندگی او کند و این برای او یک گزینه خوب نخواهد بود. از طرفی هم می‌دانست که مجبور خواهد بود امتیازات درسی اش را بالا ببرد تا بتواند به مدرسه حسین منتقل شود. او باید راهی پیدا می کرد که بدون اینکه از برادرش کمک بگیرد، خودش را به مدرسه‌ی جم و سر راه عشقش منتقل کند، آنقدر برای یافتن راه حل این مشکل فکر کرده بود که احساس می کرد مغزش درحال انفجار است. وقتی که زنگ کلاس خورد همه شاگردان برای ده دقیقه زنگ تفریح بیرون رفتند، اما او هنوز آنجا نشسته بود و سعی می کرد نقشه ای بکشد، «نادر تو باید با من بیای دفتر. آقای آقا حسینی می‌خواهد شما را ببیند.» صدای آقای آشوری معلم ادبیات شان سکوت او را شکسته بود، فکر کرد که با او در دفتر آنهم در زنگ تفریح که همه‌ی معلمها دور هم جمع می شوند، آقا حسینی چه کاری می‌توانست با او داشته باشد؟ با آقای آشوری راهی دفتر شد. یک لحظه به فکرش رسید که نکند از طرف والدین عشق ویولونیش فریبا از او شکایت شده است؟ اما چرا؟ اندکی در این فکر شد که قبل از ورود به دفتر و اتاق معلمها مدرسه را ترک کند. اما با آقای آشوری معلم ادبیاتش بود و چاره ای نداشت که با او وارد دفتر شود. حالا در مقابل تمام معلم ها ایستاده بود. حدود پانزده نفر بودند. حتی مدیر مدرسه هم کنار آقای «آقا حسینی» آنجا ایستاده بود و برای اولین بار همه با دیدن او لبخند بر چهره داشتند. مجبور نشد

زیاد صبر کند، «این نوشته شماست...» سپس او متوجه شد که دفترچه یاد داشتش که گم شده بود دست مدیر است، مدیر دفترچه را به دست او داد. صفحاتی را که کنار استخر در شب و زیر نور مهتاب و درباره ماه و مقایسه آن با مادرش نوشته بود را دید. سردر گم سرش را خم کرد و گفت، «بله...» مدیرمشتاقانه گفت، «چطوره آن را برای ما بخوانی؟» قسمت سخت برای نادر خواندن و بیان افکار و احساس شخصیش برای معلمان بود. کلماتی که در آن صفحات نوشته بود خیلی خصوصی بودند و به هیچکس حتی به حسین هم نشان نداده بود و حالا مدیر مدرسه از او می خواست که آن را در مقابل همه معلم ها بخواند. اما برای نادر که خجالتی بود این کار آسانی نبود. به سختی می‌توانست نفس بکشد، حتی نمی‌توانست به بالا نگاه کند. او فقط به یاد داشت ها خیره شده بود، یا می بایستی زیر بار می‌رفت و یا از دفتر خارج می‌شد، «شما لیاقت بیشتر از این ها را داری. چه می شود اگر آن را بخوانی؟»

این صدای «آقا حسینی» بود که به او قدری اعتماد به نفس می‌داد تا خودش را پیدا کند و بتواند جلوی همه آنها بایستد. علاوه بر اینها او احترام زیادی برای«آقا حسینی» قائل بود، خصوصاً بخاطر راه و روشی که با نادر در پیش گرفته بود. بنوعی آرامش خود را مدیون آقا حسینی بود. او را دلیل اصلی تغییرات در رفتارش می‌دانست، چراکه حالا توانسته بود برعصیان درونش غلبه و رفتار ملایم تری از گذشته داشته باشد. اگر صبر و شکیبایی او نبود احتمالا نادر هرگز نمی‌توانست در مدرسه باقی بماند و زندگیش تلف می‌شد.

آقا حسینی همین طور به او خیره شده بود و با لبخند و اشاره ی سرش از نادر دوباره خواست که شروع بخواندن کند. خنده ی او قدری به نادر شجاعت داد، و بالاخره او شروع به من و من کرد و با حالتی زمزمه گونه آنچه را که روی صفحات نوشته بود زیر لب شروع به خواندن کرد. اما می‌دانست آنچه را او می خواند در مورد او بود و آنچه به زبان می آورد کلمات او بودند و آنها را برای اولین بار جلوی همه معلم ها می خواند. به نظر می‌رسید که چندین دقیقه طول کشید تا پنج صفحه را خواند و بعد از اینکه خواندش تمام شد صدای کف زدن در سراسر اتاق طنین انداخت. نادر در تعجب زل زده بود، آنجا کس دیگری نبود پس باید این

کف‌زدنها بـه افتخـار او باشـد. حدود پنج دقیقه از وقت شـروع کلاسـها گذشـته بود اما هنـوز معلـم هـا در دفتر بودنـد، بالاخره بلنـد شـدند و در حالیکه نگاه تحسـین آمیزی بـه او مـی انداختنـد یکـی یکـی از اتـاق بیـرون رفتند. نـادر هنـوز در آنجا ایسـتاده بود تـا اینکـه آقـای « آقـا حسـینی» به صـدا آمـد، «ما می خواهیم شـما در مسـابقه انشـا نویسـی شـرکت کنـی. مـا همـه مطمئن هسـتیم که برنـده می شـوی و ایـن افتخاری اسـت بـرای خـودت و مدرسـه، «حـالا نـادر در فکـر شـده و خجالتش هم کمتر شـد و خوشـحال بـود. او نمی‌دانسـت اسـتعداد دیگـری عـلاوه بر بازی فوتبال و شـنا و عشـق ورزی هـم دارد. تـازه بـه یاد آورد که او دفترچـه اش را در حیاط وقتی پینگ پنگ بازی می‌کـرده جـا گذاشـته بـود و آقـای «آقـا حسـینی» وقتـی که بعـد از مدرسـه میزهای پینـگ پونـگ را بررسـی می‌کـرده آن را دیـده و برداشـته بـوده. یکبـار دیگـر ایـن آقـا حسـینی بـود کـه در جدیـدی از امید را روی نادر گشـوده بود و اینکه می تواند شـخص دیگـری کـه اصـلا فکـرش را هم نمی‌کـرد با شـد، «یک نویسـنده.»

در حالیکـه بـه اتفاقـی کـه در مدرسـه افتـاده بـود فکـر می‌کرد بـه طرف ایسـتگاه اتوبـوس مـی دویـد و مشـتاق پیـدا کـردن دختـر ویولونـی گمشـده اش، فریبا بـود. در پـی یـک رویـا قـدم مـی‌زد، رویایـی که شـاید هیچگاه بـه واقعیـت نپیونـدد، هیچکس نمی‌توانسـت بهتر از این سـناریویی برای زندگی شـما بنویسـد، بدون داشـتن بال و پر در آسـمان پـرواز می‌کـرد، نـه مـی دویـد، نـه پنهان می‌شـد، حـالا در ذهنـش او دیگر یـک نویسـنده معـروف بـود و از ایـن راه می‌توانسـت باعث افتخـار عشـق ویولونی خود شـده و درنظـرش جلـو ه کنـد. و به او نشـان دهـد که آدم مهمی اسـت. به یکبـاره بیاد فیلمی‌افتـاد کـه سـالها پیـش بـه اتفـاق خواهـر زاده اش دیده بـود. فیلم دربـاره جنگ جهانـی دوم و روس هـا بـود کـه بـا آلمانهـا مـی جنگیدند. هنـوز می‌توانسـت کاملا به وضـوح صحنـه ای خاص از آن را به یاد بیاورد. یـک گروه از نیروهای آمریکایی ماموریت داشـتند کـه تپـه ای را تصرف کننـد، اما چندین مسلسـل از بالای صخـره ای به بطرف آنهـا شـلیک می‌کـرد و مانـع پیشـرفت آنها می‌شـد. یکـی از آن هـا دوید و تـلاش کرد کـه آخریـن نارنجـک را داخل یـک حفره کوچک که تیر مسلسـلها از آن خارج می‌شـد بیانـداز و آن را منفجـر کند، اما نتوانسـت. نارنجک به داخل سـوراخ نیافتاد، حالا شـاهد کشـته شـدن هم قطارانـش بود، فقـط بخاطر اینکه آخرین شـانس بـرای منفجر کردن

آن مسلسل ها را از دست داده بود، اما این را می‌دانست که هرجوری شده بود باید محل مسلسل‌ها را منفجر می‌کرد. برای همین دوید وخودش را درست جلوی حفره انداخت و سوراخ را پوشاند و سبب انفجار محل مسلسلها شد. خود را کشت، اما بقیه را نجات داد. آنها بالاخره تپه را تصرف کردند. این صحنه هیچگاه از ذهن نادر بیرون نرفته بود. البته این اولین باری بود که فیلمی را تماشا کرده بود و آن را بی اندازه دوست داشت. همانطور که سرازیری خیابان را طی می‌کرد به آینده‌ی خود و در فکر و خیال اینکه او می‌توانست هنرپیشه و یا نویسنده و یا کارگردان خوبی در سینما شود گم شده بود. قبل از اینکه به ایستگاه اتوبوس برسد تصمیم خود را گرفته بود، او می خواست واردسینما و نویسندگی و هنرپیشگی شود و نه دکتر و مهندس و یا وکیل دادگستری که خانواده اش می خواستند. به ایستگاه اتوبوس مینا رسیده و پشت همان تیر سیمانی مخفی و منتظر فریبا شد. چشم به اتوبوس هایی دوخته بود که یکی پس از دیگری می‌آمدند. بالاخره او را دید و همچنین حسین را که در همان اتوبوس کمی دورتر از عشقش ایستاده بود. نادر صبورانه نگاه می‌کرد اما اتوبوس راه افتاد. ولی عشقش پیاده نشد. در قلب نادر شادی جایش را به غم داد. تنها نتیجه ای که آن وقت گرفت این بود که حالا یقین داشت حسین باید با فریبا ارتباطی داشته باشد. در غیر اینصورت چرا همیشه با هم در یک اتوبوس سفر می کنند؟ فکر می‌کرد حسین چرا باید دنبال کسی برود که او برایش حاضر بود جان دهد؟ چرا؟ لازم بود که نادر با «حسین» حرف بزند. اما چطور می‌توانست انتظار داشته باشد که دوستش، عشقش را به خاطر او رها کند؟ در فرهنگ ایرانی دوستان برای یکدیگر جان می دهند و زندگی شان را فدای هم می کنند. او نمی‌توانست چنین چیزی را از حسین بخواهد. در ثانی شاید فریبا حسین را به او ترجیح می‌داد؟ اما از طرفی هم برایش آسان نبود و نمی‌توانست از عشق دختر ویولونی خود هم دست بردارد. ساعتی بعد غمگین و دل شکسته به خانه رسید، باز هم بلور جلو آمد و گفت، «حسین دنبالت می گشت.» و اضافه کرد «دوباره ناراحت هستی؟» نادر قبل از اینکه وارد اتاق شود به آهستگی پاسخ داد: «فقط خسته هستم...»

داخل اتاق نادر غرق تفکر بی هدف به اطراف اتاق خیره شده بود و بدون

اینکـه توجه داشـته باشـد چـه کار می‌کند شـروع به مرتب کـردن دفترش کرد. شـاید یـاد آنچـه بـر او در دفتـر مدرسـه اتفـاق افتاده بـود در ذهنش زنده شـده بـود و در این فکـر بـود که نویسـنده شـدنش به او کمـک می‌کرد نظر دختـر مورد علاقـه‌اش را بخود جلـب کنـد. پـس باید یک نویسـنده می‌شـد و برای همین می‌دانسـت کـه در آن موقع احتیـاج داشـت کـه زندگـی را جدی بگیـرد. فقط سـه ماه مانـده بود تا سـال تحصیلی تمـام شـود و امتحانهـای آخـر سـال در راه بود، می‌دانسـت وقت زیادی برای کسـی که حتـی یـک کتـاب هم نداشـت نبود تـا بتواند خود را بـرای امتحانـات پایان سـال آماده کنـد. او در طـول سـال تحصیلـی همیشـه یـک دفترچـه یاد داشـت با خود به مدرسـه می‌بـرد و ایـن دفترچـه روی میزش قرارداشـت. اگر هم کتابی داشـت بسـختی آن را باز می‌کـرد. نگاهـی بـه آن انداخـت و دوبـاره آن را خوانـد. نگاهی بـه آن انداخـت و دوباره آن را خوانـد، آن را دوسـت داشـت. وقتـی کـه آنرا می نوشـت برایش هیـچ چیز معنایی نداشـت امـا حـالا نوشـته هایش برایـش پرمعنا شـده بودنـد. او با خـودش می‌گفت که بایـد جـدی و منظـم باشـد. باید به معنـای واقعی برای پیشـرفت تـلاش کند.

همیـن طـور که مشـغول زیر و رو کـردن و تنظیم میز بهم ریختـه اش بود به کتاب ‹پیرمـرد و دریـا› برخـورد. کتابی کـه متعلق به دکتر فتاحـی بود و هرگـز آن را نخوانده بـود. بـه یـادش آمد که او خواسـته بـود که کتـاب را بـه او برگرداند و او حتـی فراموش کـرده بـود ایـن کتاب نـزدش مانده اسـت. نگاهـی به کتـاب انداخت و چنـد صفحه ای از آن را خواند.

بارهـا و بارهـا کتـاب را خواند.آنقـدر جـزب آن شـده بود کـه حتی حواسـش به این نبـود کـه بعضـی از ورق هـا از کتـاب جـدا شـده بودنـد و دیگر امـکان نداشـت آن را به دکتـر فتاحـی برگردانـد و بـه ایـن خاطـر دیگر هرگـز دکتـرش را ملاقات نکـرد. خیلی خـوش شـانس بـود کـه هرگز مریض نشـد کـه مجبـور باشـد او را ببیند.

او از خوانـدن کتـاب و موقعیتـی کـه پیرمـرد ماهیگیـر در دریـا بـا آن درگیـر بـود الهـام می‌گرفـت. پیـر مـرد ماهیگیـر بعـد از آن همـه تقـلا درسـت وقتی فکـر می‌کرد کـه بزرگتریـن ماهـی را گرفتـه و روزی چند ماه ی خـود را صید کرده اسـت، ناگهان با کوسـه ای کـه بـه دنبـال ربودن صید او بـود در جنگ می شـود و بعد از یـک مبارزه ی طولانـی ماهـی اش را بـه کوسـه می بـازد. اما او هرگـز ناامید یا غمگین نشـد و روز بعد

آن مصمم‌تر به دریا و صید کردن می گردد. درست مثل اینکه اصلا هیچ اتفاقی نیافتاده بود، و این مبارزه و از دست دادن ماهیش به کوسه، هیچ تغیری در اراده ی پیرمرد ماهیگیر نکرده بود و طبق معمول روزهای بعد هم مثل روزهای قبل زیبا و عادی بود و برای سید به دریا می‌رفت. و همین سبب شد که نادر فهمید باشد که نباید اجازه دهد که هیچ چیز باعث یاس و ناامیدی و یا توقف او برای رسیدن به جاییکه می خواهد برسد و کسی که می خواهد باشد بشود. او فقط می‌توانست برای رسیدن به چیزی که می خواهد اتفاق بیافتاد انگیزه و پشتکار داشته باشد و اگر اتفاقی افتاد که مورد نظر و باب میلش نبود باید آنرا فراموش کرده و دوباره و دوباره به تلاشش ادامه دهد و ناامیدی نباید در ذهنش جا باز کند و معنی و مفهومی داشته باشد. فهمیده بود که این فقط خودش بود که می‌توانست از رسیدن به آرمانش جلوگیری کند و نه هیچکس و هیچ چیز دیگر. و از آن روز زندگی جدید نادر آغاز شد، یک مبارزه جدید با خودش برای تغییر در جهت رسیدن به چیزی که هدفش بود والبته این آسان نبود .

چندین روز بعد از آنکه آخرین بار حسین و فریبا را دیده بود، برای رفتن به مدرسه از خانه بیرون آمد، اولین چیزی که چشمش به آن روشن شد، دختر ویولونیش بود که در ایستگاه منتظر اتوبوس بود. درست مثل عادت همیشگی خودش را پشت باجه ی بلیط فروشی شرکت واحد پنهان کرد و او را تماشا می‌کرد، تا اینکه صدای حسین بلند شد و در حالی که به او نزدیک می‌شد، دوباره نصیحتش هم ادامه داشت، «تو داری زندگی لعنتی ات را به خاطر این دختر هدر می دهی؟ اگر می خواهیش که مثل مرد برو جلو بهش بگو... وگرنه فراموشش کن و برو دنبال کارت...»

اینبار نادر به نصیحت های حسین اهمیت نداد و از او ناراحت نشد، چرا که حالا می‌توانست به جای پنهان شدن وانمود کند که با حسین صحبت می کند. آن‌ها با هم شروع به راه رفتن از عرض خیابانکردند و کمی دورتر از فریبا سر ایستگاه بانتظار اتوبوس ایستادند، اما نادر از نگاه کردن به و یا در چشمهای عشقش خودداری کرد، نمی‌خواست حسین عکس العمل او را ببیند، چون خیلی خودش را گم کرده بود، به علاوه در ذهن او فریبا حالا دوست دختر حسین بود و به خاطر همین

بـود کـه فریبـا بجای ایسـتگاه مینا از ایـن ایسـتگاه اتوبوس چالهـرز اسـتفاده می کرد با اینکـه بایـد راه زیادتـری را پیاده می‌آمد تا به این ایسـتگاه برسـد، «نگاهش کـن... امروز خیلـی زیباتـر شـده... رنـگ آبی بـه او خیلی میـاد...» نـادر خیلی تعجب کـرد وقتی که شـنید «حسـین» ایـن چنیـن در مورد فریبـا جلـوی او صحبت می کنـد. خصوصا وقتی می‌دانسـت نـادر عاشـق او بـود و حرفهـای او برای نـادر رنـج آور بود، سـرش را بلند کرد و دیـد حسـین داشـت بطـرف و جهـت مخالفـی کـه فریبـا ایسـتاده بـود نـگاه می کرد، نـادر جهـت نـگاه او را دنبـال کـرد و چشـمش افتـاد بـه زری کـه لباس آبی قشـنگی بر تـن داشـت و در حـال آمـدن بطـرف فریبا بود. نـادر تک نگاهی بـه فریبا انداخـت و دید او لبـاس قرمـزی بـر تـن داشـت و نـه آبـی. زری و فریبـا همیشـه با هـم بودنـد و با هم بـه مدرسـه می‌رفتنـد و برمـی گشـتند. نادر بـدون اینکـه بداند چرا از حسـین پرسـید، «از اون خوشـت میـاد؟» «بلـه اگـر بخواهـم یک دوسـت دختر داشـته باشـم، این همان شـخص خواهد بود، اونم منو دوسـت داره. نگاه کن او تا من سـوار اتوبوس نشـوم، سـوار نمی‌شـود.» حسـین راسـت می گفـت؛ چنـد اتوبـوس آمدنـد و رفتند و زری به حسـین نـگاه می کـرد کـه آیـا او سـوار اتوبوس می شـود یا نـه. هـردوی آن هـا زری و فریبا هیچ کـدام سـوار اتوبـوس نشـدند و می‌دیـد تمام حـواس زری به حسـین بود و حـواس فریبا بـه نـادر. هیچ لحظه‌ای خوشـحال کننده تـر از آن لحظه نبود که او فهمیده بود حسـین دنبـال زری اسـت و نـه فریبـا عشـق او. فهمیـده بـود کـه چه اشـتباه احمقانـه‌ای کرده بـود. حسـین علاقـه ای بـه دختـر ویلونی او نداشـت. نـادر بـا درک این حقیقـت آنقدر خوشـحال بـود کـه در پوسـت خود نمـی گنجید، مثـل این که تـازه از مادر متولد شـده اسـت. دوبـاره بـه حـال خودش برگشـته بود. دیگـر دلیلی نداشـت که به دنبال عشـق و ازدواج بـا فریبـا نباشـد. حالا کتـاب «پیر مرد و دریا» معنی بیشـتری بـرای او پیدا کرده بـود، تـو فقـط باید بـه زندگـی ادامه بـدی، هر چیـزی در وقـت معین در جـای خودش قـرار خواهـد گرفـت. حسـین گفت، «هـی فریبا همینجـور به تو نـگاه می کنـد، معلومه خاطرتـو مـی خـواد... دختـر دلفریبی اسـت. باکلاس تـر از همه آنها اسـت...»

اگر چه نادر با شـنیدن سـخن حسـین دلشـاد و خرسـند شـده بود اما هیچگونه عکـس عملـی از خود نشـان نـداد و هیچ چیزی نگفت. اما مسـلم بود که سـخنان امروز حسـین از او مـرد تـازه ای سـاخت، بـا لبخندی که یـک میلیونها مـی ارزیـد، در درون

خـود بـه چنـان آرامشـی رسـید کـه درسـت مثـل این بـود که تمـام دنیـا بـه او تعلق داشـت، حـالا جـرات پیـدا کرد که سـرش را بگردانـد، و با افتـادن نگاهش در چشـمان عشـقش، و دیـدن لبخنـد او جـان و تـن و وجـود نادر در آتش شـعله ور شـد، لبخندی کـه فقـط یـک لبخند معمولی نبـود، بلکه یـک هدیه مقـدس و خیره‌کننـده‌ای بود که بنیاد اسـتخوانهای نـادر را هـم می‌لرزاند.

طولی نکشـید که داسـتان نـادر و دختر ویولونـی، ابعاد تازه ای به خـود گرفت. حالا هر دو می‌دانسـتند که همدیگر را دوسـت دارند. از آن پس، «نادر» مجبور شـد، شـبانه روز درس بخوانـد تـا امتحـان های خود را بگذراند و رفوزه نشـده و بـه این ترتیب بتواند سـال بعد به مدرسـه حسـین منتقل شـود و نزدیک عشقش باشد.

*****

فصل هشتم

قانون ناگفته...

تابستان در راه بود و نادر از آن بیزار بود. این اولین تابستانی بود که دلش نمی‌خواست از راه برسد. چون دیگر نمی‌توانست هر روز در ایستگاه اتوبوس برای فریبا منتظر بماند و او را تماشا کند و نمی‌دانست چطور در طول تابستان خواهد توانست او را ببیند. اکنون فهمیده بود که او کجا زندگی می کند و حداقل خوش شانس بود که خانه او فقط چند متری با خانه دوست دوران دبستانش محمد ماندگاریان فاصله داشت. او بچه نسبتاً چاق و مثل نادر خجالتی بود و زیاد داخل جمع دختر بازان نمی‌شد، مخصوصاً با همسایه ها. اما برای نادر این‌که او در همسایگی فریبا زندگی می کرد یک نعمت و موهبت الهی بود، چرا که می توانست به آسانی اطراف خانه فریبا آفتابی شده و وانمود کند به دیدن ماندگاریان آمده است. به این ترتیب کسی به او مظنون نمی‌شد. معمولا رسم و قانون ناگفته مرسوم بین پسرهای محل این بود که آنها کسانی را که برای دختر بازی وارد محله ی آنها می‌شدند را زیر نظر داشتند و جلوی آنها را گرفته و از محل فراری می‌دادند. و آن به این معنا بود که پسرهای محل برای محافظت از دخترهای محل خود اگر شخص ناشناسی را در محل می‌دیدندکه بدنبال دخترهای محله ی آنها افتاده بود او را گرفته و کتک سیری به می‌زدند تا دیگه جرات آفتابی شدن آن‌طرفها را نداشته باشد. برای همین رفتن به محله ی دیگری برای دختر بازی ریسک کتک خوردن را داشت و اگر جرأت می کردی و وارد محله ی دیگر می‌شدی باید واقعاً شجاع و با احتیاط می بودی و یا ریسک کتک خوردن را به جان می خریدی.

اما نادر باکمال میل این ریسک را می پذیرفت، حتی اگر به قیمت یکبار مست و خمار شدن از دیدن رخ زیبا و لبخند جادویی عشقش باشد. بنابراین او هیچ اهمیت نمی‌داد و بدون توجه به این‌که چه خطری ممکن بود برایش در پیش

باشد، همیشه در اطراف خانه فریبا پرسه می‌زد. حالا دیگر ماندگاریان برایش مثل خدا بود و می‌توانست هر چه می خواهد از نادر بخواهد، حتی اگر در صورت نیاز یک عضوی از بدنش را طلب می کرد، شاید نادر مشکلی برای دادن آن به او نداشت، فقط برای اینکه مانعی سر راهش نباشد که به دیدن عشقش رفته و بتواند اطراف خانه ی فریبا پرسه بزند. هر وقت هم که نادر برای دیدن عشقش می‌رفت برای اطمینان مقداری شیرینی تازه برای ماندگاریان می‌برد و او چاق تر و گوشتی تر هم می‌شد. در طول تابستان نادر حداقل یکبار در روز برای رویت فریبا به دیدن ماندگریان رفته و جلوی خانه ی آنها با او پرسه می‌زد و همیشه هم این ملاقات ها در شب بود که همه آماده ی خوابیدن می‌شدند یا در خواب بودند. آن دو ساعتها زیر نور تیر چراغ برق خیابان درست مقابل خانه فریبا می‌نشستند و معمولا با هم شطرنج بازی می کردند. در طول بازی نادر هیچ اهمیتی به برد و یا باخت شطرنج نمی‌داد، تمام مدت شب تنها فکر و ذهن و چشمش به پنجره ی اتاق فریبا بود که شاید او در قاب پنجره ظاهر شود و نادر رخ زیبایش را حتی اگر برای چند لحظه هم که شده ببیند. چیزی که زیاد خوب نبود این بود که ماندگاریان خواهری نداشت که نادر بتواند توسط او برای فریبا پیغام بفرستد و یا ترتیبی برای ملاقات آن دو بدهد. بعلاوه فریبا یهودی بود و تعداد انگشت شماری از خانواده های مسلمان با خانواده های یهودی رابطه دوستی برقرار می کردند، از طرفی هم پدر فریبا نسبت به عقاید یهودی بسیار حساسیت داشت و البته از دخترش بسیار شدید محافظت می کرد و مایل بود که او با یک مرد یهودی ازدواج کند. این مطلب را نادر بعدها فهمید. از نظر نادر اهمیتی نداشت که او یهودی، مسلمان یا تارک دنیا، مسیحی یا بی دین باشد. فقط می خواست با او باشد و هیچ چیز نمی‌توانست عقیده ی او را تغییر دهد. مدت ها بعد نادر فهمید که فریبا سال ها با پدرش درگیر بوده تا توانسته از مدرسه مخصوص یهودیان به مدرسه فعلی اش که یک مدرسه معمولی از همه ادیان بود منتقل شود. در ایران سیستم مدارس چند مذهبی است و علاوه بر آن اقلیت های مذهبی می توانند مدارس خودشان را داشته باشند.

در طول تابستان معمولاً خیلی چیزها برای خانواده ها تغییر می کرد و این تغییرها شامل محله ها هم می‌شد. بیشتر خانواده ها برای تابستان به تعطیلات

می‌رفتند که می‌توانست برای دختران و پسران جوان بهترین و یا بدترین باشد. قبل از هر چیز مسافرت یک تفریح بود و دیدن شهرهای تازه هیجان داشت. آنهایی که دوست پسر یا دوست دختر نداشتند از همه خوشحال تر بودند و برای آن ها بهترین فرصت بود تا وقتی که در تعطیلات هستند دوست دختر و یا دوست پسری پیدا کنند. چون در طول تعطیلات ملاقات کردن جوانها بسیار آسان‌تر بود به این دلیل که معمولاً خانواده‌هایی که به تعطیلات می‌رفتند و مخصوصاً آنها که به دریای دریای خزر می‌رفتند تا اندازه ای روشنفکر بودند و یا تظاهربه روشنفکری می‌کردند و در مورد گردهمایی و معاشرت دختر و پسرها با یکدیگر چندان سخت گیری نمی‌کردند، البته تا اندازه ای. در طول شب هم مهمانی ها و برنامه های رقص بود و در طول روز کنار دریا می‌توانستند زنان بیکینی پوش زیبا را در سراسر ساحل مشاهده کنند. معمولاً چند خانواده با هم همراه می‌شدند و به مسافرت دست جمعی می‌رفتند، به این ترتیب نسل های جوان تر می‌توانستند دور هم جمع شوند و با هم ارتباط نزدیکتری داشته باشند که گاهی به دوستی آنها منجر می‌شد.

اولین ماه تابستان سخت ترین زمان برای نادر بود زیرا خیلی کم می‌توانست فریبا را ببیند و برنامه اش را نمی‌دانست. متأسفانه رفتن نادر به محله فریبا فقط خدمت کردن به ماندگاریان و بردن شیرینی و تنقلات برای او شده بود، خصوصا اینکه تقاضای او رفته رفته بیشتر می‌شد. او شروع کرده بود به سفارش دادن انواع مشخصی شیرینی و بعضی از آن ها را برای برادر کوچکترش می خواست، خیلی زود نادر مجبور شده بود برای کل فامیل او شیرینی بخرد. البته نادر زیاد اهمیت نمی‌داد چون آن ها محافظین او در محله فریبا بودند و کسی نمی‌توانست به او اعتراض کند که نادر آن طرفها چه می‌کند.

درد آورترین قسمت تابستان برای نادر این بود که او مجبور بود بخشی از وقت خود را با حسین و دوست دیگرشان بهرام بگذراند، چرا که نادر در عربی و انگلیسی تجدید شده بود و باید برای بدست آوردن نمره قبولی با آن دو درس می خواند و آماده می‌شد. تجدید شدن در درس عربی و انگلیسی برای نادر یک عادت هر ساله بود، تمام درسهایش را براحتی و حتی بدون اینکه چندان مطالعه و یا وقتی برای

آنها بگذارد قبول می‌شد و نمرهای خوبی هم می گرفت، بجز درس عربی و انگلیسی. خصوصا عربی که از آن خیلی بدش می‌آمد و خودش هم نمی‌دانست چرا. برای همین او همیشه احترام بیشتری به معلمهای عربی و انگلیسی می گذاشت و سعی می‌کرد که همیشه رضایت آنها را کسب کند. البته اگر نادر در امتحان تجدیدی آن دو درس قبول نمی‌شد نمی‌توانست به کلاس بعدی برود و یک سال از حسین و بهرام عقب می ماند و این برای نادر قابل قبول نبود. حسین در درس انگلیسی بسیار قوی بود و بهرام در درس عربی و آن دو همیشه برای کمک به نادر آماده بودند.

تابستان آرام و آهسته سرانجام به پایان رسیده بود و نادر روی پایش بند نبود که سر ایستگاه اتوبوس منتظر فریبا باشد و لبخند او را از نزدیک تماشا کند. در طول تابستان دیدن او برایش چندان آسان نبود، خصوصا در طول مدتی که او با خانوده اش به مسافرت رفته بود. روز اول مدرسه رسید، نادر لحظه شماری می کرد که فریبا سر ایستگاه اتوبوس پیدایش شود. ایستگاه اتوبوس درست روبروی خانه او بود. نادر یک جعبه چوبی بزرگ پشت دیوار رو به خیابان در بوته ها قرار داده بود و روی آن می ایستاد و ایستگاه اتوبوس و اطراف آن را زیر نظر می گرفت و منتظر رسیدن فریبا می‌شد. و وقتی فریبا از دور پیدایش می‌شد با دیدن او نادر هم از خانه بیرون می‌زد و تقریبا همیشه با هم به ایستگاه اتوبوس می‌رسیدند و همیشه هم این امر در چشم و نظر او اتفاقی بنظر می‌رسید که آن دو با هم و در یک زمان به ایستگاه رسیده بودند. و البته اگر دوستان آنها با آن دو نبودند اولین اتوبوس که از راه می‌رسید را سوار می‌شدند، مگر اینکه وقت زیادی به شروع مدرسه باقی بود و در آن صورت بیشتر سر ایستگاه معطل می‌شدند که بیشتر یکدیگر را ببینند. و البته رسم هم بر این بود که هردو وانمود می کردند که منتظر دوستانشان هستند که از راه برسند و برای همین هم سوار نمی‌شدند. اگر هم فریبا می‌دانست زری آن روز پیدایش نمی‌شد و قصد سوار شدن به اتوبوس را داشت به محض پیدا شدن اتوبوس از دور نگاه فریبا از اتوبوس بطرف نادر برمی گشت و این نشانه ی این بود که او سوار این اتوبوس خواهد شد، و البته لبخند جادویش هم هیچوقت فراموش نمی‌شد و بر جسم و جان نادر آتش می‌زد، فریبا به این هم اکتفا نمی کرد و وقتی اتوبوس می ایستاد،تک نگاه دیگری به نادر می انداخت و با لبخندی بطرف

اتوبـوس رفته و سـوار می‌شـد، نـادر هم معمولا آمـاده بود و منتظر می‌شـد که اتوبوس حرکـت کنـد و بـا حرکـت اتوبـوس طبق عادت همیشـگی دویـدن نادر بطـرف اتوبوس آغـاز می‌شـد و در آخریـن لحظـه مـی پرید بـالا و آن دو عازم مدرسـه می‌شـدند. البته قایـم موشـک بـازی نـادر کـه او هنـوز منتظـر دوسـت نامرئـی خـود بـوده و نمایش نا امیـدی سـاختگی از نرسـیدن این دوسـت نامرئی هم همیشـه در صـورت و چهره ی او بـه نمایـش گذاشـته می‌شـد، جالبترین قسـمت نمایـش او این بـود که او اصـلاً برایش عجیـب و غریـب نبود که سـه سـال متوالی هـر روز منتظر حضور همان دوسـت نامریی بـود و ایـن دوسـت نامریـی هیـچ وقـت پیدایـش نمی‌شـد و بـازی نـادر هم هیـچ وقت تمامـی نداشـت. ایـن بعدهـا بـود کـه وقتی بـه یـاد این لحظـه ها می‌افتـاد، بـه اعمال خـود مـی خندیـد امـا هنـوز هم یـاد آوری ایـن خاطـرات به قلـب و روح او شـادی می بخشـید. فهمیـده بـود که بعضی از خاطـرات و رفتـار دوران جوانی هیـچ گاه در زندگی بـا هیـچ چیز نمـی تواند عوض شـود.

یـک روز صبـح فریبـا دیـر کـرده بود و نادر نگران شـده بـود و فکر می‌کـرد که بدون او چگونـه می‌توانسـت آن جـا را تـرک کنـد. اگرچـه مدت سـه سـال بـود که ایـن بازی بـا فریبـا ادامـه داشـت، امـا حـالا فرصتی داشـت که به ایـن فکر کند که شـاید بایـد راه و روشـش را تغیـر داده و کاری در مـورد رابطـه اش بـا فریبـا بکند و به ایـن بازی خاتمه دهـد. خصوصـا اینکه حالا تمام دوسـتان و آشـنایان و حتی خانـواده ی او از قضیه و قصه ی عشـق لیلی و مجنونی آن دو آگاه بودند و حتی اسـم فریبا را هم می‌دانسـتند و گاهی هـم سـر به سـرش می گذاشـتند و گاهی هـم او را نصیحـت می‌کردند. اما نـادر به هیچ یـک از ایـن برخوردهـا اهمیـت نمـی‌داد و اصلا بـه هیچ صراطی مسـتقیم نبـود و هیچ خیالـی بـرای فرامـوش کردن و یـا ترک فریبا را نداشـت که بداشـت. از طرفی هم عمیقاً در قلبـش نگـران بـود که اگر راه و روشـش را تغیر داده و به او نزدیک شـود و گفتگو کند از کجـا کـه هـر چـه را که در ایـن مدت سـاخته بودنـد و از آن لذت می‌بردنـد به یکباره خـراب و نابـود نکننـد؟ اما حـالا نگرانی وجود نـادر را گرفت، فکر می‌کـرد که نکند فریبا مدرسـه اش را تغیر داده باشـد. بهر حال با اینکه داشـت مدرسـه اش دیر می‌شـد برای سـوار شـدن بـه اتوبـوس مـردد بود، امـا وقتی که نا امید و غمگین خواسـت سـوار شـود کـه صدایـی او را متوقـف کرد. "نمـی دانم چرا فریبا دیـر کرده و هنوز نرسـیده..."

این صدای زری دوست قد بلند فریبا بود که وانمود می‌کرد که داشت با خودش گفتگو می‌کرد، اما در حقیقت داشت به نادر ندا می‌داد که سوار اتوبوس نشود و به انتظار فریبا باقی بماند. نادر خوشحال از شنیدن این خبر به انتظار رسیدن فریبا در ایستگاه باقی ماند. بعد از چند لحظه نگاهش مسیر نگاه زری را دنبال کرد و چشمش افتاد به عشق ویولونیش که زیباتر از همیشه با موهای بلندتر و سیاهش که در اطراف شانه هایش در رقص بودند و لبخند جادویی که همیشه برلبانش نقش بسته بود مانند فرشته ای آسمانی با عجله بطرف آنها در حرکت بود. درست وقتی فریبا به ایستگاه رسید، اتوبوس دوطبقه ای هم از راه رسید و جلوی آنها ایستاد، هر سه نفر به قصد سوار شدن به طرف اتوبوس در حرکت شدند. می خواستند با عجله سوار شوند، برای اولین بار و اتفاقی نادر و فریبا روبروی هم قرار گرفتند، تقریبا صورت به صورت چشمان فریبا و نادر برای لحظه ای در هم قفل شدند، گویی تمام روح فریبا از طریق چشم های نادر وارد جان او شد. زمان برای نادر متوقف شد، او بی حرکت، بی کلام و قدری مضطرب به فنا رفته بود. نمی‌توانست نفس بکشد هر جوری بود نادر اندکی بخود آمد و خودش را عقب کشید تا فریبا اول سوار شود، نادر آنقدر از خود بیخود شده بود که برای اولین بار فراموش کرده بود که باید برای سوار شدن عجله می‌کرد، وقتی به خودش آمد که اتوبوس رفته و عشقش را با خودش برده بود.

*****

در طول مدرسه این قصه و نمایش هر روز برای نادر و فریبا ادامه داشت و از آن لذت می‌بردند، چون می‌توانستند اوقات بیشتری یکدیگر را ببینند،حتی اگر چه این دیدار از دور بود و فقط با نگاه و در سکوتشان با هم گفتگو می‌کردند. جای نادر در کلاس درس بغل در خروجی کلاس بود به این ترتیب او می‌توانست به محض تعطیل شدن کلاس و خوردن زنگ از کلاس خارج شده و به خیابان و به ایستگاه اتوبوس برود و آنجا منتظر عشق ملکوتیش بماند. نادر همیشه جسمش در کلاس بود و طبق معمول روح و حواسش جای دیگری و خودش هم نمی‌دانست که کی و چرا ذهن و روحش از کلاس پرواز می‌کرد و حتی کجا می‌رفت. هر ثانیه در ذهنش درباره نقشه های متفاوتی در جنگ و گریز و پرواز بود، این نقشه ها سریعاً جای خود را به

یکدیگر می‌دادند و در ذهن او به نمایش درآمده و محو می‌شدند و بیشتر این افکار و بازی تعقیب و گریز در رابطه با فریبا بودند. در همین احوال بود که روزی نادر متوجه شد که یکی از معلمهای او از مدرسه ی قبلی اش به این مدرسه منتقل شده است. نادر او را با نام» آقای صدقیان لو» می شناخت. او معلم زبان انگلیسی اش بود و از توانایی نادر و نوع نویسندگی او خبر داشت. سر و وضع آقای صدقیان لو با موهای بلند و چشمان نافذ و عجیبش در مقام یک معلم و مقایسه با معلمان دیگر بسیار غیرعادی می نمود. معمولاً معلم ها با موهای کوتاه و مرتب و با کت شلوار و کراوات به مدرسه می‌آمدند. اما او لباس گشادی می پوشید، بیشتر شبیه دراویش، اما کمی مدرن تر و شیک تر که مناسب محیط مدرسه هم باشد، هیچوقت هم پایش را به دفتر نمی گذاشت و همه ی وقتش را در کلاس می گذراند، مگر که مجبور می‌شد سری به دفتر بزند. نادر می‌دانست که هیچکس به شخصیت واقعی او آشنا نبود و فقط ظاهر او برایشان جلب توجه می‌کرد. در ابتدا حتی نادر هم در مورد او بطور سطحی قضاوت کرده بود، درست مثل بقیه که با چشمشان او را دیده و محک می‌زدند و نه با عقل و منطق و قلبشان. اما بعدها قضاوت نادر نسبت به او قلباً تغییر کرد و به او بسیار نزدیک شد. آقای صدقیان لو نادر را به طور خصوصی و مخفیانه با دنیای صوفیگری آشنا کرد. او یک صوفی و از دراویش گروه «عنقا» بود و یکی از اعضای اصلی گروه و خیلی نزدیک به خود بنیان گذار گروه شیخ صادق عنقا بود و نادر خوشحال بود که می‌توانست با او درباره ی فلسفه و عرفان گفتگو داشته و از او بیاموزد. البته این موضوعات جزء دروس مدرسه نبود.

*****

در همین احوال نادر دریافت که یکی از دانش آموزانی که به مدرسه او می‌رفت همسایه ی روبرویی خانه ی فریبا است، اسمش فرید بود و دو کلاس از نادر پائین تر درس می خواند. فرید جثه ی کوچک و قد بسیار کوتاهی داشت. بهتر از همه این بود که فرید خواهر بزرگتری داشت که هم سن و سال و دوست فریبا بود، اما در مدرسه ی دیگر تحصیل می کرد و نه مدرسه ی هما که فریبا می‌رفت. حالا نادر در این فکر بود که او می‌توانست از طریق فرید و خواهرش با فریبا پیام رد و بدل کند تا شاید به ملاقات آنها ختم شود. اما نادر هیچ آشنایی با فرید نداشت.

از شانس روزگار طولی نکشید که نادر این فرصت را یافت و در یک بعد ازظهر که مدرسه تعطیل شده و همه در راه خانه های خود بودند در بیرون مدرسه چشم نادر به فرید افتاد که چندتا دانش آموز او را دوره کرده بودند و مشخص بود قصد اذیت و آزار و کتک زدن او را داشتند، ترس و وحشت در چهره ی فرید بخوبی دیده می‌شد، با ورود نادر به صحنه و بین آنها و بلند شدن صدایش مشکل فرید حل شده بود، همین کافی بود که مهاجمان راهشان را گرفته و از دور و بر فرید دور شوند، فرید خوشحال از آنچه اتفاق افتاده بود همراه نادر در حرکت شد و خوشحال بود که با دیدن او و نادر در کنار هم از آن به بعد او را تنها و بحال خودش می گذاشتند. چند روز بعد ماندگاریان که خانه‌اش یکی دو تا خانه با فرید فاصله داشت فرید را به جمع شبانه ی شطرنج بازی زیر چراغ برق در کوچه دعوت کرد و بزودی او یکی از پاهای شطرنج بازی شد. فرید برای اینکه دوستیش را با آنها خصوصا نادر حفظ کند هر چه آنها می گفتند قبول می کرد و وانمود می کرد که با آنها موافق است، و البته بیشتر وقتها فقط برای راضی کردن و حفظ دوستیش با آنها اینطور وانمود می کرد و حتی اگر آنچه آنها گفته بودند را انجام هم نمی‌داد اما پیش آنها وانمود می کرد که همه حرفهای آنها را قبول دارد و انجام می‌دهد.

نادر با علم به اینکه حالا رابطی مثل فرید داشت که می‌توانست مستقیما پیامش را به فریبا برساند، یک شب که کنار استخر تنها نشسته و در فکر و خیال بود، تصمیم گرفت که نیمه ی شب از دیوار خانه ی فریبا بالا رفته و به دیدن او در اتاقش برود و در ایوان بزرگی که در طبقه دوم و جلوی اتاق فریبا بود زیر نور ماه ایستاده و او را نگاه و با عشقش راز و نیاز کند. در کنار دیوار قسمتی که به ایوان و اتاق فریبا می‌خورد درخت قدیمی بزرگ و افراشته ای که پر شاخ و برگ هم بود قرار داشت. نادر بارها به این درخت خیره شده و در مورد بالا رفتن و روی آن نشستن و تجدید خاطرات خانه ی درختیش که در گذشته درست کرده بود و به تماشای عشقش می‌نشست را تکرار کند، فکرکرده بود، حتی در ذهنش بارها و بارها آن را به تصویر کشیده بود. حالا موقعیت آن برای نادر فراهم بود که به آن جامه ی عمل بپوشاند. درخت تقریبا روبروی خانه ی فرید هم قرار داشت. نادر می‌توانست از آن بالا رفته و داخل درخت قایم شده و به تماشای فریبا مبادرت کند

و منتظر بمانـد تـا وقتی نیمه های شـب شـد و همه در خـواب شـدند از روی درخت و دیـوار کنـارش وارد ایـوان شـده و مسـتقیم به اتـاق فریبا بـرود. ماندگاریـان و فرید فکر می‌کردنـد او دیوانـه شـده اسـت، امـا نـادر در نظر داشـت ایـن کار را هر چقـدر هم که خطرنـاک و احمقانـه بنظـر می‌رسـید انجـام دهـد. در حقیقـت نادر بـه انجـام این نوع کارهـای غیـر عادی مشـهور بـود و البته فکـر می‌کرد با ایـن حرکت آرتیسـتی خودش بـه فریبـا ثابـت می‌کرد کـه چقدر او را دوسـت دارد کـه حتی جان خـودش را هم برای دیـدن او بـه خطر انداخته اسـت.

فریبـا یـک بـرادر قوی جثه و بلندقـدی هم داشـت در واقع جثـه ی او دو برابر جثه ی نـادر بـود و پـدر فریبـا هـم از هـردوی آنها درشـت تربود. نـادر هیچ وقت مـادر فریبا را ندیـده بـود، امـا فریبـا و خواهـر کوچکش خیلـی از نظر جثـه کوچک بودنـد. بالاخره همـه دوسـتان نـادر تصمیـم گرفتنـد بـا او همـکاری کنند تـا نقشـه اش را کـه به نظر می‌رسـید بـرای آنهـا سـرگرم کننده و هیجـان انگیز هم بـود انجام دهـد. بنابراین زمان را تنظیم کردند و باید آن را هنگام شـیفت پاسـبان موتور سـواری که نادر با او دوسـت شـده بـود و گاهـی بـه بازی شـطرنج آنها می پیوسـت و ازعشـق نادر و فریبـا هم اطلاع داشـت، به اجـرا بگذاردند.

*****

بالاخـره شـب موعـود فرا رسـید، نقشـه ها کشـیده شـده بود، نـادر توسـط فرید به فریبـا هـم اطـلاع داده بـود کـه بعد از نیمه شـب کـه همه فامیلـش در خواب شـدند به دیـدن او خواهـد رفـت، آنچـه نـادر می‌دانسـت ایـن بود کـه جواب منفـی از فریبـا داده نشـده و او منتظـرش بود. سـاعت ۱۱ شـب بـود که نـادر روی درخت و در داخل شـاخه هایـش نشسـته و از دیـد همـه خصوصـا مهمانـان خانـه ی فریبـا مخفـی شـده بـود. با خـودش فکـر می‌کـرد که چـرا فریبـا از طریق فرید بـه او اطلاع نـداده بود که شـبی که او قـرار بـود بـه دیدنـش بـرود آنها مهمـان داشـتند. آن هم چندیـن نفر. بعـد ش هم به ایـن نتیجـه رسـیده بـود که حتمـا از آن اطـلاع نداشـته، و دوبـاره فکر می‌کـرد که چرا فریبـا هیـچ کنجـکاوی در مورد بودن او داخل درخت نشـان نمی‌دهـد، حتی تک نگاهی هـم بطـرف او نمـی انـدازد، امـا باز بهـر طریقی بـود خـودش را قانع کرد کـه حتما نمی خواهـد نظـر مهمانانـش را بـه او جلب کنـد. در همین موقع سـر و کلـه ی پلیس موتور

سـوار هـم پیدا شـد، نادر می‌دانسـت کـه او از نقشـه ی نادر اطلاع داشـت و قـرار بود در آن سـاعات بـه کوچـه هـای دیگری رفتـه و ان طرفهـا پیداش نشـود، اما او نمی‌دانسـت کـه نـادر بـا مشـکل مهمانی های فریبـا روبرو شـده و هنـوز روی درخـت در انتظار تمام شـدن مهمانـی بـود، او خیـال می کـرد نادر حـالا باید پیـش فریبا باشـد و بـرای همین و کنجـکاوی خـودش برگشـته بـود، البتـه ماندگریان نـدا را بـه او داد و او بـاز از آنجا دور شـد. نـادر فریبـا را از پشـت شیشـه ی قـدی جلـوی اتاقـش می‌دیـد کـه با یکـی دو تا دختـر دیگـر چندیـن بـار بـه اتاقـش وارد و خارج شـده بودنـد، اما هنـوز هیچ نـگاه و یا توجهی به طرف او نکرده بود. به ذهنش خورد که شـاید آنشـب شـب مناسـبی نباشـد و بهتـر اسـت از رفتـن خودداری کند و شـب دیگری که آنها مهمان نداشـتند شانسـش را امتحـان کنـد. امـا دلـش راضـی نمی‌شـد، حـالا کمی نگران شـده بـود، فکـر می کرد اگـر گیـر پدر و بـرادر فریبا بیافتد چی؟ آنوقت به چشـمهای مادرش چطور می‌توانسـت نـگاه کنـد؟ درسـت زمانی کـه در فکر ظرف نظر کـردن از رفتن پیش فریبا را داشـت، به یکبـار فریبـا بـرای اولیـن بار جلوی پنجـره ی قدی اتاقش ظاهر شـد و نگاهـی به بیرون و اطـراف و جهـت او انداخـت، و همین کافی بـود که نادر را دوباره کور و کر و لال عشـق کند. و دوباره قدرت عشـق کار خود را کرده بود، و از آنجاییکه عشـق معشـوق، عاشـق را همیشـه کـور و کـر و و لال و گاهـی هـم دیوانه می کند و آنهـا کاری را انجـام می دهند کـه از عقـل و منطـق به دور اسـت، مسـلم بود کـه در آن زمان نادر از این قانون مسـتثنا نمی‌شـد، نـادر در آن لحظـه بـا دیـدن و تصویر بـودن در کنار معشـوقش در همان حال و هـوای کـوری و کری سـیر و سـیاحت می کرد.

سـاعتی از رفتـن مهمانهـا گذشـته بـود و همـه چراغهـای خانـه ی فریبـا و اطراف خامـوش شـده و بـه نظـر می‌رسـید همـه ی محـل در خـواب شـیرین فرورفتـه بودند. نـادر یکبـار دیگـر بـرای آخرین بار بـه اطراف نگاه کرد و سـپس بـه آرامی و بـا احتیاط از روی درخـت روی دیـوار رفـت و داخـل ایـوان شـد و خـود را بـه پشـت پنجـره ی دو در قـدی اتـاق فریبـا رسـاند، معمولا در هنگام تابسـتان شـبها پنجـره ها را بـاز نگه می داشـتند تـا هـوای خنک وارد اتاق شـود. بنابرایـن هیچ چیز مانع بین او و عشـقش نبود و نمی‌شـد، فقـط یـک پـرده نـازک سـفید بـود. نادر زیـر نـوری که از چـراغ بیـرون به داخـل درز و کمـی اتـاق فریبا را روشـن کـرده و کمی‌دیـد داده بود عشـقش را می‌دید

کـه روی تختـش خوابیـده بـود، درسـت مثـل یک فرشـته. اگر چه پشـت فریبـا بطرف پنجـره بـود و نـادر نمی‌توانسـت صـورت او را ببینـد، امـا این مانع نمی‌شـد که نـادر از حـس کـردن بوی او مسـت نشـود، حالا می‌توانسـت او را در بازوانش حـس کند و دیگر هیـچ راهی برای بازگشـت نداشـت.

بـرای چنـد دقیقـه کنار پنجره ایسـتاد، می‌توانسـت تمام حـرف های دوسـتانش را کـه بـه آهسـتگی در کوچـه پـچ و پـچ می‌کردنـد را بشـنود، از همه گذشـته هیچکس جـرأت انجـام چنیـن کاری را کـه نـادر کرده بود نداشـت و ایـن ماجرای جدیـدی برای همـه آنهـا بـود و می خواسـتند عاقبت آن را شـاهد باشـند. نادر گیج شـده بـود و ترس تمـام افـکار و وجـودش را فـرا گرفته بود، فکر می‌کـرد اگر یکی از اعضـای خانواده فریبا یکدفعـه وارد اتـاق می‌شـد چـه؟ وبـاره فکـر اینکه چـرا فریبا وقتـی می‌دانسـت او برای دیدنـش می‌آمـده بـرای او صبـر نکـرده و خوابیـده بود و حتی پشـتش را هـم به پنجره کـرده بود، برایش علامت سـؤال شـده و بسـیار نگرانش داشـت؟ اما این طـور که معلوم بـود راهـی برای برگشـت نداشـت، نه می خواسـت و یا می‌توانسـت برگـردد و نه جرأت برداشـتن یـک قـدم بـه جلو و وارد شـدن بـه اتـاق را در خـود می‌دید. شـک و تردید و تـرس بـر تمـام وجـودش حاکم شـده بود. همیـن موقع چراغـی در طبقـه دوم خانه ای درسـت مقابـل خیابـان خانـه ی فریبا روشـن شـد. نادر می‌دانسـت که بایـد کاری کند یـا برگـردد، یـا داخل شـود. اگر فقـط آنجا می ایسـتاد آن وقت شـاید یکی از همسـایه هـای مشـرف بـه خانـه‌ی فریبـا او را می‌دیدنـد و فکر می‌کردنـد که او یک دزد اسـت و داد و بیدادشـان بلنـد می‌شـد و او گیـر می‌افتاد.

چشـمش افتـاد بـه یـک نفر که پشـت پنجره خانـه مقابـل خیابان ظاهر و مشـغول سـیگار کشـیدن بـود، حـالا دیگر چـاره ای جـز رفتن به داخل نداشـت. می‌دانسـت که اگـر برگـردد طـرف او را دیـده و فریـاد دزد، دزدش بلنـد مـی شـود و او گیـر می‌افتـاد. بالاخـره بـا تـرس و لـرز و احتیـاط و آرام و سـاکت وارد شـد، کنـار و پـای تخـت بـه آرامی‌نشسـت و در ایـن فکـر بـود کـه حرکـت بعدیـش چـه بایـد باشـد. آن قـدر ترس بـرش داشـته بـود که نفس کشـیدن از یـادش رفته بـود. تمام مفصل هایش قفل شـده بودنـد. خوشـبختانه در تمـام ایـن مـدت فریبـا پشـتش بـه او بود. یـک ثانیـه فکر کرد بهتـره تـا صبـح آن جـا بنشـیند تـا فریبـا بیـدار شـده و با دیـدن او بـا لبخنـدش به او

خوش آمد بگوید. اگر چه نادر در تلاش بود مثبت فکر کند و به خودش امید دهد که همه چیز بر وفق مراد است اما ته قلبش می‌دانست که کارش احمقانه و اشتباه بوده و به خدا التماس می‌کرد که به او کمک کند که از این مخمصه سالم در آید و عشقش را برای همیشه از دست ندهد. حالا و اگر چه نمی‌خواست بپذیرد اما قبول کرده بود که حتما فریبا از آمدنش اطلاع نداشته است، چرا که هیچ نشانی از او ندیده بود که او از آمدنش اطلاع داشته است. خوشبختانه هنوز پشت فریبا به او بود و بیدار هم نشده بود که او را ببیند، داخل اتاق هم تا اندازه ای تاریک بود و به راحتی نمی‌توانستی چیزی را ببینی. از گوشه ی پنجره به بیرون نگاه کرد، انگار مردی که مشغول سیگار کشیدن جلوی پنجره اش بود خیال رفتن و خوابیدن را نداشت، هنوز جلوی پنجره اش ایستاده و در حقیقت انگار با دیدن او که وارد اتاق فریبا شده بود به او شک برده و چهار چشمی به طرف پنجره ی فریبا خیره شده بود و منتظر بود ببیند چه اتفاقی می‌افتاد.

نادر هم هنوز در فکر چه کنم چه کنم بود و در ذهنش در حال التماس و دعا و ثنا با خدا و طلب کمک از او بود که ناگهان فریبا همچنان که خواب بود بطرف دست راستش چرخید، چشمانش برای چند لحظه باز و بسته شدند، نادر بلافاصله خودش را پائین و کنار تخت مخفی کرد، نمی‌دانست که آیا فریبا او را دیده بود یا نه؟ دعا و ثنا و التماس کمک از خدایش بیشتر شده و نفسش در سینه حبس شده بود و بالاخره همه چیز بهم ریخت، فریبا چشمانش را بلافاصله باز کرد و وحشت زده به طرف او خیره و فریاد، "دزد! دزد!" او بلند شد. نادر بلافاصله حرکت کرد و دهانش را در حالی که التماس می‌کرد که ساکت باشد را پوشاند که فریادش را قطع کند، "منم، منم فریبا. داد نزن، من هستم، نادر..." سپس چراغ اتاق روشن شد و نادر دید که دختری را که او در بغل داشت و او را فریبا صدا می‌کرد فریبا نبود. چشمش به فریبا افتاد که کنار و آنطرف دختری که او خیال می‌کرد فریبا بود خوابیده و حالا هم از خواب پریده و چراغ را روشن کرده بود، چشمان نادر و فریبا در هم قفل شدند، جیک از هیچکدام در نمی‌آمد، نادر چنان گیج و گنگ در چشمان فریبا گم شده بود که حتی حس نمی‌کرد که دختر دیگر با هر قدرتی که داشت بر سر و صورتش ضربه می‌زد، حتی نمی‌دانست صورتش خونی شده بود،

حتـی نمی‌دانسـت در چه جهنم آتشـینی گیـر افتاده و در انتظارش بـود و هر لحظه در شـعله‌های آن می‌سـوخت وهیـچ کاری هـم ازش برنمی‌آمـد. گیـج و گنگ خیره شـده و نمی‌دانسـت چـه بایـد بکنـد، بالاخـره بـه خـودش آمـده و فهمیـد که هر طور شـده بایـد خـود را از دسـت دختـری کـه مشـغول زدن او و فریـاد دزد دزد بـود خلاص کند، دختـره حـالا جلـوی پنجره بلندی که وی از آن وارد شـده بود ایسـتاده بـود و راه خروج و فـرار نـادر از پنجـره را بـه بسـته بـود، تنها راه فـرارش در بـازی که به داخـل راهروی طبقـه بـالای خانـه و بـه بالای پله‌هـا منتهی می‌شـد بود. نـادر انقدر گیج شـده بود که نمی‌دانسـت کـه کجـا می‌رفـت. گیـج و گنـگ و دسـتپاچه و ناگزیـر به سـمت پله‌ها و طبقـه‌ی پائین سـرازیر شـد، اما مشـکل نادر حل که نشـد هیـچ بدتر هم شـد، با دیدن بـرادر و پـدر فریبـا کـه از طبقه ی پائین چوب بدسـت بطـرف او می‌آمدنـد دریافت که دچـار مشـکل بزرگی شـده اسـت و هـر لحظه اوضـاع بدتر هم می‌شـد. می‌دانسـت که بایـد از آن خانـه و از دسـت آنهـا فـرار کنـد، امـا چطـور؟ می‌دانسـت که نبایـد در هیچ شـرایطی دسـت روی هیچکـدام از آنها بلند کنـد، و یا با پدر و برادر فریبـا به زد و خورد مبـادرت کنـد، چـرا که ایـن کارش تمام امید رسـیدن به فریبـا را بر باد مـی‌داد. گیج و گنـگ کـه چـه باید بکند، چشـم نادر به قسـمت شیشـه‌ای جلـوی پله ها که به پشـت خانـه بـاز می‌شـد افتـاد، تقریبـا نصـف دیـوار از روی پله های پائیـن که بـه پله‌های بالا می‌آمـد سراسـر شیشـه بود. نـادر در یک لحظه تصمیمـش را گرفت، تنهـا راه فرارش از ایـن مخمصـه از طریق این قسـمت شیشـه‌ای بود. بدون معطلی با سـرعت بطرف پائین پله‌هـا در حرکـت شـد و قبـل از اینکـه پـدر و بـرادر فریبـا به او برسـند بطرف شیشـه هـا پـرواز کـرد و پاهایـش را جمـع و در یک چشـم بهم زدن نـادر و قاب و شیشـه های خـورد شـده به پـرواز در آمدنـد و روی زمین سـخت داخل تکه زمین متـروک و خاکی کـه پشـت خانـه ی فریبا بود محکم سـقوط کـرد. خرده شیشـه ها روی او فـرود آمدند. ایـن واقعیـت کـه او درد شـدیدی در پاهایـش بـه علت سـقوط و برخوردش بـا زمین و زخمی‌شـدنش بـر اثـر اصابـت با خرده شیشـه هـا حس می‌کرد سـبب نمی‌شـد که به آن فکـر کنـد و نگـران خونریـزی که حالا سراسـر دسـت و پـا و صورتـش را گرفته بود باشـد، فقـط می‌دانسـت که باید بلند می‌شـد و فـرار را بر قـرار ترجیح مـی‌داد و از آنجا دور می‌شـد کـه گیـر نیافتد. نادر بلافاصله بلند شـده و شـلان، شـلان دویـدن آغاز کرد

و با سرعت از دیوار بالا رفت و پشت دیوار خرابه گم شد. حال صدای دزد، دزد، تمام محله را گرفته بود، چراغ همه خانه ها روشن و بسیاری از مردم چوب بدست برای گرفتن دزد از خانه های خود بیرون زده بودند. در میان دزد بگیران تنها ماندگاریان و یکی دوتا از دوستان نادر و فریبا بودند که حقیقت دزد را می‌دانستند، اما مسلم بود هیچکدام حتی فریبا لب از لب باز نمی‌کردند و هدفشآن گرفتن و زدن دزد نبود بلکه کمک به فرار دزد بود. دوستان نادر با شنیدن صدای شکسته شدن شیشه های قدی پشت خانه ی فریبا و فریاد برادر فریبا که گفته بود دزد از کجا و به کجا فرار کرده وارد عمل شدند. یکی دوتا به دروغ به جهت دیگری که می‌دانستند نادر نمی‌توانست رفته باشد در حرکت شده و فریاد از آنطرف رفت، از آنطرف در رفت شان بلند شد و جمعیت هم بدنبال آنها در حرکت شدند، ماندگاریان و یکی دوتا دیگر از دوستانشان بطرف رودخانه و جهتی که نادر رفته بود در راه شدند. نادر کنار رودخانه ای که نزدیکی خانه ی فریبا قرار داشت در حال دویدن بود. درست یک سال قبل، شهرداری یک دیوار بتنی بلند در دو طرف رودخانه کشیده بود. روی دیوار دو طرف رودخانه یک جاده ی کوچک برای قدم زدن درست شده بود. اوایل پاییز بود و هوا بسیار سرد. حالا هیچ راه فراری بجز دویدن کنار رودخانه را نداشت. نادر صدای جمعیت را که بدنبال گرفتن دزد از خانه های خود چوب و چماق بدست بیرون زده بودند را خوب می شنید و نور چراغ قوه های آنها را که در هوا و روی خانه ها و شاخه ی درختان در رقص بودند را بخوبی می‌دید. ناگهان خود را با چند جوان چوب بدست شاخ به شاخ دید که از راه باریکی که به لب رودخانه می‌خورد جلوی او ظاهر شده بودند، "قاطی ما شو و دزد بگیر شو..."

نادر انقدر در خودش گم شده بود که حتی نمی‌دانست، دوستانش او را پیدا کرده بودند و این ماندگاریان بود که از او می خواست جزو آنها شود و مردم رو گول بزنند. اما وقتی چراغ قوه ی ماندگاریان روی سر و صورت نادر افتاد و دید که او خونین و مالین است و خورده شیشه ها بدجوری صورت و دستش را زخم و زیلی کرده بودند و او در اثر سقوط و اصابت با زمین می شلید، چندان از پیوستن او به آنها مطمئن نبود در همین احوال متوجه شدند که رقص نور چراغ قوهای چندین نفر که بطرف آنها می‌آمدند و داشتند نزدیک هم می‌شدند، روی دیوارها

و جـاده ی باریـک در رقـص شـد. نـادر و ماندگاریـان چنـد ثانیه ای طولانـی بهم خیره شـدند و در فکـر چـاره بودند، ناگهان و درسـت وقتی کـه جمعیت دزد بگیـران از جاده ای باریکـی کـه بـه رودخانـه می‌خـورد جلـوی آنها ظاهـر شـدند، ماندگاریـان بلافاصله نـادر را بـه داخـل رودخانـه هـل داد، نـادر تـوی آب سـرد رودخانه گم شـد و بـا جریان آب در حرکـت شـد، می‌دانسـت که چـرا ماندگاریـان او را به داخل آب هـل داده بوده و از او ممنـون هـم بـود، نادر در سـایه ی دیـوار رودخانـه و داخـل آب از دید همه مخفی و بـا جریـان آب پیـش می‌رفـت. هنـوز رقـص و بازی نـور چراغ قـوه های مـردم را روی دیوارهـای اطـراف و هـوا بخوبـی می‌دید. می‌دانسـت کـه ماندگاریـان و دوسـتانش بالا و کنـار رودخانـه بـا او در حرکـت و مواظبـش بودنـد. هـر وقت هـم خطر دیده شـدن و لـو رفتنـش بـود ماندگاریـان سـنگ کوچکی را بـه داخل آب و طـرف نادر مـی انداخت و بـه او علامـت مـی‌داد کـه در آب مخفی شـود. نادر هـم بلافاصله داخل آب می‌شـد و تـا آنجاییکـه نفسـش اجازه مـی‌داد زیر آب شـنا می‌کرد و بعـد برای نفس کشـیدن باز بـا احتیـاط سـرش را در سـایه ی دیـوار رودخانـه بیرون مـی آورد. کم کـم از صحنه ی خطـر دور شـده بودنـد، اما دیـوار اطراف رودخانه بلندتـر و فاصله آب با بالای آن بسـیار زیـاد بـود و بـرای نـادر امکان خـروج از رودخانه نبـود. بنابرایـن او چاره ای نداشـت جز اینکـه کـه بـا جریـان آب و تـا آنجـا که امـکان خروجـش امکان پذیـر بود همـراه و هم سـفر شـود. خوشـبختانه او شـناگر خوبی بود، مثل ماهـی در آب در حرکت بـود اما آب بسـیار سـرد بـود و کم کم داشـت یخ می‌زد. سـپس صدای فریـاد ماندگاریان را شـنید «پـل بعـدی... مـا سـر پل بعـدی می بینیمـت... آنجـا می تونـی بیـرون بزنـی... امن و آمانـه و دیـوار کوتاهتره..."

نـادر در راه پـل بعـدی شـد، می‌دانسـت کـه تـا پـل بعـدی راه طولانـی در پیـش داشـت، چنـد کیلومتـری می‌شـد. کـم کـم سـرما هـم داشـت بـر او غلبـه می‌کـرد و بـزودی توانـش را از دسـت مـی‌داد. طبـق عـادت همیشـگی مـا انسـانها کـه در مواقـع دشـواری چـه به خدا اعتقاد داشـته باشـیم و چه نداشـته باشـیم بـه فکر و معاملـه با او مـی افتیـم، نـادر هـم از این رسـم و عادت مسـتثنی نبـود و عاجزانه از خـدا کمک می خواسـت کـه بـه کمکـش بیایـد و در ایـن رودخانه جانـش را از دسـت ندهد، خـدا خدا می‌کـرد هـر چـه زودتـر به پـل برسـد، اما هـوا تاریک بـود و چشـم چشـم را نمی‌دید،

تـا بالاخـره قسـمتی از یـک پـل که به وسـیله نور چـراغ تیر برقـی از دور کمی روشـن شـده بـود بچشـمش خـورد، بـا دیـدن پل خـود را هـر جوری شـده بـود به کنـار دیوار رودخانـه رسـاند و در جسـتجو چیـزی بـود کـه با رسـیدن به پل آنـرا گرفتـه و خود را نگـه دارد تـا دوسـتانش به کمکـش آمـده و او را از رودخانه بیرون بکشـند. می‌دانسـت اگـر پـل را از دسـت مـی‌داد برای رسـیدن به پـل بعدی بایـد چند کیلومتر دیگر سـفر کنـد و در آن صـورت امـکان زیـادی داشـت که از سـرما یـخ زده و یا سـنگ کوب کند. بـا رسـیدن بـه پل پهلویـش به صخره ی بسـیار تیز و برنـده ای محکم اصابت کـرد و از درد شـدیدی کـه از برخـوردش با صخـره ی تیز در وجـودش حس کـرد، فریادش بلند شـد، امـا بلافاصلـه صدایـش را خفـه کـرد، اما دسـتش به کنار تیـز صخره ای بند شـد و خـود را متوقـف کـرد در همیـن احـوال صـدای نگران زنی بگوشـش خـورد، «کی بود فریاد کشـید؟ نکنـه پاسـبانا آمدند...؟"

صـدای یـک مـرد جـواب داد، "نتـرس... هیـچ چـی نشـده حتمـا بچـه ها بـالای پل دارنـد شـوخی مـی کننـد و منتظرنـد که بیاند پائیـن و کامشـونو از تو بگیرند... عشـق و بچسب..."

حـالا نیمـی از بـدن نـادر که هنوز در آب بـود تقریبا یخ زده بـود و نیمه دیگر آن که روی بلـوک سـیمانی خم شـده بود از آب بیرون مانده بود. او بـا احتیاط که صدایی ازش بلنـد نشـود خـودش را از آب بیـرون کشـید. شانسـی که آورده بـود در جائیکـه پل زده بودنـد زیـر پـل مقدار چنـد متری بطرف داخـل رودخانه سـیمان ریخته بودنـد که پایه های پل مسـتحکم تر شـود و وسـط ایـن دو بیرون آمدگـی چون خاک و شـن بود، آب خـاک و شـن هـا را شسـته بـا خود برده بـود و گود شـده بـود و دوطرف کنـار پل مثل یـک تخـت خـواب از آب بیـرون بـود، مـردان هـوس باز هم شـب هـا بـرای کام گرفتن اگـر خانمـی را پیدا می‌کردند و جا نداشـتند او را زیر این پل آورده و در بسـتر سـیمانی آن عشـقبازی می‌کردنـد. آنشـب از بخـت بـد نـادر ایـن قصـه ادامه داشـت و نـادر باید در مقابـل آنهـا سـاکت نشسـته و به چندین نفـر که به نوبـت پائین آمـده و کام خود را می‌گرفتنـد و می‌رفتنـد گـوش دهـد. این داسـتان یک سـاعتی طول کشـید و بالاخره خانـم را از زیـر پـل بالا کشـیدند و رفتنـد. با رفتن آنها صـدای ماندگاریان بلند شـد که آهسـته نـادر را صـدا می‌کرد، اما نـادر توان جواب دادن را نداشـت. ماندگاریـان به اتفاق

دو دوست دیگرش پائین آمدند، نور چراغ قوه ی ماندگاریان روی صورت نادر تابید. بطرفش رفتند، نادر قدرت تکلم و یا حرکت را نداشت، مثل بید بخودش می لرزید. تازه فهمیدند که چرا وقتی او را صدا کرده بودند جوابی از او نگرفته بودند.

صبح روز بعد او به هوش آمد و متوجه شد که دوستانش او را به بیمارستان منتقل کرده بودند و به همه گفته بودند که او در حال کوه نوردی به داخل رودخانه سقوط کرده است. بعد از مرخصی از بیمارستان نادر مجبور شد برای یکی دو هفته پیش یکی از دوستانش اقامت کند، او نمی‌خواست مادر و برادرش عباس و بیژن او را چنین زخم و زیلی ببینند و دوباره این «پری " و "بلور" بودند که هر دو داستان غیبت او را می‌دانستند و از او حمایت می‌کردند و به برادر و مادرش گفتند که او با چند نفر از دوستان و بستگانش راهی شمال شده است. او هیچ وقت خاطره ی آن شب را از یاد نبرد. بعد از این ماجراجویی غیر عادی، تجربه ی فراموش نشدنی نادر بین دوستان به او لقب مجنون واقعی را داد و بین آنها از احترام بیشتری برخوردارشد.

کم کم هیچ جمعی نبود که در باره ی زندگی عشقی و مجنونی نادر نداند و صحبت نکنند و با او در باره اش به شوخی و مزاح ننشیند. البته بعدها حقیقت اینکه آیا فریبا می‌دانست که نادر آن شب به دیدنش می‌رفت یا نه بر او روشن شد. فهمید که فرید، این همسایه کوچک هرگز به فریبا نگفته بود که نادر شب هنگام به دیدن او خواهد آمد، او همیشه به نادر دروغ گفته بود و هرگز در مورد نادر و فریبا با خواهرش صحبت نکرده بود و از بخت بد نادر شبی را که او انتخاب کرده بود که به دیدن فریبا برود تمام فامیل خانه ی آنها مهمان بودند و بعدا هم دختر خاله اش آنشب را پیش فریبا مانده بود و نادر او را با فریبا اشتباه گرفته بود.

حالا نیمی از بدن نادر که هنوز در آب بود تقریبا یخ زده بود و نیمه دیگر آن که روی بلوک سیمانی خم شده بود از آب بیرون مانده بود. او با احتیاط که صدایی ازش بلند نشود خودش را از آب بیرون کشید. شانسی که آورده بود در جائیکه پل زده بودند زیر پل مقدار چند متری بطرف داخل رودخانه سیمان ریخته بودند که پایه های پل مستحکم تر شود و وسط این دو بیرون آمدگی چون خاک و شن بود، آب خاک و شن ها را شسته با خود برده بود و گود شده بود و دوطرف کنار پل مثل یک تخت خواب از آب بیرون بود، مردان هوس باز هم شب ها برای کام گرفتن

اگـر خانمـی را پیدا می کردند و جا نداشـتند او را زیر این پل آورده و در بسـتر سـیمانی آن عشـقبازی می کردنـد. آنشـب از بخـت بـد نـادر ایـن قصـه ادامه داشـت و نـادر باید در مقابـل آنهـا سـاکت نشسـته و به چندین نفـر که به نوبـت پائین آمـده و کام خود را می گرفتنـد و می‌رفتنـد گـوش دهـد. این داسـتان یک سـاعتی طول کشـید و بالاخره خانـم را از زیـر پـل بالا کشـیدند و رفتنـد. با رفتن آنها صـدای ماندگاریان بلند شـد که آهسـته نـادر را صـدا می کرد، اما نـادر توان جواب دادن را نداشـت. ماندگاریـان به اتفاق دو دوسـت دیگـرش پائیـن آمدند، نـور چراغ قـوه ی ماندگاریان روی صورت نـادر تابید. بطرفـش رفتنـد، نـادر قدرت تکلـم و یا حرکت را نداشـت، مثل بید بخـودش می لرزید. تـازه فهمیدنـد کـه چرا وقتـی او را صدا کرده بودنـد جوابـی از او نگرفته بودند.

صبح روز بعد او به هوش آمد و متوجه شـد که دوسـتانش او را به بیمارسـتان منتقل کـرده بودنـد و بـه همه گفته بودند کـه او در حال کـوه نوردی به داخل رودخانه سـقوط کـرده اسـت. بعـد از مرخصـی از بیمارسـتان نادر مجبور شـد بـرای یکـی دو هفته پیش یکـی از دوسـتانش اقامت کند، او نمی‌خواسـت مادر و برادرش عبـاس و بیژن او را چنین زخـم و زیلـی ببیننـد و دوبـاره این «پری " و "بلـور" بودند که هر دو داسـتان غیبت او را می‌دانسـتند و از او حمایـت می کردنـد و بـه بـرادر و مـادرش گفتند که او بـا چند نفر از دوسـتان و بسـتگانش راهی شـمال شـده اسـت. او هیچ وقت خاطره ی آن شـب را از یاد نبـرد. بعـد از ایـن ماجراجویـی غیر عـادی، تجربه ی فراموش نشـدنی نادر بین دوسـتان بـه او لقـب مجنون واقعی را داد و بین آنها از احترام بیشـتری برخوردارشـد.

کـم کـم هیـچ جمعـی نبود کـه در بـاره ی زندگی عشـقی و مجنونـی نـادر نداند و صحبـت نکننـد و بـا او در بـاره اش بـه شـوخی و مـزاح ننشـیند. البتـه بعدهـا حقیقت اینکـه آیـا فریبـا می‌دانسـت کـه نادر آن شـب بـه دیدنـش می‌رفت یـا نه بر او روشـن شـد. فهمیـد کـه فریـد، این همسـایه کوچـک هرگز بـه فریبا نگفتـه بود که نادر شـب هنـگام بـه دیـدن او خواهـد آمـد، او همیشـه به نـادر دروغ گفته بـود و هرگـز در مورد نـادر و فریبـا بـا خواهـرش صحبـت نکرده بـود و از بخت بد نادر شـبی را کـه او انتخاب کـرده بـود کـه به دیـدن فریبا بـرود تمام فامیـل خانه ی آنهـا مهمان بودنـد و بعدا هم دختـر خالـه اش آنشـب را پیـش فریبا مانده بـود و نـادر او را با فریبا اشـتباه گرفته بود.

*****

فصل نهم

وقتی عشق هیچ مرزی نمی شناسد...؟

نادر تابستان پرآشوبی را پشت سر می گذاشت. مخصوصاً بعد از جنون ناشی از عشقی که به فریبا داشت و بالا رفتن از دیوار خانه او و زخمی‌شدنش که تا اندازه ای سبب پر آشوبتر شدن مسیر زندگیش شده بود. حالا نگران این بود که شاید او را شناخته باشند و ماجرای دیوانگیش فاش شده و پدر و مادر فریبا به پلیس مراجعهکنند. بنابراین برای رد گم کردن تصمیم گرفت بلافاصله مدتی به مزرعه و پیش پدرش برود. این سفر به او کمک می کرد که زخمهای صورت و دست و پاهایش هم بهبود یابد و آب ها از آسیاب بیافتد و باز البته بلور و پری بودند که راز او را پیش مادر و برادرش عباس با خیمه شب بازی های خود پنهان کرده و نمی گذاشتند آنها از واقعیت مطلع شوند. از طرفی هم وقتی به یاد می آورد کهشاید این حماقتش سبب شود که چاره ای جز فراموشی عشقش فریبا را نداشته باشد، از خود بسیار عصبانی می‌شد .خصوصا فکر کردن به اینکه او با این حماقت خود شاید برای عشقش دردسر زیادی را هم ایجاد کرده باشد. چرا که به آداب و رسوم ایرانی خوب آشنا بود، می‌دانست بعد از آن شب حتما باید در محله پیچیده باشد که یکی شبانه از دیوار خانه ی فریبا بالا و سراغ او رفته است و این خود عاملی بود که چاک دهن مردم بیکار باز شده وشروع به غیبت و داستان سرایی کنند و جان فریبای بیچاره را به لبش برسانند و در تمام این مدت او مثل یک موش در مزرعه پنهان شده بود و هیچ کاری برای کمک به عشقش نمی کرد. بهرحال پس از گذراندن یکی دو هفته در مزرعه زخم های صورت ودست و پایش خوب شده بودند و نادر دیگر توان تحمل و صبر برای بازگشت به تهران را نداشت. اکنون زمان بازگشت او به تهران و دیدن دوستانش فرا رسیده بود اما ابتدا باید از وضع و حال فریبا مطلع می‌شد، بنابراین به محض ورود به تهران و دیدن مادر و پری و بلور، نیمه های شب به ملاقات ماندگاریان رفت در آنجا بود که از ماندگاریان

مطلـع شـد کـه بعـد از آن شـب کذایـی فریبـا هرگـز جلـوی مـردم آفتابی نشـده بود، گفتـه بودنـد کـه بـرای تعطیلات تابسـتان بـه یک سـفر طولانی و شـاید هم بـه خارج رفتـه اسـت و تـا زمـان شـروع مدرسـه برنخواهد گشـت. نـادر از شـنیدن ایـن خبر هم افسـرده و هـم خوشـحال شـده بـود، از اینکـه دلش بـرای او تنگ شـده و تـا زمانی که مدرسـه شـروع می‌شـد نمی‌توانسـت او را ببینـد افسـرده خاطر بـود، اما خوشـحال بود کـه دهـان مـردم بیکار و بی عار بسـته شـده بود. پـس از ملاقات با ماندگاریـان به دیدار حسـین رفت. حسـین خبر شـیرین کاری او را شـنیده بود و از نادر بسـیار عصبانی بود و منتظـر دیدنـش بـود تا از رفتار سـفیهانه اش انتقـاد کند و در عین حال می خواسـت بیشـتر در مـورد جزئیـات ایـن عمـل جنـون آمیـز بداند. حسـین بـا دیدن نـادر دریغ نکـرد و نصیحتهـای خـود را آغـاز کـرد و می خواسـت بیشـتر و بیشـتر بداند. امـا نادر نمی‌خواسـت به حسـین همه جزئیات آنچه را که آن شـب پشـت سـر گذاشـته بود به ویـژه آرتیسـت بـازی خـود در رابطه بـا از دیـوار خانه ی فریبا بـالا رفتـن را بطور کامل بـا او در میـان بگـذارد. بنابرایـن فقـط به گفتـن خلاصـه ای از اتفاقات به حسـین اکتفا کـرد. شـاید هـم همین کافـی بود تـا او را راضـی کند.

خیلـی زود حـواس آنها با ظاهر شـدن زن زیبایی که تازگی ها همسـایه ی حسـین شـد ه بـود و روبـروی خانـه و اتـاق او در آنطـرف خیابـان زندگـی می‌کـرد بـه سـوی او منحـرف شـد. و بـرای بهتـر دیـدن او نـادر بـرای کمک بـه راه انـدازی تلسـکوپ جدید دوسـت حسـین کـه بـه امانت پیش او گذاشـته بـود وارد عمل شـد. از این تلسـکوب به تماشـای محیـط اطـراف تا دور دسـت اسـتفاده می‌کردنـد. تا شـاید یک زن زیبـا را در کنـار اسـتخر یـا مـوارد مشـابه آن را ببینند. امـا در آن لحظه این خانم جـوان که از آنها بسـیار بزرگتـر هـم بـود، گویا حسـین را دوسـت داشـت و عادت داشـت جلـوی پنجره لباسـهایش را بـا پـرده ای نیمـه بـاز عوض کنـد. پرده را کمی بیشـتر باز کرد تا پسـران بتواننـد بـدن برهنـه او را بهتـر ببینند، ایـن خانم زیبا طریقـه ی بازی کـردن با اعصاب و احسـاس آنهـا را خـوب می‌دانسـت، دائم در جلوی قسـمت بـاز پنجره ظاهـر و بعد از کمـی تأمـل ناپدیـد می‌شـد. درسـت مثل ایـن بود کـه داشـت در کلوب شـبانه ای کار می‌کـرد و بـه رقصیدن مشـغول بود اجـرای نقش می‌کـرد. اجرای این نمایـش دردناک تریـن و در عیـن حـال لـذت بخـش ترین لحظات بـرای این پسـران جوان بود و مسـلم

بود که آنها آرزو می کردند کاش پرده را بیشتر باز کرده و بیشتر در مقابل آن می ماند. او می‌دانست چگونه با اعصاب حسین و دوستانش بازی کند، "حسین" علاقه مند بود با این بانوی زیبا و دلپذیر رابطه برقرار کند و در مدرسه همیشه در مورد این رقصنده صحبت می کرد.

پر مسلم بود که ضرر تمام دل مشغولی ها و گرفتاری های جدی و پردردسر، دوران جوانی نادر بر روابط او با خانواده اش اثر گذاشته بود. در تمام این مدت که او مشغول سرگرمی و خوشگذرانی با دوستان و ماجراجویی با فریبا بود ،عملاً مادرش که همه زندگی و تمام دنیایش بود را فراموش کرده بود. به خاطر موقعیت های حادی که برای خودش ایجاد می کرد و به طورکلی ماجراجوییِ های دائمی اش در زندگی نمی‌توانست متوجه مشکلات مادرش شود تا بدانجا که حتی متوجه نشده بود که مادرش دچار افسردگی عمیقی شده است. مادرش فردی قوی بود و افکار و احساسات درونی اش را اصلاً بروز نمی‌داد و آن ها را درون خود مخفی و خود خوری می کرد. به این دلیل که نمی‌خواست اطرافیانش را نگران کند. همچنین می خواست پایگاه محکمی برای حمایت از زندگی نادر باشد. این مادرش بود که اساساً مواظب و دلواپس نادر بود. نادر غیر از لبخند چیز دیگری بر صورت مادرش نمی‌دید. این خصوصیت اکثر مادران ایرانی است. مادر می آموزد که جلوی فرزندانش قوی و خویشتن دار باشد.

تا اینکه یک روز بعد از ظهر دیر به خانه آمد، می خواست لباسش را عوض کند و به ملاقات یک دوست برود. نقشه کشیده بود که به فرید که باعث آن همه دردسرش شده بود درسی بدهد. نادر در باغ بین درختان بطرف ساختمان جلو می‌رفت، قبل از این‌که نادر وارد ساختمان شود صدای برادر بزرگترش و مادرش را شنید که بر سر یکدیگر فریاد می‌زدند، انگار دچار اختلاف شده و مشغول جر و بحث بودند و پری و بلور سعی می کردند آن دو را آرام کنند.

متأسفانه هیچ کدام حاضر به کوتاه آمدن نبودند و بحث شان بیشتر بالا می گرفت وکم کم داشت به جای باریک می‌رسید. نادر اصلاً این وضعیت را دوست نداشت، هرگز ندیده بود که برادر و یا کس دیگری این طور بر سر مادرش فریاد بزند، صدای مادرش قلب او را شکست، این تن صدای مادرش را از وقتی که چهار

سالش بود دیگر نشنیده بود. مادرش به یکباره زد زیر گریه و همین کافی بود تا روح نادر به آتش کشیده شود. بیرون از خانه بین درختان دور خودش می چرخید و با خودش حرف می‌زد که چه کار کند، مشت هایش را محکم گره کرده بود آنقدر که انگشتانش درد گرفته بودند، او حتی متوجه بلند بلند حرف زدن خودش نبود، «باید برم و این دیوانه را بزنم از خانه بیرون کنم. باید او را سر جایش بنشانم. اون هرگز نباید سر مادرمان اینجوری داد بزند یا به او بی احترامی کند...»

و البته که روی سخنش با عباس برادرش بود. بحث آن ها درباره تصمیم هایی بود که برای آینده گرفته شده و یا باید گرفته می‌شد و این‌که چه اتفاقاتی در گذشته افتاده بود. نادر» برای اولین بار حقایقی را درباره خانواده اش شنید که هرگز نتوانسته بود در طول زندگیش حدس بزند. با شنیدن حرفهای برادرش کمی خشمگین فروکش کرد، اما باز قبول نمی‌کرد او اینگونه با پرخاش با مادرش صحبت کند. متأسفانه عباس راست می‌گفت. چرا که اعمال مادرش داشت خانواده شان را ورشکست می‌کرد. حالا یاد خشمگین بودن از برادرش رفته بود و از این‌که از همه این مشکلات که بر سر خانواده اش آمده بود خبر نداشت احساس شرم می‌کرد. اما آنها بدون وقفه باهم مشاجره می‌کردند و قصد کوتاه آمدن را هم نداشتند. عباس به مادرش می‌گفت که برادر دیگرشان «بیژن» پولهای زیادی را در سرمایه گذاری های مختلفی از دست داده است و اصرار داشت که مادر دیگر نباید هیچ پولی به او بدهد، او دیگر نباید زمینهای مزرعه را مدام فروخته و پول آن را در اختیار بیژن بگذارد، چرا که او دوباره همه پولها را هدر خواهد داد. این پولهای هدر رفته که از فروش زمین های مزرعه ای که متعلق به مادرشان بود و مادر از آن برای مخارج زندگیش استفاده می‌کرد تامین می‌شد. در ثانی عباس معتقد بود این زمینها به همه ی بچه ها متعلق است و همه اش نباید خرج ندانم کاری های بیژن شوند.

نادر می‌دید که مادرش قدرت گذشته را که در مزرعه داشت و زمانی که بچه هایش همه جوان بودند و از او فرمانبرداری می‌کردند را از دست داده و کنار آمدن با این شرایط برای او دشوار است. او هنوز فکر می‌کرد که باید رهبری خانواده را داشته باشد و باید دستور دهد و همه باید از او فرمانبرداری کنند. قبول اینکه حالا فرزندانش همه بزرگ شده و خود رهبر بودند، قابل قبول نبود. ثانیا دنیای زندگی

و تجارت شهری برای مادرشان ناشناخته بود. اما چه کسی می تواند تاج را از سر ملکه یا پادشاه بردارد؟ به گفته مادرش عباس با وجود موهای خاکستری که از این طرف به آن طرف دیگر دیده می‌شد هنوز کودک بود. کودک شما از نظر شما همیشه یک کودک است. حتی اگر او شصت ساله باشد.

حالا نادر سریع تر قدم می‌زد و فکر می‌کرد ممکن است مجبور شود کاری در این مورد انجام دهد که بعد پشیمان شده و قابل جبران نباشد. اما نمی‌توانست همینجور ساکت هم بماند و وانمود کند که هیچ اتفاقی نیافتاده. می ترسید جر و بحث مادر و برادرش بجای باریکی برسد. حالا نادر پاک از یادش رفته بود که دوستانش منتظر او هستند. ماجرا به جایی رسیده بود که باید کاری انجام می‌داد چرا که به نظر می‌رسید همه چیز داشت از کنترل خارج می‌شد به این فکر افتاد که ممکن است برادرش آن قدر عصبانی شود که کنترل خود را از دست داده و مادرش را بزند. اگر این اتفاق می‌افتاد نادر واقعاً ممکن بود برادرش را بکشد. دیوانه وار مثل شیر زخم خورده ای دایره وار به دور خود میچرخید. می‌دانست باید کاری کند.

برای لحظه ای احساس کرد که مثل جوجه ی ترسویی هست که جرأت حمایت از مادرش را ندارد، اما هر گونه عملی علیه برادرش ممکن است به همان اندازه بی احترامی باشد که برادرش نسبت به مادرش انجام می‌دهد. علاوه بر این برادرش سرپرست و بزرگ فامیل بود و در جامعه هم قدرتمند بود و از چیزی باک نداشت. این طور به نظر می‌رسید که هر عملی که نادر انجام دهد در آخر بازنده خود او خواهد بود. مادرشان زن بزرگ منشی بود و نادر می‌دانست که برادرش را خواهد بخشید و آخر سر نادر خاطی محسوب خواهد شد، بعلاوه او به مادرش قول داده بود که هیچوقت به برادر بزرگترش بی احترامی نکند . اما بحث داخل خانه بسیار بالا گرفته بود و یکباره صدای پری و بلور بلند شد که بر سر عباس که مثل یک مرد دیوانه عمل می‌کرد، داد می‌زدند. هنوز نادر سنگی را که از زمین برداشته بود در دست داشت تا اینکه صدای فریاد و گریه ی مادرش و پری و بلور بلندتر و خشمگین تر شد، خصوصا صدای پری، «داداش خجالت بکش... برو بیرون... تا حالا هر کاری کردی بسه برو بیرون... «

نادر می‌دانست که باید عباس عمل بدی کرده باشد که پری را این چنین

عصبانـی کـرده بـود، می‌دانسـت کـه بیشـتر از ایـن نمی‌توانسـت صبـر کنـد و تصمیم گرفـت وارد شـود. دیگـر توان تامل نداشـت. بطرف ایـوان که بـه در ورودی می‌خورد در حرکـت شـد، درسـت وقتـی که قصـد داشـت از بیـن درختان پا بیـرون بگـذارد صدای شکسـتن شیشـه هـای یکـی از پنجـره ها بلند شـد. نـادر بـرای چند لحظـه در جایش میخکوب شـد. بلافاصله بعد از شکسـته شـدن شیشـه های پنجره صدای همه از داخل قطـع شـد، از لای شـاخه هـا می‌دید که برادرشـو پشـت سـر او هم پری جلـوی پنجره ظاهـر شـدند، هـر دو به بیـرون نـگاه می‌کردند.

صـدای پـری بلنـد شـد، «داداش حتمـا نـادره... آبـرو ریـزی دیگه بسـه ... حـالا برو دنبـال کارت...»

بعـد هم نادر شـاهد بـود که عباس از در بیـرون زد، روی پله هـای ایوان چند لحظه تأمـل کـرد و نگاهی بطرف درختها انداخت و خشـمگین راهش را گرفـت و رفت و از در بـاغ خارج شـد. نادر در میان بوته ها بی حرکت نشسـت. او شـاهد وضعیتـی در خانواده اش بـود کـه قبـلاً از آن بـی اطـلاع بود. حـالا از درون احسـاس درد زیادی می‌کـرد و از اینکـه نتوانسـته بـود هیچ گونه از مـادرش حمایت کند از خودش متنفر بـود. از خودش سئوال می‌کـرد کـه چه کسـی پنجـره را شکسـته بود؟ نـادر هنوز سـنگ را در دسـت داشـت، از جایـش بلنـد شـد و نگاهـش به اطـراف و داخل درختها در جسـتجوی شـد، سـرانجام چشـمش بـه پـدرش افتاد کـه از لای درختها کنـار در خروجی بیـرون زد و با احتیاط از در باغ خارج شـد. نادر نمی‌دانسـت خوشـحال باشـد یا غمگین. اما او از کاری کـه پـدرش کـرده بود بسـیار راضی و خرسـند و بیشـتر در تعجـب بود و او را تحسـین می‌کـرد. امـا می‌دانسـت در بـاور هیچ کس نمی گنجد که کسـی که پنجره را شکسـته بـود پـدرش بـوده اسـت. حتـی اگر او این حقیقـت را با آنهـا در میان می گذاشـت برای هیـچ کـدام قابـل قبـول نبود کـه نبود. حـالا همه در ایـن باور بودنـد که نادر شیشـه را شکسـته بـود. نـادر چنـان در فکـر فـرو رفته بود کـه چند لحظـه ای متوجه نشـده بود کـه بلـور کـه فکـر می‌کرد نـادر بیـن درختان پنهان شـده اسـت از خانـه بیـرون زده و جلـوی ایـوان روی بـالای پلـه هـا ایسـتاده و بطـرف درختها نـگاه و در جسـتجوی نادر اسـت و یـک لیوانـآب میوه هم بـرای او آورده بود، «نـادر، نادر، کجایـی...؟ بیا بیرون...»

امـا نـادر در بوته‌ها نشسـته، سـاکت مانـد و جوابی نداد، چـه جوابی می‌توانسـت، او

مثـل مرغهـای ترسـو داخـل درختها پنهان شـده بـود؟ پدرش کسـی بود که شیشـه را شکسـته بـود. امـا کـی می‌توانسـت باور کنـد که چنیـن کاری از پدرشـان بـر می‌آمد. هیـچ کـس از پـدرش چنیـن حرکتـی را ندیـده بـود و هیچ کـس نمی‌توانسـت حدس بزنـد کـه او در تهـران بـوده اسـت. پدرش همیشـه در مزرعـه زندگی می‌کـرد و بندرت بـه شـهر می‌آمـد و اگـر هم قـرار بود بـه تهـران بیاید قبلا همه می‌دانسـتند و همیشـه زمانـی کـه عبـاس آنجـا نبـود می‌آمـد. فکر می‌کـرد اگر خـودش را نشـان مـی‌داد آنها مطمئـن می‌شـدند که شکسـتن شیشـه کار نـادر بوده اسـت و نـادر نمی‌خواسـت آنها چنیـن فکـر کننـد. او نمی‌خواسـت آنچـه را کـه پـدرش بایـد اعتبـار آن را می‌گرفت را بـه او نسـبت بدهنـد. بعدهـا وقتـی نـادر در یک فرصـت مناسـب از پدرش پرسـید که چگونـه او بطـور اتفاقـی در آن روز خـاص بـه تهـران آمـده بود پـدرش پاسـخ داده بود، «هیـچ چیـز... دلـم بـرای تـو و مـادرت تنگ شـده بود، آمـدم شـما را ببینم، امـا اوقاتم بدتـر شـد... مـن همیشـه می آیم و همه شـما را از دور مـی بینم ... دلم برای همه شـما همیشـه تنـگ می شـه... مخصوصاً برای شـما و مـادرت ...»

نـادر تـازه بـه این حقیقـت که چقـدر پدرش مادرش را دوسـت داشـت واقف شـده بـود. و اینکـه عفیون خانمانسـوزی چون تریاک بود که همیشـه پـدرش را وادار به اذیت و آزار مـادرش می‌کـرده و می‌کنـد. بلـور هنـوز نادر را صدا می‌کرد، سـپس پـری بیرون آمـد و هـر دو در میـان بوتـه ها به دنبال نادر در جسـتجو شـدند و او را صـدا می کردند اما هیـچ نشـانی از حضور نـادر در آنجا نبود، آنهـا متعجب بودند که او کجا رفته اسـت. مسـلم بـود کـه نـادر سـاکت و بـا احتیـاط از دید آنهـا ناپدید شـد و از دیوار پشـتی باغ بـه آنطـرف پریـد و از دیـد آنهـا گم شـده بـود. پری و بلـور نا امیـد از نیافتن نـادر برای دلـداری دادن به مـادر به داخل خانه برگشـتند.

نـادر چنـدی بیـرون خانـه مانـد و بعـد از در وارد بـاغ شـد، سـپس با خونسـردی از طریـق ایـوان وارد خانـه شـد. البتـه کلاه هنرپیشـگیش را بر سـر گذاشـته و خـود را به کوچـه ی علـی چـپ زده و وانمـود می‌کرد که تازه بخانه برگشـته و از اتفاقـی که افتاده بـوده هیـچ اطلاعـی نـدارد. امـا خـوب می‌دانسـت قایم کـردن غـم و اندوهی کـه تمام وجـودش را گرفتـه او را از بـرون و درون می‌خـورد غیرممکـن بود، می‌دانسـت که همه متوجـه خنـده هـای دروغیـن او هسـتند، امـا بـروی او نمـی آورنـد. نـادر بـا جامه ی

بازیگری که بر تن و چهره اش کرده بود، پرسید، «چه اتفاقی افتاده است؟»

اما هر سه زن از او بازیگران ماهرتری بودند و با همان خنده ها و بازی جعلی که نادر سرگرم آن بود بازی و نمایش خود را آغاز کردند، جواب شان این بود که، «هیچ چیز، حاجیه خانم فقط کمی سردرد دارد. او در حال استراحت است...» بلور هنوز لیوان آب میوه را برای او آماده داشت آن را به بدست نادر داد. نادرلبخندی مضحک به آنها زد. زیرا واقعیت این بود که رفتار غیر واقعی آنها برای او دردناک بود، و در واقع راز آنها برای نادر یک راز نبود. نادر آن روز درس جدیدی از زندگی آموخته بود و آن این بود که به نظر می‌رسد گاهی در زندگی برای اینکه از فروپاشی بیشتر زندگی و بهم خوردن رابطه ها جلوگیری شود باید تو دار باشی و به ظاهر هم که شد ه بازی دروغین خود را ادامه بدهی. نادر لیوان آب میوه را یک ضرب نوشید و بعد به سمت مادرش رفت. پری سعی داشت مادرش را به نوشیدن آب میوه متقاعد کند. نکته جالب این بود که مادرش لبخند بر لب داشت و سعی داشت مانع ریختن اشکهای خود شود و وانمود می کرد که هیچ اتفاقی نیفتاده است. در آن لحظه نادر در حالی که به مادرش نگاه و لبخند دروغینش را می‌زد برای اولین بار برای مادرش متأسف شده بود، او هرگز فکر نمی کرد مادرش را اینقدر خسته و ناامید و ناتوان ببیند. مادرش برای نادر همیشه مظهر قدرت، تحمل، استقامت و بردباری بود. اما حالا نادر درد و سرخوردگی مادرش را بخاطر از دست دادن قدرت و ناتوانی از کنترل زندگی خود را بخوبی می‌دید و حس می کرد. حالا این بچه هایش بودند که به او می گفتند چه باید می کرد و یا چه نباید می کرد. نادر حس کرد باید مادرش را بخنداند تا شاید کمی خوشحال شده و غمش را چندی فراموش کند. نادر برخلاف غم و اندوهی که احساس می کرد و داشت از درون او را می‌خورد و از پا در می آورد، دوباره کلاه بازیگری خود را بر سر گذاشت و جلوی مادرش شروع به بازی و نمایش کرد. درست مثل دلقکی لبخند عمیقی را بر لبانش نهاد. سپس او رقص احمقانه ای را شروع کرد و بالا و پائین می پرید. بعد شروع به خواندن و رقص سنتی بابا کرم و یک رقص مضحک شکم برای مادرش کرد. پری و بلور هم به او پیوستند. بلور قابلمه ای را برداشت و بجای ضرب استفاده کرد و مشغول ضرب زدن برای آنها شد. پری هم کف زدن آغاز نمود. نمایش آنها

ابتـدا بـرای مـادرش احمقانـه مـی نمود. اما بـزودی خنده بـر لبان مادر نسشـت و کمی از غمـش کاسـته شـد، و او هم شـروع به کـف زدن کرد.

*****

فصل دهم

وقتی هیچ نصیحت یا سخنی نمی‌تواند مانند درس‌های زندگی تاثیر داشته باشد...

یک تابستان پر فراز و نشیب دیگر هم به پایان آمد، نادر منتظر بود ببیند که سرنوشت چه برای او در آستینش داشت؟ وقتی که خاطرات چند ماه گذشته در ذهنش زنده می‌شدند گاهی دچار افسردگی می‌شد، خیلی وقت بود که فریبا را ندیده بود، خیلی مشتاق بود یک بار دیگر عشقش را ببیند و با لبخندش مست و خمار و از خود بیخود شود. اما کمی در شک بود که پاییز با حضورش به آنها لطفی کند. هنگام نزدیک شدن پاییز شب های بی خوابی برای دانش آموزان معمول بود، چون آنها نمی‌دانستند آیا آن شخص خاص مورد نظرشان، خصوصا دخترها امسال هم به همان مدرسه قبلی می‌آید یا نه. والدین گاهی اوقات بدون اطلاع پسر یا دخترشان مدرسه آن ها را تغییر می‌دادند و کار چندانی از دست فرزندان برنمی‌آمد. تصمیم درباره این‌که شاگرد به کدام مدرسه برود کاملاً به رشته تحصیلی او بستگی داشت و این‌که چه مدرسه ای آن رشته را داشت و بهتر درس می‌داد. هیچ چیز هیجان انگیزتر از روز آغاز مدرسه نیست، شاید بجز روز آخر مدرسه. همه شاگردان از چند هفته قبل برای روز اول مدرسه حاضر می‌شدند، زیباترین و شاید نو ترین لباس خود را می پوشیدند، پسرها اگر مویی تازه روی صورتشان روییده بود آن را اصلاح می کردند، این کار را همه آنها انجام می‌دادند. اما رفتن به مدرسه برای دختران آسان تر بود، آنها روپوش های یک شکل و یک رنگ می پوشیدند. روپوش هر مدرسه رنگ و فرم خودش را داشت و با روپوش مدارس دیگر فرق می کرد. شما می‌توانستید از رنگ و فرم روپوش یک دختر متوجه شوید که در چه مدرسه ای درس می خواند. اما آرایش و مدل مو تا اندازه ای آزاد بود و از این‌که چطور خودشان را آرایش کنند باکی نداشتند. برخلاف عقیده عموم دامن

آنها بالای زانو بود. همیشه آخرین مد اروپا همزمان در ایران هم رایج می‌شد. نادر واقعاً به این مسئله توجه داشت و برای عشقش احترام زیادتری قائل بود، چرا که به ندرت آرایش می‌کرد. مثل این‌که می‌دانست نادر آرایش زیاد را دوست ندارد. از نظر او زیبایی زن در سادگی او بود و از آرایش کردن زنها جلوی دیگران بسیار ناخرسند بود و آرایش کردن را بیشتر در محیط خصوصی می پسندید نه در جمع و جلوی چشم همه. نادر هر شب دعا می‌کرد تا مدرسه فریبا را عوض نکنند. چون اگر اینطور می‌شد نادر افسرده می‌شد و روحش می مرد. او برای نگران بودنش دلیل داشت. از همین دلیل هم می ترسید. چون او بود که آن نقشه شیرین کاری مزخرف را کشیده بود، رفتن شبانه به اتاق خواب فریبا. انگار که او رومئو و یا مجنون بود که این چنین شیفته معشوقش شده بود.

بد و خوب بالاخره روز اول مدرسه رسید. نادر از خانه بیرون آمد اما این بار با قبل فرق داشت، خودش را از دید فریبا پشت دیوار پنهان نمی‌کرد. گاهی اتفاقاتی که در زندگی یک نوجوان می افتد، به عنوان لحظه ای تعیین کننده در فکر و روح او عمل می کنند. مهم نیست که این رویداد کوچک یا بزرگ باشد اما تاثیر آن بسیار عظیم است و زندگی شخص را تحت تاثیر قرار می‌دهد. هیچ نصیحت و سخنی نمی تواند مثل درس زندگی تاثیر داشته باشد. این رویدادهاست که شما را به بلوغ فکری می رساند و این امر برای نادر با مشاهده نزاع بین مادر و برادرش اتفاق افتاده بود و از همان روز خلق و خو و روش رفتاری او را تغییر داده بود. برای او امسال با سال‌های گذشته فرق داشت او بیشتر احساس بلوغ می‌کرد و به مرحله ی جدیدی از زندگی خود وارد شده بود. حالا اولویت او بیشتر توجه فوق العاده اش به مادرش بود، فکر می‌کرد مادرش به کمک او احتیاج داشت. برای اولین بار کراوات زده بود و کت شلوار مارک دار نو پوشیده بود. اما خودش هم نمی‌دانست که چرا چنین کاری را کرده بود. ظاهر جدید او همه را شوکه کرد مخصوصاً حسین را که حالا با او رابطه نزدیکتری داشت.

تنها چیزی که فرق نکرده بود نگرانی او از ترس ندیدن دوباره عشقش بود. همان طور که آرام در پیاده رو راه می‌رفت با دقت خیابان ها را نگاه می کرد، بالاخره شعاع نورانی عشقش به چشمش خورد. فریبا در حالی که کتاب هایش را

روی سـینه هـای زیبایـش نگـه داشـته بـود به ایسـتگاه اتوبـوس نزدیک می‌شـد و نادر بـا دیـدن او بخـدا قسـم می‌خـورد کـه او زیباتـر از همیشـه به نظر می‌رسـید. بـا رویت فریبـا بیکبـار همـه مشـکلاتی که ذهن نادر را اشـغال کرده بودند، بفراموشـی سـپرده و از ذهـن و روحـش پـاک پـاک شـدند. او دوباره مسـت و جـذب زیبایی و وجـود نورانی و معنـوی فریبـا شـد. بـودن و حضور فریبا بسـیار جـذاب و هیجـان انگیز بود، تـا به آنجا کـه چیـزی نمانـده بـود روح و روان نادر را به عالم نیسـتی ببرد. اما این بار فرق داشـت، فکـر می‌کـرد او آن قـدر دیوانـه بـوده کـه به اتـاق خـواب فریبا رفتـه بود، بـرای همین کمـی عصبـی و مضطرب شـده بـود و نمی‌دانسـت فریبا با دیـدن او چه عکـس العملی از خـود نشـان خواهـد داد. نـادر نمی‌دانسـت کـه آیـا او از ایـن کار او خرسـند بـود و یا عصبانـی؟ نمی‌دانسـت کـه آیـا او به خانواده اش و یا به دوسـتان نزدیکـش گفته بود که دزدی کـه از دیـوار خانـه ی او بـالا رفتـه بود، نـادر بود ه اسـت؟ معمولاً اینطـور بود که جـوان هـا اسرارشـان را بـه بهتریـن دوستانشـان می‌گفتند. نـادر مطمئن بود کـه فریبا ایـن کار را کـرده اسـت و حـالا نـادر نگـران عکس العمل دوسـتان او بـود. اما بـا افتادن اولین نگاه در چشـمان فریبا شـعله های آتش درون نادر روشـن شـد و سراسـر روحش را سـوزاند و احسـاس کـرد که معنـای این لبخند شـگفت انگیز و مقـدس فریبا را فقط خـدا می تواند داشـته باشـد و بفهمـد. از این رو جانـی دوباره گرفت. نادر احسـاس کرد که فریبا شـهامت او را دوسـت داشـته و اکنون بیشـتر از قبل او را می‌خواهد و مدرسـه اش را هـم عـوض نکرده.

حسـین درایسـتگاه اتوبوس ایسـتاده بود، متأسـفانه با رسـیدن نادر از شـوخی های احمقانـه دربـاره نـادر و گریـز شـبانه اش به خانه و اتاق فریبا دسـت برنمی داشت، نادر متوجـه شـد کـه توجه دوسـتان فریبـا دائم به او اسـت و بعـد از تک نـگاه و لبخندهای خـود بـه نـادر باهـم مـی گوینـد و مـی خندنـد. یکـی از دوسـتان فریبـا زری بـود، بهر دلیلـی کـه بـود نـادر از او خوشـش نمی‌آمد، او همیشـه موهایـش را بور می‌کـرد و نگاه شـریری داشـت. نـادر می‌توانسـت انرژی بـدی را کـه از او می‌آمد حس کنـد. چیزی به نـادر می‌گفت که او می تواند مشـکل سـاز باشـد، احساسـش اشـتباه نمی‌کـرد، زری به حسـین علاقـه منـد بود. اما حسـین بـه او کم توجـه بود و ایـن کم توجهی حسـین به او احسـاس خشـم و حسـادت زری را جریحـه دار و بـر انگیختـه بود. زری می خواسـت

حسین هم مثل نادر باشد که به فریبا توجه می‌کرد و رمانتیک بود. اما بی توجهی حسین به زری و توجه بیش از حد نادر به فریبا موضوع را بدتر می‌کرد و حالا حسادت قلب زری را ابری و تاریک کرده و کم کم کینه ی نادر را بدل گرفته بود.

چند ماهی از شروع مدرسه گذشته بود، زری گروهی از شاگردان مدرسه را جمع کرده تا شکایتی علیه نادر بنویسند. تنها گروه کوچکی از دوستانش با او همراه و همقدم شده بودند. و فریبا جزء آنها نبود. این شکایت مکتوب را به مدیر مدرسه خودشان تحویل داده بودند به این مضمون که نادر در راه مدرسه هنگام رفت و برگشت مزاحم آن ها می شود، زمانی که این شکایت تسلیم شده بود نادر با دختران مدرسه فریبا مشغول تمرین نمایشنامه ای بود که محل تمرینهای آنها مدرسه ی فریبا بود و نادر باید برای تمرین به آنجا می‌رفت.

یکی دو ماه بعد از شروع مدرسه یکی از معلمان آقای شفقی که سرپرست گروه هنری مدرسه بود نادر را خواست و به او گفت که اداره کل تصمیم گرفته امسال یک مسابقه ی اجرای نمایش ترتیب بدهد و برای این باید چندین نمایشنامه آماده شود، همه ی این نمایشنامه ها باید متشکل از دانش آموزان مدارس دخترانه و پسرانه بوده باشد و اداره ی فرهنگ و مدارس فقط آن را نظارت خواهند کرد و برنده هر بخش برای رقابت کل کشور خواهند رفت و ادامه داد مدرسه ی آنها جم انتخاب شده که با مدرسه ی هما نمایشنامه ای را آماده برای شرکت در این مسابقات کنند و البته مدرسه همان مدرسه ای بود که عشق او فریبا آن جا درس می خواند. اما اخبار خوشحال کننده تر از این موضوع این بود که او انتخاب شده بود تا برنامه ریزی نمایش را انجام دهد. چه چیزی می‌توانست از این موقعیت بهتر باشد که او قادر بود وقتش را درمدرسه ای که عشقش، فریبا به آن می‌رفت بگذراند. و صد البته که بعد از دریافت این خبر زیر لب مدام از خدا تشکر می‌کرد.

نادر فکر می‌کرد که نویسندگی و کارگردانی به او داده خواهد شد. اما کارها آنطور که او نقشه کشیده بود نشد، از یک بازیگر تلویزیون خواسته شد که سرپرستی و کارگردانی را انجام دهد. او همه چیز را عوض کرد و مدارس دیگری را برای شرکت در این نمایشنامه بکار گرفت. در نتیجه منجر شد به این‌که نمایشنامه ای که او نوشته بود کنار گذاشته شود. به جای نمایشنامه او کارگردان تصمیم

گرفـت از یـک نمایشـنامه خارجـی اسـتفاده کند و همچنین بـه او تهیـه کنندگی داده شـد نـه کارگردانـی و بازیگـری. نادر چنـدان از این تغیر خرسـند نبود. او انتظار داشـت کـه یکـی از بازیگـران باشـد، امـا بـه او گفته شـد کـه آن ها بایـد از هر مدرسـه ای یک بازیگر انتخاب کنند تا تمام مدرسـه ها بتوانند در آن شـرکت داشـته باشـند. همچنین نـادر بلندتـر از همه بازیگرهـای دیگر بود و بـا دیگر بازیگران مطابقت نداشـت. او خیلی درشـت بـود و روی بقیه سـایه مـی انداخت و برای همین شـخصیتهای این نمایشـنامه بـه او نمی‌خـورد. امـا دلیـل آن مهـم نبود. او واقعاً مایل بود یکـی از بازیگران باشـد. اما هنـوز همـه چیز از دسـت نرفته بـود چون او در مدرسـه فریبا و نزدیک به عشـقش بود و ایـن تنهـا چیـزی بود که می‌توانسـت نـادر را دلگـرم کند.

شـکایت زری از نـادر کـه درسـت وسـط تمرین نمایشـنامه مطرح شـد او را بسـیار خشـمگین کرد. شـکایت زری از نادر که درسـت وسـط تمرین نمایشـنامه مطرح شـد سـبب خشـمگینی بسیار نادر شـد، نگران بود که شـاید او را از رفتن به مدرسه دخترانه و تمریـن نمایـش محـروم کننـد. او می‌دانسـت کـه هیـچ کاری بـه کار آن دخترهـا و خصوصـا زری نداشـت و هیچـگاه آنهـا را اذیت و آزار نکـرده بود. در ثانی چـرا زری باید بـا ایـن کار احمقانـه اش رابطه بین او و عشـقش فریبـا را به خطر بیاندازد و باعث شـود کـه شـاید فریبـا دربـاره او فکـر بدی بکند؟ وقتـی که او را نـزد مدیر صدا زدنـد و درباره شـکایت نامـه بـه او گفتند مثـل آتش قرمز شـد. از این‌کـه زری از او شـکایت کرده بود خیلـی عصبانـی و ناراحـت بود و احسـاس می‌کرد زری می خواسـته او را جلوی چشـم فریبـا تحقیـر و بـی اعتبـار کند، امـا در حقیقت زری عقده ای را که نسـبت به حسـین بـدل گرفتـه بود را داشـت سـر نادر خالـی می‌کـرد و انتقامـش را از نـادر می‌گرفت. اما بیشـتر نگرانـی نـادر از ایـن بود کـه از نمایش کنار گذاشـته شـود، و اگر چنیـن اتفاقی می‌افتـاد احتمـالاً دیگـر هرگـز بـه او اجـازه نمی‌دادنـد کـه بـه مدرسـه دخترانـه برود. حـالا نـادر فرصتـی پیـدا کـرده بـود کـه هنـر بازیگریـش را امتحان کنـد با اسـتفاده از شـور و شـوق بازیگـری اش بـرای آن هـا توضیـح داد کـه زری دیوانـه اسـت. او به مدیر حقیقـت علاقـه ی زری به حسـین و بی توجهی حسـین بـه او را گفت و توزیـع داد که دلیـل واقعـی این شـکایت حس حسـادت زری به فریبا اسـت، بخاطر اینکـه او فریبا را دوسـت دارد و زری از این موضوع عصبانی اسـت و حسـادت می‌کند چون آدم ناراحتی

است، مدیر به نادر قول داد که این مطالب در همین دفتر او باقی خواهد ماند. نادر دفتر را ترک کرد و منتظر تصمیم آن ها ماند تا ببیند آیا می تواند به مدرسه دخترانه برگردد یا خیر.

در ایستگاه اتوبوس فریبا و زری عصبانیت او را بخوبی دیده و حس می کردند، نادر بخوبی می‌دید که فریبا چندان رابطه ی گرمی با زری نشان نمی‌داد و بیشتر با دیگر دوستانش در گفتگو بود، در همین زمان تمام دوستان نادر داستان شکایت زری را شنیده بودند و ماموریت جدیدی را برای تنبیه این جادوگر شیطان صفت یعنی زری برنامه ریزی کرده بودند، اما نادر چیزی درباره آن نمی‌دانست. همه چیز واقعاً برای زری بد شد، به قدری که بعدها نادر برای زری احساس تأسف کرد و دوستانش را متقاعد کرد که او را به حال خودش تنها بگذارند. چون درسش را گرفته بود. خبر بخشیدن زری به گوش فریبا رسید و او نادر را به خاطر این کار بیشتر تحسین کرد. خوشبختانه چند روز بعد به او گفته شد که می تواند به نمایش برگردد که باعث خوشحالی اش شد، درست مثل این‌که از جهنم خلاص شده است. مدیر او با مدیر مدرسه دخترانه تلفنی صحبت کرده بود. کمی درباره عشق نادر به فریبا توضیح داده بود و این‌که زری به خاطر حسادت اینکار را انجام داده است. مدیر مدرسه دخترانه فریبا را صدا زده و فریبا از نادر کاملاً پشتیبانی کرده بود. فریبا به مدیر گفته بود که در واقع نادر از آنها در مقابل پسرهای دیگر حمایت و محافظت می کند. همچنین گفته بود که به او احساس دارد اما آنها دوست دختر و دوست پسر نیستند. درست همین سخنان را حسین به مدیر خودشان گفته بود و از عشق لیلی و مجنونی آن دو گفته بود. بعد از شنیدن داستان عشق نادر و فریبا هر دو مدیر بسیار تحت تاثیر رابطه آن دو قرار گرفته بودند که در این رابطه احتیاط و محدودیت ها را رعایت کرده بودند و این امر سبب تحسین دو مدیر برای آن دو شده بود و آن دو را به حال خود گذاشتند و نه تنها تنبیه نشدند بلکه محبوب هم واقع شدند. مدیر مدرسه دخترانه حتی به نادر اجازه داد که آزادی کامل در مدرسه داشته باشد. نقشه زری نه تنها کاملاً شکست خورده بود بلکه به موقعیت نادر چنان کمک کرده بود که حتی نمی‌توانست تصورش را هم بکند. نمایش خیلی موفق بودو هر روز عشق به کار نمایش و بازیگری در نادر بیشتر

می‌شـد و همچنیـن بـه فریبـا، اما آنها هنـوز حتی یک کلمه هـم رو در رو بـا هم حرف نـزده بودنـد. و رابطـه آن ها به همـان صورت دورادور ادامه داشـت. اما آن قدر احسـاس مابیـن آن دو زیبـا بـود که می‌توانسـت نعمتـی از روح مقدس باشـد.

*****

روزهـا می‌آمدنـد و می‌رفتنـد، در ایـن روزهـا وقتـی کـه حسـین سـخت مشـغول تحقـق بخشـیدن بـه رویای مسـافرتش به آمریکا بود، نـادر هم به دنبال دل مشـغولی و کسـب شـهرت و عشـق ورزی خود زندگی می گذراند. او از لحاظ فیزیکی و احساسـی در سـه جبهه، خانواده اش، عشـقش فریبا و عشـق جدیدش بازیگری تئاتر و سـینما و نویسـندگی تـلاش می‌کرد.

در همیـن زمـان هـا بود کهخبر بسـیار خوشـی او را شـاد کـرد ، خبر حامله شـدن بلـور همسـر عبـاس. برای بلور خیلی خوشـحال شـد، دیگـر زمانش بود کـه نوعی امید تـازه بـرای تـداوم ازدواج بلـور بـه وجـود بیایـد. نـادر متوجـه بـود کـه بلور دیگـر مثل گذشـته غمگیـن نبـود، حـالا نسـبت به گذشـته خوشـحال تر نشـان مـی‌داد. چـرا که بلـور فکـر می‌کـرد با آمـدن این بچه رفتارعبـاس تغییر خواهـد کرد، امید داشـت که او هـم مثـل بلـور کـه دیوانه وار عباس را دوسـت داشـت به بلـور علاقه مند شـده و توجه کنـد. فکـر می‌کـرد صـدای خنده یـک بچه کانون خانـواده آنهـا را گرم خواهـد کرد. در طـول همـه ایـن زمان هـا ناراحت کننـده ترین تـراژدی برای نـادر پیوند زناشـویی بین بلـور و عبـاس بود.

وقتـی کـه نادر سـه یا چهار سـال بیش نداشـت، یک روز صبـح زود که آفتـاب تازه تیـغ زده بـود در کنـار بـرادرش از خواب بیدار شـد، چشـمش بـه برادرش عبـاس افتاد کـه بـا پارچه‌ی سـیاهی سـرش را بسـته بـود. عبـاس وقتی متوجـه کنجـکاوی نادرکه بـه او خیـره شـده بـود گردیـد. که سـردرد بـدی دارد، نـگاه نـادر از عباس به بلور سـفر کـرد کـه یکـی دومتـر آنطرف تـر غمگین نشسـته بود، بـه نظر می‌رسـید بـه آینده ی نامعلومـش فکـر می‌کـرد، چیـزی را کـه در آن لحظه نادر نمی‌دانسـت این بـود که نادر اولیـن شـب عروسـی عبـاس و بلور، شـب زفاف آنهـا در اتاق بیـن آن دو خوابیـده بود.

بعـد هـا بـود کـه نادر فهمیـد که بلـور را بـه زور بـه عقـد و ازدواج عبـاس در آورده بودنـد. دانسـته بـود که یکی از پسـرعموهای بـزرگ آنها، آقـا نصرت برای عبـاس پیغام

داده بود که اگر با خواهر او بلور ازدواج نکند، نادر را که در آن موقع چهار سال بیش نداشت در لاهای علی آباد سر خواهد برید. جایی که به لاهای علی آباد معروف بود، رودخانه ی خشکی بود که فقط در زمان بارندگی زیاد که سیل ایجاد می‌شد در آن آب جاری می‌شد و در انتهای صحرای ده و محلی که علی آباد خوانده می‌شد قرار داشت. عباس که سابقه ی نصرت را داشت و می‌دانست آدم شروری است و بسیار قوی جثه و زورگو و زور هیچکس هم به او نمی‌رسید، بنابراین این تهدید را جدی گرفت. خصوصا که او بارها برادر بزرگتر خود داش محمود و حتی پدرش را کتک زده بود. به علاوه ادعا کرده بود که خواهر بزرگ عباس را که با برادر بزرگترش با او ازدواج کرده بود را طلاق می دهند. عباس می‌دانست که اگر چنین می‌شد چاک دهن مردم باز و شروع به غیبت و داستان پردازی می کردند و این حاجیه خانم مادرشان را بسیار افسرده خاطر می‌کرد. بنابراین عباس بر این شد که به ده برگردد و آنها را قانع کند که این ازدواج مایه ی بدبختی او و خصوصا بلور خواهد شد، اما انگار گوش شنوا نبود و هیچکس حتی به یک کلمه از حرف‌های او اعتنا نمی‌کرد.

در واقع وقتی او را دوره کردند و عباس سند ازدواج را امضا نمی‌کرد آنها انگشت او را گرفته بر خلاف میلش روی سند گذاشته بودند، انگار که او سواد نداشته است. روز بعد از ازدواجشان عباس بلافاصله آن جا را ترک می‌کند و از همان روز اول ازدواجشان غم بلور شروع شده بود. و بگذشت زمان بلور عشق بیش از حدی به عباس پیدا کرده بود. اما عباس همیشه او را مثل خواهر خودش می‌دانست، چون با هم بزرگ شده بودند، به علاوه عباس در جامعه فرد بلند مرتبه و تحصیل کرده ای بود و بلور فقط یک دختر روستایی تحصیل نکرده بود که نمی‌توانست همراه او به مهمانی ها و تجمعات برود، قادر نبود خودش را با او تطبیق بدهد و هم صحبت مناسبی نبود. برای همین او با نادر و پری و بعدها مادرشان حاجیه خانم زندگی می‌کرد و آخر دست هم مثل مادر دوم نادر شده بود.

در طول مدت ازدواجشان عباس بارها از بلور خواسته بود که طلاق بگیرد و قول داده بود زندگی او را تامین خواهد کرد، اما بلور به هیچ وجه زیر بار نمی‌رفت. طلاق از عباس برای بلور در حکم مرگ بود و تهدید کرده بود خودش را خواهد

کشـت و البتـه تمـام فامیـل هم در طرفـداری و مخالفـت بین آنها صف کشـیده و همه صاحـب نظـر بودنـد و جالـب تـر از همـه این بـود که همگـی آنها همـه چیـز را از نادر پنهـان می کردنـد و این را نمی‌دانسـتند که بیشـتر وقتها برادرش عباس نادر را واسـطه می کـرد کـه با بلـور صحبت کند. نـادر می‌دید که نصیحت و تشـویق هـای غلط فامیل بـه بلـور سـبب شـده بود که بلـور نتواند راه درسـت را خـودش اختیار کنـد و همینجور بـا زندگـی مـی سـوخت و می سـاخت. برای همیـن هم همـه از خبر حامله شـدن بلور سـر از پـا نمـی شـناختند و در ایـن خیال بودند کـه بالاخره ایـن بچه به زندگی او سـر و سـامان می‌دهـد و عبـاس را بـه زندگـی بـا او دلگـرم می کنـد. اما عباس نمی‌دانسـت کـه بایـد خوشـحال باشـد یـا غمگیـن چرا کـه او همیشـه با بچه دار شدنشـان سـخت مخالفـت می کـرد او ایـن احسـاس طبیعی یک زن را که در رویای بچه دار شـدن اسـت را نادیـده می گرفـت. عبـاس همیشـه فکـر می کـرد کـه روزی از بلـور جدا خواهد شـد و داشـتن بچـه همـه چیز را مشـکل تـر خواهد کـرد، در واقـع او راسـت می گفت. هیچ احسـاس عشـقی از جانب عباس نسـبت به بلور وجود نداشـت، نادر هیچ زن و شـوهری را نمی‌دیـد کـه روابطشـان ماننـد این دو باشـد. نادر تنها عضـو فامیل بود کـه واقعاً فکر می کـرد کـه آنهـا باید از هم جدا شـوند و هر کدام خانواده خودشـان را تشـکیل بدهند. امـا او در آن زمـان تنهـا فـرد و به علاوه جـوان ترین عضو خانواده بود و کـی به او گوش مـی‌داد و حتـی او را داخـل آدم حسـاب می کردنـد. بـی انصافانـه تر از همـه نگاهی بود کـه جامعـه بـه زنـان طلاق گرفتـه داشـت و واقعـاً آن را کار بـد و ناپسـندی می‌دیدند. بـه خاطـر همیـن عقیـده ی غلـط خانـواده و به خیـال خودشـان دلسـوز بلـور بودند و نمی‌خواسـتند ببیننـد کـه او بـا لکـه ننـگ زندگـی کنـد. حتـی اگر بلـور هـم موافقت می کـرد بقیـه فامیل عقاید خودشـان را داشـتند و بـا او مخالفت می کردنـد و مجبورش می کردنـد در ایـن ازدواج خانمـان سـوز باقـی بماند، نمی‌دانسـتند که این بلـور بود که در جهنمـی بنـام عقایـد خرافاتـی آنهـا روزگار می گذرانـد و مقصرش هم نه بلـور بود و نـه عبـاس بلکـه بزرگترهای آنهـا که این ازدواج را بـه زور به آن دو تحمیـل کرده بودند. بـرای همیـن بـود که داشـتن بچه بـرای بلور یـک معجزه محسـوب می‌شـد، و امیدوار بـود عبـاس تغییـر کند و حالا همگی شـگفت زده شـده و برای او خوشـحال بودند، نادر حـدس مـی‌زد کـه بالاخـره مادرش با عبـاس حرف زده و از او خواسـته بود کـه بچه دار

شـوند و حـالا بچـه در راه بـود. خیلـی زود فروغ به دنیـا آمد و بچه تازه آمـده برای همه عزیزعزیـزان شـد، درسـت همـان طور کـه قبلا نادر بـا تولدش دلها را شـاد کـرده بود.

نـادر چندیـن بـار داسـتان هـای متفاوتـی دربـاره این‌کـه چگونه بـه دنیا آمـده بود را شـنیده بـود. آنچـه کـه مـادرش تعریف می‌کـرد چیزی بود کـه بیشـتر از همه قبول داشـت. در آن موقـع مـادر در مزرعـه زندگـی می‌کـرد و درکارهـای کشـاورزی خیلـی موفـق بـود. پـدر او هیـچ اهمیتـی بـه کار مزرعـه نمـی‌داد و همیشـه بـا دوسـتانش به تریـاک کشـی وقـت می گذراند و چون همیشـه در حال نـزاع با هم بودنـد در اتاق های جـدا گانـه مـی خوابیدنـد. مادربزرگ او لیلا خانم که زن بسـیار سـاده لوحی هـم بود از دختـرش قـول گرفتـه بود کـه دیگر بچه دار نشـوند و این بـه آن معنی بود کـه نباید با شـوهرش هم آغوشـی داشـته باشـد. آن موقع حاجیه خانم سه پسر و سـه دختر داشت کـه هـر کدام دو سـال دو سـال با هـم فاصله داشـتند. بـرادر کوچکتر آنها کمـال که از همـه آن هـا کوچـک تـر بـود هفت سـال داشـت که نـادر بـه دنیا آمـد. بنابرایـن وقتی حاملـه شـده بـود، حاملگیـش را از همه پنهـان کرده بـود. بعدها نادر فهمیـد که اگرچه پـدر و مـادرش با هم دعوا داشـتند اما هنوز همدیگر را بسـیار دوسـت داشـتند. مادرش بـا وجـود همـه آن غوغاهـای زندگیـش و دعـوا و کتک خوردنش عاشـق شـوهرش بود. بنابرایـن وقتـی فهمیـد که حامله اسـت آن را از همـه مخفی کرد. منجمله از شـوهرش و مـادر خـودش. مـادر بـزرگ نادر در مزرعـه پهلویی آن هـا زندگی می‌کـرد و به ندرت آن هـا را می‌دیـد، شـوهرش هـم در جوانـی فوت کـرده بـود و تنها زندگـی می‌کرد.

تنهـا کسـی کـه احتمـالاً دربـاره حاملگـی مـادرش می‌دانسـت بی‌بـی بـود کـه در کارهـای خانـه بـه حاجیه خانـم کمک می‌کرد و مـادرش مطمئن بود که بی‌بی سـاکت خواهـد مانـد. مـادرش بعـداً داسـتان این را کـه در روزهـای آخر حاملگی نمی‌توانسـت بیـرون از خانـه بـرود را بـه نـادر گفتـه بـود، او همیشـه یـک پیراهن بسـیار گشـاد می پوشـید کـه بـالا آمـدن شـکمش دیـده نشـود و بیشـتر اوقـات بـه همـه می‌گفـت که مریـض اسـت. تـا بالاخـره روز فارغ شـدن مادرش رسـید کـه این لحظه غافلگیر شـدن و تعجـب از دانسـتن واقعیـت بـرای همـه آن هـا بـود. قابله را صـدا کردند تـا در به دنیا آمـدن بچـه بـه او کمـک کنـد، بی‌بـی دختـر بـزرگ او را که بغـل آنها زندگـی می‌کرد از داخـل ایـوان مجـاور خانـه ی او صـدا کـرد. دختـر حاجیـه خانـم و همـه ابتـدا فکـر

می‌کردند که بی‌بی شوخی می‌کند. و خواهرش برای کمک به مادرش نیامد چون باور نمی‌کرد که این داستان حقیقت داشته باشد.

اما وقتی ماما وارد خانه می‌شد و خواهر بزرگ نادر که در خانه بغلی زندگی می‌کرد او را دید با شتاب نزد مادرش آمد و با دیدن مادرش شوکه شد، چون می‌دید مادرش واقعاً در حال زایمان بود او سپس دنبال مادر بزرگش فرستاد ،به زودی تمام دهکده از این خبر آگاه شدند. وقتی پیک نزد مادر بزرگ رسید و داستان را گفت او شروع به داد و فریاد کرد، "چرا با من شوخی می کنید؟ پدر سوخته ها چرا دارید برای مردم حرف در می آرید...؟"

سپس وقتی دید که تعداد زیادی از اقوام و اهالی اطرافش راهی خانه دخترش شده بودند و سر راهشان به او هم تبریک می‌گفتند، اگر چه این رفتار آنها او را دیوانه کرده بود اما در شک شد که نکند حقیقت داشته باشد؟ چیز دیگری که مادر بزرگش شاهد بود خبر تعطیل شدن مدرسه بود و این‌که همه معلم ها راهی خانه دخترش حاجیه خانم شده بودند. با وجود این‌که هنوز شک داشت و گیج بود به طرف خانه دخترش راه افتاد. در راه او نمی‌دانست به کسانی که به او تبریک می گویند چه پاسخی بدهد. وقتی که وارد شد توسط جمعی از کشاورزان به او خوش آمد گفته شد، در عمارت جشن و پایکوبی بر پا بود. سردسته آن ها هم پدرش بود و داستان این طور پیش رفت که او تنها بچه ای بود که وقتی به دنیا آمد پدرش برایش رقصید.

بالاخره مادربزرگ به اتاق پر از زنان وارد شد و آن جا مادرش در حال تمیز کردن نادر کوچولو روی سینه اش بود. حاجیه خانم انقدر از مادرش خجالت زده بود که با وارد شدن مادرش چادرش را روی سرش انداخت که چشمهایش در چشم مادرش نیافتد. قابله هم معطل نکرد و بچه را از دست حاجیه خانم گرفت و در دست های مادربزرگ گذاشت و توضیح داد، "بچه پسر است، درشت ترین بچه ای که دیده ام..."

حتی وقتی هم که مادر بزرگ نادر را در بغل داشت هنوز هم نمی‌توانست باور کند که چه اتفاقی افتاده است و ناباورانه به دخترش نگاه می کرد. اما دخترش کمی احساس خستگی و همچنین شرم داشت از اینکه بچه دیگری را پنهانی به

دنیـا آورده بـود و روی صورتـش را بـا چادرش پوشـانده بود. او نمی‌دانسـت که چطور به چشـمان مـادرش نـگاه کنـد. اما همـه چیز با شـادی پایان یافـت و به همیـن دلیل بود کـه نـادر محبوب همه شـده بـود و همـه از او حمایـت می کردند.

امـا تولـد فـروغ یـک رویداد خوشـحال کننده تـر بود، مخصوصـاً برای بلـور، پری و نـادر کـه هر سـه کامـلاً هیجـان زده بودنـد. آنها بلافاصله شـروع کـرده بودند بـه آماده کـردن وسـایل لازم بـرای نـوزادی کـه در راه بـود. امـا در طـی ایـن دوره عبـاس را بـه نـدرت می‌دیدنـد و اگـر می‌آمـد خیلـی زود می‌رفـت. امـا وقتـی فـروغ بـه دنیـا آمد او بسـیار خوشـحال بود و می‌توانسـتید لبخند خوشـحالی را روی صورتش ببینید. بالاخره آنهـا یـک عضـو جدیـد در خانواده داشـتند و بـرای مدتی او همه را خشـنود کـرده بود خصوصـا عبـاس را. نـام فـروغ را نـادر انتخاب کـرده بود .نـادر آنقدر به فـروغ علاقه مند شـده و مهر او را به دل گرفته بود که انگار اسـباب بازی دوسـت داشـتنیش می باشـد. درسـت مثـل یـک تـوپ فوتبـال. فـروغ هـم بیشـتر با نـادر جـور شـده بود تـا هرکس دیگـری، تـا آنجاییکـه اکثـر وقتهـا زمانی کـه فروغ خـودش را خیس کـرده بود نـادر او را عـوض می کـرد. حتـی گاهـی کـه بلـور نمی‌توانسـت او را از گریـه کـردن بـاز دارد از نـادر کمـک مـی خواسـت و به محـض اینکه فـروغ در بغل نـادر قرار می‌گرفت سـاکت می‌شـد، امـا آنطـور کـه انتظـار می‌رفت تولـد فـروغ بـه ازدواج آن ها کمـک نکرد.

*****

سـال تحصیلـی بـه نیمه رسـیده بود و نـادر تلاش می‌کرد کـه بین زمانـی که برای خانـواده مـی گذاشـت و زمانـی که برای خودش صـرف می‌کرد توازن برقـرار کند. وقتی که در آخرین سـال مدرسـه باشـید تنها موضوع برای خانواده تان این اسـت که چگونه وارد دانشـگاه شـوید و چه رشـته ای را باید برای ورود به دانشـگاه انتخاب کنید. دراین زمـان بـرای تصمیم گیـری در مورد آینده زندگی شـما هیـچ چیز دیگر مهم تـراز ورود به دانشـگاه نیسـت، هیچ چیز.

طبـق معمـول سـه تخصص مهـم کـه همـه والدیـن بـرای فرزنـدان خـود در نظر داشـتند، بدون اسـتثناء عبارت بودند از پزشـکی، مهندسـی، وکالت. رشته هایی که نادر عمیقـا از آنهـا متنفـر بود و اصلاً نمی‌توانسـت خود را در هیچ یک از این مشـاغل ببیند. دشـوارترین موضـوع بـرای جوانـان تـازه دیپلـم گرفته این بـود که چطور می‌توانسـتند

به پدر و مادران خود بگویند که رشته ی مورد نظر شما مورد علاقه و یا با رویا های من سازگار نیست. چطور میتوان آنها را قانع کرد که من حق دارم خودم برای آینده ام تصمیم بگیرم؟ اما والدین همیشه در این فکر و عقیده هستند که وقتی شما جوان هستید چیزی درباره زندگی نمی دانید، اما والدین شما زندگی را تجربه کردند بنابراین آنها بهتر می دانند که چه چیزی می تواند برای آینده فرزندانشان بهتر باشد. جالب تر این است که همین والدین زمانی نه چندان دور همین مشکل را با والدین خود داشتند و در همین جنگ و گریز با والدین خود بودند و در آن زمان عمل والدین آنها برایشان قابل قبول نبوده، اما انگار گذشت زمان حافظه ی آنها را پاک کرده است و همان رفتاری را با فرزندان خود در پیش می گیرند که یک روزی خودشان از آن بیزار بودند. حتی آنها در فکرشان برایتان همسر و حتی جایی را هم که باید زندگی کنید را انتخاب می کنند.

اما نادر تصمیم نداشت آنچه را که برادرش و خانواده می خواست دنبال کند او مصمم بود راه خود را در پیش گیرد و البته اولین چیزی که از زندگی می خواست ازدواج با فریبا بود ،اما در مورد اینکه چه شغلی را در آینده باید در پیش بگیرد کمی سردرگم بود و هر از چندگاهی نظرش را عوض می‌کرد. اما علاقه اش به نویسندگی و فیلم شدیدتر بود .

نادر در یک بعد از ظهر بارانی در زمستان وارد دفتر شد تا با یکی از معلم ها که سرپرست گروه هنری را به عهده داشت صحبت کند، شنیده بود که از طرف اداره فرهنگ تعدادی از بلیط های فیلم «اشکها و لبخندها" را به او داده اند که به بچه هایی که در زمینه هنری فعال بودند بدهد. نادر رفته بود که چندتا از این بلیط ها را بگیرد. این فیلم در سینما شهر فرنگ نمایش داده می‌شد و بلیط های آن برای چهار ماه آینده فروخته شده بودند. نادر وقتی در ایستگاه اتوبوس بود شنید که فریبا می خواهد این فیلم را ببیند، بنابراینتصمیم گرفت برایش یک بلیط بفرستد و او را غافلگیر کند. معمولاً یکی از راه هایی که در آن دوره جوان ها می خواستند حرفی را دورادور به دوست دختر یا دوست پسرشان بگویند غیر مستقیم می‌گفتند که چه چیزی را دوست دارند و یا چه چیز را می خواهند و این موضوع را معمولا در ایستگاه اتوبوس و یا وقتی نزدیکشان در اتوبوس ایستاده

بـودی بـه دوسـت خودشـان بلنـد می گفتنـد و نادر هـم به همیـن صورت حـرف فریبا را شـنیده بـود. بـا ورود بـه دفتر نادر متوجه شـد کـه علی یکی از همکلاسـی هایش در دفتـر ایسـتاده بـود و چنـد چمدان هـم کنار او دیـده می‌شـد. مهمتر آن کـه دید علی حـال خوشـی نداشـت و تقریبـاً در حـال گریه کـردن بود. علی اهل اسـتان مازنـدران و شـهر سـاری بود. نادر می‌دانسـت که آقای عمادی معلم شـیمی آنها عموی علی اسـت و او پیـش عمویـش زندگـی می کند. نادر معطل نکرد و با علی در گفتگو شـد و پرسـید قضیـه از چـه قـرار اسـت و بـر او چه مـی گذرد، علـی با صـدای غمگین توضیـح داد، « زن عمـوم وسـایل من و گذاشـت تو کوچـه و از خانـه بیرونم کرد، من مجبـورم برگردم سـاری جایـی دیگـه ای برای اینجـا موندن ندارم..." نادر می‌دانسـت که خانـواده ی علی تـوان اجـاره ی اتـاق و پرداخـت مخارجـش در تهران را نداشـتند کـه او بتوانـد تا اتمام مدرسـه در تهـران باقـی بماند در نتیجه ناچار بود که به شـهرش سـاری برگـردد. مدیر هـم سـعی می کـرد بـه او امید بدهـد و به او بفهماند که زندگی پر از غم و شـادی اسـت و پسـتی و بلنـدی دارد و او بایـد در مقابل مشـکلات مقاوم باشـد.

نـادر نفهمیـد کـه چـه حالـی بـه او دسـت داد. گرفتـن بلیـط فیلـم بـرای فریبا به یکبـاره بـا دیـدن علـی از یادش رفت. بـی درنگ بطرف چمـدان های او رفت و پرسـید، «اینهـا چمدان‌های توسـت؟"

همـه ی نـگاه هـا به او دوخته شـدند، علی جـواب داد، "بله..." نادر یکـی از چمدانها را برداشـت، همـان طـور کـه بطـرف در می‌رفـت گفـت،" تـو بایـد مدرسـه ات را تمـام کنـی... وسـط مدرسـه کـه کسـی ول نمی کنه بره شـهر خـودش... بیا بریم خانـه ما... اونجـا مـی مونی تا مدرسـه را تمـام کنی."

همـه در دفتـر بـه او خیره شـدند. مدیر نمی‌دانسـت چه بگوید. بـرای او این کار غیر معمـول بود که یک پسـر جوان کسـی را قبل از مشـورت و اجازه از پـدر و مادرش برای اقامـت در خانـه‌اش دعـوت کنـد. مخصوصاً اگر آن میهمان یک پسـر جوان باشـد. برای این کـه اساسـاً حفاظـت از حریـم زندگـی اعضا یـک خانواده بعهـده سرپرسـت خانواده بـود و بـه ویـژ بـرای مـردان خانـواده خیلی مهم بـود که از ناموسشـان مراقبـت کنند و در خانـه راحـت باشـند. در آن زمـان جایـز نبود و اجـازه نمی‌دادند که هیـچ مرد غریبه ای در کنـار خانـواده شـان زندگـی کنـد. در ثانـی از یک جـوان دبیرسـتانی آنهم بدون

مشورت با خانواده اش چنین عملی را که نادر کرده بود بعید به نظر می‌آمد. اما مدیر هیچ حرفی نزد، او نگران بود که شاید نظر نادر عوض شود، حالا خوشحال بود که علی جایی برای اقامت پیدا کرده است. آن ها از دفتر بیرون رفتند و نادر پاک فراموش کرد برای گرفتن بلیط های فیلم به دفتر رفته بود. اما روز بعد علی نزد سرپرست رفته وگفته بود که چرا نادر روز قبل در دفتر بوده است. آقا معلم هم پنج بلیط به علی داد تا به نادر بدهد. او به جای دو بلیط پنج بلیط بدست آورد و به نام یک دختر برای فریبا پست کرد. اما فریبا می‌دانست که بلیط ها از کجا آمده است و خیلی تحت تاثیر قرار گرفت و نادر در ایستگاه اتوبوس شنید که آنها درباره آن صحبت می‌کردند. البته علی که حالا در خانه نادر زندگی می‌کرد و طبیعتاً با او سوار یک اتوبوس می‌شد برای نادر یک بلندگو و پشتیبان شده بود. دیگر نیازی نبود که نادر کاری بکند چون علی همه کارها را برای او می‌کرد. خبر کاری که نادر برای علی انجام داده بود، خبر روز و داغ در مدرسه شده بود، همه حالا از جوانمردی نادر صحبت می‌کردند و از عموی علی بدشان می‌آمد. اما این را نمی‌دانستند که این نوع کارها در بین خانواده ی نادر یک امر طبیعی بود. مادرش همیشه عادت داشت که جوانهای معلول را از مزرعه به خانه‌اش بیاورد و از آن ها مراقبت کند. به آنها برای زندگی جای مخصوصی داده می‌شد، درست جنب در ورودی و هر کدام غذایی مخصوص خود را می‌خوردند که حاجیه خانم خودش شخصا برای آن ها می پخت و همیشه به نادر می‌گفت که اگر او از مردم محتاج مراقبت کند خدا هم از او مراقبت خواهد کرد و نادر به سرعت یاد گرفت که خودخواه نباشد و راه مادر را پیشه کند.

امتحان نهایی سال آخر دبیرستان نزدیک می‌شد و حالا آنها خیلی سرشون شلوغ بود و شدیداً غرق در درس های آخرین سال تحصیلی شده بودند، خصوصا نادر که در طول سال معمولا به درس خواندن اهمیتی نمی‌داد.

در ایران برای فارغ التحصیل شدن از دبیرستان باید در یک امتحان نهایی سراسری شرکت می‌کردی. این امتحان سختی بود، مخصوصاً سوالات درس های ریاضی، فیزیک و شیمی. بنابراین یک امتحان آسان نبود، مخصوصاً برای نادر که هیچ گاه در دبیرستان روی درس ها تمرکز نداشت. مدرسه او را شدیداً کسل

می‌کرد. اما برای این‌که بتواند آنچه را که در زندگی می خواهد به دست آورد و خانواده اش را ترک کند و کسی که خودش می خواست شود در روزهای آخر همه سرگرمی ها را کنار می گذاشت و سخت درس می خواند، همیشه هم در امتحانات قبول می‌شد. از این رو امسال مادرش خیلی خوشحال بود که علی با او هست، البته علی را پیش یکی از فامیلها که تنها زندگی می‌کرد فرستاده بودند و از نظر مالی به او کمک می‌کردند. اما او بیشتر وقتش را با نادر می گذراند. حاجیه خانم با او مثل پسر خودش رفتار می‌کرد و همیشه مراقب بود که همه چیز برای هر دوی آن ها فراهم باشد. مادرش حالا سرگرمی جدیدی پیدا کرده بود. اگر علی چند روزی پیدایش نمی‌شد، حاجیه خانم درباره آن به نادر نق می‌زد و فکر می‌کرد که چیزی گفته که او را رنجانده یا نگران می‌شد که شاید اتفاقی افتاده که سبب نیامدن او شده است او نگران بود که غذایی برای خوردن و جایی برای ماندن نداشته باشد.

اما در عین حال هم معمولاً به نادر غرغر می‌کرد که وقتش را با دوستانش هدر می‌دهد و آن ها می خواهند از او استفاده کنند. مادرش بسیار بخشنده بود نادر هیچوقت از یاد نمی‌برد .زمانی که در مزرعه بودند مادرش معتمدی داشت که همیشه او را از وضع و حال مردم و کشاورزان آگاه می‌کرد. حاجیه خانم می خواست بداند چه کسی وضعش خوب نیست یا چه کسی احتیاج به کمک دارد؟ عادت داشت که شب ها برای آن‌ها کمک هایی بفرستد. او به مدد کارهایی که می فرستاد می‌گفت که غذاها را شبانه پشت در آنها گذاشته و در بزنند و بروند. نمی‌خواست نیازمندان با دیدن آنها شرمنده شوند، حتی نمی‌خواست بدانند کمک از طرف چه کسی آمده بوده است. در انتها و پشت اتاق نشیمن آنها یک انباری بود که مواد غذایی را مادرش در آن جا انبار می‌کرد و همیشه هم قفلی به درش می‌زد و تنها کلید آن هم همیشه به گردن مادرش آویخته بود. با اینکه نادر بسیار خردسال بود و شش سالی بیش نداشت اما از زمانی که خود را شناخته بود دورا دور همیشه و بدون اینکه مادرش بداند همه ی اعمال و رفتار مادرش را زیر نظر داشت، دیده بود که او با پیشکارش که برای او خبر می آورد چه می‌گفت و چه می خواست و چطور با او مواد غذایی را که باید شبانه پشت در خانه های نیازمندان

بگذارنـد بسـته بنـدی و بیـرون می فرسـتاد کـه به آنهـا داده شـود. نادر شـاهد بود که گاهـی بـه علـت حواس پرتی و یا مشـغله زیـاد مادرش در انبـاری را باز می گـذارد. نادر کـه یـک کـودک عـادی نبود و همیشـه کنجکاو و مـی خواسـت کارهای مـادر را دنبال کنـد پنهـان از مـادرش گـروه خـودش را تشـکیل داد، یکی دوتـا از بچه هـای دهاتی را مسـئول کـرد کـه آدمهای نیازمند را نشـان کننـد، بعد هم وقتی مـادر در انبـاری را باز مـی گذاشـت بـا احتیـاط مـواد غذایـی و همـان مـوادی را که مـادر بیرون می فرسـتاد از انبـاری بـدون اطـلاع مـادرش بـر مـی داشـت و پنهـان می‌کـرد. بعـد هـم شـبانه با دوسـتانش مخفیانـه از خانـه بیـرون می‌زدنـد و پشـت در خانـه هایـی کـه قبلا نشـان کـرده بودنـد و فکـر می‌کـردن نیازمند هسـتند می گذاشـتند و با کوبیـدن در بلافاصله از اطراف در ناپدید می‌شـدند و از دور به تماشـا می‌نشسـتند و شـاهد بودند که چطور صاحبخانـه از ایـن اتفـاق تعجب کرده و خوشـحال به داخل رفته و در را می بسـت .بعد از بسـته شـدن در نادر و تیمش از کار خودشـان احسـاس غرور و بزرگ بودن می‌کردند و پـر مسـلم بـود کـه بادی هم بـه غبغب خـود مـی انداختند.

بعدهـا مـادرش متوجـه شـد که مـواد غذایی کـم و گم می شـوند و ایـن موضوع را نـادر وقتـی کـه مـادرش به بی‌بـی می‌گفت، شـنید.

«نمـی دانـم دارم دیوانـه یـا خـل می شـوم، اما احسـاس می کنـم کـه چیزهایی از انبـار گم می‌شـوند... ؟!

چنـدی بعـد نادر شـنید که پیشـکار مادرش که معمولاً مواد غذایی را شـبانه پشـت در خانـه هـا مـی گذاشـت، پیش مـادرش رفتـه و از او می پرسـید چرا از فـرد دیگری خواسـته کـه مـواد غذایـی را برای مـردم ببـرد از این نگران بـود که حاجیـه خانم دیگر بـه او اعتمـاد و اطمینـان ندارد و برای همین او از شـخص دیگری برای فرسـتادن کمک بـرای نیازمنـدان اسـتفاده می‌کـرد. در آنجا بود که مادرش متوجه شـد که دیوانه نشـده بـود و واقعـاً مـواد انبار کم می‌شـدند. اما چه کسـی می‌توانسـت ایـن کار را انجام دهد؟ از ایـن رو، آن دو نفـر بـه ایـن نتیجـه رسـیدند که احتمـالاً کار پـدر نادر اسـت. ممکن اسـت او کلیـد را برداشـته باشـد. نادر فهمیـد که دیگر نمـی تواند به اینـکار ادامه بدهد و یـا شـاید باید بـرای مدتـی کار خـودش را متوقـف کنـد. امـا هنـوز مقـداری از مواد غذایـی نـزد او باقـی مانـده بود و او بایـد آن را به انبـار برمی گرداند و یـا دور می‌ریخت.

بالاخـره تصمیـم گرفـت آنهـا را به انبـاری برگردانـد، مثل همیشـه مـادرش را زیر نظر گرفـت تـا بتوانـد درفرصتـی وارد انبار شـود. وقتی دیـد مادرش دوبـاره در انبـاری را باز گذاشـته و اتـاق نشـمین را تـرک کـرده بود با عجلـه وارد انبار شـد، نادر فـوری هرآنچه را که در دسـت داشـت سـر جایشـان گذاشـت و برگشـت که با عجله از انبار خارج شود امـا چشـمش افتـاد بـه مـادرش و بی‌بی که جلـوی در انباری ایسـتاده و با تعجـب به او خیـره شـده بودنـد. نـادر می‌دانسـت کـه لو رفتـه بـود و همینجور بـه آنها خیره شـده و در جسـتجوی کلماتـی بـرای دفـاع از خـودش بـود. تازه فهمیـده بود که مـادرش تله گذاشـته بـود کـه پـدرش را به تله بیاندازد اما با تعجب پسـر شـش سـاله‌اش دزدی بود کـه او بدنبالـش بـود. نـادردر مقام دفاع شـد، امـا جوابش به مـادرش این بـود که، "مگه مـن کار بـدی انجـام داده ام؟ اگـه کمـک کـردن بـه فقرا بده پـس چرا تو خـودت آن را انجام مـی دهی؟"

و حال مادرش ماتش برده بود که چه جوابی می‌توانست به این بچه شش ساله ی لوس بدهد؟

یـک روز نـادر کـه بعـد از درس خوانـدن زیاد به خانه برگشـت بدتریـن خبر زندگی اش را گرفـت. حـدود چهـار مـاه بـه پایـان سـال تحصیلی مانـده بـود. فروغ یـک نوزاد چنـد ماهـه بـود بـا خبـر شـده که آنهـا تـا چنـد روز دیگر اثـاث کشـی دارنـد و آنها به خانـه ی جدیـدی کـه خریده اند باید اثاث کشـی کننـد. محل جدید که می خواسـتند برونـد چنـدان دور نبـود و تقریبـاً فاصلـه اش تـا خانـه فریبـا کمـی دور تـر بـود، اما از ایسـتگاه اتوبـوس خیلـی دور بود و دیگر نمی‌توانسـت او را آن جا ببیند بـه علاوه او باید حسـین و دیگـر دوسـت هایش را هـم ترک می کرد و اگر می‌خواسـت با آنها باشـد باید مسـافتی را می‌رفـت و برمی گشـت و نمی‌توانسـت مثل قبـل به آنها نزدیک باشـد. اگر چـه بـه او گفتـه شـده بود که محـل جدیـد زیباتر و اعیان نشـین اسـت، اما بـرای نادر هیچکـدام از آنهـا مهـم نبود. نادر می خواسـت نزدیک حسـین و بقیه دوسـتانش باشـد و مـی خواسـت وقتـی از خانه شـان خارج می‌شـد مثل همیشـه سـر ایسـتگاه اتوبوس نظاره‌گر عشـقش باشـد.

در محـل جدیـدی کـه آنهـا سـکنا داشـتند در اطرافشـان چهـار وزیر، سـه چهار تا کنسـول از کشـورهای مختلـف خارجـی همچنین کنسـول آمریکا و مادر نخسـت وزیر

سـابق و مادر نخسـت وزیر فعلـی، امیر عباس هویـدا زندگی می کردند. بقیـه تعدادی از مهاجریـن خارجـی بودند کـه در ایران کار می کردنـد و اغلب آمریکایـی و آلمانی بودند. بـا ایـن همـه نـادر دوسـت نداشـت از جـای فعلیشـان بروند چـون در اینجـا او عـادت داشـت کـه بـا فریبا سـوار اتوبوس شـود و زمانـی را در اتوبوس بـا دوسـتانش بگذراند و بعـد هنـگام شـب خسـته و بی حوصله و کسـل پیـاده به خانه برگـردد. آنزمـان یکی از دوسـتانش فولکـس واگـن بـرادرش را برمـی داشـت و از آن بـرای دختر بازی اسـتفاده می کردنـد. گاهـی اوقات ماشـین را نگه می داشـتند و وانمود می کردند که خراب شـده و سـرگرم تعمیـر آن هسـتند. امـا هدفشـان ایـن بود کـه جلـوی دختر مـورد علاقه ی خـود، خـود نمایـی کننـد. تصور کنیـد که آن ها بـا کراوات و کت و شـلوارهای شـیک، آسـتین هـا را بـالا زده انـد و مقـداری لکه های سـیاه روی لبـاس هایشـان ریخته برای این کـه نشـان بدهنـد که سـخت مشـغول تعمیر کاری هسـتند و نه منتظـر دخترها؟ و همیشـه همـان دقیقـه کـه دخترها از کنـار آن هـا عبـور می کردند فوری مشـکل حل می‌شـد و سـوار ماشـین شـده و حرکـت می کردنـد و احسـاس می کردند که توانسـتند دخترهـا را فریـب دهنـده. آن ها حقه های زیادی نظیر این داشـتند که سـر راه دخترها ظاهـر شـده و غـرور خـود را هـم حفـظ کرده باشـند و هـرروز با یـک لبـاس جدید در حالـی که آسـتین هـا را بـالا زده بودند، ظاهر می‌شـدند.

*****

فصل یازدهم

جادویی که می تواند از طبیعت برخیزد...

نـادر از پشـت پنجـره اتاقـش محو در تماشـای لاله هایـی که در ردیـف های منظم کنـار یکدیگـر در باغچـه ی روبروی اتاقش کاشـته شـده و بسـیار تازه و شـاداب به نظر می‌رسـیدند، بـود. مـردم بـرای لـذت بـردن از زیبایـی لالـه ها پـول می‌پرداختنـد ولی بـرای او مجانـی بود. بـرادرش بیژن پرورش دهنـده گل بود. برای همین فضـای باغ آنها پوشـیده از انـواع گل هـا بـود. همچنیـن مغازه بزرگشـان هم کـه بر خیابان قرار داشـت نیـز پـر از گیاهـان و گل هـا بودنـد. بـه نظـر می‌آمـد کـه لاله ها یـک به یک داسـتانی را در گـوش او زمزمـه می کردنـد. اگـر واقعـاً حواس خـود را از دنیـای اطرافتان منحرف کنیـد و آرام گـوش فـرا دهیـد صـدای گل ها را خواهید شـنید. آن ها توانایـی دارند که حـس کننـد و انـرژی اطرافشـان را جـذب و بـرای زیبایـی خـود بـه کار بگیرنـد و هیچ چیـز نمـی توانـد آرام بخـش تر از نشسـتن بـه تماشـای گل و گیاه و حـس و گفتگو در خلـوت بـا گلهـا باشـد. غنچـه هـای گل و شـکوفه هـای بهـاری که دانـه ها و میـوه ها را بـه وجـود مـی آورنـد، جادویـی بـر خاسـته از طبیعت هسـتند. دیدن مراحل شـکل گیـری بـرگ و پـس از آن تبدیل به شـکوفه و بـه دانه و میوه شـگفت انگیزین خلاقیت طبیـت اسـت نظـاره کـردن هـر روزه ایـن پدیـده تـا آن جا کـه بتوانیـد این شـانس را داشـته باشـید کـه با دسـت هـای خود میـوه را بچینیـد و بخوریـد تجربه ای اسـت که هیـچ جایگزینـی نـدارد و نادر هیچوقـت خاطراتی از این دسـت را از زمانی که در مزرعه زندگـی می‌کـرد فرامـوش نکرده بود. هنوز در یاد داشـت کـه درخت آلبالویـی را بنام او ثبـت کـرده بودنـد. او از معـدود افـراد خـوش اقبالی بود که شـانس تجربـه چنین لذتی را پیوسـته بـه دسـت مـی آورد. سـال هـا در مزرعـه از ایـن لذت بهـره مند بـود و حالا بـه قـدر کافـی ایـن فرصت را داشـت که روییدن دسـته گل های وحشـی را درسـت در اطـراف فضـای زندگیـش ببینـد. مـادرش مطمئن شـده بود در قسـمت کوچکـی از باغ

سـبزیجات مختلـف مثل نعنا، تـره، ریحان و تربچه پرورش داده می شـوند. این سـبزی هـا مخصـوص نادر بود، نادر عادت داشـت همراه صبحانه، ناهار و شـام خودش همیشـه مقـدار زیـادی سـبزی تازه بخـورد. مهم هـم نبود چه غذایـی میل می‌کرد، سـبزی تازه بایـد کنـارش بـود. بهتریـن غـذای مـورد نظر نـادر، پنیر، سـبزی، گـردو و ماسـت بود. بـرای همیـن مـادرش مطمئـن بـود که همیشـه سـبد کوچکـی از سـبزی های تـازه و شسـته بـاغ برای هـر وعده غـذای نادر مهیا باشـد.

غنچـه هـای گل لالـه و سـنبل، بیانگـر ورود نوروز و سـال جدیـد ایرانیان هسـتند. جشـن نوروز بعد از جشـن آخرین چهارشـنبه سـال اسـت که آن را "چهارشنبه سوری" مـی نامنـد. در غروب سـه شـنبه ای که فردای آن آخرین چهارشـنبه سـال اسـت، بوته هـای خشـک را در یـک مـکان عمومی آتـش می زنند. آتـش نماد پاک کـردن پلیدیها وزشـتیها و رفتـن بـه اسـتقبال سـال جدیـد اسـت. مـردم از روی آتـش مـی پریدنـد و چنیـن مـی خواندنـد، ' سـرخی تـو از مـن، زردی مـن از تـو..." و این طـور از آتش می خواسـتند کـه سـلامتی و زیبایـی و روی سـرخ خود را بـه آن ها بدهـد و رنگ پریدگی و ضعـف را از آن هـا بگیرد.

جشـن هـای نـوروز نمـادی بـرای دو بـاور قدیمی خیر و شـر هسـتند که یـک نبرد دائمـی مـا بینشـان در جریان اسـت و این‌که شـر پایـان می یابـد و خیر دوبـاره پدیدار می شـود.

تولد دوباره طبیعت که با اولین روز بهار شـروع می شـود بین خیر و شـر هماهنگی و تـوازن ایجـاد می‌کنـد. تاریـخ دقیـق آغـاز جشـن نـوروز کاملاً مشـخص نیسـت و به چنـد هـزار سـال پیش از سلسـله هخامنشـیان برمـی گـردد. در ایران قدیم زرتشـتیان مراسـمی بـه نـام «فروردینـگان یـا فـروذگ» داشـتند که بـرای عـزاداری و سـوگواری پایـان یک سـال خورشـیدی بـوده، روز برگزاری این جشـن نوزدهم فروردین ماه اسـت. فروردینگان جشـنی اسـت که برای یادبود درگذشـتگان اسـت و در دین زرتشـت آیین هـای سـوگواری بـه اشـکلی که ما با آن آشـنا هسـتیم و برای درگذشـتگان خـود گریه و زاری مـی کنیـم وجـود نـدارد، برعکس عـزاداری این مراسـم به صورت جشـن برگزار مـی شـود و مـردم روان درگذشـتگان را هـم در شـادی و شـعف خود خود شـریک می دهنـد. و بعـد از آن مراسـم نـوروز بـوده که هنـگام ورود بهار در اول سـال جدید شـروع

می شـود و برای بزرگداشـت تولد دوباره طبیعت و زمانی برای شـادی و جشـن اسـت.

طبق اشـعار حماسـی شـاهنامه از "فردوسـی" نوروز در دوره سـلطنت اسـطوره ای "جمشـید شـاه" پدیـد آمـده زمانـی کـه اهریمن هـا و دیوهای شـریر را شکسـت داد و گنـج هـای آن هـا را بدسـت آورد و صاحـب همـه چیز شـد مگر بهشـت و آن هـا را به مردمـش اهـدا کرد. بـه علاوه فرارسـیدن نوروز زمان خوشـحالی و شـادمانی همه مردم بود. در طول آن سـیزده روز جشـن، مدرسـه ها تعطیل بود و شـاگردان شـانس خوبی بـرای سـرگرمی و میهمانـی داشـتند. بزرگترها بـه کوچکترهـا عیدی می‌دادنـد و همه مـردم لبـاس و کفـش نـو می پوشـیدند. همـه خانـه دارها مبلمـان کهنه را بـا نو عوض می‌کردنـد، البتـه در صـورت داشـتن اسـتطاعت مالـی. همگـی خانـه هایشـان را بطور کامـل نظافـت می‌کردنـد کـه بـه آن خانه تکانـی می‌گفتند. گاهـی هم خانه را نقاشـی می‌کردنـد و تقریبـاً همـه چیز اطرافشـان را نو می‌کردند. بالاخره روز سـیزدهم جشـنی بـود کـه تمـام خانواده هـا از خانه به طبیعت می‌رفتنـد، این یک دورهمی بـزرگ دردل طبیعـت بـود. مناطـق سـر سـبز پـر از مـردم می‌شـد .آن هـا همـراه خـود غـذا و آلات موسـیقی مـی آوردنـد همچنین سـبزه ای کـه برای سـال نو پـرورش داده بودنـد و آن را بـه آب مـی انداختنـد تـا غم و بیماری از ایشـان دور شـود و سـلامتی و شـادی جای آن را بگیـرد. تمـام روز بـه رقـص و آواز و تـوپ بازی مشـغول می‌شـدند و بهترین زمان بـرای جـوان هـا بـود کـه دور هم جمع شـوند و از دوسـتی هـای بین دخترها و پسـرها در آفتـاب زیبـای بهاری بهره مند شـوند. این جشـنی اسـت که فکر، بـدن و روح را تازه می‌کنـد و شـادی و لـذت سـاده زیسـتن را به یاد مـی آورد.

روز آخـر نـوروز بـود و نادر همراه خانواده و دوسـتانش کنار رودخانـه ای که چندین خانـواده دیگرهـم آنجـا بودند گرد هم آمده بودند، درسـت وقتی همه چیـز آرام و خوب بـود چشـمان او بـه ابراهیـم افتاد. او بـا چند نفر از دوسـتانش بود و برای سـرگرمی می خواسـتند فوتبـال بـازی کننـد، ابراهیم در حالـی که یک تـوپ فوتبال در دسـتش بود چشم درچشـم نـادر شـده بـود. آن ها مـدت طولانـی به هم خیـره شـدند و هیچکدام نمی‌دانسـتند چه واکنشـی نشـان دهند. نادر می خواسـت رفته و مشـت محکمی به او بزنـد کـه دیگر چشـمش هیچ نـوری را نبینـد. حضور و دیـدن او یاد آور تمـام خاطرات دردنـاک نـادر بـود و نمی‌دانسـت کـه چطوری بـا او برخورد کنـد. نادر مطمئـن بود اگر

او را درست چندی بعد از شکسته شدن دستش می‌دید بدون هیچ شکی به او آسیب می‌زد. اما حالا چند سال گذشته بود و نادر می‌توانست ببیند که او هم تغییر کرده است. ابراهیم به نادر نگاه می‌کرد و این طور به نظر می‌آمد که می خواهد بگوید به خاطر کاری که کرده متأسف است. از این رو توپ را به هوا بلند کرد و به نادر اشاره کرد با این کارش داشت او را به بازی با آنها دعوت می‌کرد. طولی نکشید که نادر درحال بازی کردن فوتبال در تیم مقابل ابراهیم بود. درست مانند روزی که ابراهیم به او آسیب رساند. این تنها چیزی بود که نادر به آن فکر می‌کرد. آن ها به هر طریقی که می‌شد توپ را به بازیکن های آماتور می باختند. هربار به هم می‌رسیدند از کنار یکدیگر عبور می‌کردند این طور به نظر می‌آمد که یک نیروی نامرئی مانع می‌شد که با هم رو در رو شوند. بازی زیاد طول نکشید و همگی خسته شدند. نادر فهمید که دیگر آن بازیکنی که قبلاً بوده نیست و مثل بقیه فرز نبود. مدت طولانی بازی نکرده بوده خسته شده و نشست. ابراهیم آمد و کنار نادر نشست در دستش یک سیخ کباب با نوشابه بود. شاید این لحظه ای بود که حقیقت شکسته شدن دست نادر باید مشخص می‌شد. لحظه ای که نادر بیشتر از دو سال منتظرش بود، حقیقتی که زندگیش را کاملاً عوض کرد و او را به راهی متفاوت کشاند، لحظه ای که بالاخره برایش فاش می‌شد که چرا ابراهیم چنین عمل ناعادلانه و ناجوانمردانه ای را انجام داده بود. بدون اینکه نادر سئوالی بپرسد ابراهیم زبان گشود، "من از چیزی که برات اتفاق افتاد متأسفم، تقصیر من بود و از طرفی هم تقصیر من نبود... من از دستوری که بهم داده شده بود پیروی کردم، قصد نداشتم صدمه به این شدت باشه، هدف این بود که فقط دستت ضربه ببینه و نتونی در مسابقات شنا شرکت کنی..."

بعد ابراهیم سکوت اختیار کرد. نادر منتظر بود که ادامه بدهد، مدت زیادی صبر کرد، اما ابراهیم ساکت بود و نمی‌خواست ادامه دهد. او ناراحتی را در وجود ابراهیم می‌دید اما سؤال آزار دهنده ای در فکرش بود. حالا از کنجکاوی نادر به حد مرگ رسیده بود که چه کسی به او دستور داده است که چنین تنبیه دردناک و بی انصافانه ای را براو اعمال کند و برای چند لحظه در ذهنش فکرهای زیادی نقش بست و دلایل زیادی به ذهنش خطور کردند اما همه بی معنی بودند .به چشمان

ابراهیـم نـگاه کـرد و زیر لب پرسـید، "به دسـتور چه کسـی؟"

«من در ساواک کار می کنم، مثل پدرم."

دوبـاره سـاکت شـد و چیـزی نگفـت و بلند شـد که بـرود، اما نـادر نمی‌خواسـت او بـرود چـون بایـد می فهمید چه کسـی به او دسـتور داده اسـت. ابراهیم می‌دانسـت که چـه چیـز را مـی خواهـد بدانـد. او درد و رنجی را که نادر کشـیده بـود را حس می کرد، می‌دانسـت و می‌دیـد کـه حـالا ایـن درد دوباره بـه روح و اسـتخوان او بازگشـته بود. او یـک فوتبالیسـت خـوب بود و عـلاوه بر این آنهـا با هم دوسـتان خوبی بودند، دوسـتان خیلـی نزدیـک. قبـل از هـر چیـز مدت زمـان زیادی گذشـته بـود و نمی‌توانسـت هیچ چیـز را در مـورد آنچـه کـه اتفاق افتـاده بود عوض کند. دانسـتن جواب سـوالی که نادر را مـی سـوزاند، نمی‌توانسـت بـه او کمـک کنـد که به بـازی فوتبـال برگـردد. پس چرا موضـوع را ادامـه بدهـد، چـرا بایـد بداند؟ نـادر وقتی که ابراهیـم به صورتش نـگاه کرد، تغییـر را در چهـره اش دیـد، نگاهـی از تـرس و غـم و ناامیـدی در چشـم هـای ابراهیم بـود و حالـت ترسـناکی در چهـره اش هویـدا بـود. همین موقـع نادر برگشـت و دید که پـدر ابراهیـم بـا همـان موتورسـیکلت همیشـگی به آن هـا نزدیـک می شـود، ناگهان نـادر بـه خاطـر آورد که در آن روز شـوم پدر ابراهیم هم در ورزشـگاه و بین تماشـاچیان بـود، در ایـن مـورد اشـتباه نمی‌کـرد تمام اتفاقـات آن روز افـکارش را بمبـاران کردند و او در تـلاش بـود کـه آنهـا را کنـار هم قـرار دهد، ابراهیم هم دیگر نمی‌توانسـت بیشـتر از ایـن صبـر کنـد و همیـن طـور کـه نـادر به پـدر او خیره شـده بـود گفـت. «اون مرد دیوانـه بـرای بـرادرت کار مـی کنـه، مطمئن هسـتم که او هیـچ وقت چنین دسـتوری را از جانـب خـودش نـداده بـود شـاید بتونـی از بـرادرت عبـاس بپرسـی که آیـا او این دسـتور را داده یـا نه..."

بعـد هـم ابراهیـم راهـش را گرفـت و رفت و نـادر با سـؤالات بی جواب زیـادی تنها مانـد. ابراهیـم رفتـه بـود امـا قبل از رفتن سـال نوی نـادر را بـه او حرام کرده بـود. حالا خاطرات گذشـته برگشـته و ذهن نادر را به چالش کشـیده بودند. چطور امکان داشـت کـه دسـتوری ایـن چنیـن ظالمانـه را برادر خـودش صـادر کرده باشـد. حالا نـادر واقعا نمی‌دانسـت کـه ابراهیـم از آنچه پرده برداشـته بود راسـت بـود و یا مثل همیشـه بازی دیگـری را بـا نـادر آغـاز کرده بـود، فقط این را می‌دانسـت کـه هر وقـت او در زندگیش

ظاهـر می شـود یک غـم ناشـناخته ای همراهش بود. ولـی باید حقیقت را می‌دانسـت، امـا چطـور؟ بهـر حال راسـت و یا غلط نادر بسـیار از برادرش دلگیر و خشـمگین شـده بـود و فکـر می کـرد بایـد یـک کاری می کـرد. بایـد بـه مـادرش می گفت، فکـر می کرد همـه بایـد می‌دانسـتند کـه او چـه طور آدمی اسـت. تمام شـب و تـا چنـد روز بعد هم از ایـن افـکار کـه چرا آن عمل وحشـتناک اتفاق افتاده اسـت خلاص نمی‌شـد و در این فکـر بـود حـالا کـه حقیقـت را میداند چطـور باید بـا ایـن رفتار بـرادرش مواجه شـود. امـا هیـچ جـواب رضایـت بخش بفکـرش نمی‌خـوردو هیـچ راه حلی هم.پیـدا نمی کرد درونـش غوغایـی بود. همه می‌دانسـتند او غمگین اسـت، دیگرنادر قبلـی نبود. اضطراب ونگرانـی او بـه عشـقش فریبـا هم سـرایت کـرده بـود. او هم ناراحـت و نگران شـده بود و مـی خواسـت بدانـد چه اتفاقی بـرای نادر افتاده اسـت. نـادر فکر می کـرد چقدر لذت بخـش مـی بـود اگر می‌توانسـت فریبـا را در آغوش گرفتـه و بـا او درد دل می کرد و در آن صـورت حتـم داشـت کـه دردش را بـه فراموشـی می سـپارد. دلش می خواسـت او را حـس کنـد و بـا او حـرف بزند و از احساسـش بـه او بگویـد اما می‌دانسـت که چنین موهبتـی نصیبـش نمـی شـود. اما علـی می‌توانسـت بـه او کمک کنـد و اخبـار را به او برسـاند، بـه ایـن صـورت کـه آن هـا نزدیـک فریبا مـی ایسـتادند و با هـم بلند صحبت می کردنـد و فریبـا هـم بـا صحبـت کـردن بـه همیـن روش می‌توانسـت او را از وضـع خـودش بـا خبـر کنـد. ایـن طریق ارتباط همیشـه کارسـاز بـود. بعـد از مدتـی کمی از خشـم نـادر کاسـته شـده و در این فکر شـد کـه نمی‌توانسـت در مورد بـرادرش فکر بد کنـد و می‌دانسـت کـه شـاید او متوجه شـده بود که اشـتباه کرده اسـت و بـرای همین هـم بعد از شکسـته شـدن دسـتش دیگه بـا او کاری نداشـت. حالا فهمیده بـود که چرا بـرادرش کامـلا او را بحـال خـودش گذاشـته بـود. هـر لحظـه ایـده جدیدی به سـرش مـی‌زد امـا هیچکـدام از آن ها راه به جایی نمی‌برد. نادر دلش می خواسـت در چشـمان عبـاس نـگاه کنـد و از او بپرسـد کـه چطـور به خـودش اجـازه داد کـه آرزوی یک مرد جـوان را از او بگیـرد. جوابـش برای او بسـیار مهم بود بهر حال هنوز هیچ پاسـخی برای سـوالاتش نداشـت. فقـط می‌دانسـت که باید منتظر باشـد و بـرای مدتی سـکوت کند. می خواسـت نقشـه درسـتی بکشـد. بـا خودش زمزمـه می کرد کـه باید صبور باشـد.

زمـان انتظـارش زیاد طول نکشـید. یک ماه از سـال تحصیلی مانده بـود و او غمگین

بود چون نمی‌دانست بعد از آنکه از دبیرستان فارغ التحصیل شوند چه اتفاقی برایش خواهد افتاد. معمولاً بین ثروتمندان مرسوم بود که عده ای ایران را ترک می‌کردند و تحصیلاتشان را در خارج ادامه می‌دادند. بعضی هم سخت درس می خواندند و در امتحان کنکور شرکت می‌کردند و جز ده درصد قبولی از صد هزار نفر شرکت کننده بودند که وارد دانشگاه می‌شدند و به تحصیل خود ادامه می‌دادند. بعضی به سربازی می‌رفتند و عده دیگری هم دوباره درس می خواندند تا در کنکور سال بعد شرکت کنند. تعدادی هم تحصیل را رها کرده و مشغول کار می‌شدند. در هر حال او دیگر شانس این را نداشت که عشقش را مثل گذشته هر روز ببیند. احتمال زیاد داشت که او از کشور برود. شاید هم در دانشگاهی در خارج از تهران قبول و ثبت نام می‌کرد. فقط می‌دانست که باید سخت درس بخواند تا به هدف اولش که فارغ التحصیل شدن از دبیرستان بود برسد اما در ضمن سعی می‌کرد که از هر فرصتی برای دیدن فریبا استفاده کند.

*****

فصل دوازدهم

باخت کرکس ها...

صبح زیبای یک روز بهاری بود، تابش آفتاب شکوفه ها را زیباتر کرده بود، نادر طبق معمول فریبا را در راه مدرسه همراهی کرد و با عجله راهی مدرسه ی خود شد، اما دید که دخترها همراه با فریبا مجله ای به نام" جوانان" را که پرخواننده ترین مجله ی آن زمان بین جوانان بود و آقای مهدی زوکایی آن را سر دبیری می‌کرد را در دست داشتند و مقاله ای از آن را می خواندند و بلند بلند می خندیدند. نادر نمی‌دانست آنها چه چیزی را در مجله می‌دیدند که آنقدر آنها را خوشحال و خرسند کرده بود. هر چه بیشتر زمان می گذشت بیشتر کنجکاو می‌شد. وقت نداشت که قبل از مدرسه رفته و مجله را بخرد در حالی که در کلاس نشسته بود فقط به این فکر بود که چه چیزی در آن مجله بود، نمی‌توانست برای خریدن آن صبر کند. هنگام زنگ تفریح حسین که در کلاس دیگری بود نزد او آمد و در حالی که لبخند بزرگی روی صورتش بود و مجله را در دست داشت به او تبریک گفت. نادر به مجله نگاه کرد در مجله عکس یک گروه دختران جوان زیبا بود که برای دختر شایسته ایران با هم رقابت می‌کردند و در بین آن ها چشمش به عکس فریبا افتاد که از همیشه زیباتر بین آنها دیده می‌شد. در ابتدا نادر سکوت اختیار کرد و همینجور به فریبا ماتش برده بود و باورش نمی‌شد اما بالاخره بخود آمد و خنده و شور و شعف تمام وجودش را در بر گرفت. روی پای خود نبود توی ذهنش به زن آینده ی خود می بالید و برایش افتخار آمیز بود. می خواست رقص و پایکوبی آغاز و بلند فریاد بکشد، که او زن آینده اش است. اما فکر کرد ممکن است همگی به او بخندند. بعد به ذهنش خورد چطور امکان داشت که او همسر آینده اش باشد در صورتی که حتی هیچ گاه بعد از ده سال یک کلمه هم بین آنها رد و بدل نشده بود؟ مطمئن بود که این یک حالت و رابطه ی عادی نبود. اما برای او عادی بودن و

یـا نبودنـش مهم نبود، او عاشـق و مسـت و خمـار فریبا بـود و از آن لذت می‌بـرد. برای همیـن سـکوت کـرد و در درون خـود فریاد کشـیدن و رقصیـدن آغاز کرد، نـادر در آن لحظـه مسـت و خمـار بود و نمی‌خواسـت ایـن لحظه را با هیـچ چیز دیگر عـوض کند. مـی خواسـت در ایـن لحظه برای همیشـه بماند.

امـا بـزودی همـه چیـز عـوض شـد، اگر چـه فریبا آن سـال دختر شایسـته نشـد و الاهـه ی عضـدی اول شـد امـا بـرای فریبا خیلی عالی بود که عکسـش بعنـوان چندتا از فینالیسـتهای دختـر شایسـته ی ایـران در مجله چاپ شـده بـود ولی بـرای نادر یک مصیبـت بـود. چـرا کـه بـا چاپ عکـس فریبـا در مجله حـالا فریبا نظـر تمام پسـرها را بخـود جلـب کـرده بـود و مسـابقه بـرای جلب نظرش و دوسـت شـدن بـا او آغاز شـده بـود و پـر مسـلم بـود که نـادر در میـان این آشـفتگی قرار داشـت. و هیـچ کاری هم از نـادر سـاخته نبـود جـز این‌کـه عشـقش را در مقابـل کرکس هـا محافظت کنـد. روزی نبـود کـه بـدون جنگ و جـدل بگذرد. حالا میان کرکس ها شـناخته شـده بـود و همه آنهـا در ایـن فکـر شـده بودند کـه اگر نمی‌توانسـتند بـا فریبا رابطـه برقرار کننـد، باید می‌توانسـتند کـه عقده هایشـان را سـر نـادر خالی کننـد و درصدد تنبیه او شـدند. آنها مـی خواسـتند بـه نـادر ثابـت کننـد که مـی تواننـد فریبـا را بدسـت بیاورنـد و او هیچ غلطـی هـم نمـی تواند بکنـد. اما آنها نادر را نشـناخته بودند، نمی‌دانسـتند کـه اگر قرار بـود او جانـش را هـم می‌داد و از عشـقش محافظت می‌کرد. نادر خیلی خرسـند بود که تمرینـات شـنا و فوتبـال و کاراتـه بـه کمکش آمده بود و از او انسـان قوی سـاخته بود و او بـه هیـچ عنوان نمی‌توانسـت اجـازه بدهد آنها به عشـقش نزدیک شـوند. برای همین انـواع مختلفـی از سـلاح هـا را آمـاده کرده بـود تا از خود و عشـقش دفاع کنـد و حاضر بـود کـه تـا آخـرش بـرود. بالاخره یـک روز این جنـگ و گریـز در محله آنها بـرای همه آشـکار شـد و آن وقتـی بود که یک پسـر ژیگولوی اسـتخوانی فریبـا را از داخل اتوبوس تعقیـب کـرد و بـا او پیـاده شـد و دنبالـش افتـاد. آن موقع نادر تنهـا بود او می‌دانسـت ایـن پسـر اهـل محل خودشـان نیسـت و دنبـال فریبا افتـاده بود. نـادر خـودش را به او رسـاند و مودبانـه از او خواسـت کـه از تعقیـب فریبـا دسـت کشـیده و برگردد. اما پسـر کاری کـرد کـه نبایـد می‌کـرد. درسـت جلـوی فریبا به نـادر سـیلی محکمـی‌زد و او را هـل داد فریبـا و دوسـتانش هـم ایـن صحنـه را دیـده بودنـد. نـادر بـا یک مشـت آبدار

جوان ژیگولو را روی زمین ولو کرد. قبل از این‌که ژیگولو به خودش بیاید، دو پسر قوی هیکل از راه رسیدند. مشخص بود که آنها همه با هم بودند و برای نادر تله ای گذاشته بودند و می خواستند که جلوی فریبا نادر را کتک زده و آبرویش را ببرند. حالا برای همه ی آنها خیلی دیر شده بود که جلوی زد و خورد را بگیرند، دو جوان دیگر به نادر حمله ور شده بودند. نادر خشمگین و دیوانه شده بود، خون جلوی چشمانش را گرفته بود. تماشاچی ها زیاد شدند، فریبا هم در تماشا بود اما بیشتر نگران نادر بود و خود خوری می‌کرد. اما می‌دید که نادر به تنهای در مقابل آنها خوب ایستاده بود. چند دقیقه ای از زد و خورد بین آن ها گذشته بود که عده ای از بچه های محل به کمک نادر آمدند و فریبا کمی آرام گرفت. بالاخره مردم آنها را از هم جدا و آن سه نفر صحنه را ترک کردند. اما نه قبل از اینکه سر و صورتشان خونین و مالین شده باشد. نگاه نادر بین مردم در گردش شد که ببیند آیا فریبا دعوای آنها را دیده بود یا نه؟ اما فریبا رفته بود.

پس از آن تا مدتها داستان دعوای نادر سر زبانها بود به او لقب ببر و شیری را داده بودند که از عشقش محافظت می‌کرد و هیچ کس نمی‌توانست نگاه چپی به عشقش بکند اگر چه نادر بروی خود نمی آورد اما مسلما از این موضوع احساسخرسند بود و بخودش می بالید. اما این موضوع حمایت کردن از فریبا کمکی به موقعیت نادر نکرد. همه چیز بدتر شد. داستان عشق و عاشقی و حمایت نادر از فریبا و زد و خوردهای او بزودی سر زبانها افتاد و حتی بگوش گروه های اوباش و اراذل هم خورد و یکی دوتا از آنها که همیشه دنبال ماجراجویی بودند تصمیم گرفتند قاطی این ماجرا شوند و خودی نشان دهند و برای همین هم شروع به تعقیب فریبا کردند، اما نادر همیشه کنار او بود و برای همین بود که فریبا او را بسیار دوست داشت اما روبرو شدن با اوباش آن منطقه کار آسانی نبود، آنها اسلحه های سرد مثل چاقو و زنجیر با خود حمل می‌کردند و دعوا و ماجرا جویی و زندان رفتن کار و کاسبی آنها بود و نوعی تفریح و تنوع و ارضاء خباثت آنها بشمار میآمد.

در همین احوال این حسین بود که دوباره نزد نادر آمد و عکس شش در چهار فریبا را به نادر داد و گفت آن را از یکی از اوباش بنام "بهمن ریش" خریده است. بهمن ریش لقب مردی لاغر اندام و یکی از اوباش محله ی قلهک بود. او مرد دیوانه

و خشـمگینی بـود کـه اگـر چاقو بـه قلبش مـی‌زدی خونـش در نمی‌آمـد. نـادر از این موضـوع بسـیار عصبانی شـد، می‌دانسـت کـه باید از فروش عکسـهای فریبـا جلوگیری کنـد و بـرای همیـن بایـد بـا بهمن ریـش روبـرو و وارد گفتگو می‌شـد کـه منبع پخش عکسـها را بدانـد. پـس از پیغـام فرسـتادن بـرای «بهمـن ریـش" قـرار ملاقـات آن دو گذاشـته شـد. روز ملاقـات نـادر یـک کـراوات زیبـای قرمـز زده بـود و کت و شـلوار به تـن داشـت، قصـدش هـم این بـود کـه او بفهمد که نـادر از یک خانـواده با نفـوذ و پول داری اسـت و قـدرت کافـی بـرای خریـدن تمام عکس‌هـا را دارد. قرار ملاقـات آن ها در کوچـه پشـتی مـوازی خیابـان شـمیران و چند صد متـری پائین تـر از مدرسـه ی جم بـود. کوچـه بسـیار خلوت بـود. در آن پرنده پـر نمی‌زد. نـادر به هیچکـس در مورد این ملاقـات حرفـی نـزده بود، نمی‌دانسـت چـرا یک چاقـوی کوچک هـم با خود برداشـته بـود کـه اگـر مجبـور می‌شـد از آن اسـتفاده کنـد. نـادر کوچـه را خـوب می شـناخت، چندین بار با دوسـتانش بخاطر عشـقی که به سـینما و هنرپیشـه شـدن داشـت از این کوچـه بـرای گرفتن عکسـهای آرتیسـتی از خودش اسـتفاده کـرده بود. حدود سـه بعد از ظهـر بـود و نـادر بـرای این‌کـه بهمـن ریـش را ببیند بـه مدرسـه نرفت چرا کـه قرار ملاقات در زمان مدرسـه گذاشـته شـده بود نادر می خواسـت اطرافشـان خلوت باشـد. بهمـن ریـش خـودش آمـد او یـک مـرد اسـتخوانی بلند قـد با چشـمان بـزرگ قرمز و سـر طـاس و حـدودا سـی و چند سـاله ای بـود، طوری به نادر خیره شـده بـود که انگار مـی خواسـت نـادر را مضـروب کند و یـا از همان لحظـه ی اول قصد داشـت از نادر زهر چشـمی بگیـرد و او را بترسـاند. بهمـن ریش مطمئن شـد که نادر زنجیـر و چاقوی او را کـه بـه کمـرش آویـزان بـود را خـوب ببیند. اولیـن چیزی کـه پرسـید این بود کـه آیا پول کافی داری؟ جوابش بله بود و معامله روی همه ی عکسـها و نگاتیوها شـروع شـد. نـادر متوجـه شـد که یکی از دوسـت هـای بهمن ریش یک اسـتودیوی عکاسـی دارد و فریبـا بـرای رقابـت بـرای دختر شایسـته ایـران و همچنین بـرای گذرنامـه اش به آنجا مراجعـه کـرده بـوده و چنـد تا عکـس گرفته بود و این دوسـت عکـس هـا را در اختیار بهمـن ریـش گذاشـته بود. نـادر به او اطمینـان داد که پـول دارد اما بایـد اول عکس ها و نگاتیوهـا را ببینـد. بهمـن تعـدادی از عکـس ها را بـه او داد اما نگاتیوهـا نبودند گفت کـه نگاتیوهـا را بعداً از دوسـتش گرفتـه و بـه او برمـی گرداند. امـا این برای نـادر قابل

قبـول نبـود می خواسـت بـا او به عکاسـی رفته و همه ی عکسـها و نگاتیوهـا را تحویل بگیـرد گفتگـوی آنهـا کـم کـم داشـت به جاهـای باریـک می‌رسـید. بهمـن ریش می خواسـت نـادر را ترسـانده و او را وادار کنـد نظـر او را قبـول کند اما نادر کسـی نبود که از تهدیدهـای او بترسـد. نـادر همـان اعتماد بنفسـی را که بهمن ریـش در پیش گرفته بـود و بلکـه بیشـتر پیشـه کـرد، همان طـور که بقیـه عکسـها را در دسـت بهمن ریش زیـر نظـر داشـت صدایـش را بـالا بـرده و بـا عصبانیـت او را متهـم کـرد که قصد دارد معاملـه را بهـم زنـد، گفـت که تا نگاتیوهـا را تحویل ندهـد هیچ پولی بـه او نخواهد داد. بهمـن ریـش خندید و دسـتش بـه زنجیرش رفـت که با زور کتـک زدن نـادر را مجبور بـه پرداخـت پـول کنـد امـا نـادر صبـر نکـرد با سـرعت چنـان محکـم با کف دسـتش بـر پیشـانی بهمـن ریـش کوبیـد کـه او محکم بـه عقب هـل داده شـد و بعـد از تلو تلو خـوردن چندیـن قـدم عقـب تـر از پشـت محکـم روی زمیـن افتـاد، نـادر با سـرعت با یکـی دوتـا لگـد و مشـت او را گیـج کـرد و بلافاصلـه عکسـها را از دسـت او قاپید، قصد داشـت جیبـش را بگـردد که اتومبیلـی از دور ظاهر شـد و صدای بوقش بلند شـد، نادر می‌دانسـت کـه دوسـتان بهمن ریـش بودند، نـادر پای چـراغ را تاریک دید و پـا به فرار گذاشـت، اتومبیـل کنـار بهمـن ایسـتاد و بهمـن را بلند کردنـد و به آن منتقـل کرده و اتومبیـل بدنبـال نادر در حرکت شـد، برداشـتن بهمن ریش به نادر فرصـت داده بود که از آنهـا دور شـود. می‌دانسـت که بایـد راهی را انتخـاب کند که فضای کافـی برای عبور اتومبیـل نباشـد، همیـن کار را هـم کرد، بهمن ریش و سـه تـا از دوسـتانش از اتومبیل خـارج شـده و جمـع اوباشـان بدنبال نـادر در تعقیب شـدند. یکی از آنها هـم با اتومبیل سـعی داشـت آنهـا را تـا آنجاییکه امکان داشـت دنبـال کند. نادر می‌دانسـت کـه اگر او را می گرفتنـد مقابلـه بـا پنـج نفر مـرد اوباش کار آسـانی نبـود بنابراین آنها نبایـد به او دسـت رسـی پیـدا می کردنـد. همان طور کـه می دوید تمـام عکس ها را یکـی یکی در داخـل کراواتـش جـای داد، می خواسـت اگر گیـر آنها می‌افتاد عکسـهای فریبـا دوباره دسـت آنها نیافتد در ثانی نمی‌خواسـت از شـر عکسـها خلاص شـود قصد داشـت آنها را بـه عشـقش فریبـا برگردانـده و یکبار دیگرعشـقش را بـه او ثابت کند.

تعقیـب آن هـا در تمـام طـول راه مدرسـه اش تا حدود سـه تا چهار کیلومتـر ادامه پیدا کـرد، آنهـا کوچه بـه کوچه، خیابـان به خیابان در تعقیب نـادر بودند، تـا بالاخره

نـادر بـالای یـک تپـه نزدیـک به خانـه فریبـا و بالای یـک اصطبل اسـب ایسـتاد، او در حـد مرگ خسـته شـده بـود و دیگر اصلاً قدرتـی برایش باقـی نمانده بـود. مطمئن بود کـه آنهـا را گـم کـرده بـود. بـر ایـن تصمیم شـد کـه آن جـا منتظـر فریبا بمانـد چون می‌دانسـت اگـر فریبـا نـادر را در ایسـتگاه و یـا داخـل اتوبوس نبینـد در ایسـتگاه مینا پیـاده مـی شـود و ایـن پس کوچـه که پائیـن این تپه بـود مسـیر رفتن او بـه خانه‌اش بـود و نـادر می‌توانسـت جلـوی او بـراه افتاده و عکسـها را برایـش روی زمیـن بیاندازد و بـه ایـن طریـق او عکسـها را به عشـقش برمـی گردانـد. بالای تپـه نشسـت و در انتظار عشـقش ثانیـه شـماری می‌کـرد بـا نسـیم ملایمی که بـه صورتـش می وزید احسـاس راحتـی، غـرور و صلـح می‌کـرد امـا ایـن راحتـی و صلـح چنـدان دوام نداشـت متوجـه شـد کـه ناگهـان اتومبیلـی کـه درتقیبش بود پشـت سـرش ترمـز کـرد و بهمن ریش و دوسـتانش کـه در تعقیـب او بودنـد مثـل گلولـه ای کـه از تفنـگ خارج شـده باشـد، از اتومبیـل بیـرون پریدنـد بـا یـک چشـم بهـم زدن و قبـل از اینکـه نـادر فرصـت فکر کـردن داشـته باشـد بـه او حملـه ور و او را زیـر زنجیـر و مشـت و لگـد گرفتنـد. آنقدر سـریع دسـت بـکار شـده بودنـد که نـادر فرصت نفس کشـیدن را هـم پیدا نکـرده بود. در مـدت چنـد دقیقـه رگبـار زنجیـر، لگد و مشـت بود که بر سـر و صـورت و تنش فرو می‌آمدنـد، ضربـات زنجیـر دردناکتر از مشـت و لگدها بودنـد، نادر فقط سـر و صورتش را با دسـتهایش محافظت می‌کرد. او داشـت به خاطر حمایت از عشـقش از طرف چند کرکـس تنبیـه می‌شـد. تپـه مشرف به یـک اصطبل اسـب و چنـد خانه بـود اما هیچ کـس در آن زمـان در خانـه نبود. اگر هم بودند غالباً افراد مسـنی بودند کـه در آن زمان چـرت می‌زدنـد یـا تلویزیـون نـگاه می‌کردند. حـالا خون از سـر و صورتش جاری شـده بـود بـا تمام تـلاش برای محافظت از سـر و صورتش با این حال بینیش شکسـته شـده بـود امـا مشـت ولگدهـا ادامه داشـتند. نـادر مطمئن بود که بهمـن ریش و دار و دسـته اش نمی‌دانسـتند او کیسـت وگرنـه آن قـدر عاقـل بودند کـه با او این چنیـن نکنند. اما خیلـی دیـر شـده بود و آن ها خیلـی زیاده روی کرده بودنـد و آنقـدر او را زده بودند که بـه سـختی تـوان حرکت داشـت و بدتر از تنبیه این بـود که به مادر و خواهرش دشـنام می‌دادنـد و توهیـن می کردنـد.

بالاخـره نـادر صـدای ضعیـف جیغ یک زن مسـن را شـنید که بر سـر آن هـا فریاد

مـی‌زد، بـا جیـغ و داد پیـر زن کـه از آنجا می گذشـت آنها دسـت از زدن او برداشـتند، بهمـن تمـام جیـب هـای نادر را گشـت امـا چیزی جـز مقداری پـول پیدا نکـرد. بهمن هنـوز خشـمگین بـود، عکسـها داخـل کراواتـش بودنـد. بـاز هـم چند بـار به صـورت و پشـتش چنـد لگـد زد و سـپس او را بـه طـرف لب تپـه ای کـه روی آن افتـاده بود هل داد، نـادر بـه طـرف پائیـن تپـه می غلتیـد و تـوان توقف نداشـت. بالاخره پائیـن و کنار جـاده ای کـه فریبـا از آن بـرای رفتن به خانه‌اش رد می‌شـد متوقف شـد، حالا نه رفتن مهاجمینش را می‌توانسـت ببیند و نه می‌توانسـت صدای آنها را بشـنود اما می‌دانسـت کـه بایـد رفتـه باشـند چون در غیـر این صورت بـاز به او حملـه می‌کردنـد. چند دقیقه طـول کشـید تا توانسـت چشـم هایش را باز کنـد اما خون جلـوی دیـد او را گرفته بود. بـا سـختی زیاد چشـم هایـش را پاک کرد و توانسـت دید تـاری از جایی که بود داشـته باشـد. بالاخره فهمید که درسـت در مسـیر خانه فریبا افتاده اسـت. می‌دانسـت که هر آن امـکان دارد کـه فریبـا از آن جـا عبـور کند و نمی‌خواسـت او را به آن حـال ببیند. از طرفـی هـم فکـر می‌کـرد اگـر او را ایـن چنین ببینـد حتماً نگـران می شـود و دلش به حال او می سـوزد و این سـبب می‌شـد سـکوتش را بشـکند. اما او بدنبال دلسوزی فریبا نبـود نمی‌خواسـت فریبـا او را چنین عاجـز و ناتوان ببینـد؟ این بدتریـن حالتی بود که یـک زن بایـد مـرد مـورد علاقـه اش را می‌دیـد. نـه، نباید اجـازه مـی‌داد که فریبـا او را ایـن چنیـن ببینـد. فکـر می‌کـرد هر جـوری که شـده بود بایـد از آنجـا و سـر راه فریبا دور می‌شـد. بـرای همیـن بـه اطـراف نـگاه کـرد و چند سـگ ولگـرد را دید کـه از یک چالـه در ده متـری جـاده بیـرون زدند و بدنبال هم دور شـدند. تصمیمـش را گرفت و با هـر زحمتـی بـود خـودش را به سـر چاله رسـاند و داخـل چاله شـد و از دید مسـافران جـاده مصـون شـد. چنـد دقیقه ای طول نکشـید کـه صدای فریبا را شـنید کـه با زری می‌گفتنـد و مـی خندیدنـد و به او نزدیک و رد و دور شـدند و بالاخـره صدای آنها قطع شـد. فریبـا رفتـه بـود و او همچنان در داخـل حفره بزرگ افتـاده بود. حالا نـادر در فکر بیـرون آمـدن از چالـه بـود اما با حـال و روزی که داشـت چندان برایش راحـت نبود. به فکـر شـد اگـر سـگ های وحشـی بـه او حملـه کنند چه مـی شـود، اگر اتفـاق دیگری برایـش بیافتـد؟. هیـچ کـس نمی‌دانسـت او کجاسـت و چه بر سـرش آمده اسـت و اگر مـی مـرد هیـچ کـس نمـی فهمید که چه کسـی چنیـن بلایـی را سـر او آورده بـود در

تلاش بود که خودش را از چاله بالا بکشد اما بعد از مدتها تلاش حتی یک متر هم بالا نرفته بود هر بار که صدایی می شنید یا ماشینی عبور می کرد با فریاد ضعیفش کمک می طلبید اما هیچ شانسی وجود نداشت، هوا کم کم تاریک و او ضعیف تر می‌شد و هنوز شانسی نیاورده بود در همین احوال سگ ولگردی بالای چاله پیداش شد، نادر با دیدن او نگران شد که نکند به او حمله کند. اما این حیوان با معرفت با دیدن نادر شروع به لیس زدن او کرد، انگار داشت به او دلداری داده و با او همدردی می کرد. بعد هم لباس نادر را در دهان گرفت و بطرف خارج چاله کشید. بالاخره با هر تلاشی بود و با کمک سگ نادر خودش را از چاله بیرون کشید، اما سگ از پا ننشست و نادر را رها نکرد تا نادر را به کنار جاده رساند و برای کمک به نادر شروع به سر و صدا و زوزه کشیدن کرد. بالاخره ماشینی از راه رسید، سگ وسط جاده ی خاکی ایستاده و کنار نرفت و در حالی که سرش رو به آسمان بود زوزه می کشید و تقاضای کمک به نادر را می کرد. بالاخره راننده که یک بانوی میان سال بود نادر را که با نور چراغهای ماشین روشن شده بود دید و از ماشین پیاده شد، با پیاده شدن زن صدای زوزه ی سگ کمتر و کم کم ساکت شد، بانوی میانسال نادر را در حالی که صدای بد و بیراه گفتنش به کسانی که این بلا را سر او آورده بودند بلند شده بود با زحمت سوار ماشینش کرد و در را بست، صورت نادر به شیشه ی ماشین چسبیده بود و چشمهای او به سگ که خیال می کرد با آنها راهی می شود زل زده بود، اما ماشین حرکت کرد و از دید سگ گم شد و سگ با وفا را تنها در تاریکی جا گذاشت. نادر می‌دانست که اگر کمک سگ با وفا نبود شاید نمی‌توانست از چاله خود را بیرون بکشد و معلوم نبود چه بلایی سر او می‌آمد.

خیلی زود بانوی نیکو کار نادر را به بیمارستان رساند. نادر به دروغ به همه گفت با ماشینی تصادف کرده و ماشین در رفته است.

یکی دو هفته نادر استراحت کرد، البته حسین وَ علی با صحبتهای خود و شوخی هایشان در ایستگاه اتوبوس خبر شاهکار دیگر نادر را به فریبا داده بودند. حالا فریبا خیلی انتظار می کشید نادر را ببیند. خیلی نگران بود که نکند اتفاق بدی برای او افتاده باشد. آخر سابقه نداشت نادر حتی یک روز از دیدن فریبا غیبت کند. اما فریبا این را نمی‌دانست که نادر هر روز صبح از بالای دیوار باغ او را تماشا می کرد.

بعد از یکی دو هفته نادر بالاخره سر ایستگاه اتوبوس پیدایش شد. دل تو دلش نبود که عشقش فریبا را ببیند. دیگه داشت دیوانه می‌شد. البته حسین و علی هم آن جا بودند توان صبر نداشتند تا عکس العمل فریبا و نادر را وقتی چشم در چشم هم قفل می‌کردند را ببینند. جای زخمهای نادر هنوز کاملا خوب نشده بود. بالاخره فریبا از خیابان چاله هرز داخل خیابان قدیم شمیران پیچید و بطرف ایستگاه اتوبوس آمد. زری و یکی دیگر از دوستانش هم همراهش بودند. چهره اش غمگین می نمود، نگاهش به این طرف و آنطرف خیابان و بدنبال نادر می گشت تا این‌که چشمش به صورت و چشم های نادر افتاد هر دو برای چند لحظه ای غافل گیر شدند و نمی‌دانستند چه عکس العملی از خود نشان دهند که احساس خود را کنترل و بروز نداده و به معرض نمایش دوستان که همه بی صبرانه منتظر آن بودند نگذارند. اما قدرت عشق کنترل و نمایش و غیر نمایش نمی شناسد و انسان را از خود بیخود و مست و خمار می‌کند و دیگر زمان و مکان برای شخص عاشق معنی و مفهومی نمی تواند داشته باشد. حالا دوستان دو عاشق از تماشا و مزاح با آن دو بیشتر از دو پرندی عاشق لذت می‌بردند و این برای همه ی آنها حکم یک بازی را پیدا کرده بود. نادر مطمئن بود که فریبا می‌دانست که برای او چه اتفاقی افتاده بوده. خیلی دلش می خواست به او بگوید که اگر لازم باشد برای عشقش جان هم می داد.

نادر بیکار ننشست و در بدر دنبال بهمن ریش و دوستانش بود اما به نظر می‌رسید آنها آب شده و رفته بودند زیر زمین در این جستجو نادر به سراغ عکاسی که عکسهای فریبا را در اختیار بهمن ریش گذاشته بود رفت، دریافت که یکی از دوستان بهمن ریش چند هفته ای برای او کار می‌کرده و بعد هم اخراج شده بود و او بوده که عکسها را در اختیار بهمن ریش قرار داده بود. بنابراین نادر صلاح نمی‌دید اقدامی بر علیه او بکند. اما وقتی به بهمن ریش و دوستانش می‌رسید، بخشش معنی و مفهومی نداشت و نادر دربدر دنبال آنها بود.

دیگر چیزی به زمان تعطیل شدن مدارس نمانده بود و امتحانات نهای بزودی در راه بودند اما نادر بسیاری از کتابهایش را نخوانده بود و آماده ی امتحان دادن نبود. اگر فوری نمی جنبید نمی‌توانست فارغ التحصیل شود و در دبیرستان باقی

مـی مانـد و شـانس این‌کـه بـه دانشـگاه بـرود را از دسـت مـی‌داد در ثانی اگر عشـقش فریبـا ایـن را مـی فهمیـد برایش خجالـت آور بود. او به شـدت نگران بـود وفکرش بهم ریختـه بود.

یـک روز کـه بـرای دیـدن خواهرش پری بـه خانه ی او رفتـه بود، پری نـادر را صدا کـرد و پرسـید آیـا کسـی به نـام ابراهیم را می شناسـد. البته پاسـخ او این بـود که "بله او را می‌شناسـم". خواهـرش گفت، "دم در سـراغ تـو را می گیره؟"

نـادر بـا شـنیدن اسـم ابراهیـم خیلی تعجـب کرد، نمی‌دانسـت چـه فکـری درباره اش بکنـد. اول این‌کـه از کـدام جهنـم ابراهیـم آدرس خانه ی خواهرش پری را داشـت و مهمتـر از آن از کجـا می‌دانسـت نـادر در آن زمـان خانـه ی خواهرش اسـت؟ در ثانی ابراهیـم از او چه مـی خواهد؟

ظـرف پنـج دقیقـه او روی بالاتریـن پلـه ی مشـرف بـه حیـاط زیبـا و بـزرگ خانه خواهـرش کنـار ابراهیم نشسـته بود و با او درحـال گفتگو بود. خانه هـای ایرانی معمولاً دورشـان دیـواری بـه بلنـدی چند متـر دارند که باعث می شـود حیاط جلویـی و حیاط عقبـی یـا حیاط خلـوت خانه کاملاً محفـوظ باشـند. ابراهیم یک جعبه بزرگ شـیرینی تـازه در دسـت داشـت کـه برای نـادر آورده بود. خواهر او به روال مرسـوم با یک سـینی چـای بـه همراه مقـداری انگور را کنـار آنها گذاشـت و رفت. هیچکـدام توجهی به چای و انگور نداشـتند. نادر می خواسـت از ابراهیم بشـنود چرا او آن جاسـت و از کجا آدرس خواهـر او را می‌دانسـته؟ طبـق معمـول مـدت زیـادی منتظـر نمانـد و ابراهیـم شـروع بـه صحبـت کـرد، نـادر متوجه شـد که بیشـتر حـواس او به طـرف در ورودی همسـایه سـمت راستشـان اسـت، آنهـا روی بالاتریـن پلـه منتهی به سـاختمان نشسـته بودند و می‌توانسـتند در ورودی خانـه بغلـی مربـوط بـه حیاط همسـایه را از روی دیـوار بین دو خانـه بـه وضـوح ببیننـد. ابتدا نـادر دربـاره این زیـاد کنجکاو نبـود اما بعـد از مدتی که می‌دیـد هـوش و حواس ابراهیم بیشـتر روی خانه ی کنسـول عراق اسـت تـا او کنجکاو شـد. صـدای ابراهیـم بلنـد شـد، «مـن مـی دانم بهمـن ریش کجاسـت؟ اینـرا هم می دا نـم کـه بـا تـو چه کـرده؟" بـرای چند لحظـه نادر نتوانسـت نسـبت به آن چـه که از ابراهیـم شـنیده بـود عکس العمل نشـان بدهـد. در این تعجب بـود که ابراهیـم از کجا ماجـرای بهمـن ریـش را می‌دانسـت، نـادر این را می‌دانسـت کـه او با هیـچ تنابنده ای

در این مورد حرفی نزده بود. ابراهیم سکوت را دوبار شکست. "تنها یک نفره که ممکنه چنین کتکی بخوره و عکسهای عشقشو لو نده... اون هم نادره..."

حالا نادر بیشتر در تعجب شده و باید گفت شوکه شده بود که چطور ابراهیم همه چیز را در مورد او می داند. حتی اینکه عکس های فریبا لو نرفته بود؟ بنظر می‌رسید او همه چیز زندگی نادر را می‌دانست. ابراهیم فرصت نداد نادر فکرش را جمع و جور کند و ادامه داد. "نادر، وقتی تو به یکی گفتی دوستش هستی، این دوستی برای همیشه است، شاید گاهی یکی دو تا اختلاف یا سوء تفاهم بین آنها اتفاق بیافته اما پیمان دوستی آنها هیچوقت شکسته نمی شه، دوستیشون باقی می مونه و دوست واقعی کسی است که در مواقع سختی و نیاز کنار دوستش باشه، برای همینه که من اینجام... بهمن ریش باید تقاص آنچه که سر تو در آورد پس بده و من می دونم چطور؟"

و بعد ابراهیم می‌دانست که باید ساکت باشد و عکس العمل نادر را بداند، نادر در فکر و خیال آنچه از ابراهیم شنیده بود گیج و گنگ شده بود به هیچ وجه انتظار نداشت ابراهیم دوباره توی زندگیش پیدا شود آنهم اینچنین، بعد از چندی سکوت و سبک و سنگین کردن فکرش زمزمه کرد، "تو چطور درباره بهمن ریش که با من چه کرده و این‌که کجاست می‌دونی؟"

«من گفتم که دیگه برای پدرم کار نمی کنم، اما نگفتم که از ساواک بیرون آمده ام. ما هر چیزی را که بخواهیم بدونیم، می دونیم و به آن پی می بریم... به علاوه پدرم بعد از کاری که نسبت به تو انجام داد بسیار پشیمان است حتی اگر دستور عباس را اجرا می‌کرد، حالا هم خودش رو مدیون می دونه و می خواهد کمک کنه و درس خوبی به بهمن ریش و دوستاش بده..."

سپس نادر متوجه شد چشم های ابراهیم روی یک کادیلاک مشکی که همان موقع وارد حیاط همسایه بغلی شده بود منحرف و قفل شد. نادر می‌دانست که خانه متعلق به سرکنسول عراق در ایران است. نادر و دوستانش همیشه وقتی او را می‌دیدند در باره ی او حرف می‌زدند و به او حسودی می‌کردند، بخاطر اینکه او همیشه با یک خانم جدید و بسیار زیبا بود. ناگهان به فکر نادر رسید که ابراهیم در ساواک کار می‌کند، پس باید خانه کنسول عراق را تحت نظر داشته و اتفاقی

نـادر را دیـده باشـد کـه وارد خانـه خواهـرش شـده اسـت. پس فقط بـرای دیـدن نادر نیامـده بـود تـا بـه او برای پیـدا کردن بهمـن ریش کمک کنـد. همان طور کـه ابراهیم هنـوز کنسـول را کـه با دختر زیبایـی به داخل سـاختمان می‌رفت نـگاه می کرد، دختر زیبـای همـراه کنسـول درسـت قبـل از این‌کـه وارد سـاختمان شـود، رویـش را بطرف ابراهیـم برگردانـد و یـک نـگاه معنـی دار بـه ابراهیـم انداخت و بعد وارد شـد، کنسـول کنجکاوانـه برگشـت تـا ببینـد کـه دختـر بـه چه نـگاه انداخته است. با برگشـتن سـر کنسـول بطـرف ابراهیم، نگاه ابراهیم سـریع بطرف نادر برگشـت و شـروع کـرد به بازی کـردن بـا موهایـش تـا بـا آن هـا صورتـش را بپوشـاند، نـادر که به مـوش و گربـه بازی کردن ابراهیم واقف شـده بود از جایش بلند شـد و مسـتقیم در چشـمان ابراهیم زل زد و پرسـید، "چـی می‌شـد اگـه برای یک دفعه راسـت و درسـت حـرف بزنی و بگـی واقعاً بـرای چـی این جـا آمدی؟"

ابراهیـم بـه سـاعتش نـگاه کـرد و همان طـور که به نـادر نـگاه می کرد دنبـال پیدا کـردن کلماتـی بـرای جـواب دادن به نادر بود و بالاخره سـکوتش را شکسـت، "من فکر مـی کنـم که تـو بهترین موقعیـت را داری که به عباس نشـان بدی و ثابـت کنی که تو شـاید لایـق تـر و بهتـر از عباس هسـتی و او باید دیگر به تـو خورده نگیرد و تـو را برای همیشـه بحال خودت بگذارد..."

نـادر فهمیـد که او نقشـه ای را در سـر دارد پس سـاکت مانـد تا ابراهیـم ادامه داده و نـادر بفهمـد آن نقشـه چیسـت، ابراهیم که می‌دانسـت تمـام هوش و حـواس نادر به اوسـت، ادامه داد، «ما باید یک دسـتگاه شـنود در اتاق خواب کنسـول عراق جاسـازی کنیـم ،در داخـل چـراغ هـا و تلفنهـا، بـرای رفتن بـه خانه او یک مشـکلی وجـود دارد. مـن فکـر می کنم شـاید تـو بتوانی این مشـکل را حـل کنی..."

بعـد او بـه طـرف خانه کنسـول چرخیـد و ادامه داد، "درسـت از آن جا، بـالای دیوار از داخـل ایـن حیـاط. آن هـا انتظار ندارند کسـی از ایـن دیوار بالا بـرود..."

بـرای نـادر هضـم آنچـه از ابراهـم شـنیده بـود چنـدان آسـان نبـود، نـادر بـه زمان بیشـتری بـرای تحلیـل و قبـول و یـا رد کردن آنچـه ابراهیم بـا او در میان گذاشـته بود نیـاز داشـت و نمی‌دانسـت چه واکنشـی به پیشـنهاد او داشـته باشـد، فکـر می کرد که او دیوانـه شـده اسـت، امـا حـالا می‌دانسـت چـرا او آن جا بود و چطـور از بـودن نادر در

آنجـا اطـلاع داشـته امـا در مورد بهمـن ریش هنوز جوابـش را نگرفته بود؟ حـالا در این فکـر بـود کـه اگـر ابراهیم در مـورد بهمن ریش می‌دانسـت پـس عباس هـم حتما باید دربـاره بهمن ریـش بداند.

ابراهیـم رفتـه بـود ولـی نـه قبـل از این کـه بـا او دربـاره مناقشـه بیـن ایرانـی ها و عـرب هـا در چنـد قـرن قبـل صحبت و بـه نـادر یـاد آوری کنـد. ابراهیم می خواسـت ایـن مسـئله را بـه نادر خاطرنشـان کند و احسـاس و تعصب ملـی گرایـی او را برانگیزد. بـرای همیـن حملـه عـرب هـا را که به سـرکردگی عمـر در قرن هـا پیش اتفـاق افتاده بـود بـه او یـادآوری کرد.

در واقـع ایـن یکـی از داغ تریـن موضـوع هـای آموزشـی در کتـاب هـای تاریـخ و موضـوع حساسـی بـرای تمـام ایرانیان بـوده و خواهد بود. کـه ابراهیم مفصل بـرای نادر یـاد آوری کـرده بـود، از حملـه اعراب بـه ایران در قـرن هفتم میلادی کـه باعث نابودی یکـی از غنـی ترین و پیشـرفته ترین جوامع فرهنگی آن دوران شـد صحبـت کرده بود. گفتـه بـود متأسـفانه وقتـی کـه عربهـا به ایـران حملـه کردند بـزرگ ترین و بـی همتا تریـن مجموعـه کتـاب هـا و از جملـه خـود کتابخانـه هایـی کـه ایـن کتاب هـا آن جا بودند را سـوزاندند و نابود کردند. آنها کشـوری که اطلاعات کاملی از کشـاورزی داشـت و پایـه گـذار اولین سیسـتم کشـاورزی که مهد آغاز تمدن بشـری اسـت، سـر زمینی را کـه اولین سیسـتم پسـتی، اولین سـاختار حکومتی و وزارتـی و کشـوری را پایه گذاری کـرده بـود را کامـلاً نابود کردنـد. ابراهیم یاوه گویـی و یا غلو نکرده بـود، ایرانی ها اولین مردمـی بودنـد کـه در قرن هـا پیش مس و برنـز را کشـف کردند، آنها می‌دانسـتند که چگونـه فلـزات را ذوب کننـد و از آنهـا آلات فلزی من جمله شمشـیر برای سـپاهیان را درسـت کننـد. ایرانـی ها بودند که اولین سـاختمان هـای ضد زلزله را سـاختند و اولین منشـور حقـوق بشـر به وسـیله « کوروش کبیـر" و اولین قانـون کار در زمـان «داریوش شـاه" را تدویـن کردنـد. وقتـی که" داریوش شـاه «پرسـپولیس را می سـاخت، دسـتور داد تـا سـکه ضـرب کننـد و از آن بـرای داد و سـتد و پرداخت حقوق کارگران اسـتفاده کننـد. کـه بعدهـا بـرای واحد پول جهان اسـتفاده شـد و به هـر کارگر روزی یک سـکه پرداخـت می‌شـد و روزهـای یکشـنبه مجبـور بـه تعطیـل بودند کـه بعدها در سراسـر جهـان مرسـوم شـد، اولین ملتـی بودند کـه در زمانی که بـرده داری در تمـام دنیا غوغا

می‌کـرد بـرده داری را آزاد کـرد. اولیـن بیمارسـتان و دانشـکده ی پزشـکی را توسـط ابوعلـی سـینا تاسـیس کردنـد و اولیـن عمـل جراحی را انجـام دادنـد و از سراسـر دنیا بـرای تعلیـم و درس خوانـدن پزشـکی به ایـران می‌آمدنـد. اولین ملتی بودنـد که نفت را کشـف کردنـد. ایـن ایرانـی ها بودند کـه تقویم و اسـتفاده از الکل در طب و بسـیاری چیزهـای دیگـر را اختـراع کردنـد و حمله اعراب تمـام این ها را نابود کـرد و در عوض با زور شمشـیر و کشـت و کشـتار اسـلام را با دین و آیین زرتشـت ایرانی که در حقیقت پایـه و اسـاس تمـام مذهب دنیا اسـت جایگزن کردند و البته پر مسـلم اسـت که عمده مطلـب ایـن اسـت کـه این موضـوع هیچ گاه بـه ذائقـه ایرانی ها خـوش نیامد و بسـیار بـرای ایرانیـان غـم انگیـزی بـود بـرای همیـن ایرانی هـا درصـدد راه چـاره ای برآمدند تـا خودشـان را از ایـن فرهنـگ خانمـان سـوز جدا کننـد، برای همیـن نادر شـاه اعلان مذهـب شـیعه اسـنی عشـری را داد کـه ایرانیـان را از اعـراب جـدا کننـد. ایـران جایی اسـت کـه سـنّی هـا تجمـع کمـی دارنـد. و ایرانیـان بـرای احیا مجـدد فرهنـگ ایرانی بـه کمـک و وجـود بزرگانـی چـون رومی، عمر خیـام، حافظ، سـنایی، سـعدی، زکریای رازی و مخصوصا حکیم ابوالقاسـم فردوسـی و بسـیاری دیگر از علما دسـت بکار شـدند و هنـوز ایـن تـلاش و جنـگ ادامـه دارد. آنهـا با شـور و عشـق خـود به فرهنـگ ایرانی بـه فرهنـگ آن زمـان تاثیـر گذاشـتند به ایـن صورت که بیشـتر به توضیـح جنبه های معنـوی اسـلام پرداخته و آنها را بـا عناصر مهم و باورهای زندگـی ایرانی ترکیب کردند. ایرانـی هـا دائماً مـی کوشـند تا همه بداننـد که آنهـا از نژاد آریایی هسـتند کـه از کوه هـای زاگـرس پاییـن آمدنـد و جامعـه ای را تشـکیل دادند، و بعضـی از آنها راهـی اروپا شـدند، مثـل ایتالیایـی هـا، آلمانی هـا و ایرلندی هـا، برای همیـن از همان ابتـدا اجداد مـا بـه فرزنـدان خـود تاریخ تهاجـم اعـراب را مـی آموختنـد و از آن به عنوان سـکویی بـرای بنـای علی گرایـی در وجودشـان اسـتفاده می‌کردند.

دلیـل این‌کـه ابراهیـم می خواسـت حمله اعراب را با یک اشـتیاقی کـه در صدایش بـود بـه نـادر یـادآوری کنـد ایـن بود کـه احساسـات ملی گرایـی نـادر را جریحـه دار و بـر انگیـزد و او را راضـی بـه همـکاری بـا خـودش کنـد. در حقیقـت او داشـت از همان اسـتراتژی کـه در جوانـی روی او اثـر گذاشـته بود، اسـتفاده می‌کرد. او عـادت کرده بود که نسـبت به اعراب احسـاس منفی داشـته باشـد و از آن ها متنفر باشـد. در اقسـا نقاط

ایـران در روز خاصـی یـک لبـاس بلنـدی درسـت می‌کردند برای مسـخره کـردن عمر، فرمانـده ی لشـکر اعـراب که به ایـران حمله کردند، و نمایشـی ترتیـب می‌دادند. آن ها مترسـکی از عمـر سـاخته و آن را آتـش می‌زدنـد و بصـورت گروهـی بـراه می‌افتادند و مـی چرخاندنـد، ایـن عمل به "عمر کُشـان "معـروف بود. امـا نادر زود فهمیـد که تمام ایـن مراسـم هیـچ چیـز جز خرافـات نبود و همـه ی آنها توسـط گروهـی منفعت طلب بـه مـردم تحمیـل شـده بود کـه آنها را کنترل و از آنها اسـتفاده ی شـخصی و سیاسـی و گمـراه مذهبـی کننـد، حالا نـادر با شـنیدن این مطالـب از ابراهیم با خـودش گفتگو و زیـر لـب زمزمـه می‌کـرد، «چـه چیـزی مـی تواند زشـت تـر از چنیـن کار اشـتباه و احمقانـه ای باشـد؟ ایـن طـور به نظـر می‌آید کـه ما هیچ وقت از اشـتباهات گذشـته و مصیبـت هایـی کـه همیشـه به خاطـر ایـن تنفرها بر مـا تحمیل می شـود آگاه نشـده و درس نمـی گیریـم.؟ چرا دائماً سـعی می کنیم اشـتباهاتمان را بیشـتر تکـرار کنیم و بدبختـی و مصیبـت بیشـتری بـرای بچه هایمـان و بچه هـای بچه هایمان کـه ادعا می کنیـم دوستشـان داریـم ایجاد کنیـم؟ آیا راهی بـرای آوردن صلح و عشـق به قلب های مـردم نداریـم؟ چرا نسـل پشـت نسـل باید برای اشـتباهات یـا یک کار غلطـی که یک رهبـری در قـرن هـا پیش انجام داده اسـت تـاوان بپردازیـم؟ چرا نبایـد فراموش کنیم، ببخشـیم و جـای تنفـر را بـه احتـرام و عشـق و صلـح بدهیـم؟ چـرا نبایـد بفهمیم که اسـلام یـک دیـن اسـت و نبایـد مردم آن را به شـیعه و سـنّی تقسـیم کنند. چـرا نباید بفهمیـم کـه ایـن سـودای مردانی اسـت کـه مذهـب را برای منافـع و حـرص و طمع و قـدرت خودشـان تغییـر داده انـد؟ آیـا مـا هیچ وقت یـاد نمی گیریم که انسـان باشـیم و عـوض نمی شـویم؟"

تمـام چیـزی کـه نـادر دربـاره آن در طـول شـب فکـر می‌کـرد بخاطـر مکالمه ای بـود کـه بـا ابراهیم داشـت او به بـرادرش و انتقـام از بهمـن ریش فکر می‌کـرد. تا صبح منتظـر بـود که بـا ابراهیم حرف بزند، می خواسـت بداند چه نقشـه ای در سـر دارد. دو روز بعـد و بـا کمـک ابراهیـم نـادر بهمن ریـش را پیداکرد و او در دسـت های نـادر بود. نـادر فهمیـده بـود کـه ایـن مرد کـه او را تقریبـاً تا نزدیـک مـرگ زده بود،)یـک لواط گـر بچـه بـاز (هـم هست و علاقه زیـادی بـه پسـرهای کوچـک دارد و آنهـا را منحرف می‌کـرده، نـادر مـی خواسـت یک درسـی بـه او و دوسـتانش بدهـد. صبـح زود روز بعد

وقتـی مـردم بـرای رفتـن به سـر کارشـان از درهـای خانه شـان بیـرون آمدنـد، دیدند مـردی در گوشـه ی خیابـان و مقابـل مسـجدی لخـت و عـور از درختـی آویـزان شـده بـود، پشـت او بـه طـرف خیابان بـود و یک شـاخه ی کوچک جلـوی او را پوشـانده بود. روی پشـت و باسـنش نوشـته بـود، "بچه بـاز." زود همه فهمیده بودند که او کسـی جز بهمن ریـش نبود.

البتـه بلافاصلـه او را که دسـت و پایش بسـته بودند و نمی‌توانسـت خـود را رها کند را از درخـت پائیـن آوردنـد و به بیمارسـتان منتقـل کردند او را مفصل کتـک زده بودند و البتـه فقـط بهمـن ریش و دوسـتانش تنها کسـانی بودند که می‌دانسـتند این عمل را کـه بـا او کـرده بـود، نـادر و ابراهیـم و پدر ابراهیـم. ازآنجایی کـه تعرض به کـودکان نه تنهـا حـالا بلکـه هیچ وقت قابـل قبول نیسـت و نبود، ایـن تنبیه یک عمل غیرانسـانی بـه حسـاب نمی‌آمـد. در واقـع کاری کـه نادر بـا بهمن ریش کـرده بود، توجـه پلیس و مـردم را بـه او و دار و دسـته اش جلـب کـرده بود و حـدود یک ماه بعد عکـس او همراه بـا دار و دسـته اش در روزنامـه هـا چاپ شـد. همین سـبب شـده بود کـه پلیس بخاطر دسـت بـردی کـه او و دار و دسـته اش بـه بانکی زده بودند لو رفته و دستگیرشـان کنند و آنهـا را بـرای سـال‌های طولانی راهی زنـدان کنند.

طولـی نکشـید که ابراهیـم دوباره برای دیدن نادر برگشـته بود، ابراهیم در ماشـینی کـه متعلـق بـه سـاواک بـود در نزدیکی نـادر ایسـتاد، آن ها مدتی بـه هم نـگاه کردند. ابراهیـم بـا لبخنـدش بـا او در گفتگـو بـود و می‌گفـت کـه او بـه آنچـه در مـورد بهمن ریـش بـه نـادر قـول داده بـود را عمل کـرده اسـت و حالا نوبت اوسـت که بـه قولی که بـه ابراهیـم داده اسـت عمـل کنـد. نـادر بطرف او رفت و سـوار شـد و ماشـین به طرف کـوه هـای شـمال تهـران حرکـت کـرد کـه در مـورد نقشـه ی رفتـن نـادر بـه خانه ی کنسـول عـراق و نصب دسـتگاههای شـنود صحبت و تمریـن کنند. در تمـام این مدت نـادر در فکـر بـود اگـر چیزی کـه ابراهیـم از او خواسـته و او قـول انجامـش را داده بود موفقیـت آمیـز نباشـد و او گیـر بیافتد، احتمـالاً تمام مسـیر زندگـی او تغیرخواهد کرد ، می‌دانسـت ایـن نـوع ماجراجویـی می‌توانسـت بـه یک چالـش خطرناک بدل شـود و همـه چیـز از بیـن بـرود و حتی کشـته شـود، حـالا متوجه شـده بود کـه چـرا ابراهیم داوطلـب شـده بـود کـه در مـورد بهمـن ریـش بـه او کمـک کند. امـا فکر می‌کـرد که

انجـام آنچـه ابراهیم از او خواسـته است با تمام خطراتی کـه دارد در عین حال خدمت بـه کشـور و ملتش اسـت این مهمتر از آسـایش و زندگی شـخصی او بـود. پس تصمیم گرفـت طبـق نقشـه و قولـی که داده بود عمل کند و زمان آن معین شـد. اما درسـت دو روز قبـل از اینکـه آنهـا وارد عمـل شـوند، ابراهیـم با او تمـاس گرفت و گفت کـه آن ها هـم اکنـون یـک راه دیگـری را جایگزیـن کاری کـه نـادر قرار بـود انجام دهد کـرده اند و دیگـر نیـازی بـه کمـک او نیسـت. بـرای یـک ثانیه نـادر ناراحـت و نا امید شـد چون واقعـاً مـی خواسـت کـه بـه بـرادرش ثابت کند کـه او هـم به خوبی بـرادرش اسـت. اما ایـن شـانس را از دسـت داده بـود. بعـداً متوجـه شـد که ممکن اسـت ایـن برایش بهتر شـده باشـد، ممکـن بود که یک بـار دیگر او در تلـه ای می‌افتاد کهابراهیـم و یا احتمالا بـرادرش عبـاس بـرای او ترتیـب داده بودنـد و او هـم یکـی از پیـاده های شـطرنج آنها می‌شـد. بـه علاوه اگر مسـئله ای اتفـاق می‌افتاد و نمی‌توانسـت در امتحـان نهایی برای دریافـت دیپلـم دبیرسـتانش شـرکت کند. بـرای خـودش و مادرش بسـیار گـران تمام می‌شـد.

*****

فصل سیزدهم

وقتی حاضری هر خطری را بخاطر عشقت بجان بخری...

حدود یک ماه به اتمام سال تحصیلی باقی مانده بود. کسانی مثل نادر که قرار بود دیپلم بگیرند باید برای امتحان نهایی سراسری آماده می‌شدند و از طرفی باید خود را برای کنکور سراسری آماده می کردند. اما امتحان کنکور سراسری که هیچ حتی بزرگترین زلزله هم نمی‌توانست فریبا و نادر را از به انتظار کشیدن سر ایستگاه اتوبوس برای یکدیگر منع کند، مثل همیشه نادر و دوستانش حسین و بهرام در ایستگاه اتوبوس ایستاده بودند و زری و یکی دو تا دیگر دوستان فریبا در کنار او. بهرام دوست و همکلاسی دیگر نادر بود. بهرام برعکس نادر و حسین بسیار بچه ی متین و آرامی بود و تازگی ها بعد از نقل مکان نادر به منزل جدید با هم بسیار دوست و نزدیک شده بودند و همیشه با هم بودند، چرا که خانه‌ی بهرام سر راه خانه ی جدید نادر و مدرسه بود و بیشتر وقتها باهم بودند و بهرام در خانه‌ی نادر وقت می گذراند و با نادر به ایستگاه اتوبوس می‌آمد و با هم به مدرسه می‌رفتند. طبق عادت همیشگی، شوخی و مزاح بین دوستان هر کدام نادر و فریبا برای غیر مستقیم صحبت کردن با یکدیگر و فرستادن پیغام آنها به یکدیگر توسط دوستانشان ادامه و در حال بازی و نمایش بودند. حالا حسین و بهرام دست بکار شده بودند و داشتند جرات و جسارت مردانه ی نادر را برای عشقش فریبا به نمایش می گذاشتند و البته آنها بلند بلند با نادر در مزاح بودند و وانمود می کردند که سر به سر نادر می گذارند اما در واقع داشتند به فریبا درباره قهرمانی نادر گزارش می‌دادند که چطور بهمن ریش را بخاطر او تنبیه کرده بود و لاف شجاعت و مجنونی نادر را می‌زدند و چطور این مجنون وقتی سعی داشته عکس‌های عشقش را از دست گروه‌های اوباش خیابانی مثل بهمن ریش بگیرد نزدیک بوده به کشته شدنش ختم شود.

این صحبت ها سبب شد که در چهره فریبا کنجکاوی و نگرانی پدیدار شود . اما حالا حداقل می‌دانست که می توانست به عشق نادر اعتماد کند، فریبا مرتب به نادر نگاه های کوتاهی می انداخت که هرکدام حاکی از تحسین بودند و احساسی دو طرفه بین آن دو برقرار شده بود و البته هر دو سعی می کردند این احساس زیبا و ملکوتی که بین آن دو بروز کرده بود را از بقیه دوستان خود مخفی کنند. اما شانس موفقیت آنها بسیار اندک بود در حالی که حسین و بهرام مشغول تبلیغات شان در مورد نادر بودند، نادر به تنها چیزی که فکر نمی کرد قصه ی بهمن ریش بود و تبلیغات آنها در مورد خودش. او به تنها چیزی که فکر می کرد پایان دوره دبیرستان بود. می‌دانست که بعد از یک ماه دیگر نمی‌توانست هر روز آنجا سر ایستگاه اتوبوس بایستد و از تماشای عشقش مست و خمار شود. در ثانی آنها از دبیرستان فارغ التحصیل می‌شدند و دوران دبیرستان برای آنها تمام می‌شد و دوران تحصیلات دانشگاهی آغاز می‌شد. هر کدام اگر در کنکور سراسری دانشگاه ها قبول می‌شدند به دانشکده های مختلفی در نقاط مختلفی از کشور می‌رفتند و اگر شانس قبولی نداشتند برای سال بعد درس می خواندند و یا عده ای مثل حسین عازم آمریکا و خارج برای ادامه تحصیل می‌شدند، گروهی هم یا خانه نشین و یا مشغولیات دیگری را اختیار می کردند. برای نادر مهم نبود شامل کدام گروه می‌شد، مهم این بود که دیگر نمی‌توانست هر روز و شاید ماهها چشمش به فریبا بیافتد و این به معنای مرگ روحی و وجودی نادر بود. نادر آنقدر در فکر گم شده بود که انگار آنجا نبود و وقتی اتوبوس ایستاده بود و همه سوار شده بودند نادر فراموش کرده بود که مثل همیشه بدود و بالا پریده و با عشقش راهی مدرسه شود. وقتی بخود آمد که حسین و بهرام او را صدا می کردند، نادر بدنبال اتوبوس دوطبقه دویدن آغاز کرد که مثل همیشه در لحظه آخر بالا بپرد، در حالی که دنبال اتوبوس می دوید چشمانش چند لحظه بین مسافران به فریبا افتاد که دنبال او می گشت اما دیگه برای نادر دیر شده بود که سوار شود چند نفر دیگر جلوتر از او بالا پریده و جایی برای نادر نبود، اتوبوس در راه بود و نادر دنبال اتوبوس می دوید و بالاخره نامید و افسرده حال سرعتش کم و به قدم زدن تبدیل شد، همنیجور که به اتوبوس خیره شده و بدنبالش در راه بود احساس تهی بودن بدی به او دست داد

،احساس می کرد اتوبوس داشت عشق و قلبش را برای همیشه با خودش می‌برد. نادر هرگز چنین احساس نامشخص و نامانوسی را قبلاً تجربه نکرده بود. هنوز هم در جهت اتوبوس که دیگه از دید گم شده بود خیره شده بود، احساس می کرد که اتوبوس قلبش، امیدش و آینده اش را با خود می‌برد. او قبلاً هم اتوبوس را از دست داده بود اما هیچ گاه چنین احساس دل تنگی و اندوه و افسردگی به او دست نداده بود. غم، اندوه و افسردگی چنان وجودش را گرفته بود که حتی نمی‌دانست تا سر خیابان بعدی که دویست متری با ایستگاه اتوبوس فاصله داشت بدنبال اتوبوس رفته بود، حتی آنجا هم اگر صدای بوق ماشینی که قصد پیچیدن به خیابان فرعی از خیابان شمیران را داشت او را بخود نمی آورد شاید جلوی ماشین پریده و زیر ماشین می‌رفت. برای همین بود که راننده نگران و برای آگاه کردن نادر بوقش را به صدا در آورده بود.

طولی نکشید که نادر گم شده در فکر و خیال به ایستگاه بعدی رسید و دید که بهرام در آن ایستگاه در انتظارش ایستاده بود . او وقتی نادر سوار نشده بود در ایستگاه بعدی پیاده شده و منتظر رسیدن نادر شده بود، خوبی بهرام این بود که مهم نبود اوضاع و احوال بد بودند و یا خوب او همیشه لبخند ملایم خود را بر چهره داشت، لحن و صدایش هم همیشه ملایم بود و این برای نادر آرامش بخش بود. هر دو بطرف خانه در راه شدند، بدون اینکه حرفی بزنند هر دو تصمیم گرفته بودند اینبار پیاده مسیر خانه را طی کنند، در مسیر بهرام شروع به بذله گویی کرد که غم نادر را به شادی بدل کند اما نادر کاملاً به حرف های بهرام گوش نمی‌داد، نگرانی و غمی که برای خودش هم مشخص نبود از کجا و چرا یکباره تمام وجودش را پر کرده بود ذهن و فکر نادر را در کنترل خود داشت انگار در آن لحظه نادر در زمان و مکان دیگری بود. آنها به راهشان ادامه می‌دادند و به نظر می‌رسید چشمان نادر همه جا به دنبال دیدن فریبا می گشتند اما هیچ اثری از فریبا نبود که نبود.

بالاخره پای پیاده به خانه ی نادر رسیده بودند برای نادر بسیار مفید بود که این روزها بهرام همیشه با نادر بود چرا که او می خواست مطمئن شود نادر به درس و مشق بپردازد و برای امتحانهای نهایی سراسری دیپلم آماده شود. با رسیدن آنها به خانه آب میوه ی حاجیه خانم آماده بود، مادر معطل نکرد که آنها وارد

اطـاق نـادر شـوند و جلـوی ایـوان دو لیـوان آب میـوه خنک دسـت آنهـا داد و بعد یک کاسـه پـر از انـار برایشـان آورد. او می‌دانسـت نادر این میـوه پرخاصیت را دوسـت دارد. سـپس توجـه نـادر بـه انتهای حیـاط که یـک ردیف گلـدان که قامـت گل و گیـاه آنها چنـان بلنـد بودنـد کـه یـک دیوار بیـن دو طـرف ایجـاد و از یکدیگـر جدا کـرده بودند جلـب شـد. او نمی‌دانسـت چـرا این دیـوار با این گلدانهای آنجا ایجاد شـده بـود، صدای مـادرش بلنـد شـد، «آقـا بهـرام شـما نباید دیگه تـا امتحـان دیپلـم تـان را ندادید به خانـه ی خودتـن بریـد، بهتـره ایـن جا با نـادر بمانـی و با هـم درس بخوانید. اگر شـما اینجـا و پیـش نـادر باشـی او درسـش را مـی خونـه و دیپلمـو قبـول مـی شـه؟ من به کارگرهـا گفتـم آنجـا را برای شـما درسـت کننـد..." حاجی خانم بـه گلدانهـا و دیواری کـه درسـت کـرده بودند اشـاره کـرد و ادامـه داد، "به همه هـم گفتم تا امتحانات شـما تمـام نشـه هیچکـس حـق نـدارد به ایـن خانه بیاد شـما دو نفر هـم نگران غـذا یا میوه و یـا نوشـیدنی نباشـید همـه چیز مهیا اسـت فقـط درس بخوانید. می‌خواهـم هر دوی شـما دیپلم دبیرسـتانتان رابگیریـد و بعد برید دانشـگاه..."

بعـد هـم حاجیـه خانـم بطـرف در حرکـت کـرد امـا قبـل از وارد شـدن ایسـتاد و برگشـت، کمـی بـه نـادر و بهـرام نـگاه کـرد و ادامـه داد، "آقـا بهـرام مـن ممنون شـما هسـتم و هـر روز بـرای سـلامت شـما دعا مـی کنم... شـما خیلی دوسـت خوبـی برای نـادر هسـتی اگـر با نادر نباشـی حواس نادر حتما پرت می شـه و می ترسـم دیپلمشـو نگیـره و غم منـو زیادتر کنـه...؟"

در چهـره حاجیـه خانم انقـدر غم و اندوه بـود که واقعیتش درسـت مثل یک تریلی بـود کـه ترمـزش بریده باشـد و در سـر پائینی با سـرعتی غیـر قابل کنتـرل در حرکت بـود و محکـم بـر قلـب و وجـود نـادر اصابـت کـرده و نـادر را زیـر و له کـرده بـود. نادر همینجـور بـه دری کـه مادرش داخل شـده بود خیره شـده بود. جیک از هیـچ کدام در نمی‌آمـد، شـنیدن سـخنان و دیدن و حس کـردن غم و نگرانی مادر نـادر را از بیخ و بن زیـر و رو کـرده بـود. حـالا به تنها چیزی که فکـر می‌کرد قبول شـدن در امتحان نهایی و گرفتـن دیپلـم بـود و شـاد کردن دل مـادرش. اگر لازم بـود نادر جانـش را هم می‌داد کـه مـادرش را خوشـحال کند و وقتی مسـئله ی مـادرش در میان بود هیـچ چیز دیگر بـرای نـادر اهمیتـی نداشـت. در ثانی اگـر او دیپلمـش را نمی‌گرفت مـادرش پیش کل

فامیل سر شکسته می‌شد و واقعاً چنین شرمندگی را نمی‌خواست و نمی‌توانست بر مادرش تحمیل کند. بی اختیار و ساکت بطرف منطقه ای که مادرش برای آنها ایجاد کرده بود به راه افتاد، بهرام هم به دنبالش. هر دو به آنطرف دیوار گلدانها رسیدند همه چیز برای آنها آماده بود حتی محل نشستن و استراحت کردن اما آنها از دید همه به دور بودند .فقط گل بود و گیاه و آن دو و زمین صاف سراسری برای قدم زدن آنها. نادر همینجور به بهرام خیره شده بود، گویی یک تونل آگاهی وجودش را تسخیر کرده بود که تنها از طریق آن می‌توانست بر فکرش غلبه داشته باشد. حالا تنها چیزی که باید به آن فکر می‌کرد قبول شدن در امتحانات نهایی سراسری دیپلم و خوشحال کردن مادرش بود.

سه هفته بیشتر به امتحان سراسری دیپلم نمانده بود نادر و بهرام در انتهای حیاط در کنار ردیف گل ها و گیاهان و دور از چشم همه قدم می‌زدند، می‌نشستند و مشغول مطالعه بودند. گاهی هم یکی از آنها در اتاق و دیگری پشت دیوار به تنهایی مشغول درس خواندن می‌شدند. پر مسلم بود که حاجیه خانم و بلور هم انواع خوراکی ها، آب میوه ها، شیرینی و تنقلات را دم به دم برای آنها آماده و به آن دو می خوراندند. پر معلوم بود که انار و عسل و نان و پنیر و انواع سبزیجات تازه و کباب وغیره و غیره جزوه آنها بودند. گاهی اوقات هم بخاطر اینکه به فکر خستگی و خوابیدن نیافتند شب هنگام از خانه بیرون می‌زدند و در خیابانهای خلوت تا نیمه های شب و گاهی پاسی بعد از نیمه شب زیر چراغ های خیابان قدم زده و به درس خواندن خود ادامه می داند. هر شب هم به خیابانی که خانه ی فریبا در آن بود رسیده و از آن رد می‌شدند. اکثر شبها هم چراغهای خانه و اتاق فریبا خاموش بودند و با دیدن این خاموشی قلب نادر هم خاموش می‌شد. اگر چه هیچگاه اثری از فریبا نبود و او را نمی‌دیدند اما انگار حس کردن بوی او و اینکه برای دیدن او اقدام کرده بود برای نادر کافی بود که مست و خمار شود.

بالاخره روز امتحان نهای رسید و گذشت اگر چه او بیشتر از سه تا چهار هفته بیشتر وقتش را روی امتحان متمرکز نکرده بود اما نادر از امتحانش راضی بود و مطمئن بود که قبول خواهد شد. اگر چه همه بچه ها بعد از امتحان دست جمعی برای رفع خستگی از آن دور هم جمع و غذا می‌خوردند و اتمام آن را جشن

می گرفتند اما نادر خواسته ی دیگر در سر داشت، بلافاصله بعد از اتمام امتحانش راهی خانه ی فریبا شد ومی‌دانست که او هم مشغول امتحان دادن است و بعد از امتحان به خانه بر می گردد و نادر می خواست سر راهش به خانه او را ببیند. دلش برای فریبا یک ذره شده بود می‌دانست با قبول شدنش مادرش را خوشحال کرده و حالا باید خود را خرسند و شاد می کرد و آن دیدن عشقش فریبا بود. اما آن روز هم فریبا پیدایش نشد او هم مثل همه با دوستانش اتمام امتحانات دیپلم را جشن گرفته بود.

وقتی نتیجه ها را دادند نادر قبول شده بود و معدلش هم چهارده شده بود. خیلی متعجب بود که چرا نمره انشاء اش که او فکر می کرد باید بهترین نمره را بگیرد برعکس از همه درس ها کمتر شده بود. اما برایش چندان مهم نبود، بهرحال او از سد دیپلم گذشته بود. از آن به بعد هر روز از هر فرصتی که پیدا می کرد برای دیدن فریبا راهی خانه ی او می‌شد و چندین بار از کنار خانه ی او رد می‌شد اما تمام تلاشش برای دیدن فریبا بی ثمر بود هیچ علامت و نشانه ای از او نبود که نبود، هر روز که می گذشت بیشتر یک انتظار آزار دهنده درونش را پر کرده و از درون احساس تهی بودن می کرد. مثل این بود که فریبا کاملاً ناپدید شده بود.

فصل چهاردهم

وقتی آداب و رسوم غلط جامعه بر خلاف عشق وعلاقه‌ات مسیر زندگی تو را تعیین می کند...

تابستان بسیار گرمی بود . نادر بالاخره برای همیشه دبیرستان را پشت سر گذاشته بود. همه فکر می کردند که او کار غیرممکنی را ممکن کرده بود چرا که او عادت داشت همیشه در یکی دو هفته ی آخر به امتحانها مانده بود به درس و مشق اهمیت بدهد و همیشه موفق هم می‌شد. اما امسال امتحانهای نهایی برای دیپلم بود و سئوالها سخت تر بودند اما او توانسته بود از پس امتحانات نهایی بخوبی بر بیاید. البته هیچوقت کتمان نمی کرد که این موفقیت را به دوست خوبش بهرام مدیون بود، همیشه فکر می کرد اگردوستی بهرام و تلاش و صبر و حوصله ی او برای سرگرم کردن نادر به درس خواندن نبود شاید او از سّد این امتحان براحتی نمی گذشت. حالا مادرش مرتب لاف هوش و ذکاوت نادر را می‌زد و می گفت. 'نادر هر کاری را که بخواهد می تواند انجام دهد فقط باید فکرش را روی آن بگذارد. مادرش فکر می کرد نادر در مواردی که به آن علاقه ای نداشت تنبلی می کرد و فکر و حواسش را به چیزهایی می‌داد که در جهت موفقیت او در راه تحصیل نبوده اند. وقتش را با دوستان زیادش تلف می کند. اگر چه نادر از سّد دیپلم گذشته بود اما جنگ و مبارزه ی او در سه جبهه دیگر آغاز شده بود، اول عباس و همه می خواستند او فقط در رشته ی پزشکی درس بخواند و دکتر شود، دوم خواسته ی خود نادر بود که تمام فکر و ذهن و وجود و قلبش روی نویسندگی و هنر پیشگی و فیلم دور می‌زد و نه هیچ چیز دیگر، سوم دوری از فریبا بود و اینکه او چه رشته ای قبول می‌شد و به کدام دانشگاه می‌رفت و اگر اصلا او در ایران باقی می ماند و یا مثل حسین که عازم آمریکا بود او هم راهی یک کشور خارجی برای ادامه‌ی تحصیل می‌شد. اما مهم نبود در چند جبهه در نبرد بود، می‌دانست برای ورود به

هـر دانشـگاهی چـه خواسـته ی خود و چه خواسـته ی بـرادرش و خانواده باشـد باید از صـد کنکور آن رشـته و دانشـگاه بگـذرد بنابراین حـالا او باید واقعاً سـخت مطالعه کند کـه در امتحـان ورودی دانشـگاهها و رشـته ی مـورد نظـرش قبول شـود. از قـرار معلوم خانـواده نـادر فقـط مـی خواسـتند او پزشـکی بخوانـد و هیـچ رشـته دیگـری را قبـول نداشـتند هیـچ چیـزی پایین تر از آن برایشـان راضـی کننده نبود و از صمیـم قلب آرزو داشـتند کـه او اولیـن کسـی باشـد که در فامیل پزشـک می شـود. زیرا ایـن مقام باعث اعتبـار آن هـا می‌شـد و حـق بالیـدن را برایشـان تضمیـن می کـرد. حتی به مهندسـی هـم راضی نمی‌شـدند.

نـادر هـم مثـل همـه ی جوانهـای دیگر ایـران محکوم بـه پیـروی از آداب و رسـوم غلـط جامعـه شـده بود چـرا که با داشـتن عنوان دکتـر و یا مهنـدس در جامعـه ایرانی دیگـر نـام واقعـی را کـه خانواده تـان به شـما داده بودند فراموش می‌شـد و با نـام آقای دکتـر و یـا آقـای مهندس شـما را صـدا می‌زدنـد و دیگر اصلاً برای کسـی مهم نیسـت کـه شـاید اسـتعداد وخلاقیـت و یـا تمایلات عاطفی و شـخصی دیگر داشـته باشـید یا نداشـته باشـید، فقـط ایـن مهم اسـت که شـما دکتـر و یا مهندس باشـید. ایـن احترام بـه شـما را در جامعـه تضمیـن می کـرد. خنـده دار تـر از همـه بـرای نـادر این بـود که بـه آقـای دکتـر و مهنـدس گفتـن به کسـی که بـه این مقـام و منزلـت نایل آمـده بود اکتفـا نمی‌کردنـد، حتـی زنـان آنهـا هم لقب خانـم دکتـر و خانم مهنـدس را یدک می کشـیدند و بـاد بـه غبغـب مـی انداختنـد و اسـم مادری خـود را هـم کـم کـم فراموش می‌کردنـد. ایـن بـرای نادر همیشـه سـئوال بـود که چـرا اگر یک مـرد با زن دکتـر و یا مهندسـی ازدواج می کـرد اسـم مهنـدس و دکتـر را به شـوهر او نمی چسـباندند؟ نادر اصـلاً نمی‌توانسـت خـودش را در ایـن قالـب های کلیشـه ای مرسـوم جا بدهـد و از آن متنفـر بـود، بخاطـر همین هر وقت اسـم او را می پرسـیدن او به شـوخی همیشـه خود را خـر معرفـی می کـرد و یـا بخود لقب خر را مـی‌داد. در دل او عناویـن دکتر و مهندس معنـی چندانـی نداشـتند. یـک چنیـن طـرز تفکرهـا شـدیداً او را آزار مـی‌داد. بـرای او درسـت نبـود کـه نامـش را تسـلیم عنوانـی بکنـد کـه اصلاً برایـش معنـی و اهمیتی نداشـت، مثـل ایـن بـود کـه بخواهـد هویت خـود را تسـلیم کند. بـرای او دکتر شـدن اصـلاً نبایـد مطـرح می‌شـد و همین طـور عملاً هـر چیز دیگری کـه خانـواده اش برای

او مـی خواسـتند. بنابرایـن در فکـر او ایـن حرفـه ها کامـلاً منتفی بود.

چنـد هفتـه بعـد از تمام شـدن مدرسـه بود که بایـد تمام فـارغ التحصیل هـا برای گذرانـدن بـزرگ تریـن امتحان زندگی شـان آمـاده می‌شـدند. آنها در صـورت موفقیت درامتحـان کنکـور می‌توانسـتند با قبولی در رشـته مورد نظر وارد دانشـگاه شـوند اصلا امتحـان راحتـی نبـود و تنهـا راه ورود بـه دانشـگاه قبولی در ایـن امتحان بـود. از بیش از صـد هـزار نفـر شـرکت کننـده تنهـا ده هـزار نفـر کـه بالاتریـن نمـره را مـی آوردند قبـول می‌شـدند. ایـن امتحـان اصلاً شـوخی نبـود و باید شـرکت کننده ها بـا معلومات و باهـوش مـی بودنـد. زندگـی بـرای یک فـارغ التحصیـل دبیرسـتانی جوان مثـل او با کلاس هـای خصوصـی، معلـم خصوصی و کتاب خواندن شـبانه روزی تعریف می‌شـد و دیگـر وقتـی برایش باقـی نمی ماند تا کار دیگـری انجام دهد و یقیناً نمی‌توانسـت هیچ تصویری از تفریح و سـرگرمی داشـته باشـد و یا به دنبال دیدن فریبا و در فکر و خیال او باشـد. در مجمـوع برایـش واضح نبـود کـه مسـیر کار و زندگـی اش چه خواهـد بود. فقط یک چیز بود که می خواسـت از آن مطمئن شـود او می خواسـت بداند عشـقش، فریبـا کجاسـت. آیا به دانشـگاه مـی رود و چه رشـته ای می خواهد بخوانـد. به هر حال مدتـی بـود کـه او را ندیـده بـود و کامـلا از او بـی خبر بود. مثـل این‌که فریبـا از صفحه روزگار حذف شـده باشد.

حسـین هـم آمـاده می‌شـد تـا ایـران را بـه مقصـد امریـکا ترک کند. حسـن هم عـازم هنـد بـود. علی به شـهر زادگاهش سـاری رفت و نادر بعـد از آن هرگـز او را ندید. تنهـا بهـرام باقـی مانـده بـود کـه او هـم بـه درس خواند مشـغول بـود. بقیه دوسـتان و همـکلاس هـای نـادر سـخت درس مـی خواندند به غیـر از او که گیج و گنگ شـده بود و دائـم در خیابـان هـا قـدم می‌زد و بیشـتر به سـینما می‌رفـت. در جنگ و مبـارزه بود کـه چـه رشـته ای را بایـد انتخاب کنـد چیزی را که خانـواده و جامعه می خواسـت و یا آنچـه او واقعـا به آن عشـق مـی ورزید و بالاخره به این نتیجه رسـید کـه باید به صدای دلـش جـواب بدهـد و دنبـال آن بـرود و پـی همـه سـختی ها را هـم به تن بمالـد و آن رشـته ی هنـر بـود، رشـته هـای هنری چیـزی بود کـه شـدیداً او را جذب می‌کـرد. در دبیرسـتان تئاتر و نمایشـنامه نویسـی را یاد گرفته بود و اسـتعداد بازیگری و نویسندگی داشـت، ایـن طـور معلوم بود که تنها رشـته مناسـب بـرای او هنرهای دراماتیک اسـت

و مـی تواند با شـخصیتش هماهنگ باشـد.

نـادر در محـدوده خیابـان پهلـوی واقع در شـمال شـهر دنبـال کافه تریایـی بود که محـل تجمـع هنرمندان بود. برای اینکه مطمئن شـود رشـته ای را کـه انتخاب می کرد درسـت بـود قصـد داشـت به ملاقـات مردی بـرود که مـی خواسـت بـه او در یادگیری نمایشـنامه نویسـی و هنـر بازیگـری کمـک کنـد. نـادر ایـن شـخص را بطـور اتفاقی از طریـق یکی از دوسـتانش در زمان دبیرسـتان ملاقات کرده بود. نـام او «نصرت کریمی" بـود. او واقعـاً در کارش نابغـه و یکـی از بنیـان گـذاران تئاتر عروسـکی و گریـم در ایران بـود. در آن زمـان او اسـتاد دانشـکده هنرهـای دراماتیک بود و تحصیلاتـش را در ایتالیا انجـام داده بـود بعدهـا او اسـتاد نـادر شـد و به همیـن خاطر نادر قـدردان او بـود، آقای کریمـی مـی خواسـت او را راهنمایـی کنـد و نـادر از این‌که شـانش ملاقات کـردن با او را پیـدا کـرده بـود بسـیار شـاکر بود. همـان طور کـه داشـت از خیابان رد می‌شـد تا به محـل ملاقاتشـان بـرود. یـک مرتبه متوجه شـد که بـرادرش عبـاس در یک رسـتوران بـا یـک خانـم نشسـته اسـت. اول بـه آن اهمیت نـداد امـا فکر و خیـال به ذهنـش یاد آوری کـرد کـه عبـاس مدتهاسـت کـه خیلی کـم در تهران پیدایش می شـود و بیشـتر در شهرسـتانهایی مثـل قـم، سـاوه و کاشـان بـه سـر می‌بـرد و هـر دو هفتـه بعدازظهر پنجشـنبه بـه تهـران می‌آمـد و جمعـه بعـد از ظهر تهـران را تـرک می کـرد، در ضمن ایـن روزهـا کمـی خوشـحال تـر به نظـر می‌آمـد و آن روز دوشـنبه بود نه پنجشـنبه و جمعـه در ضمـن هیچکس نمی‌دانسـت عبـاس در تهران بسـر می‌برد و حـالا این جا با ایـن خانـم در حـال غذا خـوردن و خندیدن چـه کار دارد؟ یک چیزی بـه نادر می گفت ایـن نمی‌توانسـت یـک ملاقات کاری باشـد اگـر هم باشـد چیزی عمیق تر هم هسـت. رفتـار و کـردار آنهـا این را نشـان نمـی‌داد، در ضمن نـادر تاکنون به هیچ عنـوان ندیده بـود و نشـنیده بـود عبـاس در کنار بلور دوسـت دختری داشـته باشـد. نـادر مراقب بود تـا بـرادرش او را نبینـد بـرای همیـن رفـت پشـت یک درخـت بـزرگ و خـودش را در موقعیتـی قـرار داد کـه بتوانـد آن هـا را ببیند. خیابان پهلـوی یکـی از زیباترین خیابان هـای تهران اسـت کـه در دو طرفش درختان سـبز بلند و تنومند دارد. پـای درختان در هـر دو طـرف نهر آبی جاری اسـت، مثل این‌که در خارج از شـهر باشـی، پیـاده روی در کنـار ایـن خیابـان آرامـش بخـش اسـت. مکانی اسـت که مغازه های شـیک بـا اجناس

لوکس و رستوران های گران قیمت دارد که مردان طبقه متوسط نمی توانند آنجاها وقت بگذرانند.

نادر سخت با افکارش درگیر بود در همین موقع دید که ابراهیم سر میز عباس ظاهر شد و در حالی که چیزی در گوش او زمزمه کرد به سمت درختی که نادر پشت آن ایستاده بود اشاره کرد. بعد از آن عباس به جهتی نگاه کرد که نادر آن جا پنهان شده بود واضح بود که آنها درباره او صحبت می‌کردند و او را دیده اند. اما نادر در تعجب و شوک بود از کدام جهنمی ابراهیم آنجا پیداش شده بود و چطوری او را دیده بود در حالیکه نادر او را ندیده بودکه وارد رستوران شود ؟ در ثانی او آنجا و با عباس چه می‌کرد؟ نادر گیج شده و هیچ جوابی برای خود نداشت. بنظر می‌آمد که ابراهیم قصد ندارد از زندگی نادر خارج شود؟ اما حالا نادر به دردسر افتاده بود و نمی‌دانست چه کار کند. او نمی‌دانست آیا برود و وانمود کند که عباس را ندیده یا این‌که آن همان جا صبر کند تا این‌که ببیند عکس العمل عباس چه خواهد بود و این درست همان موقع بود که آقای کریمی مردی که نادر باید با او ملاقات می‌کرد جلوی رستوران رسید و برای پیدا کردن نادر به اطراف نگاه می‌کرد و وارد رستوران شد نادر نمی‌دانست چکار کند برای همین مدت طولانی آن جا پشت درخت ایستاد و مطمئن نبود که چه کاری باید انجام بدهد. می‌دانست که نباید او را معطل می گذاشت و این یک توهین به او تلقی می‌شد. شانس به او رو کرد و برادرش بلند شد خانم همراهش هم بدنبالش و از رستوران خارج شدند. ابراهیم هم همان موقع یک تاکسی نگه داشته بود که آن خانم را سوار کند و خانم به تنهایی سوار تاکسی شد و تاکسی رفت، بعد هم ابراهیم و عباس هم سوار ماشین دیگری شدند. ابراهیم رانندگی را به عهده داشت. عباس اصلاً به سمتی که نادر بود توجهی نکرده و بی اعتنا سوار ماشین شد. اما قبل از سوار شدن ابراهیم ایستاد و سرش را برگرداند و به طرف او نگاه کرد و لبخند زد، ماشین با سرعت وارد ترافیک شد و دور شدند. نادر فوراً از خیابان رد شد و به رستوران نزد آقای کریمی‌رفت و البته چاره ای نداشت جز اینکه آنچه که سبب دیر کردن او شده بود را با او در میان بگذارد و بیشتر از موقعیت خانواده اش به آقای کریمی توضیح دهد. بعد از یکی دو ساعت آقای کریمی کمک بزرگی به نادر کرده و نادر مطمئن شده که تصمیم گیریش در

مورد آنچه خود می خواست و دل و قلبش در آن بود درست بوده است، صحبتهای آقای کریمی هیچوقت ذهن نادر را ترک نکردند. «آیا خانواده شما تا آخر عمرتان با شما خواهند بود؟ و آیا آن ها می خواهند همیشه با غم و اندوهی که برای شما به واسطه روی نکردن به آنچه دل و قلبت می خواسته دست و پنجه نرم کنند یا تو؟ ما به عنوان هنرمند باید از استعدادی که خدا به ما داده برای توضیح حقیقت زندگی به مردمان از طریق دیدی که به آن داریم استفاده کنیم و اجازه دهیم که خودشان درباره آن حقیقت تصمیم بگیرند. الان زمانی است که مردم به هنرمندانی مثل شما بیشتر نیاز دارند تا به دکتر و مهندس ها. شما بیماری ای که برای آن ها ناشناخته است را درمان می کنید، بیماری روحی که آداب و رسوم قدیمی و اشتباه سبب آن شده اند را بهبود می دهید. دکتر چیزی را که شناخته شده درمان می کند. تو با دنبال نکردن خواسته دلت به خودت به مردم و خدا خیانت می کنی."

آقای کریمی با توجه به اینکه پی برده بود نادر از خانواده مذهبی می باشد با در نظر گرفتن خدا کلماتی می گفت که درآن لحظه نادر محتاج به شنیدن آنها بود. دانست که باید چیزی را که احساس می کند برایش درست است انجام بدهد، مهم نیست چه اتفاقی می‌افتد، در این راه هرگز نباید به عقب نگاه کند و از خودش نپرسد که چه اندوهی می‌تواند در پیش داشته باشد.

*****

نادر در حالی که برای امتحان کنکور دانشکده ی هنرهای دراماتیک آماده می‌شد در عین حال در پی این بود که ببیند آیا می تواند اطلاعاتی از فریبا به دست بیاورد، دوستش ماندگاریان هم از آن محله رفته بود. فرید هم به فرانسه رفته بود. هرچه بیشتر برای دیدن فریبا جستجو می کرد بیشتر نا امید می‌شد. اما باز هم امیدش را از دست نمی‌داد. در همین احوال دوباره با ابراهیم برخورد کرد و ابراهیم وانمود کرد که اتفاقی بوده است. اما دیگر نادر می‌دانست هر بار که ابراهیم در زندگی او پیداش می شود دلیلی پشت آن هست. آن ها در یک چایخانه که محل تجمع پسرها و دخترها بود نشستند، همه جوان ها که آن جا بودند تحت تأثیر زندگی غربی قرار داشتند و تلاش می کردند که به بهترین نحو از آن پیروی کنند از مدل مو گرفته تا دامن های کوتاهی که می پوشیدند و هیپی گری که

در غـرب مـد شـده بـود. نـادر کاملاً متوجـه بود کـه آن ها راه جهـان غـرب را در پیش گرفتـه انـد و آن را سـبک زندگـی شـان قـرار داده انـد. ابراهیم شـروع به صحبـت کرد. "مـن واقعـاً بایـد کاری بـرای تـو انجـام بدهـم تا تو مـن را بـرای بلایی که سـرت آوردم ببخشـی من هنـوز احسـاس گناه مـی کنم."

طبـق معمـول گذشـته نادر می‌دانسـت کـه ابراهیم با الفـاظ بازی می کرد و داشـت بـا لابـه گویـی هـای خـود زمینـه را بـرای کاری کـه واقعا داشـت آمـاده می کـرد و کلاً علاقـه ای بـه کمـک به او نداشـت. برای همین نـادر رو به ابراهیم کـرد و تصمیم گرفت کـه او را محـک بزنـد. "ابراهیـم؟ ایـن بار واقعـاً از من چه مـی خواهی؟ بهتر نیسـت که مسـتقیم بری سـر موضـوع و از دری وری گفتن خـوداری کنی؟"

امـا ابراهیـم تصمیـم نداشـت تسـلیم شـود. او خیلـی خـوب آمـوزش دیـده بـود و اعمالـش کامـلاً حسـاب شـده بودنـد. آرزوی او این بود که بـه آمریکا بـرود و تحت نظر سـازما "سـیا" آموزش ببیند و در رشـته خودش بهترین شـود، او این خواسـته اش را در حیـن گفتگـو برمـلا کـرده بـود. به هـر حـال ابراهیم به صحبـت خـود ادامـه داد. «نه، مـن واقعـاً می‌خواهـم کار خوبـی بـرای شـما انجـام دهم، بـه عنوان مثـال اگـر روزنامه صبح را وقتی که اسـامی قبول شـدگان در دانشـگاه را اعلام کرد، باز کنی اسـمت را در لیسـت قبولـی هـا خواهی دیـد. تنها کاری که باید انجام بدهی این اسـت که در جلسـه امتحـان شـرکت کنی و امتحـان بدهی.... انهم در رشـته ی پزشـکی..."

نـادر بـرای چنـد ثانیـه هیـچ عکـس العملـی نشـان نـداد و دربـاره چیـزی که می خواسـت بگویـد فکـر کرد. چطور می‌توانسـت ابراهیم چنیـن کاری را انجام دهـد؟ او در وضعیتـی نبـود کـه چنین سـرنخ هایی را در دسـت داشـته باشـد. در ثانی در بـاور نادر نمـی گنجیـد کـه می‌شـد در امتحانـات کنکـور آنهم بـرای پزشـکی تقلب کـرد و یک نفـر را همینطـور قبـول کرد، چـرا که اگر اینجـور بود هـزاران نفر با موقعیـت اجتماعی کـه داشـتند ایـن کار را می کردنـد و حالا پسـران و دختـران همه ی آنها باید در رشـته هـای پزشـکی مشـغول تحصیـل باشـند امـا چنیـن نبـود، پـس ابراهیم بـا ایـن پیغام دروغینـش از او چـه مـی خواسـت؟ یـا شـاید پیغام کـس دیگری را بـرای او مـی آورد؟ و اگـر چنیـن بـود، پیغام چه کسـی غیر از برادرش می‌توانسـت باشـد؟ عبـاس، عباس، عبـاس، عبـاس، بفکـر نـادر خورد کـه حتما بایـد با آنچـه او و عبـاس را با زنی دیـده بود

رابطه ی مستقیمی داشته باشد و شاید عباس می خواست به او رشوه بدهد تا درباره آن چه او دیده بود با کسی حرفی نزند. نادر می‌دانست که اگر چه عباس هیچ علاقه ای به بلور نداشت اما نسبت به او حساس است و همچنین در مورد فروغ، نادر فکر می‌کرد که برادرش قدرت ندارد که رو در رو با او صحبت کند. نادر آن جا در سکوتی کشنده، آرام نشسته بود و فقط به ابراهیم خیره شده بود و ابراهیم از این وضع چندان راحت نبود. چون خوب آموزش دیده بود که چگونه بر هر موقعیتی غلبه داشته باشد، روی صورتش لبخند دروغین ظاهر کرد و دوباره شروع کرد به لاف زدن درباره دوستی قدیمی شان و این‌که چقدر اوقات خوشی با هم داشتند و چقدر با هم بازی می‌کردند، بعد به آهستگی دوباره برگشت به چیزی که می خواست درباره آن حرف بزند درست مانند یک ماری که می خزد، "ما دوستان خوبی بودیم، شما و من، تیم فوتبال ما بهترین بود. من صادقانه می گویم که متأسفم برای کاری که انجام دادم، کاری ندارم که وضعیت چطور بود. اما می‌خواهم اشتباهم را جبران کنم. من حقیقت را به شما خواهم گفت، مهم نیست که شغلم را از دست بدهم، بله من این جا هستم چون برادرت از من خواسته، بله، هر کاری که در مورد شما و برای شما انجام داده ام عقیده او بوده است."

نادر آرام در کنار ابراهیم نشسته و به او خیره شده بود، اما درونش آتش بود و شعله های آن به اطراف پراکنده می‌شد ابراهیم آن را حس کرد و ادامه داد، "اما باید بدانی که عباس همه این کارها را به خاطراین‌که خوبی شما را می خواهد انجام می‌دهد چون شما برادرش هستید، چه غلط چه درست، او این کار را با نیت خوب می‌کند، او فکر می‌کند که دارد به شما کمک می‌کند، هر کاری را که انجام می‌دهد برای کمک و خوبی به شماست... اما شاید نحوه ی کارش چندان خوش آیند نباشد. آدم چطور می تواند از کسی که قلبا می خواهد به تو کمک کند و خوبی تو را می خواهد متنفر باشد و بد او را بخواهد؟ حتی اگر هم راه غلطش سبب درد و رنج شده باشد؟ مخصوصاً که او برادر شماست و بهترین را برای شما می‌خواهد، درست مثل مادرت حاجیه خانم؟"

نادر می‌دانست که او اسم مادرش را می‌برد تا دل او را بدست بیاورد. اما دیگر نمی‌توانست بیش از آن به مکالمه ادامه بدهد، باید بیرون می‌رفت تا کمی

هـوای تـازه بخـورد امـا ابراهیم قصـد نداشـت او را تنها بگـذارد و واقعاً نمی‌دانسـت نادر از شـنیدن ایـن واقعیـت کـه بـرادرش از دور زندگـی او را دسـت کاری و کنتـرل کـرده اسـت دچار چه احساسـی شـده اسـت؟ نادر سـکوت اختیار کرد و از جایش بلند شـد و حرکـت کـرد اما نمی‌دانسـت بـه کجا می‌رفت، فقـط می خواسـت از ابراهیم دور شـود. امـا ابراهیـم نمی‌خواسـت اجـازه بدهد نـادر آن جـا را ترک کند تـا این‌کـه او را متقاعد کنـد کـه بـرای چـه نـزد او آمده اسـت. امـا می‌دانسـت که وقت مناسـبی نیسـت پس سـاکت شـد و بـا او بـه راه افتاد. آن هـا چند خیابان پایین تـر رفتند و بالاخـره نادر زیر لـب زمزمـه کـرد، «اگر من به دانشـکده پزشـکی نروم شـاید ایـن بار به تو دسـتور داده شـود کـه پای مـرا بشـکنی." ابراهیـم جـواب داد،" من باور نـدارم که چنین اشـتباهی دوبـار تکـرار شـود... قصـد عباس خدمـت کردن اسـت تا زندگی بهتری داشـته باشـی. بـه عـلاوه او حـالا مشـکلات خـودش را دارد و بایـد درباره آن ها نگران باشـد، شـاید به کمـک تـو احتیاج داشـته باشـد. اما رفتـن به دانشـکده پزشـکی آرزوی مادر شماسـت و عبـاس مـی خواهـد مـادرت خوشـحال شـود؟ مـن آرزو داشـتم کسـی به مـن کمک می‌کـرد تـا بـدون هیـچ مشـکلی وارد دانشـکده پزشـکی شـوم ایـن یک شـانس خوب اسـت نـه یـک نفریـن و مصیبـت، نـادر ایـن راه زندگـی را برای تو آسـان تـر می‌کند و درهـا را بـه روی دنیایـی بـاز می‌کنـد کـه تـا حـالا ندیـده ای. باید بـه ایـن عاقلانه فکر کنی و سرسـری نگیـری..."

ابراهیـم ضجـه و زاری و چاپلوسـی می‌کـرد تـا به نادر بـه قبولاند که بـرادرش قابل احتـرام اسـت. بعـد از آن بـه راه افتـاد همان طور که از نادر دور می‌شـد برگشـت و قبل از ناپدیـد شـدن در دور دسـت لبخنـدی بـه او زد و از دیـد نـادر ناپدید شـد، نـادر تنها مانـد. ابراهیـم رفـت امـا بـرای نـادر سـئوالات بی جـواب زیـاد و افـکار پریشـانی به جا گذاشـت. ایـن اطلاعـات باعث شـد که او هرچه بیشـتر احسـاس سرگشـتگی و تنهایی داشـته باشـد. خدایـا زندگـی چقـدر پیچیـده مـی تواند باشـد؟ گاهـی اوقـات پوچی و بیهودگـی خیلی بیشـتر از شـادی اسـت؟ شـیرینی زندگی کجاسـت؟ چرا آدمهـا نباید معنـی درسـت و کامـل انسـان آزاد و آزاده را درک کنند؟

درسـت مثـل ایـن بـود لبـه پرتگاهـی بـود و در پشـتش هـم صخـره های سـختی کـه هیـچ راه عبـوری نداشـتند، او در تنگنـای سـختی گرفتـار شـده بود، نمی‌دانسـت

چـه کار کنـد. هـر دو راه دشـوار بـود، یکـی از دیـد خانـواده غلـط بـود، دیگـری از دید خـودش. اگـر می خواسـت بـه راه دل خودش برود مـادرش ناراحت می‌شـد، قلبش فرو می‌ریخـت و افسـرده می‌شـد. اگـر دنبـال آرزوهـای آنها می‌رفـت روحـش در وجودش زندانـی می‌شـد و در تمـام زندگی اش نمی‌توانسـت خوشـحال باشـد و در غـم و اندوه و افسـردگی مـی سـوخت. او قلباً می‌دانسـت کـه دیر یـا زود بایـد موضعش را بـرای آنها مشـخص کنـد و تصمیمـی را کـه گرفتـه بـود بـا آنهـا در میـان بگـذارد. امـا ابراهیم با حضـورش در زندگـی او یـک بـار دیگـر او را بـه بلاتکلیفی سـوق داده بود چـرا خودش هـم نمی‌دانسـت؟ دوبـاره دربـاره آینده اش کاملاً سـردرگم بود آن قدر کـه گاهی اوقات فریبـا در مغـزش گـم می‌شـد. وقـت زیادی باقـی نمانـده بود و کنکـور سراسـری برای وارد شـدن بـه دانشـگاه در راه بـود، او را بـرای دانشـکده پزشـکی ثبت نام کـرده بودند. در ایـن فکـر بـود اگـر ابراهیم درسـت می‌گفـت و او در امتحان شـرکت کنـد، هر نمره ای هـم کـه بیـاورد در امتحان قبول خواهد شـد. شـاید او می‌توانسـت در رشـته بسـیار معتبـری کـه هیـچ مـورد نظر و علاقـه اش هم نبود پذیرفته شـود اما جای کسـی را که قانونـا مسـتحق بـود آن رشـته را بخوانـد و برایش سـالها تـلاش کرده بـود را می‌گرفت، کسـی که مدتها برای موفقیتش درس خوانده و سـختی کشـیده بود. از طرفی احتمالاً دیـر یـا زود اخـراج می‌شـد و نمی‌توانسـت آن دوره را بـه پایان برسـاند. اما نابود کردن و نـا امیـد کـردن آینـده کس دیگـری که او بـه ناحق جایـش را گرفته بود بیشـتر روح او را آزرده می‌کـرد. نـادر می‌دانسـت کـه ایـن موضوع تمـام عمر با او باقی مـی ماند و او را رنـج خواهـد داد. امیـدوار بود که شـاید کارهـا آن طور که برادرش می خواسـت پیش نـرود و او بـرای کاری کـه می خواهد به انجام رسـاند آزاد باشـد و بتواند رشـته ای را که مـی خواهـد دنبـال کنـد. روز بعـد نزدیک غـروب در یک خیابـان خلوت قـدم می‌زد و در دسـتش چند نان داغ خوشـمزه سـنگک داشـت که مادرش از او خواسـته بود برای شـام بخـرد. داغ داغ خـوردن سـنگک خیلـی لذیذ اسـت و کسـی نمی توانـد از خوردن آن خـودداری کنـد و معمـولاً تـا به خانه برسـید بخشـی از یک نان را خـورده اید همان طـور کـه مشـغول خـوردن نـان سـنگک لذیذش بـود ماشـین ژیانی کنـار او ترمـز زد، یکـی از دوسـتان دوران دبیرسـتانی اش کامـران نوراد بود که با او هنـگام اجرای نمایش آشـنا شـده بـود او بـه مدرسـه ی دیگـری می‌رفت کامـران چند سـال از نـادر بزرگتر و

کمـی چـاق بـود اما خیلی بـا صفا و خنده دار و خوش مشـرب بود، همیشـه بـا دیگران مـزاح می کـرد. در یـک چیز آن دو مشـترک بودند هـر دو عینک طبی می‌زدنـد اما لنز عینـک کامـران ضخیـم تـر بود. کامـران همان کسـی بود کـه نـادر را به آقـای کریمی معرفـی کـرده بـود او کـه از دیدن نادر خیلی خوشـحال شـده بود از ماشـین پایین آمد و بـا هـم از ایـن ور و آن ور صحبـت کردنـد و او از نـادر پرسـید آیا در مدرسـه هنرهای دراماتیـک ثبـت نام کرده اسـت یا نـه؟ جواب نادر نـه بود؟ کامران کمی عصبانی شـد و گفـت. « فـردا آخریـن مهلت برای ثبت نام اسـت آقـای کریمی نگران بود که شـاید تو پشـت گـوش بنـدازی. بـرای همین مرا فرسـتاده اند تا بـا تو صحبت کنـم او می خواهد کـه مطمئـن شـود که شـما دنبال خواسـته قلبی خـود برویـد در غیر این صـورت بقیه عمـرت را تأسـف خواهـی خـورد... امـروز که دیر شـده من فـردا صبح زود میـام دنبالت اول یـک کلـه پاچـه مـی زنیـم و بعد هم مـی برمت کـه ثبت نـام کنی..."

بعـد هـم کامـران بـه همان سـرعتی که آمده بـود رفت و نـادر را با چالـش جدیدی بـه جـا گذاشـت. انتخابـی کـه بـا آن می‌توانسـت تمایـل و علاقـه قلبـی اش را دنبـال کنـد. صبـح روز بعـد قبـل از این‌کـه دانشـکده هنـر هـای دراماتیـک بـاز باشـد آن دو مشـغول خـوردن صبحانـه در چندیـن متری دانشـکده بودنـد و منتظر باز شـدن در اما صبحانـه آنهـا کلـه پاچه نبود. چند سـاعت بعـد نادر برای آزمون در رشـته نویسـندگی در دانشـگاه هنرهـای دراماتیـک ثبـت نـام کـرده بـود و بالاخـره کاری را انجـام داد که خواسـت قلبـی خـودش بـود. روز آزمـون یک روز بعـد از کنکور سراسـری بود کـه او را ثبـت نـام کـرده بودند، دیگر احسـاس می کـرد که دوبـاره جان تـازه ای گرفته اسـت و می‌توانسـت تمـام تمرکـزش را روی مطالعه برای امتحان دانشـکده هنرهـای دراماتیک بگـذارد و چنـد هفتـه ای بـرای آن فرصـت داشـت. وقتی کـه درس می خوانـد مادرش فکـر می کـرد کـه او بـرای رشـته پزشـکی درس مـی خوانـد بـه هیـچ کـس نگفت که بـرای دانشـکده هنرهـای دراماتیک ثبت نام کرده اسـت چرا که شـاید دوبـاره نیروهای مخالـف دسـت بـکار می‌شـدند و مسـیر آرامـش ودنبـال کـردن خواسـته اش را خراب می کردنـد. فکـر می کـرد بهتـر اسـت خبـر را بعـد از امتحانـات به آنهـا بدهد و بـا بد و خوبـش روبرو شـود.

اولیـن روز امتحانـات کنکـور فـرا رسـید و در کنکور پزشـکی شـرکت کـرد اما ورقه

اش را سفید تحویل داد. اما روز بعد جزء اولین نفراتی بود که جلوی دانشکده هنرهای دراماتیک حاضر شده بود، او امتحان داد بدون این‌که کسی در قبول شدنش دخالت کرده باشد. بعد از امتحان تنها آرزویش قبول شدن بود، حالا تنها کاری که می‌توانست انجام دهد این بود که منتظر نتیجه بماند و صبر کردن چندان آسان نبود و بسیار سخت بود. او وقتش را برای پیدا کردن فریبا و بودن در کنار حسین که چند روز دیگر عازم امریکا بود سپری می‌کرد. اما به قدر کافی خوش شانس نبود که فریبا را پیدا کند و او را ببیند. حالا آخرین شبی بود که حسین آن جا بود و فردا می‌رفت، تمام دوستانش برای خداحافظی در خانه حسین جمع شده بودند. حالا پدر حسین برای همه آنها مرد بسیار محترمی‌شده بود چون به قولش برای فرستادن حسین به آمریکا عمل کرده بود. و حالا آن دو با هم دوست شده بودند به نظر می‌رسید همه ی ناراحتی های گذشته فراموش شده و دیگر مشکلی بین پدر و پسر وجود نداشت، همه ناراحتی ها مرده بودند، نادر نزد پدر حسین رفت و گفت اگر چیزی لازم دارد در نبود حسین می تواند روی او حساب کند و این آغاز آشنایی بهتر نادر و پدر حسین شد. حسین با نادر مثل برادر بودند. او اشک را در چشمان پدر حسین دید و چون نمی‌خواست نادر آن را ببیند سریعاً به دستشویی رفت. نادر هیچ گاه آن لحظه را فراموش نکرد و این‌که فهمید که پدر حسین پسرش را دوست داشته حتی اگر به او سخت می‌گرفته است. اما چرا؟

حسین برای مسافرت به آمریکا ایران را ترک می‌کرد، همه برای بدرقه و خدا حافظی در فرودگاه مهرآباد جمع شده بودند. نادر یک ژاکت پشمی طرح دار دست باف پوشیده بود و طرح آن را خودش داده بود و خواهر زاده اش طاوس آن را برایش بافته بود. در حالی که منتظر حسین بودند تا برود همه با او با خوشحالی و قدری حسرت حرف می‌زدند. می توان گفت که این آرزوی هر کسی بود که ایران را برای رفتن به امریکا ترک کند و اگر کسی غیر از این می‌گفت دروغ می‌گفت. آن ها همگی برای یادگاری عکس دسته جمعی گرفتند. بهرام هم بود چون ممکن بود این آخرین باری باشد که همه با هم بودند، چند ساعت بعد حسین رفته بود، هواپیما در آسمان به مقصد آمریکا ناپدید شد درحالی که یکی از عزیزترین

دوستان نادر را با خودش می‌برد. از همان موقع به طور وحشتناکی دلتنگ شده بود و تازه عمیقاً متوجه شد که حسین واقعاً رفته است و این خیلی برای نادر مشکل بود که خودش را با این مسئله تطبیق دهد چون قبلا وقتی که آنها هر دو مشغول کاری بودند و همدیگر را نمی‌دیدند او می‌توانست به آسانی به خانه او برود و او را ببیند اما حالا در یک موقعیت متفاوتی قرار گرفته بود و اگر می‌رفت در خانه‌اش او دیگر آنجا نبود که جلوی در ظاهر شود. نمی‌توانست صدایش را بشنود دیگر نمی‌توانستند با هم بحث کنند و دختران رویایی شان را تعقیب کنند. حسین رفته بود و او باید واقعیت را قبول می‌کرد که آنها هر دو باید به طرف سرنوشت خودشان می‌رفتند. این بخشی از بزرگ شدن و ساختن آینده بود. حسن کلانتری هم چند روز بعد به هند رفت. حالا دو دوستش رفته بودند و از فریبا هم هیچ نشانه ای نبود. فقط او مانده بود و بهرام. یک هفته بعد از رفتن حسین و یک شب قبل از آنکه تصور می‌شد نتایج کنکور سراسری اعلام شود بود. شب قبل از اعلام نتایج برای کسانی که امتحان داده بودند شب پر از انتظاری بود چون آینده شان معلوم می‌شد و روز بعد لحظه سرنوشت ساز برای بسیاری از محصلین بود. بعضی ها از دیدن اسمشان در لیست قبولی ها خوشحال می‌شدند چون می‌توانستند وارد دانشگاه شوند و بعضی دیگر که نامشان نبود سرخورده وغمگین می‌شدند. اسامی در روزنامه دولتی به نام «کیهان و اطلاعات" اعلام می‌شد. صبح به زودی فرا رسید و جای شب طولانی پر ابهام را گرفت اما هنوز صبر کردن ادامه داشت. او کنار کیوسک روزنامه ایستاده بود و به روزنامه ها چشم دوخته بود. نمی‌خواست مثل بقیه که می‌دید برای بدست آوردن یک نسخه از چیزی که همیشه منتظرش بودند، یورش ببرد تا به لیست نگاه کند. کاملاً مطمئن نبود که نامش در لیست باشد یا نه او احساس کرد که تنها کسی است که آرزو دارد نامش نباشد بالاخره تمام روزنامه ها را از کیوسک بردند، شما می‌توانستی از حالات صورتشان بگویی که آیا قبول شده اند یا نه.

او به طرف خانه راه افتاد بدون این‌که روزنامه ای در دست داشته باشد و فکر می‌کرد روز بعد چه می شود وقتی که نتایج دانشکده هنرهای دراماتیک مشخص می‌شد. این نتایج در روزنامه چاپ نمی‌شدند. آن را روی برد دانشکده می‌زدند. در

کل آن ها دانشجوی زیادی را پذیرش نمی کردند، در کل فقط دویست تا سیصد نفر را می گرفتند. فکر می کرد اگر اسم او در لیست نباشد دیوانه خواهد شد. حسین رفته بود، علی رفته بود، حسن رفته بود. فریبا ناپدید شده بود و فقط او مانده بود و بهرام. این اصلاً احساس خوبی نبود، اضطراب و نگرانی به کل وجود او مستولی شده بود. خیال می کرد آنها باید اسمش را در روزنامه ها دیده باشند که در رشته ی پزشکی قبول شده است و به محض ورود به خانه پری و بلور و مادرش او را بوسه باران می کنند و مادرش اسپند دود می کرد و اشک شادی می‌ریخت و غرور آفرین ترین لحظه زندگی اش راجشن می گرفت، نادر چند لحظه احساس می کرد مادرش او را در آغوش داشت او هرگز چنین قدرتی را تا حالا در مادرش حس نکرده بود. اما نادر نمی‌دانست که چه کار کند و یا چه بگوید. چیزی که اصلاً برایش افتخارآمیز نبود رفتن به دانشکده ی پزشکی بود آنهم به کمک تقلب. حتی فکر کردن به اینکه اگر چنین اتفاقی می‌افتاد، باعث بهم خوردن حالش شده و از خودش متنفر می‌شد که جرات نداشت دهانش را باز کند و به همه بگوید که او کسی نیست که باید نامش در روزنامه باشد. به آنها بگوید که هیچ چیزی برای افتخار کردن وجود ندارد و مادرش یک پسر حقه باز دارد و باز وقتی به خوشحالی مادرش فکر می کرد و اشک های مادرش را می‌دید که از شدت خوشحالی صورت او را لمس کرده و بر روی گردنش می‌ریختند؟ چطور می‌توانست آن قدر بی عاطفه باشد که در این لحظه، شادی مادرش را به غارت ببرد؟ نادر می‌دانست اگر این قصه روی حقیقت می گرفت به زودی خانه شلوغ می‌شد و جشن به راه امی فتاد و غمگین ترین روح آن خانه روح نادر می بود. و او مجبود بود به خاطر شادی مادرش خنده ی دروغینی را هر چند کوتاه مدتهم بود را بر لب داشته باشد. اما از درون گریه کند، درست مثل یک دلقک. بعد ناگهان تصور می کرد که عباس وارد شد و همراه خودش برای نادر گل آورده بود. این بدترین توهین به او بود. آن موقع نادر دلش می خواست چاقویی در قلب خود فرو کند و خود را بکشد.

اما طولی نکشید که از شر فکر و خیال در مسیر خانه فارق شد او به خانه رسیده و وارد شد بعد از ورود به خانه هیچ خبری از بوسه باران و اسپند دود کردن نبود که نبود آب از آب تکان نخورده بود. در تعجب شد، از خودش می پرسید شاید

آنهـا خبـری از روزنامـه هـا ندارنـد، تـا بالاخـره مادرش بـا یک کاسـه کوچک انـار دانه شـده کـه بـرای او آورده بود سـخن آغاز کـرد. "نگران نبـاش... چیزی که آدمهـا دارند و هیچکـس نمـی تونـه از آنها بگیره وقت اسـت... امسـال قبول نشـدی سـال دیگـه را که ازت نگرفتنـد... درس مـی خونـی و قبول می شـی..."

نـادر فهمیـد کـه فکـر و خیـلاش بیهوده بـود، همـه آنها می‌دانسـتند کـه او قبول نشـده بـود و نمی‌خواسـتند او را ناراحـت کننـد. شـاید برای همـه این لحظه رنـج آور و غمگیـن تریـن لحظـه بـود اما بـر عکس برای نـادر بهتریـن لحظه بـود. بـرای اولین بار مـی خواسـت ابراهیـم را بغل کرده و ببوسـد که حرفش دروغ و اشـتباه در آمـده بود. اما یکبـاره دیگـر بـه نـادر ثابت شـده بود کـه به هیچ حـرف و اعمـال ابراهیم نبایـد اعتماد می‌کـرد، فهمیـده بـود کـه او را سـرکار گذاشـته بـود و قصـدش ایـن بـوده که نـادر در کنکـور شـرکت کـرده و شـانس خودش را امتحـان کند و اگر قبول شـد نـادر را مدیون خود کرده باشـد.

نـادر بـه اتاقـش رفـت، تمـام شـب را بـه فـردا و نتیجـه ی دانشـکده ی هنرهـای دراماتیـک می اندیشـید. فکـر می‌کرد که اگـر وارد دانشـکده هنرهای دراماتیک نشـود آن وقـت چـکار بایـد می‌کـرد، همـه از دور و ورش رفتـه بودنـد، فریبـا غیبـش زده بود. فقـط او بـود و بهـرام که او هم در دانشـکده ی علم و صنعت قبول شـده بـود. اما فردای آنشـب ده صبح با دیدن اسـمش در ردیف اول قبول شـدگان در دانشـکده ی هنرهای دراماتیـک همـه وجـودش غرق در شـادی شـد. نمی‌دانسـت چـه بکنـد. آن روز قبل از رفتـن بـه خانـه در رسـتورانی کـه در چنـد متـری دانشـکده بـود خـود را به آبگوشـت چربـی مهمـان کـرد، انـگار می خواسـت به نشسـتن و غـذا خـوردن در آن کافـه عادت کنـد، چـرا که چهـار سـال آینـده را در مقابـل کافه سـر می‌کرد.

طولـی نکشـید کـه بـه خانه آمـده بـود، خوشـحال و سرشـار از امید. می خواسـت خبر قبول شـدنش را به مادرش بدهد، اما نمی‌دانسـت مادرش از اینکه او در دانشـکده پزشـکی قبول نشـده بود افسـرده می‌شـد و یا خوشـحال، امـا هرآنچه او فکر کـرده بود هیچکـدام آنچنـان نشـدند، بـا ورودش به خانـه پری و بلـور او را در آغوش داشـتند و او را بوسـه بـاران کردنـد و بعـد مـادرش با یک کاسـه انار وارد شـد و لبخنـدی ملکوتی بر چهـره داشـت، کاسـه ی انـار را کناری گذاشـت و نـادر را در آغوش گرفت، آغوشـی که

نـادر هیچوقـت فراموشـش نشـد و بعـد آهنگ دلنشـین صدای مـادر بود کـه در گوش نـادر آهنـگ عشـق و محبـت سـر داد، « نگفتم نگـران نباش خـدا خودش همـه کارها را درسـت مـی کنـه یادت نره همیشـه هرچه خـدا بخواد همون میشـه... خواسـت خدا بـوده که تو بری نویسـنده بشـی..."

و بعـد صـدای بلـور بـود که جانشـین صدای مادر شـد و بـا همان دلنشـینی صدای مـادر، « نـادر جـان یـادت نـره بـه آقـای کریمـی زنـگ بزنـی و از او به خاطـر محبتش تشـکر کنـی، او شـخصاً تلفـن زد تـا بـه حاجیـه خانم خبـر قبولی تـو را بدهـد، معلوم بـود مـی خواسـت شـخصاً با حاجیـه خانم صحبت کنـد و کلـی از اسـتعداد و آینده ی درخشـان تـو بـا حاجیـه خانـم گـپ زد... مـی خواسـت حاجیـه خانـم مطمئن بشـه از اینکـه تـو بـه جای دانشـکده ی پزشـکی به دانشـکده ی نویسـندگی رفتی بـرای آینده تـو خیلـی بهتـر اسـت..." و بعد صدای پـری بود که آهنگ محبت سـر داده بـود. "نادر جـان همـه بـرای تو خوشـحال هسـتند. این آقـای کریمی بود که خودشـان شـخصاً به مـادر و عبـاس تلفـن کردنـد و آن هـا را متقاعد کردند کـه این بی انصافی اسـت اگر تو بـه دانشـگاه هنرهـای دراماتیـک نـری... و مـی بینی که همـه عقیده او را قبـول کردند و بـرای تـو خوشـحال هسـتند در ثانی تـا دلت می خواهـد دکتر و مهنـدس داریم، کی دکتـر و مهنـدس مـی خواهـد... تـو اولین نویسـنده در فامیل خواهـی بود..."

******

فصل پانزدهم

نویسنده ی آینده به این احتیاج دارد...

فـروغ کوچلـو اطـراف اتـاق نـادر مـی چرخید و سـرگرم بـازی با خـودش بـود. نادر می‌توانسـت تـا ابـد بنشـیند و او را نـگاه کند، فروغ همیشـه لبخند بر لب نـادر می آورد .او نـور خانـه و باعـث شـادی و سـرگرمی افـراد اطـراف خـود خصوصا نـادر بود امّـا نادر بایـد می‌رفـت، او آمـاده بود که اولین روز دانشـکده را تجربه کند. مادرش اسـپندی دود کـرده بـود که شـانس و موفقیـت برای زندگی نـادر بیاورد و بـه دنبال او بلـور لبخند بر لـب درحالـی کـه لیوانـی از آب میوه در دسـت داشـت جلو آمـد. «نویسـنده ی آینده به این احتیـاج دارد...»

نـادر آمـاده رفتـن بود و زود سـوار ماشـین فیات جدیدش شـد و به طرف دانشـکده در راه شـد او احسـاس می‌کـرد کـه مـرد، مـردان اسـت. ترافیـک سـنگین بـود و او نمی‌خواسـت اولین روز دیر برسـد، بالاخره وارد سـاختمان کوچک دانشـکده اش شـد. فضـای آنجـا خیلـی کوچکتـر ازدانشـگاه های دیگـر تهران بـود. مثل یک قطـره آب در اقیانـوس امّـا او خوشـحال بـود. اگـر چـه وارد دانشـکده شـده بـود امـا همچنیـن فریبا را هـم فرامـوش نکـرده بـود و حـالا کـه زندگـی او وضعیت نسـبتاً مناسـبی پیـدا کرده بـود، فریبـا می‌توانسـت مهمتریـن موضـوع در فکرش باشـد، حـالا او باید فریبـا را پیدا می‌کـرد. دوبـاره شـروع بـه جسـتجو کـرد و تا آنجا کـه می‌توانسـت با تمام کسـانی که فکـر می‌کـرد تمـاس گرفـت و هیـچ جـا باقـی نمانـد که او نگشـته و پرسـو جـو نکرده باشـد، حتـی اکثـر دانشـکده هـا را هم گشـته بود، امـا هیچ خبـری از او نبود کـه نبود. تـا این‌کـه ناامیـد روزی کـه دوبـاره بـه دیـدن و سـر زدن بـه اطراف خانـه او رفتـه بود. متوجـه شـد کـه مادر فریبا جلـوی در با یکی از همسـایه ها صحبت میکنـد. نادر هرگز تـا بـه حـال مـادر فریبا را ندیده بـود، این اولیـن بار بود کـه او را می‌دیـد و مطمئن بود ایـن خانـم مادر فریبا اسـت، چون بسـیار شـبیه بـه او بـود. اولین چیزی کـه به فکرش

رسید، این بود که اگر فریبا در آینده شبیه مادرش خواهد شد .چه چیز دیگری میتوانست بخواهد؟ او هنوز هم چنان زیبا بود که هر مردی آرزوی بودن با او را داشت، همینطور به او ماتش برده بود، چندی طول کشید که نادر بخود آید و متوجه شود که مادر فریبا هم همین طور به او نگاه می کرد، اول فکر کرد اشتباه میکند، امّا خیلی زود متوجه شد که تمام توجه او روی نادر متمرکز شده است، این طور به نظر می‌آمد که او نادر را می شناخت و می خواست چیزی به نادر بگوید یا با او حرف بزند. نگاه او دوستانه و بامحبت بود، او می‌توانست آن را از لبخندی که روی صورتش بود، احساس کند، او با لبخندش با او حرف میزد. آن روز نادر از آنجا دور شد امّا متوجه بود که حتی وقتی همسایه از جلوی در آنها رفت .باز هم مادر فریبا هنوز جلوی در ایستاده بود و او را نگاه می کرد، مثل این که از او تقاضا می کرد که برگردد چون حرفی داشت که باید به او می گفت.

چند روز گذشت. نادر و فروغ گرم بازی بودند، وقتی نادر با فروغ بازی می کرد، بلور هم مثل همیشه به تماشای آنها نشسته بود اما غرق فکر و خیال بود. نادر به خوبی می‌توانست غمی را در صورت بلور دیده و حس کند .نادر متوجه شد که بلور در این چند ماه اخیر کمی فرق کرده است. به نظر می‌رسد که کمی در افکارش گم شده و خیلی کم حرف شده است و می‌دانست که بلور سعی می کرد تا آنجا که می تواند ناراحتی اش را پنهان کند نادر که تحمل دیدن ناراحتی دیگران را نداشت چندین بار علت غمگین بودن او را پرسیده بود اما هربار بلور از پاسخ دادن طفره می‌رفت و بالاخره به این نتیجه رسیده بود که اگر بلور بخواهد خودش زبان خواهد گشود. اما اینبار در این فکر شد که شاید با شوخی ومزاح سکوت او را بشکند و با او در گفتگو شود، برای همین در باره ی مشکل خودش با او به گفتگو نشست، در مورد فریبا و اینکه هیچ خبری از او ندارد و بسیار از این بابت افسرده است گفت. بلور همه چیز را درباره ی فریبا می‌دانست و همیشه نادر را اذیت می کرد. بلور به نادر گفت که باید یک دسته گل بگیرد و برود با مادر او وقتی که کسی در خانه نیست حرف بزند .بلور به او اطمینان داد که او با نادر حرف خواهد زد و ادامه داد مادرها همیشه آرام هستند و درک خیلی بیشتری دارند، مخصوصاً وقتی که درباره ی دخترشان باشد.

نـادر نصیحـت بلـور را قبـول کـرد و در یـک صبح روز پاییـزی که آفتاب درخشـان، گـرم و لـذت بخـش بود و برگهـای زرد از درختان بـه زمین می‌ریختند بـه راه افتاد و با دسـته گل زیبایـی که در دسـت داشـت به طرف خانـه فریبا رفت. وقتی به آنجا رسـید بـرای مـدت زیـاد صبـر کـرد تـا بـرادر و پدر فریبـا خانـه را ترک کننـد و مـادرش تنها باشـد. سـپس با اضطراب در زد، لرزش بی سـابقه ای در داخل وجودش داشـت. او کاری را کـه مـی خواسـت انجـام بدهد یـک میلیون بـار تمرین کـرده بود و خـودش را حاضر کـرده بـود کـه چـه بگوید چه نگوید، امّـا در لحظه ای کـه در باز و مـادر فریبا در جلوی در ظاهـر شـد او همـه چیـز را از یاد برد و سـاکت مانده بود مثل این که کر و لال اسـت. آنهـا بـه یکدیگـر برای مدت طولانـی نگاه کردند، بعد خنـده ی مادر فریبـا بود که همه چیـز را آرام کـرد. او از جلـوی در کنـار رفـت و از نـادر دعـوت کـرد داخـل شـود .برای لحظـه ای نـادر احسـاس نگرانـی کـرد، چطـور او را دعـوت کرد، چـرا؟ وقتـی که حتی نمـی دانـد او کیسـت؟ ممکـن اسـت او دزد یا قاتل باشـد و یا کلاهبردار. مـادر فریبا در را بسـت و نـادر فکـر کرد شـاید فـرد دیگری داخل خانه باشـد و آنها قصـد دارند بخاطر شـیرین کارهای او و اینکه همیشـه مزاحم فریبا می‌شـده به او درس عبرتی بدهند، اما او ایـن فکـر احمقانـه را وقتـی که به دنبـال او از باغی زیبا عبور می کردنـد از مغزش دور کـرد .او بـه سـختی تـلاش می کـرد که کلمـات را از دهانش خـارج کند، «مـن آمده ام اینجـا تـا راجع بـه دخترتان فریبا با شـما صحبـت کنم... «

«مـن میدانـم که بـرای چی آمـدی... خوب کـردی که آمـدی... معلومـه او را خیلی دوسـت داری... و دلـت براش تنگ شـده...؟»

بـا شـنیدن جـواب او نادر بیشـتر گیج شـد و همان موقـع جان گرفت .حـالا در اتاق مهمـان آنهـا نشسـته بود که بسـیار زیبا بـا اثاثیه بـه سـبک ایتالیایی تزیین شـده بود. مـادر فریبـا بـا چای و شـیرینی وارد شـد و آن را روی میز گذاشـت. بعد یک بشـقاب با چاقـو و چنـگال برداشـت و جلـوی نـادر گذاشـت و همین طـور هم با لطف بسـیار به او شـیرینی تعـارف کـرد، نـادر نمی‌دانسـت چه کار کنـد امّا با آن کـه شـیرینی را از رژیم غذایـی خـود خـارج کـرده بود امّـا بازهم یکی برداشـت، بعد مـادر فریبا ظرف شـیرینی را زمیـن گذاشـت و در سـمت دیگـری نشسـت. آنهـا هـردو مـدّت طولانی بـه یکدیگر نـگاه می کردنـد و هرکـدام منتظـر بودنـد که دیگـری به حـرف بیآید .نادر متوجه شـد

کـه هـردوی آنهـا نمـی دانند از کجا شـروع کنند، بعد نادر با صدای شـرمگینی آهسـته شـروع بـه صحبـت کرد، «مـن می‌خواهم بـا دختر شـما فریبـا ازدواج کنم؟»

مـادر فریبـا همیـن طـور بـرای مدتـی آرام نشسـته بـود و نگاه می کـرد، نـادر غمی گـران را در چشـمهای او دیـد. نـادر بـه فکـر افتـاد چـرا در اولیـن بـار او خـودش اینجـا آمـده؟ معمـولاً رسـم ایـن طور اسـت که اعضـاء بزرگتر فامیل مثـل والدیـن، عموها و یا بـرادر بزرگتـر و خواهـر بزرگتر کـه درصورت حضور نداشـتن پدر و مادر بجـای آنها برای خواسـتگاری بـه خانـه ی دختر مـی روند انجام مـی دهند و این بخاطر احترام گذاشـتن بـه پـدر و مـادر دختـر اسـت. اما نادر این رسـم را زیـر پا گذاشـته بود و خـود به تنهایی و بـدون اجـازه و بـی مقدمه زنـگ در خانه ی آنهـا را زده بود و به تنهایـی در خانه آنها با مـادر فریبـا نشسـته بود و نقشـی را بازی می کرد کـه بزرگترهای او باید بـازی می کردند.

مـادر فریبـا بـه آرامی و بـا احتیـاط او را مخاطب قـرار داد، «من متأسـفم... اما کمی بـرای ایـن کار دیر شـده اسـت... «سـپس او متوجه شـد که چشـمهای مـادر فریبا روی دیوار پشـت سـر نادر ثابت مانده اسـت و احسـاس کرد او از نادر می خواهد که به دیوار پشـت سـرش نـگاه کنـد، نادر هم ایـن کار را کرد، اما بعـد از نگاه کـردن آرزو می کرد که هرگز نگاهش بطرف دیوار پشـت سـرش برنمی گشـت و شـاهد آنچه می‌دید نبود .فریبا بـود در لبـاس عـروس، چندیـن عکـس از او روی دیـوار بودند امـا در هیچ کـدام دامادی دیـده نمی‌شـد .بهرحـال مهم نبود که دامادی نشـان داده می‌شـد یا نه، بـرای نادر کافی بـود کـه قلبـش گرفته و وجودش تاریک و تار شـود، با شـوکی کـه به او دسـت داده بود نمی‌توانسـت چشـم از عکـس هـا بـردارد و نمی‌دانسـت چـه کار بکنـد و یـا چـه بگوید. تمـام جسـم و جانـش کرخت شـد وجودش در هم شکسـته بـود. حتی نمی‌دانسـت آیا مـی توانـد جـرأت کنـد و بشـنود که چه جـور این اتفـاق افتاده اسـت، حتی وقتـی مادر فریبـا بـرای او همـه چیـز را توضیـح مـی‌داد، شـاید نادر بـه او نـگاه و گوش می کـرد اما انـگار کـور و کـر بـود، هیچ چیـزی را نمی‌دیـد و نمی شـنوید، اما مادر فریبـا به صحبت خـود ادامـه مـی‌داد و مـی خواسـت هر آنچه رنجـش مـی‌داد را از دل بیرون کنـد، «بعد از اینکـه شـما از دیـوار خانـه ی مـا بالا رفتیـد، همه چیـز در زندگی دخترم عوض شـد، همـه چیـز در مـورد عشـق تـو و فریبا فاش شـد، اما شـوهرم بـا اینکه فهمیده بود شـما قصد بدی نداشـتید و عاشـق فریبا بودید، با این حال سیاسـت مخالفت با شـما را پیشـه

کـرده بـود امـا به هیچ کـس نمی‌گفـت... بـه دروغ وانمود می‌کـرد هیچ مخالفتـی ندارد امـا بایـد بعـد از دبیرسـتان فریبـا بـه فکر دوسـتی و یـا ازدواج باشـد او همه ی مـا را به بـازی گرفتـه بـود به هیـچ عنوان نمی‌خواسـت فریبـا با یک مـرد مسـلمان وصلت کند، خصوصـا مثـل شـما کـه مـادرت ریشـه ی مذهبـی د ارد... شـوهرم و برادرتـان عباس با هـم صحبـت و بـرای شـما دوتا تصمیم گرفتـن و آن تصمیم فرسـتادن فریبـا به آمریکا بعـد از اتمـام دبیرسـتان بـود... آنها فکـر می‌کردنـد ایـن ازدواج به جایی نمی‌رسـد. یک دختـر یهـودی اگر با یک پسـر مسـلمان ازدواج کند چیزی جز دردسـر بـرای دو خانواده نخواهد داشـت... «

حـالا اشـک در چشـمان مـادر فریبـا پیدا شـده بـود، «اما من مـی دانم کـه آنها هم دختر منو بدبخت کردن هم شـما رو... شـوهر من و برادر شـما فقط به موقعیت شـغلی خـود فکـر می‌کردنـد نه به خوشـبختی تـو و فریبا... بعد هم شـوهرم پسـر یک دوسـت یهودیـش را انتخـاب و قبـل از فریبا به لس آنجلس فرسـتاد و آنها ترتیب عروسـی را بین او و فریبـا دادنـد. فریبـا تا وقتی که مدرسـه اش تمام شـد چیزی نمی‌دانسـت .همه چیز درسـت برنامـه ریـزی شـده بود .بـه او گفته بودنـد که برای تعطیـلات به آمریـکا میرود امّـا واقعیـت ایـن بود که شـوهر و زندگی جدیدی در انتظـار او بود .وقتی فریبـا وارد لس آنجلـس شـد بـا هرحقـه‌ای بود آنهـا را عقـد هم کردنـد... حتی عکـس دروغین شـما را کـه کنـار دختـر خواهرتـان کـه عـروس می‌شـد را به فریبـا نشـان دادند و گفتند شـما ازدواج کردی...بعـدش هـم وقتـی فریبا فکر کرد که شـما ازدواج کردیـد قبول کرد و آنجا مانـدگار شـد... هنـوز هم در لس آنجلس هسـتند .اما مـن می دونم دختـرم از زندگیش راضـی نیسـت... بـرای همین من از شـوهرم هیـچ وقت راضی نمی‌شـم... «

طولـی نکشـید کـه نادر مـادر فریبا را ترک کـرد، همان قـدر که لازم بود را شـنیده بـود و بایـد بیـرون مـی‌زد .او داشـت خفـه می‌شـد و بـه هـوای آزاد احتیـاج داشـت. او داشـت از حیـاط خـارج می‌شـد کـه صـدای مادر فریبـا را شـنید، «صبـر کنید...»

نـادر ایسـتاد و برگشـت و مـادر فریبـا به طـرف او آمـد درحالی که ویولـون قدیمی فریبـا در دسـتش بـود بـا اندوه نگاهی بـه ویولون و بـه او انداخت و سـپس آن را به نادر داد و گفـت، «شـاید نتوانـی فریبـا را داشـته باشـی امـا می توانی از عشـقش بـه یادگار نگهـداری کنـی... بـرای مـن اهمیـت نـدارد که شـوهرم و یا برادر شـما چطـور فکر می

کنند. این همـان ویلونـی است کـه در نوجوانی از پشت پنجـره برای شـما می‌زد... مـن همیشـه شـما را تماشـا می کـردم و به دنیـای پاکتون لبخنـد مـی‌زدم... این قلب و روح و وجـود فریبـا بـود و هسـت و بـه شـما تعلـق دارد ... دخترم بعـد از ازدواج دیگر دسـت به ویولونـش نزد»

نادر خانه را ترک کرد، درحالی که قلب فریبا را با خودش داشت.

*****

حـالا فـروغ نـور و روح و جان همـه اهالی خانه بـود و به خاطر وجودش همه شـاکر بودنـد. او بـا وجـودش همه فکرها را به طرف خودش می کشـید، طـوری به همه کمک می‌کـرد کـه بزرگترهـا نمی‌توانسـتند، به راحتی و بـه هر طریقی که فقط از دسـت یک بچـه برمی‌آمـد، نـادر را مـی خنداند و با او سـرگرم می‌شـد. یـک روز عصر کـه نادر بعد از کلاسـش بـا فـروغ سـرگرم بـازی و نمایش بودنـد، بلور نزدیـک آنها نشسـته غرق در فکـر آنهـا را تماشـا می‌کـرد، به نظر می‌آمـد که فکرش جای دیگری اسـت. او همیشـه در ایـن بـازی هـا شـرکت می کـرد امّـا حـالا آرام نشسـته بود و بـی وقفـه بهنقش های قالـی کـه کـف اتاق را پوشـانده بود خیره شـده بـود. نادر متوجه شـد که واقعاً مشـکلی وجـود دارد و او نمی‌دانسـت کـه چـه کار مـی تواند بکنـد، فکر می‌کرد هرچه بیشـتر با فـروغ شـوخی و خنـده کند ممکن است بلـور را از فکـر و خیال فارغ کند. متوجه شـد که در چشـمان بلور اشـک جمع شـده اسـت. او قبلاً هرگز اشـک بلور را ندیده بود. نادر از بـازی بـا فروغ دسـت برداشـت و به آرامـی طوری که بلـور ناراحت نشـود رویش را به طـرف او کـرد و خندیـد و گفت، «دیوانه شـده ای، برای چـی گریه میکنی؟»

بلور وانمود کرد که از خوشـحالی گریه میکند امّا نادر می‌دانسـت که او بسـیارغمگین اسـت، می‌دانسـت که مسـئله مهمـی او را آزار می‌دهد .بلور اشـک هایـش را از صورتش پـاک کـرد و همیـن طور چشـم هایـش را از اشـک زدود و رو به طرف نادر کـرد و زمزمه کـرد، «اگـر اتفاقـی برای من بیافتد قـول میدهی که از فـروغ مراقبت کنی؟»

نـادر سـاکت بـوده و نمی‌دانسـت درمقابـل درخواسـت او چـه کاری انجام دهـد؟و یا چـرا بلـور چنیـن درخواسـتی را از او می کرد؟ مگر چـه اتفاقی افتاده کـه او اینقدر نگران اسـت و در فکـر مـردن اسـت؟ بـه یادش آمـد که بـرادرش را با یـک خانم در رسـتوران

دیده بود، امّا فکر نمی‌کرد که بلور چیزی درباره ی آن بداند .پس چیز دیگری باید اتفاق افتاده باشد. نمی‌توانست حدس دیگری بزند مگر این‌که بلور خودش احساساتش را بیان کند، و بلور ادامه داد، «من نمی‌خواهم او مرا طلاق بدهد .از من خواسته طلاق بگیرم. چطور میتوانم میان فامیل میان مردم سرم را بلند کنم؟ من شرمنده خواهم شد، نمی دانم چرا این طور ناگهانی تصمیم به طلاق گرفته ؟به من گفتن او را با یک زن بلند قد دیده اند. من به آنها گفتم این دروغ است، حتی وقتی که می‌دانستم راست است. امّا چه می توانم بگویم، بگم که بله راست است، شوهر من چنین کاری کرده است و با زن دیگری بوده است؟ او مرا نمی خواهد؟ چرا حالا؟ وقتی که من یک بچه کوچک دارم و فقط می خواستم با بچه ام یک زندگی ساده و شیرین را شروع کنم، اگر می خواهد، میتونه بره و با هر کس دیگری می خواهد ازدواج کند، لطفاً فقط به او بگو او را در اینجا به تهران نیاورد، حالا چه فرقی میکند؟ او هیچ وقت برای من یک همسر نبوده است، من خیلی به ندرت او را می بینم. شماها خانواده من هستید، بهش بگو قبول کنه که فقط روی کاغذ همسر او باشم تا بتوانم آبرویم را حفظ کنم، می تواند با هرکسی که میخواهد ازدواج کند ...خواهش می کنم نادر، تو تنها کسی هستی که می توانم بهش اطمینان کنم که این حرفها را جایی نمی گویی و خوبی من و فروغ می خواهی؟ به علاوه تو تنها کسی هستی که او ممکنه بهش گوش کنه... تو می دونی چطوربا او حرف بزنی «...

او هنوز حرفش را تمام نکرده بود که نادر صدای بیژن برادرش را از بیرون شنید که مادرش را صدا میزد. طوری که او صدا میزد، معلوم بود که بیژن دوباره چیزی از مادرشان حاجیه خانم می خواست، آنها هردو نمی‌خواستند که بیژن متوجه گریه بلور شود. این یک بدبختی می‌شد و بیژن ممکن بود که نزاعی راه بیاندازد و نزاع او علیه نادر یا بلور نخواهد بود، بلکه علیه عباس بود. این بهترین دلیل بود که بیژن خودی نشان داده و بتواند ثابت کند که او هم مردی است که می تواند فامیل را سرپرستی کند .او همیشه با عباس در رقابت بود، برای او خیلی مهم بود که برای حل مشکلات پیش او بروی و حالا موقعیتی پیدا می کرد که برای حل مشکل بلور اقدام کند و بر علیه عباس قد علم کند و یا میانجیگر شود .بلور فوراً اشک هایش را پاک کرد و به دروغ لبخندی روی صورتش ظاهر کرد و همراه فروغ وارد حمام شد.

نادر گیج و گنگ ساکت سر جایش نشسته بود و نمی‌دانست چه کار کند. بلور از او خواسته بود با عباس حرف بزند، با مردی که تأثیر خفه کننده و سرکوبگرش همیشه روی زندگی او بود و او همیشه در طول زندگی اش کوشیده بود و تلاش می‌کرد تا از شر آن خلاص شود، مردی که نادر همیشه سعی کرده بود به هر قیمتی که هست از حرف زدن با او اجتناب کند .دردناکتر این بود که می‌دانست عباس خوبی او را می خواست، اما نمی‌دانست چطوری به او ثابت کند دوستی او دوستی خاله خرسه است و این دوستی خاله خرسه جهنمی در سراسر طول زندگی اش ایجاد کرده است .حالا وقتی نادر نتوانسته بود در مورد زندگی خودش از شر عباس خلاص شود پس چگونه می‌توانست عباس را متقاعد کرده و بین بلور و عباس داوری کند؟ نادر همچنین می‌دانست که اگر این مسئله به بیرون راه پیدا کند تمام فامیل بهم می ریزد و آتشی روشن می شود که شاید نتوان خاموشش کرد و دود آن بیشتر به چشم بلور و فروغ می رود و شاید به نابودی بلور منجر شود. او فامیل خود را خوب می شناخت. در همین زمان که نادر در جنگ و گریز در افکار خود در باره ی مشکل بلور بود، بیژن وارد باغ شده بود و رقصان و خندان بطرف مادرشان که مشغول چیدن سبزی خوردن در باغ بود می‌رفت و طبق عادت همیشگی و به شوخی پشت سر نادر سفره پهن کرده بود، «حدس بزن چی شده، پسرت رفته نزد پدر و مادری که از آنها اجازه بگیرد که دست دخترشان را در دستش بگذارند، خودش رفته خواستگاری از یک فامیل یهودی، مادر دختره آمده بود کمی گل برای خانه شان بخرد... وقتی فامیلی منو فهمید پرسید که آیا نادر را می شناسم... کاشف به عمل آمد که من برادرش ام...»

طبق معمول همیشگی بیژن به شلوغ بازیش با حاجیه خانم ادامه می‌داد، اما نادر می‌دانست که قبل از اینکه او با مادرش وارد اتاقش شوند، بهتر است خانه را ترک کند و این کار را کرد، فکر می‌کرد برای امروز به اندازه ی کافی خبرهای ناگوار شنیده بود و ظرفیت بیشتر از آن خصوصا بازی بیژن را نداشت و می ترسید به بی احترامی به او ختم شود و مادرش را آزرده خاطر کند.

*****

فصل شانزدهم

وقتی سنّت‌های ناعادلانه و غیر منصفانه فاجعه می‌آفرینند، اما چشم‌ها و گوش‌ها کور و کر باقی می‌مانند...

حالا نادر به مدّت یک هفته از خانه رفته و در کنار یکی از دوستانش اقامت داشت. او احتیاج به فکر کردن داشت اما دور از فضای خانواده .می‌دانست خیلی زود آتشی در خانواده روشن می شود و حرارتش زندگی را برای همه خصوصا مادرش جهنم خواهد کرد .طبق معمول می‌دانست که مادرش نگرانش بود و باید به خانه بر می گشت .یکی دو روز نگذشته بود که خانمی پای تلفن با او در گفتگو بود و از او می خواست که با برادرش عباس در خارج خانه دیدن کند. نادر در راه دیدن عباس بود، در طول راه در فکر و خیال گم شده بود، نمی‌دانستچه موضوع مهمی بود که عباس می خواست او را بطور خصوصی و بیرون خانه ببیند، این اولین باری بود که عباس قصد دیدن او را آن هم بیرون از خانه کرده بود. در این فکر بود که چه اتفاقی بین آنها خواهد افتاد؟ شاید که دوباره می خواست در باره ی رفتنش به دانشکده ی هنر های دراماتیک اعتراض و او را سرزنش کند؟ چون برای عباس، بازیگر سینما بودن یک میلیون بار بیشتر از یک قهرمان و ورزشکار حرفه ای بودن، بی احترامی‌کردن به سنتهای جامعه به حساب می‌آمد، تا بالاخره نادر در یک پارک در حال قدم زدن با برادرش عباس بود.

هوا دلپذیر و آرام بود، نه پر آشوب چون دل و جان نادر، بر عکس آنچه نادر در فکر داشت و برای آن آماده ی مقابله شده بود، عباس بسیار مؤدب و مهربان بود، درست مثل این‌که می خواست با یک دوست نزدیکش حرف بزند. تُن صدای او برعکس گذشته ها حالت تحکمی نداشت و آرام و مهربان بود. نادر خیلی متعجب بود از این‌که آخرین چیزی که عباس می خواست دربارهاش صحبت کند، موضوع دانشکده او بود .حتی سؤال نکرد که چرا و چطور به دانشکده هنرهای دراماتیک

مـی رود تـا به دانشـکده پزشـکی و این برای نادر خیلـی غیرقابل باور بـود .تعجب آورتر ایـن بـود کـه عباس برای اولیـن بار در زندگیشـان، در باره ی زندگـی خصوصی خودش بـا نـادر در گفتگـو شـده و حرف دلش را می‌زد، هر چه بیشـتر سـخن می‌گفت بیشـتر بـرای نـادر قابـل هضـم و تحمـل بود. گفتـه هایش باعث شـد که همـان قدر کـه برای بلور احسـاس تأسـف می‌کرد برای عباس هم احسـاس تأسـف کند. عباس مثل کسـی کـه صدمـه دیـده بـود صحبـت کرد. درسـت مثـل بلور و شـاید هم بیشـتر. او داسـتان زندگـی خـود را برای نـادر گفت، چیزهایی که نـادر از زندگی او نمی‌دانسـت، چیزهایی کـه باعـث شـد نادر مشـکلات خـودش را فرامـوش کند و مهمتـر از همه او بـرای اولین بـار از نـادر تقاضـای کمـک می‌کـرد، از نـادر می خواسـت که با بلـور وارد گفتگو شـده و دلیـل طلاقـش را بـرای بلـور توضیـح دهد. می‌گفـت بلور بـه او اعتمـاد دارد و به تنها کسـی کـه او ممکـن بـود گـوش دهد نـادر بـود .گفت، نـادر بـدون تعصبهای سـنتی و شـخصی بـه این مشـکلات فکـر می‌کند چرا کـه بعنوان یـک هنرمند روحیه حساسـی دارد و مـی توانـد بـا درک شـرایط هـردو طـرف وضعیت را به شـکل منطقی بـرای بلور توضیـح داده و او را متقاعـد بـه قبـول طـلاق کند. همه اینهـا برای نادر تازگی داشـت و تعجـب آور بـود کـه بـرادرش آ نقـدر به او اعتبـار می‌داد. امـا در طول مدتـی که عباس صحبـت می‌کـرد تمـام چیزی کـه نادر می‌توانسـت تصـور کند اشـک‌های جـاری بلور روی صورتـش بود.

امـا ایـن چیـزی را تغیـر نمی‌داد، حـالا نادر جلـوی مردی نشسـته بود کـه در تمام طـول زندگـی خـود نادر و تمام کسـانی که او می شـناختند را کنترل کـرده بود .مردی کـه فکـر می‌کردنـد بـرای خانـواده ی آنها مثل یک پادشـاه مقتدر اسـت .او مـردی بود که باور داشـت بیشـتر از همه می داند و راه او تنها راه درسـت زندگی اسـت و تنها راه رسـیدن بـه موفقیـت و همـه باید بـه آن عمل کنند و حـالا این مرد مقتدر قادر نیسـت مشـکل خـودش را حل کنـد .عباس درباره ی وضعیت و سرنوشـت خودش سـردرگم و بلاتکلیـف بـود. او خودش قربانی همان سـنت ها و آداب و رسومی‌شـده بود که دانسـته و یـا ندانسـته سـالها بـر دیگران مثل نـادر تحمیل کرده بـود. حالا نادر نسـبت به مردی کـه بـر حسـب اتفـاق بـرادر بزرگترش بـود احسـاس همـدردی می‌کـرد، عبـاس برای اولیـن بـار بـه کمـک او احتیاج داشـت .هرگز فکـر نمی‌کرد کـه چنین روزی برسـد .امّا

حـالا بـا این اتفاق مواجه شـده بود .خواسـته ی عبـاس چنان دردناک بـود که تنها فکر کـردن بـه آن جـان و تـن نـادر را آتـش مـی‌زد. درسـت و غلط بـودن آن مهـم نبود به همـان انـدازه دردنـاک مـی نمـود .نادر مطمئن نبـود که بتوانـد در باره ی این خواسـته ی عبـاس کاری انجـام بدهـد که هـردو طرف راضی باشـند .چه کاری مـی توانید انجام بدهید وقتی که شـاهد رنج و عذاب کسـانی هسـتید که دوستشـان دارید و هیچ توانی بـرای کمک و جلوگیـری از آن را ندارید.

حـالا او بـه وضوح می‌توانسـت ببیند که سـنت های ناعادلانـه و غیرمنصفانه چگونه مردمـی را کـه بـه آنهـا عمـل و از آنهـا دفـاع کردنـد را نابـود کـرده و می‌کنـد و بـرای چنیـن مـوردی اعضـاء خانواده او مثال خـوب و کاملی بودند. برادرش، همسـر وی بلور و دختـر کوچـک زیبـای آنها، فـروغ حالا قربانی یک سـنت غلط شـده بودند .نادر شـاهد بـود کـه بالاخـره برادرش دیگر نمی‌خواسـت تسـلیم این سـنت هـای غلـط و ناعادلانه باقـی بمانـد. او نمی‌توانسـت بـه ازدواج دروغینی که طبق سـنت های غلـط و باید گفت طمـع هـای شـخصی و زور و تهدیـد برایـش ترتیـب داده شـده بـود پای بنـد بماند .در واقـع در کمـال تعجـب تـا آنجا که می‌توانسـت تحمـل کرده بـود اما حالا بـه آخر خط تحمـل رسـیده بود و قصد ایسـتادگی در مقابل آن را داشـت .برای عبـاس دیگر امیدی بـه آینـده ایـن ازدواج نمانـده بود، او عاشـق فرد دیگری شـده بـود. نادر می‌دانسـت که هیچکـس نمی‌توانسـت در مقابل قدرت عشـق پایداری کنـد و بالاخره از پـا در می‌آمد. و حـالا عبـاس مـی خواسـت خبـر ایـن گسسـتگی را بـه بلـور بدهـد، آن هـم توسـط قاصـدی چـون نـادر. نادر فکـر می‌کرد چـرا او؟ درسـت در آن زمان نـادر اولین فیلمش بـه نـام «زنجیر دسـتها» را می سـاخت و می‌دانسـت که هیـچ چاره ای نـدارد جز اینکه بیـن عبـاس و بلـور رابط باشـد و داوری اختیار کنـد، فکر می‌کرد اگر اینـکار را نمی‌کرد ایـن مشـکل بـه بیـرون درز می‌کـرد و آتشـی بیـن فامیـل بر پـا می‌شـد و زندگی همه را مختـل می‌کـرد و مـادرش، بلـور و فـروغ کـه محـور و مرکـز ثقـل ایـن آتـش بودنـد بایـد می سـوختند و می سـاختند. بنابراین می‌بایسـت بـدون این‌که کسـی در خانواده خبـردار شـود بیـن آن دو داوری کنـد و ایـن کار را آغاز کرد.

امـا طولـی نکشـید کـه خبـر ایـن گفتگوها و قصد عباس بیـن فامیل فاش شـد و آتشـی کـه نـادر پیش بینی کـرده بـود برافروخته شـد و مرکز ثقـل این آتـش خانواده

نـادر، بلـور، حاجیـه خانـم و فـروغ بودند .حالا همـه در این مـورد می‌دانسـتند و پچ پچ و تبـادل نظـر می کردنـد، امـا وقتـی سـر و کلـه ی نـادر پیدا می‌شـد بـه یکبـار ه همه سـکوت اختیـار کـرده و موضـوع صحبـت آنهـا عوض می‌شـد و قصـد و هـدف آنها این بـود کـه به خیـال خودشـان نمی‌خواسـتند نـادر در اینمـورد آگاه شـده و دخالت کند. آنهـا فکـر می کردند که نادر از عمیق شـدن مشـکل بین عبـاس و بلور اطلاع نـدارد. امّا دلیـل اصلـی آنهـا این بـود که می‌دانسـتند که نـادر با تمام عقایدشـان مخالف اسـت و ذاتاً احساسـاتش را واضح بیان کرده و مطرح می کرد و پشـت سـر کسـی حرف نمی‌زد و غیبـت نمی کـرد .و آنها را بخاطر کردار و گفتارشـان سـرزنش می کـرد و مهمتر جلوی آنها می ایسـتاد.

آنهـا آنقـدر از حقایـق پـرت بودنـد که نمی‌دانسـتند کسـی را که سـعی داشـتند او را در تاریکـی نگـه دارنـد، از طـرف عبـاس مامـور شـده بود که بلـور را متقاعـد کند که طـلاق بگیـرد و عبـاس گفتـه بود از نظر مالـی تا آخر عمـر او را حمایت خواهـد کرد. از آن طـرف هـم بلـور بـه او ماموریـت داده بـود عباس را قانع کنـد که او را طـلاق ندهد و قبـول کـرده بـود کـه عباس می توانـد زن دوم را اختیار کنـد، اما او را به تهـران و داخل خانـواده نیـاورد در غیـر ایـن صـورت او خـودش را خواهد کشـت. ناراحت کننـده ترین قسـمت ماجـرا وقتی بود که کسـی بـه بچه بی گنـاه و معصوم آنها فـروغ هیچ توجه ی نداشـت و همـه چیـز دور رضایـت خاطـر بزرگترهـا می چرخید. فروغ حدود سـه سـال داشـت .انقـدر بـه نـادر نزدیـک بود کـه گاهی او پوشـک و لبـاس او را عـوض می کرد و بـه او غـذا مـی‌داد و همـه ی نظافتهایی را که یک بچه سـه سـاله لازم داشـت را برایش انجـام مـی‌داد. فـروغ بـه نـادر خیلـی بیشـتر نزدیـک بـود تـا بـه پـدر خـودش عباس .مسـلماً ایـن زمان بسـیار بد و دشـواری برای نـادر بود، چـون او درحال فیلمبـرداری از اولیـن فیلمـش بـود و می خواسـت کـه بهترین کار ممکـن را انجام دهد. او تـا آن موقع نمایشـنامه هـای موفقـی را در رزومـه اش داشـت و بخاطر آنهـا بارها تقدیر شـده بود و حالا می خواسـت شـانس خود را در فیلم سـازی و هنرپیشـگی امتحان کند. امّا فکر و قلبـش بیشـتر بـا بلـور و مخصوصاً فـروغ بود تا سـاختن فیلمـش. به نظـر می‌آمد فروغ حتـی با سـن کمی کـه داشـت از همه چیـز آگاه بود.

دو هفتـه ای می‌شـد کـه نـادر در سـاوه درحـال فیلمبـرداری بـود و حـدود پانـزده

ساعت در روز کار می کرد و درعین حال از طریق تلفن با برادرش و بلور درباره ی مشکل آنها در مذاکره بود .سعی داشت که هردوی آنها را آرام نگه دارد تا فیلمش تمام شده و به تهران برگردد .چرا که نادر وسط فیلم برداری بود و هنرپیشه ی اولش هم خودش بود و باید بیشتر فکرش روی کارش متمرکز می‌شد و باید قدری از مشکلات خانواده اش کنار می کشید .او بسیار متأثر بود چرا نمی‌توانست در زمانی که آنها به او نیاز داشتند، صد در صد با آنها و در خدمت و کمک آنها باشد و این یک انرژی بد و منفی در وجودش زنده کرده بود که آزارش می‌داد. آرزو داشت یک معجزه می‌شد و آنها خودشان به نوعی مشکلاتشان را حل و به آن خاتمه دهند. اما می‌دانست که این کار شدنی نبود و بخاطر همین احساس درماندگی می کرد.

یک شب که از فیلمبرداری برگشته و می خواستند استراحت کنند، صدای بلندی که از بلندگوی مسجد پخش می‌شد اجازه نمی‌داد آنها بخوابند .از آن طرف هم مشکل سنگینی که عباس و بلور برعهده او گذاشته بودند، استراحت کردن برای او به قدر کافی دشوار کرده بود. نادر و کارگردان فیلم تصمیم گرفتند برای وقت کشی و ایده گرفتن، چند دقیقه در بیرون قدمی بزنند اما خود را در مقابل و داخل مسجد یافتند. زود فهمیدند که این حرکت کاملاً اشتباه بود .کسی که در بلندگو حرف میزد نامش حجازی بود و چند کوچه دورتر از نادر در تهران و یک محله اعیان نشین زندگی می کرد. نادر می‌دانست که او معمولاً برای یک ساعت حرف زدن پول خیلی زیادی می گیرد که معادل خرج ماهانه ی دو تا سه خانواده ی بی بضاعت بود .دوم این‌که مطالبی که او در مورد آنها صحبت می کرد و نوع گفتارش حتی برای نادر هم قابل فهم نبود، تا برسد به آن مسجد نشینان، مطمئن بود آنها حتی نمی‌توانستند یک کلمه اش را هم بفهمند و این تلف کردن وقت آنها بود و مهمتر اگر مطلب درباره ی مذهب بود نباید برای آموزش و ترویج مذهب پولی در یافت کند در اسلام پرداخت هزینه برای دادن توصیه های مذهبی و موعظه، کاری غیراخلاقی و ناپسند است. امّا بدترین قسمت آن این بود که او دید وقتی مردم وارد می شوند دست آنها اول به پشت یک پرده می رود و مشخص بود که پول یا هر چیز با ارزشی را که همراهشان آورده بودند در پشت پرده به عنوان سهم امام انداخته و بعد رفته و جایی برای نشستن پیدا می کردند.

نادر کنجکاو شد نگاهی به پشت پرده بیاندازد، وانمود کرد که مایل است همان کار را انجام بدهد. او پرده را بلند کرد و جعبه بزرگی را پشت پرده دید که پُر از پول و جواهر بود. سپس متوجه شد مردی نسبتا چاق با ته ریشی آنجا ایستاده و مراقب جعبه و افرادی که هدایا را برداشته و پولها را از جواهرات جدا می‌کردند، بود. به دلیلی او نتوانست صورت و چهره آن مرد را فراموش کند.

درست یک هفته ی بعد وقتی نادر یکی دو روز از فیلمبرداری خود داری و برای خبر دار شدن از اوضاع احوال بلور و فروغ به تهران سفر کرد با ظاهر شدن در جلوی در اتاقش در کمال تعجب چشمش به قامت همان مرد افتاد که با عباس گرم گفتگو بود. در ابتدا آن دو متوجه حضور نادر نشدند و گرم گفتگوی خود بودند .بنظر می‌رسید این مرد که بعدها نادر او را به نام محمد زاده شناخت، سعی داشت به عباس برای انجام کاری که به کمک او نیاز داشت رشوه ای کلان بدهد و ظاهرا عباس هم با او همراه و هم قدم بود که در مقابل رشوه به او کمک کند. بعدها نادر متوجه شد موضوع گفتگوی آنها دو قطعه زمین بزرگ در همان منطقه ی ساوه بود که نادر در آنجا مشغول فیلمبرداری فیلمش بود .جریان از این قرار بود که محمد زاده و تعدادی از افراد بانفوذ می خواستند این زمین ها را با زور و تقلب برای خودشان بردارند امّا از لحاظ قانونی زمین ها متعلق به اراضی جنگلبانی بود و مردم با آن کار مخالف بودند و شکایتی مستقیما به محمد رضا شاه پهلوی تسلیم کرده بودند و شاه هم بطور مخفیانه عباس را مامور کرده بود که در این مورد تحقیق کند و گزارش اینکه حق با کدام طرف است را تسلیم شاه کند و حال این آقای محمدزاده بدیدن عباس آمده بود که با رشوه دادن به عباس به نفع آنها و نه جنگلبانی و مردم نظر خود را تسلیم شاه کند .خصوصا که نادر مقدار زیادی پول که تمام میز جلوی آنها را گرفته بود را دیده بود. با دیدن نادر گفتگوی آنها متوقف شد و عباس از او خواست آنها را تنها گذاشته و نیم ساعت بعد به اطاقش برگردد. معمولا عباس وقتی تهران بود و کار خاص و محرمانه ای را می خواست انجام دهد از اطاق نادر استفاده می کرد چون اتاق او خط قرمز بود و هیچکس حق ورود به آن را نداشت مگر فروغ کوچولو و یا بلور و مادرش که برایش خوراکی می آوردند. نادر در را بست و خارج شد اما گوشش را به در چسباند، نمی‌توانست از این موضوع به

این سادگی بگذرد، باید می‌دانست که آیا برادرش رشوه بگیر بود یا نه .اگر چه با دیدن نادر آنها در این تصمیم شده بودند که آهسته گفتگو کنند اما به اندازه ی کافی صدای آنها بلند بود که بگوش نادر بخورد و بیشتر محمدزاده سخن می گفت، «این بیست میلیون تومان است، پنج هکتار از زمینها را هم می دیم به خودت...»

عباس می‌دانست که باید صحبت او را قطع کند و جلسه را خاتمه دهد، می‌دانست که با بودن نادر ادامه گفتگوی آنها جایز نبود، «نگران نباشید من دوشنبه صبح ساعت ده شما را در ساوه می بینم «...

نادر وارد باغ عمارت شد و سعی می کرد از برادرش دوری کند. آنقدر ناراحت بود که اگر چاقو بهشمی‌زدی خونش در نمی‌آمد. برایش سوأل شده بود که آیا برادرش دزد است و حق مردم را می‌خورد و به آنها خیانت می کند؟ حتی فکرکردن به آن هم برایش مشکل و آزار دهند بود. تمام ایمان و احترامش به عباس را از دست داد، او این طور فکر کرد که عباس هم واقعاً یکی از معدود مقامات دزد و فاسد حکومت شده است امّا درعین حال متعجب بود که چرا آن قدر مورد اعتماد و محترم بود، هیچ ثروتی برای نشان دادن نداشت؟ شاید ثروتش را قایم می‌کرد؟ این بحثی بود که در ذهن نادر آغاز شده بود و ول کنش هم نبود .ساعتی بعد عباس تهران را ترک می کرد، نادر را که مشغول بازی با فروغ بود صدا کرد و گفت، «به حاجیه خانم بگو من کار دارم امروز زودتر باید برم»...

ساک سیاه بزرگ و کیف همیشگی را هم همراه داشت و رفت. نادر می‌دانست پولها داخل ساک سیاه بزرگ بودند .عباس وقتی تهران می‌آمد معمولا بعداز ظهر جمعه حرکت می کرد اما آنروز ظهر نشده که خانه را ترک کرده بود.

صبح روز بعد نادر برای ادامه ی فیلم برداری به ساوه برگشت، با دوستش ضیاء دوری در رستورانی که پدرش درست در ابتدای ورود به شهر ساوه داشت قرار داشتند. ضیاء قراربود کارگردانی فیلم را انجام دهد. به محض ورودش ضیاء بطرف او آمد، لحن و نگاهش چندان آرام و عادی نبود، کمی نگرانی در آن دیده می‌شد، «بابام می خواهد تو را ببیند، او قرار بود دیروز به تهران برگردد، اما اداره نرفت... من نمی دونم با تو چه کار داره؟ هیچ چیز نمی گه؟»

خیال می کنم در آن زمان پدر ضیاء رئیس اداره ی دارایی تهران بود، اما او اهل

ساوه بود، همان شهری که برادر نادر، عباس باید در مورد زمین ها نظر می‌داد و در ساوه رستوران و خانه و مستغلات داشت. در ضمن ریشه ی مذهبی هم داشت و نگرانی نادر و ضیاء بیشتر بخاطر همین بود، خصوصا که این اولین فیلم ضیاء بود و نادر او را در گیر کرده بود. با رسیدن نادر به پدر ضیاء خنده ی ملایمی بر چهره ی او به نمایش در آمد، که همین به تنهایی برای آنها خصوصا ضیاء غیر عادی می نمود، او اشاره کرد به جعبه ی انارو بعد بطرف نادر و گفت، «این جعبه را برای مادر شما گذاشتم، از طرف من می بری و میدی به مادرت و از قول من بهش می گی که شیری که خوردی حلالت که چنین پسری تربیت کرده ا ی. «

حالا نادر و ضیاء در تعجب و گیج و گنگ به او خیره شده بودند، شنیدن آنچه از او بر آمده بود برایشان بسیار عجیب بود، هردو در این فکر بودند که نادر چه کرده بوده که او این چنین مهربانانه و با غرور در مورد او سخن می‌گفت و برای مادرش انار می فرستاد، این مسئله خیلی عجیب بود چون او حتی مادر نادر را هم نمی شناخت، پس چرا می خواهد هدیه ای برای او بفرستد .واضح بود که او می خواست از او به خاطر مردی که او بزرگ کرده است قدردانی کرده باشد. اما او نادر را هم نمی شناخت و این اولین باری بود که با او روبرو و هم صحبت می‌شد. بالاخره نادر زمزمه کرد، «جناب دوری مگه من چه کاری کردم که شما اینقدر به من لطف دارید؟»

«شما قرطی ها بجز مسخره بازی مگه کار دیگری هم بلد هستیدبکنید که من به شما لطف داشته باشم؟ من در مورد برادرت عباس صحبت می کنم «.

و بعد آنها سر تا پا بگوش بودند، پدر ضیاء توضیح داد و گفت، عباس جمعه شب وارد ساوه شده و مطمئن شده بود که او و رئیس شهربانی و دارایی و ثبت صبح دوشنبه قبل از ساعت ده در محل معینی گرد هم آیند و همه سر وقت آنجا بودند .هیچکس نمی‌دانست علت گردهم آمدن آنها بخاطر چیست تا اینکه محمد زاده با خنده ی شاد و غرور آمیز وارد شد، معلوم بود در خود می رقصید اما شادی و رقصش چندان دوام نیاورد ،عباس تمام پول ها را که در ساک بود به مسئولینی که گرد آمده بودند تحویل داد و از آنها خواست نامه ای را امضا کنند که پول ها را دریافت کرده اند و صورت جلسه کرد که آقای محمد زاده قصد داشته این پول ها

را بـه او رشـوه بدهـد کـه او رای موافـق بـرای قصد تجاوز بـه زمین هایی که بـه نظر او قانونـا بـه جنگلبانـی و مردم سـاوه تعلق داشـته را بگیرد و به آنها پیشـنهاد کرد که باید محمـدزاده را بـرای رشـوه دادن دسـتگیر کننـد و بعـد عباس آنهـا را ترک کـرد و البته گزارشـش بـه شـاه ایـن بود کـه زمین هـا متعلق بـه مـردم و جنگلبانی اسـت و همین هـم شـد. البتـه محمـدزاده در عـرض یـک روز آزاد شـد و بـه زنـدان نیافتـاد. درنهایت براسـاس گـزارش عبـاس به دسـتور شـاه زمیـن ها به مـردم برگردانـده شـد. امّا عباس می بایسـتی بهای سـنگینی برای عمل درسـت و عادلانه اش را بدهد. چون افرادی که درگیـر ایـن رسـوایی بودنـد خیلی بانفـوذ بودند و دو بار سـعی کردند او را بکشـند. یک بـار آنهـا هواپیمایـی را کـه بـا آن پرواز می‌کـرد، دسـتکاری کردند امّا به سـلامت زمین نشسـت. بـار دیگـر وقتی که می خواسـت با دوسـتانش و خانواده آنها به مسافرتمشـهد بـرود، ترمزهـای ماشـین را بریدند و آنها تصادف کردند .اما سـالم ماندنـد. اما چیزی که مهـم بـود، ایـن بود کـه همه ی اینها به نـادر یـادآوری می‌کرد که برادرش مردی اسـت کـه مـی توانـد آنچـه را کـه بـه او اعطـاء شـده کنترل کنـد و عـادل و درسـت کار باقی بمانـد و قـدرت چشـم و گوش او را کور و کـر نکرده. علاوه بر این‌کـه عباس مقام بالایی در دولـت داشـت، نسـبت بـه مردم خیلـی مهربان و کمک رسـان بود و آنهـا او را خیلی دوسـت داشـتند. اینجـا بـود کـه نـادر متوجه شـد، محمـدزاده هم بـا دولتی هـا قاطی بـود و هـم بـا مذهبـی هـا و از هردو آخـور می‌خـورد و البته نـادر و ضیـاء زود دریافتند کـه وجـود عبـاس بـرای آنهـا در سـاوه خودش نعمتی شـده بود، چـرا که فیلـم آنها که نوشـته ی نـادر هـم بـود به خاطر محتوایی که داشـت باید بخشـی از آنبخاطـر اینکه او و یـک زن بایـد هـردو لخـت در کویر می دویدند بـه طور محرمانه فیلمبرداری می‌شـد. امـا او نیـازی نداشـت کـه از عبـاس در خواسـت کمکـی بکند، فقـط این‌که مسـئولین می‌دانسـتند او بـرادر عبـاس اسـت برای آنهـا کافی بـود و دیگر مزاحم او نمی‌شـدند.

از آنجـا کـه شـما از هیـچ جـای دنیـا و حـوادث احتمالـی آن آگاهی نـداری و هیچ کنترلـی نمـی توانـی داشـته باشـی، در مـدت کوتاهـی همـه چیـز در زندگـی نـادر در هـم ریخـت، بدترین قسـمت ایـن در هم ریختگـی وضعیت عبـاس و بلـور بود،این بهم ریختگـی گـره سـر در گمـی بود کـه امکان باز کـردن آن امـر محالی به نظر می‌رسـید و نـادر خـود را در در بـروز ایـن فاجعه مسـئول می‌دانسـت. اگر چه وقتی کـه بزرگترها

آن دو را بـه زور و تهدیـد بـه عقـد هـم در آورده و ایـن جنایت را انجـام داده بودند، و در آن زمـان نـادر بچـه ای بیـش نبـود و هیـچ دخالتی در آن نداشـت اما می‌دانسـت که با تهدیـد جـان او بـرادرش را مجبـور بـه ایـن ازدواج کـرده بودنـد. بنابراین مهـم نبود که او بچـه بـود یـا نه بهر حال به نوعـی خود را مسـئول این جنایـت می‌دانسـت .بنابراین حـالا موقعیـت و فرصتـی پیدا کـرده بود که شـاید بتواند اشـتباهات گذشـته بزرگترها را جبـران کنـد و بتوانـد صلـح و صفـا و شـادی را بیـن آن دو و خانوادها برقـرار کند. از طرفـی هـم می‌دانسـت ایـن کاری غیر ممکن می باشـد چـرا که می‌دانسـت که منطق بـرای هیچکـدام ارزشـی نداشـت و همـه ی تصمیمهـا از روی احساسـات و بـر اسـاس دیـد مـردم و آنچـه آنهـا فکـر می کردنـد گرفته می‌شـد و هیچ کـدام از دو طـرف قصد سـازش نداشـتند و ایـن وضعیت را خیلی پیچیـده و غیر ممکن کرده بـود .اما این دلیل نمی‌شـد که او سـاکت نشسـته و هیچ اقدامی نکند. نادر احسـاس می کرد راه درسـت و صـواب در ایـن بـود که بلور طلاقش را بگیرد و با شـخص دیگر ازدواج و زندگی خوشـی را ادامـه داده و شـاد باشـد .امـا بلور زندگی در جهنم را بیشـتر ترجیح مـی‌داد تا جدایی از عبـاس و همـه اینهـا از آداب و رسـوم و درک غلـط اقوام و مردم بـود که حالا همه ی آنهـا خـود هـم قاضی بودنـد، هم روانشـناس خانـواده و هـم قانـون و دادگاه و همه می خواسـتند بـه بلـور مشـاوره دهنـد و فاجعـه در این بـود که هیچ کـدام از این پیشـنهاد هـا راه صوابـی بـرای بلور نبودند، فقط عقیده ی شـخصی خودشـان را مطـرح می کردند کـه بیشـتر برگرفتـه از حسـادت وکینه توزی وتسـویه حسـاب های قدیمـی خانوادگی سرچشـمه می‌گرفـت نـه بـه جهت دلسـوزی وراهنمایـی و این بلـور و فـروغ بودند که در این آتشـی که آنها روشـن کرده و همواره بر آن نفت می پاشـیدند، می سـوختند و مـی سـاختند و همیـن بلور را بسـیار ناتوان و بیمار کـرده بود. نادر باور داشـت که وقتی بالاخـره بلـور در ذهـن و روحـش قبول کـرده بود که این بـار قصد عباس بسـیار جدی اسـت و طـلاق را تنهـا راه می‌دانسـت و اگـر او قبول نمی‌کـرد، عباس قانوناً اقـدام و او را طـلاق مـی‌داد، تـوان تحمـل مقابله کردن بـا آن را از دسـت داده بود و دچار افسـردگی شـدیدی شـده و آرزوی مـرگ می کـرد. حـالا برایـش مسـجّل شـده بود که عبـاس در شـهر قـم بـا زنی رابطـه و قصـد ازدواج بـا او را دارد. حال بلـور اصلا خوب نبـود وهرروز بیمارتـر وضعیـف تـر می‌شـد. ایـن مسـئله باعـث نـزاع، حـرف و بحـث و تهدیـد بیـن

خانوادههـای هـردو طرف شـده بود. عجیبترین قسـمت این مسـئله، مثل همیشـه این بـود کـه هنـوز هـم لحظهـای که نـادر حضـور پیدا می‌کـرد همـه چیز متوقف می‌شـد مثـل این‌کـه هیـچ بحثـی در ایـن باره نداشـتند، و هنـوز هم که هنـوز بود همه نـادر را نـادان و خـام میپنداشـتند و فکـر می‌کردند از موضـوع خانواده اطلاع ندارد یا شـاید هم اهمیـت نمی‌دهـد .و هنـوز بد و خـوب دنیا را نمـی داند.

یکـی دو روز بعـد از اینکـه آنهـا از مسـجد دیدن کـرده بودند و بعد از فیلـم برداری، طبـق معمـول بـرای اسـتراحت شـبانه نـادر بـا ضیـا بـه خانـه ی او برگشـت، اضطراب غریبـی ذهـن و وجـود نـادر را اشـغال کـرده بـود، بعـد از یک تمـاس تلفنی بـا مادرش در تهـران و وقتـی کـه مـی خواسـت بـا بلـور صحبـت کند بـه او گفته شـد کـه او را به خانـه ی بـرادرش داش محمـود کـه شـوهر خواهر بزرگ نـادر هم بود منتقل کـرده اند، چون حاجیه خانم دسـت تنهاسـت و آنجا تعدادشـان بیشـتر اسـت و بهتر می توانند از او مراقبـت کننـد، بـا شـنیدن این خبر اضطراب نادر بیشـتر و بیشـتر شـدت گرفت، به حـدی کـه دیگـر توان تحمـل و مقابله و کنتـرل با آن را نداشـت، نمی‌توانسـت بخوابد. بـا اینکـه نـادر داش محمـود را خیلـی دوسـت داشـت و در میـان فامیـل بـه او احترام زیـادی مـی گذاشـت و فکـر می‌کرد از بقیـه‌ی فامیل روشـنفکرتر بـود و در ثانی خواهر بزرگـش بـا او ازدواج کـرده بـود، و فکـر می‌کـرد که شـاید بـرای مدتی بلور بهتـر بود با آنهـا زندگـی کنـد تـا فیلـم نادر هم تمـام شـود و نادر بـه تهـران برگـردد و راه چاره‌ای پیـدا کنـد، امـا یک احساسـی بـه او می‌گفت باید به تهـران برگردد، حدود سـاعت پنج صبـح بـود، بلنـد شـد و خانه‌ی ضیـا را به قصد تهـران ترک کـرد، البته یک یاد داشـت بـرای ضیـا گذاشـته بـود .ضیـا چنـدان از ایـن کار او خوشـحال نبـود، امّـا چـاره‌ای هم نداشـت بایـد فیلمبـرداری صحنه‌های دیگر مـی ماند تـا او برگردد. بهر حال نویسـنده، تهیـه کننـده و بازیگـر اصلی نـادر بود .

در آن زمـان نـادر هنـوز بـا مـادرش و بلور و فـروغ در همان کوچه بن بسـت زندگی می‌کـرد، مغـازه گل فروشـی بـرادرش بیژن هم نبـش همین کوچه بود و بـا خانواده اش در ضلـع شـمالی گل فروشـی زندگـی می‌کردنـد. وقتـی نادر به خانه رسـید ماشـین را چنـد صد متـری دورتر پـارک کرد و پیـاده و با احتیاط رفـت و وارد کوچه و خانه شـد که کسـی ماشـین او را نبیند و ندانند که برگشـته و مزاحمش نشـوند. می خواست تنها

باشـد. وقتـی به خانه رسـید به سـختی می‌توانسـت چشـمانش را بـاز نگـه دارد، خیلی خسـته بود، عکس العمل مادرش او را متعجب کرد چون با اینکه از مسـافرت برگشـته بـود و بـا وجـود این‌که پسـر مـورد علاقه مـادرش بـود و معمـولاً مادرش نمی‌توانسـت روزی را بـدون این‌کـه بـا او حـرف بزنـد بگذراند و اگر یـک روز درباره ی او نمی شـنید فـوراً نگـران و مضطـرب می‌شـد اما ظاهرا این بـار مادرش از دیدنش چندان خوشـحال نشـد و همینجـور به او خیره شـده بـود .نادر کنجکاو بـود و از رفتار مادرش نگران شـد، امّـا چیـزی نگفـت و به اتاقش رفـت، می خواسـت دوش بگیرد و به دیدن بلـور که حالا در خانـه داش محمـود بـرادر خـودش اقامـت داشـت برود. به نظر می‌رسـید حـال بلور خیلـی بدتـر شـده بـود. در واقـع هیـچ کس از شـدت و علت بیمـاری او چنـدان خبری نداشـت، انـگار نمی‌خواسـتند حقیقـت مریضـی بلـور را قبـول کننـد. آنهـا در ایـن باور بودنـد کـه او دروغ مـی گویـد و خودش را بـه مریضی زده که توجه عبـاس را جلب کند .در واقـع همـه ی آنهـا در موقعیت او با عباس درگیر شـده بودند و سـعی داشـتند ثابت کننـد کـه چـه کسـی دروغ میگویـد و چـه کسـی راسـت؟ ثابت کننـد که حـق با کی اسـت و بـا کـی نیسـت؟ مظلوم چه کسـی اسـت و ظالـم کیسـت؟ آنها فرامـوش کرده بودنـد کـه بلور مشـکل قلبـی دارد و به آسـانی میتوانـد از پا در بیایـد. نـادر درحال باز کـردن دکمه‌هـای شـلوارش بـود که صدای پای وارد شـدن بیـژن به حیـاط را از بیرون شـنید. او صدای پای بیژن را می‌شـناخت چون سـریع و پر سـر و صدا قدم برمیداشـت. بیـژن از ایـوان روبـروی پنجره ی اتاق نادر رد شـد و وارد اتاق اصلی شـد و قبل از این‌که مـادرش شـانس این را داشـته باشـد که بـه او اطلاع دهد کـه نادر در اتاق کناری اسـت بـا صـدای پُرطنینش شـروع به حـرف زدن کـرد، «ازخانه داش محمود زنـگ زدند، می خواهنـد مـا فـوری بریـم آنجـا، حـدس می زنم کـه بلور مـرده یـا درحال مرگ باشـه، بـه کسـی چیـزی نگـو، حاضر شـو، بایـد برویم .باید سـاکت باشـیم، ممکن اسـت برای عبـاس شـرمندگی ایجـاد کننـد. خیلـی خوبـه کـه این نـادر دیوانه خـارج از شـهره ... وگرنـه دیونگیـش گل می‌کـرد و آبرو مونـو می‌برد»...

و بعـد یکبـاره سـکوت بـود. بـا سـکوتی کـه حکمفرمـا شـد، نـادر می‌دانسـت کـه مـادرش سـعی داشـت بـه بیـژن حالـی کند که نـادر در اتـاق کناری است امـا مادرش از شـنیدن حـرف بیـژن چنـان شـوکه و نگـران شـده بـود کـه گویـی لال شـده بـود و

نمی‌توانست سخنی بر لب بیاورد، اگر چه او گاهی به پرو پای بلور می پیچد اما قلبا او بیش از حد بلور را دوست داشت. او بارها به نادر گفته بود که بلور بیشتر از خود او به گردن نادر حق دارد و نادر باید به او احترم بگذارد. نادر می‌دانست بیژن بلافاصله با فهمیدن به علم اینکه او برگشته بود وارد اتاق او می شود .همینطور هم شد و بیژن وارد اتاق نادر شد، اما نادری نبود که با او وارد صحبت شود. نادر بلافاصله و با عجله قبل از این‌که بیژن وارد اتاقش شده باشد از پنجره‌ی قدی مشرف به ایوان باغ خارج و حالا در کوچه ی بن بست درحال دویدن بطرف بلور بود، حتی نمی‌دانست با پاهای برهنه در حال دویدن بود. هنوز بلوز و کفشش را در دست داشت، بعد از گذشتن از گل فروشی در حال دویدن مشغول پوشیدن بلوز و پا کردن کفشهایش شد. به ماشینش که رسید، تازه متوجه شد که کلیدهای ماشین را در اتاقش جا گذاشته بود و نمی‌خواست برگردد و با بیژن یا مادرش رو به رو شود. بنابراین پیاده تا جایی که در توان داشت و هرچه سریعتر در حال دویدن شد، زمین و زمان دیگر برایش معنی و مفهومی نداشتند .

خیابانهای آن اطراف خیلی برایش آشنا بودند و می‌توانست با چشم بسته هم در این خیابانها بدود. او برای رفتن به دبیرستان از همین خیابان ها به مدت دو سال، هر روز چهار بار عبور کرده بود .حالا از جلوی مدرسه سابق فریبا رد شده بود و به مدرسه سابق خودش رسید. او از خیابان شمیران بدون توجه به ماشین هایی که از دوطرف در حال آمد و رفت بودند عبور کرد، خیلی شانس آورد که ماشینی نبود که او را زیر کند. این خیابان یکی از شلوغ ترین خیابان های شهر بود. او فقط می دوید، احساسی از وحشت به او دست داده بود .او احساس بسیار غم انگیزی در مورد اتفاقی که افتاده بود داشت و احساسش هم درست بود. از یک پل کوچک عبور کرد، طولی نکشید چندین ردیف پله که به بالای تپه‌ای که مشرف به خانه ی خواهرش و جایی که بلور بود رسید، از آن بالا چشمش به جمعیت افتاد که در بیرون و داخل خانه در رفت و آمد و همه سیاه پوش بودند، حدود ظهر بود و روز آفتابی داغی بود با دیدن جمعیت حقیقت تلخ مرگ بلور درذهنش زنده شد و توان دویدن را از پاهای او گرفت، حالا به سختی می‌توانست قدم بردارد، اما بخود اجازه نمی‌داد از رفتن دست بکشد.

خانـه‌ای دو طبقـه در پائیـن یـک تپـه با یـک حیاط کوچـک در جلوی آن سـاخته شـده بـود و چندتـا پلـه از داخل حیاط بـه بالکون سراسـری می‌رفـت. در ورودی طبقه ی دوم وسـط ایـن بالکـون بـاز می‌شـد. نـادر هرچـه بیشـتر جلو می‌رفت بـی حـس تـر می‌شـد. حـالا براحتـی تمـام بسـتگان را می‌دید کـه سـیاه پوش شـده بودنـد .در ایـن لحظـه او بـه قبـول واقعیت وحشـتناکی کـه اتفاق افتـاده بود، واقف شـده بـود امّا نمی‌خواسـت آن را باور کند. بعد او ماشـین بیژن را دید که سـر رسـید و درسـت پشـت ماشـین نعـش کـش جلـوی خانه ی خواهرش متوقف شـد. نادر بیشـتر از آن نتوانسـت خـود را گـول بزند، زانوهایش سسـت شـدند و نزدیک بود از حال برونـد. مادرش متوجه او شـد و ایسـتاد. خواسـت بـه کمـک او بـرود امّـا او هـم بـا دیـدن ماشـین نعش کش حالـش بهتـر از نـادر نبـود .مادر رو بـه بیژن کرد و به نادر اشـاره کرد .مادر می خواسـت او بکمـک نـادر بـرود. اما بیژن کاری از دسـتش بـر نمی‌آمد، نادر وارد خانه شـد، او چند کیلومتـر راه را دویـده بود و حالا نمی‌خواسـت بایسـتد. او نمی‌دانسـت که چقدر سـریع دویـده بـود امّـا درسـت همان موقعـی آنجا رسـیده بود که بیژن با ماشـین رسـیده بود .چشـم مـردم بـه نـادر که افتـاد این طـور به نظر می‌رسـید که بلـور را فرامـوش کردند و حـالا نگـران وضـع وحـال نادر شـدند. نـادر از پله‌هـا بالا رفـت و روی ایـوان بطرف در ورودی در راه بـود، درسـت زمانـی که تابوت از در سـاختمان خارج می‌شـد نادر روبروی در ورودی رسـیده بـود و دیگـر توان زانوهایش از دسـت رفته و خم شـدند و روی زمین نشسـتند. نـادر دیگـر توان شـنیدن هیـچ صدایی حتی لا الـه الا الله و یا حضـور مردمی را کـه تابـوت را روی شـانه هـای خود حمـل می کردند را نداشـت. او نه می شـنید و نه احسـاس می کـرد، نـادر وسـط مـردم و زیـر تابوت گم شـد و چشـمش به بـالا و تابوت بود، با رد شـدن تابوت از روی او حالا آسـمان و خدا جلوی چشـمش ظاهر شـده بودند، امـا صدایـش رفته بـود و نمی‌توانسـت با خـدای خود حـرف بزند.

طبـق سـنّت، مـردم تابـوت را تا ماشـین نعش کش حمـل و مشـایعت کردند .یکی دوتا از بسـتگان و دوسـتان به سـراغ و کمک نادر آمده و او را به ماشـینی بردند .او لال و گنـگ فقـط بـه همـه چیز و همـه ماتش بـرده بـود. بعضی ها نگـران حالـش بودند و فکـر می کـردن کـه او بهتـر اسـت به قبرسـتان نـرود و در خانه بمانـد. اما صـدای بیژن کـه پایـش را زمیـن کوبیـد و بلنـد گفت کـه او باید بـرود همه را خامـوش کرد .

همـان طـور کـه ماشـین حمـل تابـوت یکـی دیگـر از قربانیـان سـنتهای غلـط و قضاوتهـای نادرسـت مـردم را بـا خـودش از خیابان هـای تهـران عبور مـی‌داد و بطرف خانـه ی ابـدی می‌بـرد، کاروانـی از ماشـین هم بـه دنبالـش او را بدرقه می کردنـد. نادر هـم همـراه دیگـران در ماشـینی کنـار پنجره نشسـته بـود. بالاخـره کاروان به بهشـت زهـرا رسـیده و ایسـتادند و همه از ماشـین هـا پیاده شـدند، اما نادر همین جـور داخل نشسـته و در خـود گـم و گیـج بـه اطراف خیره شـده بـود، دهانش کرخت بـود، به تنها چیـزی و کسـی کـه فکر می کـرد و در یاد داشـت و چشـمانش دنبالش میگشـت فروغ کوچولـو بـود، بیشـتر از هـر کسـی او را دوسـت داشـت و احتیاج داشـت که با او باشـد. امیـدوار بـود کـه صدمـه ای ندیـده باشـد .حـدس میزد کـه او را بـه خانه دیگـری برده باشـند .چشـمش در سـفر روی بسـتگان بـود کـه بـرای عزیزی کـه آنها را تـرک کرده بـود گریـه می کردنـد، بـرای بلـور، کـه مـرگ را بر طـلاق ترجیـح داده و برای همیشـه آنهـا را تـرک کـرده بود، به نظر می‌رسـید خـدا آرزویش را بـرآورده کرده بـود، اما غمی گـران را بـرای نـادر باقـی گذاشـته بود که هیـچ وقت قلب نـادر را ترک نکـرد. بلور مادر دومـش، بلـور محبـوب و عزیزش او و فروغ را برای همیشـه ترک کرده بـود. کمال برادر دیگـرش سـکوت را شکسـت،» مـرده را دارنـد مـی برند خـاک کنند، بهتر پیاده شـی و همراه مـا بیایی»...

کمـال همـان طـور که در ماشـین را بـاز می کرد از شیشـه ی باز با مهربانـی با نادر در صحبـت بـود .نـادر با بار سـنگینی که در قلبش داشـت پیاده شـد و آنها تابـوت را به محوطـه دفـن همراهـی کردند .همـان طور کـه راه می‌رفتنـد او مردمی را دیـد که دعا مـی خواندنـد و بـا عزیزانشـان خداحافظـی می کردند، امّا همـه آن ها برایـش غیرواقعی و خیالـی بودنـد، حتـی آنجـا بودنشـان. .بالاخـره تابوت به محـل دفن رسـید و کارگرها همـان موقـع قبـر را آمـاده کرده بودند. او نزدیک ایسـتاده بـود و نگاه می کـرد امّا بازهم خـودش را دور از آنجـا و آنچـه مـی گذشـت احسـاس می کـرد. یک نفر روحانی شـروع بـه صحبـت کـرد و دعـا مـی خوانـد. نـادر، پـری را دید کـه خیلـی نزدیک به قبـر بلور ایسـتاده اسـت او بهتریـن دوسـت بلـور بـود و آن قدر شـدید گریـه می کرد کـه بدنش گرفتـار تشـنج شـده بود. مـادرش هم همان طـور که انتظـار می‌رفت با حالتی افسـرده اشـک می‌ریخـت، صدایـش بـه سـختی در می‌آمـد، فقـط ناله می کـرد، رنگش سـفید،

سفید شده بود، اما حتی در آن حالت که به نظر می‌رسید داشت جان و وجودش را از دست می‌داد باز نگران نادر بود. نادر دلش می خواست کاری برای پری و مادرش انجام دهد که آن دو را تسلی بدهد، امّا توان و اراده ی حرکت نداشت. یکی دو نفر به کمک پری و مادرش رفتند و پری را از کنارجسد بلور دور کردند و به تسلی آن دو مشغول شدند. نادر همینجور در آنجا ایستاده بود و همه چیز را بدون هیچ عکس العمل یا تغییری در چهره اش تماشا می کرد. هنوز هم که هنوز بود از زمانی که از اتاقش بطرف بلور دویدن آغاز کرده بود، کلامی به زبان نیاورده بود. این حالت او همه را، مخصوصاً مادرش را ناراحت کرده بود، او متوجه شد که پری بازویش را گرفت، برگشت و چشمهای پری به او دوخته شد، هنوز گریه می کرد. پری نادر را محکم بغل کرد و خاطرات خوبی را که با بلور داشتند را در گوشش او زمزمه می کرد و این که آنها چگونه باید بیشتر به فکر فروغ باشند، پری ادامه داد، «نادر جان حالا تو تنها کسی هستی که باید از فروغ مراقبت کنی، بلور از من خواست که از شما قول بگیرم که از این کار کوتاهی نکنی... او به عباس و هیچ کس دیگر اطمینان نداشت .عباس نمی داند که چطور با خانواده مخصوصاً بچه ها رفتار کند»...

نادر اشکهای گرم او را که روی بازوی مقاوم او روان بودند و خیلی زود مثل یخ سرد می‌شدند را حس کرد، درحالی که هنوز کرخت بود پری را محکم در بغل گرفت. بعد شنید که با صدای بلند دعا می خوانند که به معنی این بود که دارند جسد را در قبر قرار می‌دهند. پری به طرف قبر رفت تا با بلور خداحافظی کند. او نزدیک قبر بود و می‌خواست جسد را ببوسد امّا کسی مانع او شد .حالا همه خیلی بلند گریه می کردند .حالا بلور بعد از مرگش برای همه عزیز شده بود .برای همه ی آنها که وقتی زنده بود دانسته و ندانسته کمر به نابودیش بسته بودند .جسد در قبر قرار داده شد و طبق سنت، بستگان و دوستان یکی، یکی مقداری خاک را به نوبت با یک بیل واحد روی جسد می‌ریختند. بعضی هم منتظر بیل نشدند و با دست خاک ریختند، سپس کارگرها قبر را با خاک پُر کردند و آن را صاف کردند. و دیگر بلوری وجود نداشت. او رفته بود، این اولین لحظه ای بود که نادر توانست واقعاً حس کند که چه اتفاقی افتاده است. دیگر بلوری برای اعتماد کردن به او و درد دل وجود نداشت. این واقعه تلنگری بود به او، سیلی محکم به صورتش و

بیداریش، انسان از خاک می‌آید و به خاک بازمی گردد و مهّم نیست که ثروتمند باشد یا فقیر، پادشاه باشد یا گدا. نادر تا به آن اندازه در تمام این مدت از خود بیخود شده بود که حتی نمی‌دانست که آیا برادر بزرگش عباس در این مراسم بود یا نبود، اگر هم بود برای نادر وجود خارجی داشت.

بلور و نادر هرگز با هم درگیر نشدند، حتی یکبار و هیچگاه غیبت یکدیگر را نکردند، آنها به هم وابسته بودند و بهترین دوست و رفیق یکدیگر بودند، فقط همین .دسته گل هایی روی قبر او گذاشتند طوری که دیگر خاک تازه ای که روی قبرش ریخته شده بود، دیده نمی‌شد. بلور گلباران شده بود .مراسم خاکسپاری و تشییع جنازه هم یک نمایش عجیب و پیچیده بود، نمایشی برای دیدن این‌که چه کسی بزرگترین سبد گل را می آورد، یا چه کسی دسته گلش زیباتر است، چون این دسته گل ها بیانگر این بودند که چقدر در غم این خانواده شریک هستند، هرچه بزرگتر غمشان بیشتر، خیلی زود آنها پری را از سر قبر دور کردند. پری به طرف نادر آمد و از او خواست که با او همراه شود .نادر می‌دانست در این وسط با وجود غم عمیق خودش بازهم پری برای او نگران است. جمعیت پراکنده شدند و خداحافظی کردند و همه بالاخره محوطه قبرستان را ترک کردند و بلور را در خانه ی ابدیش تنها گذاشتند.

در راه برگشت نادر کنار خواهرش پری نشسته بود، او بازوی نادر را نگه داشته بود و نمی‌گذاشت او تنها باشد. نادر متوجه شد که مادرش در ماشین برادرش نشسته است و از پنجره ماشین به نادر خیره شده بود و از راه دور نظارت می‌کرد که پری مراقب نادر باشد. نادر می‌دانست که او برادرش را مجبور کرد آهسته براند تا او بتواند نادر را ببیند. به روال مرسوم، همه شرکت کنندگان در مراسم برای صرف غذا دعوت شدند و معمولاً با کباب شیشلیک در رستوران پذیرایی می‌شدند. نادر به رستوران نرفت به خانه بزرگترین خواهرش برگشت، جایی که بلور در آنجا آخرین لحظات عمرش را گذرانده و مرده بود، برای نادر رسیدن و بغل کردن فروغ مهمتر از رفتن به رستوران و کباب خوردن بود، می‌دانست فروغ را باید برگردانده باشند. اما فروغ را هنوز نیاورده بودند. چند نفر در خانه باقی مانده بودند تا وسایل پذیرایی از کسانی را که به خانه برمی گشتند را فراهم کنند، یکی از آنها یک نوشیدنی خنک

بـه او داد تـا حالـش بهتر شـود، او نوشـیدنی را گرفت و روی میز گذاشـت و بدون گفتن کلامـی بـه دستشـویی رفت. بـرای مدت طولانی آنجا نشسـت و هیـچ کاری نکرد، فقط فکـر می‌کـرد .بعـد از مدتـی صـدای ضرباتـی که بـه در می‌خورد بلنـد شـد و او را صدا می‌زدنـد، از او میپرسـیدند کـه آیـا حالش خوب اسـت. نگـران بودند کـه او کار احمقانه ای انجـام دهـد .امـا صـدای ضربـه ای که بـه در خورده بود بهر دلیلی بود سـبب شـد او بـه نـاگاه از جـا بلنـد شـود .قبـل از این‌که متوجه شـود چه اتفاقـی برایش افتاده اسـت خـون از پشـتش فـوران زد. بـه نظـر می‌آمـد کـه دسـته تیـز سـیفون توالت که بسـیار نزدیـک بـه کـف توالـت به دیوار نصب شـده بود پشـت او را بریـده بود. لحظـه ای که او گرمـی خـون را حـس کـرد و خـون را دیـد که کف توالت می‌چکید و پشـتش و سـطح توالـت را رنگیـن می‌کـرد، لحظـه بیداری او بـود. یک بـار دیگر واقعیت زندگـی را درک کـرد و بـرای اولیـن بار بعد از شـنیدن صدای بیژن و ترک خانه‌اشـان بـرای دیدن بلور صدایـش بلنـد شـد، البتـه صـدای گریـه و شـیونش. تـا آن موقع کلمـه ای حـرف نزده بـود. بالاخـره احسـاس کـرد که بـرای رو به رو شـدن بـا واقعیت تلـخ دنیا آماده اسـت، مشـت‌های او بـرای خلاص شـدن از خشـم بـه دیوار فـرود می‌آمدند .کسـانی که بیرون بودنـد متوجـه شـدند کـه اتفاق بدی افتاده اسـت. آنها قفـل را باز کردند و داخل شـدند و محکـم او را گرفتنـد در آنـی او پوشـیده از خـون شـده بـود و همین طور دستشـویی هم‌خونـی شـده بـود. او را آرام کردنـد تا آنجایی کـه بتوانند بدون ایجاد هیاهـو، زخم او را پـاک کنند و رویـش را ببندند.

در همیـن حـال بـود کـه فـروغ را آوردنـد، لحظـه ای کـه او نـادر را دیـد با سـرعت از بغـل خانمـی کـه او را نگـه داشـته بـود خـودش را بـه آغـوش نـادر انداخـت. نـادر نمی‌دانسـت کـه آیـا فـروغ بیچـاره می‌دانسـت کـه چـه اتفاقـی افتاده بـود یا نـه، فقط می‌دیـد کـه او بخـود مـی لرزید وا شـک می‌ریخت و محکم به او چسـبیده بـود، به نظر می‌رسـید طفـل بیچـاره از ایـن مـی ترسـید که نـادر هـم او را تـرک کند. بـا درآغوش گرفتـن فـروغ، سـریعاً سـیلی از خاطـرات بلـور در یـادش زنده و بـه نمایـش در آمدند. نـادر فـروغ را قبـل از این‌کـه کسـی بتوانـد سـؤالی از او بکند با خـودش به خانـه برد. از آن پـس او می‌دانسـت کـه درقبـال فروغ مسـئولیت دارد. فـروغ همان انـدازه که دختر بـرادرش بـود، دختـر او هـم بود، او بـه خود قول داد که همیشـه وقتی سـنت، چیزهای

پیرامونـش را غـارت کنـد، دربارهاش بی پرده سـخن بگویـد. او باید با قاطعیتی بیشـتر از همیشـه بـر علیه ایـن ناعدالتی ها می جنگیـد و باید این جنـگ را از خانواده خودش شـروع می کـرد. مهمتـر از همـه او بایـد به قولی که بـه بلـور داده بود و آن نگهـداری از فـروغ بـود را وظیفه ی اول زندگیـش قرارمی‌داد .خاطره بلور، نـادر را به صحنه جدیدی از زندگـی کشـاند و اولیـن نتیجـه ی این جنگ خلق نمایشـنامه جدید او بنام» سـر پل تـه رودخانـه» بود .

فصل هفدهم

وقتی وقایع خاصی در زندگی شکل می گیرند و وجود شما را تغییر می دهند.

با مرگ بلور زندگی جدید نادر شروع شد. زندگی که هیچ وقت در انتظارش نبود، امّا آیا او قادر بود خاطرات گذشته را فراموش کند تا خودش را با این زندگی جدید که انتظارش را نداشت تطبیق دهد؟ گاهی این طور به نظر می‌رسد که مسیر زندگی در یک جهت پیش میرود، امّا فاجعه ای رخ می‌دهد و وقایع خاصی شکل می گیرند که باعث می شوند باورها، ارزشها و درواقع کل وجود شما تغییر کند و شما هیچ توانی برای متوقف کردن این تغیر در خود نمی بینی. چرا که موقعیت هایی که به صورت مصیبت بار و یا غیرقابل کنترل برای شما پیش می آیند درواقع تجربه یک تحول به شکلی و یا به صورتی دیگر هستند که شما انتظارش را نداشتید و آشنایی با راه و روش مقابله با آن را ندارید و این چیزی بود که برای نادر اتفاق افتاد و تنها سود این واقعه های تلخ که برای نادر روی داد این بود که موجب رشد و پیشرفت معنوی او شد. به عنوان یک مرد جوان با تجربیات زیادی رو به رو شده بود که ایدئولوژی و سرنوشت او را تغییر داده بود و طیف گسترده ای از احساسات او را دربرگرفته و به نوعی به بیدار شدن ذهن و وجود او از یک خواب رویایی منجر شده بود و این درست زمانی بود که به مرحله تحصیل دانشگاهی رسیده بود، زمانی که یک چنین شکست قلبی و اندوهی گران را با مرگ بلور تجربه کرد، او به یقین در این باور بود که بیشتر این چیزها که روی زندگی او اثر گذاشتند به علت باورهای مضر و اشتباهات ناشی از خرافات وآداب و رسوم های پوسیده و خانمان سوز گذشته است و از آن مایه می گرفت. مردمی که او می خواست آنها را دوست داشته باشد و به آنها عشق بورزد گریبان گیر آن بودند و این مشقت و درد و رنج را دانسته و یا ندانسته بر خویشان وعزیزان خود روا

مـی داشـتند. مکانـی را کـه بدنیـا آمده بود دوسـت داشـت امّا حـالا از بسـیاری جهات بـا آن بیگانـه بـود. امّـا متحـول شـدن او کـه به واسـطه تمـام درد و مشـقّت هایش بود در بیـان هنـری او متجلی گشـت، بنابرایـن او قلبش را دراختیار نویسـندگی، بازیگری و فیلمسـازی گذاشـت. طیف وسـیعی از تجربیات زندگی کـه دراختیار او قـرار گرفته بود و خاطراتـی کـه متعـدد و اسـفناک بودنـد دسـت مایه کارهایـش شـدند و از این طریق جنـگ با خرافـات را آغـاز کرد .

و البتـه علـت ایـن تغییر در زندگیش و شـروع جنگ با خرافات تمـام و کمال مایه از مـرگ بلـور و خبـر تلـخ ازدواج فریبا گرفتـه بود. اما ویـران کننده تر از همـه اینها مرگ بلـور بـود. یک دوسـت و معتمـد غیرقابـل جایگزین .مخصوصـاً این که مرگ بلـور زمان دشـواری بـرای نـادر بـود، زیـرا وقتی اتفاق افتـاد که او بـا واقعه تلخ دیگـری در جنگ و گریـز بـود و آن خبـر ازدواج فریبـا بـود .به عـلاوه چندان آسـان نبود کـه دو زن فریبا و بلـور کـه به معنـی دنیای او بودنـد از زندگی اش خارج شـده و او را تنها گذاشـته بودند .حـالا دلیلـش هرچـه که بـود، مرگ بلـور ضربه نهایـی را بر قلـب و وجـود او وارد کرده بـود و زندگـی اش را عـوض کـرده و بـه آن جهـت و هدف جدیـدی داد .حـالا مأموریت جدیـد او مبـارزه بـا بـی عدالتی، بی انصافـی و عدم بصیرت موجـود در آداب و رسـوم و سـنتها بـود که بیشـتر ریشـه مذهبی داشـتند .هرگاه کـه او فروغ دختر کوچـک بلور را بـه آغـوش مـی کشـید، داغ و درد مـرگ بلـور برایـش تازه می‌شـد .وقتی که به چشـم هـای فـروغ نـگاه می کـرد قلبـش بـه درد می‌آمـد. بعـد از گذشـت مـاه های بسـیاری هنـوز کامـلاً در جسـم خـودش زندگـی نمی کـرد، ارتبـاط او با بـدن فیزیکـی اش قطع شـده بـود. از خانـواده اش جـدا شـده و خیلی سـاکت و کم حرف بـود. او حتـی از ادامه فیلمبـرداری و سـاختن فیلـم زنجیـر دسـتها کـه در سـاوه نیمه تمـام مانده بود دسـت کشـید و سرنوشـت فیلم به سـاخت یـک فیلم کوتـاه انجامید .

باوجـود این کـه عبـاس هـم ازنظـر او یـک قربانـی بـود بـا این حـال تـا آنجایی که می‌شـد بـه طـور اخـص از او هـم کنارگیـری می کـرد .ذهنیـت کلـی نـادر این بـود که بـرای شـروع ایـن جنـگ و مبارزه بـر علیه خرافـات باید محکم و راسـخ بایسـتد، همان طـور که در تمام سـال‌های گذشـته ایسـتاده گی و پافشـاری کرده بـود و درصورت نیاز بـرای آگاهـی مـردم از ایـن خرافات خانمان سـوز اگـر لازم بـود ویرانی هم به بـار آورد.

اولیـن راه مبـارزه بـا ایـن خرافـات ایجاد رابطـه ای نزدیک بـا جوانترها بـود که می بایسـت از افـراد فامیـل خـود شـروع می کـرد تـا بـه آنهـا کمک کنـد که بر مشـکلات خـود کـه ممکـن بود از طـرف والدیـن و بزرگترهـا بر آنها تحمیل می‌شـد غلبـه کننـد. امّـا او هرگـز از غـم مـرگ بلور خلاص نشـد، پریشـان بود و بـه دنبال جسـتجوی راهی بـرای خلاصـی و پاسـخی برای سـئوال هایی بـود که جـان و روحش را رنج مـی‌داد. در آن موقـع او هنـوز در دانشـکده هنرهـای دراماتیـک درس مـی خواند و گاهـی وقت ها بازیگـری هـم می کـرد تـا از افـکارش و خاطراتش رها شـود .گاهـی اوقـات او در خلوت خـود منولـوگ هایـی (تـک گویی) در ماشـین و یـا در خانه خلق می کرد .که همیشـه در بـاره مـرگ بلـور بـود. مقابلـه کردن بـا مرگ بلـور او را بسـتوه آورده بـود، گاهی فکر می کـرد بایـد ایـن اتفاق فراموش شـود چرا که هیچ کـس نمی‌توانسـته از رخ دادن این فاجعـه جلوگیـری کنـد و بایـد مثـل سـایر مرگ ها بعـد از گذشـت زمان به فراموشـی سـپرده شـود. امّـا نـادر بـه فکـر این بـود کـه راهی بیابـد کـه شـاید بتـوان از رخ دادن دوبـاره ی ایـن فاجعـه بـرای دیگـران جلوگیـری کنـد؟ با خـود می گفت چه می شـود اگـر راهـی وجـود داشـته باشـد کـه بتـوان تأثیـر مثبتی بـر زندگی دیگـر افراد داشـت هرچنـد معـدود. او می‌دانسـت که شـاید نمی تواند دسـت تنهـا در تمام سـاختارجامعه تغییـر ایجـاد کند،امّـا اگـر به روشـن شـدن افـکار تعـدادی معـدودی از آنها هـم منجر می‌شـد، بـاز کمـک می کرد بـه آرامـی افکار پوسـیده فـرو بریزد.

نـادر بـا مـرور تـراژدی مـرگ بلـور در خلـوت خـود می‌نشسـت و بحـث بـا اعضـاء خانـواده اش بـا خـودش را به یـک نمایش بدل کرده بـود و خود به تنهایـی بازیگر همه نقـش هـا بـود. این بازی نمایشـی بـه او کمک می کرد کـه از فشـارهای روحیش بکاهد. در یکـی از ایـن بـازی هـای نمایشـی تصمیـم گرفت آنچه را کـه بازی می کـرد را ضبط کنـد. گفتگـو هـای عـادی بین خـودش با عمویـش و پدرش و دیگر کسـانی کـه با آنها در ده در ارتبـاط بودنـد را بخوبـی در ذهنش به یاد داشـت و حـالا همه آنها جزو نمایش او شـده بودنـد و در صحنـه ی تئاتـری کـه اتاقـش بـود و در ذهـن خود تصور می کرد بـه نمایـش گذاشـته و تمامـی نقش ها و شـخصیت ها را خـود بازی می کـرد و تختش سـکوی دکان هـای سـر پل ته رودخانه شـده بـود. مکانی که مـردان ده جمع می‌آمدند و غیبـت و وقت گذرانی آغاز می‌شـد و بیشـتر آنها مردان مسـن بودنـد. یکی از معلمین

مدرسه هم که آقای خالصی نام داشت و از شهر دیگری برای درس دادن به ده آمده و مادرش در یکی از اتاقهای خانه‌اشان به او جا و مکان داده بود هم جزوه شخصیتهای نمایش شد، خود را هم در نقش یک معلم خودی می‌دید و ایفای نقش می‌کرد که قصد روشن کردن مردم را داشت. درست کاری که در ذهنش به آن فکر می‌کرد و اسمش را هم گذاشت آقای آزادی، همانطور که می خواست خود را از این درد و رنجی که جان و تنش را می‌خورد آزاد کند. بهر حال هنرش به یاریش آمده تا به این واسطه احساسات و خشمی را که در دنیای درونش نگه داشته بود را بیرون ریخته و ذهن و روحش را کم کم از درد و رنج آزاد کند .هرچه بیشتر ضبط می‌کرد، بیشتر از دردی که تجربه کرده بود نجات می یافت .همان طور که حرف می‌زد اشکی که در گوشه چشمش جمع شده بود، روی گونه هایش ظاهر و جاری و جزیی از نمایش شد .خودش هم نمی‌دانست که سه تا چهار ساعتی می‌شد که او دردها و رنج ها و رفتار و کردار و بی عدالتی خویشان و دیگران که خود دیده و تجربه کرده بود را بازگو و به تنهایی به نمایش گذاشته بود و اختتامیه آن هم به زانو در آمدن خودش بود و طغیان این درد ورنج با جاری شدن اشکهایی که از اعماق وجودش بیرون می‌زد روحش را پالایش کرد، این برایش لذت بخش و نوعی درمان بود، خصوصا که در آخر آزادی گذشته در درونش کشته شد و جایش را آزادی جدیدی گرفت و این درست وقتی بود که شیرین ترین قسمت این نمایش اتفاق افتاد، و آن زمانی بود که فروغ کوچولو وارد اتاقش شده و با دیدن اشک های او در آغوش او پرید و او را محکم بغل کرد، اگر چه فروغ بسیار کوچک بود امّا اشک های جاری شده از گونه های نادر را حس می‌کرد و مانند او غمگین شده بود و نادر را محکم بغل کرده و جزیی از نمایش شده بود. و این شیرین ترین لحظه زندگی نادر بود. اگر چه ضبط خاموش شده بود ولی در طول اجرای نمایش نادر چندین نوار را پر کرده بود، اما حضور فروغ سبب شد که نادر ضبط و نوارها را کاملا به فراموشی بسپارد، حتی آخرین نوار هنوز در ضبط باقی مانده بود .شاید بخاطر این بود که دلش از غم خالی شده بود و نمی‌خواست به آن حالت گذشته برگردد. چند ماه بعد کامران دوست چاقالو و شوخ طبع نادر به دیدنش آمد و نادر برای مدتی باید او را در اتاقش تنها می گذاشت که مادرش را با فروغ به خانه خواهرش ببرد، در

طـول مدتـی کـه نـادر غایب بـود کامران برای وقت کشـی تـا نادر برمی گشـت تصمیم گرفـت نـواری گذاشـته و از وقتـش لـذت ببـرد. از آنجایـی که نـادر فراموش کـرده بود نـوار را بـردارد نـوار نمایـش آن شـب هنـوز در ضبط باقی بود و شـروع بـه پخش کرد. وقتـی نـادر برگشـت کامران رفته بـود. حتی به مـدت دو هفته بعد هم کامـران پیداش نبـود و بـه تلفـن هـای نـادر هـم جوابی نمـی‌داد. تـا اینکه یک شـب حدود سـاعت دو صبـح تلفـن خانـه ی نادر زنـگ خورد. او غرق خواب بود و نمی‌خواسـت پاسـخ دهد، امّا صـدای زنـگ متوقف نمی‌شـد تـا این‌که بالاخره مجبور شـد گوشـی را بـردارد، «خولی مجنون، می دانی که یک شـاهکار نوشـتی؟ دسـت نوشـته شـو داری؟»

نـادر حرف‌هـای کامـران را می شـنید امّا متوجه نشـد و نمی‌دانسـت دربـاره ی چه چیـزی سـخن مـی گویـد؟ نـادر فکر کرد شـوخ طبعی کامـران دوبـاره گل کـرده بود و او را بـه بـازی گرفتـه اسـت، برای همین گوشـی را بدون اینکه پاسـخی بدهد گذاشـت .امّـا تلفـن دوبـاره زنگ خورد و وقتـی نادر پاسخ داد، کامران فریاد کشـید، «گوش کن خولـی مجنـون؟ مـن دارم راجع به نمایشـی که تک نفـره بازی و ضبـط کردی صحبت میکنـم .مـن بـه تمـام نوارها گـوش دادم، تو شـاید واقعاً نمـی دانی که چـه کار کردی؟ ایـن بلیـط تو برای وارد شـدن به دنیای هنر و مشـهور شـدن اسـت. «

در اینجا بود که نادر متوجه شـد که او شـوخی نمیکند و در تعجب شـد و پرسـید، «تـو چطـوری آنهـا را پیـدا کـردی؟ چـرا بـه آنها گـوش کـردی؟ آنها بسـیار خصوصی هستند...؟»

و نـادر همانطـور کـه گوشـی را در دسـت داشـت و بـا کامـران در گفتگـو بـود، بـه جسـتجوی نوارهـا مشـغول شـد، اما هیـچ کـدام را نمی‌دیـد، در فکر شـد و ادامـه داد، «کامـران خواهـش مـی کنم آنهـا را برای هیـچ کس پخش نکـن، آنها بـرای من خیلی مهـم و خصوصـی هسـتند. مـن نمی دونم چـرا بدون پرسـیدن از من آنها را برداشـتی؟ مـن هیچ دسـت نوشـته ای از آنها نـدارم»...

«شاید هم بخاطر همینه که خودت هم نفهمیدی چه کار کردی؟»

آنهـا مدّتـی با تلفـن صحبت کردنـد و مکالمه با جواب هـای خواب آلـوده نادر تمام شـد .نـادر روی تختـش دراز کشـیده و بـه سـقف اتـاق خیـره شـده و در فکر گم شـده بـود .او کامـران را خـوب می شـناخت و می‌دانسـت که شّـم قـوی در هنـر دارد. او یکی

از بهتریـن منتقدانـی بـود که نـادر می شـناخت، بنابراین بایـد او یک چیـزی را دیده و حـس کـرده باشـد کـه این چنیـن در مـورد آنها سـخن می‌گفـت، در غیر ایـن صورت او نصـف شـب زنـگ نمـی‌زد یـا حتی وقت نمـی گذاشـت آن را گـوش دهد .بـه یادش آمـد قبـلا وقتی که کامران نوشـته هـای او را می خواند فقط صفحـه اول را خوانده و آن را بـه سـطل آشـغال مـی انداخـت و سـرش داد میـزد که، «این آشـغال ها چیـه تو می نویسـی؟ جـاش تو زباله اسـت...»

نـادر هفتـه هـا از کامـران خبـر نداشـت، بـه یـادش بود کـه آن شـب بعـد از تلفن کامـران بـه سـختی خوابـش بـرد و فکـر و یاد بلـور دوبـاره به مغـزش هجـوم آورد. بعد از آن یـک روز صـدای زنـگ در بلنـد شـد و بعـد صدای کامران را شـنید که بـا مادرش حـرف مـی زنـد. او یـک مرد شـوخ طبـع و تیزهـوش و دوسـت داشـتنی بود. همیشـه مـؤدب بـود و می‌دانسـت کـه با هرکسـی چـه جور حـرف بزنـد. او می‌توانسـت حتی با جدیتریـن اشـخاص هم شـوخی کنـد و آنها از او دلگیر نشـوند، «نویسـنده بعدی ما که همـه بـه زودی دربارهاش حـرف خواهند زد کجاسـت؟»

حاجیـه خانـم، متوجـه نشـد که او درباره چه کسـی صحبـت می‌کنـد و او را بطرف اتـاق نـادر همراهـی کـرد، کامران آنجا بود و پوشـه ای دردسـت داشـت .قبـل از این‌که حاجیـه خانـم آنهـا را تـرک کند و نادر زبـان باز کند، صدای کامران بلند شـد و باشـوق مثـل یـک مـرد دیوانه ی عاشـق ادامـه داد، «من می‌خواهـم حاجیه خانم اینجا شـاهد ما باشـه»...

بعد پوشـه ای را که در دسـت داشـت به دسـت حاجیه خانم داد و ادامه داد، « من هرچـه را کـه ایـن مجنـون شـما روی نـوار ضبـط کرده بـود تایپ کـردم... دقیقـاً کلمه بـه کلمـه، بهش بگوییـد بعضـی از بخـش هـای آن را متوجـه نشـدم و آنهـا را علامت زدم، شـما ایـن را بـه ایـن مجنـون خودتـون بدهیـد و از قـول مـن بهش بگوییـد، باید ایـن نمایـش را اجـرا کنـد، در غیر ایـن صورت باید دوسـتی بیـن مـان را فراموش کند .مـن وقتـی ایشـون را دوبـاره مـی بینـم یا بـا او حرف مـی زنم کـه این خولـی مجنون تولید این نمایش را شـروع کرده باشـد .و حاجیه خانم شـما شـاهد ما هسـتی... تا بعد خداحافظ شـما «...

و بعـد بطـرف در برگشـت کـه خارج شـود، امـا جلوی در ایسـتاد و برگشـت و رو به

نـادر کـرد و ادامـه داد، «لطفـاً فقـط کارگردانـی کن و دور بـازی کردن را خـط بکش... ایـن یـک شـاهکاره... من باورم نمی شـه ایـن از مغـز توآمده باشـه...؟»!

و بعـد کامـران رفـت و دوبـاره گـم شـد و بـه هیـچ کـدام تلفـن هـای نـادر جوابی نـداد. نـادر بـه نوعی ماتش بـرده بود، از رفتـار کامران غافلگیرشـده بـود، او را خوب می شـناخت، پوشـه را مـادرش بـه او داد، «مـادر حتمـا آقا کامـران یه چیزی مـی دونه که تـو نمی دونـی...؟»

نـادر بـه اتاقـش رفـت، روی تخـت نشسـت و مدتها بـه آن نوشـته که داخل پوشـه بـود خیـره مانـد .چنـد روز به آن دسـت نـزد. مـادرش گاهی می‌آمـد و اتـاق او را تمیز می‌کـرد. او تنهـا کسـی بـود که اجـازه این کار را داشـت و همیشـه همه چیـز را جابجا می‌کـرد، کاغذهـا را طـوری روی هـم مـی چید کـه نادر نمی‌توانسـت آنها را بـه راحتی پیـدا کنـد. و بـه خیـال خـودش داشـت آنهـا را مرتب می‌کـرد .یـک روز صبح کـه نادر از حمـام بیـرون آمـد، دیـد کـه مـادرش درحـال نظافـت و مرتـب کـردن اتاق اوسـت. نـادر تعـدادی از ورق هایـی را کـه او در دسـت داشـت را قاپید و دوباره آنهـا را روی میز تحریـرش گذاشـت و درعیـن حال سـعی می‌کـرد که او را تـا بیرون اتـاق همراهی کند. مـادرش همیـن طـور بـه تمیز کـردن ادامـه داد و پوشـه ای را کـه کامـران آورده بود را برداشـت و بطـرف نـادر نگاه کـرد، «هنوز نـگاش نکردی؟ قلبـم به من آگاهـی می‌دهد آقـا کامـران یـه چیزی مـی دونه کـه تو نمـی دونی؟ «

نـادر پوشـه را از او گرفـت و مؤدبانـه مـادرش را بـه بیـرون از اتـاق همراهـی کـرد و وقتـی بـرای رفتـن بـه کلاس از خانـه خارج می‌شـد آن نوشـته را هم با خودش بـرد امّا آن را مـدت یـک هفته در ماشـینش جا گذاشـت .یکی از همکلاسـی هـای دختر او که بعدها یک هنرپیشـه مشـهور شـد، «فریماه فرجامـی»، نزد او آمد و گفـت که میخواهد جـدی بـا او صحبـت کند .نادر معمولاً او را با ماشـینش به دانشـکده مـی آورد. یک روز بعـداز ظهـر وقتـی در کافی شـاپ نشسـته بـودن فریمـاه پوشـه ای را که کامـران به او داده بـود را از کیفـش در آورد و روی میـز گذاشـت و از او پرسـید که آیا این نمایشـنامه را واقعـا او نوشـته اسـت؟ فریمـاه بعـد از این‌کـه در ماشـین نـادر نـگاه کوتاهـی بـه آن انداخته بود آن را برداشـته و خوانده بود و عاشـق آن شـده بود و دوسـت داشـت در آن بـازی کنـد. او اصـرار داشـت کـه نـادر آن را کارگردانی کند. نـادر برای این‌کـه آن را در

ماشـین جـا گذاشـته بـود، خـودش را سـرزنش کـرد. او یادش آمـد کـه آن روز تصادف داشـته و کامـلاً آن را فراموش کرده بوده اسـت .او همیشـه یک جورهایـی تصادف های جزیی داشـت .از آن لحظه به بعد او دسـت نوشـته را جدی گرفت و شـب آن را خواند و تصمیـم گرفـت کـه خواسـته ی کامـران را دنبـال کند و نمایشـنامه را اجرا کند. سـه مـاه بعـد گروهـی را دور هـم جمع کـرد و نمایـش را در مرحله تولید قـرار داد.

او تصمیـم گرفـت نمایش را به سـبک غیـر متداولی که قبلاً انجـام نگرفته بود پیاده کنـد. ابتـدا او بـرای اجرای قسـمت های نمایـش بازیگران شـناخته نشـده ای را از افراد خارج از دانشـکده و از دانشـکده های دیگر بودند را پیدا کرد و سـپس هر شـخصیت را از نظـر ظاهر شـبیه شـخصیت اصلـی که او با آنها آشـنایی داشـت، مثل عمـو و پدرش و ...انتخـاب کـرد. او هـر نفـر از ایـن بازیگرهـا را کـه قیافـه اش شـبیه یکـی از اعضـاء خانوادهـاش بـود بـه عنـوان مهمان به خانـه آنها دعوت کـرد و آنها آنجا حـرکات چهره و رفتـار آن اعضـاء از خانـواده مثل عمویـش را بدون اطلاع آنها و اینکـه آنها بدانند قصد بـودن آنهـا در آنجـا چـه بوده اسـت را یـاد گرفته و با آن آشـنا شـدند. او از بازیگرهایش مـی خواسـت حرکـت هـای بـارز و غالـب شـخصیتهای واقعـی را تقلیـد کننـد و حتی یـاد بگیرنـد کـه بـا اسـتفاده از لهجه و لحـن و آهنگ صـدای آنها مثل خودشـان حرف بزننـد. او تمـام اینهـا را بـه طور پنهانی انجـام داد و هیچ کس حتی کامـران از آن مطلع نشـده بـود تـا این‌که همه شـنیدند که نمایش در شـهر تبریـز روی صحنه رفته اسـت. و بالاخـره نمایهشـنامه ی «سـر پـل تـه رودخانـه» همانطـور که کامـران خواسـته بود واقعیـت پیـدا کـرد. روز بعـد از اجرا در مجله فردوسـی مقالـه ای درباره نمایش نوشـته شـد .فردوسـی یکـی از معتبرترین مجلات روشـنفکری کشـور بـود کـه در آن زمان به سـردبیری آقـای «عبـاس پهلـوان» که یکـی از روزنامه نـگاران معروف و قابـل اعتماد بـود اداره می‌شـد. در مقالـه نـادر را بـا یکی از فعالان سیاسـی متفکر و پیشـرو قبل از او بـه نـام «صمـد بهرنگی «که در تبریز در رودخانه غرق شـده بود مقایسـه کـرده بودند .در مـورد صمـد « شـایعه شـده بود که او توسـط سـاواک در رودخانه تبریز غرق شـده بـود. مجلـه ی فردوسـی یکی از مطبوعـات مورد نظر کامـران بود و با دیـدن این مقاله کامـران آن قـدر خوشـحال شـده بود که مقداری شـیرینی خرید و به ملاقـات مادر نادر رفـت تـا بـه او دربـاره موفقیـت نـادر تبریک بگویـد. حاجیه خانم نمی‌دانسـت کـه نادر

در سفر دور ایران برای اجرای نمایشنامه اش است و این کامران بود که این خبر را به او داده بود. حاجیه خانم سرشار از شادی شده بود. اما نگران بود که عباس چه نوع عکس العملی نشان خواهد داد .نادر تصمیم گرفته بود اجرای نمایش را از شهرستان ها شروع کند.

گروه نمایش کاملاً خوشحال و خوشبین از اجرای اول، حاضر می‌شدند که از آنجا به شهر رضاییه بروند. امّا درست جلوی چشم مردم یک رهگذر از آن طرف خیابان چشمان هنرپیشه اول زن نمایش را با تیرکمان نشانه گرفت وفرار کرد اما خوشبختانه کس دیگری را زخمی‌کرد، ولی این عمل او پوشانده نماند و خبرش به نادر رسید. البته این کار او به خاطر شخصیتی بود که هنرپیشه زن آن را بازی می‌کرد. نقش این خانم این بود که کاری می‌کرد تا قهرمان داستان آقای آزادی را متقاعد کند که دیوانه شده است و او را بکشتن می‌داد، دلیل این واقعه وحشتناک این بود که مردم قهرمان داستان نمایشنامه، «آقای آزادی» را با شخصیت صمد بهرنگی نویسنده معروف و فعال سیاسی اهل تبریز مقایسه کرده بودند و این بخاطر شباهت های بود که این شخصیت با صمد بهرنگی داشت، بدین معنی که هردو یک معلم بودند هر دو در رودخانه غرق شده بودند و هردو بر علیه خرافات قد علم کرده بودند .

خوشبختانه وقتی نادر از این اتفاق آگاه شد او به پیشنهاد مقامات تصمیم گرفتند که این واقعه بین آنها پنهان بماند و حرفی در باره ی آن زده نشود. چرا که امکان داشت توجه ضد دولتی ها را بخود جلب و اجرای نمایش را به خطر بیاندازد و همینطور هم شد. تیم نمایش بلافاصله به رضاییه رفتند. بعد از این اتفاق نادر بسیار نگران بود. در این فکر بود که آیا باید اجرای نمایش را ادامه بدهد و یا تعطیل کرده و همه را به تهران برگرداند. اما در آخر نمایش در رضاییه اجرا با استقبال شدید مردم روبرو شد، با استقبالی که همه را متعجب کرد. بعد از دو اجرا آنها به تهران برگشتند و برای سفر به فستیوال تئاتر ساری آماده شدند .

امّا مشکلات واقعی وقتی شروع شد که کسانی که برای نادر ناشناس و از مخالفان حکومت و احتمالاً چپگرا بودند شروع کردند به تعقیب آنها و شهر به شهر دنبالشان بودند .بعد از اجرای ساری و موفقیت بیش از حد نمایش، گروه

این مخالفین حکومتی که بدبنال آنها می‌رفتند بیشتر هم شده بود و در فستیوال تئاتر شهر کرمان بود که این مشکل به جای بدی کشیده شد. تئاتر شلوغ شد و بهم ریخت. مشکل در بیرون از تئاتر و در خیابان ظرف چند دقیقه با ورود پلیس و دخالت آنها پایان گرفت، نادر نه آماده چنین توده ای از جمعیت بود و نه قصد داشت که این نوع توجه سیاسی را جلب کند. او کاملاً مخالف خشونت و روش و رفتار چپگراها و گروههای مذهبی تندرو بود .درواقع، او مخالفت خود را با خشونت بارها اظهار کرده بود. از نظر او همین اعمال افراطی باعث کشته شدن دختران و پسران جوان بی گناه می‌شد. نادر احساسش این بود که هیچ چیزی با اعتراض خشونت آمیز حاصل نمی شود. این تظاهرات فقط به خونریزی و کشته شدن بیگناهان ختم میشود. او هم چنین اعتقادی به عملیات گروههای کمونیست و مذهبی تندرو نداشت و کاملاً مخالف آمیختن دین و حکومت بود. نادر اعتقاد داشت که قدرت همیشه به دست های کسانی میافتد که افکار تندرو دارند و اعمال آنها ناشی از دلایل خودخواهانه شان هست و عقاید و حُسن نیت توده های مذهبی تحریف می شوند. به علاوه مذهب برای او به معنی احترام، صلح، عشق و حقیقت بود. اماسیاست سرا پا دروغ بود و دستکاری می‌شد، بنابراین چطور این دو می‌توانستند باهم ترکیب شوند؟ او به شدت با هر دو گروه مخالف بود و تصمیم داشت همان عقاید خودش را داشته باشد و مسیر خودش را دنبال کند.

نادر در این باور بود که وقتی که شخص به گروهی ملحق شود باید تمام اصول آن گروه را دنبال کند وبه آن پای بند باشد. مهم نیست اگر گروه از منافع همه و یا فقط از منافع خودشان حمایت کند و غالباً این طور هست که گروه از منافع خودش پیروی میکند .به هر حال مشکل برای نادر در این اجرای ویژه چنان بالا گرفت که مردم در اطراف آنها دایره ای تشکیل دادند تا مثل دیواری دور آنها باشد و از آنها حمایت شود .آنها در حیاط ساختمان تئاتر ایستاده بودند .درواقع هیچ کس نمی‌توانست تئاتر را ترک کند .مشکل ادامه داشت و کسی نمی‌دانست بعد چه اتفاقی می افتد .نادر با بازیگران خودش حرف می‌زد تا آنها را آرام کند و در همان زمان او با نماینده قانون مذاکره می‌کرد که اجازه بدهند آنها شهر را ترک کنند .او سعی می‌کرد آنها را متقاعد کند که تیم او هیچ ارتباطی با اغتشاش ندارند. آنها

به اطلاع نادر رساندند که سه نفر درد سرساز در گروه او هستند و آنها باید دستگیر شوند امّا او نمی‌خواست اجازه دهد که آنها هیچ یک از افراد تیمش را دستگیر کنند. البتّه آنها می‌دانستند که نادر چه کسی بوده و اگر به خاطر برادر بزرگش عباس نبود، ممکن بود موارد خیلی مشکلتری پیش میآمد و اوضاع جور دیگری می شد.

حدود ساعت دو بامداد بود که دست غیب فرماندار وقت به دیدن آنها آمد، بعد از اینکه او دانست نادر از چه خانواده ای بود، دو اتوبوس آمده شد و همه سوار شدند، نادر بعد از اینکه مطمئن شد همه سوار اتوبوس ها شدند، خودش سوار اتوبوس دومی‌شد و آنها بسلامت از کرمان شبانه خارج شدند. نادر داخل اتوبوس راه می‌رفت. با همه حرف می‌زد و مراقب حالشان بود و برای آنها لطیفه می گفت. مثل این که اصلاً اتفاقی نیافتاده است، امّا از درون نگران بود و در قلبش می‌دانست که خیلی کوتاه با یکی دوتا از آنها برخورد خواهد شد و او مسئول خواهد بود، نادر متوجه شد که دو نفر داخل اتوبوس را نمی شناسد. او آنها را قبلاً ندیده بود. وقتی بیشتر به آنها خیره شد و چند کلمه با آنها رد و بدل کرد متوجه شد که چیزی درست نیست. او از چند نفر از گروه خودش پرسیدکه آیا آنها دوست و یا آشنای یکی از اعضای گروه هستند، ، امّا هیچ کس درباره آنها چیزی نمی‌دانست. برای همین نزد آنها رفت و از آنها پرسید، «بچه ها شما دوستان چه کسی هستید؟»

یکی از آنها با تُن صدای آرام امّا پُرشور حرف زد و گفت، «هیچ کس، ما فقط برای حمایت شما می خواستیم با شما باشیم و مطمئن باشیم که در امنیت هستید.»

و ادامه دادند که محصلینی هستند که گروه آنها را دنبال می کنند تا از نمایش پشتیبانی کنند، آنها فکر می‌کردند این یکی از منحصر به فرد ترین اجراها برای هدف آنهاست و ادامه دادند، «ما به فرد شجاعی مثل شما برای نوشتن و اجرای چنین موضوعاتی احتیاج داریم ...این راه درستی برای نشان دادن مشکلات نه تنها برای مردم خودمان بلکه برای مردم دنیا است»...

هرچه آنها بیشتر از نادر تمجید می‌کردند او بیشتر نگران و ناراحت می‌شد. او تنها کسی بود که می‌دانست هیچگاه قصد نوشتن چیزی را برای ترویج جنبشی و یا ترویج دموکراسی و یا هر موضع گیری سیاسی دیگری را نداشته است بلکه آنچه

فکـرش را آزار مـی‌داده مشـکلات خانوادگـی اش بـوده و این که چگونه بـه طور پیچیده ای بـا نحـوه سیسـتمی کـه برقرار بـود درهم تنیده شـده بودنـد .او هرگز فکـر نمی کرد کـه قـادر نباشـد از آن اجتنـاب کنـد .شـخصیت اصلـی نمایـش او آقـای آزادی بود که واقعـاً در رگ هـای مـردم خون پمپـاژ می کرد. نادر بـا احتیاط از راننده خواسـت که در جـای مناسـبی بایسـتد و او ایـن کار را کـرد و نـادر مؤدبانـه از مردانی که دعوت نشـده بودنـد خواسـت کـه از اتوبـوس پیـاده شـوند چـون می‌دانسـت اگـر این وضعیـت ادامه پیدا می کـرد چه مشـکلاتی درانتظارشـان بود.

شـکرچی از اتوبـوس خـارج شـد و بـه نـادر ملحـق گشـت. شـکرچی نقـش یکی از شـخصیت هـای اصلـی او را بـازی می کـرد، نـادر وضعیـت دو جـوان را بـرای شـکرچی توضیح داد. شـکرچی پیشـنهاد کرد که بهترین راه این اسـت که آنها را در شـهر بعدی پیـاده کننـد. امـا دیگـه دیر شـده بـود آنها با یک چشـم بهم زدن گم شـده بودنـد. نادر احتـرام زیـادی برای شـکرچی قائل بود و واقعاً او را دوسـت داشـت. اکبر مـورد اعتماد و قابـل اطمینـان ترین دوسـتش بـود. او تنها فردی بود کـه نادر عمیقاً دربـاره ی گفتارها و یـا معنـی هـای نمادین صحنه هـا درنمایشـنامه با او صحبـت می کرد .بعـد از انقلاب نـام او در روزنامـه بـه عنـوان عضـوی از سـاواک درج شـده بـود. بعـد از آن بود کـه نادر فهمیـد کـه چرا عکس شـکرچی هیـچ وقـت در هیچ روزنامه ای چاپ نمی‌شـده اسـت .حتـی وقتـی مجلـه فردوسـی از فـرد فـرد اعضـاء گـروه او عکس چـاپ کرده بـود، آنها عکـس فـرد دیگـری را جـای او چـاپ کرده بودنـد. اتوبوس با تمـام افرادی که سـوارش بودند بـه راه افتاد.

بعـد از برگشـت نـادر بسـیار نگران بود که نکند کسـی از بچه ها دسـتگیر شـود اما خوشـبختانه هیـچ اتفاقـی نیافتاد و هیچکس دسـتگیر نشـد. نـادر می‌دانسـت که برای مدتـی بایـد نمایـش را متوقـف کند تـا آبها از آسـیاب بخوابد .نـادر می‌دانسـت که باید بیشـتر مراقب باشـد که درگیر مشـکلات و بازی سیاسـی دیگران نشـود. برداشـتن یک قـدم غلـط بـدون شـک منجـر بـه پرداخـت غرامـت گرانـی برایش می‌شـد. ایـن دوره پُرتنـش خیلـی به آهسـتگی گذشـت امّا مقالـه هایی درباره نـادر و نمایـش او همچنان در تمـام روزنامـه هـا چاپ می‌شـدند .آخرین اجرایی کـه آنها داشـتند نیازمند تبلیغات نبـود سـالن پُـر بـود از هـواداران مشـتاق، همچنیـن تعـداد زیـادی از بازیگـران تئاتر و

سینما آمده بودند و انتشار مقاله ها همچنان ادامه داشت و بعضی از روحانیون خشنود نبودند زیرا در این نمایش انتقادات فوق العاده ای در مورد رسوم مذهبی رایج، انجام گرفته بود. آداب و رسومی که توسط روحانیت طی دوره هایی از تاریخ برقرار شده بود واقعاً هیچ کاری برای دین اسلام انجام نداده بود فقط در هر دوره کسانی که در قدرت بودند از جانب خودشان مواردی به آن اضافه کرده بودند. برای همین نادر از تمام جهات کنار کشید و در همان موقع از برادرش هم کنارگیری می‌کرد. اما یکباره دیگر به کامران نوراد ایمان آورده بود، او درست گفته بود این نمایشنامه نادر را به جامعه هنری معرفی کرد و برایش اعتبار آورده بود .حالا درها برویش کم کم باز می‌شد و عده ای مایل بودند با او همکاری کنند. از جمله ی آنها آقای نصرت کریمی بود که حالا بیرون از دانشکده با نادر در حال گفتگو بود که فیلمی را با هم بنویسند بازی کنند. و فیلم آنها از قصه ی زندگی پدر حسین نواب صفوی بهره می‌گرفت که خود رئیس دادگاه خانواده در آن زمان بود و در مورد دیگر خانواده ها تصمیم می‌گرفت اما خانواده ی خودش بسیار پر آشوب بود. اما فیلم بدلیل اینکه نادر ایران را ترک کرد عملی نشد.

فصل هجدهم

آیا خواب و رویاها را باور دارید؟

اگـر ذهـن ناخودآگاه شـما بکار گرفته شـود و شـما همیشـه به تمریـن آن مبادرت کنیـد، مسـلما پنجـره ی جدیدی بـه دنیای ناشـناخته ی دیگری برای شـما باز خواهد شـد که شـاید انسـان های عادی با آن مانوس نبوده و آشـنایی نداشـته باشـند. حدوداً در همیـن زمـان بـود که ایـن پنجره به ایـن دنیای جدید ناشـناخته برای نادر باز شـده بـود. حـالا او خـواب هایـی می‌دید کـه در اوایل متوجه نبـود که این یـک موهبت الهی اسـت کـه نصیـب او شـده و بـه آن فکـر نمی‌کـرد و برایش چنـدان اهمیت نداشـتند و آنهـا را جـدی نمی‌گرفـت تـا اینکـه کـم کم متوجه شـد کـه دیدن ایـن خوابهـا اتفاقی نیسـتند و در حقیقت او هرآنچه را که قرار اسـت در آینده در زندگیش اتفاق بیافتند را در خـواب و قبـل از اتفـاق افتـادن آنها می‌دید، که مسـلما اتفاق افتادن ایـن حوادث در زندگیـش تاثیـر گـذار بودند. تاثیـر این اتفاقات هـم دلپذیر و خوشـایند و هم اندوهگین بودنـد امـا رویـداد یـک حادثـه مشـخص کـه در دانشـکده رخ داد باعـث شـد کـه او به صحنـه هـا و تصاویـری کـه در خـواب می‌دید بیشـتر توجه کنـد و حتی گاهـی هم در بیـداری می‌توانسـت صحنه‌هایـی را ببینـد. امـا معمولا همه چیـز را در خـواب می‌دید.

یک روز از راه باریکی که در غرب سـاختمان دانشـکده که به رسـتوران پشـت ساختمان می‌خـورد بـه یکـی از دانشـجویان برخـورد کرد، درسـت درهمـان لحظه نادر احسـاس کـرد و دیـد کـه یک آجـر از بالای سـاختمان در حال سـقوط بود و هر لحظه روی سـر ایـن دانشـجو فـرود می‌آمـد او بـا عجلـه بـه او نزدیـک و او را هـل داد کـه ایـن آجر به او اصابـت نکنـد. امـا ایـن باعث شـرمندگی او شـد چـون هیچ آجـری نیفتاد. نـادر به او توضیـح داد کـه چـه چیـزی را دیده اسـت، اما او شـروع به خندیـدن کرد.

ولـی یـک هفتـه بعد بـود که همـان دانشـجو از همان مسـیر رد می‌شـد یـک آجر واقعـا از بـالای سـاختمان و در همـان مـکان به پائین سـقوط و به پایش برخورد و سـه

انگشت پایش را شکست، همین مسئله مشکلات بیشتری برای نادر درست کرد .به او مشکوک شده بودند که شاید او این حادثه را برای جلب توجه اینکه ثابت کند داری قدرت نامریی است و اتفاقات را از قبل حس می‌کند و یا می بیند انجام داده است. اما خوشبختانه وقتی این حادثه اتفاق افتاده بود نادر با آقای کریمی روی یک فیلمنامه کار می‌کرد و او می‌توانست بهترین شاهد باشد. آقای کریمی در آن زمان در دانشکده تدریس می‌کرد. برای همین کلاً مسئولان دانشکده این موضوع را مسکوت گذاشتند و افراد زیادی از این اتفاق خبردار نشدند. اما این مسئله مانع از بیگانگی نادر با عده ای از دانشجویان که در این مورد اطلاع پیدا کرده بودند نشد. به خاطر این اتفاق و به خاطر نمایش او و اینکه بسیاری دانستند که برادر او کیست و برای ساواک کار می‌کرد، بعضی ها فکر می‌کردند خود نادر هم ساواکی است و بسیاری از او کناره گیری می‌کردند. و همین باعث شد که نادر کمتر و کمتر در دانشکده آفتابی می‌شد. حالا او یک فرد تنها و سرگردان شده بود و دنبال پاسخ به این سوال بود که چگونه می‌توانست سرنوشتش را عوض کند.

این تنهایی باعث شد نادر به اندیشه ی درونی خود رو بیاورد و متوجه شد او به یک سرگرمی جدید و یک دوست جدید احتیاج دارد .در این جستجوی درونی به این تنیجه رسید که او می بایست به رویاهایش و به تصورات و به صحنه هایی که به او الهام می‌شدند توجه کند، فکر می‌کرد این خواب ها می‌توانست سرگرمی جدیدی برایش باشد و شاید به جایی دلپذیر هم برسد و بخاطر همین بود که دوباره به یاد آن دوست پیر مرد عاقل افتاد که معمولاً در بچگی و نوجوانی بر او ظاهر می‌شد و عاجزانه از او می خواست که دوباره بر او ظاهر شود .فکر می‌کرد برای برگشتنش شاید بهتر باشد او شروع به مطالعه درباره هنر بودن، فقط بودن، کشف وجود، مراقبه و تفکر کند و این دوباره او را جلب جوامع دراویش کرد. دراویش به دنبال آن بُعد معنوی اسلام هستند که در واقع چیزی است که اسلام و مذهب بر پایه آن بنا شده است و پرداختن به ماده گرایی در آن جایی ندارد، نمونه هایی از اسلام معنوی را می‌توان در سخنان و زندگی فیلسوف های بزرگی مثل «رومی»، «حافظ»، «عمر خیام»،» سنایی»، «سعدی» و خیلی‌های دیگر پیدا کرد. اما توجه و انتقادات او از اسلام رایج آخوندی مشکلات بیشتری برای او فراهم کرد،

خصوصا نمایشنامه «سر پل ته رودخانه» او آغاز این انتقادات بود .نادر نمی‌دانست که این کارش شاید جانش را هم در معرض خطر قرار داده باشد. از کجا که یک متعصب خشکه مذهب جلویش ظاهر نشود و او را نکشد که بهشت برین را برای خود بخرد؟!

نادر حالا تنهای تنها شده بود، فقط بهرام باقی مانده بود که او را هم کمتر می‌دید .برادرش هم او را به حال خود گذاشته بود و انگار به این نتیجه رسیده بود که نادر تصمیم خودش را گرفته و باید با نتایج بد و خوب کارهایش هم خودش رو به رو می‌شد. نامه های حسین هم هر از چند یک بار می‌آمد، ابتدا که رفته بود هفته ای یک بار، سپس ماهی یک بار و بعدا هر چند ماه یک بار نامه می نوشت. حالا خیلی به ندرت از او خبردار می‌شد، اما نادر او را برای همیشه به یاد داشت .در همین زمان بود که نامه‌هایی که از حسین دریافت کرد که خبر جالبی برایش داشت، درباره فریبا دختر ویولونی او نوشته بود. نوشته بود که در دانشگاه ایالتی لوس آنجلس «یو سی ال الیه» در لس انجلس با او برخورد کرده بود، اما با هم حرف نزده و فقط با لبخند گفتگو کرده بودند، اما وقتی در انتهای نامه اش حسین نوشته بود که فریبا با شوهرش بوده، بدون اینکه بداند چرا دوباره غمی گران بر وجودش سایه انداخت. سپس به یاد ویولونی افتاد که مادر فریبا به او داده بود. او هنوز هم آن را در جای امنی پنهان کرده بود. با خودش فکر کرد شاید بهتر است نواختن ویولون را یاد بگیرد و با نواختن آن روحش را تسلی داده و آرام کند.

در این زمان نادر هیچ انگیزه‌ای برای انجام کاری نداشت و اساساً نمی‌خواست دست به کاری بزند .مثل این بود که درونش احساسی از دیوانگی داشت، انگار خودش را مسئول تمام چیزهایی می‌دانست که برایش اتفاق افتاده بود. احساس بدی در وجودش پدید آمده بود، خودش را سرزنش می‌کرد و می پرسید چرا آنقدر در حق خودش بی عدالتی کرده است. باید دنبال جواب های بیشتری می گشت. در تمام عمر کوتاهش با همه در جنگ بود، با برادرش، با خرافات، با خودش؟ و قصد نداشت که تسلیم هیچ کدام شود .حتی مادرش که همیشه او را نصیحت می‌کرد که بهتر است که او کارمند ساده ی یک اداره شود. مهم هم نبود چه حقوقی به او پرداخت می‌کردند اما این حقوق همیشگی بود. اما فقط فکر کردن

بـه اینکـه او بایـد هـر روز از سـاعت ۹ صبـح تـا ۵ عصر بـه یک محـل رفتـه و برگردد روح او را آشـفته می کـرد. او از دانشـکده فارغ‌التحصیـل شـده بـود و کار دیگـری انجـام نمـی‌داد و منتظـر شـروع فیلمـی بـود کـه با نصـرت کریمی نوشـته بـود و او در تدارک تهیـه آن بـود و نـادر قـرار بـود بـا او در ایـن فیلـم هـم بازی شـود .حـالا اوقاتـش را به تنهایـی در اتاقـش می گذراند، اما بیشـتر وقتش در چای خانه ی دوسـت آمریکایی اش «پیتـر» مـی گذراند. پیتر یک کشـیش مسـیحی بـود که بعـد از آمدن به ایران عاشـق یـک کولـی ایرانی شـده بود و توسـط او با عمرخیام آشـنا شـده و کلیسـا را تـرک کرده و عاشـق و پیـرو فلسـفه‌ی خیـام شـده بـود. آنها دوسـتان خوبی شـدند و نادر بـرای باز کـردن چایـی خانـه بـه او کمک مالی کـرده بود. پیتر مـرد جالبی بـود، از بعضی جهات ایرانـی تـر از نـادر و بقیـه ی ایرانیان بود و عمرخیـام را بهتر از هر ایرانی می شـناخت و شـعرهای او را مـی خوانـد و در حقیقـت گاهـی حس می‌کـردی که او خود خیام شـده بـود .همیشـه هم مملو در شـراب سـرخ بـود، در نهایت ایـن چای خانه مکانـی جدید و مـدرن بـرای تجمع روشـنفکران شـد کـه دور هم جمع می‌شـدند و راجع به سیاسـت، شـعر و ادبیـات بحـث می کردند.

در همیـن ایـام یکـی از دوسـتان دوران دبیرسـتان نـادر و حسـین به نـام «عبدی» پیدایـش شـد. او بـا یـک دختـر آمریکایـی بـه آن کافه آمـد. نـادر فهمید که او دوسـت دختـر حسـین بـوده اسـت و بـرای دیـدن خانواده اش بـه ایران آمده اسـت .بـه او گفته شـد پـدر دختـر ایرانـی بـوده و وقتـی که جـوان بـوده او را رها کـرده و حالا بـرای پیدا کـردن پـدرش بـه ایـران آمده اسـت. دیـد «فریبـا» همیشـه در فکر نـادر مـوج می‌زد. شـاید اگـر بـه ایـن دختر در ایـران کمک می کـرد او می‌توانسـت در آمریکا بـه او کمک کنـد. نادر نمی‌دانسـت که حسـین حالا درگیر جنبـش های زیرزمینی برای سـرنگونی حکومـت شـده اسـت. او این دختر سـاده را بـرای اسـتفاده اقدامات تروریسـتی بر علیه حکومـت شـاه بـه ایـران فرسـتاده بود. امـا او هیچ اطلاعـی از هدف آنها نداشـت و صرفا بـرای یافتـن پـدرش آمـده بـود و از حرکتهای پشـت پرده حسـین هم آگاهی نداشـت. آنهـا می‌دانسـتند هیـچ کـس نمی‌توانسـت به ایـن دختر زیبا که سـاده به نظـر می‌آمد شـک کنـد. چندیـن بار»سـاواک» از نـادر خواسـته بـود بـه آنهـا ملحـق شـود و درباره فعالیت‌هـای دوسـتانش گـزارش تهیـه کنـد امـا نـادر نمی‌خواسـت در این گونـه کارها

هیچ دخالتی داشته باشد و هیچگاه به دوستانش که به او اعتماد کرده بودند خیانت نمی‌کرد. نادر هیچ اطلاع و سرنخی از دوستان نزدیکش که رهبران مخالفان زیرزمینی بودند نداشت و همین طور هیچ عقیده ای در مورد فعالیت های پنهان آنها هم نداشت. نادر همچنین در ابتدا نمی‌دانست که آنها از آن دختر ساده دل و بدون اطلاع او به عنوان سرپوش برای کارهایشان استفاده می‌کردند. از طرفی دوستان نادر فکر می‌کردند که اگر کنار نادر باشند به خاطر برادر او در امنیت خواهند بود و هیچ کس به آنها ظنین نمی‌شد. آنها به این عقیده کاملا مطمئن بودند، آنقدر که حتی گاهی نادر را برای انجام کارهایشان و بدون اطلاع او دخالت می‌دادند. نادر آنقدر در این مورد کور و گنگ بود که به دام شان افتاده بود اما هیچ کدام هم نمی‌دانستند که« ساواک» از همه چیز اطلاع داشت. به هرحال اوضاع برای هر دو طرف رو به وخامت گذاشت. اکثر آنها دستگیر شدند. نادر با استفاده از نفوذ عباس، باعث شد که دختر آمریکایی آنها از درد سر خلاص شود. نادر به دختر آمریکایی که سریعاً وارد زندگی آنها شده بود علاقه پیدا کرده بود اما او خیلی زود نزد خانواده‌ی پدریش به شهر دیگری رفت.

یک بار دیگر نادر بی حوصله و عاری از هرگونه علاقه‌ای بود. ناگهان تصمیم گرفت به مزرعه نزد پدرش برود و مدتی با او بماند. به هیچ کس نگفت که کجا می رود. این فکر نیمه های شب به سرش زده بود و این طور بود که او ماشین دوست جدیدش در دستش بود اما نادر نمی‌دانست که او هم فعالیت‌های سری علیه دولت دارد. نادر به آرامی در تاریکی شب سوار ماشین شد و به راه افتاد. یک شب خیلی سرد زمستان بود و باران و برف بسیار سنگینی می‌بارید، آنقدر شدید بود که پوست تن را می کند .بخاری ماشین فیات کروکی قدیمی کار نمی‌کرد. او یخ زده بود و مجبور شد در یک چایخانه کنار جاده برای مدتی توقف کند تا قبل از اینکه به راه ادامه دهد قدری گرم شود.

بعد از چند ساعت رانندگی باران شدیدتر شد اما او تصمیم به توقف نداشت چون فقط یک ساعت بیشتر از خانه فاصله نداشت .اما سقف کروکی ماشین امن نبود و نمی‌توانست در مقابل باد شدید مقاومت کند و آب پس می‌داد .هرچه باران شدید تر می‌شد آب بیشتری داخل ماشین می‌ریخت. همان موقع به بالای یک

تپـه کوچـک رسـید، بادی کـه تـا آن موقع قابـل اطمینان بود جـای خود را بـه طوفان داد. دیـد بسـیار محـدود بـود امـا او تقریبـاً به مقصد رسـیده بـود، بالاخره توانسـت نور ضعیفـی را کـه از بـالای تپه می‌آمد ببیند. او می‌دانسـت که آنجا مهمان خانه شـخصی آنهاسـت کـه در بـالای مزرعه کنار کوه قرار داشـت. برای مهمان های شـهری اسـتفاده می‌شـد در حکـم یک بهشـت بـود .دور خانـه برای اینکه امنیت داشـته باشـد مثل یک قلعـه سـاخته شـده بود، بـرای همین کسـی نمی‌توانسـت در طول شـب وارد آن شـود .پـدرش حـالا در ایـن خانه بـه تنهای زندگـی می کرد.

وقتـی که او به در بزرگ و سـنگین قلعه رسـید، سـاعت حدود سـه صبـح بود. هنوز هـوا بارانـی و طوفانـی بود. نمی‌دانسـت چطـور پدرش را متوجـه آمدنش کنـد، او نور را می‌دیـد همچنیـن دودی را کـه از شـومینه خـارج می‌شـد. همـه راه هـا را امتحان کرد .بـوق زد، بـه در کوبیـد و فریـاد زد، امـا هیچ جوابی نیامـد .به پنجره بلنـدی که روبروی او قـرار گرفتـه بود سـنگ هـای کوچکـی پرتاب کـرد، باز هـم جوابی نیامد .پـدرش در تریـاک لـول شـده بـود و فکـر می کـرد کـه این صداهـا همـه ناشـی از طوفان اسـت و برایـش یـک نـوع رویا بودنـد که همیشـه در اثر کشـیدن تریـاک ایجاد می‌شـدند. نادر دیوانـه و عصبانـی ازتـه دلـش فریـاد مـی‌زد و دقیقاً به باد کـه چنین هیاهویـی را ایجاد کـرده بـود و همچنیـن بـه پدرش بد و بیـراه می گفت. امـا هیچ خبری از پـدرش نبود و باد و باران شـدیدتر بر سـرو صورتش می تازیدند. نادر دوباره سـوارآن ماشـین کوچکی شـد کـه بـه خاطر طوفـان در حال متلاشـی شـدن بود. خشـمناک بر این تصمیم شـد کـه بـه راه بیفتـد و برای کمک گرفتن و گرم شـدن به روسـتا بـرود. او بـه راه افتاد ولی نمی‌توانسـت تـا یـک قدمـی خـود را ببیند و نمی‌دانسـت به کدام سـو مـی رود. در حد غیـر قابـل تصـوری عصبانی و ناامید بود. نمی‌توانسـت درسـت فکر کنـد و بگوید چقدر از این‌کـه پـدرش در را بـاز نکـرده بـود خشـمگین اسـت. او بلنـد بر سـر خـود و عالم و آدم و خـدا و بنـدگان خـدا فریـاد مـی‌زد. ناگهـان وقتی کـه از یک پیچ تیز جـاده عبور می‌کرد سـقف ماشـین شـل شـد و او کنترل ماشـین را از دسـت داد و زیر ماشین خالی شـد و ماشـین چـپ کرد و بطـرف پائین دره ای عمیق سـرا زیر شـد. حالا او و ماشـین در هـوا پـرواز می کردنـد. فقط می‌دانسـت که از ماشـین به بیرون پرتاب شـد و به میان شـاخه هـای درهـم درخـت هایی که کنـار دیـوار دره تا پائیـن روییده بودند فـرود آمد،

و بـه طریقـی بـرای چنـد ثانیـه بین شـاخه هـای درخت هـا گیـر کـرد. او محکم یکی از شـاخه هـای درخـت را چسـبید تا از سـقوط به ته دره خـود داری کند. نمی‌دانسـت کجاسـت، فقط می‌دانسـت باید آن شـاخه را محکم نگه دارد، در غیر این صورت از تپه بـه پاییـن سـقوط می‌کـرد و می مـرد .او می‌دانسـت کـه در زیـر آن جـا دره عمیقی با صخـره هـای سـخت و درختان تنومند قرار دارد. ماشـین سـقوط کرده بـود .او به آرامی و بـا احتیـاط خـودش را در همـان حال آشـفته با ترفنـدی روی شـاخه‌های محکم‌تری قـرارداد. نمی‌دانسـت چقـدر بایـد صبـر کند تا خورشـید طلوع کنـد و بتوانـد ببیند که کجـا قـرار دارد، فقـط بعـد از آن بود که می‌توانسـت تصمیـم بگیرد چه کار کنـد. اما تا روشـنایی صبـح خیلـی طول مـی کشـید. او دردی را که بـه خاطر بریده شـدن صورت و دسـت و پاهـا و قفسـه سـینه اش ایجاد شـده بـود حس می‌کـرد، درد بدنـش با ریتم بـارش بـاران کـم و زیـاد می‌شـد. او زیـر لـب شـروع کـرد بـه ناسـزا گفتن به پـدرش، خـودش، بـه هرکـس و بـه هر چیز کـه به فکرش می‌رسـید. زیاد طول نکشـید، شـاخه هایـی کـه به آنها آویزان شـده بود در حال شکسـتن بودنـد. هیچ راه چـاره‌ای جز رفتن بـه بـالا نداشـت تـا بتوانـد بـه بـالای تپّه نزدیـک تر شـود. بـا احتیـاط و ترس و لـرز از سـقوط بـه تـه دره و مرگ همینطـور بالا می‌رفت، می ترسـید صدایـش را بلند کند که شـاید سـبب سـقوطش شود، اشـک در چشـمانش جمع شـده بود. اگر خودش را با یک فشـار دیگـر بـالا مـی کشـید به سـر تپه می‌رسـید و ایـن کار را کـرد. او یکـی از کفش هایش را از دسـت داده بود، تمام پیراهن و ژاکتش سراسـر پاره شـده بودند. قطره های بـاران خـون هـای او را مـی شسـتند، امـا بـا هر قطره خونی که شسـته می‌شـد نیشـی دردنـاک بـر جسـم و جـان او فرو می‌رفـت. مثل دیوانـه ای بدور خود مـی چرخید و در سـکوتش بـر زمیـن و زمان فریـاد و داد و بیـداد می‌کرد، انـگار دنیا در مقابل او نشـانده شـده بـود و بـا دقت به حرفهـای او گوش مـی‌داد، بالاخره فریادش از بیـخ گلویش بلند شـد بـه بلنـدی صـدای طوفـان .حالا بـر آدم و عالـم و پدرش و حتی سـر خـدا فریاد بر آورده بـود کـه چرا سـاکت نشسـته و کاری نمی‌کند، «خدایا آخه پس تـو کجایی؟ آخه مگـه نمیبینـی چـی داره اتفـاق مـی افتـد؟ آخـه از من چی مـی خواهـی؟ داری جواب خـوب بودنـم را می دهـی؟ خدایا صـدای من و می شـنوی؟...»

«آخه مجنون اگر خدا صدات و می شنید که به این روز نمی‌افتادی...»

در همین احوال صدای مردی بگوشش خورد و او را بخود آورد، انگار صدای رعد و برق و طوفان هیچ تاثیری روی صدای او نداشت و براحتی شنیده می‌شد، نادر بطرف صدا برگشت، چشمش به مردی افتاد که تمام سر و صورتش را موهای بلند و سفید پوشانده بود، در آن رعد و برق و طوفان با پاهای برهنه و یک پیراهن خاکستری بلند سفید که تا پایین زانوهایش می‌آمد، در بالای تپه ی کوچکی در نزدیکی او ایستاده بود، یک چوب دستی در دست و کیسه ای هم روی شانه اش افتاده بود. او همینجور آرام به نادر نگاه می کرد، لبخند دوستانه اش براحتی بین باران و طوفان دیده می‌شد. نادر نمی‌دانست او از کجا آمده بود، چون به یک باره متوجه ظاهر شدن او شده بود. در ثانی نادر همه ی آدم های آنجا از فقیر و غنی و خودی غریبه و درویش و گدا را می شناخت و با آنها آشنا بود. اما این مرد به چشمش آشنا نمی‌آمد. نادر همینطور به او ماتش برده بود و در این فکر و خیال گم شده بود که او کیست؟ از کجا ناگهان این موقع و در این طوفان پیداش شده؟ و چرا؟ انهم با پاهای برهنه؟ با خودش گفت نکند او خدا باشد؟ یا پیر مرد مهربانی که زمان سختی درکودکی به دیدن او می‌آمد؟ با ظاهری که داشت هر کسی می‌توانست باشد. شاید یک چوپان بود اما در آن اطراف چوپانی را نمی‌شناخت. او از لباس ساده اش حدس زد که شاید گدا و یا درویشی باشد. دراویش واقعی همانطور که قبلاً توضیح داده شد به واسطه کنترل احساسات درونی و سرنوشت خودشان و همچنین به واسطه ارتباط با تمام سطوح انرژی های روحی موجود از عقل و قدرت فوق‌العاده‌ای بهره می‌برند .بعضی از دراویش از ناشناخته های بسیار مهم و بزرگی اطلاع دارند. آنها کاملا از دنیای مادی جدا هستند، معنویت بر وجود آنها حاکم است. آنها می توانند همزمان در مکان های مختلفی وجود داشته باشند .آنها با خارج کردن روح از جسم شان مرگ را تجربه می کنند با این فرق که می‌توانند دوباره به جسم شان برگردند. آنها همچنین می توانند درد را کنترل کنند بدون در نظر گرفتن شدت زخم. البته هر کدام سطوح مختلفی از قدرت ها و توانایی ها را دارند و کارهای متفاوتی انجام می دهند. آنها معمولا نیاز و اعتقادی به خانه داشتن ندارند، زمین خانه ی آنها و آسمان بام آنهاست. اما نادر بر عکس همیشه که به درویش ها و مسن ترها احترام خاصی می گذاشت این بار از این مرد ناشناخته

کمـی دلگیـر شـده بـود، بطـرف او رفت، بـه اعتـراض صدایش بلند شـد، «چـه چیزی مسـخره و خنـده داری در ایـن وضـع وجـود دارد «؟ مـرد ناشـناس ماننـد ابـری که به آرامـی حرکـت می کنـد پاسـخ داد، «خنـده دار بودن شـم «... سـپس ادامـه داد،» فکر نمی‌کنیـد اگـر خدا می خواسـت در مشـکلات شـما دخالت داشـته باشـد، چـرا باید در وهلـه اول بـه خـودش زحمت می‌داد که به شـما اجازه دهد شـما در گیـر چنین اتفاقی شـوی...؟ سـپس او به طـرف تپه براه افتاد. در تعجب از جـواب او و بدون اینکه تردیدی داشـته باشـد، نـادر بدنبـال او در راه شـد. نادر نمی‌دانسـت چـه چیزی بـر او غلبه کرده اسـت، فقـط بـدون قیـد وشـرط به دنبـال مـرد ناشـناس در راه بـود. به نظر می‌رسـید، نـادر هـر آنچـه کـه بر او گذشـته بـود را کامـلا فراموش کـرده بـود و تنهـا آرزویش این بـود کـه به او برسـد .هـر دو در باران گم شـدند.

*****

در یـک روز ابـری در تهران با یک ترافیک سـنگین و دود غلیظ که به ضخامت ابرها اضافـه کـرده بـود، مـردی در پیاده رو قـدم می‌زد و به نظـر می‌آمد کـه او هرگز خیابان هـای شـهر را ندیـده اسـت و همچنیـن مثل این بـود که مردم برایش نا آشـنا هسـتند. ریش بلند و سـیاه او و موهای بلندش مشـخصه سـبک زندگی شهری نبودند. بینی و دو چشـم کوچک سـیاه او به سـختی از صـورت پشـمالویش پدیدار بـود. لباس‌هایش مثل پارچـه هایـی بـود کـه از بدنـش آویزان بودنـد. مردم هنگام عبـور از کنارش بـه او خیره می‌شـدند .بـه نظـر می‌آمـد که او تنها کسـی اسـت کـه عجله ای نـدارد. سرگشـته بود و بنظـر می‌رسـید در جامعـه مـدرن امـروزی جایی نداشـت و گم شـده بود. عـده‌ای به او خیـره شـدند تـا به آنها توجه کند و سـخنی بگویـد و آنها بتوانند از او سـئوالی کنند. امـا او در دنیـای دیگـری بـود، دنیای خـودش. او تمـام روز را در خیابان هـای تهران راه رفـت و از دود و ترافیـک احسـاس ناراحتـی می کـرد، بالاخره به جایی رسـید که قدری متفـاوت تـر از قسـمت جنـوب شـهر بود، یعنـی از جایی کـه او پیـاده به راه افتـاده بود .مردمـی کـه در ماشـین یـا پیـاده بودنـد در مورد او بسـیار کنجـکاو بودند کـه این مرد عجیب و غریب کیسـت .از طرفی آنها از حضور او در منطقه خودشـان نگران و ترسـیده بودنـد .بعضـی او را گـدا مـی شـمردند و نمی‌خواسـتند او را در آن اطـراف ببیننـد. آنها مشـکوک بودنـد کـه اگـر او در آن اطـراف بمانـد چه می شـود. آنجا یک منطقـه اعیان

نشـین مقامـات دولتی بود و بیشـتر دیپلمات‌هـای خارجی آنجا زندگـی می کردند و اگر آنجـا ناشـناس بودی آنها شـما را متوقـف کرده و بـرای اطمینان بازرسـی می کردند .اما مـرد هرگـز بـه پشـتش و یا در چشـم هیـچ کس نـگاه نکرد و فقط مسـتقیم بـه زمین جلویـش نـگاه می کـرد .مثل اینکـه آنها هرگـز آنجا نبودنـد. طریقی کـه او راه می‌رفت، انـرژی او، باعـث می‌شـد کـه اینطور به نظـر بیاید که نه تنها بـه آنجا تعلق نـدارد، بلکه بـه هیـچ جـای دیگری هـم متعلق نیسـت و برتـر از همـه و متفـاوت از دیگران اسـت، عابریـن چـاره ای نمی‌دیدنـد جز اینکـه او را به حال خـودش بگذارند.

دیگـر او بـه لوکـس ترین و گران ترین محله شـهر رسـیده بـود .تاریکی همـه جا را فـرا گرفتـه بـود و او را نامرئـی نشـان مـی‌داد. مثل یـک روح در خیابان هـای تمیز زیبا و سـاکت راه می‌رفـت. هـر از چنـد گاهـی بـا نـور چـراغ یک ماشـین مدل بـالای گران قیمـت کـه از کنـارش می‌گذشـت، نمایـان می‌شـد و بـا رفتن نـور دوباره او تنها کسـی بـود کـه در خیابـان سـاکت حکم یـک روح را پیدا می کـرد .بالاخره به کوچـه ای که به دنبالـش بـود رسـید، قـدری ایسـتاد و بـه اطـراف نگاه کـرد و می اندیشـید که آیـا باید وارد بشـود یـا نـه؟ اما بالاخـره در کوچه ناپدید شـد.

*****

سـاعتی بعـد بیـرون تاریک و آرام بود، قدری از نیمه شـب گذشـته بـود، داخل اتاق سـایه زن مسـنی بـا دنبـال کردن دیـوار راهـش را می جسـت، در حالیکه سـایه ی زن سـعی می کـرد آرام باشـد دسـتش را روی دیـوار می کشـید و حرکت می کـرد تا اینکه دسـتش بـه طـرف پائیـن و روی یـک تخـت رفت، بالاخره مویـی را لمس کرد، دسـت روی انبـوه موهـا متوقف شـد، حالا دسـت دیگر او بـرای امتحان موها پائیـن آمد هر دو دسـت روی موهـا حرکـت کردنـد و به صـورت رسـیدند و آن را لمس کردند .دو دسـت راهشـان را بـه دو طـرف صـورت بردنـد و آن را در آغـوش گرفتنـد .زن بـی اراده شـد و زانوهایـش بـر زمیـن نشسـت، بـا نشسـتن زانوهایـش روی زمیـن، اجـازه داد کـه بوی صورتـی کـه در آغـوش دسـتهایش بودند از صورت و از طریق سـوراخ هـای بینی زن به او برسـد .حـالا در ایـن اتاق سـاکت صدای زن مسـن شـنیده می‌شـد کـه در تاریکی به آرامـی گریـه می کـرد و می گفـت، « خدایـا آیـا ایـن یک معجزه اسـت؟» چراغ روشـن شـد و کمـال بـرادر دیگر نادر وارد شـد، چشـمش به حاجیـه خانم افتاد کـه هنوز کنار

تخت زانو زده بود و سر گدای ژنده پوشی را در بین دست هایش نگه داشته بود، مادر اشک می‌ریخت اما صدای از او شنیده نمی‌شد، بغضش در گلو خفه شده بود، کمال در تعجب به مردی که روی تخت نادر دراز کشیده بود ماتش برده بود او را نمی شناخت، آنچه او می‌دید یک مرد درهم و برهم در یک لباس گشاد سفید با سر و صورتی پوشیده از موهای بلند دیده می‌شد، «حاجیه خانم داری چه کار می کنی؟ این گداه کیه؟ چطوری آمده تو؟ حاجیه خانم دیونه شدی؟ ولش کن، اون باید یک بی‌خانمان باشد که مست کرده و راهش را گم کرده...»

کمال شروع به زدن مرد کرد و سعی داشت او را از اتاق بیرون کند اما حاجیه خانم که صدایش هنوز در گلو خفه شده بود خود را روی او انداخت، که با استفاده از بدنش او را محافظت کند و بالاخره بغض مادر شکست و صدای او مملو از بغض بلند شد، «نزنش، پسرمه؟ نادرمه؟» کمال در تعجب ایستاد و به آن دو زل زده بود، مادر به آرامی موهای مرد را از روی صورتش کنار زد، تا صورت او مشخص شود. حالا می‌توانستند او را ببینند. او نادر بود. آنها متوجه شدند که غریزه مادر هیچ گاه اشتباه نمی‌کند و مهم نیست که بچه چند سال و یا در چه شرایطی باشد، آنها همیشه می توانند بچه های خود را احساس کنند. آنها بوی فرزند را حس می کنند، حتی در یک اتاق تاریک. نادر رویش را برگرداند با یک حالت بی تفاوتی به آنها نگاه می‌کرد به نظر می‌رسید که نمی‌دانست کجاست .سپس اشک های حاجیه خانوم از چشمانش سرازیر شد و نادر را در آغوش کشید و در حالی که در صدایش حالتی از ناله وجود داشت زمزمه کرد، «خدایا شکرت، پسرم زنده است...» اشک های گرم حاجیه خانوم روی صورت نادر می چکیدند و سرد می‌شدند. نادر به خانه برگشته بود .اولین کلامی که نادر بزبان آورد نام فروغ بود، «فروغ ... فروغ...؟» او فروغ را می خواست، خیلی زود فروغ در میان بازوان او بود. نادر او را محکم در آغوش گرفته بود و چنین به نظر می‌آمد که بیشتر از هر کس دیگر دلش برای او تنگ شده است... اما فروغ خیلی کوچک بود که بتواند بداند چه می گذشت حالا حاجیه خانم و کمال متعجب دور او حلقه زده بودند، آنها می خواستند بدانند واقعاً چه اتفاقی در شش ماه گذشته برای او رخ داده بوده. در تمام این مدتی که نادر گم شده بود، حاجیه خانم نیمه های هر شب به اتاق خواب او می‌رفت،

بعضی از شب ها مدت‌ها در تاریکی تخت او را نظاره می کرد تا ببیند آیا او برگشته یا نه؟ او تنها کسی بود که امیدش را از دست نداده بود و در هر حال می‌دانست که نادر یک روزی به رختخوابش برمی‌گردد و به این دلیل پنجره ی اتاق را باز می گذاشت تا بتواند هر وقت به خانه برمی گردد داخل شود. این همان پنجره ای بود که نادر از آن برای وارد شدن استفاده می کرد تا مزاحم کسی نشود. البته ناپدید شدن نادر را هم با هیچکس در میان نگذاشته بودند. نمی‌خواستند مردم برای آنها حرف در بیاورند. به همه گفته بودند که نادر در سفر است. آنها خیال می کردند نادر یا باید از ایران خارج شده باشد و یا بدست کسی کشته شده باشد، بهرحال نمی‌خواستند کسی چیزی بفهمد تا در مورد او همه چیز روشن شود. در ثانی او همیشه عادت داشت که غیبش بزند، اما اینبار غیبتش خیلی طولانی شده بود. و حالا آنها می خواستند بدانند نادر این همه مدت کجا بوده؟ اما نادر نمی‌دانست که چه مدت است که رفته و نمی‌دانست که همه فکر می کردند در آن تصادف کشته شده و جسدش توسط یک حیوان وحشی مثل گرگها خورده شده است. اما حالا این راز تمام شده بود و تمام آنها فقط یک سوال داشتند، «او در این مدت کدام جهنمی بوده؟» و سردرگمی آنها بیشتر از آن جهت بود که او با یک لباس درویشی پیدایش شده است. اما همه خوشحال بودند که او برگشته است و در آن لحظه اهمیت نمی‌دادند که قبلاً کجا بوده است و همه از اینکه او را زنده می‌دیدند شادمان بودند. آن شب برای آنها پایان خوش یک فراغ دردناک برای خانواده بود حالا به آرامش رسیده بودند اما هنوز سئوالات بدون جواب بسیاری در ذهن باقی مانده بود که باید جواب داده می‌شد.

اگر چه دیگر هیچ چیز برای نادر در آن لحظات مهم نبود .اما او همه چیز را به خطر انداخته بود و برای به دست آوردن یک تجربه به مدت شش ماه در کوه و صحرا با طبیعت و مار و گرگ و خزنده و پرنده با پای برهنه بدنبال این درویش گم شده بود، درست مثل مولانا که با آمدن شمس در زندگیش در خود گم شد .هیچ قیمتی وجود نداشت که بتوان آن را جانشین احساسات، درک و کشف و آن چیزهایی کند که او به دست آورده بود .تنها مشکل او این بود که چگونه آنچه را که دقیقاً برایش اتفاق افتاده بود توضیح بدهد، شاید آنها نمی‌توانستند معنی

تجربـه و خـردی را کـه او بـه دسـت آورده بود را بفهمنـد. در قلبش همـان موقع حاضر بـود دوبـاره برگـردد و همـراه آن درویش شـود، او شـدیداً دلـش برای درویـش و طریق زندگـی اوتنگ شـده بود.

فصل ۱۹

وقتی یکی وجود تو را تکان می دهد...

هنوز باران به شدت می بارید. قدم های درویش آنقدر بلند بود که نادر به سختی او را دنبال می کرد. با یک لنگه کفش، لنگان لنگان راه می رفت و از درد پای برهنه اش که روی سنگ ها و بوته ها می گذاشت رنج می برد ،کار آسانی نبود. او خودش را به زور جلو می کشید تا درویش را گم نکند در آن تصادف یک لنگه کفشش را از دست داده بود ،با پای برهنه دنبال درویش رفتن برایش غیر ممکن بود با عجله ژاکتش را در آورده دور پای برهنه و آسیب دیده اش را با آن پوشاند .نمی خواست درویش را گم کند. واقعاً نمی دانست چرا او را تعقیب می کرد و تا کجا باید دنبال او می رفت، شاید هدفش این بود که درد روحی اش را آسان از بین ببرد و یا شاید می خواست معنی واقعی زندگی را بفهمد یا شاید حداقل کمی بهتر از آنچه تا آن موقع به دست آورده بود به دست بیاورد. ساعت های طولانی بود که او درویش را در آن منطقه در مسیر پر پیچ و خم تپه ها و کوه پایه ها دنبال می کرد .در تعجب بود که چرا خار و خاشاک و سنگهای تیز و برنده هیچ اثری بر پاهای برهنه ی او نداشتند .به نظر می رسید همانطور که در باران راه می رفت به مقصد فکر می کرد، اما هر چه بیشتر فکر می کرد بیشتر گیج می شد. به دقت درویش را دنبال می کرد. خون ریزی قسمت های آسیب دیده بدنش از زیر لباس های پاره شده اش دیده می شد، ازسرما به خود می لرزید. بالاخره قدرت زانوهایش از بین رفت و کم کم روی زمین نشستند، چشم هایش را بسختی می توانست باز نگه دارد، اما از گوشه ی چشم هایش سایه تار درویش را دید که ایستاد، اما پشتش به او بود. چشمانش بسته شدند، همه چیز تاریک شد و از هوش رفت .مثل اینکه همه چیز با او مرده بودند.

با پیچیدن طنین صدای گوسفندان در گوشش بخود آمده بود. گرمای شعله‌ی آتشی را روی صورتش حس کرد و می توانست نور آن را از پشت چشمان بسته

اش هم ببیند. بعد متوجه شد دستی روی پیشانی اش نشست و صدایی به گوشش خورد. او برگشت، لهجه مرد برای او ناشناس بود و نمی توانست زبان او را بفهمد. اما تقریباً یک جوری می توانست متوجه شود که چه می گوید. نادر چشم هایش را باز کرد و دید که دست چوپانی روی پیشانی اش نشسته بود. چشمش به اطراف در سفر شد و خودش را میان یک گله گوسفند می دید .آنها در اطراف او کنار هم خوابیده بودند و بعضی هم در تلاش بودند جایی در میان یکدیگر برای خوابیدن پیدا کنند. نور ضعیف آتشی که در کنار او روشن بود و سایه ی رقص شعله ی آتش روی دیوارهای اطراف در حال نمایش بود و به دیوار هم روشنایی می داد، همه چیز برایش مثل بهشت بود. در سفر به سمت دیگر آتش، چشمش به همان درویش لاغری که او بدنبالش بود افتاد و روی او قفل شد. او با همان لبخند آرام و مهربانانه کنار آتش نشسته بود. یک چوپان دیگر هم آنجا بود. او ریش بلند سفید و موهای بلندی داشت و سرش یک کلاه دستباف بود، بعد نادر متوجه شد که شبیه همان کلاه سر خودش است. او را با دو لباس ضخیم دستباف پوشانده بودند تا گرم شود .آنها با نگاهشان با هم در گفتگو بودند، اما آخرش هم نگاهشان باز بطرف نادر برمی گشت و به او لبخند می زدند، درست مثل اینکه با نگاه هایشان و با لبخندی که روی صورت داشتند با او در حال گفتگو بودند. آنها چند دقیقه به نگاه کردنشان ادامه دادند، تا اینکه نادر متوجه خارش بدنش شد به خود نگاه کرد و دید لباس بلندی تن او کرده بودند، آن را بالا زد که علت خارش را بداند، می دید که روی همه ی زخم هایش را با یک نوع مرهم سیاه و قهوه ای رنگی پوشانده بودند. نادر بلند شد و نشست، هنوز در تلاش بود که وضعیت خود را بفهمد و بد ند که کجاست. یکی از چوپان ها مقداری شیر را که روی آتش جوشانده بودند در کاسه گلی رنگی ریخت و به دست او داد .کاسه به تمیزی ظرفهایی که او همیشه به آن عادت داشت نبود. اما برای او مهم نبود آن را گرفت، مشغول نوشیدن شد، مجبور بود که کمی صبر کند چون شیر داغ بود، آن گواراترین نوشیدنی بود که تا آن موقع و حتی بعد از آن هم نوشیده و چشیده بود .همه ی آنها هنوز با لبخند های خود با یکدیگر در گفتگو بودند، نادر می دانست که او موضوع گفتگوی آنها در سکوتشان بود. اما او این ارتباط گفتاری از طریق سکوت را نمی فهمید. خیلی

آهسـته زمزمـه کـرد" ، ممنـون..." او می خواسـت بداند کجاسـت. نمی دانسـت که چه مـدت بیهـوش بـوده اسـت. بعـد چوپـان کاسـه را از دسـت او گرفـت، آن را با دسـتش تمیـز کـرد و مقـداری شـیر داغ داخـل آن ریخته و بعد مقداری نان خشـک کهنـه را از لای دسـتمال از رنـگ و رو رفتـه ای بیرون کشـید و نان را داخل کاسـه خـرد کرد .یک قاشـق چوبـی برداشـت و آن را بـا گوشـه لباسـش و بعـد با دسـتش پـاک کـرد و نان و شـیر را بـا هـم مخلـوط کرد و آن را جلوی نادر گذاشـت و با اشـاره به او گفـت، «بخور... بایـد قـوت بگیـری؟" نادر با لهجـه ای که چوپان حرف می زد آشـنایی نداشـت، اما می توانسـت مفهـوم حـرف او را متوجه شـود. نادر بـه غذایی که به او تعارف شـده بود خیره شـده بـود. مـی دانسـت که اگـر وقت دیگـری و یا جـای دیگری بـه او تعارف می شـد، امکان نداشـت به آن لب بزند، مشـکلش بیشـتر کاسـه و نحوه ی تمیز کردن آن بود تا شـیر داغ و نـان خشـک، او نگـران بود که مریض شـود. اما در آن لحظه بـه کثیف بودن کاسـه نمی اندیشـید، شـروع به خـوردن کرد .حقا کـه آن بهترین غذایی بـود که بعد از مـدت هـا خـورده بـود. هنوز غـذا را تمـام نکرده بود کـه به او یـک چای تعـارف کردند .در پانـزده سـال گذشـته شـاید یـک و یا دوبار چایی نوشـیده بـود، اما نتوانسـت تعارف آنهـا را رد کنـد و چـای را بـا اینکه بسـیار پررنگ هم بود نوشـید .کم کم داشـت قدرت و آگاهـی بیشـتری از محیـط اطرافش به دسـت می آورد. اما نمی دانسـت که جسـتجو و دریافـت ایـن آشـنایی و آگاهـی ماه هـا ادامه خواهد داشـت .

مـدت زیـادی نگذشـته بـود که نـادر بـا کارهای روزمـره آنها آشـنا شـد، چیزی که متوجـه نبـود ایـن بـود کـه چـرا ایـن دو نفـر در طول شـبانه روز حتـی دو تا سـه کلام هـم بـه زبـان نمـی آوردنـد، یکـی از چوپان هـا آنها را تـرک کرده بـود .چوپـان دیگر و درویـش هـم فقـط می‌نشسـتند به گوسـفند ها خیره می شـدند یـا چای مـی خوردند یـا چپـق مـی کشـیدند و شـاید فقط چنـد کلمـه حـرف می‌زدنـد. فقـط چنـد کلمه، بعـد دوبـاره سـکوت حاکم می شـد. بارها سـعی کـرده بود دربـاره بعضی چیزهـا از آنها سـئوالاتی بکنـد و یـا چیـزی بخواهـد امـا آنهـا فقط مـی خندیدنـد و یا چیـزی را که مـی خواسـت به دسـتش مـی دادند و بعد دوبـاره لبخند مـی زدند و به یکدیگـر و به او نـگاه مـی کردنـد. در واقـع او بیشـتر با گوسـفند ها حـرف می زد تـا با آن دو مـرد. نادر حـالا مـی دانسـت که داشـت در کنده‌ی گوسـفندها که در زمسـتان در آنجـا نگه داری

می شدند وقت می گذراند، معمولا رسم بود که در دامنه ی تپه ها و یا کوه و بیرون ده جای وسیعی را حفر می کردند که به آن کنده می گفتند، و این کندها جایی بود که گله ی گوسفندها را در زمستان آنجا نگه داری می کردند. چندین روز گذشته بود و حالا او احساس می کرد که خیلی بهتر شده است، در تعجب بود که مرهم‌های ساخته شده توسط چوپان بسیار خوب کار کرده بودند، کنجکاویش او را به بیرون کند کشاند، برای مدت چند دقیقه به سختی می توانست چشمانش را باز نگه دارد. نور زیاد دنیای بیرون نزدیک بود او را کور کند. همه جا تا چشم کار می کرد از برف پوشیده شده بود، فقط سفیدی بود و سفیدی .دهی در دور دست کوه پایه ای که او ایستاده بود دیده می شد. اما آن هم تماماً سفید بود در چند صد متری خود چند درخت دید که آنها هم با برف پوشانده شده بودند .جلوی کنده نشست و به وجهی از طبیعت نگاه می کرد که قبلا هرگز تجربه نکرده بود، خدایا چقدر زیبا بود. او هیچ گاه اینقدر برف ندیده بود. او تاکنون زیبایی برف را این چنین مشاهد و حس نکرده بود و یا احتمالاً شانس این را نداشت که به آن توجه کند اما حالا انتخاب دیگری نداشت، دوروبر او را برف گرفته بود و با این زیبایی همراه با کنده و گوسفندان و درویش و چوپان خندان و سکوت محض احاطه شده بود. چه چیز دیگری آنجا می‌توانست انجام دهد که بالاتر از این تجربه باشد؟ در خانه می توانست با تلفن حرف بزند، کتابی در دست بگیرد و وانمود کند که آن را می خواند و یا اینکه ممکن بود فیلم نگاه کند یا تئاتر و سینما برود و یا به چای خانه ای و احساس کند به دیگران برتری دارد و یا می‌توانست دختری را در آغوش گرفته و تمایلات حیوانی خود را تجربه کند. هرچند تجربه‌ای بود که به باورش یک عشق واقعی بود. اما هنوز به تجلی رابطه دست نیافته بود. مدت‌ها برای تجربه عشق ورزی به مقدس‌ترین راه با یار معنوی اش صبر کرده بود. باور داشت که آن می‌توانست به معنی یک پیوند مقدس جسمی و معنوی باشد اما این دیگر یک امر دست نیافتنی شده بود. اگر او به خانه بر می گشت، ممکن بود بتواند این شانس را داشته باشد که از انرژی و ذکاوت اش به نفع خود استفاده کند و برای سود مادی و قدرت دروغ بگوید .هیچ یک از آن رسوم یا مردمانی که از آن پیروی می کنند و تملق می گویند در این کوه پوشیده شده از برف نه جایی و یا وجود داشتند. فقط

شـما بودیـد و طبیعـت، نسـیم، آفتـاب، سـکوت، صلـح و آرامـش هیچ انتخـاب دیگری نداشـتید جـز ایـن کـه در خود فـرو روید، همه چیز همین بود. شـما کتاب بودید. شـما نمایـش بودیـد. شـما فیلـم بودیـد و شـما کسـی بودید کـه از هـر دو طرف خـط تلفن حـرف مـی زدیـد. شـما تلویزیون بودید و شـما تنها فامیل و دوسـت برای حـرف زدن و گفتگـو و سـوال و جـواب بودید. شـما کل جهـان بودید. برای همین او کل جهان شـد و کل جهـان هسـتی او بـود. او زمیـن بـود و او هوا بود. او سـاعت ها می نشسـت، سـاعت هـا هـرروز ذوب شـدن بـرف هـا را تماشـا می کـرد. او سـاعت‌ها و سـاعت‌ها به بـازی و گفتگـو بـا گوسـفندان و بـه دنیـای آنها چشـم می دوخـت و گوش فـرا مـی داد .گاهی اوقـات بـا آنهـا حـرف می‌زد و سـعی می کرد به زبـان آنها حـرف بزند، اما آنهـا هرگز به او جوابـی نمـی دادنـد .او می نشسـت و چوپـان و درویش و خندیدن و نوشـیدن و چپق کشـیدن آنهـا را تماشـا مـی کرد. دیگر شـروع کـرده بود بـه آموختن زبان سـکوت آنها و علائـم خندیـدن آنهـا و به روش خودشـان بـا آنها ارتبـاط برقرار می کـرد. اما خودش مـی دانسـت که خندیدنش طبیعـت خنده ی آنها را نداشـت. ابتدا خنده هایش تصنعی بـود، امـا هر روز که می‌گذشـت احسـاس مـی کرد که معنـی دار تر می شـوند .یک روز صبـح کـه از خـواب بیدار شـد دید که درویشـی که او را بـه کنده آورده بود رفته اسـت، نمـی توانسـت حـدس بزنـد که کجا رفتـه بود و حتی نمی توانسـت سـوال کنـد .چون آنهـا متوجـه نمی شـدند چـه می‌گوید .زمانی گذشـت و او به سـکوت عادت کـرد. آنجا بـودن کسـل کننـده نبود و بعـد از اینکه چوپانان بـدن او را با نوعی از گِل که خودشـان درسـت کـرده بودنـد پوشـاندند، دیگـر کک هـا او را آزار نمـی دادند .او هرگز نتوانسـت زمانـی را کـه جلوی همه گوسـفندان برهنه ایسـتاده بود و بدنش با گل سـیاه و قهوه‌ای پوشـانده شـده بود را فراموش کند .دسـتهایش قسـمت های خصوصی بدنش را از دید گوسـفندان پوشـانده بودنـد. سـپس بعـد از اینکه گِل خشـک شـد، آن را از بدنش کند و لباسـی را کـه چوپـان دومـی با خـودش آورده بود پوشـید. بـرای چوپان هایـی که از گلـه نگهـداری مـی کردنـد هر از چند گاهـی مردی مقداری غـذا می آورد .یکبـار که او آمـده بـود نـادر هرچـه را که در کیـف پولش داشـت بـه او داد. اون کیفـش را در جایی از کنـده گذاشـت، بعـد هـم کامـلاً فرامـوش کـرد که کیفـی داشـته .چیزی کـه جالب بـود آنهـا هیـچ وقت از او نپرسـیدند کیسـت و آنجـا چه کار می کرده اسـت، مشـهور و

غیـر مشـهور بودن، پولـدار و گدا بودنـش برای آنها هیـچ اهمیتی نداشـت .مثل این که جـزو آنهـا بـوده اسـت. مثـل اینکه هیـچ کس نبـود و همه کس بود. با لباسـی کـه نادر داشـت، مثـل یکـی از آنهـا بـود و به نظر نمی رسـید که تفاوتی با آنها داشـته باشـد. در آن موقـع ریـش هایش بلندتر شـده بـود و همینطور موهایـش، در واقع او مدت شـش مـاه قبـل از اینکـه به کنده وارد شـود نه اصـلاح کرده بـود و نه موهایـش را کوتاه کرده بـود و حالابلنـد تر شـده بودنـد و با کلاه مخصـوص آن ها و لباس سـفید و بلند تازه‌اش و لبـاس گشـادش درسـت شـکل و شـمایل یـک درویـش و یا چوپانـی را داشـت، و در حقیقـت بـا آنهـا یکی شـده بـود ، درسـت مثل آن هـا. او بـه نگهـداری و غـذا دادن به گوسـفندان مشـغول شـد از آنها شـیر می دوشـید و آن را می جوشـاند. حتی یک شب، بـره یـک گوسـفند را بـه دنیـا آورد و نـام او را صلح گذاشـت. نمی دانسـت چرا؟ اسـمی کـه یـک مرتبه بـه ذهنش رسـید، صلح بود؟ صلـح، آنقدر سـاده که مورد تمسـخر قرار بگیـرد و در عیـن حـال چیـزی بود کـه دقیقا همـه به آن احتیاج داشـتند. اگر کسـانی از دنیـای خـارج بـه کـوه می آمدنـد، نمی توانسـتند بفهمند کـه او یکی از آنها نیسـت. تنهـا کیفیـت متمایـز او ایـن بـود که در ابتدا زیـاد حرف مـی زد .اما زود یـاد گرفته بود کـه بـا سـکوت زندگـی کنـد. او خیلی کـم چیـزی می‌گفت و رفتـارش خیلـی ملایم و پسـندیده تر شـده بـود. اما هنـوز قدرت تحمل سـکوت آنها را نداشـت.

بعـد یـک شـب، درویشـی کـه او را بـه کنده بـرده بـود ناگهـان دوباره پیداش شـد. وقتـی بیـدار شـد دیـد کـه کنـار آتـش نشسـته است و لبخنـد تابنـاک و مهربانش بر لبـش بـود. او نمـی دانسـت که درویـش کجا رفته بـود و یا چرا برگشـته بـود و چه کار مـی کـرد .تصمیـم گرفـت این بـار مراقب او باشـد و دفعـه بعد کـه مـی رود او را دنبال کنـد .چنـد روز بعـد بود که نـادر به دنبـال درویش روان شـد .درویش مطمئـن بود که نـادر خسـته خواهـد شـد و از تعقیب او خـودداری خواهد کـرد. درویـش گاه بگاه برمی گشـت بـه نـادر نـگاه مـی کـرد و بـه او لبخنـد میـزد و تندتـر راه مـی رفت و نـادر هم سـعی مـی کـرد از او عقـب نمانـد. اما ایـن چنین کـه درویش فکـر می کرد نشـد، نادر از پـا نیافتـد و بـه تعقیـب او ادامـه داد. درویـش از میـان تپـه هـا و صخره هـا عبور می کـرد، در طـول راه گاهـی او مـی ایسـتاد و بوته هایی را جمـع آوری و آنها را دسـته می کـرد و روی آنها سـنگ سـنگینی می گذاشـت که بـاد آنهـا را پراکنده نکنـد. البته نادر

هم درآنچه درویش بدان مبادرت می کرد با او همراه می شد و به درویش کمک می کرد .چندین روز در طی مسافرتش شان هنوز سکوت بود، حتی یک کلمه هم حرف زده نشد. ابتدا نادر کمی کسل شده بود اما سکوت اختیار کرده بود و بروی خودش نمی آورد اما خیلی زود از سکوت استقبال کرد و در واقع فهمید که درویش اندیشیدن و کشف درون خود را به او می آموخت. موسیقی و اصوات خاموش که در سطوح مختلفی از انرژی جریان دارند را تجربه و کشف و آنها را می شنید.

با گذشت زمان، تجربه بعد از تجربه او را با دنیای دیگری آشنا می کرد، دنیایی که روزی در باورش نمی آمد حتی به آن فکر کرده باشد. یک شب روی صخره ای بدون زیر انداز دراز کشید و به ستاره هایی که آنجا فراوان بودند خیره شده بود. همانطور که به شهاب ها نگاه می کرد با آنها شروع به حرف زدن کرد. البته در سکوت . روز بعد بود که بیدار شد. سنگینی زیادی را روی سینه‌اش احساس کرد و وقتی چشمانش را باز کرد دید یک مار چاق و بلند روی سینه‌اش خوابیده و به او خیره شده بود. نزدیک بود سکته کند، نمی توانست نفس بکشد یا حرکت کند. با احتیاط در اطراف خود در جستجوی درویش و طلب کمک او شد،چشمش به درویش افتاد که در چند متریش نشسته و به او با لبخند نگاه می کرد. انگار نه انگار مار را روی سینه ی نادر می دید، بسیار آرام، مثل اینکه اصلا آنجا نبود. اینجا بود که نادر می خواست سکوتش را بشکند، او می خواست فریاد بزند و چیزی بگوید .اما نمی توانست، جراتش را نداشت، مثل این بود که زبان برای حرف زدن نداشت و حتی حافظه‌ای که چگونه از کلمات استفاده کند. کر و لال شده بو. .مثل اینکه واقعاً مرده باشد. همانطور که در جای خودش خشک زده بود از ترس چشمانش را بست و چند دقیقه بعد متوجه شد که وزن سنگین از رویش بلند شده است، چشمش را باز کرد و دید درویش مار را در دستش گرفته و آن را برد و به آرامی روی یک سنگ گذاشت .می دانست مار رفته است اما آنقدر ترسیده بود که هنوز نمی توانست نفس بکشد و حرکت کند. فقط آن جا دراز کشیده بود و احساس می کرد مرده است .در واقع او احتیاج نداشت نقش مرده را بازی کند .مثل این بود که روحش، جسمش را برای لحظه ای ترک کرده بود.

این تنها تجربه او در مورد مار نبود .چندی بعد بود که متوجه شد درویش چرا

در کـوه و تپـه بوته‌هـای سـر راهـش را جمع می کـرد. در یک بعد از ظهر سـرد درویش همـراه نـادر بـه راه افتـاد تا بـه او بـرای آوردن چند کپه بوته برای درسـت کـردن آتش کمـک کنـد .ایـن همـان بوته هایـی بود کـه او قبلا بـا درویش کنـده و کپه کپـه کرده و در پشـت سـر گذاشـته بودند. نادر سـنگهای روی یکی از این کپه ها را کنار انداخت و آن را بلنـد کـرد. امـا همانطـور کـه آن را حمـل مـی کـرد احسـاس کرد وزنـش برای بوتـه هـای خشـک خیلی سـنگین اسـت، مثـل این بـود که چند سـنگ همراه بـا بوته هـا بلنـد کـرده باشـد، برای همیـن کپه بوته هـا را زمین گذاشـت تا آن را بررسـی کند. ناگهـان یک مار به دور مچ دسـت راسـت او پیچید و به طرف شـانه او بـه حرکت درآمد .مـار سـیاه رنـگ و درازی بـود. نـادر در جـای خـود خشـکش زد. و دوباره چشـمش به دنبـال درویـش در سـفر بـود و تقاضای کمک داشـت. اما این بـار اثـری از درویش نبود .هیـچ راه حلـی بـه نظـرش نمی رسـید، تقریباً دوبـاره نزدیک بود سـکته کنـد و دوباره چشـمش را بسـت و در فکـر چاره بود. درسـت وقتی که هیچ راه نجاتـی به عقلش نمی رسـید، صدای یک آلت موسـیقی"نی" را شـنید. چشـمش را باز کرد، اما کسـی را نمی دیـد. ظاهـراً ایـن طور تصور می شـد کـه باد آهنگـی را می نـوازد. چشـمانش را دوباره بسـت کـه شـاید منبع صدای نـی را در قلبش جسـتجو و پیدا کند، اولیـن تجربه اش را در مـورد مـار بـه یـاد آورد .سـخنان درویـش در ذهنش زنـده و زمزمه می کـرد، 'آنچه کـه او را ترسـانده بـود مار نبـود، تـرس درون خودت بود. تو نمی بایسـت نگران باشـی. مـار قصـد نـدارد بـه تو صدمـه ای برسـاند، تنهـا زمانی کـه مار تـو را نیش خواهـد زد، زمانـی اسـت کـه احسـاس تـرس تو به مـار منتقل شـود و مـار از ترس حملـه ی تو در مقـام دفـاع بـه تـو حمله و تـو را نیش می زنـد. اگر تو ترس بـه دل راه ندهـی مار بدون هیـچ حملـه و نیـش زدنی تـو را ترک می کنـد 'با یاد آوری سـخنان درویـش حالا نادر مـی دانسـت کـه فقـط بایـد آرام و راحـت مـی مانـد. سـپس به ذهنش رسـید کـه پیر مـرد عاقـل و دوسـت دوران نوجوانیـش روی یـک صخـره نشسـته و در حـال خندیدن اسـت .چشـمانش هنـوز بسـته بود، ترسـش کامـلاً ریخـت. وجـودش مملـو از آرامش، صلـح و عشـق شـد. چشـمانش را باز کرد، دیـد که مار خـودش را باز کرد، خزیـد و دور شـد. وقتـی بـه اطـراف نـگاه کـرد، دوسـت دوران نوجوانـی خود پیر مـرد را نمـی دید، فقـط درویش بـود کـه بـه آرامـی و البته بـا لبخند جلوی آتشـی کـه با همـان بوته ها

درست کرده بود نشسته بود. نادر به او ملحق شد .هر دو نشستند به یکدیگر نگاه می کردند و البته هر دو لبخندی بر چهره داشتند .در آن جا بود که به اهمیت و حکمت جمع کردن بوته ها و پشت سر گذاشتن آنها و دیدن آن آتش فوق العاده با ارزش در آن شب های سرد پی برد. در حالی که چشمانش نیمه بسته بود دراز کشیده بود و از میان شعله ضعیف آتش به درویش نگاه می کرد. شعله ی آتش در رقص و شادمانی درویش را منزه و مهربان و آرام تر نشان می داد.

روزها و شب‌های بسیاری می آمدند و می رفتند، نادر نمی دانست چند روز از بودنش با درویش گذشته بود، اما به نظر طولانی نمی آمد. او در سراسر کوه ها و تپه ها درویش را دنبال می کرد .در راه غذایی را که مردم به آنها می دادند قبول می کردند و میخوردند و در غارها، کنده ها و طبیعت به زندگی ادامه می دادند، این طور به نظر می آمد که زمان معنی نداشت، مثل اینکه اصلاً وجود نداشت. فقط در کشف روحش و هستی اش و ارتباطش با زمین، خورشید و ماه و طبیعت بود. چه شب و چه روز، اگر کاری برای انجام دادن نباشد، ناچار به یافتن چیزی در درون خودتان می شوید تا با آن سرگرم شوید، غیر از این به جنون کشانده می شوید .کوه، غار و کنده و طبیعت ،کلا آن مجموعه ها برای او جای امنی را ایجاد کرده بودند تا بتواند دقیقا همین کار را انجام دهد .یافتن کسی که او بود؟ این بهترین داروی بود که می‌توانست برای بهبودی روح خود استفاده کند، به این نتیجه و باور رسیده بود که برای معالجه ی زخم های درونی و بیرونی اش راه دیگری نمی توانست وجود داشته باشد .شب و روزهای آرامی را روی کوه ها، زیر صخره ها، داخل غارها و کنده هایی با اشکال گوناگون گذرانده بود. یکی از مکان هایی که درویش در طول سفر شان او را برده بود یک بنای ساده ی یاد بود قدیمی واقع در بالای یک کوه کوچک بود .برای رسیدن به آنجا پیاده چند روز راه بود، مردم معمولاً از الاغ استفاده می کردند به خصوص مردان و زنان سالمند اما آن موقع زمستان بود و کسی آنجا نبود .فقط آن دو نفر بودند با یک قبر ساده. او نمی دانست چه کسی آنجا دفن بود، ولی آنجا یک فضای معنوی داشت. مثل این بود که زمان آنجا ثابت ایستاده است. آنجا بود که نادر متوجه شد که برای رسیدن به روشنایی به خدا و به رستگاری باید انسان سادگی را دنبال کند، برای اینکه فرد بتواند از دنیای مادی جدا شود باید خود

را بـه هسـتی متصـل کنـد. او بـه یـاد بناهای یـاد بـود و عظیمی کـه بخاطر و زیر اسـم مذهب و راه رسـیدن به خدا سـاخته شـده بودند و مردم سـاده دل را گمراه و سـر کیسه مـی کردنـد، افتـاد، بنا های پوشـیده از طلا و نقـره و تجملات دنیوی. به او و مردم سـاده دل گفتـه بودنـد کـه ایـن راه رسـیدن بـه خدا اسـت. اما نادر می دانسـت کـه خداوند به چنیـن چیزهـای تجملاتـی و زیاده روی هـا احتیاج نـدارد. نادر در حالی که پاک شـدن همـه سـیاره را از طـلا به تصویر می کشـید، خوابـش برد. آه چـه بصیرتی؟

سـپس یک شـب رمز آلود اسـتثنایی فرا رسـید. او دراز کشـیده بود و به باران خیره شـده بـود کـه رویای کامـلاً واضحی برایش پیش آمـد. رویایی که خیلی بـا آنچه او قبلا تجربـه کـرده بـود متفاوت بـود .دو فرشـته زن بودند، بلنـد و زیبا یکی از آنها که مسّـن تـر بـود در لبـاس ابریشـمی سـبز، دیگری کـه جوانتر و قـدش کوتاهتر بـود، یک لباس بلنـد ابریشـمی آبی پوشـیده بـود. آن دو او را در هوا بـه پرواز درآوردند، هر کـدام از آنها در یـک طـرف او قـرار گرفتـه بودنـد. نادر در هالـه‌ای از ابهام فـرو رفته بـود .آنها به یک سـاختمان سـاخته شـده از سـنگ سـاده رسـیدن که در میان یک جای نامشـخص و ناشـناس قـرار داشـت .آدم‌هـای معـدودی دور آن بنای سـاده راه می رفتند. فرشـته ی مسـن تـر کـه لباس سـبز داشـت اظهـار کـرد. « اینجـا خانه ی خداسـت ..." و سـپس فرشـته ای کـه لباس آبی داشـت ادامه داد" .شـما می خواسـتید اینجا را ببینیـد..." نادر پریشـان و گیـج امّـا خیلـی آرام بود، از احسـاس آرامشـی کـه در پرواز بـود و همچنین آگاهـی درونـی کـه بر او مسـتولی شـده بود لـذت می برد. سـپس یک نسـیم ملایم به صورتـش خـورد و چشـمانش را بـاز کرد .ناگهان متوجه شـد که پرواز نمـی کند او کنار آتـش در غـاری دراز کشـیده اسـت. امـا از رویایـش خـارج شـد از درویش خبـری نبود .نـادر از اتفاقـی کـه افتـاده بـود کمـی سـردرگم و گیج بـود و نمی دانسـت چـه اتفاقی افتـاده بـود، فقـط می دانسـت که او در خواسـت دیدن خـدا را نکرده بـود، متعجب بود کـه نکنـد در خـواب آرزوی چنیـن چیـزی را کـرده بـوده .حـالا او عادت داشـت وقتی کـه بـه آتش و یا پوشـش سـفید بـرف خیره می شـد یا هنـگام بـارش باران بـه مراقبه عمیقـی فـرو مـی رفت .به فرشـته هـا فکر کند، احسـاس کـرد در درونش چیـزی فرق کـرده اسـت. حضـور یکـی دیگـر را کنارش احسـاس کـرد. چرخیـد و چشـمش بِه پیر مـرد عاقـل و دوسـت دوران نوجوانیش افتاد که کنار آتش نشسـته بود، با نـگاه اول او را

شـناخت .خـودش بـود همـان پیرمـرد عاقل که معمـولاً وقتـی او بچه بـود و غمگین به دیدنـش مـی آمـد و او را آرام مـی کـرد. او باز بعـد از مدت زمان زیادی بر او ظاهر شـده بـود .حـالا او در مقابلـش نشسـته بـود. لبخنـد مهربان و آرام مرد همیشـه بـرای قلب و وجـود او آرامـش و صلـح مـی آورد. در اطـراف بـه دنبـال درویش گشـت اما هیـچ جا او را نیافـت. نمی دانسـت چرا دوباره چشـمهایش را بسـت اما احسـاس آرامـش و راحتی کـه بـه او دسـت مـی داد غیر قابل سـنجش بود. او توانسـت نور و شـعله آتـش را حتی بـا چشـمهای بسـته ببینـد، به آرامـی چشـمش را دوباره باز کـرد. اما دیگر نـه پیر مرد عاقـل را مـی دیـد و نـه درویـش را؟ فقط آتـش بـود و او درغار خالی و سـکوت محض.

نـادر مطمئـن بـود درویش دیشـب قبـل از اینکه بخوابند آنجـا بود .حالا این سـئوال وجـود داشـت کـه چـه برسـر درویش آمـده بود؟ چـرا او شـب هنـگام و بدون اطـلاع او رفتـه بـود؟ چـرا بـه ناگهان دوبـاره پیر مـرد عاقل بر او ظاهر شـده بود و حتـی یک کلام هـم بـا او سـخنی نگفتـه بود .اما کسـی نبـود که جواب سـئوال هایـش را بدهـد .او باید جوابـش را در درون خـودش می‌یافـت. مـی دانسـت کـه دلیلـی بـرای حضـور پیـر مرد عاقـل و غیـب شـدن درویش وجود داشـت کـه او خودش بایـد به جواب آنها دسـت می یافـت. شـاید آنهـا می خواسـتند بـه او پیغامـی بدهند امـا او این پیـام را نگرفته بـود، یا اگـر گرفتـه بـود آن را نفهمیده بود. فقط می دانسـت که هر روز بیشـتر و بیشـتر آرامش می‌گرفـت و بیشـتر از خشـم خویـش رهـا می شـد و از دنیـای مادی فاصله مـی گرفت. وقتـی کـه بـرای تأمـل کـردن روی این تجربه هسـتی در کوههـا با درویـش زمان صرف مـی کـرد گذشـت شـبانه روز بـه یـادش نمیآمدند و اصـلا مهم نبودنـد، به جـز اینکه به بـرف و بـاران و آفتـاب و طبیعـت نـگاه می کـرد و ازحضور و تماشـای آنها بـه وجد می آمد .شـاید بیشـتر زمانش را صرف مراقبه عمیق کرده بود. او خیره شـدن به شـعله های آتشـی را کـه سـاعت‌ها به طـول می‌انجامید به یاد داشـت و اینکه بعـد از آن چیزهایی را مـی دیـد. ایـن حالت مثل جسـتجو کردن برای نشـانی یک ناشـناس بود و او هـر روز به یافتـن آدرسـی کـه بدنبالـش بـود نزدیک تـر می شـد. در طول یـک مراقبه او بـه دنبال پاسـخی بـود کـه در حافظـه آگاهش وجود داشـت اما جوابی نمـی آمد و حـالا او در این سـفر دریافـت وجـودی تنها مانـده بود، درویـش رفته بود، مثـل اینکه هرگـز آنجا نبوده اسـت. او ناپدیـد شـده بود و نادر نمی دانسـت او کجاسـت یا کجا باید بدنبـال و یافتن او

بگـردد. شـاید ایـن را می دانسـت که بدنبال او گشـتن هیـچ فایده ای نداشـت؟ درویش مـی توانسـت در چنـد متریش باشـد امـا اگر نمی خواسـت نـادر او را ببینـد، از دید نادر نامریـی مـی نمـود. گاهـی بـه ایـن فکر مـی کرد کـه نکنـد این درویـش همـان پیرمرد رفیـق دوران نوجوانیـش بـود کـه در مقـام درویش بر او ظاهر شـده بـود، خصوصا اینکه پیر مرد همیشـه وقتی نادر دچار ناراحتی و سـردرگمی می شـد بر او ظاهر می گشـت، و اینبـار هـم درسـت در همـان حالت بود، سـر درگم، نگران و آشـفته در زندگـی. نادر با سـئوال هایـش تنهـا مانـده بود اما حـدس می‌زد کـه جوابهـا را باید خودش پیـدا کند و بالاخـره بـه ایـن جوابها خواهد رسـید .او بـه راه افتاد. نمی دانسـت از کـدام جهت برود. بعـد از روزهـا بالاخـره خـودش را سـرگردان کنـار یک جـاده خاکی در وسـط یک جای نامشـخص پیـدا کـرد .شـروع کـرد بـه راه رفتـن در امتداد نهـری که یک ردیـف درخت در کنـارش داشـت .چنـد سـاعت بعـد بود کـه یک کامیـون قدیمـی قراضـه از دور پیدا شـد. وقتی کامیون از کنار او رد شـد گرد و غبار حاصل از آن سـر و روی او را پوشـاند و داخـل گـرد و قبـار غیبش زد. اما وقتی گرد و خاک فرو نشسـت متوجه شـد که کامیون ایسـتاده اسـت. وقتـی کـه به کامیون رسـید راننـده که مردم مسـنی بود اشـاره کرد که اگـر بخواهـد می‌توانـد سـوار شـود. بدون هیچ فکری سـوار شـد و بـه راه افتادنـد، در راه او فقـط بـه آسـمان خیره شـده بـود و فکر می کـرد که هیچ چیز تـا ابد دوام نمـی آورد .چنـد سـاعت بعـد کامیـون جلو یـک چایخانـه کنار جـاده‌ای توقف کـرد. راننـده پیر به او خیـره شـد کـه ببیند آیـا چیزی برای خـوردن می خواهـد. "درویش چیـزی میخوری ؟"بعـد از مدتهانـادر زبان گشـود و زمزمه کرد، "شـیر" نادر حتی در کامیون با ادا و اشـاره ی سـر و دسـتش بـا راننده کامیون در گفتگو شـده بـود، و بخاطر همین هـم راننده فکر کـرده بـود کـه او درویـش لالـی اسـت، به او شـیر دادنـد و بعد بـه راننده گفـت که نمی دانـد کجاسـت، او بایـد به تهـران برود .راننده چنـد دقیقه رفت و با مرد دیگری برگشـت و بـه نـادر اشـاره کـرد که با او برود. طولی نکشـید کـه او در یک اتوبوس نشسـته بود .در ردیفـی کـه او نشسـت کسـی کنارش نبـود و خودش تنهـا بود. هیچ کس نمی خواسـت کنـار یـک بی‌خانمان پا برهنه ی کثیف و سـرگردان گدا بنشـیند. همه به او خیره شـده بودنـد. او کامـلاً در چشـم آنها غریبه به نظر می رسـید .او بین آنها غریبـه ای بیش نبود.

*****

فصل ۲۰

شاید بتوان از حقایق فرار کرد، اما کجا میتوانی پنهان شوی؟

خوشحالی از بازگشت نادر به خانه و تجدید دیدار با او چند روز بیشتر طول نکشید .نادر از آنچه در این مدت در تهران گذشته بود هیچ اطلاعی نداشت، خصوصا اینکه دوستان ضد حکومتیش از دوستی و اعتماد او استفاده کرده و زیر اسم او چند کار خرابکاری انجام داده بودند و عباس از آن اطلاع پیدا کرده بود. یکی از دوستان نزدیک نادر با عباس کار می کرد و نادر از آن هیچ اطلاعی نداشت و حالا نادر بدون اینکه هیچ دخالتی در چیزی داشته باشد دچار مشکل شده بود .حالا نادر دو راه داشت، دوستانش را لو بدهد و یا تنبیه شود اما نادر کسی نبود که کسی را لو بدهد، در ثانی او هیچ اطلاعی از کارهای زیر زمینی هیچکدام از دوستانش نداشت، یعنی با آنها در این مورد درگیر نمی شد و همیشه دوری می کرد. بنابراین خبری نداشت که در اختیار کسی بگذارد. اما این مهم نبود، حالا همه ی این مشکلات و اینکه مدتی ناپدید شده بود و هیچ کس نمی دانست در کجا بوده و برگشتن غیر عادیش با آن وضعیت، مشکلاتش را دو چندان کرده بود، همه فکر می کردند او حقایقی را از آنها پنهان می کند. بنابراین هیچ کس حرف او را باور نمی کرد. مهمتر از همه، بیژن بود که قصد داشت با هر قیمتی می شد نادر را از ایران خارج کند، چرا که او قرار بود قسمتی از زمینی را که مادر و عباس با فامیل سال های پیش خریده بودند را به نادر بدهد .در زمانی که این زمین را خریده بودند نادر کوچک بود و به همین خاطر تصمیم گرفتند آن را به اسم عباس و بیژن برادران بزرگتر بگذارند و بعدا آن دو هرکدام سهم دو برادر کوچک را بدهند، عباس این کار را کرد اما بیژن که قرار بود سهم نادر را بدهد از دادن سهم او خودداری می کرد و به خاطر همین حاجیه خانم و خواهران همیشه به پرو پای بیژن می پیچیدند و حرف بیژن همیشه این بود که او از این زمین برای پرورش گل استفاده می کند و اگر قسمتی از آن را به نادر بدهد او امکان دارد آن را بفروشد و کار و کاسبی او

را بهـم بریـزد .بیـژن نامـه ای هـم نوشـته و امضاء کـرده و چند شـاهد هم امضـاء کرده بودنـد کـه هروقـت کار گل کاری نمی کردند و تصمیم گرفتند خانه سـازی کنند سـهم نـادر را بدهـد .امـا ایـن سـبب نمی شـد کـه حاجیه خانـم همیشـه او را نفریـن نکند و بـه پـر و پـای بیـژن نپیچیـد .حـال بیـژن فکر کـرده بـود اگر نـادر از ایـران خـارج و به آمریـکا بـرود آب هـا از آسـیاب افتـاده و حاجیـه خانـم همه چیـز را فرامـوش می کند .در ایـن میـان تنهـا کسـی کـه بطـور کلـی از گرفتن سـهم زمینـش از بیـژن فکر نمی کـرد و برایـش مهـم نبـود نادر بـود .حتی زمانی کـه برای مدتـی مادر و همـه خواهران و بـرادران بخاطـر همیـن با بیـژن قطع رابطه کـرده بودنـد، وقتی نادر فهمیـد که بیژن سـخت مریـض شـده اسـت و هیـچ کس بـه دیـدن او نرفـت، این نـادر بود که بـه خانه ای او شـتافت و آمپـول او را زد، ایـن عمـل نادر بیژن را بسـیار خوشـحال کـرده و تکان داده بـود امـا نـه بـدان حدی که بخواهد سـهم نـادر را بدهـد و هنوز همواره بـر این بود کـه نـادر را از ایـران خارج کنـد و حالا این بهتریـن موقعیت بود برای اجرای نقشـه اش .بـرای همیـن وارد عمـل شـد و حاجیـه خانم و عبـاس را قانع کـرد که بهتر اسـت نادر مدتـی از ایـران خـارج شـود و حتـی تمـام مخـارج سـفر او را هم تقبـل کرد .عـلاوه بر همـه اینهـا حـالا حاجیه خانم هم بـا تحریکات بیژن قانع شـده و به این عقیده رسـیده بـود کـه مانـدن نـادر در ایـران دیگر صـلاح نبود. چرا کـه او آنقدر سـاده لوح اسـت که دوسـتان نـا بابـش از او سـوء اسـتفاده خواهند کـرد و او را دچار مشـکلی مـی کنند که شـاید بـه بدبختی او منجر شـود.

حـالا نـادر از همـه جوانـب مـورد حملـه قـرار گرفتـه بـود و او را در گوشـه ای گیـر انداختـه بودنـد که فرار از آن بسـیار دشـوار و شـاید امکان نداشـت، از طرف یکـی دوتا از مذهبیـون بخاطـر نوشـته هایش که همیشـه خرافات و مذهـب آخوندی را مـورد انتقاد قـرار مـی داد روی او فتـوا گذاشـته بودنـد. ایـن خبر را هم بیـژن آورده بـود. البته عباس نـه ایـن خبـر را تاییـد می کـرد و نه رد می کـرد. عباس به هیـچ عنوان در مـورد کارش بـا هیـچ کـس حرفی نمـی زد و البته بیژن بخاطر منافع شـخصی و عبـاس بخاطر رابطه نـادر بـا ضـد حکومتـی هـا نـادر را در فشـار گذاشـته بودنـد. در صورتـی کـه نـادر هیچ قصـدی بـرای آسـیب رسـاندن بـه حکومـت و یـا هیـچ کـس دیگـری نداشـت، در واقع اصـلاً نمـی توانسـت با ایدئولـوژی فعالان ضد حکومتی موافق باشـد. دو گـروه عمده ضد

حکومتی وجود داشتند که دارای دو مسیر متفاوت فکری و عقیدتی بودند .کمونیستها که نادر مخالف آن بود و دیگری فعالان مذهبی تندرو که با آنها هم مخالف بود. او فقط می خواست بنویسد و فیلم بسازد. می خواست مردم را روشن کند. در واقع کارهای او بیشتر به تمسخر گرفتن آداب و رسوم غلط و سعی بر مطرح کردن مطالب عمده و اساسی و بحث درباره آنها و روشن کردن ذهن مردم بود.

اما در آن زمان و موقعیتی که برایش پیش آمده بود و فشارهای که از همه جوانب بر او وارد می شد و خصوصا وقتی می دید مادرش بسیار برای او ناراحت است، تنها انتخابی که برایش مانده بود ترک ایران بود .که البته این برای اوچندان آسان نبود ، او عاشق ایران و مردمش بود و ترک ایران برایش بسیار دردناک بود. اولاً این که به مادرش خیلی نزدیک بود، آنها مثل یک روح در دو بدن بودند به علاوه بیشترین نگرانی او در مورد فروغ بود. چون فروغ بعد از مرگ مادرش تنها شادی و امیدش نادر بود، او برایش هم پدر بود هم مادر .در آن زمان برادر بزرگش با همسر جدیدش زندگی می کرد، او زن واقعاً خوش قلب و مهربانی بود .نادر باور داشت که این خانوم هم به خاطر رفتار نظامی برادرش قیمت گرانی را خواهد پرداخت. و به نوعی گاهی احساس گناه می کرد که چرا وقتی عباس از او خواسته بود برای خواستگاری او به خانه ی پدری او برود، نادر از رفتن ممانعت نکرده بود. البته مادرش هم با او بود اما نادر همه صحبت‌ها را کرده بود. امّا بلور هرگز از فکر او دور نمی شد.

چند روز بعد، ویزای نادر از طرف کنسولگری آمریکا که همسایه آنها نیز بود، صادر شد .حالا برای سفر به آمریکا هیچ مانعی وجود نداشت. آمریکا کشوری که رفتن به آنجا آروزی میلیونها جوان ایران بوده و هست، برای نادر چندان خوشحال کننده نبود، نادر بر سر دو راهی قرار گرفته بود که مهم نبود چه راهی را در پیش می گرفت، هر دو برایش خرد کننده بودند. اگر نمی رفت خانه نشین می شد و بخاطر دوستانش شاید کارش به جا هایی باریکی کشیده می شد. اگر می رفت می دانست به مادرش و خصوصا فروغ آسیب وارد می شد .از طرفی هم از وقتی که حرف رفتن به آمریکا پیش آمده بود، می دانست که اولین جایی که او وارد می شد لس انجلس و پیش حسین بود و جایی که فریبا حالا آنجا اقامت داشت. نمی دانست چرا به فکر فریبا افتاده بود او حالا چند سالی می شد که شوهر کرده

بـود و شـاید چندتـا بچـه هـای قـد و نیـم قد هم داشـته باشـد .اما بهـر حال بـا علم به همـه اینهـا خوشـحال بـود که با رفتـن به آمریـکا به فریبـا نزدیکتـر می شـد. بنابراین تصمیـم رفتـن بـه آمریـکا را گرفـت .وقتی تصمیم خـود را گرفـت باید به مـادرش می گفـت کـه راهـی آمریـکا اسـت نـادر فکر مـی کـرد .تـا آن موقع مـادرش نمی دانسـت نـادر واقعـا قصد رفتـن بـه آمریـکا را داشـت یـا نـه؟ و از رفتنـش هم چنـدان مطمئن نبـود. بنابرایـن هیـچ حرفـی در این مـورد با هم نمـی زدند. امـا نادر حس مـی کرد که مـادرش حالـش تغییـر کرده و خیلـی در خودش فرو رفته اسـت .مادرش از او خواسـته بـود کـه وقـت بیشـتری را بـا فـروغ بگذرانـد و از هر فرصتـی برای بـودن با او اسـتفاده کنـد. شـب دیـر وقـت بـود که نـادر فـروغ را در تختش گذاشـت و او را بوسـید و شـب بخیـر گفـت و بالاخـره وقت آن رسـید کـه بتواند تنها با مادرش بنشـیند. حـالا مادرش مـی دانسـت کـه محبـوب تریـن پسـرش قصـد تـرک کـردن او را داشـت. نـادر را کنار خـودش نشـان و همانطـور که نادر سـرش را روی پای او گذاشـته بود با موهـای او بازی مـی کـرد، درسـت مثل وقتـی که او بچـه کوچکی بیـش نبود. مـادر شـروع به صحبت کـرد و داسـتان پیـر مـرد فقیر بلند قـد لاغر ناشناسـی را که مدتـی را در اتـاق کوچک مسـجد کنـار خانـه ی آنها چنـد هفته ای اقامت داشـت را بـرای او تعریف کـرد، "وقتی کـه تـو حدود سـه سـالت بـود، پیرمـرد غریبی بـرای مدتی همـراه با همسـر و بچه اش در مسـجد کنـار خانـه اقامت کرده بودند .بـرادرت کمال؛ قصد داشـت در امتحان نهایی شـرکت کند...»

دیگـر احتیاجـی نبـود که مـادرش بقیه داسـتان را تعریف کند بـه دلایلی همه چیز در مـورد او را بـه یـاد آورد، درسـت مثـل اینکـه همیـن دیروز اتفـاق افتاده بـود. گر چه او خیلـی کوچـک بـود امـا بـه یـاد آورد که کمال بـا مادرشـان بحث می کـرد که غذای بیشـتری بـرای پیرمـرد فقیـر و خانـواده‌اش ببـرد. به مـادرش گفته بـود که اگـر به آن خانـواده کمـک کنـد خدا بـه بـرادرش در این امتحان کمـک خواهد کر. .مـادرش گفته بـود کـه او تـا همین حـالا هم از ایـن خانواده مراقبت کرده اسـت، اما کمـال برای جمع کردن غذا و لباس بیشـتر اصرار داشـت .وقتی شـب فرا می رسـید، بیشـتر روسـتایی ها در ایـن مسـجد کوچـک یـک اطاقه اطـراف پیر مـرد فقیر جمع مـی شـدند و او درباره آینـده آنهـا بـا آنهـا صحبـت می کـرد. اما در مـورد بعضی هـا هم که شـخصیت خوبی

نداشـتند و بایـد بـد مـی گفـت اصلا حرفـی نمـی زد. هیچ وقـت هم در تشـخیص این آدمهـا اشـتباه نمی کرد.

یـک شـب بـا پیر مـرد فقیر همـراه مـادرش و کمـال در مسـجد بودند. چنـد نفر از اهالـی دهکـده هـم حضور داشـتند .همه آمـده بودند کـه او در مورد آینده شـان به آنها بگویـد .هـر کـس هم مقـداری خوارکی بـرای پیر مـرد فقیـر آورده بودند .همه سـاکت بگـوش نشسـته و پیـر مـرد فقیـر مشـغول صحبت بـود. در همین حال نادر سـه سـاله پشـت پیـر مـرد فقیـر و کمـال با پسـر کوچـک پیر مـرد فقیر مشـغول بازی بـود .چند بـار کمـال بـه نـادر اشـاره کرد کـه سـاکت باشـند. امـا درعالم بچگـی کمی بـازی آنها سـر و صـدا دار و خنـده ی آنهـا کمـی بلند شـد، کمـال تحمل نکـرد و چرخیـد و یک ضربـه محکـم بـه کپـل نـادر زد کـه او را مجبـور به سـاکت کردن کنـد اگر چـه ضربه هـای او بسـیار دردنـاک بودنـد اما نـادر درد را در خود نگه داشـت و گریـه اش را از همه پنهـان کـرد امـا از آنجا که نمـی توانسـت درد او از پیر مرد فقیر پنهان بمانـد به یکباره پیـر مـرد فقیـر کـه پشـتش به نـادر بـود بـدون اینکـه ببیند چـه اتفاقـی افتاده اسـت صحبتـش را متوقـف کـرد. بـرای مـدت طولانی سـکوت کاملی همـه جـا را گرفت .پیر مـرد فقیـر بـه بوریایی)پوشـش حصیـری (که کف مسـجد را پوشـانده بود خیره شـد و بسـیار مضطـرب بـه نظـر مـی رسـید و لرزیدن آغاز کـرد، انـگار او بود که داشـت درد نـادر را مـی کشـید و تحمـل مـی کرد، بعـد در حالـی که همیـن جور به حصیـر خیره شـد بـود از همـه و کمـال خواسـت او را تـرک کنند، فقـط از حاجیه خانم خواسـت که بمانـد، نـادر هـم باقـی مانـد. بالاخره نگاه پیـر مرد فقیر به طـرف نادر برگشـت، اگر چه نـادر بـه ظاهـر سـاکت بود امـا بنظر مـی رسـید پیر مـرد فقیر صـدای گریه بلنـدی را از درون نـادر مـی شـنید و حـس مـی کرد .کپـل او هنـوز از ضربه کمـال درد می کرد، امـا گریـه نمـی کرد و چشـم هایـش روی پیر مـرد فقیر ثابت مانده بود. او دسـتی بسـر نـادر کشـید و بعـد نگاهش بطرف حاجیه خانم سـفر کرد و از حاجیـه خانم روی حصیر سـرد قفـل شـد، هنوز مـی لرزید، حاجیه خانم نگران شـده بـود، پیر مـرد فقیر خودش را بـه حاجیـه خانـم نزدیـک کـرد و بـه آرامی و تـن صدایی کـه فقط حاجیـه خانم می توانسـت صـدای او را بشـنود زمزمـه کـرد،" هیچکـس نبایـد بـه این طفل صدمـه بزند او نشـان شـده اسـت... یـک خال پشـتش باید باشـد هـر که بـه او یک ضربه بزنـد هزار

ضربـه مـی خـورد... به او دسـت نزنید!»

آن شـب حاجیـه خانـم بـا نـادر از مسـجد خـارج شـدند، کمـال منتظـر بـود و می خواسـت بدانـد کـه پیـر مرد فقیـر چه به او گفتـه بود امـا حاجیه خانم لب بسـته بود و هیـچ حرفـی بـه هیچ کس نـزد. فقط بـه کمال گفـت او هرگـز نباید دیگه دسـت روی نـادر بلنـد کنـد، کمـال می دانسـت کـه پیرمرد فقیـر حتما چیـزی مهمی بـه مادرش گفتـه بـود، فـردای آن روز بسـراغ پیرمـرد فقیر رفت که از او پرسـو جو کند اما مسـجد خالـی بـود او و خانواده اش شـبانه رفتـه بودند. بعد از آن کمال هرگز دسـتش روی نادر بلندنشـد و بهتریـن دوسـت و حامـی نادر شـد. بعد از آن شـب مادر و بی‌بی بـرای پیدا کـردن ایـن خـال بارها پشـت نـادر را وارسـی می کردنـد، جسـتجوی آنها بـرای یافتن ایـن خـال ودنبـال تابـش نوری از پشـت شـانه هـای او تا چنـد روز به طور مـداوم ادامه داشـت. نـادر نمـی دانسـت آنهـا دنبـال چـه هسـتند اما آنهـا برای پیـدا کـردن چیزی کـه بـه نظـر می رسـید برایشـان مهم بـود تلاش مـی کردند. بعـد هم مـادرش تصمیم گرفـت کـه دیگـر اجـازه ندهد کسـی پشـت نـادر را نـگاه کنـد و در ایـن مـورد با هیچ کس حرفـی نزد.

وقتـی مـادرش داسـتان را ادامـه مـی داد، نـادر کنجکاو فقـط به مـادرش گوش می داد، نـادر مـی دانسـت مـادر رازهای بیشـتری برای فاش کردن داشـت، می خواسـت و منتظـر بـود کـه او هـر آنچه را که سـال های سـال در دل زندانـی کـرده و او را آزار می داد بیـرون ریختـه و خـودش را آزاد و خـلاص کنـد، نـادر اشـتباه نکرده بـود او شـروع بـه برمـلا کـردن راز و تجربـه ی دیگـری کـرد کـه ایـن مربـوط می شـد بـه زمانی که نـادر هنـوز بـه یک سـالگی نرسـیده و در یک شـب بارانی شـدیدا مریض شـده بـود. بر حسـب اتفـاق آن شـب کـه ترسـناک ترین بـاران و طوفـان و رعـد و برق بر سـر و کول ده شـلاق مـی زد، مـادر بزرگـش نـه نـه لیـلا هـم آمده بـود پیش آنهـا و فقـط حاجیه خانـم و مـادر بزرگـش خانـه بـود. «این تنهـا وقتی نبود که بـه من گفته شـد تو من و تـرک مـی کنـی؟ یک شـب دیگـه توخیلـی مریض بـودی فقط من خانـه بـودم و نه نه لیـلاد صـدای رعـد و بـرق و طوفـان بـه حدی بلنـد بود کـه نزدیک بـود نه نه لیـلاد از تـرس سـکته کنـد، تـو عمرم چنین شـبی را ندیده بودم، چشـم، چشـمر و نمـی دید، جهنـم کـه مـی گفتنـد آن شـب بـود، تو آنقـدر حالت بد شـد که مـا فکر مـی کردیم

کـه تـو مـردی، مـن و نـه نـه لیلاد فقـط گریه مـی کردیم و بـه خـدا التماس کـه تو را برگردونـه، هیـچ کار دیگـه ای از دسـتمون بـر نمی آمـد ...دیگه نا امید شـده بودیم که تـو زنـده بمانی، داشـتم از حال می رفتم، چشـمام پر اشـک بود و همه جا تار شـده بود امـا یـک دفعـه در طـرف ایـوان باز شـد و نمی‌دانـم از کجا یـک پیر مرد با ریش سـفید ظاهـر شـد و آمـد تـو، در بـاز بـود و بیـرون هنوز جهنم بـاران و رعـد و بـرق و طوفان و بـاد و بـوران امـا هیـچ بادی یا بارانـی تو نمی آمد ما همینجـور به او ماتمون بـرده بود و قـدرت حرکـت نداشـتیم پیر مرد را نمی شـناختیم و نمی دونِسـتیم از کجـا و چطوری آمـده بـود داخـل امـا هیـچ ترسـی از او نداشـتیم، پیـر مـرد آمد طـرف تو کـه بغل من بـودی، تـو را از بغـل مـن گرفـت و تمام لباس هـای تـو را در آورد و خوابانـد روی زمین .مـن خیـال کـردم او عزرائیلـه و آمده تـو را ببره، اما توان حرکت نداشـتم کـه تو را پس بگیـرم، سـپس پیـر مـرد رو بـه من کـرد و لبخنـد زد و گفـت، "مـادر، نگران نبـاش .تو پسـرت را بـه خاطـر مـرگ از دسـت نمی دی امـا او را بـه خاطر رفتن به یک سـرزمین دور دسـت، از دسـت می‌دهـی... « بعـد هـم یـک حبـه قنـد از تـوی قندان برداشـت و گذاشـت تـو دهـن تـو و ادامـه داد، «تـو وقتی می میری پسـرت کنـار تو نخواهـد بود، او بـرای انجـام کار مهمـی در یـک سـر زمینه دیگـه خواهد بود کـه خیلی از تـو دوره و نمـی تونـه برگـرده... «حاجیـه خانـم حالا بغضش گرفتـه بود، نادر دسـت هـای او را در آغـوش داشـت کـه او را آرام کنـد و می خواسـت مـادرش ادامه بدهد و او همیـن کار را کـرد، « چنـد سـاعت بعـد از آن بـود کـه منو چشـمامو بـاز کردم و متوجه شـدم شـما مشـغول بـازی هسـتید و دسـت و پـا می زنی و مـی خندی و انـگار نه انـگار که مریض بـودی و بیـرون هـم هنـوز طوفانی بـود، اما تو هنوز هـم لخت بودی و سـردت هم نبود، فـوری تـو را بغـل کردم و مشـغول تن کردن لباسـهات شـدم و نه نه لیـلاد هم مثل من غـش کـرده بـود، نـه نـه لیلاد با تعجـب همه جا را گشـت، ا مـا هیچ خبـری از پیر مرد نبـود کـه نبـود..." حالا اشـک هـای حاجیه خانـم روی صورت نـادر می چکیدنـد اما او هنـوز صحبتـش تمام نشـده بـود و ادامـه داد، "برای همین بـود که من می دانسـتم تو بالاخـره یـک روزی اینجـا را تـرک مـی کنـی، منم قصـد دارم بعـد از رفتن تـو برگردم مزرعـه، آنجـا راحـت ترم، تهـران را دوسـت نـدارم." نـادر از روی زانوهای مـادرش بلند شـد و او را بغـل کـرد، از آنجـا کـه مـادر مـی دانسـت مـرگ و زندگی دسـت خـود آدم

نیست و هر آن ممکن است انسان بمیرد، برای مادر این بغل حکم خدا حافظی از پسرش برای همیشه بود .نادر هنوز در تعجب و گیج و گنگ بود که چه بگوید و یا چه بکند؟ حالا که او قصد ترک کشور را داشت، مادرش رازی را که سالها در دل زندانی کرده بود را برایش فاش کرده بود. نادر در فکر بود که آیا این پیر مرد می توانست همان پیر مردی باشد که درکودکی بر او ظاهر شده بود؟ اما هیچ جوابی در این مورد نداشت. نادر نمی دانست در این مورد چه عکس العملی نشان دهد، باید آنچه را که از مادرش شنیده بود را باور کند و یا نه؟ هنوز با گیجی به او نگاه می کرد و متحیر بود که چطور آن پیر مرد فقیر به مادرش گفته بود که او ایران را ترک خواهد کرد؟ او از کجا می دانسته؟ او چه کسی می توانست باشد؟ چرا مادرش تاکنون این راز را برای او فاش نکرده بود؟ نادر می دانست که او به انتخاب خودش نمی رفت .برای تسکین و در مقابل شگفتی و حیرت او، مادرش ادامه داد و دوباره تکرار کرد، « برای همین من می دانستم که تو بالاخره از ایران میری !فقط نمی دانستم کی ...نادر، این سرنوشت توست، هیچ کاریش هم نمی تونی بکنی؟ باید بری؟ قراره تو آنجا کار بسیار مهمی را انجام بدی..." اگرچه داستان مادرش او را گیج کرده بود اما در عین حال از این که مادرش از رفتن او پریشان نبود، خاطرش کمی آسوده شد. محتوای داستانی که مادرش برایش بازگو کرده بود مهم نبود، آنچه اهمیت داشت این بود که آن داستان یا حادثه به مادرش کمک کرده بود تا رفتن او را بپذیرد. سپس مادرش با ادامه‌ی صحبتی که کرد این موضوع را برایش آسان تر کرد" .نادر جان همانطور که گفتم، این خواست خداست که تو از اینجا بری و من باید با آن زندگی کنم. اما باید به من قول بدهی که هیچ وقت به هیچ زنی بی احترامی نکنی و هر چه خواستند به آنها بدهی، در عوض خدا از شما مراقبت خواهد کرد... یادت نره، پول و شهرت مقام و منزلت همیشه می آیند و می روند ...هیچوقت پایدار نیستند... اما خوبی همیشه می ماند..." نادر بدون هیچ سوالی باید نصیحت مادرش را قبول و به او قول می داد که در هیچ شرایطی به زنان بی احترامی نکند .

صبح مهاجرت نادر رسیده بود، چمدان ها بیرون آماده بودند، و طبق رسمی که بود همه با او عکس می گرفتند. او متوجه شد که مادرش و پری اشک هایشان

را از او پنهان می کنند، می دانست که تمام شب را گریه کرده بودند. اما فقط یک فکر در سر نادر بود و آن درباره فروغ سه ساله بود، شب قبل از عزیمتش افراد فامیل و دوستانش در خانه آنها جمع شده بودند .سر نادر بسیار شلوغ بود، فراموش کرده بود که توجه بیشتری به فروغ داشته باشد، حتی در ده روز گذشته که مشغول آماده شدن برای رفتن بود خیلی وقتش گرفته بود و در نتیجه نتوانسته بود فروغ را به قدر کافی ببیند با این حال سعی کرده بود تا جایی که می‌توانست وقت بیشتری را با او سپری کند. او درک نکرده بود که فروغ چقدر از رفتنش غمگین بوده است اما نادر هیچ توجه ی به او نداشته، ندیده بود که فروغ در این ده روز گذشته تا چه حدی محزون و ساکت بوده است، برای نادر بسیار سخت بود و نمی دانست که چطور قادر خواهد بود که بتواند فروغ را ترک و او را تنها بگذارد، نادر همه چیز این طفل سه ساله بود، اما حالا او چطور می توانست به این طفل سه ساله به قبولاند که او هیچ چاره ای جز رفتن ندارد، که سرنوشت برای او تکلیف تعین کرده است و او نمی تواند در مقابل آن استقامت کند. نادر همه جا را به دنبال فروغ می گشت اما نتوانست او را پیدا کند به اتاقش رفت و پشت میز کارش نشست تا به خانه خواهرش زنگ بزند که ببیند آیا آنها او را به آنجا برده‌اند اما قبل از اینکه به تلفن او پاسخ داده شود، احساس کرد کسی از زیر میز پاهای او را لمس می‌کند خم شد دید که فروغ آنجا پنهان شده است و به او نگاه می‌کند و مثل این بود که کوهی از غم در چشمهایش موج می زند. نادر گوشی را گذاشت و رفت زیر میز کنار فروغ نشست. احساس می کرد که به خاطر ترک کردن فروغ گناه بزرگی را مرتکب می شود. نمی دانست چه کار کند، خیلی زود اشکش روی گونه هایش سرازیر شد. در آن موقع مادرش دنبالش می گشت تا بخواهد که وقت بیشتری را با او بگذراند. نمی دانست که او نزد فروغ است. دیگران هم دنبالشان می گشتند چند دقیقه بعد، اتاق پر شده بود از فامیل که به آن دو که اشک می‌ریختند نگاه می کردند .مادرش داخل شد و سر همه فریاد کشید که آنجا را ترک کنند و اجازه دهند که آن دو در آرامش باشند. اما این تنهایی و آرامش، چندان دوام نداشت، خیلی زود او در راه فرودگاه بود، فروغ هم روی زانوی او نشسته بود. چند ساعت بعد او در هواپیما بود و از فروغ دور می شد از همه کس، از ایران. چند

سال طول کشید تا از غم ترک کردن فروغ کوچک فارغ شود. هنوز وقتی که آن خاطرات را به یاد می آورد اشک در چشمانش حلقه می زند.

*****

فصل ۲۱

وقتی که در تبعید وطن دوم و زندگی جدیدی را تجربه می کنی...؟

در هواپیما سکوت مرگباری حاکم بود .تقریبا مثل این بود که هیچ مسافر دیگری در هواپیما وجود نداشت، سر نادر به پشت صندلی‌اش تکیه داده بود و هزاران فکر و خیال دور سرش می چرخیدند. به این می اندیشید که یک شروع ناشناخته و نا مشخصی را در پیش گرفته بود. او داستان‌های بسیاری درباره این سرزمین که آمریکا نام داشت شنیده بود. در آن موقع در ایران برای هر پسرو دختر جوانی رفتن به آمریکا یک رویا بود، رویایی که برای بیشتر افراد فقط یک تصور بود و هیچگاه نمی توانستند آن را تجربه کنند .اما حالا نادر در راه تحق بخشیدن به این رویا بود، اما مطمئن نبود که آیا باید خوشحال باشد یا ناراحت. چیزهای خوب و بد بسیاری را درباره این سرزمین رویایی شنیده بود، نمی دانست که باید خوشحال می بود که بالاخره از تمام مشکلاتش فرار کرده بود و یا نه؟ اما می دآنست که وطنش و مهم تر از همه فروغ و مادرش را ترک کرده بود، پس چگونه می توانست احساس خوشحالی کند .تنها خوشحا لیش دیدن حسین بود و شاید فریبا عشقی که هنوز یاد و خاطرات و آوای ویولونش در قلب و وجودش زنده و باقی بود. خصوصا که ویلونی که مادر فریبا به او داده بود را هم با خود آورده بود. ویلون را داخل یکی از چمدانهایش گذاشته بود و نگران بود که یکدفعه صدمه ای ببیند. اما پشت سر گذاشتن این همه خاطرات شیرین، خانه اش، وطنش، دوستانش، مادرش، فروغ، بوی خاکی که عاشقش بود و عطر گلهایش دیگر به مشامش نمی خورد، مزه ی میوه هایش را نمی چشید. حالا می دانست که باید در مواردی چشمانش را ببندند و به چیزهایی که دیگر ندارد فکر نکند. اما این کار چندان آسان نبود. با نشستن دستی روی شانه اش از افکار عمیقش خارج شد، برگشت و دختربچه

ی حدودا هفت ساله ای را دید که مجله‌ای در دست داشت، صدای نازنینش بلند شد، "مادرم می خواد که این را براش امضاء کنید." نادر به صفحه ای از مجله که در دست دختر بود نگاهی انداخت و چشمش روی عکسی که از خودش بود خیره ماند. نادر برگشت تا ببیند مادر آن دختر کیست، همانطور که به زن زیبایی که حدوداً بیست و چند ساله بود و در دو ردیف عقب تر از او نشسته بود نگاه کرد، زن با لبخند به او سلام کرد و دختر بانمکش زیر گوش نادر زمزمه کرد که. « شبی که در کرمان می خواستند شما را دستگیر کنند مادرم آنجا در میان مردمی بود که دست هایشان را به هم زنجیر کرده بودند تا از شما محافظت کنند." نادر مجله را امضا کرد و آن را به دست دختر برگرداند و دختر کوچک با همان صدای معصومانه ادامه داد « .شما کی هستید؟ «نادر چندی به او نگاه کرد، نمی دانست چه جوابی باید به او می داد فقط زمزمه کرد. «هیچکس" و دختر تشکر کرد و پیش مادرش رفت اما قبل از رفتنش نادر را از بیخ و بن زیر و رو کرده بود، نادر نمی دانست چرا سئوال این دخترک کوچک و زیبا یک احساس ناراحت کننده ای را در روح و وجود او زنده کرده بود، شاید او خاطرات و آروزها و امید های او را بیادش آورده بود؟ او می توانست یک هنرمند بزرگ در سرزمین خودش باشد. می‌توانست به تعلیم و تربیت و آگاهی مردمش کمک کند امـّا این فرصت از او گرفته شده بودند. این فکر و خیال به آرامی از درون او را می‌خورد .مثل یک کرم که سیب سرخی را می خورد و از بین می برد. فکر می کرد در آمریکا چه کاری را احتمالاً می‌تواند انجام دهد که انگیزه و اشتیاق هنری اش را ارضاء‌کند؟ ازفرهنگ این کشورجدید به جز آنچه که در فیلم ها دیده بود، هیچ چیز دیگری نمی دانست، چگونه می‌توانست راهی برای بیان عقاید خلاقانه و بکر و نوآورانه اش پیدا کند. مخصوصاً اینکه تقریبا همه فیلم هایی که از آمریکا در ایران به نمایش در می آمد، اکثرا بی محتوا بودند و در آمریکا به آنها "بی" فیلم می گفتند، فیلم های کم اعتباری که حرفی برای گفتن یک موضوع واقعی نداشتند. غالباً ایرانی‌ها آمریکا را از طریق این فیلم‌های تجاری «B» می شناختند که بیشتر در « هالیوود" تولید می شدند و جنبه ی تجاری داشتند. آشنایی مردم ایران و شناخت آنها از آمریکا همه بخاطر تماشای این فیلم ها و اثر آنها و شنیدن گفتار کسانی که از آمریکا می آمدند شکل گرفته

بـود. آمریـکا مکانـی تصور می شـد کـه در آنجا همه از یـک ویژه گی یکسـان برخوردار هسـتند و این مسـئله همراه می شـد با اینکه همه دارای یک فرهنگ و آداب و رسـوم نیسـتند .ترس از سـیاه پوسـتان در دل همه بود، در آن موقع داسـتان های احمقانه ای وجـود داشـت و افسـانه‌هایی شـایع شـده بود، دربـاره اینکـه چگونه مردم سیاهپوسـت شـما را مـی رباینـد و بـرای هر چیز کوچکـی تیراندازی می کنند و شـما را می کشـند .پس اگـر از شـما چیزی خواسـتند، فـوری و بدون اسـتقامت باید به آنهـا بدهید وگرنه کشـته مـی شـوید، نـادر خیلـی زود یـاد گرفته بـود که تبلیغـات از جنبه‌هـای مختلف انجـام می‌گیـرد و اغلـب داسـتان‌ها غم‌انگیـز بودنـد و در آنها حقیقت تحریف شـده بود و از واقعیـت بـه دور بودنـد. نـادر متعجـب بـود کـه چگونه این کلیشـه ها تـا اینجا و به ایـن شـدت پیشـروی کـرده بودند .هم چنین داسـتان‌هایی هـم در مورد سـکس وجود داشـت کـه همـه چیز در آمریـکا آزاد اسـت. یادش بود یک شـخصی می گفـت که اگر دختـری شـما را بـه خانـه اش دعـوت کـرد و شـما داخـل رفتید ولـی بـا او نخوابیدید، والدیـن آنهـا فکـر خواهند کرد که دخترشـان ایـرادی دارد. چو افتاده بود کـه در آمریکا مـی توانـی خیلی زود ثروتمند شـوی، فقط کافیسـت یک ماشـین لباسشـویی بخری یا اجـاره کنـی و آن را کنـار پیـاده رو نصب کنـی و به کار بیندازی و بعد هـم هر روز بروی و سـکه هـا را جمـع کنـی و بقیه وقتـت را با خانم ها خـوش بگذرانی. ایـن تصویری بود کـه آنهـا از آمریـکا می دادند، سـکس، خشـونت، پـول و بی نهایـت تفریح.

هواپیمـا در نیویـورک فـرود آمـد و نـادر بایـد بـا عجلـه هواپیمایـی بـه مقصـد لوس‌آنجلـس را سـوار مـی شـد .اولیـن چیز آشـنایی کـه به چشـمش خورد پوسـتری از فیلـم « راکـی « بـود کـه زیـر نـور چـراغ ها نصب شـده بـود. همانطور که بـه تصویر «راکـی» نـگاه مـی کـرد یادش آمـد که باید با حسـین تماس بگیـرد و بگوید کـه وارد آمریـکا شـده اسـت و مطمئن شـود کـه او برای بـردن او از فـرودگاه لـس انجلس بیاید .هنـوز حسـین از آمـدن او بـه آمریـکا هیـچ خبـری نداشـت. نادر بجـز یکـی دوتا لغت انگلیسـی چیـز دیگری هم نمی دانسـت. متاسـفانه فقط کلماتی نظیر بلـه و نه وچطور هسـتید را مـی دانسـت .همچنیـن جملـه « چقـدر خوبـه آدم خـوب باشـه" را هم بلد بـود. او از کسـی خواسـته بـود کـه ایـن نقـل قـول را از کتـاب "جـان اشـتاین بـک" به نـام" موش‌هـا و آدم‌هـا «کـه بـرای نمایـش اقتبـاس کـرده بـود و در آن بـازی می کرد

را بنویسد. پروازش به لس انجلس داشت دیر می شد و حتی نمی دانست کجا باید برود و چطور از کسی کمک بگیرد. او میان فرودگاه بزرگ" جان اف کندی" در حالی که سه ساک را با خود حمل می کرد ایستاده بود .دو تا از آنها را هر کدام روی یکی از شانه هایش انداخته بود، سرگردان بود که از کدام جهت برود. یکی از ساک ها آنقدر سنگین بود که او شانه اش به یک طرف خم شده بود. این ساک بزرگ پر از پسته بود .مادرش او را مجبور کرده بود آن را ببرد و مطمئن شده بود که نادر تا ترمینال خروجی آن را همراه داشته و با خودش برده باشد .همین موقع نادر صدای دختر بانمک داخل هواپیما را شنید. «بای بای «او دست مادرش را گرفته بود. دختر دوباره دست او را لمس کرد و گفت خداحافظ .سپس مادرش چند کلمه ای گفت .نادر با آنها به راه افتاد و به آن بانو مشکلش را گفت. او کمک بزرگی برایش بود. نام او زیبا بود .برای زنگ زدن به « حسین «پیشقدم شد و تلفن حسین را برایش گرفت و منتظرش شد تا نادر صحبتش با حسین تمام شد و بعد او را به دروازه ای که نادر قرار بود به لس انجلس پرواز کند برد، زیبا چند سال بود که در نیویورک زندگی می کرد و آنجا را خوب می‌شناخت.

شب بود که هواپیما در فرودگاه لس‌آنجلس نشست و نادر در حالیکه ساک هایش را حمل می کرد همراه با جمعیت پیاده و به سمت گمرک حرکت کرد .کیف پسته ها آنقدر سنگین بود که نمی توانست دیگر شانه راستش را کنترل کند، در واقع وزن آن آستین لباس طرح دار سفید او را پاره کرده بود. نمی دانست چه کار کند. از پاره شدن آستین لباسش شرمنده و دستپاچه شده بود. اما متوجه شد که بر عکس ایران انگار هیچ کس آستین پاره ی او را نمی دید و یا اصلا برایشان اهمیت نداشت، هیچ کس به آن نگاه نمی کرد و هیچ کس اهمیتی نمی داد. این اولین اختلافی بود که بین آداب و رسوم ایران و آمریکا با آن آشنا شده بود. می دید در آمریکا بر عکس ایران همه عجله دارند و هر کسی پی کار خودش است و به این توجه ندارند که شما چه کار می کنی و یا چه پوشیده ای. خیلی زود او با چمدان ها و ساک های زیادش از محل گمرک عبور کرد.

درفرودگاه لس آنجلس وسط جمعیت، ناامید ایستاده و منتظر حسین بود، اما او را نمی دید. نگران شده بود، مخصوصاً وقتی که تعداد زیادی آفریقایی - آمریکایی

را دید. ذهنش به شدت مشغول بود، اگر حسین اصلاً پیدایش نشود، آن وقت چه می شود. با این همه چمدان چه کار کند؟ کجا برود؟ با این افکار ی که در سرش بود شروع به قدم زدن در فرودگاه کرد به این امید که شاید یک نفر آشنا را ببیند. سپس کیف پسته از چرخ چمدان ها افتاد .وقتی که داشت کیف را دوباره در چرخ می گذاشت متوجه شد که حسین با عجله در میان جمعیت به دنبال او می گردد. نادر همانطور که با تمام قدرت چرخ را هل می داد، حسین را صدا میزد. اما حسین از او دور می شد، برای همین مجبور شد با سرعت بیشتری حرکت کند تا به حسین برسد. درست وقتی که داشتبه او نزدیک می شد یک زن جوان با عجله از جلوی او عبور کرد، او هم چمدان هایش را حمل می کرد و نادر مجبور شد که فوراً همانطور که برای حسین فریاد می کشید، بایستد .توقف ناگهانی باعث شد که ساک پسته ها دوباره از روی چرخ بیفتد. این بار درست جلوی چرخ به زمین افتاد و پاره شد. پسته های تر و تازه در تمام کف سالن پراکنده شدند. او بی حرکت و شرمنده ایستاده بود و احساس می کرد که نمی‌خواهد آنجا باشد .جمعیت ایستادند و دو آفریقایی - آمریکایی به او نزدیک شدند. علی‌رغم افکار نگران کننده ی او، آنها برای کمک آمده بودند نه برای آزار او .خوشبختانه حسین صدای او را شنید و مستقیم به طرف او برگشت، در این موقع افراد زیاد دیگری هم شروع به جمع کردن پسته ها برای او کردند اما نادر از اتفاقی که افتاده بود گیج و خجالت زده شده بود، هنوز نمی دانست چه عکس‌العملی نشان بدهد. "به زیارت آمریکا خوش آمدی «این صدای حسین بود که با یک تن طعنه آمیز و لبخند روی لبش جلوی او ایستاده بود. اما نادر از دیدن حسین خوشحال بود برای همین او را در آغوش کشید و بوسید. همانطور که در ایران انجام می دادند اما حسین فوری خودش را عقب کشید. برای لحظه‌ای نادر متعجب شد و احساس کرد به او توهین شده، گیج و متعجب بود که آیا حسین دیگر او را دوست خود نمی داند؟ حسین همانطور که در جمع کردن پسته ها کمک می کرد به طرف نادر برگشت و گفت. « اینجا مردها یکدیگر را بغل نمی کنند و نمی بوسند. این کارها را اینجا غلط می دانند و این طور به نظر می رسد که شما هم جنس گرا هستی، استثنا هم وجود ندارد و فقط باید دست بدهی" نادر خیالش راحت شد و متعجب به جمع کردن پسته

هـا ادامـه داد. حسـین آسـتین پاره او را که آویزان شـده بـود را دید نزدیک نـادر رفت و کامـلا آن را پـاره کـرد و داد دسـتش «اینجا کسـی اهمیت نمی دهد که آسـتین داری یـا نـداری" از لحظـه‌ای که نادر از هواپیما پیاده شـده بـود به تفاوت های آداب و رسـوم بیـن ایـران و آمریـکا پـی می بـرد. در نظـر نادر همـه مردم به سـرعت نـور حرکت می کردند انگار که همه در یک مسـابقه شـرکت کرده بودند، سرشـان دنبال کار خودشـان بـود و بـه دیگـران هیچـکاری نداشـتند و اهمیـت نمـی دادنـد، چـه لخت بـودی و چه پوشـیده، اینجـا بـا ایـران او بسـیار متفاوت بـود. او آموخت کـه نباید هیچ شـایعه ای را بـاور کنـد، مگـر اینکه به تجربه ثابت شـود. در مقایسـه آمریـکا با وطنش ایـن طور بود کـه در ایـران حرکتـی آهسـته در جریـان اسـت. نادر متوجه شـد که حسـین حالا فرق کـرده. از همـان اول ورودش، نـادر توانسـت تغییر بزرگی را در او ببینند او احسـاس می کرد که این آن حسـینی که شـش سـال پیش می‌شـناخت نیسـت .متعجب بود که آیا آمریـکا هـر کسـی را که خـاک او را لمـس کندعوض می کنـد؟ برای دیـدن جنبه‌های تـازه حسـین مجبـور نشـد زیـاد منتظر بمانـد .بعد از مـدت کوتاهـی وقتی کـه آنها در ماشـین فیات سـبز حسـین نشسـته بودنـد و در بزرگـراه ۴۰۵ بطرف دانشـگاه یو سـی ال لـه در حرکـت بودنـد نـادر بـه اطراف نـگاه می کرد، چنـدی یادش رفت کـه در کنار حسـین نشسـته بـود، حتی نمی دانسـت کـه از زمانی کـه از فـرودگاه راه افتـاده بودند حسـین او را زیـر نظـر داشـت و عکـس العمـل او را تماشـا مـی کـرد، می دید کـه نادر همچـون خـود او کـه بـرای اولیـن بـار وارد لس انجلس شـده بـود تحت تأثیر سیسـتم هـای بزرگراه و سـرعت ماشـین هـا و تعداد آنها قرار گرفته اسـت. با بلند شـدن صدای آواز حسـین، نـادر غافلگیـر و متعجـب و در فکـر شـد. هرگز ندیـده بود که حسـین آواز بخوانـد، آن هم آواز حماسـیو سیاسـی ، ایـن اولین بار بود. او شـگفت زده بود که چطور حسـین روح و احساسـاتش تغیـر کـرده بـود. نادر به خوبی می دانسـت که حسـین چه آهنگـی را مـی خوانـد و چیـزی که بیشـتر او را شـگفت زده کـرد، اشـعار آن آهنگ بود .ایـن یکـی از ترانـه هایـی بـود که برای فعالان ضد شـاه سـروده شـده بود، کسـانی که وقتـی میـرزا کوچـک خان و دوسـتانش که بـا تحریـک روس ها در جنگل‌های شـمال بـه پـا خواسـته بودنـد که حکومت شـاه را سـاقط کننـد، در جنـگ و گریز بـا نیروهای دولتـی کشـته و یـا دسـتگیر شـده بودنـد .اصلاً بـه فکرش هم نمی رسـید که حسـین

حتـی بخواهـد علاقـه‌ای بـه پیوسـتن به نیروهای ضد شـاه را داشـته باشـد یا سیاسـی شـده باشـد، مخصوصا گـروه کمونیسـت ها کـه یکـی از تندروترین ها بودنـد. در عین حـال مـی دانسـت که خانواده حسـین زمینـه کاملاً مذهبـی دارند و اسـلام و ایده های کمونیسـتی هرگـز بـا هـم نمی گنجند. اما حسـین بـه خوانـدن آوازش ادامه مـی داد و همینجـور نـادر را تماشـا مـی کـرد " یل سـیاه کل، شـهید جنـگل، به تیرگی هـا نهاده گر" حالا نادر بیشـتر از رفتار حسـین متعجب شـده بود تا از سیسـتم بزرگراه و آمریکا. آن موقع از مسـافرت ۲۴ سـاعته اش بسـیار خسـته بود و نمی دانسـت که چه کار کند و یـا چـه بگویـد. امـا حسـین متوقـف نمـی شـد، از سـاعت اول بـا او دربـاره ایدئولوژی خـودش صحبـت مـی کرد از مأموریـت خودش برای تغییـر حکومت ایـران می گفت از خـلاص شـدن از شـاه شـیطان که یـک عروسـک آمریکایی بـود. این حرف هـای او بود کـه در آوازش هـم وجـود داشـت. ایـن آواز را بـرای نـادر سـر داده بـود و بعـد از آن هم شـروع بـه سـخنرانی کرد و منظور حسـین ایـن بود کـه بگوید کار و هدفش چیسـت.

بـه زودی آنهـا وارد شـهر وسـت وود شـدند .جایی که حسـین در یـک آپارتمان دو خوابـه بـا بـرادرش هومـن و یک دوسـت دیگرش عبـدی زندگی مـی کرد. هر سـه آنها بـه دانشـگاه یوسـی اله مـی رفتند. وقتـی آنها وارد شـدند پدر حسـین و نامادریش آنجا نشسـته و منتظـر آنهـا بودنـد .ایـن اولین بار بـود که نادر آنهـا را بعد از رفتن حسـین از ایـران مـی دیـد و نمی دانسـت که آنها برای دیدن حسـین در آمریکا هسـتن. .حسـین بـه نـادر گفـت کـه پـدرش منتظر اوسـت. روز بعد بـود که نـادر علتش را دانسـت .نادر از همـان اولیـن شـب دریافـت که آنچه حالا لازم اسـت بداند شـناختن حسـین اسـت. او بـه طـور جـدی بـا گروه کمونیسـت ها آمیخته شـده و کامـلا به یک فرد تنـدرو بدل شـده بـود. اگـر بـا ایدئولوژی او همگام و هم نظر نمی شـدی، شـما را کنار می گذاشـت .او بـرای سـرزنش کـردن نـادر و گفتـن ایـن کـه نـادر تمـام عمـرش را برای نویسـنده و فیلمسـاز شـدن هـدر داده بـود هیـچ درنـگ نکـرده بـود، حتـی بـرادر نادر عبـاس را شـیطان خوانـده بـود، چون عضو سـاواک بـود و ادامه داد نـادر باید به گـروه آنها ملحق شـود و از ذکاوت خـودش بـرای کامـل کـردن چیـزی که اصولی اسـت و تنهـا راه برای کمـک به مردمش اسـت اسـتفاده کند. خوشـبختانه نـادر هنگامی که حسـین در حال صحبـت بـود خوابـش برد عبدی دوسـت دیگر او هـم خوابیده بود .آپارتمان حسـین در

اختیـار والدینـش قـرار گرفتـه بـود، برای همیـن حسـین در آپارتمان دیگـری که برای مـدت کوتاهـی اجـاره کـرده بـود به سـر می‌بـرد .در آن موقع حسـین که فهمیـده بود کـه تاثیـری روی نـادر نگذاشـته اسـت و در فکـر تغییر روش خـود بود در ایـن فکر بود کـه بایـد بـرای ترغیـب نـادر بیشـتر روی اوکار کنـد؟ و یـا اینکـه ناامید گـردد؟ چیزی کـه حسـین نمـی دانسـت این بـود که نـادر هـم از وقتـی کـه آن دو نفر با هـم نبودند خیلـی تغییـر کـرده بود .خیلـی آرام تر و کم حرف تر شـده بود، حسـین نمی توانسـت چیـزی دربـاره معنویـات او متوجـه شـود .آن دو نفـر کامـلاً در دو جبهه مخالـف بودند. در واقـع نـادر مطمئـن نبـود که بـا آنچه که تاکنـون تجربه کرده بـود بتوانـد در آمریکا بـه سـر ببـرد .امـا تنهـا یک امیـد بـود کـه او را دلگرم نگـه مـی داشـت و آن هم محل زندگی فریبـا بود.

روز بعـد وقتـی حسـین بـه دانشـکده رفتـه بـود پدر حسـین نزد نـادر آمد و پشـت سـر حسـین صحبـت آغاز کـرد، او دربـاره گذشـته صحبت کـرد و جنبه هـای خوب و بـد روزگار را بازگـو کـرد. ایـن اولیـن بـار بود کـه پدر حسـین در واقع با نـادر حرف می زد و مثـل ایـن بـود کـه او بـرای اولیـن بار احسـاس کـرده بود کـه نادر شـخص خوبی اسـت و بیشـتر از حسـین و دیگر دوسـتان حسـین با نظر او موافقت دارد. نادر سـریعاً احسـاس نگرانی شـدید را در صدای پدرحسـین تشـخیص داد، او سـعی می کرد که به نـادر توضیـح بدهـد چرا باید او با حسـین گفتگویی داشـته باشـد و او را نصیحت و قانع کنـد از مخالفت با شـاه دسـت بکشـد. دلیل پدر حسـین بـرای بـودن در آمریکا متقاعد کـردن حسـین بـرای خـارج شـدن از گروه کمونیسـت ها بـود و اینکـه یک نامـه ای را بـرای عذرخواهـی از عضویتش در حزب مخالفان شـاه امضاء کند و از آن اسـتفعا بدهد، او مایـل بـود که حسـین با یک خانمی که حسـین را دوسـت داشـت و بـا او رفت و آمد داشـت، ازدواج کنـد. حسـین دربـاره آن خانـم چیـزی بـه نادر نگفتـه بود، نـادر خیلی مایـل بـود کـه درباره عشـق تازه حسـین بداند .پدر حسـین منبـع خوبی بود تـا نادر به داسـتان کامـل عشـقی حسـین از وقتی که از او تقاضـای کمک کرده بود پـی ببرد. نادر در مـورد دوسـت دختـر او کـه آمریکایـی، ایرانـی بود و در حـال حاضر در ایـران بدنبال پـدر گـم شـده اش می گشـت، اطلاع داشـت اما چیزی راجع به دوسـت دختـر دیگر او نمی دانسـت و حالا مایل بود در باره ی آن آگاه شـود .پدر حسـین معطل نکرد و برای

نادر توضیح داد که حسین عاشق شیرین دختر فرمانده گارد جاویدان تیمسارنشاط است. و ادامه داد و گفت وقتی شیرین برای تعطیلات تابستانی به ایران برگشت و برای پدرش آشکار شد که قصد ازدواج با حسین را دارد، دیگر به او اجازه داده نشد که از ایران خارج شود. اما برای حسین شرطی پیشنهاد کردند که اگر او آن را بپذیرد، آن دو می توانستند با هم ازدواج کنند، این شرط این بود که حسین یک نامه عذرخواهی به شاه بنویسد و حزب کمونیست را ترک کند و به ایران برگردد، آنها حتی به او قول یک شغل مهم تا وزارت را هم داده بودند و نظر آنها کاملاً جدی بود و به این ترتیب او می‌توانست با عشقش شیرین ازدواج کند .برای همین پدر حسین را به آمریکا فرستاده بودند تا حسین را برگردانند و این درست همزمان با ورود نادر شده بود. البته نادر نمی دانست که پدر حسین این اطلاعات را درست به او می داد یا نه؟ بر خلاف این واقعیت که نادر می دانست و امید نداشت که نه او و نه پدر حسین بتوانند چیزی را تغییر بدهند و نظر حسین را عوض کنند با این حال به پدر حسین قول داد که سعی خود را خواهد کرد. البته نادر به این قول خود پایبند بود چون کاملاً مخالف عقیده کمونیستی بود و این ایدئولوژی در ایران مهار شده بود. اما تلاش‌های او ناموفق بود و سبب اختلاف بین او و حسین شد. نادر مایل نبود که دوستی آنها به خاطر اختلاف عقیده شان در سیاست از بین برود .برای همین متقاعد کردن حسین دست کشید.

طولی نکشید که نادر به این نتیجه رسید که ادامه اقامت با حسین برایش غیر ممکن است .حسین همواره قصد داشت او را متقاعد کند که به گروه آنها به پیوندد. مکالمات آنها همیشه حول ایدئولوژی سیاسی می چرخید .نادر با تمام علاقه و دوستی و احترامی که برای حسین قائل بود اما به لحاظ ایدئولوژی کاملا بر خلاف او فکر می کرد. خصوصا که حسین دائماً از نادر به خاطر جستجوی فریبا انتقاد می کرد. وقتی هم با سکوت و بی تفاوتی نادر روبرو می شد گاهی هم از روی عصبانیت او را احمق می خواند که چرا به او و هدف او که مخالفت و برکناری شاه بود نمی پیوندد. اما نادر پیوستن و یا معتقد بودن به هیچ گروه و یا ایدئولوژی را قبول نداشت و در این فکر بود که پیوستن و یا اعتقاد داشتن و قبول هر ایدئولوژی گروهی روح و ذهن او را محدود میکرد، چرا که اگر حتی مخالف

عقیـده ی فـردی شـما هـم بود باید بـه آن پایبند بـودی و دنبال می کـردی و این برای نـادر قابـل قبـول نبـود. برای همیـن هم صلاح دیـد نباید با حسـین زیاد روبرو شـود. و ایـن در وحلـه ی اول بـه حفـظ و باقـی ماندنـد دوسـتی آنها کمـک می کـرد، به خاطر همین هم بیشـتر وقتش را در محیط دانشـگاه" یوسـی ال ا « سـپری می کرد و امیدوار بـود فریبـا را پیـدا کنـد، حداقـل یـک نـگاه و یـا یـک کلام بـا او رد و بدل کنـد .بعلاوه او بـا علـم بـه ایـن که سـلطنت شـاه صـد در صـد کامل نبـود با ایـن حـال مخالفتی با شـاه نداشـت، فهمیـده بـود کـه این تـوده ی مردم ایران اسـت کـه باید آگاه شـوند و از خرافـات مذهبـی دوری کننـد و وقتـی تـوده ی جامعـه به آگاهی می رسـید هر کسـی کـه حکومـت مـی کـرد مجبور بـود راه درسـت را انتخاب کنـد. دلش هم بـرای ایران و خصوصـا مـادرش و فـروغ یـک ذرّه شـده بود .اما قـول داده بـود به ایران برنگـردد. همه ایـن مشـکلات بـا هـم جمع شـده و نـادر را با یـک عالم تنهایـی مواجه کرده بـود که او با آن هیچ آشـنایی نداشـت و ندانسـتن زبان انگلیسـی هم بیشـتر او را به درون گرایی خـود سـوق داده بـود. اما می دانسـت فراگیری زبان انگلیسـی به دلایل بسـیاری به نفع او خواهـد بود، بنابراین از شـهر حسـین به شـهر دیگری در «کلرمانـت «که در نزدیکی لـس آنجلـس بـود پیش دوسـت دیگرش حسـن رفت .حسـن هم با حسـین و نـادر در مدرسـه جـم همکلاسـی بودنـد اما بـا اینکه چنـد خیابـان آن طرف تـر از نـادر زندگی مـی کـرد زیـاد بـا نـادر آمـد و رفت و تماس نداشـت تـا اینکه نادر شـنید کـه او از هند بـه آمریـکا آمده اسـت و تصمیم گرفت نزد حسـن بـرود. دوسـتی آن دو از همان لحظه جـان گرفـت و عمیق تر از دوسـتی نادر و حسـین شـد.

چنـد هفتـه بعـد بـود کـه حسـین بدیـدن آنهـا آمـد و گفت کـه پـدرش بدون موفقیـت آمریـکا را تـرک کرده بود .حسـین از نادر خواسـت کـه اگر بخواهـد می تواند مقـداری از وسـایلی را که متعلق به دوسـت دختر او شـیرین نشـاط بـود را بخرد، چون شـیرین دیگر برنخواهد گشـت .نادر می دانسـت حسـین واقعا عاشـق شـیرین بود اما با هنرعشـق بـازی و رابطـه بین زن و مرد چندان آشـنایی نداشـت. بعد از آن بـود که نادر فهمیـد کـه فیـات حسـین متعلـق به عشـق او بوده اسـت .نـادر یـک تلویزیون سـیاه و سـفید سـونی و مقـداری چیزهای کوچک دیگر که متعلق به شـیرین بـود را از او خرید و هـر چقـدر کـه حسـین طلب کـرد بـه او داد. اما ماشـین را نخرید. متاسـفانه شـیرین

هرگز برنگشت. او مجبور شد با یکی از افسران عالی رتبه که زیر دست پدرش بود ازدواج کند و این مثل نمک پاشیدن روی زخم برای حسین بود و سبب شد یک خصومت شخصی در قلب حسین در مورد شاه شکل بگیرد. اما نادر می دانست که احتمالاً شاه حتی درباره حسین و داستان او هیچ نمی دانست. اما در آن زمان اهمیت نداشت که چه اتفاقی در ایران در آن موقع افتاده بود و یا می افتاد همیشه مقصرش شاه بود.

*****

فصل ۲۲

ده سال بعد هنوز در جستجوی عشق دوران جوانی...

زمـان در حـال گذشـتن بـود، و نادر مثل یک روح گم شـده در زمان و مکان دسـت و پـا مـی زد. گیـج و گنـگ از آینـده خـود بـود و نمی دانسـت کـه اگر می خواسـت در آمریـکا باقـی بمانـد و یـا نه. امـا بالاخره در یـک مهم با خود بـه توافق رسـید. باید زبان انگلیسـی را هـر چـه زودتـر مـی آموخـت. مـی دانسـت که چـه بمانـد و چه نمانـد یاد گرفتـن زبـان انگلیسـی برایش بسـیار مهم بـود و در آینـده به او خیلی کمـک می کرد. بخاطـر همیـن تصمیـم گرفت از حسـن هـم جدا شـود. در همان شـهر اتاقـی از مادر و دختـر پیـر و مهربانـی اجاره کرد تا مجبور باشـد با آن دو گفتگوهای روزانه به انگلیسـی داشـته باشـد. پیر زن هشـتاد سـالی داشـت و او را مام صدا می کردند، دخترش شسـت سـاله بـود و اسـمش جانـت بود .هـر دو آنها بسـیار مهربان و سـرگرم کننـده بودند. مام در گوشـه ای از اتـاق نشـیمن کنـار پنجره سـر جای مخصوص همیشـگی نشسـته بود و بـه عکـس هـای روی دیـوار اشـاره مـی کـرد و یـک یک آنهـا را بـرای نادر شـرح می داد. ایـن کار بـرای مـام یـک نوع سـرگرمی بـود و بارها برای او و کسـان دیگـری که به دیدنـش مـی آمدنـد تکـرار مـی کرد، یکـی از عکس هـا برای نادر بسـیار مهم بـود. این عکـس از پدربـزرگ او بـود کـه اتفاقـا یکـی از رئیس جمهورهای سـابق ایـالات متحده بـود. او هرگـز نمـی توانسـت به خاطـر بیاورد کـدام یک، اما هـر وقت مام بـه آن عکس مـی رسـید، لبخنـدی از غرور در چشـمانش ظاهر می شـد .دو سـگ بـزرگ نیز اعضای خانـواده آنهـا را تکمیـل مـی کردنـد. یکی از آنهـا دوبرمـن و دیگری جرمن شـپرد بود. برخـی از دوسـتان نـادر بـه دلیـل تـرس از سـگها بـه دیدنـش نمـی آمدنـد. جانت هم همیشـه داسـتان خاطراتـش راجـع بـه جنـگ جهانـی دوم را بـرای او تعریـف می کرد .زمانـی کـه او در اروپـا بـود و بـرای ارتش آمریـکا کار می کـرد. دیدار از دوسـتان آن دو بـرای نـادر خـودش سـرگرمی خوبی شـده بـود .و نادر همیشـه کسـی بود کـه صندلی چرخـدار مـام را هُـل مـی داد. خصوصـا که جانت قصد داشـت با معرفـی دخترهایی که

می شناخت برای نادر دوست دختری دست و پا کند.

زندگی در آمریکا و آشنایی با زندگی آمریکایی نادر را بر این داشت که تصمیم گرفت روی پاهای خود بایستد و از خودش حمایت کند و دیگه پولی را از ایران قبول نکند. اساساً هنوز هم برادرش سعی در این داشت که زندگی او را در آمریکا هم کنترل کند اما نادر که همیشه تلاش می کرد مستقل شود حالا این فرصت را پیدا کرده بود .اولین قدم برای نادر جدی گرفتن و پذیرفتن این واقعیت بود که ممکن است او هرگز به ایران برنگردد و قبول این واقعیت برای او دشوارترین و تلخ ترین بود. او می دانست که با قبول این واقعیت روحش به زودی قوی تر خواهد شد و تصمیمش استوارتر پس لازم می دانست که بیشتر وقتش را تلف نکرده و کار مفیدی انجام دهد .نادر هرگز واقعاً یک روز در زندگی خود کار نکرده بود، فکر کرد حداقل کار کردن و داشتن شغل برایش جالب خواهد بود. او همیشه پول داشت و فقط می دانست که چگونه پول خرج کند اما نمی دانست چگونه می تواند پول درآورد .در واقع این بزرگترین چالش زندگی او بود. یادگیری نحوه کسب درآمد مانند نود و نه درصد دیگر جمعیت جهان. او بهتر دید که خبر مشغول کار شدنش به ایران و خصوصا مادرش درز نکند .چرا که مادرش از این امر آزرده خاطر می شد .او مجبور شد خود را از افرادی که خانواده اش را می شناختند جدا کند، فکر می کرد که ترک کردن حسن حتی اگر بخاطر همین هم که بود، کار درستی بود و این به معنای ترک کلرمانت بود. در ثانی تازه متوجه شده بود که برای ادامه ی اقامت در آمریکا باید وارد دانشگاهی می شد و ادامه ی تحصیل می داد. او سان فرانسیسکو را برای این برگزید. اسکان در " سانفرانسیسکو" کار آسانی نبود، گرفتن یک مکان برای زندگی و جستجوی کار و ادمه ی تحصیل کمی پیچیده بود. حالا نادر می توانست کمی انگلیسی صحبت کند و هر روز هم بیشتر یاد می گرفت. در آپارتمان یک اتاقی خود نشسته بود و فکر می کرد که چه کاری می تواند انجام دهد که سرگرم کننده باشد. داشت فکر می کرد که یک مرد بالغ دارد درست مانند شانزده ساله ها عمل می کند و سعی می کند بفهمد با زندگی خود چه می کند. به یاد سخنان حسین افتاد که به او گفته بود که آمریکا به معنای کثیف شدن است تا یاد بگیرد که زندگی چگونه است و چطور زندگی کند، از فقیر

گرفتـه تـا ثروتمنـد، معمولا همگی از دوازده سـالگی مشـغول کار می شـوند که معمولا بـا نگهـداری از بچـه هـا شـروع مـی شـود و بعد هـم از ظرف شـویی گرفته تـا در پمپ بنزیـن هـا کار کـردن و ... اینجـا مثـل ایران کارکردن شـرم نیسـت. اینگونه نیسـت که اگـر از خانـواده ی ثروتمنـدی یا با نفوذی بـودی کارکردن در مکان هـای عادی را عیب بداننـد و یـا شـرم آور باشـد که بـه عنوان کارگـر در پمپ بنزیـن یا رسـتوران کار کنند و یـا ایـن عمـل را توهیـن به شـهرت خانـواده بدانند .در حقیقـت نادر با دیدن و شـاهد بـودن همیـن اسـتانداردها عاشـق آمریـکا شـد .بنابرایـن او تصمیم گرفـت کثیف ترین شـغلی را کـه مـی توانـد بـه فکرش بخـورد تجربـه کنـد .حالا مـی توانسـت بفهمد که چگونـه آمریـکا بـه آمریـکای پرقـدرت تبدیل شـده اسـت. در آن زمان او احسـاس کرد کـه آمریـکاماننـد یـک کامپیوتـر غول پیکر اسـت که آدم ها قسـمتی از آن شـده اند و ایـن درسـت زمانـی بود که در دانشـگاه یـک درس یادگیـری کامیوتر گرفته بـود. البته کامپیتـر تـازه پیـدا شـده بـود و حجم آن بسـیار، بسـیار بـزرگ بـود. او نمی توانسـت بفهمـد کـه این سیسـتم چگونه کار می کند، در مقایسـه بـا ایران و حتـی اروپا، چگونه سـازمان یافتـه اسـت. وی فکـر کـرد که با خراب شـدن ایـن کامپیوتر عظیـم و پیچیده چـه نـوع فاجعـه ای رخ خواهـد داد. آمریـکا بهتریـن راهنمـا و نمونـه موفقیت بـرای او بـود. بنابرایـن او بایـد بیامـوزد کـه چگونـه در ایـن سیسـتم کار کند. لیسـت مجموعه ای از مشـاغل در مقابـل او دیـده مـی شـد. اولین مورد در لیسـت، شستشـوی ظرف در رسـتورانها بود .طولی نکشـید که در رسـتورانی مشـغول شـد .برای او تعجب آور بود که احسـاس بـدی نمی کند. در حقیقت او احسـاس خوشـبختی و افتخار می کـرد و اولین کاری کـه وی انجـام داد ایـن بـود کـه بـا گرفتـن یـک عکـس مهر و مـوم شـده تاریخ شـروع کار خـود را ثبـت کنـد .امـا ایـن کار تنها دو هفته ای بیشـتر به طـول نیانجامید و وی بـه دلیـل درگیـری کـه بـا مدیر داشـت اخراج شـد .حتی دسـت مزدی هـم به او داده نشـد .چرا که او مجبور بود غرامت برخی از ظروف شکسـته شـده که او مسـببش بـود را بپـردازد. علتـش هم این بـود که نادر متوجه نشـده بود که در یـک بار همجنس گـرا مشـغول کار شـده بـود. اواخر یک شـب او کـه با مدیر تنها بـود مدیر بـه او نزدیک شـد دسـتهای نـادر را گرفـت و در چشـمانش زل زد و بوسـه ای بـر روی لب هـای نادر چسـباند، حتـی تعجـب نادر هـم او را متوقـف نکرد و لب هایش داشـتند دوبـاره به لب

هـای نـادر نزدیـک می شـدند کـه کنترل از کـف نادر خارج شـد

در آن زمـان همجنـس گـرا بـودن در ایـران چندان قابـل قبول نبـود. بنابراین وقتی کـه نـادر بـرای اولیـن بار بـا مردی همجنـس گرا روبرو شـده بـود که قصد بوسـیدن او را داشـت، تجربـه ای کامـلاً تعجـب آور بـرای او بـود و منزجـر از حرکت او نادر مشـتی محکـم بـه صـورت او کوبید و بـا عصبانیت به دنبالش بسـیاری از ظرف های آشـپزخانه را خـرد کـرد و رفـت و البتـه کـه غرامتـش را هـم باید مـی پرداخت. دومین شـغل وی مشـغول شـدن در پمـپ بنزیـن بود. او خوب کار مـی کرد و این بار هـم با افتخار عکس خـود را بـا لبـاس کار گرفـت. همـه عکـس هـا پنهـان و محافظـت شـده بود کـه مبادا خبـرش بـه مادرش برسـد. چـرا کـه او را آزرده خاطر و بسـیار نگـران می کرد.

در یـک شـب بهـاری مشـغول کار و کمـک کردن به مشـتری های پمـپ بنزین بود. متوجه ون قدیمی سـیاه رنگی شـد که با سـرعت وارد شـد و کنار سـاختمان ایسـتاد و جـوان سـیاه پوسـت قـد کوتاهـی از آن خـارج و بـه طرف نـادر آمد .از سـر و وضـع او به نظـر مـی رسـید که باید با مـواد مخدر یا چیز دیگری درگیر باشـد و مشـکل ایجاد کند، هنـوز بـه نـادر نرسـیده بود که صدایش بلند شـد "سـرت کجاسـت؟" نادر نمی دانسـت کـه آیـا بایـد بـه او پاسـخ دهـد یـا نـه. او از خـود می پرسـید که چرا مـی خواهـد بداند سـرش کجاسـت، وقتـی که می توانسـت سـر نـادر را روی گردنـش ببیند. بنابرایـن او را نادیـده گرفـت .بـر حسـب اتفاق مشـغول کمک به یک بانوی میان سـال سـیاه پوسـت آمریکایـی بـود که در ماشـینش نشسـته و منتظـر کمک او بـود تا بنزینـش را بزند. مرد سـیاه پوسـت از حرکـت نادر خرسـند نبـود و بـا عصبانیـت او را دنبال کرده و سـئوالش را تکـرار کـرد، "احمق پرسـیدم سـرت کجاسـت؟" نادر از صدایش احسـاس خشـم کرد بنابرایـن مجبور شـد پاسـخ دهد" این سـر منه، روی گردنـم... آیا شـما آن رانمی بینی؟"

نـادر فکـر کـرد که باید بـا اعتماد جواب بدهد که او احسـاس نکند که از او ترسـیده اسـت، جـوان سـیاه بـا خشـم خطاب بـه نادر گفـت "بهت نشـان مـی دم که سـر مادر قهبه ات کجاسـت".

بعـد هم جوان سـیاه پوسـت با عصبانیـت نگاهی به اطـراف و نادر انداخـت و بطرف ونش رفت و سـوار شـد و با سـرعت در حالی که صدای لاسـتیکش بخوبی شـنیده می شـد از پمـپ بنزیـن خـارج شـد. نادر به سـمت بانـوی میـان سـال آفریقایی-آمریکایی

رفـت تـا کارت اعتبـاری او را بـه او بدهد .بانوی میان سـال صدایش بـا لبخند مهربانش بلند شـد" بایـد تازه بـه آمریکا آمده باشـی؟"

"بلـه چنـد ماهـی میشـه آمدم آمریـکا" و در ادامه زن گفـت "منظـور او از اینکه می پرسـید سـر شـما کجاسـت در حقیقت سـراغ توالت را می گرفت "

نـادر بـا تعجـب و لبخنـد جـواب داد. "خـوب نمـی توانسـت بـا یـک زبان سـاده ی انگلیسـی سـئوالش را بپرسـد؟"

"ایـن یـک اصطلاح آمریکایی اسـت... که معمولا سـیاهان بیشـتر از ان اسـتفاده می کننـد... ولـی ناراحـت نبـاش خیلـی زودتـر از آنکه فکر کنی با آنها آشـنا می شـوی... "

سـپس بانـو پمـپ بنزیـن را تـرک کـرد. نـادر هـم وارد دفتـر پمـپ بنزین شـد. به دقیقـه نکشـید کـه نادر وارد دفتر شـده بود که همان ون با سـرعت جلوی در ایسـتاد و همان مرد سـیاه پوسـت از آن خارج شـد و با عجله وارد دفتر شـد و در را پشـت سـرش بسـت. نـادر کـه غافلگیـر شـده بودچشـمش بـه اولین چیـزی که افتـاد هفت تیـر مرد بـود که بطـرف او گرفتـه بود.

هنوز به سـختی می توانسـت انگلیسـی صحبت کند، "مادر قهبه، حالا بهت نشـون میدم، سـرت کجاست؟"

و قبـل از اینکـه نـادر بتوانـد عکس العملی از خود نشـان دهد، او را به جلو و سـمت توالـت هـل داد و او را بـه داخـل توالـت برد، داخل توالت باخشـونت سـر نـادر فریاد می زد و لوله ی تفنگش را روی سـر نادر گذاشـته بود و از او می خواسـت که سـرش را وارد توالـت کنـد ،نـادر در شـوک بود و نمی دانسـت چه عکس العملی نشـان دهـد .او هرگز بـه ایـن حـد مورد تعـرض و توهین قرار نگرفته بود. او می توانسـت اسـلحه را روی سـر خـود احسـاس کنـد و فکـر می کرد هر لحظه ممکن بود ماشـه کشـیده شـده وکشـته شـود. بنابرایـن بایـد بیـن توهیـن به غـرورش و نجات جانش یکـی را انتخـاب می کرد. ایـن مـرد درحالیکـه فریاد می کشـید و دشـنام مـی داد همچنان کـه نادر را بـه پایین فشـار مـی داد بـا پاهایشـهم به پشـت نادر لگد مـی زد. نادر در حالی کـه جلوی توالت فرنگـی زانـو زده و بـه آب کثیـف داخـل آن خیـره شـده بود بـا احتیاط کمی سـرش را چرخانـد و از گوشـه ی چشـمش نگاهـش افتـاد بـه او که زیپ شـلوارش را بـاز کرده و آلـت خـود را بیـرون آورد و شـروع بـه شاشـیدن روی سـر نادر کـرد. آب گرم شـاش او

روی سر نادر می ریخت و از سر و صورتش به داخل توالت و این آخرین حد تحمل صبر و حوصله ی نادر بود .خط قرمزی که تحملش چندان برای او آسان نبود. اما فقط چشمان خود را بست و با تمام نیرو و انرژی خود سعی کرد تا عصبانیت و خشم خود را حفظ و کنترل کند، تا کار احمقانه ای انجام ندهد تا موقعیت مناسبی دست دهد. درست در حالی که نادر می دانست باید اقدامی می کرد صدای دوست مرد مهاجم که جلوی در توالت ظاهر شده بود بلند شد" .ما باید بریم... خیال می کنم یک نفر پلیس را خبر کرده... صدای آزیر پلیس خیلی نزدیکه... ولش کن... باید بریم..."

اما مرد مهاجم دست بردار نبود. گوشه ی چشمهای نادر در حالی که هنوز شاش مرد مهاجم سر و صورتش را گرم می کرد و به داخل توالت می چکید به طرف او برگشت و دید نگاه او بطرف دوستش منحرف شده بود، می دانست که تحمل دیگر جایز نبود و شاید چنین موقعیتی دیگر به او دست ندهد و از کجا که او نادر را نکشد بنابراین با یک حرکت آنی و سریع روی پاهایش بلند شد و با قدرت و انرژی که نمی دانست از کجا آورده بود بطرف او حمله ور شد و چنان ضربه ای با پشت شانه ها و سر خود به مرد مهاجم زد که او تعادل خود را از دست داد و بطرف دوستش پرت شد و هردو به در خورده و داخل پمپ بنزین و بیرون توالت افتادند. صدای شلیک تیر هم مثل ناقوسی در گوش او پیچید، اما تیر به خطا رفته بود ،نادر چنان خشمگین بود که توقف نکرده و حمله ی وحشیانه ی خود به او را ادامه داد .البته نادر بسیار قوی جثه بود و آشنایی کامل به کاراته داشت، در حقیقت سالهای، سال در فن "تانگ سودو" تجربه کسب کرده بود، در آن لحظات نادر چنان احساس اهانت و حقارت می کرد که مرگ برایش مهم نبود. او در آن لحظه مانند یک انسان عادی فکر و احساس و عمل نمی کرد، بلکه مثل یک حیوان ،حیوانی زخم خورده که احساس خطر می کرد و چاره ای جز حمله به دشمن خود وکشتن او را نداشت .در همین احوال چند افسر پلیس ناگهان وارد شدند، اسلحه های آنها به سمت نادر نشانه رفت .با ورود و دیدن پلیس ها نادر نمی دانست چه باید بکند یا چه بگوید .با فریاد پلیس ها بالاخره بخود آمد و حمله ی خود را متوقف کرد. اما نه قبل از اینکه سر و صورت مرد مهاجم را شکسته و در خون غرق کرده باشد.

اولیـن چیـزی کـه بـه ذهنـش آمد رفتـن بطرف دستشـویی و گرفتن سـرش زیر شـیر آب و شسـتن سـر و صورتش بود. بعد از چندی دسـتی بدنش را لمس کرد، نادر بدون توجه سـرش را با عجله از زیر شـیر آب بیرون آورد و برگشـت، از بین قطرات آب که از سـر و مو و صورتش سـرازیر بودند چشـمهایش افتاد به بانوی میان سـال سـیاه پوسـتی کـه چنـد دقیقـه پیش بـه او کمک کرده بود. او با مهربانی مشـغول خشـک کردن سـر و صـورت نـادر شـد .بانـوی مهربان از آنچـه که اتفاق افتـاده بود عذرخواهی مـی کرد .با ایـن حرکـت انسـانی او آنچه آن مرد جوان سـیاه پوسـت بـر نادر کرده بود به فراموشـی سـپرده شـد .بعـداً فهمید نـام او "میکی" اسـت. به او گفـت، هنگامی کـه در حال خارج شـدن از پمپ بنزین بود، متوجه شـده که ون در گوشـه ای منتظر اسـت، می دانسـت کـه آنهـا چـه در سر داشـتند و از حرکـت بـاز ایسـتاده و به پلیس گـزارش داده بود و خـود بـه پمـپ بنزین برگشـته بود. ایـن آخرین شـبی بود که نـادر در آن پمـپ بنزین کار کـرد امـا دوسـتی میکـی و نـادر به پایان نرسـید و تا سـالها بعد دوسـتی آنهـا ادامه داشـت. سرنوشـت بـرای او دوسـت بزرگـی آورده بـود. میکـی یـک رسـتوران کوچـک گوشـه ای داشـت بنـام «میکیـز کرنـر «و آن محـل پاتوقی برای نادر شـد .هـر وقت او از هـر چیـزی ناامیـد مـی شـد، او روی صندلی همیشـگی خود کنار میکی نشسـته بود و میکـی بـود کـه او را آرام و امیـدوار مـی کـرد. به نظر می رسـید از لحظـه ای که پای خـود را در آمریـکا گذاشـت تمـام قـدرت معنـوی خـود را در ایـران جـا گذاشـته بود و نمـی دانسـت کـه چـرا و این برایش بسـیار گـران بـود و خـود را بارها و بارها سـرزنش مـی کـرد. مشـاغل دیگـر وی در مـک دونالد، برگـر کینگ و فـروش جاروهـای برقی با مراجعـه به خانه هـا بود.

بـا سـرگرم بـودن بـا همـه این مشـاغل هرچـه زمان بیشـتر می گذشـت بیشـتر به آمریـکا عـادت مـی کـرد، اما هنوز هم قانع نشـده بود که او باید در آمریکا سـاکن شـود. بـه زودی او فشـار کـم بـود مالی را احسـاس مـی کرد، اما هنـوز هم از کمـک گرفتن از خانـواده اش امتنـاع مـی نمودبـه آنها گفتـه بود که درآمـد کافی برای امـرار معاش دارد .در واقـع او فقـط بـرای اینکـه مادرش را خوشـحال کند ایـن چنین وانمود مـی کرد. او تقریبـاً هفتـه ای دوبـار بـا مـادر و فـروغ بـا تلفن صحبـت می کرد امـا این حتـی برای مـادرش کافـی نبـود و او می خواسـت کـه او هر روز بـا او تماس بگیرد .امـا تماس های

تلفنی با ایران به تنهایی مخارج هنگفتی در مقایسه با درآمدش برای او به همراه داشت و قابل تحمل نبود. رفتن به مدرسه تمام وقت و کار کردن برای کسب در آمد کار آسانی نبود. او مجبور بود تمام وقت ادامه تحصیل دهد در غیر این صورت ویزای اقامتش منقضی می شد و دیگر نمی توانست در ایالات متحده بماند. البته زندگی در آمریکا آن چیزی نبود که او فکرش را کرده و تعریفش را شنیده بود .اما همیشه با این فکر که این وضعیت موقتی است خودش را سرگرم می کرد .اما این واقعیت که او ممکن است هرگز به خانه برنگردد و به دنیای فیلمسازی خود ادامه ندهد بسیار آزرده خاطرش می کرد .او می خواست فیلم بسازد، اما با اینکه او در مکه ی فیلمسازان، در هالیوود بود با این حال می دانست و تجربه کرده بود که میلیونها نفر در رقابت با او هستند. علاوه بر این، انگلیسی او به اندازه کافی خوب نبود و هیچ ارتباطی هم با کسی نداشت که راه او را به دنیای فیلمسازی در هالیوود باز کند. او بارها تلاش کرده بود ،اما احتیاج به مدیر داشت و گرفتن یک مدیر کار آسانی نبود و هر بار همه درها برایش بسته شده بود.

کم کم او داشت دچار ناراحتی اعصاب می شد، ناامیدی بدی تمام وجودش را گرفته بود و نمی دانست چه بیاد می کرد. می دانست اگر نتواند کار هنریش را ادامه بدهد برایش حکم مرگ روح و وجودش را داشت، درست مثل مریض می نمود که دم مرگ بود دکتر و دارو هم فراوان اما او بهر علتی که بود هیچ دسترسی به آنها نداشت، و داشت کم کم از بیرون و درون روح و وجودش فرسوده و نابود می شد. بنظر می رسید این یکی از بحرانی ترین و ناامیدترین زمان زندگیش بود. در فکرو خیال و ناامید چشمهایش را بست و در خواب شد، و با در خواب شدنش دوباره خوابی دید، خوابی که برایش بسیار ارزش داشت، در خواب دید که، 'او خود را در سن جوانی زمان دانشجوی در باغچه ی بزرگ مقابل خانه شان در مزرعه ای که متولد شده و تا شش سالگی آنجا زندگی می کرد، با اکثر برادر زاده ها و خواهر زاده هایش یافت. آنها در باغ انگور و انواع میوه ها مشغول بودند. در انتهای باغ و مشرف به رودخانه ی خروشانی که نادر در بچگی از عبور از ان می ترسید، نادر زیر درخت آلبالویی که به اسم او کاشته شده بود ایستاده و مشغول چیدن البالوهای قرمز و شیرین و رسیده و دادن به بقیه بود. این درخت وقتی در نو جوانیش سگش

برای نجات او به جنگ گرگها رفت و خودش را فدای نجات جان او کرده بود کاشته شد و سگش را زیر آن خاک کردند که او بتواند غم مرگ سگش را تحمل کند و همیشه خاطرات سگش با او باقی بماند. حالا هم درخت بزرگی شده بود و البالوهای زیاد و بزرگ و شیرینی می داد. در همین حال پایش زیر درخت آلبالو به یک شیشه ی شراب مانندی خورد و کمی از آن از زیر خاک بیرون آمد، نادر خم شد و آن را از زیر خوک بیرون آورد. شیشه ی نسبتا بزرگ قدیمی و غیر معمول بود. نه شکل شیشه ی شراب بود و نه شکل آن نبود. مشغول تماشای کرم قهوه ای رنگی که داخل مواد قرمز متمایل به قهوه ای بود، کرمه نه به کرم شباهت داشت و نه به هیچ چیز دیگری که نادر تاکنون دید بود. کرمه مشغول رقص و تلاش برای بیرون زدن از شیشه بود. یکی از خواهرزادههایش عفت که ترسیده بود از او خواست که شیشه را دو باره داخل خاک کند. اما نادر کوتاه بیا نبود و با تلاش مشغول باز کردن در شیشه بود، و بالاخره در شیشه باز شد و با باز شدن در بناگهان کرمه از داخل شیشه بیرون پرید و در یک لحظه به یک اسب یک شاخ - ینیکورن سفیدی تبدیل شد و داخل باغچه و بین بوته های انگور مشغول پریدن و دویدن شد. همه ای بچه ها از ترس پا به فرار گذاشتند، اما نادر همانجا بود و او را تماشا می کرد و خنده اش گرفته بود و می خواست او را که اطرافش پریدن و یک نوع رقص را آغاز کرده بود را لمس کند. بالاخره اسب یک شاخ به آرامی به او نزدیک شد و جلویش ایستاد، و هنوز نادر او را لمس نکرده بود که با بلند شدن صدای او در تعجب شد، "من ینیکورن هستم... هر هزار سال یکی از ما زاده می شود و متعلق به شخص مخصوصی است... من به تو تعلق دارم، آمدم که به تو برای کارهای مهمی که قرار است انجام دهی کمک کنم..." نادر چندی در فکر شد و لبخند بر لبانش نشست و در حالی که او را لمس می کرد و از آن لذت می برد، و او برایش یک آرامش خاصی را به همراه آورده بود، به طرف بقیه بچه نگاه کرد و صدایش بلند شد، "نترسید او بیآزار است..." اما همه باغچه را از ترس ترک کرده بودند...' نادر در حالی که مشغول لذت بردن و صحبت با اسب یک شاخ بود از صدای ضربه ای که به در آپاتمانش خورده بود از چرتش پرید. ابتدا کمی گیج بود و هنوز در فکر خوابی بود که دیده بود، اما با بلند شدن صدای ضربه ی بعدی به

در بلند شد و در را باز کرد و برای لحظه ای بی حرکت ایستاد .نمی دانست که چگونه واکنشی نشان دهد. این آخرین فردی بود که انتظار داشت با آن روبرو شود .صدای ابراهیم دوست قدیمش سکوت را شکست. «نمی خواهی من و دعوت کنی تو؟... البته دوست همیشه دوست است و یک دوست هم به دعوت احتیاج ندارد." ابراهیم بدون دعوت وارد شد ،نادر همچنان با تعجب به او زل زده بود. ابراهیم به اطراف نگاهی انداخت و بطرف نادر برگشت و ادامه داد" .چرا شما هنرمندان همیشه باید متفاوت باشید؟ همیشه باید زندگی را برای خودتان سخت کنید؟ من هرگز آن را نمی فهمم، نگاه کن به زندگی که داشتی و هنوز هم می توانستی داشته باشی، حالا چه زندگی برای خودت درست کردی؟ دقیقاً مثل یک آدم بی خانمان" نادر هیچ پاسخی برای او نداشت و هنوز خاموشی اختیار کرده و در فکر گم بود که چطوری ابراهیم دوباره توی زندگی او پیداش شده بود، ابراهیم که می دانست نادر به وقت بیشتری نیاز دارد که به خودش بیاید و خود را آماده پذیرش او کند، ادامه داد "نادر تو واقعاً مجبور نیستی دیگه اینجوری زندگی کنی . ما دوست هستیم و من برای کمک به تو اینجا آمدم .تو می توانی با من شروع به کار کنی. در فروش املاک و مستغلات... در آمد زیادی توشه... بزودی پول دار خواهی شد و نگرانی در مورد پول نخواهی داشت... نادر من می دونم تو بسیار مغرور هستی و از کسی تقاضای کمک نمی کنی؟ این را هم می دونم که به این نوع فشارها عادت نداری و برات رنج آور است... و این چیزی است که من نمی فهمم؟"

ابراهیم هرچه بیشتر صحبت می کرد، نادر بیشتر تعجب می کرد و گیج می شد .نادر حتی نمی دانست که ابراهیم در آمریکا است، آنهم در سانفرانسیسکو. این را هم می دانست که وضع مالی خانواده اش چندان تعریفی نداشت. به خصوص به اندازه ای که برای شروع یک امپراطوری املاک و مستغلات آن هم در آمریکا و حالا هم آمده بود که به او کمک کند .ولی بیشتر در این فکر بود که ابراهیم چطوری او را پیدا کرده است؟ و چرا هر وقت اوضاع برای نادر به خوبی پیش نمی رفت، سر و کله ی او پیدا می شد؟ در باطن نادر از دیدن ابراهیم کمی خوشحال بود، اما او هرگز به این حس خود اقرار نکرده و آن را نشان نمی داد. قبل از انقلاب تعداد زیادی از ایرانیان در آمریکا وجود نداشتند، بنابراین اگر با یکی از آنها برخورد می

کـردی خـودش نعمتـی بـود و سـعی مـی کردی دوسـتی برقـرار کنـی و گروه خـود را بـرای دور هـم جمع شـدن و پخش موسـیقی و مهمانی تشـکیل مـی دادی. امـا نادر از همـه جـدا شـده بـود و داشـتن یک دوسـت قدیمی حتـی اگر یـک دوسـتی پیچیده و پـر از فـراز و نشـیب هـم بـود احسـاس خوبی داشـت. ابراهیم بـه وی گفت که در سـفر اخیـرش بـه ایـران فهمیـده کـه نـادر در لس آنجلس اسـت. بعـد هم تصمیـم گرفت او را جسـتجو کنـد .و در ادامـه بـه نـادر گفت که پـس از حادثـه با بهمن ریش پـدرش او را غافلگیـر کـرد و گفـت سـاواک تصمیـم گرفتـه او را بـه آمریکا و لـس آنجلس منتقل کنـد کـه آنجا مشـغول بـه کار بشـود و همینطور هم شـد، من عـازم آمریکا شـدم. نادر هـر آنچـه را کـه ابراهیـم بـه او گفت، بـاور کرد، او دلیلی نداشـت کـه در آن زمـان به او شـک کنـد. بعـد از آن روز نـادر و ابراهیـم چندین بار دیگـر ملاقات کردنـد. ابراهیم با او سـخاوتمندانه و مهربـان بـود و بـه او اجازه نمـی داد هزینـه‌ای را بپـردازد و البته هر دو همیشـه تـلاش مـی کردند که چه کسـی صورت حسـاب را بپـردازد و ابراهیم همیشـه دسـت بـالا را داشـت. بـه نظر مـی رسـید ابراهیم بین مردم بسـیار شـناخته شـده بود، نـادر مـی دیـد که او مالکیت چند سـاختمان را در اختیار داشـت. او قصد داشـت نادر را در کار و کسـب مسـتغلات وارد کنـد .هـردو انگیـزه زیادی برای شـروع ایـن همکاری با یکدیگـر داشـتند ،بدیـن ترتیب ناراحتی های گذشـته را فراموش کرده و دوسـتی آنها دوبـاره آغـاز شـد. بارها یکدیگـر را به یاد خاطرات دوران مدرسـه و زمانـی که در زمین فوتبـال تـوپ می زدنـد می انداختند، در همین احوال ابراهیم مشـغول به تشـویق نادر شـد و از او مـی خواسـت کـه دوسـت دختری اختیار کنـد و از تنهایی در بیایـد، اما نادر همیشـه بسـیار سـختگیر بود و نمی خواسـت با هر کسـی دوسـت شـود، حالا هر چه نـادر بیشـتر مقاومـت مـی کرد ابراهیم بیشـتر اسـرار مـی کـرد و در این تصمیم شـده بـود کـه بـرای نـادر دوسـت دختری دسـت و پا کنـد، و ایـن قضیه دوسـت دختر حالا بـه شـوخی تبدیـل شـد و کم کم داشـت حالت جـدی بخودش مـی گرفت، چنـدی از شـوخی آنهـا نگذشـته بـود کـه به نـادر گفت همسـرش بـه او اطـلاع داده اسـت که او یـک دوسـت دختـر ناز و زیبـای آمریکایـی دارد که ترجیح مـی دهد با یک مـرد ایرانی دوسـت شـود و از نـادر خواسـت کـه با او ملاقـات کند. نادر هـم بالاخره موافقـت کرد و بدیـن ترتیـب ابراهیـم نـادر را به خانـه اش دعوت کرد کـه هم همسـر او را ملاقات کند

و هـم دختـر آمریکایـی کـه دوسـت زنش بـود. ابراهیم به نـادر گفت که همسـرش قرار اسـت شـامی درسـت کند و او را به دوسـت دخترش معرفی کند. قرار ملاقات خانه ی ابراهیـم بـود و بـه این ترتیب شـام برپا شـد .قرار شـام جمعه شـب یک زمسـتان سـرد بارانـی بـود. نـادر بـا هوندای نقـره ای خود راهی خانه ی ابراهیم شـد و بالاخـره به خانه ای کـه روی تپـه ای قـرار داشـت رسـید، خانـه زیبا و قدیمـی بـود .دوری زد و در چند متـری خانـه متوقـف شـد. بـا توقف احسـاس بـدی ته دلـش پیدا شـد و نمی دانسـت چـرا نمـی خواسـت از ماشـینش پیاده شـود .نمی دانسـت چرا آنجـا بود، فکـر می کرد او یـک فیلمسـاز بـود و نـه یک مرد در گیر با مسـتغلات. در ثانی او در جسـتجوی فریبا بـود و می خواسـت عشـق قدیمیش را پیـدا کند، بنابراین چـرا به این قرار تـن داده بود .نـادر در فکـر گـم شـده بـود که یک جیپ مـد قدیمی درسـت جلوی خانه پـارک کرد. یـک زن جـوان و زیبـای آمریکایی از آن خارج شـد و به طرف خانـه ابراهیم رفت ،طولی نکشـید کـه ابراهیـم جلـوی در ظاهـر شـد و او وارد و در بسـته شـد. چنـد دقیقـه بعد صـدای زنـگ در خانـه ابراهیـم بلند شـد بـا باز شـدن در نادر سـر جای خود خشـکش زد زبانـش بنـد آمـد و یـارای نفس کشـیدن را از او گرفتند. کسـی که جلـوی در ظاهر شـده بـود هـم حـال و روزش بهتر از نادر نبـود، در باور نـادر نمی گنجید کـه این فریبا عشـق گـم شـده اش اسـت که رو بـروی او قرار گرفتـه. هر دو در تعجـب و خاموش بهم زل زده و نمـی دانسـتند چـه بکنند و چه بگویند "بالاخره رسـیدی، فریبا چرا خشـکت زده، نـادر، ایـن همسـر من فریبا اسـت ...بیـا تو" و ایـن ابراهیم بود که جلـوی در ظاهر شـده و سـکوت را شکسـت و او چنـان عـادی عمـل مـی کـرد که بـه نظر می رسـید او هرگـز چیـزی دربـاره فریبـا و نـادر نمی دانسـت یا اگـر می دانسـت از یـادش رفته بود و یـا چنـان ماهرانـه نقشـش را بـازی می کرد کـه حتی نادر و فریبا هم باورشـان شـده بـود. بـه نظـر نـادر او بهترین هنرپیشـه ای بود که در عمـرش دیده بود. نـادر گیج و گم نمـی دانسـت کـه چـه باید می کـرد؟ در فکـر بود که چـرا ابراهیـم چنین بـازی را با او کـرده؟ و چطـور او ایـن چنیـن خـودش را بـه کوچـه ی علی چپ زده اسـت، " آیا می خواهـی تمـام شـب و در بـاران بمانـی؟ یک خانـم زیبا داخـل منتظرت نشسـته... فریبا چـرا نـادر و دعوت نمـی کنی بیاد تـو...؟"

«نـادر خـان بفرمایـد تـو" و بـرای اولین بار صدای عشـقش که مسـتقیم بـا او حرف

مـی زد بگـوش نـادر خـورد و به دنبال آن ابراهیم دسـت نـادر را گرفـت و او را به داخل خانـه دعـوت کـرد و در را بسـت، "از دیـدن شـما خوشـحالم." نادر نمی دانسـت چطور و چـرا چنیـن جملـه ای از دهانـش بیـرون آمـده بود. چند لحظـه بعد در اتاق نشـمین بـا جولیـا دختـر زیبـای آمریکایی و دوسـت فریبا روبـرو شـد و ابراهیـم آن دو را به هم معرفـی مـی کـرد. جولیا هـم همچون نادر کمی خجالتی بود و گونه هایش سـرخ شـده بـود، اگـر چه جسـم نادر آنجـا بود اما ذهنـش در جنگ و افـکار گوناگون گـم بود. نمی دانسـت چـه رفتـاری را باید بـا جولیا که از گذشـته ی فریبا و نادر هیچ خبری نداشـت در پیش بگیـرد. تنهـا کسـی که وانمود مـی کرد همه چیـز عادی اسـت و هیچ خبری از غیـر عـادی بـودن اوضـاع و احوال نیسـت ابراهیم بود. نادر می خواسـت وحشـیانه به ابراهیـم حملـه کنـد و او را به قصد کش تنبیـه کند. در این فکر بود که چـرا ابراهیم در حالـی کـه همـه چیـز را در مورد نـادر و فریبا می دانسـت این چنیـن بازی را بـا آن دو کـرده اسـت. از طرفـی هم خوشـحال بود که بالاخـره او با فریبا روبرو شـده و سـرانجام حتـی اگـر یـک جمله هم بیـش نبود و اگر چـه در حالتی غیـر عادی هم اتفـاق افتاده بود رد و بدل کرده بودند، باز خودش نعمتی بود و طلسـم شکسـته شـده بود. او در آن زمـان نمـی توانسـت هدیه بهتری بـه غیر از دیـدن فریبا بخواهـد. در هر صـورت هردو نـادر و فریبـا هـر چنـد که تلاش مـی کردند حالـت و رفتار عـادی در پیـش بگیرند اما مگر امکان داشـت. حالا جسـم آنها آنجا بود ولی ذهنشـان در سـفر گذشـته گم شـده بـود و بـدون اینکـه بداننـد به آینـده ی یکدیگر می اندیشـیدند. بـه آینـده ای نامعلوم. ابراهیـم فریبـا را صدا زد، "عزیزم، کجایی هسـتی؟ کمک نیـاز داری؟ «بعد ابراهیم رو به نـادر کـرد « شـما دو نفر یکدیگر را سـرگرم کنیـد که من برم به همسـرم کمک کنم".

بعـد هـم نـادر و جولیـا را تنها گذاشـت. نـادر هنوز بی اراده ایسـتاده و نمی دانسـت چـه بایـد مـی کرد، شـاید باید بنشـیند .تنهـا فکر او ایـن بود که وقتـی فریبـا وارد اتاق نشـیمن شـد چـه باید بکند، می دانسـت که فریبـا بـزودی وارد و دوباره بـا او روبرو می شـد. بنابرایـن تمام سـعی خود را می کرد که احساسـات و آرامش خـود را کنترل کند" .چـه مدته آمدیـد آمریکا...؟"

جولیـا مکالمـه را بـا صدای نرم و خجالتی خود شـروع کرد .صورتـش هم از خجالت قرمـز شـده بـود . بعـدش هـم که خیال مـی کرد سـکوت نادر بِـه علت خجالتـی بودن

او است، ادامه داد. « متاسفم اگر ناراحت هستید، این ایده ابراهیم و فریبا بود که ما با هم آشنا بشیم"

نادر صدای او را می شنید اما توان پاسخ را نداشت، نمی دانست چه بگوید اما مجبور بود چیزی بگوید. "من باید از شما عذر خواهی کنم ...من قبلاً این کار را نکرده ام، اولین بار است که کسی را برای دوستی به من معرفی می کنند... در ضمن من چندان آدم پرحرفی نیستم"

نادر حتی نمی دانست چه گفته بود. فکر می کرد شاید اگر کمی صحبت کند آرامش پیدامیکند، بنابراین وقتی فریبا وارد اتاق نشیمن می شد می توانست آماده تر باشد .ابراهیم وارد شد، سینی در دست داشت که چند چای در آن بود. «ببخشید... من نمی دانستم همسرم کمی سردرد دارد تا چند دقیقه دیگر پیدایش می شود"

حالا نادر می دانست که فریبا هم همچون او در تعجب بود و از نقشه ابراهیم هیچ اطلاعی نداشته و او هم مثل نادر در مقابل یک کار انجام شده قرار گرفته بود و او هم همچون نادرنمی دانست چطور با نادر روبرو شود. اما این را نمی دانست که بر سر ابراهیم داد و بیدادی هم کرده بود و اگر تا آن لحظه از او متنفر نبود حالا از او متنفر شده بود. تنفرش از ابراهیم به خاطر این نبود که نمی خواست نادر را ببیند. بلکه به خاطر این بود که ابراهیم با او و نادر بازی بی رحمانه ای را کرده بود و این کارش خاطرات شیرین گذشته اش را که مدتها با زحمت و ناراحتی پشت سر گذاشته و فراموش کرده بود را به یکباره زنده کرده بود. شاید هدف ابراهیم این بود که به نادر بفهماند که فریبا یک زن شوهر دار است و او باید او را به فراموشی بسپارد اما هر نظری که داشت نتیجه عکس داده بود.

نادر در این فکر بود که چطور ممکن است در همان اتاق بنشیند، چای ابراهیم را بنوشد و شاهد این باشد که هر لحظه دختری را که عشق او بود عزیزم صدا کند. این را می دانست که ابراهیم با منظور هم این کار را می کرد. در همین زمان فریبا با لبخند درخشان تر از خورشید وارد شد و سینی از نان خامه ای در دست داشت، از هر گلی زیباتر به بچشم نادر می آمد. فریبا جلوی نادر ایستاد و یکی دوتا از آنها را در بشقابی جلوی نادر گذاشت و در حالی که در چشمهای او نگاه می

کرد."دهنتـون و شـیرین کنیـد نـادر خـان... ابراهیـم خیلی از شـما تعریف مـی کرد اما هیچوقت نگفت شـما کی هسـتید"

نـادر چـاره ای ندیـد کـه زبان بـاز کند. "هیچ مشـکلی نیسـت... بهر حال مـن رژیم دارم... در حقیقـت شـیرینی نمـی خـورم ...باید چند کیلـو کم کنم"...

نـادر خـودش هـم نمـی دانسـت چرا گفتـه بـود رژیـم دارد و باید وزن کـم می کرد ،یـک ذره چربـی هـم در بـدن او پیـدا نمـی شـد، تمام بدنشـعضلانی بـود. امـا این تنها چیـزی بـود که بـه ذهنش خورده بود .چشـمهای نادر از روی فریبا برداشـته نمی شـد. فریبـا بـه طـرف جولیـا رفـت و از او پذیرایی می کرد، نادر می دانسـت کـه لبخند فریبا مصلحتـی و مصنوعـی بـود، نادر بـا لبخندهای او آشـنایی کامل داشـت، حـالا نادر فکر نمـی کـرد بتوانـد بـه هیچ دختر دیگـری بعد از دیدن فریبا علاقه مند شـود. با گذشـت شـب کمـی آرامـش خود را بدسـت آورد .البته در طول شـب فریبا با اعمـال خود اوضاع را بـرای او آسـانتر کـرده بود. او یک احسـاس بسـیار عجیبی را به نـادر منتقل می کرد، مثـل اینکـه او واقعاً می خواسـت او احسـاس آرامش کند. اکنون همه آنهـا آرامش یافته و از بـودن یکدیگـر لذت می بردند. اما نادر شـروع به احساسـات متفاوتـی از اوضاع کرد. بـا تماشـای فریبـا و ابراهیـم، وی از خود سـؤال می کرد که آیا عشـقی واقعـی بین آنها وجـود دارد یـا خیر. آیا درسـت اسـت که زندگی ابراهیـم و فریبا را به هـم بزند. "صدای فریبـا بلنـد شـد «من فکر مـی کنم شـما باید جولیـا را به یک رسـتوران ایرانـی ببرید. او غـذای ایرانی را خیلی دوسـت دارد"

نـادر نمـی دانسـت کـه گفتـار فریبـا جـدی بـود و یـا از روی طعنـه و کنایـه به او پیشـنهاد مـی داد کـه جولیـا را بـه شـام دعـوت کنـد؟ آیـا می خواسـت به ایـن طریق بـه او بگویـد بایـد فکـر فریبـا را از سـرش بیرون کنـد و او یک زن شـوهر داره و عاشـق ابراهیـم اسـت .حـالا فریبـا و ابراهیم چهار چشـمی نادر را تماشـا می کردنـد تا واکنش او را ببیند.

نـادر در ایـن فکـر بـود کـه عشـق واقعی هرگـز نمی میـرد، اما عشـقی کـه او بدان فکـر مـی کـرد و خواهـان آن بود حالا با کسـی دیگـری ازدواج کرده بـود، دردناکتر این بـود کـه با کسـی که یـک روز فکر می کرد بهترین دوسـت و رفیق شـفیقش بـود. ولی حـالا تمـام خوشـحالی و وجـود او را بـا ازدواج با عشـقش از او گرفته بود، اما این سـؤال

کـه ایـن وصلـت چگونه اتفـاق افتاده بود بـرای نادر معمایی بـود که باید بـه آن پی می بـرد. آنهـا چگونـه بـا هم آشـنا و کارشـان به ازدواج کشـیده شـده بـود؟ حـالا دردناکتر بـرای نـادر ایـن بـود کـه نه تنها معشـوقش با دوسـتش ازدواج کـرده بود بلکـه از او می خواسـت با بهترین دوسـتش، جولیا دوسـت شـود. دلش می خواسـت بداند که آیا فریبا واقعا می دانسـت که ابراهیم چه کسـی اسـت؟ تنها کاری که نادر کرد، سـکوت اختیار کـردن بـود و جوابـی نـداد. ابراهیم و فریبا سـکوت نـادر را حمل بر این کردند که شـاید او از جولیا خوشـش نیامده باشـد. طولی نکشـید که همه دور میز شـام نشسـته بودند. فریبـا درسـت روبروی نادر نشسـته بـود. برای همین هـم هر بار سـرش را بلند می کرد چشـمش در چشـم نـادر مـی افتاده و قفل می شـد با قرار گرفتن پـای فریبا روی پای نـادر از زیـر میـز برای چند لحظه به یکباره تمام وجود او در آتش شـد. اما فریبا بسـیار آرام بـود، نـادر نمـی دانسـت این کار اتفاقی بـود و یا اینکه فریبا قصد اذیت و یا شـوخی بـا او را داشـت و یـا اینکـه می خواسـت پیغامی را بـه او بدهد. اما نادر می خواسـت به او بگوید که من هنوز هم تو را دوسـت دارم و با کسـی خصوصا بهترین دوسـت تو بیرون نخواهـم رفـت. اگـر چه نـادر سـعی در کنترل رفتـار و احسـاس خود داشـت اما چیزی در نـگاه فریبـا وجود داشـت که آتشـی در قلـب نادر شـعله ور کرده بود کـه هرگز توان خامـوش کـردن آن را نداشـت و در حقیقـت نمـی خواسـت آن را خاموش کنـد .چنان احسـاس عمیـق، غـم انگیز و معنی داری در نگاه فریبا وجود داشـت که بـه او این حس را مـی داد کـه هنـوز او را دوسـت دارد. او هنـوز هم او را می خواسـت و این امید و حس تنهـا چیـزی بـود که به نادر تـوان می داد کـه در آنجا بنشـیند .انگار ابراهیـم از رفتار و کـردار فریبـا گیـج شـد و در عیـن حال نگـران. اما بـه روی خود نمـی آورد و شـروع به تعریـف و تمجید در مورد آشـپزی همسـرش کـرد و اینکه آنها چقدر یکدیگر را دوسـت دارنـد و او بـه همسـرش افتخار می کند و چقدر عاشـق او اسـت. سـپس او چند بوسـه بـر روی گونـه ی فریبـا زد. ایـن مسـئله چنان عصبانیتـی درون نـادر برانگیخت که می خواسـت چهـره ابراهیـم را خرد و خمیـر کند .می دانسـت که ابراهیـم مخصوصا چنان سـخن مـی گفـت و عمل مـی کرد که پیغامـی را بطور غیر مسـتقیم به نادر داده باشد کـه او بایـد از فکـر فریبـا بیـرون بیایـد و دور او را خط کشـیده و او را فرامـوش کند. اما نـادر مـی خواسـت فریـاد بدانـد کـه تـوان فرامـوش کـردن او را ندارد. شـاید وقـت و یا

جای مناسـبی نبود، بنابراین فقط می توانسـت مودبانه نشسـته و شـاهد عشـقش باشد کـه در آغـوش ابراهیـم بود .بالاخره شـام تمام شـد و دسـر با چای صرف شـد و نوبت به بـازی حکـم رسـید. بازی حکـم را به جولیا هم یـاد داده بودند. ابراهیم ترتیبـی داده بود کـه او بـا فریبا هم تیم شـده بـود و جولیا با نادر. نادر می دانسـت تمـام کارهای ابراهیم از روی عمـد بـود و البتـه هنـوز تعریـف و تمجیـد ابراهیـم از اینکه که همسـرش فریبا چقـدر عالـی بـازی مـی کنـد ادامه داشـت .به خصـوص هنگامـی کـه او و فریبـا برنده مـی شـدند. نـادر بـازی کن قهـاری بـود و کمتر مـی باخت، امـا نمی دانسـت چطور به ابراهیم بگوید که از روی عمد به فریبا می بازد که او را خوشـحال کند. سـرانجام شـب بـه پایـان رسـید و نادر و جولیـا در کنار درب خانه ایسـتاده و در حال تـرک خانه بودند .بـه طـور سـنتی میهمانـان و میزبـان ها بـرای خداحافظـی بوسـه ای دوسـتانه بر روی گونـه هـای یکدیگـر می زدنـد. ابراهیم با جولیا و نادر مراسـم بوسـه ی خـدا حافظی را انجـام داد و فریبـا بـا جولیـا و نوبـت بـه فریبا و نادر رسـید. هـردو چند لحظـه ای تامل کردنـد، نـادر نمـی دانسـت کـه باید پیشـقدم شـود یا نـه، در فکر بـود که گونـه هایش بـا بوسـه ی فریبـا به آتش کشـیده شـد. نادر نمی توانسـت بـه خاطر بیـاورد که چطور او آنهـا را تـرک کـرد بـود، فقـط بـه این می اندیشـید کـه آیا فریبا بوسـه ای را بـه او به خاطـر انجـام مراسـم و ادب بخشـیده بود و یا او را از روی عشـق بوسـیده بـود. فقط می دانسـت که بوسـه ی فریبا شـب او را به زیباترین شـب و او را به خوشـبخت ترین مرد بـدل کـرده بـود. در تمام طول شـب جولیا هیـچ اطلاعـی از اینکه چه بین نـادر و فریبا و ابراهیم می گذشـت نداشـت و از گذشـته آنها هیچ نمی دانسـت.

حـالا نـادر در حیـن رانندگـی احسـاس مسـتی و خمـاری مـی کـرد، اما نـه بخاطر نوشـیدن شـراب بلکه به خاطر بوسـه و دیدن عشـق گم شـده اش .حتی نمی دانسـت چطـوری و کـی بـه آپارتمانـش رسـیده بـود. فقـط می دانسـت که او شـروع بـه زمزمه کـردن بسـیاری از آهنـگ هـای عاشـقانه ای که می توانسـت به یاد داشـته باشـد کرده بـود و نـه فقـط یـک یـا دو بار ،حدود سـاعت شـش صبـح بود کـه او در خـواب عمیقی فـرو رفـت. او فقـط بـه ایـن فکر می کـرد که حرکـت بعدیـش چه باید باشـد .

*****

فصل ۲۳

علف‌های هرزه ای که همیشه بلافاصله پس از کندن دوباره می رویند...

زندگی گاهی با شما خوب رفتار می کند و گاهی نه. یک اتفاق هر چقدر هم ناچیز باشد می تواند برای همیشه با تو بماند و گاهی شما را برای همیشه مجنون خود کند. نادر این احساس را از روزی که چشمش به فریبا افتاده بود تجربه کرده بود. از ان روز به بعد زندگی خوش و خندانش با تماشای فریبا و یاد او سپری می شد و بعد از ناپدید شدنش غمی سراسر وجودش را گرفت و نمی دانست چطور از آن خلاص شود و حالا فریبا دوباره در زندگی او ظاهرشده بود. ظهوری غیرقابل تصور. اما این بار نمی دانست که باید خوشحال باشد یا غمگین؟ اگر چه او را یافته بود اما حالا او متعلق به شخص دیگری بود. از طرف دیگر ابراهیم معمای غیر قابل درکی بود که حل کردن آن هربار پیچیده تر می شد. در این فکر بود که انگیزه های او چیست. انگار نادر نمی توانست از او خلاص شود. او همیشه یک جوری در زندگی او ظاهر می شد، آنهم درست در زمانی که زندگی نادر دچار آشوب بود؟ دوستی او درست مثل علف هرزه ای بود که مهم نبود چند بار آنها را کنده و بدور بیاندازی، باز می روئید. جالب تر این که برای اولین بار نادر فهمید که ابراهیم یهودی بوده و این را از همه پنهان کرده بود. در تمام این مدت همه فکر می کردند او یک زرتشتی است و اما چرا او مذهبش را از همه پنهان کرده بود؟ خصوصا از نادر که برای او هیچ مهم نبود که او چه مذهبی داشته باشد. فکر می کرد ابراهیم فقط می توانسته بعد از حادثه بهمن ریش مستقیما با فریبا آشنا شده باشد. اما نادر هنوز در این مورد کاملاً مطمئن نبود. اوضاع درهم و برهم بود. درست هنگامی که زندگی نادر دچار

بحران بود، دوباره ابراهیم به ناگهان در زندگی او ظاهر شده بود و با ظهور او احساسات و خاطرات گذشته برایش زنده شده بودند. به خودش یادآوری کرد که گذشته را باید فراموش کند و زندگی جدیدی را آغاز کند. بنابراین ابراهیم را دوباره به عنوان یک دوست واقعی پذیرفت .در این فکر بود که شاید باید پیشنهاد ابراهیم را قبول می کرد و با او وارد کار خرید و فروش املاک می شد. اما حالا با پیدا شدن فریبا، یکباره همه چیز عوض شده و رنگ و شکل دیگری بخود گرفته بود. نادر بین زمین و آسمان معلق بود. بدترین و دردناکترین تصمیمی که باید می گرفت این بود که شاید بهتر باشد فکر و ذکر فریبا را از ذهنش پاک کند. چرا که انگار هرگز نمی تواند فریبا را در آغوش خود داشته باشد .خصوصا حالا که ازدواج کرده بود .اما چطور؟ تمام عمر او در فکر فریبا گذشته بود، هرگز نمی توانست تصویر و یاد عشق او را از ذهن و قلب خود پاک کند. حتی فکرش هم او را افسرده خاطر می کرد. از طرفی هم حالا باید تصمیم می گرفت که باید با ابراهیم وارد کار می شد و یا نه، اما مطمئن نبود، چرا که با او همکار شدن به این معنا بود که او همیشه با فریبا دیدار داشت و این شاید برایش دردناک می نمود .در ثانی ته قلبش نمی توانست به ابراهیم اعتماد کند .خصوصا که عشق او را از او گرفته بود از طرف دیگر مزیت همکار شدن با او این بود که او همیشه با فریبا در تماس می بود، اما تحمل مشاهده این که معشوقش متعلق به کس دیگری بود برایش چندان آسان نبود .خصوصا اینکه وقتی آن سه با هم بودند رفتار و کردار ابراهیم نسبت به فریبا و تظاهر خارج از حدش نادر را شکنجه می داد. پر معلوم بود که ابراهیم بیشترین سعی خود را هم در این مورد می کرد. مضافا شاید هنوز برای ساواک کار می کرد و تمام خبرهای زندگی نادر را مو به مو به برادرش گزارش می داد. از طرفی هم از اینکه امکان داشت زندگی آن دو را بهم بزند احساس خوبی نداشت. قرار داد همکاری با یکدیگر آماده ی امضاء بود .اما نادر می دانست قادر به امضای آن نبود. اما نمی دانست چطوری این خبر را به ابراهیم بدهد. تصمیم گرفت تماسش را چندی با او قطع کند و برای همین جواب تلفن های دائم ابراهیم را نمی داد. اما ابراهیم

دست بردار نبود. او در این فکر بود که اگر نادر اطرافش باشد می تواند تماس او با فریبا را کنترل کند. بعد از چندین روز دوباره زنگ آپارتمان نادر به صدا در آمد. شب بود و دیر وقت. نادر می دانست که ابراهیم بود. چندین بار دیگر هم به آپارتمان او آمده بود و نادر در را باز نکرده بود. اما بالاخره چی؟ چه مدت می توانست خود را از او مخفی کرده و فراری باشد؟ ابراهیم اکثرا دیر وقت هم می آمد که مطمئن باشد نادر خانه است. از طرفی دل نادر هم بی اندازه برای فریبا تنگ شده بود و می خواست اگر شده بود یکبار دیگر او را ببیند و توی چشمان او نگاه کرده و به او بفهماند که هنوز هم که هنوز است عاشق اوست. صدای فریبا هنوز در گوشش زنده مانده بود. اولین کلمات او همچنان در سراسر روحش جاری بود. طعم اولین بوسه او در جسم و روح او خانه کرده و او را مسخ کرده و جزئی از وجود او شده بود. ابراهیم هنوز در پشت در زیر باران ایستاده بود و خیال رفتن نداشت .سرانجام نادر در را باز کرد و خود را به خواب زد.

هر دو چندی بهم زل زدند و انگار در جستجوی کلماتی برای آغاز سخن بودند. ابراهیم روی پله نشست، رو به باران. نادر در حال تماشای مردی بود که روزی بهترین دوست او به حساب می آمد، ولی حالا در نظرش بدترین دشمنش می نمود .ابراهیم بالاخره سکوت را شکست. « من به عنوان یک دوست اینجا آمدم... می دانم که نسبت به تو کارهای خوب و بدی انجام داده ام... اما... شاید من واقعاً نمی دانستم خوب بودند یا بد... یا باید بگویم که مجبور شدم آنها را انجام دهم، چرا که اولا من دستور دیگران را دنبال می کردم ...دستور برادرت و پدرم را ... درست و غلط در تمام این مدت ،در ذهن خودم خیال می کردم که کارم از نظر عقلانی درست بود ...شاید هم فکر می کردم هر کاری که می کردم برای خوبی تو ،دیگران و ایران بوده... و هیچوقت منظورم ضرر و زیان زدن به تو نبود ...حالا می بینم که سرنوشت چطوری آدمها را به بازی می گیرد... بعد از این همه مدت که خودم را برنده و پیروز می دانستم ،حالا به این نتیجه رسیدم که فکرم اشتباه بوده و نیازمند کمک بهترین دوستم هستم... به کمک تو... من درمقابل تو احساس کمبود می کردم ...و حال احساس ناتوانی... تو می توانی زندگی من را نابود کنی ...و یا آن را به من ببخشی...

مثل یک دوست خوب که من هیچوقت قدرت و اراده و شاید ارزش داشتن چنین افتخاری را نداشتم... تو می تونی زندگی من را از بهم پاشیدن نجات بدهی ...می تونی همسرم راکه دیوانه وار عاشقش هستم به من ببخشی و یا همه چیز را نابود کنی..." ابراهیم با پشت دستش اشکهایش را از گوشه ی چشمهایش پاک کرد. این همان چیزی بود که نادر توان دیدن وتحمل آن را نداشت .البته ابراهیم رگ خواب برانگیختن احساسات نادر را خوب می دانست و نقش خود را به خوبی و به درستی مثل بهترین هنرپیشه ی تئاتر بازی کرده بود .نادر کنار او نشست و چندی دو رفیق قدیمی به تماشای ریزش باران مشغول شدند و گوش به نوای صدای باران دادند. نادر می خواست بداند که آیا ابراهیم و فریبا آنقدر عاشق هم هستند که ادامه ی زندگی آنها بتواند آینده ای داشته باشند، یا نه؟ سرانجام او سکوت را شکست « .من قسم می خورم اگر بدونم شما دوتا عاشق هم هستید، شما را تنها بگذارم... و از این شهر برم ...برم که چشمم در چشم فریبا نیافتد"

ابراهیم می دانست که نادر به او فرصت داده بود که زندگی خود را نجات دهد ،بنابراین هر آنچه در چنته داشت برای تحت تاثیر قرار دادن احساسات نادر به کار برد. "می دانم نمی دانستی که من برای ساواک کار می کردم... برادرت عباس و پدرم من را در ساواک استخدام کردند... بعدش هم فرستادندم اینجا که برای آنها خبر تهیه کنم ...بعد از یک سالی که اینجا بودم پدرم به ملاقات پدر فریبا رفت آنها تصمیم گرفتند او را بفرستند اینجا ...و بعد هم ترتیب ازدواج من را با فریبا دادند ...بعد فهمیدم که فرستادن من به اینجا با نظر برادرت، پدرم و پدر فریبا انجام شده بود. که ترتیب ا زدواج من و فریبا را بدهند... برای همین هم برای من پول زیادی هم فرستادند که سرمایه گذاری کنم که فریبا در رفاه باشد. اما اگر چه همه چیز بخاطر و نظر آنها انجام شد، اما من واقعا عاشق فریبا شدم، فریبا هم همینجور ...و بدون او نمی توانم زندگی کنم... مثل یک آدم مرده هستم... تا قبل از پیدا شدن تو، زندگی ما بسیار شیرین و شاد بود، انگار زندگی ما بسیار شیرین و شاد بود، انگار مادرش بهش گفته بود که تو به دیدنش رفته بودی. وقتی که فهمیدم آمدی لس آنجلس تصمیم گرفتم فریبا را بردارم بیام اینجا که شما یکدفعه با هم برخورد نکنید. می دونستم حتما دنبالش خواهی

گشت... اما از تقدیر روزگار از بین این همه شهر تو آمریکا تو از لس آنجلس صاف راهت و گرفتی آمدی اینجا... من که خیال می کردم تو برای پیدا کردن فریبا از لس آنجلس به اینجا آمدی فکر کردم بهترین راه این باشه که تو را به خانه ام دعوت کنم که تو خودت ببینی زندگی ما چقدر شیرین است ...و ما همدیگر را دوست داریم... اما فکر می کنم کار من اشتباه بود ...باید نقشه دیگری اجرا می کردم و از اینجا کوچ می کردم ...که شما باهم برخوردنکنید." بعد هم مستقیم در چشمهای نادر نگاه کرد و از ته قلب ملتمسانه ادامه داد، " نادر من هرکاری برای تو می کنم ...فقط به حرمت دوستی قدیمی، خواهش می کنم زندگی من و بهم نزن... من دیگه از فرار و مخفی شدن از تو خسته شد ...و نمی خواهم دیگه فرار کنم ...حاضرم هر چه پول هم دارم بهت بدهم، اما فریبا را با من تنها بزار ...بخاطر حرمت دوستی قدیم مان"

نادر در کنار ابراهیم نشسته و به باران خیره شده بود و می دید که دوست قدیمیش در حال گریه کردن است و به او التماس می کند که به او اجازه دهد زندگیش را حفظ کند. قبول کند که این بازی سرنوشت بوده که با آنها این چنین کرده است .چندی هر دو فقط به تماشای باران اکتفا کردند .هر دو حس می کردند در مقابل بازی روزگار ذلیل هستند و هیچ قدرت مقابله ای ندارند، چرا که هر کاری می کردند یکی از آنها بازنده بود و در غم و دوری فریبا می سوخت و فدا می شد.

ساعت ها از رفتن ابراهیم گذشته بود. نادر بی هدف در خیابان های مشغول رانندگی بود و به خودش، به فریبا، به ابراهیم و به آینده اش فکر می کرد. حتی نمی دانست کجا می رفت و کجا بود. او ساعتی بعد از رفتن ابراهیم خانه اش را ترک کرده بود. بدون اینکه خودش بداند، خود را جلوی خانه ی ابراهیم یافته بود. با رسیدن به آنجا بی اختیار ایستاد و به خانه ای که معشوقش را در خود مخفی و زندانی کرده بود خیره شد. به خود یاد آوری می کرد که سرانجام به ابراهیم قول داده بود که سانفرانسیسکو را هر چه زودتر ترک خواهد کرد و آنها را تنها می گذارد .او قصد رفتن به آنجا را نداشت اما در حالی که در افکار خود گم شده بود جلوی خانه ی فریبا رسیده و ایستاده بود. داخل ماشینش زیر بارانی که بی رحمانه بر سر و کول ماشینش شلاق می زد نشسته و ساعتها به خانه خیره شد. او برای

عشقی کـه بـی رحمانـه از او ربـوده بودند می گریسـت. می دانسـت که هنـوز هم می توانسـت بـرای بـه دسـت آوردن فریبـا اقدام کنـد. اما قولـی را که بـه ابراهیـم داده بود چـی؟ سـاعت ها آنجا نشسـت، سـپس ماشـینش به سـمت پائیـن تپه در حرکـت شـد. چراغ هشـدار قرمز بنزینش شـروع به چشـمک زدن کرد، در اولین پمپ بنزین متوقف شـد .بـاک بنزیـن را پـر و دوبـاره در حرکـت شـد، بـه کجـا خودش هـم نمی دانسـت. انـگار داشـت از آنچـه او را رنـج مـی داد فـرار می کرد ،خـودش را به خاطـر قولی که به ابراهیـم داده بـود سـرزنش می کـرد و حداقل این تنهـا کاری بود که می توانسـت برای تنبیـه و پشـیمانی با خود کرده باشـد.

طولـی نکشـید کـه خـود را دویسـت کیلـو متـری لـس آنجلس یافتـه بـود. کناری ایسـتاد و در فکـر شـد. چشـمانش را روی هـم گذاشـت که کمـی در تاریکـی فکر کند کـه چـه بایـد مـی کـرد .به فکـرش افتـاد که بـه دیـدن حسـین رفتـه و از او صـلاح و مشـورت کنـد، دلـش می خواسـت او را ببیند و خبر دیـدن فریبا را بـه او بدهد، درثانی نـادر کامـلاً از ایـن واقعیـت آگاه بود کـه ابراهیم برای سـاواک در آمریـکا کار می کرد و فکـر مـی کـرد بایـد به حسـین این موضـوع را اطـلاع دهد که حواسـش را جمـع کند. امـا مـی دانسـت که باید مطمئن شـود که حسـین اقـدام احمقانـه ای بر علیـه ابراهیم نکنـد کـه ضـررش بـه فریبا هم برسـد. امـا خیلـی زود به این نتیجه رسـید کـه بدیدن حسـین رفتـن کار عاقلانـه ای نمـی توانسـت باشـد ،چـرا کـه خـوب می دانسـت که با سـخنرانی و نصیحت او روبرو می شـد و برای انتقاد و نصیحت حسـین آمادگی نداشـت ،خصوصـا اینکه حسـین عاشـق بودنـش را خیال بافی قلمـداد می کرد و نمی خواسـت در بـاره ی آن چیـزی بشـنود، نمی خواسـت که حسـین دوبـاره از او بخواهد کـه به او و گروهـش ملحـق شـود تا بـرای نجات کشـورش بجنگد.

صـدای غـرش بـوق کامیونی نـادر را از خـواب عمیقش بیـدار کرد ،چشـمانش را به سـختی بـاز کـرد. متوجـه شـد که از فکـر و خیـال و خسـتگی چشـماهایش روی همه رفتـه و بـدون اینکـه بدانـد در خـواب شـده بود، سـاعت ۹ بود. چند سـاعتی بـود که با بسـتن چشـمش بخواب رفتـه بود. بوق کامیـون بخاطر ماشـینی که زن سـالخورده ای راننـده آن بـود دوبـاره بـه صـدا در آمـد و از او مـی خواسـت کـه حرکت کـرده و جاده را بـاز کنـد .نـادر بـا دیدن پیـر زن ناگهـان به یاد مـادرش افتـاد. حدود یک سـالی می

شد که او مادرش را ترک کرده بود. با بیاد آوردن مادرش یکباره به فکر و یاد مادر آمریکایی خود افتاد.

چند ساعت بعد در خانه آنها را می زد اما هیچ جوابی نمی گرفت و در باز نمی شد. حتی صدای سگ ها هم که قبلا با شنیدن صدای زنگ در پارس می کردند هم شنیده نمی شد. از پنجرها به داخل نگاه کرد با تعجب خانه را خالی یافت. در فکر شد که شاید خانه را اشتباه گرفته باشد که صدای یکی از همسایه ها او را بخود آورد که به او اطلاع می داد که مام چند ماهی می شود که در گذشته است و جانت هم کوچ کرده و به جای دیگری رفته و خانه هم فروخته شده. با شنیدن مرگ مادر آمریکاییش غم گرانی وجودش را گرفت. در این فکر شد که شاید مادر خودش در ایران بدون اینکه بتواند او را دیده و از او خدا حافظی کند فوت کرده و او را ترک کند و این سفری بود که تحملش برای نادر چندان راحت نبود و پس از آن فکر و خیال های زیادی در ذهنش نقش بسته و محو می شدند و همه و همه او را بیشتر و بیشتر می آزردند. حالا چند لحظه ای هم که شده بود از فکر فریبا فارغ شده و فکر آماده شدن برای تحمل شنیدن مرگ مادرش جای آن را گرفته بود.

مدتی نادر کنار ساحل زیبای کالیفرنیا وقت گذارند و به این فکر می کرد که چه باید می کرد و بالاخره تصمیم گرفت که از سانفرانسیسکو کوچ کند. می دانست که هر چه به فریبا نزدیکتر باشد بیشتر در فکر او خواهد بود و شاید روزی دوباره با او روبرو شود و کنترل احساس و منطقش را از دست بدهد و قولش را فراموش کند. بنابراین به سانفرانسیکو برگشت و هر آنچه داشت که چیز چندانی نبود را برای فروش گذاشت. بعداز ظهر یک روز بارانی بود که در آپارتمان خالیش تنها نشسته بود. روز بعد باید آن را تحویل می داد و عازم لس آنجلس می شد. سرش را به دیوار تکیه داد و چشمش را بست و به صدای ریختن باران گوش می کرد. او همچنین از دیدن ابراهیم اجتناب کرده بود، همسایه اش به نادر اطلاع داد که ابراهیم بارها به دنبال او آمده است .بعد از چندی با صدای آژیر ماشین پلیسی از بیرون از خواب پرید .چشمانش را که باز کرد ،خشکش زد، فکر کرد که ممکن است هنوز در خواب باشد و یا اینکه چشمانش مست هستند و باید دید خود را به نوعی اصلاح کند. اما چشمان او اشتباه نکرده بودند مقابلش روح و جسمش، عشق،

فریبا نشسته و مستقیم در چشمان او نگاه می کرد. او لباس آبی زیبا و دلپذیری پوشیده بود .موهای سیاه بلندش روی شانه هایش رها بودند، درست مثل یک آبشار زیتونی. او را هرگز چنین زیبا و روحانی ندیده بود ،دوباره با دیدن فریبا زبانش بند آمد .وقتی که او در خواب شده بود فریبا به دیدنش آمده بود، از پنجره دیده بود که در خواب است و در هم قفل نبود. با احتیاط که نادر بیدار نشود وارد شد و کنار او نشسته و او را ساعتی فقط تماشا کرده بود. مدت طولانی چشمان آن دو در سکوت عشق در هم قفل شده و در وجود هم گم شدند. اما بهر دلیلی بود هر دو می دانستند که باید از آپارتمان خارج شوند، چرا که امکان داشت ابراهیم هر آن برای دیدن نادر سر برسد خصوصا اینکه فریبا هم خانه نبود .بدون اینکه زبان باز کنند فریبا بر خواست و دست نادر را گرفت و به او کمک کرد که از جایش بلند شود. با نشستن دست نادر در دست فریبا تمام بدن نادر در آتش گر گرفت .در آن لحظه نادر احساس می کرد که خدا دستش را گرفته بود در حالی که آنها از آپارتمان خارج می شدند نادر احساس می کرد چون پرنده ای در حال پرواز است.

باران هنوز می بارید، اما نه به شدت قبل .نادر کنار فریبا نشسته و در حضور او گم شده بود .قطرات باران شیشه های اتومبیل فریبا را که خودش در حال راندن آن بود پوشانده و در سفر به پائین می لغزیدند و مانند قاب عکسی صورت زیبا و رویایی فریبا را در خود داشتن .طولی نکشید که اتومبیل در کوچه ی خلوتی ایستاد و نادر به دنبال فریبا از اتومبیل خارج شد. دست ظریف فریبا زیر باران سفر کرد و دست نادر را گرفت و باز با نشستن دست نادر در دست فریبا آتشی در جان و وجود نادرشعله ور شد، حتی باران سرد هم نمی توانست مانع گر گرفتن آتش در وجود و قلب نادر شود. انتهای کوچه به صخره ی بسیار بلندی برمی خورد که مشرف به دریا بود .نادر همچون بچه خردسالی که مادرش دست او را گرفته بود به دنبال فریبا قدم برمی داشت. از پیچ و خم صخره گذشته و بالاخره زیر طاقی قسمتی از صخره متوقف شدند. به نظر می رسید فریبا با آن محل آشنایی کامل داشت .محل بسیار دنجی بود و از دید همه بجز دریا در امان بود، فقط تو بودی و دریا و صدای امواج که با شدت بطرف صخره می شتافت و به آن شلاق می زد و آب چند متری در هوا بلند و پخش می شد و توقف هم برایش معنی و مفهومی نداشت. هنوز هیچ

صدایی از آنها شنیده نشده بود. شاید هردو می ترسیدند که کلمات مانع آرامش و صلح ذاتی بین آنها شود. گویی کلمات احساس تقدس را که از طریق انگشتانشان جاری می شد را از بین می برد .قلب آنها نیازی به صدا نداشت، فقط نشستن در کنار یکدیگر برای تامین انرژی ازیکدیگر کافی بود .صدای قور قور دو پرنده ی سفید که در نزدیکی آنها کنار هم نشسته بودند که از گزند باران که هنوز نم نمک می بارید در امان باشند، سکوت آنها را شکست .دو پرنده به هم چسبیدند که از گرمی و انرژی یکدیگر بهره مند شوند. فریبا هم همچون پرندها به آرامی و مهربانانه به نادر نزدیک و در آغوش نادر جای گرفت و همین جور به تماشای دو پرنده ی سفید، دریا و امواج که همچنان به صخره می خوردند نشستند .دست های نادر بدون آن که بداند روی سینه های فریبا نشست و او را در آغوش گرفت و به هیچ عنوان نمی خواست او را رها کند .بی اختیار یاد روزهایی افتاد که فریبا کتاب هایش را در صف مدرسه روی سینه های خود محافظت می کرد. اما احساس و آتشی که در وجود آن دو شعله ور شد قابل تصور برای آنها نبود. احساسی بود که قبلاً هرگز از آن برخوردار نبودند، نادر حس می کرد که در بهشت برین سیر و سیاهت می کرد. البته اگر بهشتی وجود داشته باشد. نادر دیگر وزنی را حس نمی کرد، بی وزن شد و پرواز می کرد، در بالا ،در آسمان و محاصره شده توسط نسیم و این احساس برای هردوی آنها مشترک بود. دستان نادر با تمام نیروئی که در وجود داشت عشقش را نگه داشته و از او محافظت می کردند و نمی خواست هرگز او را رها کند. به این فکر می کرد اگر مجبور شود برای او بجنگد با تمام وجود اینکار را خواهد کرد. هر دو در وجود هم و در زمان و مکان گم شدند. نادر نمی دانست که بعد از این همه سال انتظار این لحظات حقیقت داشت و یا او در رویا بود. صورت فریبا چرخید و نگاهش از پائین بطرف بالا در چشمهای نادر قفل شد. "ای خدای من، آیا من خواب می بینم و یا این حقیقت دارد" و این چیزی بود که در ذهن نادر به صدا آمد و با خدایش صحبت می کرد. دست نادر به آرامی به حرکت آمد، با موهای معشوقش بازی می کرد، گردنش را لمس می کرد .

تاریکی کم کم داشت زمین را می پوشاند، دو پرنده هنوز آنجا کنار هم نشسته بودند، صدای ضربه های موج ها هنوز بر بدنه ی صخره می خورد و در گوششان

نـوای دلنشـینی مـی نواخـت و لحظـه ای که نـادر فکر می کـرد هرگز اتفـاق نمی افتد بـه واقعیـت پیوسـت. صـورت فریبـا به نـادر نزدیـک و لـب هایـش روی لب هـای نادر نشسـت و ایـن نقطـه ای بـود کـه نـادر را از خـود بیخـود کـرد، دیگـر هیـچ چیـز معنا نداشـت تمـام هسـتی در آن حـس و آن لحظه خلاصه شـده بـود. ابراهیم شـوهر فریبا در ذهـن آنهـا مـرده بود .ذهنشـان نـه به گناه فکـر می کرد و نـه به زمان و مـکان. آنها در حـال بوسـیدن یکدیگـر بودنـد .صـدای جادویـی فریبا در گـوش نادر نوای دلشـینی نواخـت "بـا من عشـقبازی کن... سـالها در انتظـار این لحظـه بودم".

سـاعتی بعـد سـینه هـای زیبـا و لخـت فریبا بر سـینه هـای نادر بوسـه مـی زدند. هنوز نادر محکم فریبا را در آغوشـش نگه داشـته بود .با لباس هایشـان فریبا را پوشـاند کـه او را گـرم نگـه دارد .بـاران هنوز نم نمک مـی بارید، صدای موج کـه هنوز بر صخره مـی کوبیـد بگوش مـی خـورد .دو پرنده در خواب شـده بودنـد و صـدای جادویی فریبا بـاز بـا نـوای گرمـش در گوش های نـادر زمزمه کـرد " .این اولین باری بود که احسـاس مـی کردم واقعا عشـقبازی مـی کنم"...

هـر دو آهنـگ زمـان را گم کـرده بودند ،تاریکی شـب چادرش را پهن کـرده و ندای جدایـی و غـم مـی داد. مـی دانسـتند که لحظـه ی جدایی فرا رسـیده بـود، اگر چه غم سـنگین جدایـی جانشـین لحظـات شـاد و رویایی شـد اما آنهـا مجبور بودنـد کعبه ی خـود را تـرک کننـد .کعبه ای که هرگـز آن را از یاد نمی بردند .طولی نکشـید که فریبا در تاریکـی شـب ناپدیـد شـده بـود. اگـر چـه اشـک می ریخـت اما اشـک هایـش را از نـادر پنهـان کـرده بـود .نادر می دانسـت پـس از این ناپدید شـدن غیر معمـول ابراهیم قطعـاً بـه فریبـا شـک خواهد بـرد و رفتار و کـردار او را زیـر نظر خواهد داشـت و آنها به سـختی مـی تواننـد با هـم ملاقات کنند. فریبـا به او گفته بـود که چرا نمی خواسـته از ابراهیم فرزندی داشـته باشـد ،گفته بود که با فشـار پدرش همسـر ابراهیم شـده بود و بـرای همیـن نسـبت به پدرش احسـاس تنفر می کند و این احسـاس همـواره او را رنج مـی دهـد. فریبـا حـالا رفتـه بود. به نظـر می رسـید فقط آمده بـود کمی با عشـقی که دیگـران بسـیار بـه او صدمـه زده بودنـد خلـوت کند و بـه او بگوید هنـوز بیـاد او بوده و خواهـد بـود و عشـق او در قلبش بـوده و باقی خواهد ماند. نگرانـی ابراهیم هم به همین خاطـر بـود چرا که احسـاس فریبا نسـبت بـه نـادر را دریافته بـود. اما دیوانه وار عاشـق

فریبـا بـود و نمـی خواسـت به هر قیمتـی که شـده او را از دسـت بدهد ،حتـی اگر رنج و شـکنجه دادن او در تمـام عمـرش باشـد و بـار دیگر نادر بـه تنهایی در باران ایسـتاده و بـه آینـده ی نامعلومـش مـی اندیشـید. به ایـن که باید باقـی می ماند و برای بدسـت آوردن فریبـا مـی جنگیـد و یـا ناپدید می شـد و او را تنها می گذاشـت؟

*****

فصل ۲۴

اهل عربستان هستید؟

چنـد روز گذشـت، نـادر اکنـون در یـک آپارتمـان خالـی زندگـی مـی کـرد و فقـط یـک پتـو و یـک بالـش و لبـاس هایـش باقـی مانـده بودنـد. قـرار بـود چنـد روز پیش آنجـا را تـرک کـرده باشـد امـا ظهـور ناگهانـی و غیـر منتظـره فریبـا او را از بیـخ و بن زیـر و رو کـرده بـود.

از طرفـی هـم گاهـی از آنچـه بین او و فریبا گذشـته بود احسـاس گنـاه می کرد که چـرا با یک زن شـوهردار عشـق بـازی کرده بود، اما بنوعـی برای اینکه وجدانـش را آرام کنـد بـا خـود می گفـت کـه فریبـا را از او ربوده بودنـد، و بنوعی خـود را قانـع می کرد کـه نبایـد چنین احساسـی داشـته باشـد، اما ایـن را می دانسـت که احسـاس گناهش ریشـه مذهبـی داشـت و بـه خاطـر همین منطقش مـی گفت وقتـی همیـن مذهب او و معشـوقش را از هـم جـدا کـرده بودنـد پـس چـرا او باید احسـاس گناه کنـد. چرا که هـردوی آنهـا قربانـی عقایـد دیگران شـده ومـورد ظلم واقع شـده بودنـد. اما تمـام این اسـتدلال ها باعث نمی شـد که او با وجدان و اخلاق خود در مشـاجره نباشـد. داشـتن وجـدان و اخـلاق درسـت و عادلانـه نیـازی بـه مذهـب نـدارد و بـه همین خاطـر نمی توانسـت برای یک تصمیم نهایی به نتیجه برسـد. او می دانسـت که فریبا می خواسـت کـه او آنجـا بمانـد اما اگـر او آنجا بماند همیشـه باید با وجـدان خود در جنگ باشـد، از کجـا معلـوم کـه دوباره با فریبا ملاقات و معاشـقه نکنـد. از طرفی هم نسـبت به ابراهیم احسـاس خوبـی نداشـت و نگـران پیامدهای بـدی برای فریبـا بود. یک هفتـه به همین منـوال گذشـت امـا هیـچ خبـری از فریبا نشـد حالا هم خوشـحال بـود و هم افسـرده، درسـت مثـل اینکـه روی زمیـن و هـوا زندگـی مـی کـرد، بـه هر حـال کم کم داشـت نگـران مـی شـد ،حتـی ابراهیم هـم به دیـدن او نیامـده ویا تمـاس تلفنی بـا او نگرفته بـود و ایـن امـر او را بسـیار نگـران مـی کرد که نکنـد برای فریبـا اتفاقی افتاده باشـد؟

بالاخـره شـبانه بـه طـرف خانه ی فریبا بـه راه افتـاد و در نزدیکی خانـه توقف کرد .هیـچ چراغـی در خانـه روشـن نبـود، همـه جـا تاریـک بـود. فکـر کرد کـه شـاید باید بـرای شـام بیـرون رفته باشـند، سـاعت هـا آنجا صبر کـرد اما هیـچ خبری از آنها نشـد، سـاعت۳ نیمـه شـب بـود از ماشـینش خارج شـد و کمـی به خانـه نزدیک شـد متوجه شـد کـه هیـچ پـرده ای جلـوی پنجرهـا دیده نمی شـود. بـا احتیـاط به خانـه نزدیکتر شـد از پنجرهـا بـه داخـل نگاه کـرد ،خانـه کاملا خالـی بود. بـا خالی بـودن خانه غمی عمیـق قلـب او را تسـخیر کـرد .فریبـا کـوچ کرده بـود. امـا نمی دانسـت بـه زور و یا با رضایـت خـودش .نگـران بـود کـه نکنـد فریبـا به آنچـه بیـن آنها گذشـته بـود اعتراف کـرده و ابراهیـم بلایـی سـر او آورده باشـد .بایـد خبر دار می شـد که بر او چه گذشـته اسـت ،بهتریـن شـخص برای گرفتـن خبرجولیا بـود .بدون تامـل تلفن جولیـا را گرفت و او روی خـط تلفـن بـود .پـس از عـذر خواهی از اینکـه متقابلا با او تمـاس نمی گرفته قـرار ملاقـات گذاشـت و روز بعد با جولیا مشـغول نوشـیدن قهوه بود .آنهـا در یک کافی شـاپ کوچـک ملاقـات کردنـد . در آنجا بود که جولیـا به نادر گفت کـه ابراهیم از رابطه فریبـا بـا شـخی دیگر اطـلاع یافتـه بـود و بلافاصله خانـواده خـود را از سانفرانسیسـکو بـه نقطـه نامعلومـی منتقـل کـرده. گفته بـود حتی جولیـا از ایـن نقل و انتقـال خبری نداشـت. جولیـا اظهـار کرد شـنیده بـود که ابراهیـم و پدر فریبـا او را تهدیـد کردند که اگـر بـا ابراهیم همراه نشـود پسـرش را از او مـی گیرند. و همچنین برای نادر مشـکلات زیـادی در آمریـکا و ایـران بوجود می آورند و نادر هیچ روز خوشـی را در زندگی نخواهد دیـد و بـرای همیـن هـم فریبـا بـا آنها همراه شـده و رفتـه بـود و حتی بـا او هم تماس نمـی گیرنـد و ارتباطشـان قطع شـده، من نمـی دانم چرا شـما را هم تهدید کـرده اند؟ جولیـا هیـچ تصـوری از ایـن نداشـت که نادر باعـث ایجاد این مشـکلات بیـن ابراهیم و فریبـا شـده بـود. اما جولیا نمی دانسـت چرا؟ هنوز نمی دانسـت که نادر و فریبا عاشـق یکدیگـر بـوده و هسـتند و نـادر هم سـکوت اختیار کـرده و خودش را بـه کوچه ی علی چـپ زده و هیـچ چیـز به جولیا نگفـت. نادر چند هفته ی دیگر در سانفرانسیسـکو باقی مانـد و سـعی کـرد خبـری از فریبـا بگیـرد اما هیچ شانسـی نداشـت. او هر شـب جولیا را مـی دیـد .جولیـا کتـاب های زیـادی خوانـده بود حتـی در مورد ایـران ،در مـورد هر موضوعـی بطور نسـبی آگاهی داشـت، بنابراین انجـام مکالمات با او خالـی از لطف نبود.

نـادر از گفتگـو بـا جولیـا بسـیار خرسـند بـود و از آن لـذت مـی بـرد .اما وضـع مالیش بسـیار بـد شـده بـود چرا کـه مدتی بود کـه کار نکـرده بود و بطـور کلی دلـش به هیچ کاری نمـی رفـت، بـه غرورش برمـی خورد از ایـران هم کمک بخواهد. نمی دانسـت که مـی خواسـت در سانفرانسیسـکو بماند یا نه. می دانسـت کـه فوری باید کاری دسـت و پـا کنـد .وقـت این رسـیده بود که سانفرانسیسـکو را بطـرف «لس آنجلـس" ترک کند .وقتـی خبررفتـن بـه " لـس آنجلـس" را به جولیـا داد دید کـه غمی سـنگین در چهره جولیـا نشسـت و سـکوت کـرد و بعـد از چند دقیقـه نادر را تـرک کرد .نادر سـاعتی به تنهایـی نشسـته و بـه جولیـا و رفتـار و عکسـل العمـل او بعد از اینکه شـنیده بـود نادر قصـد تـرک کـردن آنجـا را دارد فکر کرد، بنا به دلیلی ناشـناخته برای خـودش با جولیا تمـاس گرفـت و از او خواسـت که با او عازم لس آنجلس شـود .سـکوت طولانی از طرف جولیـا حکمفرمـا شـد، نـادر خیـال کـرد که تلفـن را قطـع کرده و سـپس صـدای او را شـنید" .چـرا مـی خواهـی مـن بـا تو بیـام؟" «خـودم هـم نمی دانـم ...من برای شـما احتـرام زیـادی قائـل هسـتم... شـاید دوسـتی مـا به یـک نتیجـه ای برسـد و در نهایت بـه یـک دوسـتی خـوب و شـاید هـم ازدواج برسـد..." نـادر در اینجا متوقف نشـد جولیا سـاکت بـود و نـادر می خواسـت او را به گفتگو بکشـد، بنابراین ادامه داد. "بـا من ازدواج مـی کنـی؟" نـادر خودش هم نمی توانسـت کلماتی را کـه از دهانش بیرون آمـده بود را بـاور کنـد کـه چرا به جولیا پیشـنهاد ازدواج داده بـود. اما حرفی بود کـه زده بود و برای پـس گرفتنـش دیر شـده بود، صـدای جولیا در تلفن که نجوا کرد، "بله..." شـنیده شـد.

* * * *

دومـاه بعـد نـادر و جولیـا ازدواج کـرده و در لـس آنجلـس سـاکن شـده بودنـد. اما مطمئـن نبـود کـه دقیقـاً چطـور ایـن اتفـاق افتـاده بـود. بـا شـنیدن خبـر ازدواج نادر ،دوسـتان وی بیشـتر در شـوک بودنـد، اکثـر آنها بـاور نمی کردنـد که وی واقعـاً ازدواج کـرده اسـت و اگـر هم کرده باشـد بایـد به خاطـر گرفتن کارت سـبز اقامـت در آمریکا باشـد. امـا نـادر هیـچ احتیاجـی بـه توضیـح اینکه چـرا بـا جولیـا ازدواج کرده اسـت را نداشـت .خـودش مـی دانسـت کـه اصلا بـه کارت اقامـت فکر نکـرده بـود و حتی نمی خواسـت در آمریـکا باقـی بمانـد، او به اینکه جولیا بسـیار مهربان و باهـوش و مطلع بود شـکی نداشـت و بلکه ایمان داشـت سـاعت ها می توانسـت با او در مورد هر موضوعی

بحث و گفتگو کند. عقیده داشت با داشتن جولیا در کنارش بسیار خوش شانس بود. اما با همه این احوال گاهی با خود فکر می کرد که شاید به خاطر فرار از غم ناپدید شدن دوباره فریبا از زندگیش و فراموش کردن او اقدام به این ازدواج کرده است و یا فرار از مشکلات و غم دوری از ایران، مادرش و فروغ و اگر این چنین بود هر دوی آنها قربانی این خودخواهی او می شدند و این شک که شاید این امر حقیقت داشته باشد روحش را آزرده می کرد و از خودش بدش می آمد .اما به نظر می رسید عشق بسیاری بین آنها قوت گرفته بود و تصمیم گرفت شوهر وفادار و مهربانی برای او باشد. شکی نبود که با ازدواجش با جولیا فصل دیگری در زندگی نادر آغازشده بود، فکر می کرد حالا که در امریکا ماندگار شده باید در جستجوی شغلی جدی باشد که برای تامین زندگیشان پول خوبی هم بسازد. اما چه کاری؟ سرگردان در خیابان قدم می زد که چشمش به یک جوان ایرانی افتاد که در یک بنگاه ماشین فروشی مشغول کار بود ،تصمیمش را گرفت ،یک هفته بعد در یک نمایندگی هندا مشغول کار شده بود. اما او هیچ تجربه ای در کار ماشین فروشی نداشت و هیچ کس هم به او فوت و فن فروش را یاد نداده بود، بعد از دو هفته هنوز فروشی نداشت، تا اینکه مدیر او را به داخل دفتر صدا کرد و از او پرسید، "اهل کجایی؟ «نادر جواب داد « ایران... « «ایران؟ «من فکر می کردم اهل عربستان سعودی هستی؟ تو اخراجی..." نادر از اولین شغلش اخراج شد و حتی پولی هم به خاطر دو هفته ای که کار کرده بود به او پرداخت نشد. این را هم نمی دانست که آنها قانونا مجبور بودند حداقل دستمزد را به او بدهند. اما بیکار ننشست و دوباره برای پیدا کردن کار، دست به کار شد ،برای اینکه هنوز خوب نمی توانست انگلیسی صحبت کند که تقاضای کار را پر کند و جواب همه سوال ها را به درستی بدهد جولیا را همراه داشت .نادر مدارکی را که باید برای گرفتن شغل پر می کرد را گرفته و به داخل ماشین می آورد و جولیا برایش پر می کرد و جواب می داد و او بر می گشت و تحویل مدیری که باید با او صحبت و او را استخدام می کرد می داد .دو روز بعد در یک نمایندگی فروش داج ،مقابل مدیر نمایندگی که اهل مکزیک بود نشسته و در حال گفتگو بود. به او شغلی پیشنهاد داد اما تنها شرطش این بود که ریش خود را بتراشد. ریشی که نادر ده سالی می شد که آنرا فقط مثل سرش

اصلاح می کرد و نتراشـیده بود را تراشـید که شـغلش را از دسـت ندهد. اما این شـغل هـم چنـدان دوام نداشـت، در حقیقت بعـد از دو روز او را اخراج کردند و گفتند که وقت تعلیـم او را ندارنـد و بایـد یک فروشـنده مکزیکی تجربـه دار را که زبـان مکزیکی را هم صحبـت مـی کـرد و بـه او بیشـتر نیاز داشـتند جانشـین او کنند و بـه این طریـق او از شـغل دوم خـود هم اخراج شـد .ایـن دو تجربه نـادر را تکان داد ،تصمیـم گرفت نگذارد هیچکـس و هیـچ نیرویـی از موفقیـت او جلوگیـری کنـد. روز بعد او در یـک نمایندگی بیـوک مقابـل یـک مدیـر جوان بیسـت سـاله ای بـه نـام دیوید نشسـته بـود ،دیوید به نـادر خیـره شـده بـود، معلـوم بود کـه از نادر خوشـش آمده بود اما شـک داشـت که به او شـغلی پیشـنهاد کنـد ،او بالاخـره به سـخن آمد من مطمئن هسـتم انگلیسـی تو به حـدی نیسـت کـه ایـن مـدارک هـا را خودت پـر کرده باشـی ،چطـور من مـی توانم به شـما پیشنهاد شـغلی را بدهم؟"

" بخاطـر اینکـه مـن بایـد بـه خانوادم برسـم، آنها بـه من احتیـاج دارنـد، نمی تونم بـزارم گرسـنگی بکشـند ،من سـخت کار مـی کنم ..."

نـادر همچنـان ادامـه مـی داد کـه با بلند شـدن صدای پیـر مـردی صدایش قطع شـد... "پسـر جـان هیچ کـس در آمریکا از گرسـنگی نمی میـرد ..."

نـادر برگشـت و چشـمش بـه پیـر مرد لاغـر اندامـی افتاد، که پشـتش در جـداره ی در ایسـتاده بـود. پیـر مرد ،کت و شـلوار خاکسـتری رنگ وکـروات قرمزی بر تن داشـت ،پرونده ای را که در دسـت داشـت روی میز دیوید انداخت و ادامه داد،" خصوصا شـما..."

بعـد هـم لبخنـدی زد و بـا دسـتش بـا مهربانی به پشـت نـادر ضربـه ای زد و بعد از اشـاره ای بـه دیویـد از دفتـر خـارج شـد. دیوید بـا لبخنـدی رو کرد به نـادر و گفت . «کـی مـی تونی شـروع بـه کار کنـی...؟" روز بعد نادر مشـغول کار شـد. بعـد از آن بود کـه دریافـت کـه پیـر مرد کسـی نبود بـه غیر از جـک هریسـون صاحب بنگاه ماشـین فروشـی کـه بـا شـنیدن صدای نـادر از او خوشـش آمـده بـود و بـه دیوید اشـاره کرده بـود کـه نـادر را اسـتخدام کند .بیسـت روزی گذشـت و نادر هنـوز نتوانسـته بود حتی یـک ماشـین هـم بفروشـد .چندتـا از فروشـندگان بخاطـر ایرانی بـودن او چنـدان با او همـراه و مهربـان نبودنـد و به هرشـکلی می شـد او را اذیت می کردند و نمی گذاشـتند مشـتری بگیـرد ،یکـی از آنهـا کـه مـرد خپلـه ای بـود و سـر دسـتگی آنها را بـه عهده

داشـت" .راجـر" نـام داشـت .روز بیسـتم بـود که راجـر چند بار بـه نادر نزدیک شـد و با لبخنـد تمسـخر آمیـزش بـه او یـاد آوری کـرد که آخر وقت با بسـته شـدن بنـگاه او را اخـراج خواهنـد کـرد. نـادر نمی دانسـت چگونه ایـن خبر را بپذیـرد، اما به هـر ترتیبی بـود نمـی خواسـت شـغلش را از دسـت بدهد. بنابرایـن باید قبـل از اینکه زمان بسـتن مـی رسـید ماشـینی بفروشـد. در طـول روز یکـی دوبـار دیوید بـه او نزدیک شـد و می خواسـت بدانـد کـه آیا شانسـی داشـته یـا نه، یکبـار هم بهش گفـت" . هر پیشـنهادی را کـه بیـاری مـن مـی پذیـرم، امـروز تـو باید یک ماشـین بفروشـی. نـادر از برخـورد و نـگاه دیویـد فهمیـده بـود کـه شـاید راجـر درسـت گفته باشـد و اگر فروشـی نداشـته باشـد شـغلش را از دسـت خواهد داد .بنابراین دسـت به کار شـد .معمولا در بنگاه های ماشـین فروشـی همـه فروشـندگان کـه تعدادشـان بـه ده تا بیسـت نفر هم می رسـید بیـرون و جلـوی سـاختمان منتظر آمدن مشـتری بـه انتظارمی ایسـتادند و هرکس که زودتـر مشـتری را مـی دیـد با بلند شـدن صدایـش آن را بـرای خود صدا می کـرد .نادر از جلـوی سـاختمان تـکان نمی خـورد ،حتـی ناهـارش را هـم نخـورد. تمـام هـوش و حواسـش به دیدن و گرفتن مشـتری بود .طولی نکشـید که شـب فرا رسـید، سـاعت از هشـت شـب گذشـت ،ساعت نه فروشـگاه بسته می شـد .چندین ماشـین فروخته شده بـود امـا نـادر هنوز هیچ فروشـی نداشـت. در همین احـوال یک زن میانسـال آمریکایی مکزیکـی تبـار بـه نـام ماریـا وارد شـد قیـد قرعه بـه راجر افتـاد امـا بعد از چنـد دقیقه او را بـه فروشـنده دیگـر پـاس داد، قانـون بنـگاه ایـن بـود که اگـر فروشـنده اول نتواند از مشـتری پیشـنهاد خریـد بگیـرد مشـتری را به فروشـنده دیگـری بدهد و اگـر او هم نمـی توانسـت موفـق شـود مشـتری را به مدیـر گروه مـی دادند کـه تجربه اش بسـیار زیـاد بـود. دیـری نگذشـت کـه ماریا به مدیر فروشـنده ها هم معرفی شـد .سـاعت از نه شـب گذشـته بـود. در همیـن احـوال دیوید بیـرون و جلوی سـاختمان ظاهر شـد، این درسـت زمانـی بـود که مدیـر گروه فروشـندگان هم نتوانسـته بـود ماریا را بـرای خرید قانـع کنـد و او آمـاده تـرک بنـگاه بـود. لبخند دیوید بـه نـادر و نگاهش به طـرف ماریا او را بخـود آورد" .نـادر ،متوقفـش کـن... مـن می دانم تـو می تونی اونو صاحب ماشـین کنـی..." نـادر از داخـل چمـن های جلـوی بنگاه خود را بـه پیاده رو و ماریا رسـاند، "من نمـی دونـم کـه اونهـا به شـما گفتنـد که صاحـب بنگاه امـروز بـرای همه فروشـندگان

بنگاه جایـزه گذاشـته و بـرای گرفتن این جایزه باید یک ماشـین دیگه فروخته شـود.... بنابرایـن تـا آنجا که ممکن باشـد تخفیف می گیـری ...چطوره فقط یک ماشـین دیگه رو کـه مـن فکـر می کنـم بتوانیـد مفت بخریـد را امتحـان کنیـد...» ماریا به نـادر زل زده بـود ،نـادر ادامـه داد. « اگـر من امروز ماشـینی نفروشـم اخراج می شـم قول میدم بیشـترین تخفیـف و براتون بگیـرم.... قول میـدم هیچ ضـرری نکنید..."

ماریـا کمـی بـه نـادر نـگاه کرد. "بِـه نظر می رسـد تو بـا بقیه آنهـا فرق مـی کنی... آدم خـوب و درسـتی هسـتی... بـا اینکـه دیر شـده چرا نـه... "طولی نکشـید کـه ماریا ماشـین قرمـز رنگـی را امتحـان کـرده و داخـل اتـاق کوچکـی داشـت تمـام اطلاعـات خـود را بـرای خریـد ماشـین قرمز رنگ به نـادر می داد .معمـولا در آمریـکا ۹۹ در صد خریـد قسـطی اسـت و نـه نقد. ایـن در حالی بود کـه راجر و یکـی دوتا از فروشـندگان در پشـت در شیشـه ای تمـام قـدی اتـاق کوچکـی که نادر مشـغول معامله بـا ماریا بود رژه مـی رفتنـد و بـا نفـرت نـادر را تماشـا مـی کردنـد و بـه طـرف او خط و نشـان می کشـیدند. بیشـتر هـم از ایـن عصبانی بودنـد که معمولا اگر وقت بسـتن بنگاه می شـد اگر مشـتری در محل بود بنگاه بسـته نمی شـد و هیچکس اجازهِ ترک بنگاه را نداشـت تـا آخریـن مشـتری محل را ترک کنـد در ثانی دو فروشـنده تجربـه دار و مدیر آنها هم نتوانسـته بودنـد ماریـا را قانـع به خرید کننـد و در این فکـر بودند که نادر فقط داشـت وقـت خـود و آنهـا را تلف می کرد .نیم سـاعتی نگذشـته بود که نادر جلـوی آینه داخل توالـت ایسـتاده بـود و داشـت بـا خـود صحبـت می کـرد. "نـادر تو ایـن ماشـین را می فروشـی ...نگـران نباش خـدا با توسـت... تو اینجا گرسـنه نمـی مونی..."

و پانـزده دقیقـه بعـد نادر خوشـحال با در خواسـت خرید ماریا وارد دفتر دیوید شـد ،هنـوز وارد نشـده بـود کـه دیوید ورقـه ی کوچکزرد رنگـی را به طرف او گرفـت و به او لبخنـد زد، نـادر نمـی دانسـت بایـد آنرا بگیرد و یـا نه، "ایـن چیه؟ من اخراجـم؟" "نه تو اخراج نیسـتی ...این دویسـت دلار انعام اسـت، چه ماشـین را بفروشـی و چه نه این دویسـت دلار مـال خودته "...

نـادر کـه تاکنـون ماشـینی نفروخته بود نمی دانسـت وقتی ماشـینی مـی فروختی بـه تـو یـک ورقه مـی دادند و مشـخصات مـدل و چقـدر برای فـروش آن پول سـاخته بـودی را نشـان مـی داد. آخـر مـاه هـم به تو چـک تمام مـاه را مـی دادند و ایـن را هم

نمـی دانسـت زمانـی کـه او داخـل توالت داشـت بـا خـودش در آینه صحبـت می کرد دیویـد داخـل یکـی از آنهـا پشـت در بسـته نشسـته و مشـغول خوانـدن مجلـه ای بود و تمـام گفتگـوی نـادر بـا خـودش را شـنیده بود. سـاعت یازده شـب بـود کـه ماریا در ماشـین قرمـزش نشسـته از نادر تشـکر کـرده و بنگاه را با ماشـین جدیـدش ترک کرد .دیویـد همـه فروشـندگان را بیرون آورده بـود که با آنها صحبت کنـد، فقط منتظر نادر بودنـد با پیوسـتن نـادر به آنها صـدای دیوید بلند شـد. "بهترین فروشـنده من چطوره؟ فـردا یـک دمـو خواهی گرفـت... من مطمئن هسـتم دیری نمی شـه که همـه اینها که خـود را خـدا مـی داننـد بـرای تـو کار خواهند کـرد..." دمو به ایـن معنی بود کـه اگر تو فروشـنده خوبـی بـودی بنـگاه به تو یک ماشـین نـو می داد کـه از آن بـرای آمد و رفت به بنگاه اسـتفاده کنی. اگر چه نادر آنشـب شـاد و سـر حال یک سـاعتی طول کشـید کـه پیـاده بـه خانـه برسـد و در طـول راه بـه معجزه ای که شـده بـود فکر می کـرد، به اینکـه او قـادر اسـت موفـق شـود. امـا صبـح روز بعد کـه وارد بنـگاه ش، ،ماشـین قرمز رنگی را که شـب گذشـته فروخته بود جلوی سـاختمان دید و البته راجر و دوسـتانش منتظـرش بودنـد و خنـده تمسـخر آمیـز آنهـا هم برقـرار بود که بـه او اطـلاع دادند که ماریـا اول صبـح ماشـین را پـس آورده چـرا کـه شـوهرش از خرید خشـنود نبـوده. اما نـادر از شـغلش اخـراج نشـد و دمـو را همان روز گرفت ،همان ماشـین قرمـزی که ماریا خریـد و پـس آورد سـبب شـد کـه نـادر اعتمـاد بـه نفس خاصی بگیـرد و آن مـاه نفر دوم در فـروش شـد و بعـد از آن هـم هیـچ کـس قادر بـه رقابت با او نبود و همیشـه نفر اول مـی شـد. بعـد از شـش مـاه مدیـر گروه فروشـندگان شـد و شـش ماه بعـد یکی از مدیـران اصلـی بنـگاه شـد و دیوید درسـت گفته بـود، همه آنها کـه او را اذیـت و آزار و مسـخره مـی کردنـد حـالا زیـر دسـت او کار مـی کردند امـا تفاوتش ایـن بود کـه او با آنها مهربـان بود .

* * * *

فصل ۲۵

انقلاب شوم ایران، و ایران در جهت سقوط و بدبختی...

نـادر در دفتـر بنگاه ماشـین فروشـی پشـت یک میز نشسـته بود و در فکـر و خیال گـم بـود .بـه خـودش و آنچه بر او گذشـته بـود فکر می کـرد، به زمانی کـه یک کودک خردسـال بیـش نبـود و از صلـح و آرامـش درختان سـر سـبز، مناظر جذاب، کـوه های پوشـیده از گل های وحشـی، مزرعه ای سـر سـبز، پر از گل با جویهای بسـیار، رودخانه ای خروشـان کـه در سـال هـای کودکی از عبور از آن می ترسـید .بـه اینکه چگونه یک پسـر دهاتـی بـه شـهر تهـران سـفر کـرده و در هیاهوی شـهر گم شـده بـود، بـه فریبا و صـدای ویولونـش کـه هنـوز همچنـان در گوشـش آهنـگ عشـق را مـی نواخـت، به پسـتی وبلنـدی زندگی شـگفت آورش بـه اینکه چگونه می توانسـت تصور کنـد از کجا بـه کجـا رسـیده بـود، از مزرعـه ای آرام و زیبا، به شـهر بـزرگ تهران، شـهری که برای همیشـه در حـال جنـگ برای یافتـن و ثابت کردن هویـت خود بود و حالا در سـرزمین عجایـب و غـول پیکـر آمریـکا کـه با مقایسـه بـا ایران بـه یـک کامپیوتر قـول پیکر می نمـود و در ایـن حیـرت کـه چگونه همه چیـز این چنین تنظیم شـده بـود و مبارزاتش بـرای ادامـه کارش در فیلـم و نویسـندگی و اتفاقاتی که سرنوشـتش را در تلاطم وتغییر قـرار داده بودنـد و کنتـرل آنهـا از دسـت و عهـده او خارج بـود و همیشـه او را به جهت دیگـری سـوق داده بودنـد، جهتـی که برایـش در اغلب اوقـات رنج آور بـود .بی هدف و گنـگ از پشـت شیشـه قـدی دفترش به بیـرون و فروشـندگانی که او حالا ریاسـت آنها را بـه عهـده داشـت زل زده بـود، در میـان آنهـا راجر را مـی دید که بعدها متوجه شـده بـود کـه بخاطـر تجاوز بـه بچه ها از شـهر اوهایـو به کالیفرنیـا گریخته بود. سـندی که در نیویـورک یـک فروشـنده مـواد مخدر بـود و او برای ادامـه یک زندگی عـاری از مواد مخـدر از نیویـورک خـارج شـده بـود .بـو، مرد سـفید پوسـتی کـه بخاطر خشـن بودن و کـت کاری هایـش از ارتـش آمریـکا اخـراج شـده بـود .جـو، بـا آن هیکل گنـده و قد

بلنـدش کـه اهـل پورتریکو بـود و بخاطر تیـر اندازی به دوسـت دخترش فـرار را بر قرار ترجیح داده بود و مایک فروشـنده سـیاه پوسـتی که ثانیه به ثانیه از همه چیز شـکایت داشـت و فکـر مـی کـرد به خاطر سیاهپوسـت بودنـش حق او را خـورده اند ،هـوزه مرد مکزیکـی کـه ناطـق خوبی بود، سـاعت ها می توانسـت با دروغ هایش شـما را سـرگرم کنـد و اد ،مـرد مسـن محترم سـفید پوسـتی کـه بازنشسـته بود و بـرای ادامـه زندگی بهتـر هنـوز کار مـی کـرد و هیـچ کاری بـا هیچ کس نداشـت و سـرش تـو کار خودش بـود و ده فروشـنده دیگـر از تمـام ممالـک دنیا .که حالا همـه آنها زیر دسـت او کار می کردنـد و البتـه بجـز چندتا از آنها برای بقیه بسـیار سـخت بود که یک جـوان ایرانی در یـک مـدت کوتاهـی رئیـس آنها شـده باشـد و در آخر بـه جولیا کـه حالا دوسـالی می شـد کـه بـا او ازدواج کـرده و به او خو گرفته و در حکم بهترین دوسـت و عشـق زندگی او تبدیل شـده بود.

و البتـه نمـی توانسـت از فکـر و خیـال مـادرش و فـروغ و خصوصـا "نصیحـت های بـرادرش کـه همـواره می خواسـت او به درسـش بپـردازد و دکتر و یا وکیـل و مهندس شـود و بالاخـره بـه ایـن نتیجه رسـیدن که شـاید اگر بـه نصیحت های بـرادرش گوش مـی داد شـاید حـال و روزش بهتـر از ایـن بـود و مـی توانسـت شـغل و زندگـی بهتری داشـته باشـد. امـا بـه چه قیمتی؟ دور کـردن او از هنـرش به معنای مـردن روحش بود. امـا حـالا بـا راهـی کـه در پیش گرفتـه بود بیشـتر از هنـرش دور شـده بـود؟ ودر آخر هـم بـرای راضـی کـردن خود همه گنـاه ها را بِـه گردن سرنوشـت می انداخـت. با بلند شـدن صـدای زنـگ تلفن نـادر از فکـر و خیالش فارِغ شـد، خصوصا وقتی جـواب تلفن را داد افـکارش مغشـوش تر شـد ." دفتـر فروش"

«تـو چـه می فروشـی؟ مردم خودت را به دولت شـیطانی آمریکا؟ یـا روح خودت رابه شـیطان امپریالیسـت هـا؟ آیـا از خودت شـرم نمی کنی؟ وقتی که مردمت توسـط شـاه زندانی و شـکنجه می شـوند و ذخایر ملت و کشـورت را شـاه خائن به خارج می فرسـتد و بدتـر از همـه بـرادرت بـه ایـن خیانـت ها کمـک می کند؟ مـی دونی مـن تنها چیزی را کـه مـی بینم این اسـت که دوسـت خوب و مهربانم هویـت خودش را از دسـت داده و فرامـوش کـرده و حـالا اینجا نشسـته و بـه این امپریالیسـت های خون خـوار کمک می کنـه کـه مـردم مملکتـش و بدبختـر کنند... دوسـتی کـه هویت خـود را به پـول و زنان

بـور فروختـه اسـت..." نـادر هماطـور که به سـخنان حسـین در تلفن گوش مـی داد، بی هدف و گنگ از پشـت شیشـه قدی دفترش به بیرون و فروشـندگانی که او حالا ریاسـت آنهـا را بـه عهـده داشـت خیره شـده بـود و در ایـن فکر بود کـه چه جوابی می توانسـت بـرای حسـین داشـتنه باشـد کـه به دوسـتی انها لطمـه نخورد حسـین خیـال متوقف شـدنهم نداشـت. او با اشـتیاق، عصبانیت و قدرت ناخوشـایند یک رادیکال در گوشـی تلفـن فریـاد مـی زد. نـادر حیـرت زده، نمی دانسـت در ایـن لحظه چه بگویـد یا چگونه بایـد پاسـخ دهـد. درسـت وقتـی که نـادر قصد جـواب دادن به حسـین را داشـت آقای هریسـون صاحب بنگاه وارد دفترش شـد ،می خواسـت با او صحبت کند. "حتماعزیزم... مـن الان بایـد بـرم " و بعـد نادر گوشـی را گذاشـت و به طرف آقای هریسـون برگشـت، "ایـن زن هـا !اگـر شـما سخت کار کنی؛ آنها شـکایت دارند کـه خانه نیسـتید... اگر کار نکنـی شـکایت مـی کنند که تنبل هسـتی... و پول نداریم برو سـرکار" نـادر منتظر آقای هریسـون شـد کـه سـخن آغـاز کند. "بهتـر چنـد روز بری مرخصـی و خانومـت و ببری مسـافرت ،مـن بـه دیوید مـی گویم کسـی را جای گزیـن تو کند"

آقـای هریسـون درسـت گفته بـود ،نادر دوسـال مداوم کار کـرده بـود و در مدت این دوسـال فقـط یـک بار مرخصـی گرفته بود. بنابراین از این پیشـنهاد اسـتقبال کـرده و با جولیـا بـا ون جدیـدی که خریده بودند به شـهر تفریحـی" بیگ بر" که محل اسـکی بود رفتنـد. وقتـی کـه در برفها در خلوت خودش مسـت نظـاره ی طبیعت زیبـا و جولیا بود، بـه یکبـاره یـاد حسـین افتـاد، مدتها بـود او را ندیـده بود و احسـاس می کـرد که خیلی دلش برای اوتنگ شـده و می خواسـت دیداری با حسـین داشـته باشـد. اما نمی دانست کـه حسـین بعـد از آن کـه بدون جـواب دادن بـه او تلفـن را روی او قطع کـرده بود ،چه عکـس العملـی نشـان مـی داد. بالاخـره در راه برگشـت به لـس آنجلـس تصمیم گرفت مسـتقیما بـه دیـدن حسـین برود، خانه ی حسـین سـر راه خانـه اش بود، می خواسـت حسـین را غافـل گیـر کنـد، وقتـی مطمئـن شـد حسـین خانـه بـود جولیـا او را جلوی آپارتمـان حسـین کـه در همـان نزدیکـی دانشـگاه "یوسـی ال ا" بـود پیاده کـرد و برای چنـدی بـه دیـدن مـوزه ای رفت که در نزدیکـی آپارتمان حسـین بود، با باز شـدن در و ظاهر شـدن حسـین در آسـتانه در نادر با لبخندی دوسـتانه با مزاح گفتگو را آغاز کرد.

"اگـر حرفـی داری بـا زبان سـاده جلوی چشـمم بگـو که مـن بفهمم چی می گـی...؟"

طولـی نکشـید کـه داخـل آپارتمـان حسـین هـر دو مشـغول نوشـیدن کوکاکولا و گـرم گفتگوبودنـد .حسـین منتظر نشـد نادر ادامه بدهد و سـخن را در دسـت گرفت ،او حـرف هـای زیـادی داشـت کـه باید به نادر مـی گفت،" شـاه خائن را تا شـش ماه دیگه از ایـران بیـرون مـی کنیـم ،آیـت الله خمینـی رهبـر انقـلاب خواهد بـود. من مـی دانم بـرادر شـما مـرد خوبـی اسـت و خوبی مردم را مـی خواهد، اگر آدم باشـی تا دیر نشـده بهتـره برگـردی ایـران و باهـاش صحبت کنی، بایـد متقاعدش کنی که با دوسـتانش به انقلابیـون بـه پیوندنـد که جان خودشـآن را نجـات بدهند"

نادر از سـخنان حسـین غافلگیر و بسـیار نگران شـده بود. نادر در این فکر شـده که چطـور مـی تـوان یکـی از پرقـدرت ترین مـردان جهان مثل شـاه را کـه پنجمین قدرت ارتـش جهـان و اولیـن قـدرت در منطقه را در اختیار داشـت از کار سـاقط کرد؟ ارتشـی کـه در مـدت یـک روز می توانسـت عـراق را تصرف کنند. امـا این را هم می دانسـت که اگـر مـردم بـا تـو نبودنـد مهم نبـود چقدر پـر قدرت بـودی، بالاخـره محکوم به سـقوط مـی شـدی .خصوصـا که در آن زمـان مردم به اشـتباه افتاده و به شـاه اعتماد نداشـتند. کشـورهای متخاصـم و گروهـای وابسـته به آنها با تبلیغات خـود در داخل و خـارج ایران مـردم را گمـراه کـرده بودنـد. خصوصا رادیو بی‌بی سـی در لندن که سـهم به سـزایی در گمـراه کـردن مـردم داشـت و نقش اصلـی را بازی می کـرد. نادر نمی دانسـت چطور دو سـاعت گذشـته بود و او هنوز داشـت به سـخنان حسـین گوش می داد و آنها را سـبک سـنگین مـی کـرد. هر چه بیشـتر حسـین مـی گفت نـادر بیشـتر نگـران و ناراحت می شـد .حالا حسـین عصبی هم به نظر می رسـید، نمی دانسـت چرا؟ حسـین حتی وقتی کـه بـه توالـت رفتـه بـود هنـوز هـم از داخل توالـت صدایش بلنـد بـود و ادامه مـی داد. ده دقیقـه از بـودن حسـین در توالـت گذشـت کـه صدای زنگ تلفن بلند شـد، حسـین باعجلـه و در حالـی کـه هنـوز شـلوارش را بـالا نکشـیده و پائیـن زانوهایش آویـزان بود بیرون زد و گوشـی تلفن را برداشـت و به داخل توالت برگشـت. صدای فریادش از داخل توالـت بخوبی شـنیده می شـد. "زنـد باد ایـران آزاد. مرگ بر شـاه"

نـادر نمـی دانسـت حسـین بـا چه کسـی و در بـاره چه صحبـت می کرد کـه آنقدر خوشـحال بـود. امـا چنـدان منتظـر نشـد و حسـین از توالـت خـارج شـد، امـا ایـن بار شـلوارش را بالا کشـیده بود و از خوشـحالی تو پوسـت خودش نمی گنجید". رد شـدند،

مسلسل ها رد شدند. نادر گیج و گنگ به حسین زل زده و دید که او به طرف گاوصندوقی رفت و در آن را باز کرد ،مسلسلی در دستش ظاهر شد، حسین به طرف نادر آمد. "سه تا از همین مدل، ژ ۳ توسط دوستان مبارز از گمرگ آمریکا رد و وارد ایران شد، آمریکایی ها به ما قول داده بودند که راحت رد می شود، اما ما باور نمی کردیم اما سه تا از بچه های شجاع مبارز تصمیم گرفتند زندگی خودشان را ریسک کرده و امتحان کنند، بدون هیچ دردسری رد شدند ،آمریکایی ها دروغ نمی گفتند ،تصمیم دارند شاه و بر دارند... " می تونی چنتا شو بخری؟ باید گرین کارت تو گرفته باشی؟ یا خانمت بخره؟»

بعد هم به نادر نزدیک شد و با لحنی دوستانه ادامه داد. "نادر، شاه رفتنی است ...جان برادرت در خطر اعدام است، به حرف من گوش کن و تا دیر نشده باید به ما به پیوندی که بتونی به برادرت بعد از رفتن شاه کمک کنی..." صدای بوق ماشین جولیااز بیرون صحبت آنها را قطع کرد ،حسین از پنجره به بیرون نگاه کرد و جولیا را دید که برای بردن نادر برگشته بود. "این موطلایی ها جوان های ما را منحرف می کنند...؟"

جولیا در شاهراه ۴۰۵ در حال راندن بود ،در تمام مدت نادر در فکر بود و بیش از چند کلمه به زبان نیاورده بود ،جولیا می دانست که هر وقت او با حسین ملاقات می کرد چند روزی خودش نبود، اما نمی خواست بین آن دو مشکلی ایجاد کند. می دانست که نادر به سکوت احتیاج داشت که به آنچه نگرانش می کرد فکر کرده و موضوع را حل کند .جولیا درست فکر می کرد، نادر با شنیدن و دیدن مسلسل در آپارتمان حسین نگران و گیج شده بود فکر می کرد اگر آنچه حسین می گفت راست در بیاید چی؟ می دانست که حسین پسر خوش قلب و مهربانی بود و سال های سال او را می شناخت اما با آمدن به آمریکا به گروهای مخالف شاه پیوسته و بسیار هم در این مورد متعصب بود. او حسین را در بیابان های «یوما «دیده بود که با دوستانش تمرین تیر اندازی می کردند ،اگر تا حالا نادر حسین را جدی نگرفته بود بعد از امروز نمی توانست بی تفاوت باشد.

چند روزی از دیدار نادر با حسین گذشته بود، نادر یک لحظه از فکر آنچه دیده و از حسین شنیده بود خلاص نمی شد .بالاخره تصمیم گرفت سفری به ایران

داشته باشد. او از زمان عزیمتش برنگشته بود و حتی به کسی نگفته بود که مدتی است که ازدواج کرده است. فقط یکی دوتا از دوستانش و فامیل نزدیک در ایران از ازدواجش اطلاع داشتند. در آخرین لحظات تصمیم گرفت جولیا را هم با خود ببرد. نمی دانست مادر و برادرش چه واکنشی نشان می دادند. یک هفته بعد او با جولیا در هواپیما نشسته و عازم تهران بود. با اعلان مهمان دار که خبر می داد که آنها بر فراز تهران هستند، ذهن نادر غرق خاطرات بیست و چند سال گذشته شد و تمام بدنش بی حس گردید .به تنها چیزی که فکر می کرد سوار تاکسی شود و در خانه مادرش را زده و او را غافلگیر کند. او به دو خواهرزاده خود گفته بود که برای بردن آنها به فرودگاه بروند اما خواسته بود که به هیچ کس ورودش به ایران را اطلاع ندهند .می دانست که اگر دوستان و نزدیکانش بدانند که او بر می گردد همه آنها برای استقبال از آنها در فرودگاه حاضر می شدند و او این را نمی خواست. نادرآنقدر در مورد فروغ و مادرش با جولیا حرف زده بود که تمام فکر و ذهن جولیا فقط دیدن آن دو بود و بس .وقتی که از گمرک فرودگاه خارج شدند چشمان نادر در جستجوی این بود که آیا آشنایی را می بیند یا نه .کسی به چشمش نمی خورد .اما به محض اینکه پایشان به سالنفرودگاه نشست غوغایی بر پا شد ،به یکبار از همه طرف با بغل و بوسیدن دوستان و آشنایان روبرو و محاصره شدند. به نظر می رسید تمام تهران به استقبال آنها آمده بودند ،جولیا چنان با گل و هدیه های گوناگون بوسه و تبریک روبرو شده بود که نمی دانست چه عکس العملی نشان دهد برای یک آمریکایی چنین استقبالی قابل تصور و هضم نبود و با آن آشنایی نداشت. برادرزاده اش به یکی دونفر آمدن نادر را اطلاع داده بود و کم کم همه از آن باخبر شده بودند. نادر به محض ورودش در جستجوی فروغ بود اما او را نمی دید تا بالاخره دست نحیفی پاهایش را لمس کرد، نادر به پائین نگاه کرد و فروغ بود که از زیر دست و پای دیگران در طلب او بود، فروغ در آغوش نادر جا گرفت، لحظه ای که او هرگز آن را فراموش نکرد. استقبال از آنها به حدی بود که نادر و جولیا از هم جدا شده بودند و ساعت ها بعد در خانه ی مادرش دوباره با هم روبرو شدند .هر کدام در ماشین های جداگانه به خانه منتقل شده بودند. تنها کسی که در فرودگاه نبود مادرش بود که البته او به سختی از خانه خارج می شد، مگر اینکه

موضـوع عروسـی و یـا زندگی و مرگ باشـد. علاوه بر این او می خواسـت مطمئن باشـد کـه همـه چیـز برای پسـر مـورد علاقه خـود آماده اسـت. داشـتن یک میهمـان جدید که همسـر پسـر عزیزش بود بـرای او مانـند دریافت هدیـه از جانب خدا بـود. بله حتی مـادرش هـم در بـاره ی جولیا خبردار شـده بود.

ماشـین هـای حامـل جولیـا و نـادر در کوچـه بن بسـت خصوصی که خانـه ی مادر نـادر بـود متوقف شـدند. تعدادشـان زیـاد بود و کوچه پر جمعیت شـد .همسـایه ها هم بیـرون زده بودنـد. در میـان آنهـا حاجیـه خانـم بـود کـه بیـرون در منتظر بـود و طبق معمـول اشـک مـی ریخـت. نـادر در بغـل حاجیـه خانم قـرار گرفت، اشـک های سـرد مـادرش گونـه هایـش را خیـس کردند و بعـد نوبت به جولیا رسـید ،او نمی دانسـت که چـرا حاجیـه خانـم گریـه مـی کـرد ،در این خیال شـده بـود که شـاید او از دیـدن آنها ناراحـت اسـت. صداهـای مختلفـی بلنـد شـد که با انگلیسـی دسـت و پا شکسـته خود برای جولیا توضیح دادند که اشـک های او از روی خوشـحالی اسـت. اسـتقبال به حدی جولیـا را تحـت تاثیـر قرار داده بـود که او هم با حاجیـه خانم به گریه افتـاد. اما خودش بـه گریه کـردن خودش مـی خندید.

وقـت از نیمه شـب گذشـته بود کـه جولیا با مـادرش در آمریکا مشـغول گفتگو بود و نمـی دانسـت چطـور از مهمـان نوازی مـردم ایران و محبـت آنها تعریف کنـد. از آنچه دیـده بـود و تجربـه کـرده بود ،آنچه که او هرگـز در خانه خـود و در آمریکا تجربه نکرده بـود. در تعجـب بـود کـه همـه او را دوسـت داشـتند .اگـر چـه نـادر از دیدن مـادرش و فروغ و بقیه دوسـتان و آشـنایان بسـیار خرسـند بـود امـا او از لحظـه اول ورود به ایران مـی دانسـت کـه مأموریـت دیگری نیز داشـته اسـت .می خواسـت با چشـم هـای خود اوضـاع سیاسـی داخـل ایـران را مشـاهده کند کـه آب از آب تـکان نمی خـورد. بالاخره در وقـت مناسـبی کـه پیدا کـرد با برادرش وارد صحبت شـد و از آنچـه او را رنج می داد گفـت، قصـد داشـت بـرادرش را متقاعـد کند که کشـور را ترک کنـد. اما نـادر قبلاً می دانسـت کـه بـه هـر دلیلی کـه بود نمـی تواند بـه طور آشـکار دربـاره اسـلحه هایی که از طریـق فـرودگاه وارد مـی شـوند صحبت کند. این بهترین راز دوسـت او حسـین بود، او ایـن موضوعـات را بـرای او فـاش کـرده بود زیرا به او اعتماد داشـت و او قصد نداشـت آن اعتمـاد را خدشـه دار کنـد. امـا ایـن سـبب نمـی شـد که از خـودش بـدش نیاید و

احساس بدی نکند، چرا که فکر می کرد که وطنش مهمتر از دوستیش با حسین بود، اما این را هم می دانست که به حسین احتیاج داشت که اطلاعات بیشتری را بگیرد و اگر او را لو می داد به این مهم واقف نمی شد. بعد از کمی حاشیه رفتن و گفتگوی غیرمستقیم نادر این سئوال را برای برادر بزرگتر خود مطرح کرد. از وی پرسید که آیا وضعیت شاه پایدار است یا خیر؟ آیا او تصور می کرد که کودتایی در کار است یا نه؟ اما هرچه او بیشتر سوال می کرد بیشتر با دیوار آجری برخورد می کرد .عباس اصرار داشت که هیچ قدرتی نمی تواند شاه را تکان بدهد و از او می خواست به آمریکا برگردد و درسش را شروع کند و مهندس و یا دکتر شود.

* * * * *

فصل ۲۶

گم شده در غم و تردید ...

سـه هفتـه از آمـدن نـادر و جولیا به ایران گذشـته بود .وقت برگشـتن نـادر و جولیا بـه آمریـکا بـود، طبـق معمول چشـمان خواهر ومـادرش پر اشـک بودند. اگر چـه برای آنهـا راحـت نبـود، امـا آنها حـالا پذیرفته بودند کـه نادر خانه دومـی به نام آمریـکا دارد و بایـد بـرود. شـاید ضرب المثلی که می پرسـیدند اهـل کجایی؟ و جوابـش این بود که هنـوز زن نگرفتـه ام درسـت بود. نادر در جسـتجوی فروغ بود کـه از او خداحافظی کند امـا هیـچ اثـری از او نبـود، در جسـتجو در اتـاق قدیمی خـودش فروغ را یافـت که روی تخـت قدیمـی نـادر نشسـته بود، به نظر می رسـید دوباره خـودش را قایم کـرده و نمی خواسـت نـادر اشـک هایـش را ببینـد و ایـن نوعی اعتـراض به تـرک نادر بـود. مادرش هنـوز اتـاق نـادر را همانطور نگه داشـته بـود، نادر کنـار او نشسـت و او را در بغل گرفت .فـروغ حـالا دیگـه خیلـی کوچک نبـود، حالا چشـمهای نادر هم اشـک آلود شـده بود" .بـه زودی تـو را از اینجـا می بـرم ...اینو بهت قـول می دهم"

تـرک فـروغ بـرای نـادر سـخترین کاری بود که مـی توانسـت بکند. امـا گاهی مهم نیسـت چقـدر دردناک باشـد تو مجبوری راهـت را ادامه بدهی و ایـن کاری بود که نادر بایـد مـی کـرد ،ترک فـروغ و ایران. ترک سـر زمینی کـه دیوانه وار عاشـقش بود، ترک کسـانی کـه دور بـودن از آنها اندوهی گـران برایش به همراه داشـت. موضوع دیگری که او را آزار مـی داد سـئوالات بـی پاسـخ در مـورد آینده ایران بود. او می دانسـت حسـین بیش از آنچـه گفته اسـت مـی داند .وی همچنین در مورد بازگشـت خمینی از فرانسـه و وقایـع دیگـر اطلاعات بیشـتری به نـادر داده بـود. چیزهایی که او برای نـادر فاش می کـرد همـه درسـت بودند، فقـط تاریخ وقـوع آن اتفاقات متفـاوت بودنـد. وی معتقد بود کـه حسـین درسـت مـی گفـت و او بایـد برای نجـات بـرادر و خانـواده اش دسـت بکار شـود .او بایـد کاری کنـد که بـه آینده وطن خود کمـک کند. او می دانسـت اگر انقلاب خمینـی موفـق شـود، روحانیـت قـدرت را بـه دست خواهـد گرفـت و این بـرای ایران

فاجعه بار خواهد بود .می دانست که هر تلاشی که شاه و پدرش رضاخان پهلوی برای ایجاد یک ایران مستقل و قدرتمند و مرفه انجام داده بودند در معرض خطر قرار می گرفت و از بین می رفت. او می دانست که برنامه بلند مدت غرب تضعیف ارتش ایران در منطقه است و متقاعد کردن امرای ارتش از عدم حمایت شاه که به سرنگونی شاه منجر می شد و نابودی خود ارتش و ایران و ایرانی بود. شاه سعی در ایجاد تعادل بین آمریکا، اروپا و روسیه داشت تا در مقابل تلاش برای خلاص شدن از وی توسط غرب در امان باشد. اما وجود روحانیت در ایران آفتی است که هیچ وقت ایران و ایرانی از شر و خطر آن خلاص نمی شوند مگر اینکه روحانیت در ایران از بیخ ریشه کن شود .روحانیتی که دست پرورده و نوکر کشورهای استعماری بوده و هستند و قصد دارند تمام منابع ایران را به غارت ببرند، خصوصا انگلیسی ها که خالق آخوند و آخوندیسم و خرافات اسلامی در ایران می باشند.

نادر نمی توانست فقط بنشیند و هیچ کاری نکند .بدون تردید او با حسین تماس گرفت و شروع به دریافت اطلاعات بیشتری کرد، البته هدفش اصلی او این بود که هر کاری از دستش بر می آمد بکند که روحانیت قدرت را در ایران بدست نگیرد. و در این مهم هر کاری از دستش بر می آمد از انجام آن کوتاهی نمی کرد. حدود شش ماه از سفر وی به ایران گذشت که اوضاع در آنجا شروع به وخامت گذاشت. هر روز اتفاقات متفاوت و دردناکی در سطح ایران رخ می داد و در رسانه ها در سراسر جهان گزارش می شد، لحن تمام پیام های گزارش شده علیه شاه بود. ناگهان شاه دشمن غرب شد و خمینی برای آنها قهرمان آزادی. رادیو بی‌بی سی از لندن کمر بر خراب کردن شاه بست و یک ثانیه از بدگویی و دروغ پراکنی های خود بر علیه شاه کوتاهی نمی کرد. و خمینی را قهرمان ملی قلمداد می کرد. به نظر می رسید که مردم ایران سحر و جادو شده بودند و تمام چشم و گوشها به رادیو بی‌بی سی دوخته شد و بی‌بی سی مدینه فاضله مردم ایران شد .خمینی توسط آمریکا و غرب از عراق به فرانسه نقل مکان کرد، هیچ ایرانی از خودش نمی پرسید که چرا یکباره تمام منابع خبری دنیا در اختیار و ستایش خمینی قرار گرفته و بر علیه شاه وارد میدان شد بودند.

برای بسیاری از جمله نادر روشن بود که غرب به رهبری آمریکا، فرانسه و

انگلیـس، قصد برکناری شـاه را داشـتند، چرا که شـاه نفت را ارزان بـه آنها نمی فروخت و منافـع مـردم ایـران را بـر غرب مقدم می داشـت و ایـن چیزی نبود که غـرب خواهان آن بـود. غـرب وقتـی قیمـت نفت گران می شـد، قیمـت کالاهای خود را خیلی بیشـتر از گـران شـدن قیمـت نفـت بـالا می بردنـد، بنابرایـن گران شـدن قیمت نفـت چندان ثمـری بـرای ایـران و کشـورهای نفت خیز نداشـت، برای همین شـاه پیشـنهاد کرد که قیمـت نفـت را بـا قیمـت کالاهـا برابـر کننـد و غـرب اینرا نمی خواسـت. حالا مشـکل نـادر ایـن بـود که باید بیشـتر به ایران سـفر می کرد، ولی سـفرهایش باید بـدون اطلاع جولیـا و خانـواده اش در ایـران می بود.

بـه همیـن خاطـر نبایـد این سـفرها طولانـی می شـد. آنچه مـردم بـه آن فکر نمی کردنـد ایـن بـود کـه داشـتن یـک انقـلاب موفـق آسـان نبـود. اطمینـان از اینکـه افراد مناسـب میهـن پرسـتی کـه به فکـر منافع ملـت ایران باشـند و نه دسـت نشـانده غرب و حامـی منافـع آنهـا مشـکل اصلی بعـداز موفقیت انقلاب بـود، موضوعی کـه هیچ کس بـه فکـر آن نبـود. نـادر مخالف قدرت گرفتـن روحانیت بود. او می دانسـت کـه به قدرت رسـیدن آنهـا منجـر بـه ویرانـی بیش از سـه هـزار سـال تاریخ و فرهنـگ ایـران و حراج منابـع ایـران مـی شـد. بنابرایـن اگر چه بِـه ظاهر ایـن چنین می نمـود که او رسـماً بر علیـه شـاه وارد گـود شـده بـود امـا نه بـه این دلیل کـه مخالف شـاه بود و می خواسـت او را از قـدرت بـر انـدازد بلکـه بـه ایـن دلیـل که می دانسـت شـاه رفتنـی بـود و باید به مسـئله قـدرت بعـد از رفتن شـاه فکر کـرد و مطمئن می شـد که روحانیت قـدرت را در دسـت نگیرنـد. امـا بـا این حـال هیچ اقدمـی بر علیه شـاه انجام نـداد، تمـا کارهایش بر علیـه روحانیـت خلاصـه مـی شـد. اما حـوادث پـی در پی غیر پیش بینی شـده آنقدر بـا سـرعت اتفـاق مـی افتادنـد کـه هیچ کس وقـت فکر کـردن نداشـت و مقابلـه کردن بـا آن غیـر ممکـن شـده بـود .به یکبـار همـه از شـاه متنفر و عاشـق خمینی شـدند اما کسـی واقعـاً نمی دانسـت که چرا .همـه در هرج و مـرج و در هیجان آرمـان های خیالی درگیـر و مسـت شـدند. آرمانهایـی که در واقعیت هرگـز حقیقت نداشـتند و کاذب و تو خالـی بودند.

طولی نکشـید که خمینی با وعده و وعید های دروغینش سـر همه را کلاه آخوندی بزرگی گذاشـت و بر مسـند قدرت نشسـت .شـاه با خیانت بهترین دوست و همکلاسیش

« فـردوس »و آمریـکا از قـدرت افتـاد و کشـور را تـرک کرد. فردوسـی که از همکلاسـی هـای شـاه در جوانـی بود و از سـران ارتش و شـاه مثل چشـمش به او اطمینـان و اعتقاد داشـت تمـام سـران ارتش را به همـراه قره باقی قانـع کردند که با مردم باشـند، و همین سـبب سـقوط شـاه شـد. بلافاصله هم بعد از سـقوط شـاه و از ترس اینکه حقیقت واقعی پشـت انقـلاب ایـران و اینکه چه کشـورهایی در پشـت پـرده خمینی را بر مسـند قدرت نشـادند فاش نشـود، اعدام روشـنفکران و امرای ارتش شـروع شـد .این اعدام ها شـامل بسـیاری از قدرتمندان اصلی دولت شـاه هم می شـد، کسـانی که می توانسـتند بسیاری از حقیقتهـای پشـت پـرده را فـاش کنند .بسـیاری از خـاک وطن گریختند ،بـا این امید کـه شـاید روزی دوبـاره بـه وطن بـاز گردند. نادر می دانسـت کـه ایرانش از دسـت رفته بـود و قتـل و غـارت شـروع شـده بـود و بـا دیدن ایـن فاجعه غـم و اندوهی بـر وجودش سـایه افکنـد. مـردم وقتـی به اشـتباه خـود پـی بـرده و از خواب بیدار شـدند که بسـیار دیـر شـده بـود. درک ایـن مسـئله بـرای بسـیاری از افـرادی کـه در بـه قدرت رسـاندن خمینـی سـهیم بودند و حـالا می دیدند در مبارزات داخلی برای کسـب قدرت جانشـان در معـرض خطـر اعـدام و ترور بـود باور نکردنی بود. خصوصا برای حسـین و دوسـتانش .در دوران انقـلاب و بعـد از انقـلاب نـادر چندیـن بـار به ایران سـفر کرد اما بـدون اطلاع همسـرش و خانـواده اش. او بـه دیـدن دوسـتانش می رفت، یکـی از آنها در طبقه سـوم خانـه ای در مجـاور خانـه ای مـادرش در مخفـی گاهـش زندگـی می کـرد. این بـه نادر کمـک مـی کرد کـه مادرش را هنـگام دانه دادن به پرندگان تماشـا کنـد. در یکی از این سـفرها بـه ایرانکه بر حسـب اتفاق خانـواده اش هم از بـودن نادر در ایران اطلاع داشـتند بـه دیـدن حسـین رفت. هیچکـدام از دو دوسـت قدیمی نمی دانسـتند که ایـن آخرین دیدارشـان بـود، خانـه خلـوت و تیمی بـود که با دوسـتانش در آن مخفی شـده و زندگی چریکـی آغـاز کـرده بود ،حسـین مشـاور بنی صـدر شـده بـود و در روزنامـه ی او به نام انقـلاب اسـلامی نقد سیاسـی می نوشـت. اما با سـقوط و فـرار بنی صدر جان حسـین و دوسـتانش در معـرض خطر اعـدام بود و نیروهای انقلابی در به در بدنبال او می گشـتند. حسـین به او اطلاع داد که برادرش نیز دسـتگیر خواهد شـد .برای اولین بار حسـین به شـلوار لـی نـادر نگاه می کـرد برای اولین بار در خواسـت چیـزی برای خـودش را از نادر داشـت" .مـی توانـم اقـرار کنم اگر از هیچ چیز آمریکا خوشـم نیاد و قبول نداشـته باشـم

شـلوار جیـن آنها بهترین اسـت « بعد به شـلوارش اشـاره کـرد و ادامه داد. "این شـلواره پـاره تنهـا چیـزی اسـت که بـرای من تـو این دنیـا باقـی مانده اسـت ،چطوره شـلوارت و بـه مـن بـدی و وقتی برگشـتی یکی بـرای خودت بخـری...؟ «درسـت بعـد از تعویض شلوارشـان جـار وجنجالـی شـروع شـد و نادر از حسـین جدا شـد و این حسـین بود که بـا گروهـش نـادر و دوسـت دختر مشترکشـان را فـراری دادنـد ،البته حسـین خیلی بد زخمـی شـد اما از دسـت ماموران فـرار کرد.

بعـد از آن نـادر مـی دانسـت که نمی توانسـت در ایـران باقی بماند، می دانسـت که بایـد هـر چـه زودتـر از ایران خارج شـود .بعـد از یکـی دو روز دیدار دوسـتانش بالاخره بـه خانـه مادرش برگشـت و چنان در تعجب شـد کـه چند دقیقه ای نمی دانسـت کجا بـود. همیـن جـور به جولیا و مادر جولیا" کتی" خیره شـده و در شـوک بـود. این اولین بـاری بـود کـه از محبـت مادرش به او خرسـند نبـود. چرا که مـادرش جولیـا و مادرش را بـدون اطـلاع او بـه ایـران دعـوت کرده بود کـه محبتی به نادر کرده باشـد و شـاید او کمـی بیشـتر در ایـران باقـی بماند. اما هیچ یک از آنها نمی دانسـتند که نـادر نه تنها از ایـن محبـت مادرش خرسـند نبـود بلکه از داخل گـر گرفته بود و نمی دانسـت چه باید مـی کـرد. هیـچ یـک از آنهـا نمی دانسـتند که نـادر در خطر دسـتگیری و شـاید اعدام توسـط حکومـت آخونـدی بـود و برای همیـن باید هرچه زودتـر از ایران خارج می شـد وحـالا نـه تنهـا باید نگران جان خودش باشـد، مشـکل جـان جولیا و مـادر جولیا هم به آن اضافـه شـده بـود. بدتـر از همـه نمی توانسـت حقیقت ایـن خطر را هم بـا هیچ یک از آنهـا در میـان بگـذارد چـرا کـه لازمـه آن ایـن بود کـه پیش آنهـا اقرار کنـد در تمام ایـن مـدت بـه آنهـا و خصوصا جولیـا دروغ گفته بـود و او درگیـر انقلاب بـوده. نادر می دانسـت کـه باید فوری دست بـه کار می شـد. از طرفی هم بسـیار نگران بـرادرش بود. روز بعـد بـا دوسـتش رضـا کـه البته همکلاسـی و دوسـت بـرادرش بود تمـاس گرفت. رضـا بارهـا از او خواسـته بـود ترتیـب رفتـن او و دختـرش بـه آمریـکا را بدهـد و بـه او کمـک کنـد و حـالا موقعیتـی پیش آمده بود که شـاید هـردو می توانسـتند به یکدیگر کمـک کننـد. نـادر مـی دانسـت کـه خروجـش از طریق فـرودگاه صـلاح نبود چـرا که شـاید اسـمش در لیسـت باشـد و همانجـا خـودش وجولیا و حتـی مادر زنـش کتی هر سـه دسـتگیر و گرفتـار شـوند و تنهـا راهـش خـروج از مرزهـای زمینی بـود و بهترین

آنها مرز بازرگان به ترکیه .روز بعد رضا را به مادرزنش معرفی کرد و گفت شاید از یکدیگر خوششان بیاید و با هم ازدواج کنند و به این طریق با یک تیر دونشان زده و رفتن رضا به آمریکا هم ممکن شود. چرا که اگر رضا و مادرش و دخترش همراه آنها بودند ماموران مرزی به آنها شک می بردند. در ثانی رضا بسیار سر و زبان داشت و بهتر می توانست با آنها معامله کند. از طرفی برادرش به هیچ وجه آماده خروج از ایران نبود و می گفت در ایران زاده شد و در ایران هم دفن خواهد شد نادر می دانست که جایز نبود وقت خود را تلف کند. برای همین چند روز بعد در جاده های کوهستانی به طرف شهر مرزی بازرگان در آستارا در حرکت بودند. البته برای سفرشان رضا یک ون سبز رنگ سفارت آمریکا را که بعد از گرفتن سفارت به غارت برده بودند را در بازار آزاد خریده بود. دوتا منبع بزرگ بنزین هم در سقف آن نصب کرده بود که در طول راه مجبور به توقف نباشند .چرا که در آن زمان از مرز بازرگان در ایران تا آنکار در ترکیه بسیار خطرناک بود و بهتر بود به مقدار کافی بنزین همراه داشته باشند. خصوصا که دو زن موطلایی آمریکایی هم همراه آنها بودند .در ثانی جمهوری اسلامی در طول راه با گروهای مختلفی در جنگ بود و آنها باید از این مناطق نا امن عبور می کردند و داشتن ۳۰۰ لیتر بنزین در سقف ماشین خودش کافی بود که همه را به کشتن دهد. برای همین هم جولیا و کتی مادر زن نادر از این واقعیت که زندگی همه آنها در معرض خطر جدی است و در واقع آنها در حال فرار از کشور هستند هیچ چیزی نمی دانستند و نادر نمی دانست چطور این مسئله را برای آنها فاش کند زیرا می دانست که مادر زنش دچار ترس واسترس شده و امکان داشت وی به طور اتفاقی پوشش آنها را لو بدهد .می دانست که همه باید هنگام برخورد با ماموران دولتی آرامش خود را حفظ کنند که شک آنها را بر انگیخته نکنند. برای همین طبق نقشه قبلی نادربه آنها گفت تصمیم گرفته در برگشت از ایران راه زمین را انتخاب کند که آنها ایران و بعضی از کشورهای اروپایی را هم ببینند. پر مسلم بود که جولیا و کتی هردو از این سفر خرسند بودند .اما آنها از جنگ و هرج و مرج در طول مسیر و خطر عبور در راه های مرزی ترکیه تا آنکارا هیچ اطلاعی نداشتند.

اگر چه نادر از داخل می گریست و بسیار نگران و مضطرب بود اما به ظاهر

خنده بر لب داشت و سعی می کرد با شوخی ذهن خود را از فکر کردن به اضطراب و نگرانی منحرف کند. او دقیقاً مانند دلقکی بود که همه را با حرکات خنده دار خود می خنداند اما در داخل خود می گریست. درست مثل شمعی که برای روشن کردن تاریکی می سوخت و خود را از بین می برد .حتی یک لحظه فکر فروغ و مادرش از ذهنش بیرون نمی رفت .به این فکر می کرد که کی می توانست دوباره آنها را ببیند؟ و آیا هرگز شانس دیدن آنها را بعد از این داشت؟ و در آخر صدای برادرش بود که در گوشش زنده می شد و زمزمه می کرد" .شما کشور خود را فروخته اید .من ترجیح می دهم اینجا بمیرم تا خاک وطنم و ترک کنم. این تنها خانه ای است که من می دانم چگونه در آن نفس بکشم، چطور بخندم، این سرزمین من است، چرا من باید به آمریکایی که به شاه و به ما خیانت کرد بروم ... اما شما باید بری، اینجا بمانی خودتو بکشتن می دهی... اینجا دیگه چیزی برای تو باقی نمانده. آنجا بیشتر می تونی به مملکتت خدمت کنی... به آنها بگویی و برای آنها روشن کنی دولت آمریکا و کارتر و انگلیسی ها چطوری به شاه و به ما خیانت کردند... تو حالا باید به همسرت توجه کنی." ذهن نادر با رسیدن به منطقه جنگی که قبایل محلی علیه دولت شورش کرده بودند به زمان حال برگشت. شورشیان کنترل کوه ها و بیشتر جاده های سر راه را در دست داشتند. اما بزرگترین مشکل آنها کتی مادر زن نادر بود .او می خواست هر ساعت به ساعت متوقف شود، در هر زمان که چیز جالبی را می دید در خواست توقف می کرد. او در ذهنش به این فکر می کرد که آنها برای دیدن شهرها و مناظر ایران در سفر هستند .بنابراین باید متوقف می شدند. اما نادر و رضا می دانستند که توقف آنها بسیار خطرناک بود و باید به راه خود و با عجله ادامه می دادند.

صدای شلیک چند گلوله از دور شنیده شد .طولی نکشید که صدای رضا بلند شد، لحن صدایش بسیار نگران کننده بود ،حتی برای جولیا و کتی که فارسی صحبت نمی کردند . "مبارزین جاده را بسته اند؟ «چشم نادر به پست بازرسی که چندتا مبارز درست کرده بودند افتاد، نگرانی وجودش را گرفت ،جوانی حدودا بیست ساله، مسلسل به دست به آنها نزدیک شد، نگاهی به داخل انداخت. "این ون سفارت آمریکاست...؟ «با شنیدن آنچه جوان بزبان آورد ،نگرانی نادر بیشتر شد،

برای اولین بار در این فکر شد که بر حسب اتفاق آنها ونی که متعلق به سفارت آمریکا بوده و بعد از تصرف سفارت به غارت رفته بود را استفاده می کردند و همین می توانست سبب شود که به آنها شک کنند که شاید در تلاش بودند تا آمریکایی ها را فراری دهند اما این واقعیت که آنها ون سبز رنگ ارتش آمریکا را استفاده می کردند در آنجا به آنها بسیار کمک کرد ،خصوصا وقتی جوان مسلح ادامه داد. "ما مشکلی با رفتن شما نداریم ...اما لب مرز با دیدن این ون به شما شک می کنند که دارید آمریکایی ها را فراری می دید... و باز داشتتان می کنند ...نباید برای آمریکایی ها اتفاقی بیافتد ...وجه ما خراب می شه... اگر از خروجتان خود داری کردند، برگردید اینجا من شاید بتونم بهتون کمک کنم که از راه کوهستان رد بشین. جوان نگاهی به اطراف کرد و بعد در حالی که مشغول نوشتن شد به طرف نادر و جولیا برگشت. "من قبلاً در میامی، فلوریدا زندگی می کردم، شاید یک روزی ما در آمریکا همدیگر را ببینیم" .این بار جوان به انگلیسی مکالمه می کرد و این برای آنها خوشحال کنند بود .بعد هم نوشته را به نادر داد." اگر دوستان ما سر راه جلوی شما را گرفتند این را به آنها نشان بدهید ...کاری باهاتون نخواهند داشت. "جوان از ون دور شد و دوباره آنها به طرف مرز در حرکت شدند. صدای شلیک گلوله ها به راحتی از فاصله دور شنیده می شد. حالا کتی کاملاً ساکت و بسیار ترسیده و انگار لال شده بود. جولیا دست او را گرفته و نگران بود که حمله قلبی به مادرش دست ندهد .اما نادرنگران موضوع مهم دیگری بود ،مخازن بنزین روی سقف ماشین. با شنیدن صدای شلیک گلوله ها و اینکه می دانست از منطقه ای رد می شدند که جنگ و گریز بین مبارزان و جمهوری اسلامی در جریان بود نگران بود که هر آن امکان داشت یکی از این گلوله ها به دو مخزن بنزینی که در سقف ون نصب شده بود اصابت کرده و ۳۰۰ لیتر بنزین منفجر شده و همه آنها را به کشتن بدهد. آنها به سرعت راه خود را از طریق منطقه جنگی ادامه دادند. بالاخره وارد شهر اردبیل شدند و راه خود را به طرف مرز ادامه دادند .ساعت چهار بعد از ظهر و قبل از بسته شدن مرز برای شب به آنجا رسیدند. لب مرز و پشت چند اتومبیل در نوبت ایستادند که برای خروج مدارک خود را نشان دهند .چشمان نگران نادر از روی چندین پاسدار مسلسل بدست که همه ی مسافران را زیر نظر

داشـتند و از زیـر ذره بیـن خـود رد مـی کردنـد برداشـته نمـی شـد، احسـاس غـرور و قـدرت را در رفتـار و کـردار آنهـا بـه خوبی می شـد دیـد. اگر چه رضـا نگران بـود اما با انگلیسـی دسـت وپا شکسـته خـود بنای شـوخی را گذشـت، اما چشـمان نـادر از روی پاسـداران برداشـته نمی شـد .چشـم یکی از آنها که پنج اتومبیل با آنها فاصله داشـت بـه طـرف آنهـا افتـاد ،بعد از کمـی تامل به سـمت آنها آمد و با اشـاره لوله مسلسـش از آنهـا خواسـت کـه از صـف خـارج شـوند ،چند دقیقه بعـد آنها خـارج صـف و در کناری متوقـف شـدند و اجـازه حرکـت نداشـتند. نگرانـی وجـود نـادر را گرفتـه و در خلوت و سـکوت خـود دعـا سـر داده و از خـدا طلب کمک می کـرد. فکر نادر و رضا بـه کار افتاد کـه چـه بایـد می کردند. بـه آنها گفتند کـه باید صبـح روز بعد با تهران تمـاس بگیرند و مطمئـن شـوند کـه آنهـا آمریکایی هـا را فراری نمی دهند .نادر خوشـحال بـود که در آن زمـان دیـر شـده بود کـه آنها بتوانند بـا تهران تماس برقـرار کننـد، بنابراین تا صبح وقـت داشـتند فکـر چاره ای کننـد. احمد، جوان مکانیکـی که آنها با خـود آورده بودند کـه در صـورت خرابـی ماشـین به آنهـا کمک کند صدایش بلند شـد،" آقا نـادر من اهل همیـن جـا هسـتم و خیلـی هـا را می شناسـم بر می گردم وبا دوسـتام سـر راه دو سـه جـا سـیم هـای تلفـن و تلگـراف هـا را قطع مـی کنیم کـه آنها نتوننـد با تهـران تماس بگیرنـد. چنـد نفـری را هم در شـهر می شناسـم با آنهـا صحبت می کنم شـاید یکی از ایـن هـا را بشناسـند و کمک کنند"

این بهترین خبری بود که نادر می توانسـت بشـنود، احمد بلافاصله سـوار اتوبوسـی شـد و آنهـا را تـرک کـرد. نـادر امیـد داشـت و دعا می کرد شـاید احمـد بتواند بـه آنها کمـک کنـد. به فکرشـان افتاد که بهتره به شـهر برگردنـد و از جوان مبـارز برای خروج از راه هـای کوهسـتانی کمـک بگیرند. اما اجازه تـکان خوردن به آنها داده نشـد.

دو سـاعتی از نیمه شـب گذشـته بود، نادر کنار ون روی جدول نشسـته و به عمق تاریکـی خیـره و در فکـر غرق شـده بـود و دنبال راه چاره می گشـت، بقیـه همه در ون خواب بودند، فکر اینکه نکند آنها دسـتگیر شـده و به تهران برگردانده شـوند و دسـتی دسـتی جولیـا و مـادر زن و خـودش را بـه کشـتن دهـد او را رنج مـی داد، همینطورکه سـرش بـه بالا بلند شـد کـه به درگاه خـدا التماس کند، چشـمانش به پیر مـردی افتاد کـه در شـش صـد متری او جلوی سـاختمان مرزی تسـبیح بدسـت قدم مـی زد و نادر

را تماشا می کرد. اگر چه پیر مرد یکباره جلوی ساختمان ظاهر شده بود، اما به نظرش می آمد که کسی باشد که همه چیز آنجا را زیر نظر داشت. نادر از داخل تهی شد و سرش روی دست هایش که روی زانوهایش استراحت می کردند نشست و همه چیز از دید او تاریک شد، بغض گلویش را گرفت، از خدای خود عاجزانه طلب کمک کرد، «خدایا من در تمام عمرم آدم خوب و مفیدی برای همه به خصوص مستمندان بودم... حالا اگر می خواهی جان من را بگیری، بگیر... من آماده هستم، اما ازت عاجزانه خواهش می کنم به این دو زن بی گناه کمک کن که سالم برگردند ...آنها هیچ گناهی نکردند ...خدایا"...

«اسم تو نادره؟»

با شنیدن صدا، نادر سرش را از روی زانوهایش بلند کرد و پیر مردی را که جلوی ساختمان گمرگ قدم می زد را دید که کنارش بین او و ون ایستاده بود. اما در یک لحظه نادر در تعجب شد و به طرف ساختمان نگاه کرد که ببیند که این همان پیر مردی بود که چند لحظه پیش آنجا قدم می زد، حالا مطمئن شد که خودش است، از خود سوال می کرد چطور ممکنه او در چند لحظه خودش را از آنجا به اینجا رسانده باشد، تمام مدتی که نادر سرش روی دستش نشست و در تاریکی با خدای خودش راز و نیاز می کرد به بیست ثانیه هم نکشید، پس چطور او این همه راه را طی کرده بود؟ نادر هنوز در سبک سنگین کردن بود که صدای پیر مرد دوباره بلند شد، "اسمت نادره؟

«بله»

"قلهک دبیرستان جم می رفتی؟"

«بله»

یک احساس خوب و صلح آمیزی در درون وجود نادر زنده شد ،خیال کرد که به پیر مرد می توانست اعتماد کند ،از جایش بلند شد و با لحنی ملتمسانه با او وارد صحبت شد. "حاجی شما که همه چیز را راجع به من می دانید... فقط به خدا قسمت می دم اگر می خواهی من و نگه دارید مهم نیست اما بزار این دو تا زن بی گناه راهشون وبگیرند و برند... اونها هیچ گناهی ندارند که به من اطمینان کردند آمدند دیدن مادرم... حاجی من به این انقلاب خیلی کمک کردم... خیلی چیزها از

دست دادم ...ترو به خدا این کار و بکن"

پیر مرد لبخندی زد و جواب داد.

"برو سوار ماشینت شو و دنبال من بیا"

بعدش هم پیر مرد به طرف مرز حرکت کرد و از ون هم گذشت. نادر با شک فوری وارد ون شد ،همه خواب بودند .رضا را که پشت فرمان خوابش برده بود را با آرامی بیدار کرد و با اشاره به پیر مرد که هنوز به طرف مرز می رفت از او خواست که به طرف مرز حرکت کند. رضا خودش را به نادر نزدیک کرد و به آهستگی که دیگران را از خواب بیدار نکنند در گوش نادر زمزمه کرد. "دیونه شدی، این حاجیه همه کاره اینجاست ...اون می خواهد ما را ببره آن طرف مرز و همه ی ما را تو تاریکی بکشند."

اما نادر احساس دیگری داشت، رضا را قانع کرد که حرکت کند و رضا بالاخره با تردید قبول کرد، ون و پیر مرد هم زمان به ایست بازرسی رسیدند ،دیدند که پیر مرد به طرف یکی از نگهبانانی که در حال نگهبانی بود رفت و سر او داد و بیداد کرد،

«پدر سوخته ها پسر خواهر من را این جا نگه داشتید ...اون فردا صبح باید سر کلاسش باشد ... مرز را باز کن"

سرباز به صدا آمد و گفت ،

«حاجی الان دیر وقته تو قسمت ترکیه آنها را راه نمی دهند و شاید هم به آنها تیر اندازی کنند و آنها رو بکشند ،بزار صبح که شد برند."

پیر مرد او را به کناری هل داد و خود سوزن جلوی مرز را بالا زد و بعد به ون نزدیک شد و رو به نادر کرد ،

"خوش آمدی... به خانوادت برس... برو"

بعد هم اشاره ای به مخزن بنزین های روی سقف ماشین کرد و ادامه داد،

«یادت نره این تانک های بنزین و از آن بالا فوری بیاری پایین... خطرناکه"

بعدش هم دست نادر را گرفت و فشرد و دوباره از آنها خواست که حرکت کنند .ون در حرکت شد و آنها از مرز گذشتند، هردو نادر و رضا در تعجب بودند که چه اتفاقی افتاده بود، نگاه نادر از روی پیر مرد بر داشته نشده بود ،او نمی توانست تا

نداند پیر مرد کیست آنجا را ترک کند. از رضا خواست که ون را متوقف کند، اما رضا قبول نمی کرد، نادر درماشین را باز کرد که در حال حرکت به بیرون بپرد، رضا مجبور به توقف شد .نادر از ماشین خارج شد و به طرف مرز و پیر مرد رفت چندی جلوی او ایستاد به هم نگاه کردند لبخنده پیرمرد چنان صلح آمیز و آرامش بخش بود که نادر به هیچ چیز جز او فکر نمی کرد پیر مرد برایش بسیار آشنا بود در تلاش بود که بداند کجا او را دیده است اما به خاطرش نمی آمد بالاخره نادر زمزمه کرد.

"من نمی تونم از اینجا برم تا ندانم تو کی هستی؟ تو خدا هستی؟"

پیر مرد لبخندی زد و به آرامی جواب داد:

"نه... تو خدایی؟ «

و بعد پیر مرد که می دید نادر خیال رفتن نداشت دوباره به صدا در آمد، و ادامه داد:

علی عمادی را یادت می آید؟ همکلاسی دبیرستانید بود، من پدر بزرگ او هستم، وقتی آمده بودی ساری دیدنش دیدمت، حالا" برو، اما یادت باشه خوبی هیچوقت بی جواب نمی ماند..."

نادر با این که مایل به ترک پیر مرد نبود اما مجبور بود برود. با کمی مشکل و رشوه دادن از مرز ترکیه عبور کردند و وارد ترکیه شدند و در راه به آنکارا در تمام مدت نادر به پیر مرد فکر می کرد یادش نمی آمد علی حرفی در مورد پدر بزرگش به نادر زده باشد، وقتی علی نادر را در تابستان به ساری محلی که زندگی می کرد دعوت کرده بود که به خاطر محبت های نادر از او تشکر کرده باشد، همه ی فامیل برای دیدن او جمع شده بودند، نادر همه ی آنها را یادش می آمد به غیر از پیر مرد ،پدر بزرگ علی. علت سفرش به ساری هم به خاطر این بود که در دفتر مدرسه علی را دید که چمدانش را بسته بود و قصد داشت از تهران به ساری برگردد، وسط سال تحصیلی بودند، نادر او را به خانه ش برده بود که سال تحصیلیش را تمام. البته یک سال بعد نادر علی را در ترکیه پیدا کرد و می خواست هدیه ای برای پدر بزرگش برای تشکر بفرستد، اما در تعجب شد وقتی علی توضیح داد:

«پدر بزرگ من ده سال قبل از سفر تو به ساری مرده بود... پیر مرد با تو شوخی کرده است."

بالاخره غروب بود که به هتلی رسیده ودر آن برای استراحت مقیم شدند. اما از بخت بد آنها اوضاع ترکیه در آن زمان کمی بد بود و مردم برای اعتراض به خیابان ها ریخته بودند و تمام خیابان را پلیس گرفته بود وقتی ون را دیدند از آنها خواستند که ون را حرکت دهند و رضا مجبود بود آنها را در هتل تنها گذاشته و ون را به خارج شهر ببرد. از طرفی هم وقتی پلیس معترضین را در خیابان دنبال کرده بودند بسیاری از آنها به هتل پناه آورده بودند و کریدورهای هتل پر از جمعیت خشمگین شده بود، و نادر نگران بود با بودن جولیا و مادرش در اتاق آنها شاید به آنها حمله ور شده و آنها را بدزدند. بخاطر همین نگرانی نادر بسیار زیاد بود و در طول شب خواب به چشمانش نمی آمد. خود بتنهای با خانمها در هتل بود. تمام شب نادر بیدار ماند و مواظب خانم ها بود. فردای آن روز رضا با ون برگشت و آنها بسلامت از شهر خارج شدند.

* * * * *

فصل ۲۷

وقتی در خواب اتفاقات پیش رو را شاهد هستی؟

چگونـه مـی تـوان احسـاس زنـده بـودن کـرد و بـه زندگـی عـادی ادامـه داد وقتی شـاهد کشـته شـدن همـه عزیزانـت هسـتی. چگونه مـی توان تحمـل کرد و احسـاس آسـایش کـرد وقتی همـه آرزوها و رویاهایت را جلوی چشـمت می کشـند و از بین می برنـد؟ آیـا مـی تـوان قادر بـه ادامه زندگی بـود وقتی که شـاهد قتل عام مـردم بی گناه سـرزمینت هسـتی وتـوان جلوگیـری از آنرا نـداری؟ چگونه مـی تـوان از روز خود لذت ببـری وقتـی کـه هـر روز صبح که چشـمان خـود را بـاز می کنی مـی بینـی از افرادی حمایـت کـردی کـه اکنون ناعادلانه به کشـتار مـردم و غـارت آنها مبـادرت می کنند؟ از مهربانـی، صداقـت و درایـت آنهـا به غلط سـخن گفتی و مـردم خود را گمـراه کردی و زحمـت و ظلـم و مشـقت را بـر آنها روا داشـتی و حالا هیچگونه احسـاس مسـئولیت و خجالـت و گنـاه و شـرم از کـرده خـود نکنـی؟ وقتـی که مـی دانی و حـس می کنی کـه دسـتت بـه خون کشـته شـدگان آلوده اسـت؟ و این احساسـی بـود کـه در ذهن و وجـود آدمهایـی مثـل حسـین، نادر و اسـعد جنگـی دردناک آغاز کـرده بود و آنهـا را از داخـل مـی خـورد و ناتـوان مـی کـرد. و نـادر می دانسـت که بایـد راهی بـرای نجات از این فاجعـه پیدا

کنـد وگرنـه از پـا در مـی آمـد. نـادر پـس از بازگشـت از ایـران شـوقی بـرای ادامه زندگـی نداشـت، آنچـه را کـه دیده بـود، تصاویر، مـردان و زنـان و کودکان بـی گناه در ذهنـش زنـده و بـه نمایـش در مـی آمدنـد. دردناکتـر از همه ایـن بود که همـه ی این نامردمـی هـا، ظلم و سـتم ها در سـایه ی مذهب و دینی که بـه او از کودکی گفته و یاد داده بودنـد کـه دیـن مـروت و محبت اسـت و آن را به نام اسـلام شـناخته بـود بر مردم روا مـی داشـتند. نـادر دریافته و فهمیـده و قبول کرده بود که مذهـب باید حامی و پیام آور، رحمـت، صلـح، عشـق و محبـت و آبادانـی باشـد و نه پیـام آور بی رحمـی و ظلم و سـتم و دزدی و غـارت و خرابـی و کشـت و کشـتار. و چیـزی که قوم آخونـدی در ایران

بـرای رسـیدن بـه اهـداف قـدرت طلبی و سـود جویی خـود به غلـط بر مـردم تحمیل مـی کردنـد. نـادر مجبـور بود راهـی برای مقابلـه با این احساسـی که کمر بـه نابودی او بسـته بـود پیـدا کند. در خلـوت خود به ناگهـان به یاد زمانـی که مدتی با درویشـی در کوهپایـه هـای ایـران با پاهـای برهنه وقت می گذرانـد و در حرکت بود که خـود را پیدا کنـد افتـاد. یـاد درویـش و راه و روشـش نادر را بر این داشـت که هر شـب دیـر وقت با خـود در تنهایـی و در دل تاریکـی بنشـیند و از خود بی خود شـود و همین سـبب شـد کـه کـم کـم افـکار مفید تا انـدازه ای جانشـین افکار آزار دهنده شـدند. دیری نشـد که نـادر شـروع کرد بـه خواب دیـدن. در خواب هایش دو فرشـته زیبا، یکـی جوان، ملبس بـه پیراهـن حریـر رنـگ آبـی و دیگری مسـن تر ملبـس به حریـری به رنگ سـبز. بر او ظاهر می شـدند

وقتـی ایـن دو فرشـته در رویاهایـش ظاهـر مـی شدندهمیشـه فرشـته مسـن تـر صحبـت و اداره اوضـاع را در اختیار داشـت و جوانتر همیشـه گوش می کرد و تماشـاگر بـود و بـه مناظره نادر با فرشـته مسـن تر لبخنـد می زد. البتـه نادر در ابتـدا این خواب هـا و دیـدن فرشـته هـا در خواب را جـدی نمی گرفت و همیشـه در صدد مبـارزه و ردّ نظرهـای فرشـته مسـن بـود. آنهـا نـادر را در خواب بـه پـرواز وا می داشـتند و به محل هـای مختلفـی مـی بردند. امـا جالب این بود کـه در تمام طـول این خواب هـا نادر می دانسـت کـه داشـت خـواب می دیـد و گاهـی آن را کنترل می کـرد که بیدار نشـود. اما بعـد از مـرگ پـدرش و یکـی از برادرانش که قبلا خـواب آن را دیده بـود بر این تصمیم شـد کـه بایـد به خـواب هایش توجه کـرده و اهمیت بدهد چـرا که آنها به نـادر اتفاقات و حـوادث را قبـل از اتفـاق افتادن اطلاع مـی دادند.

نـادر بـا جولیـا در خـواب بود کـه با باز شـدن در اطاق از خـواب بیدار شـد و پدرش را در آسـتانه در دیـد، نـادر نیـم خیز روی تخت نشسـت و رو به پدرش کـرد. " آقا جان مـن بـا زنـم خوابیـدم برو تو نشـمین من میـام آنجا با هم صحبـت کنیم"

"نگـران نبـاش فقـط تو مـی تونی مـن و ببینی زنت مـن و نمی بینه. مـن دارم یک سـفر طولانـی میرم که شـاید دیگه تـو را نبینـم آمدم ازت خـدا حافظی کنـم، اگر چه مـن پـدر خوبـی بـرای تـو نبودم امـا بر عکـس بقیه تو هیـچ وقت بـه من بـی احترامی نکردی. مـن و ببخش..."

"آقـا جـان ایـن حرفهـا چیه می زنـی ... برو تو نشـمین مـن میام آنجـا باهات حرف مـی زنم..."

پـدرش لبخنـدی زد و چرخیـد و بـه نـاگاه از آسـتانه در ناپدیـد شـد. نـادر قصـد بلنـد شـدن و رفتـن بـه طـرف او را داشـت کـه دسـت جولیـا او را گرفـت و نگـه داشـت و او از خـواب بیـدار شـد. "بـا کـی داشـتی تـو خـواب حـرف مـی زدی؟" "بـا پـدرم، خیـال مـی کنـم پـدرم مـرده یـا خواهـد مـرد".

سـاعتی بعـد نـادر از طریـق تلفـن بـا فریـده زن بـرادرش در حـال گفتگـو بـود، فریـده بـه او توضیـح داد کـه در شـهر خوانسـار ماشـینی بـه پـدرش زده و او در بیمارسـتان اسـت و بـرادر و مـادرش بـه همیـن دلیـل بـه آنجـا سـفر کـرده انـد. یـک ماهـی بعـد نـادر بـا مـادرش در برگشـت بـه تهـران گفتگـو مـی کـرد. مـادرش توضیـح داد کـه وقتـی پـدرش روی تخـت بیمارسـتان خوابیـده بـود رو بـه آنهـا کـرد و گفـت. "مـن دارم مـی میـرم... کاشـکی نـادر را قبـل از مـرگ مـی دیـدم... مـن پـدر خوبـی بـرای او نبـودم امـا نـادر تنهـا بچـه ای بـود کـه بـه مـن هیـچ بـی احترامـی نکـرده... " شـوهر خواهـرش قـدرت الله بـا شـنیدن آرزوی پیـر مـرد بـه خیابـان رفتـه و از یـک جوانـی کـه حـدودا شـبیه بـه نـادر بـود و ریشـی هـم مثـل او داشـت خواسـته بـود کـه بـرای خوشـحال کـردن پیـر مـرد بـه دیـدن او بیایـد و نقـش نـادر پسـرش را بـازی کنـد. جـوان بـا قـدرت الله وارد شـد و قـدرت الله رو بـه پـدر نـادر کـرد و گفـت. "آقـا محمـد ببیـن کـی آمده دیدنـت، بهـت نگفتـم نـادر میـاد دیدنـت... او فقـط بـرای دیـدن شـما از آمریـکا برگشـته..."

جـوان لبخنـد بـر لـب بـه طـرف پـدر نـادر خـم شـد کـه او را در آغـوش گرفتـه و ببوسـد. "آقـا جـان حالـت چطـوره؟"

امـا بلافاصلـه دسـت پـدر بـالا آمـد و بـر سـینه ای جـوان نشسـت و او را عقـب زد و لبخنـدی زد و صورتـش را بـه جهـت مخالـف برگردانـد و انـگار صـد سـال بـود کـه در خـواب بـود. پـدر مـرده بـود امـا در لحظـه مـرگ هـم مـی دانسـت پسـرش کـه بـود، چـرا کـه در همـان لحظـه مـرگ روح او در آمریـکا حاضـر شـده بـا پسـرش نـادر خداحافظـی مـی کـرد. البتـه کـه نـادر هیـچ ناراحتـی از پـدر در دل نداشـت کـه او را ببخشـد. مهـم نبـود چـه بـا او مـی کردنـد، نـادر فقـط خوبـی آنهـا را بـه خاطـر مـی سـپرد و هـر آنچـه بـد بـود را فرامـوش و بـه خـاک مـی سـپارد. سـالها بعـد مـادرش وقتـی از خاطراتـش بـا پـدرش صحبـت مـی کـرد،

دوباره این داستان را با حسرتی که در چهره اش نمایان بود تعریف می کرد، معلوم بود که برای شوهرش دلتنگ شده بود، نادر آنچه از مادرش می دید و حس می کرد عشقی بود که نسبت به پدرش داشت. آنجا بود که نادر فهمید که علیرغم تمام بد رفتاری هایی که پدرش با مادرش کرده بود مادر برای او دلتنگ شده و در حقیقت همیشه عاشق شوهرش بوده و او را بخشیده بود. نادر فهمید که عشق چه شگفتی ها بوجود می آورد.

خانواده نادر هنوز از مرگ پدرش فارغ نشده بودند که آنها باید با فاجعه دیگری مقابله می کردند. حدود یکسالی از بازگشت نادر از ایران به ایالات متحده گذشته بود. او هنوز به سختی می توانست یک خواب آرام داشته باشد. شبی بارانی در سواحل کالیفرنیا در "سن دیاگو" بود، نادر بین دو دنیای هوشیاری و خواب بود که دوباره خواب به سراغش آمد. این بار هم می دانست که کجا خوابیده بود و در حال خواب دیدن برادرش بیژن است. برادرش را می دید که با اتومبیل زرد رنگش مشغول رانندگی بود، احساس بدی به نادر دست داد واین حس به او می گفت که اتفاق بدی در انتظار برادرش بود. قصد داشت او را از حرکت باز دارد اما نادر می دانست که او در آمریکا خوابیده است. در حالی که نادر سعی در پیدا کردن راهی برای هشدار دادن به او بود، بیژن بین دو هیجده چرخ محو شد و تنها تصویری که نادر از او می دید چهره سفیدش بود که مستقیم به فرمان ماشینش چسبیده و به جلو خیره شده بود و هیچ حرکتی نمی کرد. نادر فوری خود را از خواب بیدار کرد و با عجله به سمت تلفن رفت. جولیا در آشپزخانه بود و با دیدن نادر اندکی نگران شد او از خواب های نادر اطلاع داشت. نادر تلفن مادر را گرفت اما بعد از یکی دو تا زنگ آن را قطع کرد ،می دانست اگر به مادرش بگوید که چه خوابی دیده است او را نگران می کند .تلفن مغازه برادرش بیژن که سر کوچه نزدیک خانه ی مادرش بود را گرفت، صدای پیر مردی که برای برادرش کار می کرد در گوشی بلند شد"، الو ...گل فروشی سی کاس"

« سلام اقا عماد، حاجی هست"

«آقا نادر همین چند لحظه پیش همه آنها به طرف ساوه راه افتادند من دارم چراغ عقب ماشینش و می بینم"

همه ی فامیل تون برای دیدن یکی از خواهرزاده ها تون عازم ساوه هستند."

نادر با عجله حرف اورا قطع کرد. "باید جلوی حاجی رو بگیریم"

«آخه اقا نادر من که ماشین ندارم که برم دنبالش ... مغازه را هم که نمی تونم ول کنم بهتر به آقا کمال زنگ بزنی"

بلافاصله نادر با برادرش کمال در حال گفتگو بود و از او می خواست در پی بیژن رفته و او را متوقف کند. چرا که او حتما تصادف می کرد و اتفاق بدی برایش می افتاد در ابتدا کمال نمی خواست چنین کاری را بکند اما بعد از اینکه نادر او را تهدید کرد که این مطلب را با حاجیه خانم مادرشان در میان می گذارد کمال در راه شد. اما نه قبل از اینکه به نادر غر بزند و بگوید. «تو نمی تونی دیگه خواب نبینی؟ دیگه شب ها غذا نخور که خواب کمتر ببینی...» نادر تمام شب و روز بعد نگران بود اما هیچ کس بجز مادرش جواب تلفن را نمی داد، مادرش تنها کسی بود که عازم ساوه نشده بود. مادرش از تلفن های پی در پی نادر نگران شده و از او سئوال می کرد که نکند باز خواب دیده است؟ اما جواب نادر نه بود. می دانست که اگر به مادرش در مورد خوابش می گفت او را بسیار نگران می کرد. بالاخره بعد از دو روز خواهرش پری تلفنش را جواب داد اما جواب او این بود که همه صحیح و سالم هستند و هیچ اتفاقی برای بیژن نیافتاده است و همه هنوز ساوه هستند. نادر از صدای خواهرش می توانست حس کند که او حقیقت را به او نمی گفت.

بالاخره چند روز بعد بود که بیژن به خواب نادر آمد و از او خواست که به مادرشان زنگ بزند و بگوید که نباید برای او گریه کند. به نادر گفت من تصادف کردم و مردم و حاجیه خانم همیشه گریه و زاری می کند و با گریه و زاریش روح من آرامش ندارد بهش بگو گریه نکند. از آن به بعد حاجی آرامش نادر را از او گرفته بود او دائم به خواب نادر می آمد و از او می خواست بیدار شده و به مادرش زنگ بزند و از او بخواهد که از گریه کردن خود داری کند. می گفت هربار مادرش گریه و زاری می کند روح او در آن دنیا آشفته و سرگردان می شود اما هر بار که نادر با هر کس در ایران صحبت می کرد همه می گفتند بیژن سالم است ،حتی سفر مشهد بسر می برد .

اگر چه بعد از اینکه تلفن را قطع می کرد حاجیه خانم اشک ریختن و گریه

زاریش آغاز می شد و خود زنی می کرد و خود را به خاطر نفرین هایی که به بیژن کرده بود آنهم بخاطر اینکه او سهم زمینهای نادر را به او نداده بود سرزنش نفرین کرده بود .حاجیه خانم احساس گناه می کرد و در این فکر بود که شاید او سبب مرگ بیژن شده است. به همین خاطر خود زنی و خود خوری و گریه و زاریش بیشتر و بیشتر می شد.

اما به محض اینکه نادر پشت تلفن می آمد، همه چیز را عادی نشان می داد و از نادر بازیگر بهتری بود. بازی آنها با نادر تا شب چهلم بیژن ادامه داشت. زمانی که مراسم چهلم بیژن در تهران انجام می شد در آمریکا شب بود. از لحظه ی شروع مراسم گریه و زاری حاجی خانم آغاز شد و بیژن نیم ساعت به نیم ساعت به خواب نادر می آمد و از او می خواست بیدار شود و به مادرشان تلفن کند و از او بخواهد که از گریه و شیون برای او دست بکشد چرا که روح او آرامش ندارد و نادر همواره بعد از اینکه بیژن او را از خوب بیدار می کرد به تهران و خانه مادرش که مراسم در حال اجرا بود تلفن می زد. دوستان و فامیل جمع بودند و مراسم دعا ادامه داشت. اما یک نفر را کنار تلفن گماشته بودند و هر وقت تلفن زنگ می زد او با فریادش همه را ساکت می کرد چرا که می دانستند این نادر بود که دم به دم زنگ می زد و از مادرش می خواست که گریه نکند و به او می گفت که من می دانم که حاجی مرده است و بالاخره از پشت تلفن صدای پسر عموی خود مشهدی محمود آقا را که داش محمود صدایش می کردند را شنید که فریاد زد، «آخه لامذهب ها اون که بهتر از شما می دونه بیژن مرده چرا حقیقت را به او نمی گویید... چرا بهش دروغ می گویید.»

و بالاخره صدای همسر بیژن از پشت تلفن بلند شد "آقا نادر می خواهی بدونی چه اتفاقی برای برادرت افتاده...؟ برادرت تصادف کرد و مرد... دختر خردسالم غنچه هم مرد... بدبخت و بیچاره شدیم... دیگه چی می خواهی بدونی..." و بعد بلافاصله صدای گریه و شیون مادر و خواهر و بقیه از داخل تلفن شنیده شد که انگار با هم مسابقه گذاشته بودند که کدام بلندتر گریه می کرد. به هر دلیلی که برای نادر ناشناخته بود تا آن لحظه حتی با اینکه نادر می دانست بیژن برادرش مرده بود اما تا مرگ او از طرف خانواده اش در ایران تایید نشده بود چندان نادر را تحت تاثیر

و افسرده نکرده بود اما با تایید مرگ او به یکباره وجود نادر را غمی گران گرفت و اشک از چشمانش جاری شد. هر بار مادرشان در ایران گریه آغاز می کرد بیژن هم باز به خواب نادر می آمد و طبق معمول او را از خواب بیدار می کرد و از او می خواست با مادرش صحبت کند.

و هر بار که بیژن به خواب نادر می آمد این قصه ادامه داشت و همواره نادر به او می گفت که هیچ ناراحتی از او ندارد و او را بخشیده است اما نمی دانست چرا با این حال بیژن همیشه در خواستش را تکرار می کرد شاید او چیزی را می دانست که نادر از آن اطلاع نداشت. تا اینکه سال های بعد وقتی بیژن به خواب او می آمد دیگر حرفی از بخشش نمی زد و این درست از وقتی بود که شخصی سر یکی از پسرهای بیژن کلاه بزرگی گذاشت و ضرر هنگفتی و بسیارزیادی زد و بیش از آنچه بیژن به نادر نداده بود را از دست دادند. در آنجا بود که نادر متوجه شد که روح بیژن از افتادن این اتفاق آگاه بود و قصد داشت از آن جلوگیری کند. وضعیت روحی نادر بعد از مرگ پدر و برادرش بیژن بسیار آشفته شده بود حالا از نظر مالی هم وضعش بدتر می شد، انگار با همه بیگانه بود و این رفتار بر جولیا فشار های بسیاری را وارد کرد و دیری نکشید که آنها با هم بیگانه شدند. اما برادرش بیژن همواره به خوابش می آمد و از اوضاع و احوال دنیای بعد از مرگ با او صحبت و آگاهش می کرد و به نظر می رسید سعی داشت دوباره هدف واقعی زندگی را به او نشان دهد و او را از دنیای مادی که در آن غرق شده بود جدا کند. بیژن چیزهای زیادی را با نادر از دنیای بعد از مرگ به اشتراک می گذاشت. ظهور دائمی بیژن آرامش نادر را بهم ریخته بود حالا نادر بیشتر برای او دلتنگ شده بود و بالاخره نادر تصمیم گرفت که با او شروع به گفتگو کند. اما یکی از آن رویاها با بقیه فرق داشت وبسیار مهمتر بود.

نادر می دانست که در این خواب پیام مهمی نهفته بود که نادر باید از آن آگاه می شد. این خواب از این قرار بود. در مزرعه ای که نادر بزرگ شده بود، یک رودخانه زیبا و خروشان بود که از وسط مزرعه رد می شد و معمولا بچه ها و جوان ها در زمان ظهر که همه برای نهار به استراحت می پرداختند در محلی که به آن چهار قاسم علی می گفتند گرد آمده و شنا می کردند. چهار قاسم علی صخره ی

بلنـدی داشـت و آب رودخانـه بـه حالت یک آبشـار کوچک به محل گـودی می ریخت. بچـه هـا از ایـن صخـره بـه داخـل آب مـی پریدنـد و بـا تفریـح و شـنا خود را سـرگرم مـی کردنـد. بـرای همیـن همه زن هـای دهاتی معمـولا در اوقات ظهر در اطـراف چهار قاسـم علـی ظاهـر نمـی شـدند که بچـه ها راحت باشـند. نـادر در خـواب مـی دید که روی صخـره ی چهـار قاسـم علی نشسـته و با بیژن کـه در کنارش لخت و عور ایسـتاده بـود صحبـت مـی کـرد. ایـن بـار هم نـادر می دانسـت کـه در آمریـکا خوابیده اسـت و داشـت خـواب مـی دیـد. در طول گفتگو بیژن پیوسـته بـه داخل آب شـیرجه می رفت امـا بلافاصلـه بـدون اینکـه زمانی بگـذرد باز کنـار نادر ظاهر می شـد. بیـژن بارها وقتی نـادر خردسـال بـود او را بـه آن محـل برای شـنا بـرده بود و نادر همیشـه خاطـرات آن را در ذهـن داشـت. امـا فـرق ایـن بـار با گذشـته در این بـود که بیژن بسـیار قـد بلند، جـوان و خـوش تیـپ تر بـود .نادر نگران بـود که زنان کشـاورز بیژن را کـه کاملا برهنه بـود ببیننـد و مـورد اهانـت قـرار بگیرنـد ،نادر قبـل از مکه رفتـن او را بیـژن جون صدا مـی کـرد امـا بعـد از اینکـه بیژن بـه مکه رفتـه بـود همـه او را حاجی صدا مـی کردند «حاجـی شـما بایـد خودتـو بپوشـانی ،مـردم بخصـوص زن هـای ده شـما را لخـت می بیننـد و بهشـون توهیـن مـی شـه ،میرند پیـش حاجیه خانم شـکایت می کننـد... این صـورت خوبی نـداره حاجی" ...

«نگران نباش شما تنها کسی هستی که من را می بینی...»

سـپس دوبـاره حاجـی به داخـل آب شـیرجه رفـت و بلافاصلـه دوباره بـدون اینکه زمانـی طـول بکشـد که فاصلـه ی رودخانـه و بالای صخـره را طی کند کنار نـادر ظاهر شـد. نـادر تصمیـم گرفـت از دنیای بعد از زندگی و وقتـی کسـی می میرد از او بپرسـد و آگاهـی بگیـرد. «ببیـن حاجی تو کـه پدر مـن و در آوردی حداقل به مـن از آنجا بگو، از وقتـی کـه آدم مـی میـره، آنجا چی می گـذره؟ آدم کجـا میره و چی میشـه...؟"

حاجـی کمـی مکـث کـرد و بـا احتیـاط بـه اطـراف نگاهـی انداخـت و بطـرف نادر برگشـت و بـا صدایـی محتاطانـه بـه اطـراف اشـاره کـرد و جـواب داد. ""بشـاش به این دنیـا، بشـاش به این دنیـا... من نفهمیدم همه چیز اینجاسـت... همه چیز اینجاسـت... من اشـتباه می کـردم...."

و بعـد دوبـاره بـه اطـراف اشـاره کـرد و ادامـه داد. «جهنـم به ایـن دنیا مـی گویند،

اینجاست، من اشتباه کردم، همه چیز اینجاست، بعد از مرگ... تو..»

صحبت حاجی ادامه داشت می خواست بیشتر در مورد دنیای بعداز مرگ با نادر سخن بگوید که به ناگهان هفت مرد، همه قد بلند و هم قد و لخت و جوان کنار حاجی ظاهر شدند و او را گرفته و همه به حالت تنظیم شده داخل آب شیرجه زدند و حاجی را با خود بردند و از دید نادر غیبشان زد. نادر هرچه منتظر شد و اطراف را جستجو کرد هیچ نشانی از حاجی نبود.

نادر از خواب بیدار شد و با تعجب به خوابی که دیده بود فکر می کرد ،به اینکه آنها می خواستند مطمئن بشن نادر فهمیده بود که آنها هفت نفر هستند .نادر در آن زمان نمی دانست چرا آنها قصد داشته این عدد هفت نفر بودنشان را به نادر منتقل کنند و چه فلسفه ای پشت آن هست .سئوالات بی پاسخ زیادی وجود داشت که نادر باید جواب آنها را پیدا می کرد .خصوصا اینکه بعد از آن خواب حاجی تا دوسال دیگه به خواب نادر نیامد و بعد از دو سال که باز در خواب او ظاهر شد بسیار فربه و ناراحت و غمگین و افسرده حال بود. نادر باز در خواب می دید که در خانه تهران بودند و جمعیت زیادی داخل خانه در حال رفت و آمد و مباحثه و مشاجره بودند ،حاجی هم پیوسته بر پشت و کول نادر می پرید و می گفت. "به این دراز لندهور بگو به بچه های من کاری نداشته وگرنه پدرش را در می آورم... بهش بگو به بچه های من کاری نداشته باشد"

نادر هم بین جمعیت در حرکت بود به حاجی اشاره می کرد و بطرف حضار فریاد می زد" .حاجی را می بینید ...حاجی را می بینید داره می پره پشت من... ببینی ...حاجی است داره می پره پشت من" اما به نظر می رسید که هیچ کدام نه نادر را می دیدند و نه حاجی را که به پشت نادر می پرید. نادر از خواب بیدار شد و فوری به ایران تلفن زد و دریافت که در خانه آنها جنگ و دعوا در جریان بود. قضییه از این قرار بود که تولد دختر حاجی بود و همه جمع شده و می زدند و می رقصیدند و برادر بزرگ نادر و حاجی از ترس اینکه نکند پاسداران به خانه بریزند همه را دستگیر کنند از جمله خود او که از افراد مقامات زمان شاه بود، چوب بدست داشت آنها را از خانه بیرون می کرد و جشن تولد را بهم می زد و پسران حاجی قصد زد و خورد با او را داشتند و برای همین و به خاطر جلوگیری از بیشتر وخیم شدن

اوضـاع حاجـی بخـواب نـادر آمـده و از او کمک خواسـته بـود و نادر با صحبـت کردن با آنهـا و اینکـه پیغـام پدرشـان را به آنهـا داده بود همه چیـز را آرام کرد.

*****

فصل ۲۸

وقتی که عذاب و غم و اندوه در داخل تو خانه کردند و از ترس خطر مرگ هر شب را در مخفی گاه دیگری سر می کنی...

بعد از فاجعه های پی در پی که بر نادر تحمیل شد او بیشتر به تنهایی روی آورد و رویاهای شبانه اش بیشتر و بیشتر شد و به نظر می رسید هر آنچه در ایران و یا آمریکا قرار بود اتفاق بیافتد را در رویاهای خود می دید و یا در بیداری حس می کرد. اما هیچ توانی برای جلوگیری از آنها را در خود نمی دید. تنها کسی را که در خواب نمی دید فریبا بود. رابطه فریبا حتی با جولیا هم کاملا قطع شده بود. نمی دانست چرا؟ به هر دلیلی بود خیلی دلش می خواست فریبا را ببیند حتی اگر برای یک بار هم شده بود. در اوج بحران روحی نادر ضربه آخر بر او وارد شد، ضربه ای که برایش چندان آسان نبود که از آن خلاص شود. نادر این بار خواب حسین را می دید، هر چند در خواب عمیقی بود اما نادر می دانست که در آمریکا خوابیده بود و داشت خواب می دید، حسین پریشان و سرگردان در کوچه ای تاریک در حال فرار بود از چیزی بسیار هراس داشت، در انتهای کوچه تاریک دیوارهای بلندی نمایان شدند و راه حسین به همه طرف بسته شد. برگشت و همین جور به نادر زل زد، بسیار غمگین و افسرده بود، تا حسین آغاز به صحبت با نادر کرد او از خواب پرید. گیج و گنگ در دل تاریکی هنوز هم بعد از بیدار شدن به دنبال حسین می گشت

اما حسینی دیده نمی شد. می دانست باید اتفاق بدی برای حسین افتاده باشد. بنی صدر که از قدرت افتاد و به فرانسه فراری شد زندگی زیر زمینی حسین آغاز شد. تمام پاسداران در بدر به دنبال او و یاران دیگر بنی صدر بودند.

تلفن های زیادی به ایران زد اما هیچ کس از حسین اطلاعی نداشت حتی پدرش. اگر چه پدر پیر حسین را هم دستگیر و بسیار شکنجه داده بودند اما اگر هم محل مخفیگاه حسین را می دانست با این حال زبانش باز نشده بود. چندی گذشت تا در یک بعد ازظهر بارانی با رسیدن وصیت نامه ی حسین خبر دستگیری و اعدامش توسط جمهوری اسلامی به نادر رسید، ساعتی طول کشید تا بتواند وصیت نامه ی او را که در شب آخر زندگیش در سلول زندان نوشته بود را بخواند. با خواندن قسمتی از وصیت نامه نادر به داشتن دوستی مثل حسین احساس غرور می کرد و برای او احترام بیشتری قایل شد. حسین نوشته بود به او پیشنهاد کرده بودند که اگر اعتراف نامه ای بنویسد و از کرده های خود ابراز پشیمانی کرده و از آیت الله خمینی طلب بخشش کند او را می بخشند اما حسین فریاد زده بود، «لعنت بر ملعونی چون خمینی» ولی فریادش را با حمله به او خاموش کرده بودند و صبح روز بعد او را با بیست و یک تیر در خونش غرق و کشتند. بعد هم برای تحویل جسدش به پدرش او را مجبور کردند که قیمت بیست و یک گلوله را که حسین را با آنها کشته بودند را بپردازد بعد از پرداخت هزینه گلوله ها، پوکه خالی آنها را به پدرش داده بودند که آنها را برای یادگاری مرگ پسرش نگه دارد. شوخی تلخی که فقط از جنایت کاران بر می آمد. نادر در خلوت خود می گریست و فکر می کرد آیا پاداش حسین برای کمک به یک انقلاب برای تلاش برای حمایت از میهن و مردمش اعدام بود؟

خبر اعدام ناجوانمردانه حسین و آنچه که در وصیت نامه خود نوشته بود ضربه ی آخر را بر روح و روان نادر وارد کرد. تا مدتها هر آنچه سعی و تلاش می کرد نمی توانست از زنده شدن خاطرات حسین که در ذهنش نقش می بستند جلوگیری کند. تا قبل از آن نادر همیشه در حال سبک و سنگین کردن بود که چه باید می کرد. آیا باید همه چیز را به فراموشی بسپارد و به زندگی خود ادامه دهد و یا جولیا و آینده اش را فراموش کرده و به مخالفین خمینی می پیوست. تاکنون تنها چیزی که او را آرام نگه داشته بود جولیا بود. این شخصیت باورنکردنی و مهربانی که با او ازدواج کرده بود. نمی خواست زندگی او را خراب کند. چگونه می توانست او را ترک کند و تعهدی که به او داده بود را بشکند. اما بعد از رسیدن خبر اعدام ناجوانمردانه

حسین نادر نه تنها احتیاج داشت زخمهای روح وروانش را ترمیم کند بلکه می بایست برای ادامه زندگیش تصمیم جدی اتخاذ کند. از اینکه زندگی جولیا را هم در تلاطم قرار داده و آرامش را از او سلب کرده است بسیار ناراحت بود و احساس گناه می کرد. اما درست در حالی که در تلاطم و سبک سنگین کردن تصمیمش بود خبری به او رسید که به کلی زندگیش را دگرگون کرد.

یکی از دوستانش، عبدالله که در حکومت کار می کرد به وی اطلاع داد که اسم او در لیستی است که باید در خارج و داخل دستگیر و کشته شوند. علتش هم این بود که آنها بیم این را داشتند که او ممکن است اطلاعات و یا اسناد و مدارکی از طریق حسین و برادرش در اختیار داشته باشد که فاش کردن آنها به ضرر و زیان جمهوری اسلامی باشد و از نادر پرسید. «آیا چنین مدارکی در اختیار داری؟ اگر دار ی آنها را نابود کن و زندگی عادیت را ادامه بده...» و به هر دلیلی که بود نادر جواب داده بود. «من هیچ مدارکی در دست ندارم که آنها نگرانش باشند... اما تو درست می گویی عبدالله من از این مبارزات خسته شدم»

اما نادر می دانست هیچ اعتمادی به هیچ کس نمی شد کرد حتی به بهترین دوست خودت. چرا که دوستان و مردم دیگر آن دوستان و مردم قدیم نبودند. گر چه انقلابیون مارک اسلامی را یدک می کشیدند و زیر پرچم و اسم انقلاب اسلامی اهداف خود را با زور به مردم تحمیل می کردند اما رفتار و کردار آنها هیچ شباهتی به اسلام نداشت. اسلام خود ساخته ای بود که توسط استعمار انگلیس به آنها دیکته شده و می شد. حتی به او گفته شد که ممکن است خانواده اش نیز در معرض خطر باشند. نادر می دانست با چه کسانی سر و کار داشت، این جماعت زالو به فرزندان خود هم رحم نمی کردند. در این فکر بود که شاید آنها در یافته باشند که او در کشتن یکی از سران آنها که بهترین دوستش هم بود دست داشته است. نادر به هیچ وجه نمی خواست جولیا را در معرض خطر قرار دهد، می دانست که برای حفظ جان او باید از زندگی او خارج می شد و این کار را هم کرد. می دانست او در آمریکا هم امنیت نداشت و باید زندگی جدیدی را آغاز کند و آن تغییر دائمی محل زندگیش بود و دور بودن از جولیا و این کار را هم کرد، دائم محل زندگیش را تغییر می داد. این جدایی چنان برای جولیا و اطرافیان تعجب آور بود

کـه بـرای مدتـی هیـچ کس باورش نمی شـد و نمـی خواسـتند و نمی توانسـتند قبول کنـند. از همـه بیشـتر جولیـا درتعجب بود. نمی دانسـت چطـور این اتفاق افتاده اسـت. او مـی دانسـت که آنها مشـکلاتی داشـتند امـا چندان مهـم نبودند، این مشـکلاتی بود کـه بـرای همـه زوج هـا پیـش می آمـد و می توانسـتند با آن مبـارزه و حلّـش کنند. از طرفـی جولیـا مـی دانسـت که نـادر بـه خاطـر اتفاقاتی کـه در ایـران افتاده بود بسـیار آشـفته خاطـر بـود و بـه زمان نیاز داشـت که خـود را دریابـد و آنها را فراموش و پشـت سـر بگـذارد. امـا او از دلیـل واقعی که نـادر را از او فراری داده بود هیچ اطلاعی نداشـت. نـادر هـم بـه خاطـر اینکه او نگران نشـود سـکوت اختیار کـرده بود.

دردناکتـر بـرای نـادر وقتـی بـود که بعـد از مدتی نـادر دریافت که ایـن خبر ممکن اسـت صحت نداشـته باشـد و اطلاعاتـی که به وی داده شـده بود فقط بـه خاطر نگرانی از ایـن بـود کـه آنها می خواسـتند مطمئن شـوند کـه اگـر او اطلاعات و یـا مدارکی که ضـد رژیـم باشـد در اختیار داشـت از ان مطلع شـوند. امـا نتیجه ی آن برای نادر بسـیار گـران بـود، او را آواره کـرده بـود. از بهتریـن دوسـت و همدمـش جولیـا جدا کـرده بود و برگشـتن بـه او و ادامـه زندگـی بعـد از ایـن همه مـدت امکان نداشـت. خیلـی چیزه هـا بـرای آن دو عـوض شـده بـود. این آسـیب بدی بـود که هرگـز به طور کامـل بهبود نمـی یافـت. در ثانـی بـا علـم به اینکـه او هنوز بـا خود کنار نیامـده بود و نمی توانسـت از فکـر انتقـام و مشـارکت در بـر انـدازی حکومـت ظالم اسـلامی در ایران خـود را بری بدانـد و مهمتـر از آن بـه دلیـل احتـرام عمیقـی که برای جولیـا قائل بود نمی خواسـت با زندگـی جولیا بـازی کند.

❋ ❋ ❋

جـدا شـدن و تـرک جولیـا حـالا نـادر را تنهـا ی تنهـا و عمیقا افسـرده کـرده بود، همیشـه هـم از خـدا می خواسـت جولیا را شـاد و موفق کنـد اما آیا خدا حـرف او را می شـنید و بـه آن گوش می داد؟ با روحیه ای که داشـت، سـخت تریـن بخش زندگی وی حفظ شـغل بود. او دقیقاً مانند بلمی بود آواره و سـرگردان اسـیر در دریایی طوفانی که بـدون هـدف مـوج آب او را بـه ایـن طرف و آن طرف پـرت می کرد. مردی گم شـده در زمـان و مـکان. دقیقـاً مانـند دلقکی که نمی دانسـت یک سـاعت و یـک دقیقه بعد کی و کـدام را بایـد مـی خنداند. آن هم وقتی خود از درون می گریسـت، درسـت زمانی که

عـذاب و غـم و انـدوه در داخل روح و جسـمش جشـن بر پـا کرده بودند و او مسـئولیت خنداندن و شـاد کـردن دیگران را داشـت. خصوصا کـه هر روز خبرهـای دلخراش تری از وطـن مـی آمـد و مـادرش کـه هنوز مجبـور بود هـر روز بـا او صحبت کنـد و صدای نـادر را بشـنود و هزینـه سرسـام آور تمـاس این تلفن هـا ول کن او نبودنـد. اما در عین حـال مـادر و فـروغ تنها دلیل برای زنده مانـدن و روحیه خوب او بودنـد. فروغ هم دیگه بـزرگ شـده بـود و دبیرسـتان می رفـت. نادر دائم بـه او وعده مـی داد که پـس از فارغ التحصیلـی او را بـه آمریـکا مـی بـرد. مـادرش و فـروغ اکنون بـا هم زندگی مـی کردند. آنهـا حـالا بـه یک خانـواده کوچـک تبدیل شـده بودنـد و از آن خانـواده بـزرگ و خانه شـلوغ همیشـگی هیـچ خبـری نبود. گاهی بـه فکر نادر می خورد که شـاید بهتر اسـت بـه وطـن و پیـش مـادرش و فروغ برگردد حتی اگر احتمال دسـتگیری و مرگش باشـد. ولـی اصـرار های مادرش مانع این سـفر می شـد. مـادرش به او می گفـت او هیچ آینده ای در ایـران نـدارد چـرا کـه مادر می ترسـید او جانش را با برگشـتنش از دسـت بدهد.

با گذشـت زمان درد و رنج و سـرگردانی نادر کم نمی شـد. او می دانسـت که برای رهایـی از ایـن درد و رنج و سـرگردانی بـه زندگی متفاوت دیگری نیاز داشـت. او به یک چیـز جدیـدی نیاز داشـت کـه ذهن و روح و وجودش را سـرگرم کنـد. او تصمیم گرفت دوبـاره نویسـندگی را آغـاز کند و سـعی کنـد وارد صنعت فیلم سـازی در آمریکا شـود. و دوسـتان جدیـدی پیـدا کند. در این جسـتجو بـا گروهی از زنـان ایرانی کـه می توان نـام دختـران مهمانـی برآنها گذاشـت آشـنا و در رفـت و آمد شـد و این آمـد و رفت ها بـرای او هـوای تـازه ایـی را ایجـاد کـرده بود. کمـی تفریح و سـرگرمی بود. امـا خودش هـم نمـی دانسـت چرا چنیـن زندگـی را که هیچوقـت هم مـورد علاقه اش نبـود را در پیـش گرفتـه بود، شـاید هم بخاطـر فرار از فکر و خیـال و نگرانـی و ناراحتی هایش بود

سـالها گذشـت و نـادر دو ماموریـت در زندگـی داشـت، بـه مـادرش کمـک کند که زنـده بمانـد و بـه فـروغ کمـک کند که مدرسـه و دانشـگاه

را تمام کند و به زندگی امیدوار باشـد. دیری نگذشـت که از طرف یکی از دوسـتان دختـرش کـه کار بیمـه می کـرد و گاه گاهی با هم وقـت می گذراندند به یک عروسـی ایرانـی دعـوت شـد. کمی از آمدنشـان گذشـته بـود، گوشـه ای نشسـت و در فکر غرق شـد، فرامـوش کـرد که به عروسـی آمـده بود و در عروسی باید خوشـحال بـود و فقط

بـه رقـص و پایکوبـی پرداخـت. امـا به ناگهان چشـمانش بـه صحنه ی رقص قفل شـد. بـاورش نمـی شـد که چه کسـی را می دیـد، فکر کرد در خواب اسـت اما اشـتباه نکرده بـود، فریبـا عشـق ویولونیـش در میان جمع بـا یکی دوتا از دوسـتان دختـرش در حال رقـص بود، درسـت مثل فرشـته ای مسـت و خمار، همچـون پروانـه آزاده. فکر می کرد اگـر چشـمانش را از روی او بردارد شـاید بـه ناگهان از دید او ناپدید شـود.

چشـمان نـادر بـدون اینکـه بدانـد در سـفری در اطـراف مجلس بـه دنبـال ابراهیم گشـت امـا هیـچ خبری از او نبود. چشـمانش در سـفرش بـه فریبا برگشـت و دید که او در حـال رقص مشـغول تماشـای او اسـت و نگاهـش را از روی او بر نمی داشـت. با قفل شـدن نگاهشـان وجود و روح نادر از بیخ و بن به آتش کشـیده شـد به نظر می رسـید هـردو مـی دانسـتند و حـس مـی کردند کـه بدون چـون و چرا همـزاد یکدیگرنـد. نادر مـی خواسـت کـه رفتـه و او را در آغـوش بگیـرد و ببوسـد و فریاد بکشـد که او فرشـته نجـات اوسـت و آن دو بـه یکدیگـر تعلـق دارنـد. هنوز باورش نمی شـد که فریبـا را می دیـد. امـا از لبخنـد و طـرز حـرکات و نـگاه فریبا می توانسـت حـس کند چیـزی در او تغییـر کـرده ولـی نمـی توانسـت احسـاس او را بخواند. شـاید ایـن فریبای او نبـود و یا او را نشـناخته بـود امـا هیـچ چیـز بـرای نـادر مهـم نبـود، تمـام وجـودش در آتش گر گرفتـه و دیگـر روی زمیـن و آنجـا نبـود. نـادر وقتـی در میان جمـع ایرانیـان ظاهر می شـد خجالتـی بـود و یـا تظاهر به خجالتـی بودن می کرد امـا در آن لحظـه او از هرگونه بازدارنـدگـی ابـراز احساسـش آزاد بـود. او زنـده بـود، حتـی اگـر او فریبایش نبـود. او باز هـم در پـرواز روی هـوا و زمیـن می رقصید و مـی دید که او هرکس بود چشـمهایش و لبخنـدش از روی نـادر برداشـته نمی شـد. چنان آزاده، چون پروانـه ای آزاد می رقصید کـه گویـا یـک نـور قرمز رنگـی در هوا پخـش و خاموش و روشـن می شـد و گلبرگ ها بـا پـرواز پروانـه از گل هـا جـدا و در هوا پخش و با او در رقص و شـادی سـهیم و همراه شـده بودنـد، رقـص پروانـه بطرف نادر آغاز شـد انـگار نور و رنـگ ها تمام وجـود نادر را بـه بـازی گرفتـه و به رقص و پرواز دعوت می کردند. دسـت فرشـته ای بـه طرف او آمد و دسـت نـادر را گرفـت، نـادر بـدون اینکه اراده ای داشـته باشـد روی پاهایش ایسـتاده و بـا او در میـان گلبـرگ هـای پوشـیده از نـور و صدا در پرواز شـد، دیگـر وزنی را حس نمـی کـرد، زمـان برایـش معنـی و مفهومی نداشـت، حـالا دو پروانـه در آغـوش هم در

پرواز با آواز و موسیقی یکی شدند، چشمانشان در یکدیگر قفل شد و دیگر هیچ چیز دیگر بجز وجود یکدیگر را نمی دید و هیچ گرمایی بجز گرمای عشق به یکدیگر را حس نمی کردند. انگار زمان برایشان ایستاد. سکوت بود و فقط صدای قلب آن دو و روح آنها که در هم حل و یکی شد. نادر می توانست حس کند فریبایش آزاد شده است. از همه چیز گذشته بریده و رهایی یافته است، آیا این به آن معنی بود که دیگر ابراهیمی سر راه آنها نبود؟ آن دو انقدر در لحظه گم شده بودند که نمی دانستند از آهنگ دهم همه گذشته بودند و دیگر آهنگی نواخته نمی شد و همه آماده ی شام خوردن بودند اما آن دو بی خبر از همه و همه چیز هنوز در هم گم بودند و به تنهایی در آغوش هم در پرواز رقص و آوازی که فقط آن دو می توانستند بفهمند و بشنوند گم شده بودند، چشمان همه بروی آنها افتاده و انگار در تماشای نمایش یک باله بدون صدا بودند. نیاز به شنیدن صدا نبود، نادر فهمیده بود که فریبایش خودش را از قفسی که پدرش برایش ساخته و او را در آن زندانی کرده بود آزاد کرده است. مشخص بود که او می خواست که نادر بداند که او در نهایت آزاد است. او برای همیشه از قرارداد یک طرفه ازدواج خود جدا شده بود. اما هنوز طلاق نگرفته بود چرا که ابراهیم قصد طلاق او را نداشت. نادر می خواست بداند و بپرسد که بعد از آن بین آن دو چه خواهد شد. آیا بالاخره امید وجود دارد که بعد از این همه سالهای ناامیدی و تاریکی، امید و روشنایی برای آن دو آغازی خوشی داشته باشد؟ اما او این احساس را داشت که درآن زمان فقط از لحظه باید لذت می برد و او نمی خواست شیرینی آن لحظه را از بین ببرد. در طول شب آنها کاملاً فراموش کرده بودند که شب متعلق به زوج دیگری بود که آنها را برای جشن عروسی خود دعوت کرده بودند. به نظر می رسید عروسی آن دو بر پا بود. ولی از آنجا که همه چیز بالاخره محکوم به پایان یافتن است عروسی هم پایان یافت، اما نه عروسی آن دو که هنوز ادامه داشت در آپارتمان او در طبقه سیزدهم یک آسمان خراش. آپارتمان او ساده و زیبا با کف چوبی و مبلمان بلوط و مبلمان چرم. چندی از نیمه شب گذشته بود و آنها هنوز هم چنان محکم در آغوش هم غرق شده بودند که هیچ نیرویی وجود نداشت که بتواند آن دو را از هم جدا کند. آنها در طول شب شاید حتی یک یا دو کلمه هم رد و بدل نکردند، یعنی احتیاج به کلام نبود، یکدیگر

را در سکوت شنیده و می فهمیدند، شاید هم نمی خواستند حتی لحظه ای را هم برای لذت بردن از یکدیگر از دست بدهند. همیشه این سکوت بود که بهترین رابطه را بین آنها برقرار کرده و حرف را بین قلب آنها می زد. آنها برای برقراری ارتباط یا ابراز احساس عشقشان نیازی به استفاده از الفاظ ساختگی نداشتند. چرا که الفاظ ناقل واقعی معانی نیستند. این فقط احساس و انرژی و اعمال بود که آنها را بهم پیوند داده بود و آنها نمی دانستند چطور؟ آنها هرگز به احساس تلخ گذشته و آنچه بر آنها گذشته بود فکر نمی کردند. حالا داشتند از لب های جادویی و جذاب بوسه هایشان ا لذت می بردند. تصور می کردند که هرگز در وحشی ترین رؤیاهای خود چنین پروازی را تجربه نکرده بودند و مست و خمار نشده بودند، حسی مانند یک عشق ابدی. هر دو در آتش شور و شوق چنان داغ و در وجود هم ادغام شدند که حتی شعله های آتش شعله ورشده در وجود آنها نه تنها سوزنده نبود بلکه صلح، آزادی و بی وزنی را به آنها نوید می داد. اما در عین حال با کمی ترس از اینکه این لحظات جادویی پایان یابد. ترس آنها بی دلیل هم نبود از آنجایی که هر روز و شبی چه شیرین و چه تلخ بالاخره به پایان می رسد شب شیرین و جادویی آنها هم از این پایان مستثنی نبود و دو باره لحظه ی تلخ جدای آمده بود، صدای فریبا در گوش نادر زمزمه می کرد. «بهتر ما از هم دور باشیم، در آنصورت عشق و احساس ما هرگز نخواهد مرد... از این ترس دارم که با هم بودن همیشگی، عشق را در ما بکشد... و اگر چنین شود من با مرگ عشق می میرم... اما به این طریق عشق ما به شکلی زیبا زنده، صلح آمیز و مقدس باقی می ماند پس چرا باید آن را خراب کنیم؟ بگذار آن چیزی که هست با زندگی روزمره لکه دار نشده و مقدس و ماندگار باقی بماند. علاوه بر این من باید در مورد پسرم فکر کنم. او بسیار به پدرش نزدیک است، من مطمئن نیستم که پسرم چه واکنشی نشان خواهد داد به خصوص اگر ابراهیم تصمیم بگیرد که تمام گذشته ی ما را به او بگوید... و از او برعلیه ما استفاده کند...؟»

نادر نوشته ای را که فریبا قبل از رفتنش برای او جا گذاشته بود و او در حال خواندن آن بود را زمین گذاشت. متوجه عکسی شد که پسر جوانی را در حال ایستادن در صخره ای مشرف به دریا را نشان می داد. به عکس خیره شد، سپس

عکس را برگرداند در پشت عکس نوشته شده بود پسر من، نادر. در تعجب شد که چطور ابراهیم قبول کرده بود که فریبا اسم پسرش را نادر بگذارد؟ و چرا او عکس پسرش را برای او باقی گذاشته بود؟ دوباره عکس را برگرداند و به پسر فریبا نادر که روی صخره ای ایستاده بود و به او ماتش برد، خیال می کرد که صخره شبیه همان بود که او با فریبا عشقبازی کرده بود، اما مطما نبود همان صخره باشد، ولی بهر حال او را یاد آن صخره و روز بارانی انداخته بود که نادر با فریبا در خلوت و زیر باران عشق بازی کرده بود. و دوباره در فکر غرق شد در این که چرا باز جدایی به سراغ او آمده بود چرا عشقش دوباره و در زمانی که نادر مست خواب بود او را ترک کرده بود. او منظور فریبا را می فهمید وشاید به آن هم اعتقاد داشت اما هنوز آرزو می کرد هر روز او را در آغوش گرفته و با طلوع هر سپیده دم چشمانش در چشمان فریبا باز شده و عشق خود را به او ابراز کند. از خودش می پرسید که چرا از فریبا نپرسیده بود که کجا زندگی می کرد. هیچ نشانی از او نداشت. او می دانست اگر چه عشقش دوباره رفته بود و حالا تنها کاری که می توانست بکند به انتظار نشستن بود، به امید برگشت عشقش و زنده کردن یک لحظه شیرین دیگر با او و شاید ادامه به زندگی شیرین با او در انتظار روزگار بگذراند.

*****

فصل ۲۹

انقلابی در زندگی...

در آپارتمـان خـود نشسـته و به قطرات باران که به شیشـه هـای پنجره برخورد می کـرد ماتـش بـرده بود، انـگار او دیگر هیچ احساسـی نداشـت. او به آینـده ی نامعلومش خیره شـده بود، به قصد فراموشـی گذشـته خاطراتی که شـیرین و تلخ بودند. چشـمش بـه پرنـده ای افتـاد که در گوشـه ای از بالکن در حال جسـتجوی مکانی بود تا از شـلاق بـاران در امـان بمانـد، پرنـده پشـت بـه بـاران بـه داخـل زل زده دنبـال راه ورودی می گشـت، بـرای لحظـه ای طولانـی متوجـه نشـد کـه پرنـده بیچـاره بـرای در خواسـت کمـک گریـه مـی کـرد. بالاخـره پنجـره را باز کـرد. با باز شـدن پنجـره پرنـده معصوم داخـل شـد و روی پنکـه سـقفی فـرود آمـد. بایـد از حرکت به طـرف پرنده خـود داری مـی کـرد و آرام مـی بـود کـه پرنده بیچـار احسـاس امنیـت و آرامش کند. به تماشـای پرنـده کنـاری نشسـت. وجـود پرنـده برای او نعمتی شـد چرا کـه او در حال بازنویسـی فیلمنامـه خـود "بابـا" بـود. پرنده و بـاران موجی از انرژی تـازه را در ذهن بسـته او ایجاد کردنـد. حـالا او تنهـا نبود. بـه نظرمی رسـید پرنده با فریادی که درسـکوتش داشـت با او صحبـت مـی کـرد و قصـد داشـت درجسـتجوی راهـی بـرای رهایی از بن بسـتی که درآن گرفتارشـده بـود کمکـش کند. صدای دلنشـین آواز پرنده در اتـاق پیچید گویا با نـادر گفتگـو آغـاز کـرد اما نادر کـر و لال بـه درک زبان پرنده غـرق افکارخود بـود و در ایـن اندیشـه کـه او حقیقـاً همچون این پرنـده کوچک برای فـرار و آزادی از قفسـی که در آن زندانـی شـده بـود تلاش می کنـد. اتاق آپارتمـان و حتی این دنیـای پهناور برای او دقیقـاً ماننـد قفـس کوچکـی بـود. فرقی نمی کرد که کجا باشـد، فرقی نمـی کرد که اقیانـوس چقـدر نزدیـک باشـد و یـا حرکت در جـاده ای باز چقـدر راحت و بـدون مانع باشـد. او در درون خـودش ماننـد یـک پرنـده اسـیر و زندانـی بـود. در حالـی کـه پرنده کوچـک را تماشـا مـی کـرد خاطـرات گذشـته در ذهنـش زنده شـده و مـی مردند، به نظـر مـی رسـید کـه یـاد آوری هر خاطـره با مجموعـه ای کامل از سـئوالات بی پاسخ

همراه بود اما او کم و بیش شروع به شک و تردید در مورد اهداف و رویداد های گذشته اش می کرد. در مورد تصمیم های که گرفته بود، اتفاقاتی که برایش رخ داده بود، به این فکر افتاد که چرا اتفاقات خاصی در زندگی او رخ داده است و می دهد و نادر توان هیچ کنترلی در مورد آنها را ندارد؟ البته نادر یاد گرفته و شاید عادت کرده بود با زندگی چه تلخ و چه شیرین بسازد و ادامه بدهد. اما این سبب نمی شد که در مورد اتفاقاتی که هیچ کدام خواسته ی او نبودند و آنها را نمی شد پیش بینی کرد و قابل درک و هضم برای او نبودند فکر نکند. خصوصا که او برای آنها هیچ جوابی نداشت. بدون اینکه بداند سرش به طرف خدا بلند شد، شاید او جوابی برایش داشته باشد. "خدایا، چرا من؟"

البته در آن لحظه با خدای خود از اتفاقآقاتی سخن می راند که ذهنش را بیش ازهمه اشغال کرده بودند و ول کنش هم نبودند. اما به یکباره با یاد آوری اتفاقی که قبلا و وقتی که سرش به طرف خدا بلند شده و او را صدا کرده بود افتاد، اتفاقی که نزدیک بود او سنگ کوب کند. اتفاقی که چندی قبل وقتی نادر در یکی از اطاق های طبقه ی دوم متل ۸، در خیابان ۸، در منطقه ویلشایر بلوارد شهر لس آنجلس رخ داده بود. یادش افتاد آن شب بارانی قبل از برگشتن به متل به دو چمدان پر از اسکناس های دلار خیره شده بود و دنبال کلماتی می گشت که جواب مرد میان سال مکزیکی حدودا پنجاه ساله ای که روبروی او روی یک صندلی کنار تخت خواب نشسته و به نادر خیره شده بود را بدهد، اسمش جو بود. به اطراف نگاه کرد، دو مرد جوان قوی هیکل در دو طرف در وردی ایستاده بودند و او را زیر نظر داشتند، نادر می دانست که آن دو از نگهبانان جو و مسلح هستند، جو سکوت را شکست « .این دو میلیونه و دو ماه دیگر همین جا ،دو میلیون دیگر در اختیار شما می گذاریم ... ما به همین میزان یک سال دیگه در این تاریخ و یا قبلش، چهار میلیون را به حسابی که من در اختیار شما می گذارم واریز می کنید ...یک روز هم نباید دیر بشود ... حتما ریچارد در مورد ما به شما گفته که ما کی هستیم ...ما همه چیز را در مورد شما می دانیم"

اگر نادر در مورد خیلی مسائل دیگر در شک و تردید بود اما در مورد جو همه چیز برایش روشن شده بود، می دانست که باید کلماتش را درست انتخاب کند

کـه دچـار درد سـر نشـده و بـه او توهینی نکرده باشـد، البتـه قبل از ملاقات بـا جو نادر هیچـی در مـورد او نمـی دانسـت، "ریچارد" وکیل و شـریک نـادر در فیلمی کـه آنها در حـال تهیـه اش بودنـد ایـن ملاقات را در متلی در شـهر " پاسـادینا" ترتیـب داده بود اما در آخریـن لحظـات ریچـارد از حضـور در این ملاقات خودداری کرده بـود و گفته بود کار ضـروری بـرای او پیـش آمده اسـت. حالا بـرای نادر روشـن بود که چرا ریچارد شـخصا" حاضـر نشـده بـود، چـرا کـه او می دانسـت که جـو از سـران قاچاقچیان مـواد مخدر در مکزیـک بـود که به" دراگ کارتـر" معروف بودند و ریچارد وکالت آنها را به عهده داشـت و بـه آنهـا کمـک مـی کـرد که پول هـای مواد مخـدر را پول شـویی و قانونـی کنند. اما خودش نمی خواسـت مسـئولیتی را به عهده بگیرد و برای همین هم از حضور در جلسه خـود داری کـرده بـود. بنابراین نادر مجبـور بود روشـی مؤدبانه برای قبـول نکردن پول هـا پیـدا کنـد کـه به جـو اهانت نشـود، لبخند بر لـب به طرف جـو برگشـت."می دانید کـه ریچـارد شـریک من در این فیلم اسـت و حسـاب و کتابها دسـت اوسـت و نـه من... مـن بیشـتر کارهـای خلاقانه فیلم، نویسـندگی و بـازی را به عهـده دارم... ریچـارد باید اینجـا باشـد کـه ایـن پـول و قبـول کند... مـن نمی دانـم باید با ایـن پول هـا چه کنم؟ در ثانـی صنـدوق بـی ام وی مـن پر اسـت و جا برای گذاشـتن دوتـا چمدان را نـدارد..." "بهـر صـورت مـن تا فردا همین موقع اینجا هسـتم و بعد هم شـهر را تـرک می‌کنم ..."

نیـم سـاعت بعـد نـادر متـل را تـرک کـرده بـود. غـرق در فکر بـه طرف متـل ۸ در حـال رانـدن بـود، باران هم داشـت بر سـر و کول ماشـینش شـلاق می زد. بـه این فکر مـی کـرد کـه بیشـتر از صـد دلار بیشـتر در حسـابش باقـی نمانـده بـود و او این همه پـول نقـد را رد کـرده بـود. همـه پس انـدازش را برای تهیـه فیلمی که خود نوشـته بود خرج کـرده بود.

او یـک سـال روی فیلمنامـه خـود کار کـرده بـود و همه چیـز را برای سـاختن این فیلـم کـه داسـتان واقعـی پشـت پـرده ای انقـلاب ایـران را نشـان مـی داد فـدا کـرده بـود. نـادر فکـر مـی کـرد ایـن حداقـل کاری اسـت که مـی تواند بـرای مردمـش انجام دهـد. ریچـارد وکیـل شـناخته شـده ای در لـس آنجلـس بـود او قـول داده بـود کـه بودجـه تهیـه فیلـم را تأمیـن کند. ماشـین نـادر وارد ورودی متل ۸ شـد، جلـوی دفتر ایسـتاد و نـادر از شیشـه ی بـاران گرفته ماشـینش بطـرف پنجره دفتر متل خیره شـد.

مدیر هتل، ماریا، دختر جوان و زیبایی از» السالوادور» را دید که پشت پنجره نشسته و منتظر برگشت او بود. ماریا با نادر دوست شده و با هم در مورد زندگی یکدیگر گفتگو کرده بودند. ماریا با دوست پسرش که معتاد به مواد مخدر شده و مشکلات زیادی داشت زندگی می کرد و به دنبال فرصت مناسبی می گشت که او را ترک کند. نادر هم به او قول داده بود که وقتی هزینه ی تهیه فیلم رسید و او فیلم را شروع کرد او را استخدام خواهد کرد، اگر چه ماریا بسیار زیبا بود اما قصد نادر در اول کمک به او بود که از شر دوست پسرش خلاص شود. چندی بهم نگاه کردند، لبخند ماریا از لبش غیب شد، از نگاه نادر فهمیده بود که نادر پولی را دریافت نکرده بود، ماریا می دانست که نادر برای گرفتن هزینه ی اولیه فیلمش قرار ملاقات داشت. بدون رد و بدل هیچ کلامی نادر حرکت کرد. ساعتی بعد روی تخت داخل اطاق متل در تاریکی شب دراز کشیده و گم شده در فکر و خیال به سقف خیره شده بود. چشمهایش بسته شدند و همه چیز برای نادر مردند. با صدای بارش باران در خواب شد. ساعت حدود سه صبح بود که با صدای غرش رعد و برق بیدار شد، شدت باران بیشتر شده بود، رعد و برق جلوی پنجره نمایش نور و صدا آغاز کرده بودند، نادر بلند شد و به توالت رفت و بعد از استفاده از توالت در برگشت به تخت خواب کمی در جلوی آینه ایستاد و چندی به خود نگریست و بعد دوباره به تخت خواب برگشت، جای خود را آماده کرد، روی دست راستش تکیه داده و بالشش را آماده برای خوابیدن کرد اما بدون اینکه بداند و قبل از دراز کشیدن و خوابیدن، سرش به طرف بالا و سقف برگشت، آخرین کلامی که از زبانش شنیده شده بود در متل «پاسادینا» و خطاب به جو بود، بعد از ترک جو سکوت اختیار کرده بود. این سکوت داشت خفه اش می کرد، می دانست که باید بغضش را بشکند، یاد خدا در ذهنش زنده شد و فکر کرد کی بهتر از خدا که با او وارد گفتگو شده و از او برای حل مشکلاتش کمک بگیرد اما در این گفتگو در خواست کمک نکرد، بیشتر حالت گلایه داشت و اینکه شاید ندانسته کارهای خدا را زیر سوال برد. «خدایا، من نمی فهمم، چرا به افرادی که دیگران را مورد آزار واذیت قرار میدهند کمک می کنی؟ و به کسانی که هدفشان کمک به مردم است پشت کردی؟ من نمی فهمم چرا؟ خدایا صدای منو می شنوی؟ اگر می شنوی

جواب من و بده؟» اما نادر آرزو می کرد هرگز با خدا وارد صحبت و خصوصا گلایه از او نمی شد، بعد از آخرین کلامش قصد داشت که سرش را روی بالش قرار دهد و در خواب شود، نگاهش هنوز به طرف سقف و خدا بود که به ناگهان سقف اتاق باز شد و نادر را به طرف تونلی از نور به رنگ های سیاه و سفید که در سقف ایجاد شده بود مکیده و نادر با سرعت نور به درون این تونل نور به طرف خدا در حال صعود بود، هنوز چشم راستش که به طرف بالش بود بسته و پای راستش دراز و پای چپش روی پای راستش بطور عمودی تا شده بود، قدرت هیچگونه حرکت و تغیری را نداشت، بجز فریاد التماسش از خدا که او را ببخشد و رهایش کند. «خدایا، اشتباه کردم، من و ببخش؟ متاسفم، خواهش می کنم ببخشید. متاسفم. خواهش می کنم ببخشید!... اشتباه کردم، خدایا...؟»

و به ناگهان تونل نور به خاموشی روی آورد و از بالا به طرف پائین محو شد و نادر روی تخت به طور نشسته افتاد. و سقف بسته شد. نادر گیج و گنگ و بدون اینکه توان هیچ حرکت و کلامی را داشته باشد روی تخت نشست.

نادر نمی دانست چقدر طول کشیده بود که صدای خوردن چند ضربه به در و به دنبالش صدای ماریا از پشت در بلند شد" .نادر ماریا هستم؟ حالت خوبه؟"

اگر چه نادر صدای ضربه به در و بعد صدای ماریا را می شنید که او را صدا می زد اما همه چیز برای نادر صامت می نمود، نمی دانست کجاست و چه می کند، توان هیچ عملی را نداشت، نمی دانست به چه زل زده بود. چشم راستش هنوز بسته و پای چپش زیر پای راستش تا شده بود. صدای ماریا دوباره بلند شد. "نادر پلیس آمده... ما داریم می آیم داخل..." در باز شد و چندین پلیس در حالی که اسلحه های خود را آماده برای شلیک داشتند وارد شدند، در چند لحظه تمام اتاق و توالت را وارسی کردند و بعد از اینکه همه چیز را امن یافتند همه آنها جلوی تخت ایستاده و به نادر خیره شدند، ماریا هم وارد شده و با تعجب و نگران نادر را نگاه می کرد به نادر نزدیک شد. "نادر مسافری که در اتاق بغلی خوابیده بود صدای التماس شما را شنیده و به پلیس خبر داده که جان شما در خطره و یکی داره شما را می کشه؟ صدای منو می شنوی؟" اما نادر هنوز توان هیچگونه جواب و یا عکس العملی به ماریا را در خود نمی

دید و فقط به آنها ماتش برده بود. به دنبال ماریا و ادامه ی سکوت نادر یکی از پلیس ها به او نزدیک شد و صدایش بلند شد. "مواد مخدره استفاده کردی؟" نادر هنوز ساکت بود و همچنین به آنها ماتش برده بود اما ماریا که می دانست نادر هیچ گونه موادی استفاده نمی کرد و حتی سیگار هم نمی کشید جواب پلیس را داد که او مواد نزده است. پلیس با شنید ن جواب ماریا به طرف نادر برگشت و در حالی که دستش جلوی صورت نادر به بالا و پائین در حرکت شد. ادامه داد. "داشتی خواب بدی می دیدی؟" و بالاخره تنها عکس العملی که نادر از خودش می توانست نشان دهد حرکت سرش به پائین برای تأیید جواب پلیس بود که سعی داشت به آنها بگوید بله، خواب می دیده. پلیس ادامه داد. "حتما داشته خواب بدی می دیده و فریادش از ترس بلند شده..." و بعد همه اتاق را ترک کردند و نادر باز تنهای تنها روی تخت بی حرکت نشست. اما به ناگهان ترس و وحشت ذهن و وجود نادر را احاطه کرد و نادر از مرگ ترسیده و از جایش پرید و از تخت پائین آمد و به اطراف نگاهی انداخت، بعد هم در چند دقیقه هر آنچه دم دستش بود را جمع و در یک ساک گذاشت و با عجله اطاق را ترک کرد. زیر باران شدید با سرعت به طرف ماشینش رفت و داخل شد و پارکینگ متل ۸ را با سرعت ترک کرد. با اینکه کیلو مترها از متل ۸ دور شده بود اما هنوز در ترس و وحشت از آنچه برایش اتفاق افتاده بود بسر می برد. خصوصا که این اتفاق در عالم بیداری افتاده بود و نه خواب. روز بعد بود که متوجه شد بسیاری از وسایل خود، از لباس و کفش را در اتاق متل جا گذاشته بود اما هرگز برای پس گرفتن آنها به متل برنگشت حتی هنوز هم که هنوز است در اطراف متل ۸ پیدایش نشده. از اتفاقی که در آنجا افتاده بود چنان ترسیده و جا خورده بود که تا دو ماه در ماشینش می خوابید. این واقعیت که او بیدار بود و در بیداری با خدای خود وارد گفتگو شده بود و در بیداری چنین پاسخ ترسناکی را از جانب خداوند و خالقش تجربه کرده بود این را دریافته بود که بعد از آن اگر قصد سئوال و جوابی از خدا را داشت باید چند بار بیشتر به آن فکر کند و شاید نباید هرگز به کرده های خدا شک کند. نادر به خودش که آمده بود به این فکر می کرد که شاید خدا دوستش داشته و به کمکش آمده بود که پول جو را قبول نکرده

بود چرا که او فهمید بود که ریچارد وکیل چندین قاچاقچی بزرگ مواد مخدر مکزیکی بوده است و آخرین چیزی که نادر می خواست قاطی شدن و در گیری با آنها بود. که مسلما" زندگی خود و خانواده اش را به خطر می انداخت. فهمیده بود که باید با شرایط کنونی بسازد و به زندگی ادامه دهد و صبور باشد. او پس از تجربه در اتاق متل۸ دریافته بود که به نظر می رسد مسیر زندگی او در اختیار خودش نیست و برایش انتخاب شده است و او باید این مسیر را با صبوری ادامه دهد و یاد آوری دو فرشته که اغلب بین ساعات سه تا شش صبح با وی دیدار می کردند و او را به جاهای مختلف می بردند این درک را بیشتر در او تقویت می کرد که همه آن مکان ها و آنچه که این دو فرشته در خواب با او در میان می گذاشتند به نوعی حامل پیغام های معنوی بودند که آنها می خواستند به نادر بیاموزند اما دریافت معنی این پیغام ها و تصاویر برای نادر چندان آسان نبود و گاهی سال های سال طول می کشید که او دریابد چه معنای داشتند و چه پیغامی را با او درمیان گذاشته بودند

در یکی از آن شب ها که نادر در آپارتمانش، در شهر" شرمن اوکس" واقع در بلوار" ون نایز" در منطقه لس آنجلس در خواب بود، دو فرشته همیشگی دوباره به خوابش آمدند. با ظاهر شدن دوباره آنها نادر چندان خرسند نبود و به اعتراض سخن آغاز کرد. "من نمی فهمم که شما از من چی می خواهید؟ بابا من یک فروشنده ماشین هستم، من بیشتر از یک کلاه بردار نیستم... فروشنده ای که همه چیز و با زبان بازی می فروشه که زندگیش بگذره، چرا نمیرید دنبال یک آدم حسابی و او را انتخاب کنید که پیغام های شما را یاد بگیرد و به مردم انتقال بدهد...؟"

و طبق معمول فرشته مسن تر از برخورد نادر چندان خوشحال نبود و فرشته جوانتر لبخندش را بر لب داشت و آنها را تماشا می کرد. فرشته مسن تر به نقاشی که روی میز جلوی نادر گذاشته بود اشاره کرد و از او خواست به آن نگاه کند و ادامه داد. " این اسم خداست «نادر نقاشی مستطیل شکلی را جلوی خود دید که داخل آن بسیار زیبا و بیشتر شبیه مینیاتورهای ایرانی تزیین شده بود .همه چیز داخل مستطیل بودند بغیر از کلمه "ی" «y» انگلیسی که از قسمت پائین و گوشه

ی چپ مستطیل بیرون زده و میزان نقاشی را بهم زده بود .نادر با لبخندی که کمی تمسخر در آن بود رو به فرشته مسن تر کرد و پرسید. "منظورت اینه که اسم خدا"y» است؟ فرشته مسن تر جواب داد. "مشکل تو اینه که با چشمهایت نگاه میکنی ،چشمهایت را ببند و با قلبت آن را ببین"

با شنیدن جواب او نادر در فکر شد و بعد از نگاهی به فرشته جوانتر که بیشتر به او علاقه مند بود نگاهش به طرف نقاشی مستطیل شکل برگشت و با شک و تردید بالاخره چشمهایش را بست. با بسته شدن چشمهایش این بار نقاشی داخل مستطیل برایش تفاوت زیادی داشت. باورش نمی شد که همه ی آنها برایش آشنا بودند و معنی پیدا کرده بودند و این بار حرف"y» انگلیسی که در پائین و سمت چپ از مستطیل بیرون آمده بود، حالا در بالا و سمت راست مستطیل قرار داشت و نادر آن را حرف "L» ال می دید که حرف اول کلمه "لاو" انگلیسی به معنی عشق بود. ناگهان پس از چند لحظه آرامشی بر او حاکم شد. همانطور که چشمانش بسته بودند لغت عشق را به تمام زبان های دنیا می دید و با اینکه به هیچ کدام از آنها به غیر از انگلیسی و فارسی آشنایی نداشت حالا همه آنها برایش آشنا بودند و شروع به زمزمه آنها کرد. به زبان چینی، روسی، آلمانی، فرانسه، اسپانیای، ترک و همه ی زبان های دنیا که تاکنون بسیاری از آنها حتی بگوشش هم نخورده بود. بسیار هم خرسند و در تعجب بود که چگونه چنین اتفاقی افتاده بود و او با همه ی این زبان ها آشنایی داشت. با بلند شدن صدای فرشته مسن تر نادر به طرف او برگشت. "چیزهای بیشتری هست که من باید به تو نشان بدهم... با ما بیا..."

و به ناگهان نادر بین دو فرشته بین ابرهای گلگون و رنگ و وارنگ در داخل تونلی نورانی با سرعت نور در پرواز بود. هر وقت هم که دو فرشته با او به پرواز در می آمدند و او را از محلی به محل دیگری می بردند همیشه نادر بین آن دو پرواز می کرد و نادر همیشه می دانست که در حال خواب است، حتی می دانست کجا خوابیده بود. قبل از اینکه نادر بتواند فکری کرده باشد که چه اتفاقی دارد می افتد. او را در محلی قدیمی شبیه به قرون وسطایی نشاندند. چشمهای نادرمتعجب به اطراف در سفر شد اما با بلند شدن صدای فرشته مسن تر به طرف او و مجسمه ی صورت مردی که از سینه به بالا را نشان می داد متوقف شد. "این شکل خدا است."

نـادر گیـج و گنـگ به سـمت چپ صورت مجسـمه زل زده بود. مجسـمه رنگ قهوه ای سـوخته ای را داشـت. نادر برای دیدن طرف راسـت صورت مجسـمه به حرکت آمد امـا هرچـه و بـا هـر سـرعتی کـه حرکـت می کـرد فقط سـمت چـپ صـورت او را می دیـد. نـا امیـد و گیـج به طرف فرشـته مسـن تر برگشـت. "من همیشـه فکر مـی کردم خـدا بی شـکل اسـت... حالا شـما بـه من می گوییـد خدا شـکل دارد و آنهـم فقط یک طـرف صورتش، طـرف چپش را میشـه دید...؟

«ایـن سـوالی اسـت کـه تـو خـودت بایـد بـه جوابـش دسـت پیـدا کنـی.» و بعد لبخند مهربانانه ی فرشـته جوانتر دیده شـد که مثل همیشـه از تماشـای گفتگو و مباحثـه نـادر و فرشـته مسـن تـر لـذت مـی بـرد. صدای اعتـراض نـادر باز بلند شـد. «ایـن چـه نـوع بـازی اسـت کـه با من مـی کنیـد؟ آیا مـی دانـی اگر مـن به مـادرم یا خواهـرم بگویـم که شـما اسـم خدا یا شـکل خـدا را به من نشـان دادی آنهـا به من می خندنـد و خیـال مـی کننـد عقلـم را از دسـت دادم و دیوانه شـدم؟»

فرشـته مسـن تـر معطـل نکـرد و صدایـش بلنـد شـد. "چطـوره بریـم دیدنشـان و امتحـان کنیم؟"

سـپس و بـه ناگهـان نـادر دوبـاره خـود را در پـرواز یافـت و در یک چشـم بهم زدن در اتاقـی کـه در دوران جوانـی و زمـان دانشـجویی در منطقـه دروس در آن زندگـی مـی کـرد ایسـتادند و بلافاصلـه مـادر و خواهـرش پـری از اتـاق بغلـی وارد شـدند و پر مسلّم بـود کـه از دیـدن او بسـیار خرسـند بودنـد. نـادر معطـل نکـرد و رو بـه مـادر و خواهـرش کـرد و سـخن آغـاز نمـود. "حاجیـه خانـم، پـری جـان..." نـادر بـه دوتـا فرشـته مسـن و جـوان کـه داخـل و جلـوی پنجـره ی قدی کنـار نـادر ایسـتاده بودند اشـاره کـرد و ادامـه داد. "ایـن دوتـا فرشـته اسـم خـدا کـه عشـق اسـت و شـکل خـدا را بـه مـن نشـان دادنـد، مـن هـم بهشـون گفتـم اگـر مـن بـه شـما بگویـم کـه آنهـا اسـم و شـکل خـدا را بـه مـن نشـان دادنـد شـما خیـال می کنیـد مـن دیونه شـدم..." هنـوز سـخن نـادر تمـام نشـده بـود کـه صـدای حاجیـه خانـم بلند شـد و رو بـه پری دختـرش کـرد. "نگفتم پسـرم و تـو آمریکا دیوانـه کردند؟ بـرو، برو فـوری دکتر فتاحی را خبـر کـن... پسـرم رفتـه آمریـکا دیوانه شـده... چـرا ایسـتادی... د بـرو..."

در عیـن حـال کـه پری هم متعجب شـده بود امـا طبق معمـول از گفتگوی حاجیه

خانم و نادر به خنده می افتاد، این باره هم خنده اش گرفته بود و هم نمی دانست چه کار کند. حاجیه خانم دوباره به طرف پری برگشت و او را این بار هل می داد. "دختر پس معطل چی هستی؟ چرا نمیری دکتر فتاحی را خبر کنی؟"

و بعد دوباره به طرف نادر برگشت. "پسر این حرف ها را نزن... میری جهنم ها... فکر می کنم آمریکا شما را به جنون کشیده...؟"

نادر رو به فرشته مسن کرد و با لبخندی رضایت بخش از اینکه ثابت کرده بود که درست فکر می کرده، ادامه داد، "من به شما نگفتم اگر مادر و خواهرم این را بشنوند خیال می کنند من دیوانه شدم؟"

فرشته مسن اشاره ای به روتختی ابریشمی به رنگ آبی و سبز و سفید که روی تختی که نادر روی آن می خوابید پهن بود کرد و در حالی که به نادر نشان می داد چگونه رو تختی را تکان دهد گفت. "روتختی را تکان بده..."

نگاه شک دار نادر به رو تختی افتاد، بعد به طرف فرشته مسن سفر کرد و از او در سفرش به طرف مادرش و بعد دوباره به طرف روتختی و بعد به فرشته و بالاخره دوباره به مادر و خواهرش برگشت و صدایش که مملو از احتیاط بود بلند شد."حاجیه خانم... پری این فرشته ها از من می خواهند که روتختی را تکان بدهم..."

حاجیه خانم با تعجب به نادر خیره شده و نگرانیش بیشتر شد، رو کرد به پری دخترش که او هم متعجب بود اما هنوز لبخندش از رفتار و کردار حاجیه خانم بر چهره اش بود. "نگفتم این رفته آمریکا دیوانش کردند... این با کی داره حرف می زنه...؟"

نادر به طرف رو تختی رفت و دو دستی دو طرف آن را که روی تخت پهن بود گرفت و قبل از تکان دادنش رو به حاجیه خانم کرد و نگاهش را از روی او برنداشت. " این دوتا فرشته ها که اینجا ایستادند به من می گویند روتختی را تکان بدهم... همان جور که گفتم من نمی دونم چه اتفاقی می افتد... من الان آن رو تکان می دهم... شما نترسید... و بعد به آرامی و همانطور که به مادرش نگاه می کرد روتختی را مثل اینکه می خواست روی تخت پهن کند تکان داد به یکباره شعله ای وسط تخت نمایان شد که همچون نیلوفر آبی می رقصید، نادر با دیدن شعله در تعجب شد و محو زیبائی

و رقص شعله شد و کلا" مادر را فراموش کرد که از ترس فرار را بر قرار ترجیح داده و به دنبالش پری اتاق را ترک کرده بودند و البته خنده های پری از فرار حاجیه خانم بیشتر هم شده بود. با دیدن شعله ترس نادر را برداشت و خود را از خواب بیدار کرد.

بعد از بیدار شدن از خواب نادر گیج و گنگ از خوابی که دیده بود از اتاق خوابش خارج و به آشپزخانه رفت، لیوان آبی نوشید، در این فکر بود که این خواب با بقیه خواب های دیگر بسیار متفاوت و جدی تر بود، می دانست که حتما پیغام مهمی در این خواب است و او باید این پیغام را پیدا کند. نشان دادن اسم خدا که عشق بود، شکل خدا که فقط یک طرف صورت او را می توانست ببینند و خصوصا اینکه فرشته ها می خواستند او متوجه شود که فقط می تواند یک طرف صورت خدا ر اببیند و نه جلو و یا طرف راست صورت خدا را.

اولین چیزی که به آن می اندیشید این بود که آیا به او پیغام داده شده بود که خدا واقعاً اسم و شکل واحدی در جهان دارد؟ هنوز به نتیجه ای نرسیده بود که بلند شدن زنگ تلفن او را از فکر و خیال بیرون آورد، گیج به تلفن که در حال زنگ زدن بود خیره شد و نمی دانست چه باید می کرد، گوشی را بردارد یا نه و بالاخره بعد از اینکه زنگ تلفن قطع نمی شد گوشی را برداشت، صدای خنده خواهرش از پشت تلفن بلند شد. چند دقیقه بعد به او توضیح داده بود، وقتی مادرش مشغول نماز خواندن روی فرش کوچک نمازش در نشیمن خانه اش بوده، نادر را دیده که جلوی او ظاهر شده و گوشه های جانمازش را گرفته و تکان داده بوده و با تکان دادن جانماز مادرش، شعله ای وسط جانماز روشن شده بوده و برای همین هم ترس مادرش را گرفته و او پا به فرار گذاشته بوده و به ایوان پناه برده و از آنجا دخترش پری را صدا کرده بود و از او خواسته بود به خانه ی او آمده و با نادر تماس بگیرد. در همان زمین قبلی دو خانه ی دوطبقه کنار هم ساخته بودند و حاجیه خانم و پری در طبقه دوم خانه ها زندگی می کردند و ایوان آنها به هم متصل بود. نادر به خواهرش پری خوابی را که دیده بود تعریف کرد و گفت که در خواب با فرشته ها به دیدن او و مادرش رفته بوده و هم زمان پری آنچه را که نادر برای او تعریف می کرد برای مادرشان که هنوز در ایوان ایستاده بود بازگو می کرد.

در آخـر نـادر صـدای مـادرش را از داخـل ایـوان می شـنید که فریـاد مـی زد. "حالا هم کـه امـام شـدی اول همه مـی خوآهی مادر تـو آتش بزنـی...؟"

دیـری نکشـید کـه مکالمـه تلفنـی آنهـا خاتمه یافـت اما با گفتگـو با مـادرش حالا معمـای ایـن رویا بـرای نـادر بیشـتر و پیچیده تر شـده بود.

*****

فصل ۳۰

پرنده ای که دوست و خانه ی جدیدی پیدا کرده بود ...

پرنــده اکنــون خانه و دوســت جدیدی پیدا کــرده بود. نادر پنجره را نیمه بســته نگه مــی داشــت، که دوســت پرنــده اش بتوانــد آزادانه به داخل و خــارج اتاقش پــرواز کند و پرنــده ایــن کار را مــی کــرد، مــی آمد و برای نــادر کمی آواز ســر می داد و او را ســرگرم و از تنهایــی بیــرون مــی آورد و بعــد هــم آب و دانــه اش را مــی خــورد و راهــش را مــی گرفــت مــی رفــت. به نظر می رســید آنهــا در ســکوت با هــم در گفتگو بودنــد اما گاهی نــادر موقعــی که دوســت پرنــده اش برایش آواز ســر مــی داد در جواب بــا او وارد گفتگو و در دل مــی شــد و از نامــردی و بــی عدالتــی مردمان مــی گفت و از آنچــه او را لب مرز جنــون کشــانده بــود گلایه می کرد. اســم پرنــده را هم آزادی گذاشــته بود. بــه نظر می رســید دو دوســت حــالا بــه هم عــادت کرده بودنــد و اگر پرنــده بعضی از روزهــا دیر می کــرد نــادر جلــوی پنجــره مــی ایســتاد و در جســتجوی او بــود. بــودن پرنــده بــرای نادر نعمتــی بــود چــرا کــه او در مرحله بســیار ســخت و نا ملایم زندگــی خود قرار داشــت. او بــه کســی نیاز داشــت تــا با او صحبت و درد دل کند .کســی کــه او را قضــاوت نکند و یا او را بــه ســمت آنچــه که احســاس می کرد بهترین نیســت تشــویق ننماید. نــادر به این نتیجــه رســیده بــود که انگار او تحت آزمایش قرار گرفته اســت، گویــی نیرویی در تلاش اســت بــه او پیــام هایــی بدهد کــه او را برای انجــام هدفی کــه در این دنیا داشــت آماده کنــد و بــه او کمک کند که درک درســتی از زندگی داشــته باشــد و از راهــی که برای او انتخــاب شــده بــود منحرف نشــود. اما نــادر مایل نبود هیچ نــوع پیام ویــژه ای را دریافت کنــد او احســاس مــی کرد که بــه اندازه کافی مشــکلاتی در زندگی داشــت که شــاید تا آخــر عمــر مجبــور بود بــا آنها مبــارزه کند و نیازی به مشــکلات بیشــتری نــدارد. او می خواســت زندگــی خود را به مســیر عــادی برگرداند و چالــش هایی که برای او پیشــنهاد مــی شــد، در صدر لیســت خواســته هــای او نبــود .گاهی هــم در این خیال می شــد که شــاید شــیطانی در وجــودش رخنــه کــرده و او باید منشــأ همه این رویاها و مشــکلاتش

باشـد. و اگـر ایـن چنین اسـت او باید خـودش را از شـر آن خلاص کند.

در همیـن احـوال بـود کـه یکـی از دوسـتان زنـش "نغمـه" بـه او اطـلاع داد کـه "ماهرخ"یکی از دوسـتان مشترکشـان که بوسـیله او با نادر آشـنا شـده بود. به او علاقه منـد شـده اسـت و مـی خواهد با او دوسـت شـود و قـرار رسـمی ملاقـات آن دو بعد از چندیـن بـار گفتگـو بـا "نغمه" گذاشـته شـد، محـل یک رسـتوران مشرف بـه دریا در سـانتا مونیـکا پیر بـود .ملاقات و گفتگویشـان بسـیار آرام و مهربانانه بود، نـادر "ماهرخ" را بسـیار مهربـان و زیبـا مـی دید و دوسـتی آنها ادامـه پیدا کرد و کم کم داشـت جدی مـی شـد ،خصوصـا اینکـه نغمه همـواره از نادر می خواسـت کـه از ماهرخ خوسـتگاری کنـد و همـواره نـادر از ایـن اقدام در شـک بود.

امـا نـادر کـم کم بـه این نتیجه رسـیده بـود کـه اگـر او ازدواج کرده و یـک زندگی آرامـی را شـروع کند شـاید بـرای او هم بهتر باشـد و تمرکزش به زندگی بیشـتر شـود. اما هنوز شـجاعت در خواسـت ازدواج از ماهرخ را نداشـت. تا اینکه نادر دوباره خود را با ماهرخ در همان رسـتوران مشـرف به دریا و روی همان میز یافت، تنها تفاوت این شـب بـا شـب اولـی کـه آن دو یکدیگر را در همین رسـتوران ملاقات کرده بودنـد بارانی بودن هـوا بـود و شـمعی کـه پیشـخدمت روی میز جلـوی آنها روشـن کرد و لبخنـدی هم با ماهـرخ رد و بـدل کـرد و رفـت. نادر حس کرد این شـمع و رد و بـدل کردن لبخند بین آن دو باید معنی دیگری داشـته باشـد و شـاید او منتظر سـورپرایزی باید باشـد. اشتباه هـم نکـرده بود دسـت هـای مهربان و لطیف زنانه ی ماهرخ روی دسـت هایش نشسـت و آنهـا را در آغـوش گرفـت، نـادر گرمای مهربانانه ای را حس کرد و با بلند شـدن صدای ماهـرخ سـورپرایز بـر ملا شـد. "می خواهم از تـو بخواهم که با مـن ازدواج کنی، من می دانـم کـه شـما بـه من علاقـه مند هسـتی، این را هـم می دانم کـه به این ازدواج شـک داری و مـی ترسـی، امـا فکـر کـردم مـن پیشـقدم بشـم... بهر حـال زمانه عوض شـده. چـه فرقـی مـی کنـه کـی از کـی تقاضا کنـد؟ من قـول مـی دهـم از تو حمایـت کنم، شـغل خوبـی دارم و از تـو حمایـت می کنم که بتونـی به کار نویسـندگی ادامه بدهی..." نـادر بـا شـنیدن سـخنان و کاری که ماهرخ کرده بود متعجب شـده و نمی دانسـت چه عکـس العملـی را از خـودش نشـان دهد. احساسـی کـه از طریق گرمای دسـت های او بـه نـادر منتقـل می شـد و مهربانانه و صمیمی بودن و سـخنان ماهـرخ در قلب و وجود

نـادر گرمـی خاصـی را بوجـود آوردند که نـادر انتظار آن را نداشـت. نـادر از جایش بلند شـد و ماهـرخ را در آغـوش گـرفـت، حاضـران درسـتوران حـالا بـه آنهـا زل زده و آنها را تماشـا مـی کردنـد، در ذهـن آنها انـگار کار آنها تمام شـده و بـه هم تعلق داشـتند، هر دو احسـاس مـی کردنـد که برای همیشـه یکدیگر را دوسـت داشـته و می خواسـتند با هـم پیـر و در آغـوش هـم جـان دهند و چه احساسـی شـیرین تـر از آن اما نـادر هنوز بـه طـور شـفاهی جـواب ماهـرخ را نـداده بـود. کلمه بلـه چندان بـرای ماهـرخ اهمیت نداشـت، سـکوت و اعمال نـادر جواب بلـه او را به ماهـرخ داده بود.

بالاخـره شـب آنها پایـان یافت و آنها از هم جدا شـدند. نادر تمام شـب را در تنهایی خـود در آپارتمانـش بیـدار نشسـته و در فکر بود. حدود هفت سـالی می شـد که جولیا را تـرک کـرده بـود اما هیچ کـدام هنوز پیشـنهاد طلاق نکـرده بودند. درسـت چند ماه قبـل بـود کـه بالاخره جولیا تقاضای طلاق داد و آن دو از هم جدا شـدند و این شـروعی بـود کـه او بـه فکـر همدمـی در زندگـی بیافتد. چرا کـه او بسـیار احسـاس تنهایی می کـرد و ایـن تنهایـی داشـت او را از پـا در مـی آورد. اگـر چـه زن هـای زیـادی اطرافش بودنـد و در زندگیـش مـی آمدنـد و می رفتنـد اما هیچ کـدام آن چنـان در قلبش نمی نشسـتند کـه بخواهد رابطه طولانی و شـاید همیشـگی بـا آنها برقرار کنـد و به نظر می رسـید ایـن امـر حتی او را بیشـتر به سـمت تنهایی سـوق مـی داد و حالا با وارد شـدن ماهـرخ بـه زندگیـش همـه چیز با گذشـته تفـاوت داشـت، فکر می کـرد اگـر بتواند در زندگـی خـود یـک رابطه پایـدار برقرار کنـد از تنهایی بیـرون می آمد پس چـرا او نباید بـا ماهـرخ ازدواج کنـد؟ چیـزی بـه صبـح نمانده بـود که نادر مصمم شـد که بـا ماهرخ ازدواج کنـد و بـه او بگویـد کـه شـجاعت او را بـرای اینکـه پا جلـو گذاشـته و او به نادر تقاضـای ازدواج داده بـود را تحسـین کنـد. بالاخره خـواب بر او غلبه کرد و بـا در خواب شـدنش رویایـی دیگـر بـرای او بـه نمایـش در آمد و دو فرشـته بـاز بر او ظاهر شـدند و از او مـی خواسـتند کـه بـا آنهـا همراه شـود. امـا نادر بـاز از رفتن خـود داری کـرد و به اعتـراض صدایـش بلنـد شـد" .از مـن چـی مـی خواهید؟ چـرا مـن را ول نمـی کنید؟ مـن دارم ازدواج مـی کنـم ...خواهـش مـی کنـم برید یـک نفر دیگـر رو پیـدا کنید و هـر پیغامـی داریـد بـه یک نفـر دیگـه بدهید "امـا عکـس العمل فرشـته ها بـرای نادر مشـخص بـود و بـه نظـر می رسـید کـه آنهـا از تصمیم و گفتـار نـادر ناامید بودنـد و با

نظر او موافق و همراه نبودند. نادر ادامه داد. "من هیچ جا با شما نمی رم ،من از این بازی شما خسته شدم ،می خواهم ازدواج کنم ... و این کار را خواهم کرد"

فرشته ی مسن تر با لحنی ناامید و در عین حال آرام پاسخ داد، "شما نمی توانید ازدواج کنید. چرا نمی خواهی بفهمی..."

حالا نادر واقعاً داشت از کوره در می رفت "منظور شما اینه که من اختیار تصمیم گرفتن برای ازدواج خودم را ندارم و نمی توانم ازدواج کنم چیست؟ اما من تصمیم خودم را گرفتم و این کار را می کنم..."

فرشته جوان در لباس آبی با لحنی نرم تر و طبق معمول لبخند بر لب صدایش بلند شد. "متاسفم نادر، اما شما نمی توانی ازدواج کنی..."

نادر به او ماتش برد. این بار برای نادر بسیار اهمیت داشت، چرا که فرشته جوان همیشه تماشاگر بود و سخنی بر زبان می آورد، پس این بار باید بسیار مهم باشد که او تصمیم گرفته بود سخن آغاز کند. ولی این دلیل نمی شد که نادر از کوره در نرود. دست هایش از عصبانیت مشت شده بودند. اما قبل از اینکه او کاری بکند و حرفی بزند، صدای فرشته مسن بلند شد. "همسر شما برای شما انتخاب شده است و وقتی وقتش برسد در زندگی تو وارد می شه..." و بعد اشاره کرد به سمت چپ نادر و نادر متوجه شد که یک زن زیبای جوان جلویش ظاهر شده بود، قدش حدود۷.۷۵ بود و از نژاد شرقی، اهل چین، اما در عین حال نادر می توانست صفات فارسی زبان ها را در او حس کند. چهره گردی داشت و غمی گران در چهره و نگاهش دیده و حس می شد او فقط آنجا ایستاده بود و با نگاهی به معصومیت خدا و آفتاب به نادر نگاه می کرد. نادر می توانست مهربانی را در وجود او دیده و حس کند. اما گیج و گنگ بود و نمی دانست چه باید می کرد و می گفت. بالاخره با صدای زنگ تلفن از خواب بیدار شد و از عالم رویا بیرون آمد و فرشته ها و زنی که برای او انتخاب شده بود از دید او محو شدند. ساعت حدودا ۴:۳۰ صبح بود. گیج و گنگ از رویایی که دیده بود گوشی را برداشت و به تلفن پاسخ داد، صدای نغمه در گوشی پیچید که با حالت اعتراض آمیز سر او داد می زد. "تو نصف شبی چه کردی که اینجور ماهرخ آزرده و نگران کردی؟ دختر بیچاره تلفن زده

و همینجـور گریـه مـی کنـه و میگـه دیگه نمی خواهـد تـو را ببیند؟ آخـه دیونه نصف شـبی چـه کار کـردی کـه ایـن دختـر رو از این رو بـه آنرو کـردی؟ چه اتفاقـی افتاد؟"

نـادر هنـوز در خـواب و بیـداری بـود و بـه فکـر خوابی که دیـده بـود و فقط گوش مـی کـرد ،نغمـه ادامـه داد ، "آخـه مـن نمـی فهمـم ... دیشـب وقتی شـما از هـم جدا شـدید ماهـرخ تلفـن زد و خیلـی خوشـحال بـود بـا خـودش مـی رقصیـد و تو پوسـت خـودش نبـود و حـرف ازدواج مـی زد... امـا حـالا صبح نشـده دوبـاره تلفـن زد و زار زار گریـه مـی کـرد و می گفـت دیگه نمـی خواهد تـو را ببینـه...؟ آخه نصف شـبی تو چه دیوانگـی کـردی؟ نـادر آنجـا هسـتی؟" نـادر هنوز در شـوک بـود ،نفس عمیقی کشـید و سـعی کـرد تـا افـکار خـود را جمع و جور کند و سـرانجام سـکوتش را شکسـت، "من هیـچ کاری نکـردم... نمـی دانـم چه خبـره چی شـده...؟ "

طبـق معمـول نـادر سـاکت شـد و در ایـن فکر بود کـه آیا بایـد در مـورد خوابی که دیـده بـود بـا نغمـه صحبت کنـد یا نـه؟ اما نغمـه معطل نـادر نشـد و صدایـش دوباره بلنـد شـد " .نکنـه دوباره ایـن خواب لعنتـی آمده بسـراغت...؟"

"آره؟ می شه تو دیگه خواب نبینی؟"

نغمـه گوشـی را گذاشـت و دوبـاره سـکوت بـود و نادر گیـج و گنگ بـه تلفن خیره شـده و بـه خوابـی کـه دیده بـود و آینـده ی نامعلوم و خـارج از کنترلش فکـر می کرد. پـس از آن او هرگـز ماهـرخ را ندیـد. حـالا نـادر تمام خواب هایـی را که دیده بـود را در ذهنـش یـاد آوری مـی کـرد و بـه یـک یـک آنها فکـر کـرده و آنهـا را تجزیـه و تحلیل مـی کـرد و کـم کم داشـت قبول می کـرد که شـاید واقعا او نمـی تواند همسـر خود را انتخـاب کنـد ،حتمـا باید یـک نفر را برای او انتخـاب کرده باشـند و او باید منتظر بماند و ایـن چیـزی نبـود کـه نادر می توانسـت و یـا می خواسـت براحتی قبول و تسـلیم آن شـود. امـا تصمیـم گرفـت همه خـواب های خـود را نوشـته و نگـه دارد و با افـرادی که معنـی و مفهـوم خواب را می دانسـتند در میان بگذارد که شـاید بـرای تعبیر و فهمیدن آنهـا به او کمـک کنند.

در ایـن جسـتجو بـه سـراغ پیر مردی رفـت به نام "تـام" که با زنش جانت در شـهر "چسـور" در شـمال لس آنجلس سـاکن بودنـد و آینده را پیش بینی مـی کردند. تقریبا

نصف هالیوود پیش آنها می رفتند. هر دو آدم های مهربان و دوست داشتنی بودند. جانت همیشه خنده بر لب داشت و تام هر چند یک بار خنده های بلندی می کرد. نادر تصمیم گرفت آنچه را که می دید با آنها در میان بگذارد. اولین خوابی را که با آنها در میان گذاشت، خوابی بود که در دوران جوانی، زمانی که دستش در بازی فوتبال شکسته بود و نادر در بیمارستان سینای تهران روی تخت خوابید و منتظر دکترخانوادگی شان، دکتر فتاحی بود که از اتاق عمل بیرون بیاید و به او کمک کند. نادر با هر زحمتی بود سعی کرد خودش را به خواب بزند که درد کمتری رنجش بدهد، حالا در خواب و بیداری بود که خوابی دید و بعد از دیدن این خواب بود که خواب دیدنش شروع شده بود. در حقیقت از زمانی که این خواب را دید دوست پیر مردش که همواره در دورن کودکی و هر گاه او ناراحتی داشت به سراغش می آمد و زیر درخت توت می نشست و برف هم می بارید و با نادر صحبت کرده و او را امیدوار و آرام می کرد. به هر حال خواب را برای تام تعریف کرد. تام به او گفت که تمام زندگیش را در خواب دیده است و کاری هم در مورد تغییر آن نمی تواند بکند، برای او تشریح کرد قسمت اول خوابش تا قبل از اینکه توپ داخل آب رودخانه از زیر پل رد شده بود و داخل باقی سر سبز و رودخانه ای پر از آب شده باشد نشانه زندگی و مشکلات او در ایران بوده است و قسمت دوم زندگیش از زمانی است که توپ در باغ سبز و رودخانه ی پر از آب زلال در حرکت بوده است، که آن از به آمریکا آمدن شما حکایت می کند. و در ادامه به او توضیح داد که مسیر زندگی او از پیش تعیین شده است و او هیچ اقدامی در تغیر مسیر آن نمی تواند بکند و مشکلات و ناراحتی های بسیار خواهد داشت و در زمان پیری است که او به آنچه باید برسد می رسد و شخصیتی بزرگ و معروف خواهد شد و تام با خنده ای بلند و غیر طبیعی که مشخص بود هیجان زده هم شده بود، ادامه داد. "شما برای یک هدف خاصی به اینجا آمده ای... قرار است کار بزرگی بکنی... من مطمئن هستم که در خواب تصاویری را مشاهده می کنی که هر کس معمولی نمی تواند تجربه کند، تو باید این دیده ها را بنویسی و بعدا آنها را منتشر کنی..."

نادر به اینجا که رسید ضبط صوتی را که در حال ضبط صدای آنها بود را خاموش کرد. نمی خواست این قسمت های خصوصی زندگیش در نوار ضبط شود

و شـایـد بعـدا بدسـت دیگران بیافتـد. معمولا تام تمـام صحبت هایش را ضبـط می کرد و نـوار کاسـت آن را در اختیـار کسـانی کـه از او دیدن مـی کردند می گذاشـت، نادر هم یکـی از ایـن نوارهـا را داشـت و گاه گاهـی به آن گوش مـی داد. تام بـه او گفت توپی که در خـواب آب رودخانـه آن را مـی بـرده و نـادر بـه دنبـال گرفتـن آن بوده، هدفی اسـت کـه او در زندگـی بایـد دنبـال کنـد کـه بـا مشـکلات بسـیاری روبـرو خواهد شـد و رنج زیـادی خواهـد کشـید که برای رسـیدن بـه حقیقتی که او باید به آن برسـد لازم اسـت. امـا انتهـای خـواب کـه تـوپ را بالاخـره از آب مـی گیـرد و بیرون مـی آید زیبـا خواهد بـود و او شـخصیت بـزرگ و معروفی خواهد شـد. بسـیاری از آنچه تام بـرای نادر توضیح داده بـود شـیرین بـود بـه جـز اینکه گفتـه بود کـه او در زمان پیـری به آنچه قرار اسـت برسـد می رسـد. اما نادر می خواسـت این مشـکلات پایان یافته و او زندگـی آرامی را در پیـش بگیـرد. ولی آنچنان که نادر می خواسـت نشـد. خـواب های او ادامه داشـت. چند هفتـه قبـل از وقوع زلزله شـهر "نوتریج" در شـمال لـس آنجلس در سـال ۱۹۹۳ نادر در جکـوزی مجموعـه ی آپارتمانـی که در آن زندگی می کرد با دوسـتی که بـا او "رکتبال" بـازی مـی کـرد خوابـی را که چنـد روز قبلش دیـده بـود را تعریف می کرد و نشـان می داد کـه در خـواب و بعـد از زلزلـه چه اتفاقی افتـاده و او چه کار می کـرد. در همین زمان کـه او بـرای دوسـتش در مـورد خوابش می گفـت زن خبرنگاری هم سـاکت در جکوزی نشسـته و در آرامـش از آب گـرم لـذت مـی بـرد و چندان اهمیتـی به گفته هـای نادر و خوابـش نمـی داد. امـا بعد از اتفاق افتادن زلزله و وقتی همه ترسـیده و گیج و سـرگردان از سـاختمان محـل اقامتشـان بیـرون زده بودنـد بین جمعیت نـادر را پیدا کـرده و حالا قصد داشـت با نادر گفتگویی داشـته باشـد و از او بپرسـد که چطور او همه چیز را قبل از اتفـاق افتـادن دیـده بوده اما نادر مشـغول کمک به دیگـران بود و بانوی خبرنـگار او را دنبـال مـی کـرد. وقتـی نادر فهمید کـه او خبرنگار روزنامه ی منطقه شـهر ولی اسـت از دادن اطلاعـات بـه او خـود داری کـرد چـرا که نمی خواسـت مـورد توجه قـرار بگیرد اما دو روز بعـد بانـوی خبرنـگار نصـف صفحـه روزنامه را به آنچـه در جکوزی از نادر شـنیده بـود و بعـدا اتفـاق افتاده بـود اختصاص داده بود. خـواب های نادر در آنجا متوقف نشـد و ادامه داشـت. خواب بعدی فاجعه ی ۱۱ سـپتامبر در نیویورک بود که درسـت در همان زمانـی کـه در حـال اتفـاق افتـادن بـود نـادر داشـت آن را در خواب مـی دید. «نـادر در

بیـن جمعیتـی بـود کـه برای عبـور و فرار از اتفاقـی که افتاده بود داشـتند از سـر و کول هـم بـالا مـی رفتنـد و او بیـن آنها گیـر کرده بـود. دود غلیظ و گـرد و خاک همـه هوا را پوشـانده و بـه آنهـا نزدیـک می شـد امـا در بین جمعیـت مرد جوانی بـود که نـادر به او زل زده بود و او می دانسـت که او مسـئول این فاجعه بوده اسـت و می خواسـت او را به پلیـس هـا نشـان دهـد اما جـوان با دیـدن نادر بیـن جمعیت ناپدید شـد. وقتی نـادر به طـرف او رفـت از خـواب بیـدار شـد.» نمی دانسـت این دیگر چـه خوابی اسـت که دیده اسـت. آماده شـروع ورزشـش بود که تلفن زنگ زد، دوسـتش بود، از او پرسـید که آیا او مشـغول تماشـای تلویزیون اسـت یا نـه؟ جواب نه بود. نـادر بلافاصله تلویزیون را روشـن کـرد و مـی دیـد دقیقا آنچـه را که چند دقیقه پیـش در خواب دیده بـود روی صفحه ی تلویزیـون از شـهر نیویـورک زنده پخش می شـد، تنهـا تفاوتش این بود که هیچ نشـانی از مـرد جوانـی کـه نـادر در خـواب دیده بود که مسـئول ایـن فاجعه بـود و بین جمعیت ناپدیـد شـده بـود نبـود کـه نبود. اما هیـچ وقت مشـخصات این مـرد جوان باریـک اندام بـا صورتـی گـرد و سـفید از ذهـن نـادر پاک نشـد. خواب دیـدن ها و مبـارزه ی نـادر با زندگـی و دریافـت حقیقتـی کـه او باید به آن پی می برد ادامه داشـت، نادر نمی دانسـت کـه باید تسـلیم شـود و یـا به مبارزه و رد آنچه می خواسـتند بـه او بیاموزنـد ادامه دهد، ایـن دوگانگـی و دو دلـی کم کم داشـت نـادر را از پا در می آورد. درسـت در همین زمان بـود کـه بـودا را در خـواب دیـد.[۶] او در خواب دید که در انتهای اسـکله سـانتا مونیکا پیر ایسـتاده بـود و بـه دریـا خیره شـده و غـرق در افکارش بود بـه نظر می رسـید از دریا در خواسـت کمـک داشـت ،بـاد ملایمی صورتش را نـوازش مـی داد و بودا را دید که وسـط دریـا جلویـش ظاهـر شـده و به او نگاه مـی کرد و نه بـه هیچ چیز دیگر، پشـت و اطراف بـودا هرآنچـه دیـده مـی شـد را رنگیـن کمانی بـا رنگهـای قرمـز، زرد و سـبز و نارنجی پوشـانده بـود و از دریـا فقـط جلـوی اسـکله را می شـد دید ،منظـره ی زیبایـی بود غیر قابـل توصیفـی بـود، نادر حس می کرد که بودا سـعی داشـت بـا نادر تمـاس گرفته و به او پیغامـی را بدهـد اما در سـکوت ،پیغامی که نادر نمی توانسـت از سـکوت بـودا دریافت کنـد ،بنابرایـن بـا بودا مشـغول گفتگو شـد، »بله، از مـن چه می خواهیـد؟ من فقط یک فروشـنده ماشـین هسـتم، چـه کاری می توانم برای شـما انجـام دهم؟ من شـما را نمی فهمـم...؟ مـی تونـی با من حـرف بزنـی و کمک کنی؟

سـپس، ناگهان، نادر خود را در اسـکله ی دیگری در شـهر «سـن دیاگو» دید. همه چیـز بـه همـان منـوال بـود و فقط محل عوض شـده بـود. نادر بـا تعجـب همینجور به بـودا نـگاه مـی کـرد و در قلبـش از او کمک می خواسـت. از او می خواسـت بـه او صلح و آرامـش بدهـد و دوبـاره همـان سـناریو اتفـاق افتاد. حالا دریک چشـم بهـم زدن نادر خـود را در یـک اسـکله ای دیگری می دیـد و بودا همچنان به او نـگاه می کرد و رنگین کمـان هـم باقـی بـود، نـادر نمی دانسـت این اسـکله در کجـا بود. امـا حالا او احسـاس آرامشـی مـی کـرد که برایـش لذت بخش بـود، برای همین هـم تصمیم گرفـت به بودا بـه پیونـدد و بـرای همیـن هم بـه طرف بودا رفـت اما با اولیـن قدمی که از روی اسـکله بـر روی هـوا گذاشـت کـه به طـرف بودا بـرود از خواب بیدار شـد.»

بعـد از دیـدن بـودا در خـواب بـه نظر می رسـید آرامشـی در وجود نـادر خانه کرده بـود. بعـد از مدتهـا مبارزه با این دو فرشـته و رد آنچه آنها می خواسـتند بـه او بیاموزند بـه هـر دلیلـی کـه بـرای نادر روشـن نبـود، تصمیـم گرفت کـه بهتر اسـت از مبـارزه و مخالفـت بـا آنها دسـت بکشـد. چرا که شـاید این سرنوشـت اوسـت و نمی توانـد با آن بجنگـد، خصوصـا اینکـه مهم نبود چقدر تلاش مـی کرد از بروز و اتفـاق افتادن آنچه در خـواب هـای خـود می دیـد جلوگیری کند، اما موفق نمی شـد و از دسـتش خـارج بود و همـان طـور کـه در خـواب دیـده بود بـدون هیـچ تغییری اتفـاق می افتادند، درسـت مثـل سـناریوی فیلمـی کـه از قبل نوشـته شـده بود بـازی و بـه نمایش در مـی آمدند. فقـط او زمـان اتفـاق افتـادن آنهـا را نمی دانسـت، گاهی بعـد از مدت کوتاهـی رخ می دادنـد گاهـی سـال هـای سـال طـول مـی کشـیدند. امـا دردناکتر برایـش این بـود که تمـام ایـن پیغـام هایـی که به او می رسـید کاملا بر خـلاف آنچه بود که به عنـوان و در زیـر اسـم مذهـب و خصوصا» در ایران به اسـم مذهب اسـلام به مردم فروختـه و به زور به آنها تحمیل می شـد و هیچ رابطه ای با اصل و اسـاس ذات مذهب اسـلام نداشـتند و فقـط بـه خاطر منافع شـخصی و برای کسـب قـدرت و مکنت بودند. این بیشـتر قلب و وجـود او را آزرده مـی کـرد. بـرای درک و هضـم ایـن پیغام ها نـادر آغاز به یـاد آوری درویشـی کـرد کـه با او چنـد ماهی در کوه پایـه های ایـران زندگی کرده بـود. و این به او کمـک مـی کـرد که از احسـاس ترحم بـه خودش و گلایه از سرنوشـتش خـود داری کنـد. بعـد از رسـیدن بـه این نتیجه دو فرشـته زیبا بیشـتر به دیـدن نادر مـی آمدند. و

در حالی که با او به پرواز در آمده و او را از محلی به محل دیگری می بردند همیشه هرکدام در دو طرف او پرواز می کردند و نادر همیشه می دانست که در حال خواب است، حتی می دانست کجا خوابیده بود.

*****

روزها می آمدند و می رفتند، نادر هرآنچه که در زندگیش اتفاق می افتاد را در خواب می دید. ادامه اخبار غم انگیز رسیده از ایران افسردگی نادر را تشدید می کرد، قلب او هنوز نمی توانست قبول کند که به نظر می رسید تمام دنیا ایران را فراموش کرده بودند و بیشتر مردم هم ندانسته هنوز به قدرتمندان حکومتی برای آینده ای بهتر امیدوار بودند، اما قدرتمندان حکومتی به تنها چیزی که فکر نمی کردند و اهمیت نمی دادند مردم بود و ایران. آنها فقط در سایه و زیر اسم اسلام به غارت و نابود کردن ایران و مردم ایران کمر بسته بودند. اما مادرش و فروغ که دیگه خودش خانمی شده بود هنوز ذهنش را گرفتار کرده بودند. اگر چه همواره با مادرش تلفنی صحبت می کرد اما مادرش مریض بود و هیچ کس چیزی به او نمی گفت. مادرش وقتی پای تلفن بود خنده هایش برقرار بود اما به محض گذاشتن گوشی گریه و زاریش شروع می شد. بعد از ظهر یک روز آفتابی بود که نادر با چند نفر در شهر» بورلی هیلز» نشسته و در مورد تهیه فیلم «بابا» که سناریویش را نوشته بود گفتگو می کرد. تهیه کننده مرد نازک اندام یهودی بود. اولین سئوالش از نادر این بود که اهل کجا است؟ جوابش ایران بود. نادر سئوال دومی را که از او پرسیده بود نشنید همینجور به گوشه اتاق خیره شد و دنبال تلفن می گشت، «تلفن؟ تلفنتون کجاست... من باید به مادرم تلفن کنم... داره خودش و می کشه...» حالا همه با تعجب و گیج و گنگ به نادر که به گوشه اتاق خیره شده بود نگاه می کردند، نمی دانستند که نادر داشت با آنها بازی می کرد و یا دیوانه بود؟ چیزی را که نادر می دید و بقیه آن را نمی دیدند این بود که او داشت مادرش را می دید که گوشه اتاق سر جانمازش نشسته و مقدار زیادی قرص در دست لرزانش داشت و می خواست آنها را خورده و خود را بکشد. درست مثل آن بود که در صحنه ای از فیلم در گوشه ی پرده آن قسمتی باز شده و خواب و یا ذهن هنرپیشه را داخل یک دایره و یا مستطیل نشان می دادند، نادر

همانطـور کـه چشـمش را از مادرش برنمیداشـت تلفن مـادرش را گرفت، با بلند شـدن صـدای زنـگ تلفـن مـادرش تـکان شـدیدی خـورد و قـرص هـای داخـل دسـتش که داشـتند بـه لبهایـش نزدیـک مـی شـدند از داخـل دسـتش بیـرون ریختنـد و همه در اطـراف پخـش و پـلا شـدند و مـادرش بـا پخـش و پـلا شـدن قـرص هـا از دسـتش از دیـد نـادر محـو شـد. چنـد لحظـه بعـد صـدای مـادرش از داخـل تلفن شـنیده شـد و طبـق معمـول خنـده مصنوعیش هـم برقرار بـود. «نـادر؟ مگه دوبـاره خـواب دیدی؟» «دیوانـه شـدی؟ داری چـه کار مـی کنـی؟ آیـا مـی خواهی آخـر عمری بـری جهنم؟»

حاجیـه خانـم حـرف نـادر را قطـع کـرد و خنـده اش هـم کمـی آرامتـر مـی نمود. «قسـم مـی خـورم کـه تو امـام شـدی نـادر... خدایـا منو ببخـش...؟»

در همیـن زمـان نـادر صدای پسـرعموی خود کـه او را داش محمود صـدا می زدند و شـوهر خواهـر بزرگـش هـم بود را شـنید کـه به دیـدن حاجیه خانـم آمده بـود، نادر خواسـت بـا او صحبـت کنـد و بعـد از اینکـه داش محمـود تلفـن را گرفـت نـادر قضیه قصـد خـود کشـی مـادرش را بـه او گفـت و تلفـن را قطـع کـرد. حـواس نادر بـه طرف بقیـه برگشـت و دیـد همـه در تعجب به او خیره شـده بودنـد و بالاخره صـدای پیر مرد دوبـاره بلنـد شـد کـه گفت. «بهتـره ما این گفتگـو را به بعـد موکول کنیم تـو باید بری بـه مادرت برسـی او مهمتر از سـاختن فیلم اسـت...»

نـادر آنهـا را تـرک کـرد و روز بعـد شـخصی کـه مدیـر برنامـه های نـادر بـود به او تلفـن زد و گفـت آنچـه آنهـا از نـادر دیـده بودنـد آنهـا را بـه وحشـت انداختـه و نمـی خواهنـد با او کاری داشـته باشـند و تهیه فیلمش توسـط این گروه کـه در ابتدا خواهان تهیـه فیلمـش بودنـد و بارهـا از او خواسـته بودند کـه به دیدن آنهـا برود لغو شـد. نادر بعـد از دیـدن مـادرش که قصد خودکشـی داشـت می دانسـت کـه باید بـرای دیدن او سـفری بـه ایران داشـته باشـد. حتـی اگر جانش را در این سـفر از دسـت مـی داد. نادر در سـکوت و تنهایی نشسـته و بدون اینکه بداند به سرنوشـت نامعمولش می گریسـت.
نـادر دو راه داشـت در آمریـکا باقـی بمانـد و بانگرانـی و اضطـراب و غـم و قصه مـادرش روزگار بگذرانـد و بـه آنچـه در ایـران و خصوصـا مـادر و فامیلـش مثـل بـرادرش مـی گذشـت پشـت کنـد و اهمیتـی ندهـد و بـه زندگـی عـادی و خـوش گذرانـی خـود در آمریـکا ادامـه بدهـد کـه البتـه ایـن بـرای او غیـر ممکـن بـود. در آن صـورت مـی دانسـت بالاخـره فشـارهای این

نگرانی و اضطراب او را افسرده حال و مریض کرده و از پا در می آورد. نادر کسی نبود که فقط به خودش فکر کند بنابراین تنها راهی که برای او باقی می ماند این بود پی همه مشکلات و خطر مرگ که ممکن بود برای او پیش بیاید را به تنش مالیده و به به ایران سفر کند و حداقل مادرش را یک بار دیگر و قبل از مرگش ببیند.

بالاخره بعد از چندین ماه فکر و سبک سنگین کردن تصمیم خود را گرفت که باید سفری به ایران داشته باشد و برایش هم مهم نبود که دستگیر و کشته می شد .فقط باید یک بار دیگر مادرش را می دید و او را در آغوش می گرفت و چه بهتر که با او راهی سفر می شد چرا که می دانست مادرش هر آن عازم سفر مرگ بود. خصوصا فروغ را که دلش برای او یک ذره شده بود. البته با چندین دوستی که در ایران داشت گفتگو کرده بود و آنها به او اطمینان داده بودند که بعد از تحقیقات اسم او را در لیست سیاه فرودگاه ها ندیده بودند و این موضوع به تصمیم گیری نادر بسیار کمک کرد .طولی نکشید که نادر بر فراز خاکی که دیوانه وار عاشقش بود در پرواز بود و شاید یاد آوری خاطرات شیرین گذشته و هیجان دیدن مادرش و خواهرش و فروغ به او کمک می کردند که به اضطراب و نگرانی دستگیر شدن و اعدام کمتر فکر کند. هفده سالی می شد که از ایران دور بود .اما هیچ چیز نتوانسته بود به او کمک کند که نگران خطری که با ورود به ایران تهدیدش می کرد را از خاطرش ببرد. اما با نشستن هواپیما در فرودگاه و استنشاق هوا و بوی خاک و زیبایی وطن و یاد آوری خاطرات شیرینی که او پشت سر گذاشته بود چنان جادو شده بود که دیگر به هیچ خطری فکر نمی کرد و از تصمیم برگشتن به وطنش پشیمان نبود. دیدن وطن هنوز هم عشق و نیرویی غیر قابل تصور و توضیح بود که در روح و جسمش حس می کرد .هنوز هم می توانست در وطنش گم شود، همان طور که مرادش مولانا گم شد.

طولی نکشید که در صف عبور از گمرگ بود، نگرانی از دستگیر شدن و مرگ و آنچه ممکن است برای او رخ دهد و مانع دیدن مادرش شود وجودش را احاطه کردند اما این بو و هوا و زیبایی وطن بود که به او کمک کرد که نگرانی و اضطراب از مرگ را در طول عبور از گمرگ کنترل کند. می دید که از آخرین باری که در ایران بود تغییرات زیادی در ایران رخ داده بود. حتی رفتار و کردار شکل و شمایل

افـرادی کـه اکنـون امور گمرکـی را اداره میکردند با گذشـته بسـیار متفاوت بـود. دیگر از آن لبـاس هـای منظـم و کـراوات و کـت و شـلوار و نظم و نظام و تمیـزی و مهربانی و لبخنـد خبـری نبـود و همـه و همه مرده بـود، مردان همه ریش داشـتند، همـه رفتاری آمرانـه و ادعـا و حس امیری و برتری بر مسـافران را داشـتند. او می توانسـت این تفاوت را در نـگاه و برخـورد اول ببینـد. نـادر چنـان در فکـر و خیـال گـم شـده بـود کـه چند لحظـه فرامـوش کـرد کـه جلوی مامور گمرک ایسـتاده اسـت و حتـی صـدای او را که از او مـی پرسـید. «کـی و چطـور از ایـران خارج شـدید؟ چرا پاسـپورتت فقـط مهر داخل شـدن دارد امـا مهـر خـروج نـداره؟ چرا هیـچ اطلاعاتـی در مـورد شـما در کامپیوتر ما وجود نـدارد؟»

سـئوالاتی از چـپ و راسـت بـه طرف نادر شـلیک می شـد و نادر هیـچ جوابی برای آنهـا نداشـت فقـط از خدا در خواسـت کمک مـی کرد که سـالم از گمرگ خارج شـود. بـه ایـن فکـر می کـرد که دوسـتانش بایـد تمـام اطلاعـات در مـورد او را از کامپیوترها پـاک کـرده باشـند. نمی دانسـت ایـن به او کمک مـی کرد و یا او بیشـتر دچار دردسـر شـده بـود. مامـور گمرک نادر را به اتاقـی راهنمایی کرد که تحقیقات بیشـتری در مورد او شـود. یک سـاعتی می شـد که نادر در اتاق انتظار بود و هیچ کس به سـراغش نمی آمد، یک سـاعتی که بسـیار سـخت و نگـران کننده بود. پیـر مردی در بیـرون اتاق قدم مـی زد و همـه چیـز را زیـر نظـر داشـت، یکـی دوبـار هم نگاهـش به نـادر افتـاد، البته او هـم بـا دیگـران تفاوتی نمی کرد، تسـبیحی در دسـت داشـت و ریشـی هم گذاشـته بـود و از کـراوات وکـت و شـلوار هـم خبـری نبـود. نادر می دانسـت که کنتـرل گمرگ را بـه عهـده داشـت، بالاخـره تصمیـم گرفـت از او تقاضـای کمـک کنـد، به طـرف او از اطـاق خـارج شـد. «حـاج آقـا مـن دیگر نمـی توانم بیشـتر صبر کنـم، یک سـاعته من را اینجـا نـگاه داشـتند و هیـچ کس نمـی گه چرا؟ تـرا به خدا، مـادر من بسـیار بیماره، در حـال مرگـه، مـن برای دیـدن مادرم آمـدم، باید او را قبـل از مردن ببینم... اگر شـما هیـچ اطلاعاتـی در مـورد مـن در رایانـه ی خود ندارید، خـوب به من چه ربطـی داره...؟ خـوب معلومـه هیـچ خبـری از مـن نیسـت، بـه خاطـر اینکـه من هیـچ کاری بـه هیچ کـس و هیـچ چیـزی نـدارم و زندگـی خـودم را می کنـم... پس چـرا باید مـرا در اینجا نگـه داریـد؟ لطفـا». هفده سـاله مـادرم رانديـدم، بگذارید من مـادرم را ببینـم و فردا به

هرکجـا کـه شـما بگویـد می آیم... مـن که نمی توانـم از مملکـت در بـرم... در ثانی من کـه مـی دونـم هیـچ کاره هسـتم... خواهش می کنم مـادرم مریضه و بایـد ببینمش...»

پیـر مـرد بـه نـادر کـه حالا بـا یـاد آوری مـادرش بغضش گرفته و اشـک گوشـه ی چشـمانش ظاهـر شـده بـود، چندی خیره شـد، نادر می دانسـت کـه نظـر او را به خود جلـب کـرده بـود، پیـر مـرد وارد اتـاق شـد و پاسـپورت و ورقـه های مربـوط بـه او را از روی میـز برداشـت و بـه طـرف مأمـور رفـت، نـادر او را دنبـال کـرد. «چـرا ایـن بیچاره را بیخـودی اینجـا نگـه داشـتید، مـادرش مریضـه و آمـده دیـدن مـادرش...؟» یکی از مامـوران گفـت. «هیـچ اطلاعاتـی از او در رایانه نیسـت...»

پیـر مردحـرف او را قطـع کـرد. «خوب اگر نیسـت که نیسـت... به ایـن بدبخت چه ربطـی داره که ما کارمون درسـت نیسـت...؟ »

بـا کمـک پیـر مـرد گذرنامـه ی نـادر مهـر شـد و نـادر از گمرک خـارج شـد. آرام و خرسـند در اتومبیـل درخیابـان هـای تهران بـه طرف مـادرش در حرکت بـود. از پنجره بـه خیابـان هـای میهنـش بـه هموطنانش ماتـش برده بـود، احسـاس می کـرد در یک مملکـت غریبـی وارد شـده بـود، هیچ چیز و هیچ کس شـبیه و شـکل قدیم کـه او با آن آشـنایی داشـت و بـا آن بـزرگ شـده بـود نبـود، از دخترهای زیبـا با لباس هـای رنگ و وارنـگ و لبخندهایشـان و جـوان هـای شـیک پوش و موهـای تزیین شـده هیچ خبری نبـود، ریـش و پیراهـن بـی یقـه و چـادر و چارقـد سـیاه و غم و انـدوه جای همـه آنها را گرفتـه بـود. سـرانجام او با چند نفر از فامیل وارد کوچه ی بن بسـتی کـه خانه های مادر و خواهر و برادرانش در آن بودند شـد و با توقف اتومبیل سـیل فامیل و دوسـتان از خانه هـا بیـرون زدنـد، نـادر در میـان جمـع دوسـتان و فامیل و بغـل و بوس و چاق سـلامتی و خـوش آمـد گـوی آنهـا گم شـد امـا به تنهـا چیزی کـه او فکر مـی کرد دیـدن و بغل کـردن مـادرش بـود و فـروغ. نـادر از میان جمعیـت راه خـود را باز کرد و در جسـتجوی مـادرش وارد راه پلـه هـای کـه بـه در و داخل سـاختمان می خـورد شـد ،در روی پله ها دسـتان لـرزان پیـرزن خمیـده ای او را لمس و متوقف کرد، نادر خم شـد و او را بغل کرد امـا چشـمانش هنـوز به دنبـال مادرش می گشـت، صدای بـرادرش نـادر را بخـود آورد. "حاجیـه خانمـه؟» با شـنیدن صـدای برادرش که بـه او گفته بود مـادرش را در بغل دارد بـه یکبـاره تـوان را از زانوهای نـادر ربودند و زانوهای نـادر زمین را بوسـه دادند و مادرش

را در آغوش فشـرد، از اشـک های سـرد پیر زن صورتش یخ زد، بغض گلوی هر دو مادر و پسـر را گرفتـه و کمـی نمانـده بـود آن دو را خفه کند، همـه چیز برای نـادر و مادرش سـاکت و بـی جـان شـدند، زمیـن و زمان بـرای آنها مـرده بودنـد. صدای مـادر در گوش هـای نـادر، آهنگی مهربانانه سـر داد. «نـادر جون بالاخـره آمدی؟»

دسـت هـای نـازک و لـرزان مـادر در موهـای نـادر در حرکـت شـدند و هـم چـون دوران کودکـی بـه نـوازش او مشـغول شـدند. و بـا این نـوازش تمام خاطرات گذشـته و احساسـی کـه نـادر هیـچ وقـت آن را از یـاد نبرد در او زنده شـدند. دسـت های مـادر از داخـل موهـای نادر به صورتش سـفر و آن را لمس و امتحان کرد تا مطمئن شـود پسـر خـودش نـادر اسـت. با اینکه هیچ احساسـی نمـی توانسـت جایگزین چنین احساسـی شـودکه نـادر در آغـوش مـادرش در آن لحظـه حس می کـرد اما در عین حـال از خود متنفـر بـود، از اینکـه سـال هـای سـال بـه دیدن مـادرش نیامـده بـود. اگر بـرادرش به کمکـش نمـی آمـد کـه او را از زمین بلند کنـد، نادر تـوان بلند شـدن روی پاهای خود را در خـود نمـی دیـد و البتـه بعـد نوبت در آغـوش گرفتن فـروغ بود که مـی دید حال بـرای خـودش بانـوی بزرگی شـده بـود، اما هنـوز خجالتی. یـک هفته ای طول کشـید تـا نـادر بـه خـودش آمد و خـود را با محیـط و آدم هـای جدید تطبیـق داد و هماهنگ کـرد. نزدیـک دو هفتـه خانـه را ترک نکـرد و همـواره در کنار مادرش بـود و با او گفتگو کـرده و او را تماشـا مـی کـرد. مـادر چنـان از دیدن او شـاداب شـده بود که دوبـاره بعد از سـال هـای سـال مشـغول آشـپزی برای پسـر محبوبش شـده بـود. کمـرش دیگر به آن خمیدگـی روزهـای اولـی کـه نـادر تـاز ه وارد شـده بـود، نبـود. مادر یـک تخت در چنـد متـری تخـت خودش در اتاق نشـمین بـرای نادر زده بـود و نادر هر شـب در کنار مـادرش مـی خوابیـد و هر شـب چند بار دسـت هـای لرزان مـادر بود کـه در نیمه های شـب در تاریکـی شـب نگران در جسـتجوی صورت نادر بـود و آن را لمـس می کرد که مطمئـن شـود نـادر هنـوز آنجـا بـود و او را ترک نکـرده بود. اگـر چه برای مدتـی کوتاه همـه آنهـا در حضـور یکدیگـر احسـاس آرامـش مـی کردنـد اما خیلـی زود همـه چیز تغییـر کـرد. طولـی نکشـید که حقیقت تلخـی وجود نـادر را به آتش کشـید. نـادر می دیـد و حـس مـی کـرد که این دیـدار خاص با مـادرش و فـروغ بهتریـن و در عین حال بدتریـن بـود. جـدال بیـن فـروغ و حاجیـه خانم که بـا ورود نـادر چند روزی خاموشـی

گرفتـه بـود دوبـاره خودش را نشـان داد. چرا کـه درک و قبول اینکه فـروغ دیگر کودک خردسـال گذشـته نبود و برای خودش بانویی شـده بود و در دانشـگاه پزشـکی مشـغول تحصیـل بـود و راه و چـاه خـودش را مـی دانسـت برای حاجیه خانم بسـیار دشـوار بود و همـواره مـی خواسـت بـه او امـر و نهـی و نصیحت کند کـه چطور زندگی کنـد و این بـرای فـروغ قابل قبـول نبود.

* * * * *

فصل ۳۱

وقتی آنچه در گذشته عادی بنظر می آمد، دیگرعادی نمی نمود

صورت ها از ریختن اشک سرد و غم انگیز خیس شدند. خصوصا حاجیه خانم که می دید دوباره پسر محبوبش داشت او را ترک می کرد و شاید دیگه هرگز او را بعد از این نبیند. در طول راه برگشت به آمریکا و مدت ها بعد از رسیدن نادر همواره در فکر مادرش و خصوصا فروغ بود. می دانست که باید فروغ را به نوعی از ایران خارج کند. او همچنین می دانست که اگر چنین کند مادرش از تنهایی خواهد مرد. علیرغم بحث و اختلافات مداوم بین آن دو فروغ تنها سرگرمی و امیدی بود که حاجیه خانم داشت و به آن عادت کرده بود و اگر حتی یک ساعت فروغ دیر می کرد چشم او از در ورودی برداشته نمی شد و در حقیقت این جدال برای آن دو و خصوصا حاجیه خانم یک سرگرمی و عادت روزانه شده بود. تنها خوشحالی که داشت دیدن فروغ بود و اگر فروغ را از دست می داد به افسردگی مبتلا می شد و دلیلی برای ادامه زندگی نداشت و شاید می مرد. در آن صورت نادر تا حدی خود را مسئول می دانست. اما از طرف دیگر فروغ بیچاره دچار افسردگی شده بود و داشت از بین می رفت. بنابراین نادر هر کاری که می کرد به یکی از آنها صدمه می زد. گاهی فکر می کرد که شاید بهتر بود خودش در ایران بماند و عشق و خواسته اش که فیلم و نویسندگی بود را ادامه بدهد چرا که دریافته بود که وارد شدن به فیلم و نویسندگی در امریکا برای او بسیار سخت و شاید امکان نداشت به خصوص بعد از اشغال سفارت آمریکا در ایران و بعد در این جدال می شد که آیا او باید فقط به خودش فکر کند؟ و این خود خواهی نیست؟ و جوابش همیشه نه بود. می دانست که اگر چنین می کرد روحش هیچ وقت آرامش نداشت. از طرفی هم می دانست که شاید تغییرات فرهنگی و نفوذ قوانین اسلامی که از طرف ملاها با زور و قلدری

بـر مـردم ایران تحمیل می شـد با عقیده و مذاق او مطابقت نداشـت و چه بسـا سـاکت نمـی مانـد و جانش را از دسـت می داد. پس شـاید بهتر بـود در آمریکا بماند و موقعیتی ایجـاد کنـد و فـروغ و بقیـه خواهر و بـرادر زاده هـا را از ایران خارج کنـد. حتی اگر برای ایـن اقـدام مجبـور می شـد درد سـرهای زیادی را متحمل شـود. پس از گذراندن سـال هـای زیـادی از زندگـی خود در یک کشـور دیگر و خصوصا آمریکا، شـما به نوع دیگری از زندگـی و فرهنـگ عـادت می کنید که با ایـران تفاوت دارد. آنچه در گذشـته برای تو عـادی بـوده دیگـر اینگونه نیسـت؟ نـوع ادراک تو تغییر مـی کند و گاهی شـما بین دو فرهنـگ معلـق می شـوی. نادر می دانسـت کـه باید سـخت کار کنـد و موقعیتی ایجاد کنـد کـه هـم بـه خودش برسـد و خـودش را خوشـحال کنـد و هـم به دیگـران کمک کنـد. امـا ایـن راحـت نبود چرا کـه خبرهایی کـه از ایران می رسـید همـواره روحش را آزرده مـی کـرد و آرامـش را از او می گرفت. همیشـه با فروغ و مـادرش در تماس تلفنی بـود و سـعی داشـت فـروغ را آرام و امیـدوار کنـد و ایـن کار راحتـی نبـود. اگـر چـه دو فیلمنامـه را تمـام کـرده بود امـا ورود به هالیوود بـا خبرهای ضد آمریکایی کـه از ایران دائمـا» می رسـید و خوراک رسـانه هـای ارتباط جمعی آمریکا شـده بـود کار را برای او دشـوارتر و سـخت تـر مـی کـرد. اما از تـلاش ایسـتادن در مـرام او نبود. هر چه بیشـتر دسـت رد بـر سـینه او مـی زدنـد نـادر قویتر می شـد و بیشـتر تـلاش می کـرد. بعد از مدتی متوجه شـد که مادرش داشـت هوش و حواسـش را از دسـت می داد و این روی روحیـه فـروغ بسـیار اثـر گذاشـته بـود. دائما» پـای تلفن بـرای حاجیه خانـم گریه می کـرد، حـالا دیگـر بـرای مـادر بزرگش دلسـوزی می کـرد و نگـران این بـود کـه او را از دسـت بدهـد و دیگـر بـه تـرک ایـران و آمدن به آمریـکا فکر نمی کـرد و دوبـاره خواب بـه سـراغ نـادر آمد و باز می دانسـت که در آمریـکا خوابیده بود و در حـال خواب دیدن بـود. «در خـواب بلـور مـادر فـروغ را مـی دیـد کـه در اتـاق نشـیمن مـادرش در تهران مشـغول تمیـز کـردن خانـه بـود. بلـور گوشـه ی فرش بیسـت متـری را گرفـت و بلند کرد و با شـلنگ آبی که در دسـت داشـت مشـغول پاشـیدن آب به آن و شسـتن فرش شـد. نـادر شـگفت زده از اینکـه او از شـلنگ آب اسـتفاده مـی کـرد بـه سـمت او رفت و خطـاب بـه او صدایـش بلنـد شـد. «زن داداش داری چـه کار مـی کنـی؟ مگـر دیوانه شـدی؟ فـرش هـا را خـراب مـی کنـی؟ اگـر حاجیه خانـم ببینـه عصبانی می شـه؟»

نادر بلور را که همسر برادرش بود زن دادش صدا می کرد، بلور رو به نادر کرد و جواب داد. «دارم قبل آمدن حاجیه خانم خانه اش را تمیز می کنم...» «اما شما فرش ها را خراب می کنی؟»

بلور آرام و لبخند بر لب به نادر نگاه کرد و جواب داد. «اینکه آب نیست... به آن نگاه کن... بیا لمسش کن...»

بلور فرش را به طرف نادر گرفت و هنوز آب شلنگ به طرف فرش پاشیده می شد، نادر با تردید به فرش نزدیک و قصد گرفتن فرش را داشت، اما دستش از داخل فرش عبور کرد و به آن طرف فرش رفت و او دست خود را می دید و هیچ آبی را حس نمی کرد. فقط مجموعه ای از نور و زیبای بود. بلور با لبخند به نادر نگاه می کرد. نادر از خواب بیدار شد.» در طول خواب نادر نمی دانست بلور مرده بود. با دیدن این خواب نادر می دانست که بلور پیغام مردن مادرش را به او می داد. غمی گران وجودش را گرفت، نمی دانست چه باید می کرد. اولین کاری که کرد با خواهر و برادرش تلفنی در تماس شد. اما آنها به او گفتند که حاجیه خانم هیچ چیزیش نیست و حالش خوب است. نادر در این فکر بود که باید با آنها در مورد خوابش صحبت می کرد و خبر مردن مادرش را به آنها می داد و یا نه؟ اما حرفی در موردش به آنها نزد. اما خودش آرام و قرار نداشت که چه باید می کرد. آیا باید باز برای دیدن مادرش به ایران برمی گشت یا نه؟ درست در همین زمان در حال گفتگو برای تهیه فیلمی بود که امکان انجامش بسیار زیاد بود و هر روز درگیر ملاقات و گفتگو بود. بنابراین ترک لس آنجلس ممکن بود به معنای به خطر انداختن این فرصت باشد و او واقعاً نمی خواست این موقعیت را از دست بدهد. دو هفته بعد از آن خواب نادر خواب دیگری را دید. «در خواب می دید وقتی که او داخل کوچه بن بستی که خانهِ مادرش در آن قرار داشت شد برادرش بیژن را دید که در وسط کوچه و زیر پنجره خانه خواهرشان در حال قدم زدن و منتظر کسی بود. برادرش بیژن در اثر تصادف کشته شده بود و نادر مرگ او را قبل از اتفاق در خواب دیده بود، با دیدن او نادر به طرف بیژن و خانه مادرش که در انتهای کوچه بود رفته و به بیژن رسید. او را حاجی صدا می کرد. « حاجی، اینجا چه کار می کنی؟ چرا نمیری بالا؟»

بیـژن بـا لبخنـدی آرام به سـمت او چرخید. «منتظر حاجیه خانم هسـتم. می خوام او را به خانـه جدیدش ببرم...»

نـادر منظـور او را متوجـه نشـد و ادامه داد. «منظـورت چیه؟ در مـورد چی صحبت مـی کنـی؟ حاجی دیوانه شـدی؟ مگـه داداش مـی زاره اون با تو بیـاد...؟»

بیـژن لبخنـدی بـه او زد و نگاهـش بـه طـرف انتهـای کوچـه و درب خانـه حاجیه خانـم برگشـت کـه آخریـن خانـه در تـه کوچـه بود. نـادر مسـیر نـگاه بیـژن را دنبال کـرد، چشـمش افتـاد به حاجیه خانم که در یک کالسـکه پوشـیده از گلهـای رنگا رنگ نشسـته و کالسـکه آرام بـه طـرف آنهـا مـی آمد، کالسـکه از گلهـای مختلف سـاخته و تزئیـن شـده بود، فقط گل دیده می شـد و حاجیه خانم. هیچ اسـبی هـم آن را حرکت نمـی داد وکالسـکه خـودش بـدون اسـب یا اینکه کسـی آنرا حرکـت دهد بـه آرامی به طـرف او در حرکـت بـود، حاجیـه خانـم هـم زیبـا و سـالم و جـوان روی آن نشسـته و لبخنـد آرام و مهربانانـه ای کـه با آن آشـنایی داشـت و هیچ وقت آنـرا از خاطر نمی برد بـر چهـره داشـت و بـه طـرف نادر نـگاه می کـرد. نادر گیج شـده و بـه طـرف او رفت و بـا نزدیـک شـدن بـه او صدایش بلند شـد. «حاجیه خانـم داری چه کار مـی کنی؟ کجا داری میـری؟ مگـه تـو هم دیوانه شـدی؟ برگرد خانه... مگـه داداش مـی زاره تو بری...» نـادر دیگـه بـه مادرش رسـیده بـود و دید که دسـت مـادرش بـا همان لبخنـد مهربان همیشـگی مادرانـه و بـا آرامش تمـام به طرف او دراز شـد. «نادر جون بیـا منو بغل کن، مـن دارم بجایـی مـی رم کـه تـو دیگـه نمـی تونی بیـای مـن و ببینـی... بیا، بیـا من و بـرای آخریـن بار بغـل کن...»

نـادر بـه مـادرش نزدیـک شـد کـه جلوی او را گرفتـه و از روی کالسـکه او را پائین آورده و بـه خانـه اش بـاز گردانـد، «حاجیه خانم مگه دیوانه شـدی؟ مگـه داداش میزاره تو بـری... بیـا پائین...؟»

درسـت تـا دسـت نـادر مـی خواسـت دسـت مـادرش را لمس کنـد از خـواب بیدار شـد.» چنـد دقیقـه طول کشـید که خـود را بیابـد و در مـورد خوابی که دیـده بود فکر و آنـرا تجزیـه و تحلیـل کند. حـالا دیگه معنی بسـیاری از خواب هایش را می توانسـت بفهمـد و تعبیـر کنـد، خصوصـا آنهایی کـه در مـورد مرگ فامیـل و دوسـتانش بود که بـدون اسـتثناء قبـل از مرگشـان آنهـا را خواب می دیـد. بعد از چند دقیقه که مشـغول

مکالمـه تلفنـی بـا ایـران بود، فروغ پشـت خـط تلفن گریه سـر داده و از وضـع بدش در آنجـا گریـه مـی کـرد، اما بیشـترین ناراحتیـش مـادر بزرگش بـود. فروغ تحمـل دیدن بیمـاری و حالتـی را کـه مادربزرگـش بـرای مدت زیـادی بـا آن در گیر بود را نداشـت. فـروغ مـی خواسـت حاجیـه خانم به بیمارسـتان منتقل شـود، اما گویی پزشـکان گفته بودنـد دیگـر امیـدی بـه بهبود او نیسـت و کاری برای او نمـی توانند بکننـد و او خواهد مـرد. بـه خاطـر گریـه و بغض فـروغ نادر به سـختی می توانسـت حـرف او را بفهمد هر چـه هـم سـعی در آرام کـردن او مـی کرد هیـچ فایده ای نداشـت. بالاخره بـا صحبت با خواهـرش فهمیـده بـود که مـادرش در کما بسـر می بـرد و آخرین کلامی کـه مادرش قبـل از بـه کمـا رفتـن بـر زبـان آورده بود ایـن بود که «کاشـکی یک بـار دیگه نـادر را مـی دیـدم و بغـل مـی کردم... من می دونسـتم کـه وقتی می مـی میرم پسـرم را نمی بینـم... بهـم گفتـه بودند...» باشـنیدن این موضـوع نادردریافت که باید هرچـه زودتر به ایـران برگـردد و مـادرش را قبـل از رفتن در آغـوش بگیرد و این آخریـن آرزوی مادرش را بـه جـا بیـاورد، حتـی اگـر او در کمـا هـم بـود می توانسـت بودن نـادر در کنـارش را حـس کنـد. صبح دوشـنبه بـود، اولین پروازی که می توانسـت نـادر را به ایران برسـاند در روز جمعـه بـود. در آن زمـان چنـدان اختیـاری نداشـتی کـه هر وقت می خواسـتی پـروازی پیـدا و بـه ایـران سـفر کنی. البته نـادر باید با یکـی از خواهرانش اقـدس که در آن زمـان بـرای دیـدن بچـه هایش به آمریکا سـفر کرده بـود هم هماهنگ مـی کرد. او هـم قـرار بـود همـراه نادر بـه ایران برگـردد. زمان بـرای نادر بسـیار کنـد و دردناک می گذشـت. صبر کردن تا رسـیدن جمعه کار آسـانی نبود، پنج شـنبه شـب بود نادر در آن زمـان وضـع مالیـش بسـیار خوب شـده و در خانـه بـزرگ دو طبقه با هفت اتـاق خواب و دو آشـپزخانه بـه تنهایـی زندگـی می کرد برای همین هم همیشـه چند نفـر در خانه اش بعنـوان مهمـان دور و ورش جمـع بودنـد. بر حسـب اتفـاق دو جـوان آمریکایی بنام «کنی» و «کیل سـیلور» که قرار بود به او برای تهیه فیلمش «در جسـتجوی بهشـت» کـه اقتبـاس از آخریـن رومانش بـود کمک کنند. آنهـا از تگزاس به خانـه او آمده بودند. آن دو بـه خاطـر اینکـه نادر چند هفته ای قرار بود به ایران سـفر کند چندتا از دوسـتان و خواهرشـان را بـه آنجـا دعـوت کـرده بودند کـه در غیاب نـادر با آنها باشـند، به خاطر همیـن هـم خانـه تقریبـا شـلوغ بـود. اما نـادر به سـکوت نیـاز داشـت. بنابراین نـادر به

اتـاق خوابـش که تنها خودش اجازه داشـت در آن باشـد رفت و روی تخت دراز کشـید. ایـن اتـاق در کنـار اطاق مدیتیشـن قرار داشـت. «طولی نکشـید که در فکـر و خیال در خـواب شـد و بـا در خـواب شـدن دوبـاره در خـواب مـی دیـد کـه او مشـغول کمک به مـادرش و دیگـران در آشـپزخانه خانـه مـادرش در تهـران بـود. خانه هم بسـیار شـلوغ بـود و همـه در حـال حرکـت بودنـد، ناگهان احسـاس سوزشـی از گرما در تمـام بدنش شـروع شـد و داغتـر و داغتـر مـی شـد. «مـن دارم داغ می شـم. داغ مـی شـم! داغ! ...» در حالـی کـه نـادر فریـاد می زد از تمـام بدنش چیزی شـروع به رویدن به بیـرون کرد، درسـت مثـل چمنـی کـه از زمین می روئیـد اما رنگش قهوه ای سـوخته بـود و همه به یـک انـدازه مـی روییدند و بدنـش هم داغتر تر و داغتر می شـد. در همین احوال ناگهان بلـور مـادر فـروغ کـه مدت ها بود که مرده بـود و نادر او را در خواب دیده بود که داشـت جـای رفتـن حاجیـه خانـم را تمیز می کـرد جلویش ظاهر شـد و با دو دسـت دو طرف بازوهایی نادر را گرفت و او را نگه داشـت و سـعی در آرام کردن او داشـت. «زن عمو... زن عمو نگران نباش داری بالاخره آزاد و راحت می شی... نگران نباش داری آزاد می شی...» اگـر چـه بلـور نادر را نگه داشـته بـود امـا او را زن عمو صدا می کرد. زن عمو اسـمی بود کـه بلـور، حاجیـه خانـم را صـدا می کرد. حـالا تمام بدن نـادر با چیزی شـبیه به چمن قهـوه ای کـه بخار از آن بلند می شـد پوشـانده شـده بـود. فریاد نادر هنـوز هم بلند بود کـه از داغ بـودن شـکایت می کرد. نادر دید که بسـیاری از موجودات عجوزه و اسـکلتی شـکل بـا بـدن هـا وصورت های زشـت در اطرافـش به حرکـت درآمده و می خواسـتند وارد بـدن او شـوند، بلـور در حالـی که هنوز نادر را محکم نگه داشـته بود نگـران از این موجـودات بـود و سـعی داشـت نـادر را از آنهـا دور نگـه دارد و هی تکرار می کـرد. «زن عمـو بالاخره داری آزاد می شـی...»

نادر متوجه شـد که برادر دیگرش از راه رسـید و چوب دسـتی برداشـت و به جان ایـن موجـودات زشـت افتـاد و بـه آنهـا حمله ور شـد و آنهـا را از نـادر دور مـی کرد که وارد جسـم نـادر نشـوند. حـالا تمام بـدن نادر از نوک سـر تا نوک پا همـه و همه در این بخـار چمـن شـکل قهـوه ای تیـره پوشـیده شـد و هنـوز داغ و داغ تر می شـد و نادری دیگـه دیـده نمـی شـد. اما جالـب این بود که نـادر در خواب سـعی می کـرد به خودش بگویـد و یـادآوری کنـد که او داشـت خواب می دیـد و در لس آنجلس و شـهر «تارزانا»

در خانـه اش خوابیـده اسـت. نـادر در یـک لحظـه احسـاس کرد کـه روحش داشـت از جسـمش جـدا و خـارج مـی شـد اما نـادر نمی خواسـت چنین شـود. می دانسـت قبل از اینکـه روحـش از بدنـش جـدا شـود باید خـود را از خواب بیـدار کند. شـروع به تکان دادن خـود کـرد امـا فایده ای نداشـت و بیدار نمی شـد انگار یک نیرویی از بیدار شـدن او ممانعـت مـی کـرد. یکبـاره در ایـن فکر شـد که خـود را از روی تخت بـه پائین تخت پـرت کنـد تـا از خواب بیدار شـود. بـا هر زحمتی بود ایـن کار را کرد. با افتـادن از تخت روی کـف سـنگی اتـاق از خواب بیدار شـد. چنـد لحظه گیج و گنگ همان جا نشسـت و بـه در اطـاق خیره شـد. بالاخره از جایش بلند شـد و گیج و گنـگ از اتاق بیرون رفت. در مسـیر بیـن اتـاق خـواب تا دفترش از آشـپزخانه و اتاق نشـیمن گذشـت و وارد دفتر کارش شـد. کنـی و خواهـرش و یکـی دو نفر دیگر مشـغول اسـتفاده از اینترنـت بودند. «مـن تلفـن و احتیـاج دارم... بایـد به ایـران زنگ بزنم، مـادرم مرد...»

بـا دیدن و شـنیدن صـدای نادر دخترهـا و بقیه و به دنبالشـان "کنی" وحشـت زده و در حالـی کـه بـا تعجب بـه او خیره شـده بودند اتاق را فـورا ترک کردنـد. در آن زمان تنهـا راهـی کـه مـی توانسـتی از اینترنت اسـتفاده کنـی از طریق خـط تلفن بـود. نادر فـوری خانـه ی مـادرش را گرفـت، سـپس صـدای گریه ی فـروغ را از پشـت خط تلفن شـنید، نـادر می دانسـت کـه او داشـت برای مـرگ مادر بزرگـش می گریسـت. به نظر مـی رسـید فـروغ کنـار تلفن نشسـته و منتظـر تلفن نـادر بود. نـادر صدای بقیـه را که در حـال جمـع و جـور کردن جسـد مـادرش بودند و صـدای گریه و شـیون یکی دو نفر دیگـر را هـم مـی شـنید. تلفـن را قطع کـرد و از دفترش خارج شـد. هیچ کـس را نمی دیـد، انـگار همـه غیبشـان زده بـود، دوباره به اتـاق خوابش برگشـت و روی تخـت دراز کشـید، اشـک از چشـم هایش جاری و چهـره اش را پوشـاند. اما هیچ صدایـی از گلوی او بیـرون نمـی آمـد. نـادر به یاد خوابش افتاد، می دانسـت که درسـت در همـان زمانی کـه روح مـادرش در حـال جدا شـدن و تـرک بدنش و پرواز بـود روح نادر هم داشـت از بدنـش جـدا می شـد و بـا او می رفت و اگـر نادر خـودش را از خواب بیدار نکـرده بود با مـادرش رفتـه بـود و آن موجـودات عجیب وغریب و زشـت روح های آواره و سـرگردانی بودنـد کـه همـواره برای نجـات از آواره گی وقتـی روحی از بدنی جدا می شـد در تلاش مـی شـدند که وارد آن جسـم آزاد شـده و خـود را از آواره گی نجات دهنـد، اما موفق به

تسخیر جسم نادر و یا حاجیه خانم نشده بودند. در همین احوال چند ضربه کوتاه به درب اتاقش خورد و بعد کنی در را باز و وارد شد. بسیار با احتیاط رفتار می کرد و نگران نادر بود و می خواست بداند که آیا حال نادر خوب است یا نه؟ نادر پاسخ داد." بله" نادر پرسید. "بقیه کجا هستند؟"

کنی لبخند زد و توضیح داد. "بعد ازاینکه تو دیشب از اطاق خواب بیرون زدی حالت دیوانه ها را داشتی، تمام موهای سرت مثل میخ راست و براق شده بودند، مثل نوک چنگال، حتی موهای روی سینه ات هم همینطور بود... برای همین هم همه وحشت کردند و همان دیشب فرار کردند و رفتند هتل. حتی من هم ترسیدم اما باقی ماندم چرا که نگرانت بودم..." نادر خوابی را که دیده بود برای کنی تعریف کرد. آنها چند روز دیگر ماندند وِ بعد نادر را ترک کردند. البته همه در ایران مخالف سفر نادر به ایران بودند، عقیده داشتند که مادرش دیگه از دست رفته بود و سفر او به ایران بی فایده بود. بالاخره نادر متقاعد شد که به ایران نرود. بعد از مرگ مادرش نادر مدت ها حالت عادی نداشت، مدتی تنهایی اختیار کرد و رابطه اش با همه و دنیای خارج را قطع کرد. او در سکوت درگذشت مادرش را عزاداری کرد. گریه کرد شعر خواند و آواز زمزمه کرد، شعر نوشت. او حتی سعی کرد با مادرش ارتباط برقرار کند تا از او خدا حافظی کند. نادر نمی توانست رفتن مادرش را تحمل کند. نمی توانست قبول کند وقتی که مادرش داشت با این دنیای مادی خدا حافظی می کرد در کنارش نبوده و او را چشم انتظار گذاشته بود. یکی دو هفته گذشت. او تقریباً دو تا سه ساعت شبانه روز در حال صحبت تلفنی با فروغ بود که در اثر مرگ مادر بزرگش نیز به شدت ضربه خورده بود. اطمینان حاصل کرد که همه چیز برای فروغ به خوبی و با آرامش پیش می رفت. این سخت ترین زمانی بود که نادر تاکنون تجربه کرده بود. به تازگی رابطه اش با بانویی که هردو فکر می کردند هم دیگر را دوست داشتند تمام شده بود. دوباره تهیه فیلمی که مشغول آن بود بهم خورد و هزینه ی هنگفتی را تحمل کرده بود و مرگ مادرش همه و همه دست بهم داده و داشتند نادر را در هم می شکستند اما نادر کسی نبود که تسلیم شود و برای مبارزه و ایستادگی مقابل این سختی ها که همه در یک زمان به او حمله ور شده بودند در تلاش بود. در این تلاش بیاد مادرش افتادِ و از ته قلب از مادرش کمک

مـی خواسـت، خـودش هم نمی دانسـت چـرا؟ او مرده بـود پس چگونه می توانسـت به پسـرش کمـک کنـد. در همین حال بـود که مـادرش طبق معمول همیشـگی که برای کمـک بـه او حاضـر بود در خـواب بر او ظاهر شـد. 'نادر در خانه قدیمی خـود در دروس بـود، قبـل از اینکه آن را بسـازند، همه فامیل جمع بودند، دوسـتش حسـن از یکی دوتا دیگـر از دوسـتان مشترکشـان مـی خواسـت کـه به طرف نـادر رفتـه و با او باشـند تا او را از تنهـای در بیاورنـد در همیـن موقـع در باز شـد و مادرش در آسـتانه در ظاهر شـد. او جـوان بـود، در دهه سـی سـالگیش، پیراهـن و چادر سـفید گلداری را کـه در جوانی در مزرعـه از آن اسـتفاده مـی کـرد بـر تـن و سـر داشـت، نـادر آن را شـناخت، به نظر مـی رسـید کـه او از یـک باغ زیبـا و پر از گل وارد شـد و بسـیاری از خواهر و بـرادرزاده هایـش دنبـال او بودنـد. بـا دیـدن مـادرش نادر شـروع بـه گریه کـرد و از او پرسـید که چـرا بـدون خـدا حافظـی او را ترک کرده است. دسـت های مـادر به طرف نـادر آمد و او را در آغـوش گرفـت. روی تختی نشسـت و انگشـتان مادر در موهای سـر نادر حرکت کـرد و بـه نوازش آن پرداخت درسـت مثل وقتـی که نادرکودک بود. بهترین احساسـی کـه نـادر از زمان کودکیش از مادرش بیاد داشـت و احسـاس امنیت مـی کرد وقتی بود کـه دسـت های مـادرش داخل موهای سـر نادر و پشـتش حرکت می کـرد و به نوازش آن مشـغول مـی شـد، انـگار توسـط نیرویی بسـیار قـوی تـر از اراده ی بشـری، نیرویی نامریـی درسـت مثـل نیـروی خدایـان او را از خـود بـی خود می کـرد. نادر هنـوز گریه مـی کـرد، مـادرش در تمـام این مدت سـاکت بـود و لب باز نکرد. حسـن با دیـدن مادر نـادر وحشـت کـرد و از اطـاق بـه طرف بیرون فـرار کـرد و دوباره نـادر از خـواب بیدار شـد.' طبـق معمـول تلفـن ایـران را گرفـت. با فـروغ صحبت کرد، فـروغ بـه او گفت که عـده ای در اشـپزخانه مشـغول تهیه حلوا و شـیرینی جات هسـتند که بر مـزار مادرش ببرنـد. نـادر بیـاد شـبی افتـاد که اگـر خـودش را از خـواب بیدار نکـرده بـود روحش با روح مـادرش مـی رفـت. احسـاس می کـرد که روح آنهـا به نوعی به هم وصل هسـتند و شـاید یـک روح در دو بـدن جداگانه باشـند. فروغ نادر را از فکر و خیـال بیرون آورد او همچنـان در افسـردگی عمیـق بود. نادر می دانسـت کـه آنجا هیچ کس آنچـه را که در ذهـن و وجـود فـروغ مـی گذشـت را درک نمی کرد. به نظر می رسـید همه هـر روز با یـک حادثـه ناگـوار روبـرو و درگیر می شـدند، انقلابی که قـرار بود سـلامت و آرامش را

بـرای همـه در زیر پرچم اسـلام بـه ارمغان بیاورد حـالا فاجعه و غم و غصه و افسـردگی را بـر آنهـا تحمیـل مـی کـرد. دیگـه هیچ کـس به دیگـری اعتمـاد نمی کرد. همسـایه همسـایه را دشـمن مـی دانسـت. مـردم آنچنان سـرگرم این مشـکلات شـده بودند که دوسـت و آشـنا و همسـایه خـود را فرامـوش کـرده بـود. اگر چـه اکثـرا" از حمایت این انقـلاب پشـیمان شـده بودنـد امـا برای پشـیمانی بسـیار دیر شـده بود. حالا سـرگرمی مـردم ایـن شـده بـود کـه هر روز خبر کشـته شـدن و اعـدام و زندانی شـدن و تصاحب امـوال دوسـت وآشـنایان را بشـنوند و غصـه دارشـوند و به خـود بد و بـی راه بگویند که چـرا از این انقلاب حمایـت کردند.

کشـته شـدن پـدرش، مـرگ بـرادر و مـادرش و حسـین باعـث شـد که نـادر دیگر آرامـش گذشـته را نداشـته باشـد ،نـادر دیگر نادر گذاشـته نبود .خصوصا «که احسـاس مـی کـرد او در ایـن رنـج و عذابـی که برمردم تحمیل شـده بود شـریک و مسـئول بود، چـرا کـه فکـر مـی کـرد اگـر هیـچ اقدامـی بـرای جلوگیـری کـردن از روی کار آمـدن آنهـا انجـام نـداده پـس به نوعـی در به قدرت رسـیدن آنها سـهیم بـوده و دیـدن اینکه زیـر اسـم و پرچـم اسـلام بـه دختـر و زن هـای جوان تجـاوز مـی کردند برایش بسـیار دردنـاک بـود. همـه و همـه ی این ها دست بـه دسـت داده و روح و وجـود او را در هم مـی شکسـتند. نـادر بـه نامـه ای که تـازه از فـروغ دریافـت کرده بـود خیره شـده بود، بعـد از چنـد بـار خوانـدن در ایـن فکر بـود که اگـر فـروغ را از ایران خـارج نکند ممکن اسـت او را از دسـت بدهـد. فـروغ از بچـه هـای معترضـی کـه در کـوی دانشـگاه مـورد حملـه نیروهـای حزب الله و چماق داران اسـلامی قـرار گرفته بودند صحبـت کرده بود. از اینکـه چـه وحشـیانه آنهـا را از طبقه ی دوم و سـوم خوابگاهشـان با دستهای بسـته بـه پائیـن پـرت کردنـد و چه هولنـاک آنها را کشـتند، از دختر و پسـر هـای جوانی که داخـل ماشینشـان توسـط پاسـداران دسـتگیر شـده و بـه آنهـا تجـاوز شـده و بـه قتل رسـیده بودنـد نوشـته بـود. آنهـم فقـط بـه جرم اینکـه با هـم بودند. نوشـته بـود انگار خـدا مـا را فرامـوش کـرده؟ پرسـیده بود، من نمـی دانم شـما اگر این جا بـودی چگونه مـی توانسـتی در فعالیـت هـای روزانـه خود بدون تـرس از خانـه بیرون رفتـه و زندگی کنـی؟ آیـا از آدم ربایـی ایـن حکومـت ظالم و قتل هـای پنهانیش نمی ترسـیدی؟ اگر ایـن قوانیـن اسـلامی اسـت ما این اسـلام را نمـی خواهیم؟_ نادر می دانسـت که شـاید

دیگـر هیـچ خـواب خوشـی در زندگـی بخـود نبینـد. فکر مـی کرد که شـاید بـه ملت ایـران بـرای رهایـی از شـر این آفت ها نمی توانسـت کمکـی کند اما حداقـل باید کاری بـرای فـروغ مـی کـرد که از بین نـرود. حالا نادر یـک زندانی داخل ذهـن و روح و وجود و وجـدان خـود بود، دائم شـغلش را از دسـت مـی داد. میل به هیچ کاری نداشـت، قادر بـه متمرکزکـردن حواسـش نبـود. او یـک روح مـرده بود که فقـط تظاهر به زنـده بودن و زندگـی کـردن مـی کـرد. در این فکـر بود که شـاید باید به ایـران برگردد و مبـارزه را شـروع کنـد. شـب از نیمه گذشـته بود که زنـگ در خانه اش به صـدا در آمد، در تعجب بـود کـه چـه کسـی در این موقع شـب به دیدنـش آمده اسـت. چه کاری می توانسـت داشـته باشـد، پشـت در ایسـتاده و در فکر بود که چه باید می کرد، از سـوراخ کوچکی کـه روی در تعبیـه شـده بود سـعی کـرد بیـرون را ببیند، کسـی را پشـت در نمی دید. «نادر، فریبا هسـتم... خانـه‌ای؟...»

باورش نمی شـد صدای فریبا را از پشـت در شـنیده باشـد، خیال می کرد در خواب اسـت، حـدود پانزده سـالی می شـد کـه از فریبا هیچ خبری نداشـت، شـاید کسـی می خواسـت او را بـازی دهـد، شـاید حقـه ای بـود و دامـی برایش گسـترده بودنـد، اما مهم نبـود، چـه خطـری او را تهدیـد می کـرد، نادر باید مـی فهمید که آیا این خـود فریبا بود کـه بـه دیدنـش آمده بود یا نـه؟ در را باز کرد، نادر قامت و صـورت زن غمگینی را جلوی خـود دیـد. نـادر ابتـدا او را بجـا نیاورد، در شـک بود که آیـا این همان فریبایی اسـت که روزی از شـادابی و زیبایـی همچـون گوهـری در هر جمعی می درخشـید و معرف خاص و عـام بـود؟ اگـر خودش هم بود خیلی شکسـته شـده بود، فریبا وارد شـد و در را بسـت. طولـی نکشـید که مطمئن شـده بود که درسـت اسـت او فریبـای واقعیش بـود، اگر چه بسـیار شکسـته شـده و غمگیـن حـال به نظر می رسـید اما هنـوز در دل نـادر جایش را حفـظ کـرده بـود، خصوصا کـه فهمیده بـود او بالاخـره شـوهرش را ترک کـرده و مدت هاسـت کـه بـه تنهایـی در یـک اتاق اجـاره ای زندگـی می کند. بـه او گفته بـود بارها از دور نـادر را تماشـا کـرده بـود اما نمی خواسـته دوبـاره وارد زندگی او شـده و زندگی او را هـم مثـل خـودش خراب کنـد. نـادر او را در آغوش گرفتـه و محکم نگه داشـته بود، می ترسـید کـه شـاید او دوبـاره مثل گذشـته ناپدید شـود، نادر سـرانجام پرسشـی کرد که بعد از مطرحش پشـیمان شـد. "چی اینقدر باعث شکسـتگی تو شـده؟"

نـادر نمی دانسـت که چرا سـکوت را شکسـته بود، سـکوتی که آنهـا در تمام طول رابطـه شـان بـه آن عادت کـرده و بگونه ای در این سـکوت با هم رابطه برقـرار و گفتگو مـی کردنـد. بـه نظـر می رسـید که آنهـا یکدیگـر را از درون و در سـکوت بیشـتر درک مـی کردنـد. شـاید هـم مـی ترسـیدند که اگـر الفـاظ وارد رابطـه آنها شـود بـه دروغ و مغلطـه کاری متوصـل شـده و این عشـق پـاک را ناپاک کنند. اما سـکوت عشـق آنها را محافظـت مـی کـرد، چـرا که الفـاظ ناقل معانی نیسـتند، بلکـه این اعمال اسـت که در سـکوت اصـل مـاده را نشـان مـی دهد. نادر چنـد لحظـه ای بـرای آوردن کمی تنقلات و آب فریبـا را تـرک کـرد امـا دوبـاره آن دو در آغوش یکدیگر حل و یکی شـدند. هر دو بسـیار خوشـحال بودنـد امـا در عین حال نـادر نگران بود که شـاید او را دوباره از دسـت بدهـد. فکـر مـی کرد هـر وقـت او در اوج ناراحتی و افسـردگی بـود، فریبا بـه یکباره در زندگـیش پیـدا مـی شـد و شـادمانی را بـه روح و وجودش باز مـی گرداند و ایـن بار هم بـا دفعـات دیگـر تفاوتی نداشـت، فریبـا صورت نـادر را در دسـت های خـود گرفت، در چشـمان او نگاه کرد، چشمانشـان در هم قفل شـدند و بِالاخره فریبا لازم دید سـکوتش را بشـکند، آرام زمزمه کرد. «از مرگ مادرت متاسـفم... می دونم بسـیار سـخت اسـت، امـا مـن فهمیـدم کـه مـا نمی دونیـم که کی بـه این دنیـا می آیـم و کی قـراره ترکش کنیـم... زندگـی درسـت مثل این اسـت که تـو در تمام طول زندگیت در سـفر هسـتی و بالاخـره ایـن سـفر خاتمـه پیدا می کنـد... چه تلخ باشـد و چـه شـیرین... هیچ چیز دوام نـدارد، حتـی زندگی مـن و تو...»

نـادر در تعجـب بـود بـا اینکـه فریبـا سـال هـای سـال از او دور بـود، بـا ایـن حـال همیشـه همـه چیـز را در مورد زندگی نـادر اطلاع داشـت؟ این تنها مکالمـه ای بود که آنهـا در کل شـب داشـتند، اما بـرای جاری کردن اشـک های نادر همیـن مکالمه کوتاه کافـی بـود. فریبـا بـا دیدن اشـک هـای نـادر او را در آغوش گرفت و بوسـید تـا آرامش کنـد. در تمـام شـب در آغـوش هم خوابیده بودند، نادر بیشـتر شـب فریبا را تماشـا می کـرد. او در خـواب درسـت مثـل یـک فرشـته بـود. بالاخره نزدیکـی های صبـح بود که خـواب بـر او غلبـه کـرد. کمـی از صبـح گذشـته بـود که صـدای زنگ تلفـن نـادر را از خـواب بیـدار کـرد، مـی دید فریبـا او را در آغوش داشـت و همینجور که او شـب هنگام او را تماشـا مـی کـرد، فریبـا صبـح زود از خواب بیدار شـده و حـالا او بود که نـادر را در

آغوش داشت و به تماشای او نشسته بود و نمی خواست از جایش حرکت کند که مبادا نادر از خواب بیدار شود. تیغه ی خورشید از قسمت باز پرده دزدکی به داخل و روی آن دو تابیده بود. صدای دستگاه پاسخگوی تلفن سکوت لحظه را شکست، دوست نادر بود که از او می پرسید که چرا سر قرارش حاضر نشده بود؟ اما نادر نمی خواست آغوش فریبا را ترک کند. انگشتان ظریف و زیبای فریبا، موهای پریشانش را از روی صورتش کنار زد و بعد از بوسه ای که بر گونه و لب های نادر زد صورتش را روی سینه باز نادر استراحت داد. اما فریبا ساکت ننشست انگشتانش در داخل موهای سینه ی نادر در حرکت شدند و کم کم به صورت و موهای سر او رسید، نادر خاطرات دست های مادرش را بیاد آورد اگر چه هر دو لذتی غیر قابل تصور و تشریح بودند اما بسیار با هم تفاوت داشتند، طولی نکشید که لب هایشان یکدیگر را بوسه باران کردند و دست های نادر روی پستان های فریبا در حرکت بود و آنها را نوازش می داد، هر دو برهنه در آغوش یکدیگر مشغول انجام مقدس ترین عمل انسانی بودند و در آتش گر گرفته بودند و انگار روح و جسم و وجودشان با هم یکی شده بود. هیچ وقت احساسی زیباتر و دلپذیر تر از آن لحظه ها برای آن دو وجود نداشت.

*****

فصل ۳۲

دلم برای پسرم تنگ شده است. من می‌خواهم او را ببینم...

صدای موسیقی سنتی ایرانی با اشعارهای فلسفی مولانا و عمرخیام به فضای خانه‌ی نادر، جان دیگری داده بودند، با بودن فریبا، خانه رنگ و بو و جان دیگری گرفته بود، دیگر غمگین و مرده نبود. حالا بیش از یک هفته می گذشت که در کنار نادر خانه کرده بود و روح و وجود نادر را از غم شسته و شادی و امید را جایگزین آن کرده بود. اما هر وقت نادر چشمان خود را می بست نگران این بود که آیا وقتی چشمانش دوباره باز می شدند فریبا را درکنار خود می دید و یا دوباره نظاره گر اتاق خالی و سوت و کورمی شد؟ اگر فریبا دوباره ناپدید می شد چی؟ آیا هرگز او را می دید یا نه؟ از طرفی به نظر می رسید این بار با گذشته متفاوت بود. فریبا آمده بود که بماند و قصد فرار نداشت. امید و شادی زیادی در ذهن، روح و جسم و جان نادر جوانه زده و بیشتر و بیشتر می شد. نادر او را در آغوش می کشید و با صدای دلنشینش نوای عشق را در گوش های او زمزمه می کرد و در تمام این مدت چشم های فریبا از چشمان نادر برداشته نمی شدند و در وجود نادر آتش به پا می کردند. اما نادر سئوالات زیادی داشت که می خواست برای آنها پاسخی داشته باشد. او می خواست بداند که چگونه آن زن زیبا و شاداب در طی چند سال بیش از سی سال چنین شکسته، غمگین و افسرده حال شده بود؟ آیا ابراهیم چنین مجازاتی را بر او تحمیل و روا داشته بود؟ چه اتفاق دور از ذهنی برای روح مبارک او حادث شده بود. نادر نمی خواست مستقیماً از او پرس و جو کند چرا که می ترسید او را نارحت کرده و این لحظات شیرین را خراب کند؟ نادر نمی خواست که او فکر کند که با از دست دادن زیبایش دیگر او را دوست ندارد؟ چرا که او هنوز هم با نگاه هایش جان و روان نادر را به آتش می کشید. نادر با برگشتن فریبا همه

چیـز در زندگیـش را کنـار گذاشـته و فقـط در کنار فریبا بود، می دانسـت کـه فریبا به بـودن او در کنـارش نیـاز دارد و حـالا ایـن مهمترین هدف و خواسـته ی نادر شـده بود. هـر سـاعت و هـر دقیقـه او بـه فریبا تعلق داشـت، روزها گذشـت. نادر تمام سـعی خود را مـی کـرد تا اوقات خوشـی را بـرای او فراهم کند. شـوخی های خنـده‌دار، رقصیدن و آواز خوانـدن و هـر آنچـه سـبب نمایـش لبخنـد در چهره ی فریبـا می شـد از انجام آن خـود داری نمـی کـرد و البتـه پختـن و تهیه انواع غذاهـا. اما نادر می دیـد که مهم نبود او چـه مـی کـرد به نظر می رسـید او هر روز وزن بیشـتری را از دسـت می داد و ضعیف تـر مـی شـد و انـرژی او کمتـر و کمتر می شـد و ایـن نادر را به شـدت نگـران می کرد. چنـد مـاه گذشـت. آن دو در کنـار هـم شـاد بودنـد و زمیـن و زمـان برایشـان معنی و مفهومی نداشـتند. یک شـب بارانی آغاز شـد با گذشـت شـب باران شـدیدتر می شـد. نـادر مـی دیـد فریبـا بـه بـاران خیره شـده بـود اما به نظـر می رسـید مثل یـک دختر خردسـال از بـاران مـی ترسـید و یـا نگرانش مـی کرد او باران را دوسـت داشـت. به نظر می رسـید فریبا سـعی داشـت جلوی آنچـه در ذهنش طوفـان آغاز کرده بـود را بگیرد، بـه طـرف نادر برگشـت با صدای ضعیفـی طلب تلفن را کـرد. "تلفن؟ تلفن کجاسـت؟"

نـادر او را بـا تلفـن داخـل اتـاق خـواب تنها گذاشـت و از اتـاق خارج و در را بسـت کـه راحـت باشـد. حـالا نـادر از پنجـره به بـاران که آن را بسـیار دوسـت داشـت خیره شـده بـود. فکـر مـی کرد کـه این اولیـن باری بـود کـه او دریافتـه و می دید کـه فریبا از دیـدن و ریـزش بـاران نگـران مـی شـد و ترس وجـودش را مـی گرفت اما چـرا؟ اگر قـدرت جلوگیـری از ریـزش بـاران را داشـت ایـن کار را می کـرد. در اطاق بعـد از چند دقیقـه بـاز شـد و فریبـا خـارج و روی مبـل نشسـت، اشـک در گوشـه ی چشـمانش ظاهـر شـد و بـر گونـه هایش بوسـه زدند. نـادر نگـران کنـارش نشسـت او را در آغوش گرفـت؟ صـدای بغـض آلـود فریبـا زمزمـه کـرد. «دلـم بـرای پسـرم تنگ شـده اسـت، خیلـی دلـم می خواهـد او را ببینـم؟ نیویـورک زندگی می کنـد... آنجا دانشـگاه میره... موسـیقی مـی خونـه، شـعر میگـه... صدایـش ملکوتـی اسـت... مثل صـدای خـودت...» ایـن اولیـن بـاری بـود که نادر شـنیده بـود که فریبا پسـر بزرگـی دارد که دانشـگاه می رفـت و اینکـه هنرمنـد خوبـی هم اسـت. فریبا ادامـه داد. «نـادر من مریضـم... دارم می میـرم... کنسـر همـه ریـه ها مـو گرفته و هیـچ کاری هم نمی توننـد برام بکننـد... برای

همین آمدم اینجا... دلم می خواست تو بغل تو... و کنار تو بمیرم...»

برای چند لحظه ای نادر متوجه نشده بود که فریبا چه به او گفته بود؟ یا شاید ذهنش نمی خواست قبول کند اما چاره ای نداشت و توان توقف شنیدن و قبول این حقیقت تلخ را نداشت، نمی دانست چه بگوید و چه بکند؟ گریه کند یا نه؟ اگر این حقیقت داشت و فریبا در سفر آخرت بود نمی خواست او را در این آخرین لحظات زندگیش غمگین تر کند. اما چگونه می توانست بی تفاوت باشد، هر کاری می کرد مهم نبود، در داخل خود می گریست، اما در چهره اش نمایش و بازی لبخند دیده می شد، سعی داشت تا آنجا که امکان داشت این سفر را اگر حقیقت داشت برای فریبا راحت تر کند.

باران چندی ادامه داشت اما بالاخره تمام شد و آفتاب جایش را گرفت. نادر هر شب و روز در کنار فریبا بود. نادر با سخت ترین لحظات زندگی خود دست و پنجه نرم می کرد. تماشای فریبا که هر روز ضعیف تر و ناتوان تر می شد برایش چندان آسان نبود، کمبود خواب و نگرانی از دست دادن فریبا کم کم داشت نادر را از توان می انداخت و از پا در می آورد. تا اینکه وقت خدا حافظی فرا رسید. نزدیک های صبح بود خواب بر نادر غلبه کرده و چشمهایش بسته بودند اما هنوز فریبا را در آغوش داشت. با نشستن دست فریبا بر چهره ی نادر چشمانش باز شدند، چشمان آن دو در هم قفل شدند، سکوت دوباره بین آن دو گفتگو می کرد، در یک لحظه تمام بدن فریبا تکانی خورد و چشمهایش بسته شدند، دست او از صورت نادر بی حس روی سینه نادر افتاد، نادر می دانست اتفاقی که قرار بود بیافتد افتاده بود، عشقش برای همیشه چشمش را بسته بود. اشک در چشمان نادر حلقه زده و از گونه هایش سرازیر بود اما صدایی از او در نمی آمد. صدای موسیقی بود که آهنگ جدایی را می نواخت. آنها در تمام شب و روز موسیقی را نمی کشتند و ادامه داشت. جسد بی جان عشقش روی تخت برای همیشه خوابیده بود و هیچ امیدی به باز شدن دوباره چشمانش نبود. نادر نمی دانست با چه کسی باید تماس می گرفت و خبر سفر او را می داد. به این فکر می کرد که چرا آنقدر در این مدت کوتاهی کرده و شماره تلفن هیچ کس را از فریبا نگرفته بود که در موقع ضروری با آنها تماس حاصل کند. برای پیدا کردن نشانی از ابراهیم و یا پسر فریبا نادر به

جستجوی کیف و آنچه فریبا با خود آورده بود که فقط یک ساک و چند دست لباس بیشتر نبود پرداخت. اولین چیزی که نظرش را جلب کرد پاکت نامه ای بود که فریبا برای پسرش نادر نوشته و باقی گذاشته بود. نامه آدرس شهر نیویورک را داشت و تمبر پست هم خورده بود. نادر بعد ازانتقال جسد فریبا به سردخانه ای نامه را بلافاصله پست سفارشی کرد. نامه ای هم خودش نوشت و آنرا ضمیمه نامه فریبا کرد و البته قصدش دادن خبر مرگ فریبا بود و آدرسش در لس آنجلس. نادر سخت ترین زمان زندگیش را می‌گذراند. از زمین و زمان بریده و به تنهایی رو کرد، این تنهایی و زمان به او فرصت داد که از آنچه اتفاق افتاده بود درک عمیق تری داشته باشد. کمتر از یک هفته از پست کردن نامه ی فریبا گذشته بود. تازه آفتاب زمین را روشن کرده بود که صدای زنگ خانه اش بلند شد. نادر در را گشود، می دانست هر آن باید پسر فریبا به دیدنش بیاید. پسر جوان بیست و چند ساله ای در آستانه در ایستاده بود. "می بخشید، من نادر پسر فریبا هستم... نامه ی شما و مادرم را که گرفتم فوری پرواز کردم..." نادر مات و متحیر به نادر پسر فریبا می نگریست و نه سخنی می گفت و نه حرکتی از خود نشان می داد. انگار حضور پسر فریبا باعث طلسم جادویی شده و کنترل زبان و توان حرکت را از او گرفته و او را سحر و جادوکرده بود. نفسش در نمی آمد، پسر فریبا منتظر دعوت نشده و وارد شد، او به نادر کمک کرد که روی صندلی بنشیند. بعد هم لیوان آبی را برای او آورد. انگار پسر فریبا مهمان دار و صاحب خانه بود. بعد از چند دقیقه همه آنچه را که نادر باید بداند پسر فریبا برای او بازگو کرد. "انگار مادرم برای روزهای پایانی زندگی خود قصد داشت همه ی مسائل پنهانی را حل کند... او فقط چند ماه برای زندگی کردن وقت داشت که یک دفعه ناپدید شد، سرطان ریه‌اش به سرعت گسترش یافته و رشد کرده بود و قابل درمان نبود. به نظر میرسد مادرم واقعیت مردن را پذیرفته بود و نمی خواست دیگه زجر بکشد برای همین از خوردن داروهایش خود داری کرده بود... از مبارزه با این سرطان لعنتی خسته شده بود، از درد خسته و افسرده بود، از مخفی کردن بیماریش از دیگران خسته شده بود او می خواست در صلح و بی سر و صدا بمیرد"

نادر به پسر فریبا که حالا کم کم بغض داشت گلویش را می گرفت همین جور

ماتش برده بود اما هنوز هم که هنوز بود سکوت اختیار کرده بود و فقط از داخل می گریست و به او گوش می کرد. "به نظر می رسد که شما باید برای مادرم بسیار عزیز بوده باشید که او می خواسته آخرین لحظات عمرش را با شما بگذراند و در کنار و آغوش شما بمیرد... من در مورد همه دوستان و آشنایان پدر و مادرم می دانستم و آنها را دیده بودم اما هیچ چیزی در مورد شما از پدر و مادرم نشنیده بودم... تا این نامه را از مادرم دریافت کردم... مادرم همه چیز را برای من نوشته ... من حق و به او می دم، پدر بزرگم کار درستی نکرد که شما را از هم جدا کرد... من... من نمی دونم مادرم در آخر عمرش چیز خاصی به شما گفته که من باید بدانم... یا اینکه چیزی هست که خود شما مایلید در مورد مادرم و خودتون با من در میان بگذارید که به خاطرات مادرم اضافه کنم" هر چه بیشتر پسر فریبا سخن می گفت افسردگی نادر بیشتر و بیشتر می شد، ناامیدی و امید همه و همه به غم و اندوه تبدیل می شدند. بدون اینکه بداند به یاد آخرین روزهایش با فریبا افتاد و در خاطرات آن روزها گم شد و انگار دیگر آنجا نبود. به یاد روزی افتاد که فریبا را در آغوش داشت، بیرون بارانی بود، دست های فریبا به طرف صورت نادر رفته و آن را در خود گرفته و لمس و نوازش دادند. جلوی نادر زانو زد، فریبا در چشمان نادر گم شده بود، نادر گیج و مبهوت او را تماشا می کرد، فریبا دست های نادر را در بغل گرفت و با صدای ملکوتیش زمزمه کرد. "آیا با من ازدواج می کنی؟"

در ابتدا نادر منظور او را نفهمیده بود یا اینکه انتظار چنین پیشنهادی را از فریبا نداشت بنابراین چند لحظه به فریبا نگاه کرد تا مطمئن شده باشد آنچه را که از او شنیده بود حقیقت داشت. چشمهای آن دو در هم قفل و وجودشان در هم گم شده بودند و بالاخره نادر قبول کرد و فهمید که درست شنیده بود. بجای اینکه طبق آداب و رسوم رایج نادر جلوی او زانو زده و از او تقاضای ازدواج کند این فریبا بود که پیش قدم شده بود. از طرفی هم خوشحال بود که فریبا شجاعت این را داشت که بر علیه آداب و رسوب قد علم کرده و آن را بشکند. نادر می دانست با اینکه فریبا از ازدواج با نادر بسیار خوشحال و خردسند بود اما در عین حال قصدش هم این بود که می خواست در مقابل کرده های نادرست پدرش بایستد و پیغامی را برای او داشته باشد. او می خواست ثابت کند که بالاخره تصمیمات زندگی خودش

را خـود گرفتـه اسـت. دانسـته یـا ندانسـته قصد انتقـام از کرده هـای پدرش را داشـت. مـی خواسـت ثابـت کنـد حتی مـرگ هم نمـی توانـد مانـع از انجـام آنچه بـه نظر می رسـید کـه حق مسـلم یک انسـان آزاد و آزاده بـود جلوگیری کند. او می خواسـت برای حقیقـت بجنگـد. بـرای حق خـدادادی که داشـت. او می خواسـت به عنوان یک انسـان چگونگـی زندگـی خـود را خـود انتخـاب کنـد. لبخنـدی بـر چهـره نـادر ظاهر شـد به سـادگی فریبـا را در آغـوش گرفـت. فریبا می دانسـت که این به چه معنی اسـت. نیازی بـه سـخن گفتـن نداشـتند و این سـکوت بود کـه دوبـاره حـرف دل آنها را بـه یکدیگر مـی زد، فریبـا را بغـل کرد کـه بهش کمک کند زبان بگشـاید، فریبا سـرش را در دامان او اسـتراحت داد. دسـت نـادر بلافاصلـه بالای سـر فریبا نشسـت و نوازش آغـاز کرد که انـگار عشـق را از طریـق موهایـش به او منتقل و نشـان دهد. همچنان که مـادرش به او آموختـه بـود. از داخـل گریـه می کرد اما نمی خواسـت گریه خود را نشـان دهـد اما آیا تـوان آن را داشـت عشـقی را کـه یک عمر در وجـود و قلبش از آن محافظـت کرده بود تـا چنیـن فرصتی بـرای ابـرازش پیدا کنـد را حالا مخفی کنـد. وقتی که اشـکهایش از روی گونـه هایـش سـر خـورده روی سـر و صورت فریبا مـی چکیدند هیـچ راهی وجود نداشـت کـه نـادر اشـکهایش را مخفی نگـه دارد. اشـکهایش نمایش عشـقش بـه فریبا بودنـد فریبـا احتیـاج بـه دیدن اشـکهای نـادر نداشـت، آنهـا را روی موها و دسـتهایش حـس مـی کـرد و خودش هم اشـک عشـق ریختـن آغاز کـرده بود.

روز بعـد آنهـا بـا هـم ازدواج کردنـد. فریبـا یک لبـاس آبی سـاده بر تـن و کلاه آبی بـر سـر داشـت. نـادر کـت و شـلوار معمولی خـود را بدون کـراوات پوشـیده بـود. اما در کمـال تعجـب بوسـه ی بعـد از ازدواج آنها دلنشـینی و لذت بوسـه های قبـل از ازدواج را نداشـت. بـه نظـر هـر دو نفـر این بوسـه با بوسـه های دیگـر کمی متفاوت مـی نمود. بـه هـر دلیلـی کـه بـرای آن دو روشـن نبـود هـر دو حس مـی کردنـد کـه آزادی خود را از دسـت داده انـد، حـس مـی کردنـد کـه وارد یـک معاملـه شـده بودند، خیـال می کردنـد چگونـه مـی شـود روی عشـق بهـا گذاشـت و آن را خریـد و فروش کـرد؟ برای همیـن هـم حـس مـی کردنـد در زنـدان بـه سـر می برنـد اما هـر چه بـود بالاخـره در برابـر پـدر و سـنت خـود پیروز شـده بودنـد. برای هـر دو خنـده دار بود کـه چگونه هر دو احسـاس یکسـانی داشـتند، بـا دانسـتن اینکه مـی توانسـتند دو باره طـلاق بگیرند

ایـن کار را نکردنـد، حـالا هـر دو شـروع بـه خندیـدن کردند. در راه بازگشـت بـه خانه، شـوخی آنها از اینکه زن و شـوهر شـده بودند ادامه داشـت. تصمیم گرفتند چند روزی بـه کـوه پایـه ای پوشـیده از بـرف در شـهر "بیـگ بیـر «بروند. نادر تماشـا مـی کرد که زنـش فریبـا دسـت هـای خود را بالا نگه داشـته بـود تا تکه‌های بـرف را در راه سـفر به پائیـن بگیـرد، مقـداری جمـع آوری کرده و شـروع به خـوردن آنها کرد مقـداری را هم بـه نـادر داد. همـه درختـان، همه‌جا...تمام دنیا سـفید بود و بالاخره به خانه بازگشـتند

بـا صـدای موسـیقی زیبـا، دلنشـین و آشـنای ویالونی نـادر از خـواب بیدار شـد، با شـنیدن ایـن صدایـی جادویـی از خود بی خود شـد، صدایی آشـنا که مدتهـای طولانی آن را نشـنیده بـود. ایـن صدا او را فلج کرد، صدایی که او را بـه دوران نوجوانی برگردانده بـود. صـدای عشـق، مسـت در خاطرات شـیرین گذشـته از اتاق بیـرون رفـت در بالکن فریبـا را دیـد کـه زیر برفـی که هنوز می بارید ایسـتاده و مشـغول نواختن بود. درسـت مثـل دوران نوجوانـی، جوانـی عصیانگـر آهنگـی را مـی نواخـت کـه در دوران نوجوانی شـان همیشـه وقتـی نـادر در خانـه ی درختیش می نشسـت و مسـت تماشـای او بود، در مقابـل پنجـره اتاقـش می ایسـتاد و برای او مـی زد و حالا هم مقابل پنجره ایسـتاده بـود و بـا همـان اولیـن ویلونش، ویلـون نوجوانیش همـان آهنـگ را مـی زد .وقتی آنها جـوان و بـی گنـاه بودنـد. وقتـی که فریبـا می دانسـت نادر بین شـاخه هـای درخت ها پنهان شـده و مسـت تماشـایش بود. چند روز پیش بود که نادر خبر داشـتن اولیـن ویلونـش را بـه او داده بـود، ویولونی را که مـادر فریبا به او داده بود که نشـان و خاطـره ی فریبـا همیشـه در قلـب نـادر باقی بمانـد و هرگز نمیرد و همینطور هم شـد، او ویلـون را مقـدس مـی دانسـت و از آن همچـون چشـم و قلبـش نگهداری کـرده بود. حالا سـی و پنج سـال بعد، انگشـتان فریبا روی سـیمهای ویلون دوباره در حال حرکت بودنـد و نوایـی جادویـی را مـی نواخـت. این لحظـه انگار درسـت مثل این بـود که آنها آنجـا بودند، در سـنین نوجوانی.

همسـایگان پنجـره هـای خـود را باز کرده مشـغول شـنیدن و تماشـا و لـذت بردن بودنـد. برخـی هـم بیـرون زده و داخـل ایـوان و یـا حیاط شـان مشـغول تماشـا و لذت بـردن بودنـد. ایـن برای همـه ی آنها تازگی داشـت، هیـچ کس تاکنون چنیـن ابتکاری را نشـان نـداده بـود، آن هـم در زیـر بـارش برف. ایـن لحظات غـرور آفرینی بـرای نادر

بـود. عشـقش نـه تنها قلب او بلکه قلب همه همسـایگان را نیز تسـخیر کـرده بود .حتی قلـب بـرف هـا را. به نظر می رسـید همه همسـایه ها از خانه هایشـان بیـرون زده بودند و داشـتند بهترین کنسـرت زندگی خود را تماشـا می کردند. اما چشـمان فریبا بسـته بودنـد و از آنچـه در ایـن دنیـا می گذشـت بـی خبر بود. طولی نکشـید کـه تعداد کمی از همسـایه هـا در ایـوان هایشـان، پشـت پنجره و حیـاط خانه خود مشـغول به نواختن سـاز خـود شـده بودند .تـا به او کمک کننـد که زیباترین کنسـرت را برگـزار کند، یکی ساکسـفون مـی زد، دیگـری گیتـار آن دگـر ویولنـش را به صـدا در آورده بـود. به یقین ایـن زیباتریـن کنسـرتی بـود کـه آنهـا در آن در گیـر بودند ،کنسـرت برف و موسـیقی و دوسـتی و عشـق و صلـح. نـادر هم نمی توانسـت بی تفاوت بنشـیند و شـروع بـه آواز خوانـدن و رقصیـدن کـرد، سـپس فریبـا در حالی کـه هنوز مشـغول نواختن بـود، به او پیوسـت و مشـغول رقص و نواختن شـد. او با تمام قلبش می زد هر دو در چشـمان هم گـم شـده و بـا هم یکی شـده بودند. همسـایگان هم بیکار ننشسـته و عده ای مشـغول رقـص شـدند. امـا درسـت زمانـی کـه آنهـا زیباترین لحظـه زندگـی خـود را تجربه می کردنـد ناگهـان فریبـا تعادل خود را از دسـت داد به نظر می رسـید که او خیلی خسـته شـده بـود. نـادر بلافاصله او را گرفت که روی زمین سـقوط نکند اما ویلونش از دسـتش رهـا شـد و داخـل برفها افتـاد و صدای جادویش بـه یکبار مرد. فریبا در گوشـش زمزمه کـرد. "ایـن هدیـه عروسـی مـن به تو بـود." حیف که نـادر هدیه عروسـی بـرای او تهیه نکـرده بـود .بـرای چند لحظه نادر نمی دانسـت چه اتفاقـی افتاده بود ،یا نمی خواسـت بدانـد و یـا قبـول کنـد .روی برفها نشسـته و فریبا را محکـم در بغل نگه داشـته بود که از عشـق خو محافظـت کند" .فریبا؟ فریبـا ...؟ "

حـالا غـم و انـدوه جـای نشـاط و جشـن و سـرور را گرفته بـود. او نمی دانسـت که در ایـن مـورد چـه فکـری کند و هیچ تصـوری از اینکـه آیا فریبـا هرگز به انـدازه کافی زندگـی مـی کنـد تـا از لحظـه هـا لـذت ببـرد را نداشـت. او از اینکه بـه این مسـئله تا کنـون چنـدان فکـری نکـرده بود از خـود بسـیار عصبانی بود یکـی دوتا از همسـایه ها هنـوز بیخبـر از آنچه بر فریبا می گذشـت مشـغول نواختـن و رقص بودنـد. آنها در این خیـال بودنـد کـه فریبا و نادر داشـتند جشـن عروسـی خود را برگـزار می کردنـد. یا به هـم در خواسـت ازدواج مـی دادنـد، خصوصا که دیـده بودند که فریبا لباس عروسـی بر

تـن داشـت. نـگاه نـادر از پنجـره ی بـاز به داخـل و تختی افتـاد که داخل نشـیمن زده بـود کـه فریبـا بتوانـد از پنجرهـای بـزرگ قدی ریـزش بـاران و طبیعت را تماشـا کند. فریبـا عاشـق طبیعـت، کـوه ها و دریا بود. با تماشـای بـاران برای آن دو خاطـرات اولین بـاری کـه در پنـاه صخـره ای مشـرف بـه اقیانـوس و در بـاران عشـق بازی کـرده بودند زنـده شـده بـود. یـاد شـب قبـل افتـاد کـه در رختخـواب در آغـوش یکدیگر گم شـده بودنـد فریبـا در گـوش نادر زمزمه می کـرد و از خاطره ی آن لحظات سـخن می گفت، انـگار فریبـا مـی خواسـت نادر بدانـد که آن اتفـاق و آن لحظـات در زندگـی او نقطه ی عطفـی بـوده، مـی خواسـت نـادر بدانـد که بعـد از عشـقبازی بـا او در آن صخـره همه چیـز در زندگـی فریبـا تغییر کـرده بود. انگار یک نیـروی خاصی در آن لحظـات و یا آن صخـره بـود کـه او قـادر به درک و شـناخت آن نبود امـا یک چیز برای هر دو مشـترک بـود هـر وقـت یـاد آن لحظـات و آن صخره می افتادند خنده بر لب و جسـم و جانشـان غلبـه مـی کـرد و به نظر می رسـید که وجودشـان به پـرواز در می آمد. فریبـا ادامه داد و گفـت، بعـد از آن روز زندگـی او جهـت دیگـری گرفـت. به هـر دلیلی که بـود معنای جدیـدی از امیـد بـرای زندگی کردن در قلبش جوانـه زد و آغاز افـکار جدایی از ابراهیم در ذهنـش پدیـدار شـد. فریبـا حتی زمـان و تاریخ آن اتفـاق را می دانسـت و می گفت زندگـی او از آن لحظـه و تاریـخ شـروع شـده بـود. بـا هـر کلمـه ای کـه از دهـان فریبا بیـرون مـی آمد، درک بیشـتری از آن صخـره و تأثیرات اتفاقی که در آنجـا افتاده بود بر زندگـی شـان بـه آن دو مـی داد. فریبا محکم نادر را در آغوش داشـت انگار می ترسـید او را از دسـت بدهـد، همـان طـور کـه بـه بـاران زل زده بـود زمزمه کـرد. "نـادر...؟ فکر مـی کنـی خدایـی وجـود داره؟" نـادر مدتی راجع بـه جـواب دادن به ایـن موضوع فکر کـرد، در واقـع او نمی دانسـت چه پاسـخی بدهـد، او قبلاً خـود به این شـک و تردیدها رسـیده و فکـر کـرده بـود، حالا چگونـه می توانسـت بطور قاطـع بگوید بله وجـود دارد یـا نـه وجـود نـدارد. چطور می شـد؟ اگر او هـر جوابی در این مـورد می داد نادرسـت از آب در مـی آمـد؟ و اگـر این چنین بود، مسـئول آن چه کسـی می توانست باشـد؟ نادر همیشـه در ایـن فکـر و عقیـده بـود کـه رابطه با خـدا و قبول وجـود او و یا نبـود او باید در ذهـن، قلـب و وجـود هـر شـخص زنـده و قبول و یـا رد شـود و برای رسـیدن به این عقیـده مـا به کمـک دیگران نیازی نداریم در حقیقت شـاید ضررش بیشـتر از اسـتفاده

اش مـی بـود. چـرا کـه اگر آنها به عنـوان رهبر مذهبی اشـتباه می کردند و به نادرسـت جمـع را بـه بیراهـه رهنمـون مـی کردند و بـه جهنم خدا مـی فرسـتادند در آن صورت گنـاه آن بـه گـردن کـی نوشـته می شـد؟ آیـا اگر خدایـی وجود داشـت و خدا بهشـت و جهنمـی را هـم بـرای کنتـرل مـا درسـت کـرده بود آیـا این خدا گنـاه مـا را به خاطر اینکـه مـا ندانسـته به شـخص دیگـری گـوش داده بودیم، می بخشـید؟ در ثانـی اگر ما خـدا را عـادل مـی دانسـتیم و بعـد مـی دیدیـم که ایـن خدای عـادل جهنمی درسـت کـرده و همیـن بشـری را کـه خـود خلـق کـرده بـود در آتـش می سـوزاند، آیـا عدالت ایـن خـدا زیـر سـوال نمی رفت؟ امـا فریبا منتظر پاسـخ بود و نـادر باید جوابـی برای او داشـت. "مـا فقط ممکن اسـت، بعـد از مرگ خود جواب این سـوال را پیدا کنیـم..." نادر ادامـه داد. "مـن نمـی دانـم کـه آیـا این خدایی کـه آنها به خاطـر رضایـت او این ظلم و سـتم را بـر مـا تحمیـل کردند خودش آنها را می بخشـد یـا نه...؟ من خدا نیسـتم... اما آنهـا را مـی بخشـم ... و فکـر مـی کنـم تـو هم باید ببخشـی و فقـط به صلح و عشـق و محبـت و امیـد و فکـر کنی... به عشـق، خدا همین عشـق اسـت...؟ "

فریبـا بعـد از کمی تامـل باز زمزمه کـرد،" آره، من هم آنها را بخشـیدم... اما من می دانـم پـس از مرگـم چـه کاری را بـا بدنـم بکنـم... و آنها نبایـد درمـورد آن حرفی بزنند و تصمیمـی بگیرنـد .مـن ایـن مسـئولیت و بـه تـو دادم، تو بایـد حتماً به خواسـته من احتـرام بگذاری"

«حتمـا عشـق مـن ...آنچه تـو بخواهی همـان انجام خواهد شـد... اما تو حـالا، حالا نمـی میـری و مـن و تـرک نمی نکنی ...آدم عاشـق به مرگ فکر نمی کنـه... تو احتیاج به اسـتراحت داری... مثل اینکه داره سـردت می شه"

«نه من می خواهم برف ها را تماشا کنم"

بـا فشـاری کـه فریبا بر نـادر آورد او را از خاطرات شـب قبل و گذشـته بیـرون آورد و بـه حـال و فریبـا برگردانـد، حـس مـی کرد بـا وجـود اینکه آنهـا زیر برف های سـرد بودنـد بـا ایـن حـال بدن فریبـا گرم تـر و گرمتر می شـد، نادر احسـاس می کـرد آنچه داشـت بـرای فریبـا اتفاق مـی افتاد طبیعـی و عادی نبود، داشـت دسـت و پایش را گم مـی کـرد. فکـر می کـرد چه بایـد بکند. قبـل از اینکـه بتوانـد تصمیمی بگیرد ،دسـت هـای فریبـا فشـار محکمـی به بـدن نـادر آوردند و به یکباره شـل شـده و تـوان خود را

از کـف دادنـد،" فریبـا ...؟ فریبا ...؟"

امـا هیـچ صدایـی از او شـنیده و هیـچ حرکتـی از او دیـده نمـی شـد. فقـط صدای موسـیقی و رقـص همسـایه هـا بود که هنوز مشـغول نواختن و جشـن گرفتن عروسـی انهـا بودنـد، یکـی از آنهـا هم حـال مشـغول خواندن آهنگی عشـقی شـده بـود. و نمی دانسـتند چرا سـر فریبا روی سـینه ی نادر بی حس اسـتراحت می کرد، دسـتانش هر دو سـبک تـر از برف شـدند، نـادر خودش را گم کـرده بود، بغضش گرفته و اشـک روی گونـه هایـش جـاری شـده و از روی گونـه هایش سـر مـی خوردند و روی صـورت فریبا مـی ریختنـد، او مـی دانسـت چه اتفاقی افتاده اسـت اما نمـی توانسـت آن را بپذیرد ،یا شـاید نمـی خواسـت قبـول کنـد. او می دانسـت کـه عشـقش او را برای همیشـه ترک کـرده بـود امـا محکـم او را نگه داشـته بود، سـی دقیقه می شـد. سـپس مـدت ها نگاه او بـه بـدن بـی حرکـت فریبـا بـه برف هـا به اطـراف به طـرف و داخـل اتاق در سـفر و جسـتجو بـود. گویـا قصـد داشـت روح او را رویت کند، از او می خواسـت که بـر او ظاهر شـود .امـا فقـط او و بـدن بیجان فرشـته اش بودند که اکنـون ناگهان بسـیار کوچک تر بـه نظـر می رسـید و سـکوتی که همیشـه بیـن آن دو سـخن می گفـت. بالاخـره باید ایـن واقعیـت را قبـول مـی کـرد ،واقعیـت اینکـه فریبا بـرای همیشـه رفته بـود و دیگر انتظـار کشـیدن بـرای او فایده ای نداشـت اما با ایـن حال نمی توانسـت آن را قبول و یا بپذیـرد. بـه هـر حـال چه می خواسـت قبول کنـد و یا نکنـد، واقعیت عوض نمی شـد، عشـقش بـرای همیشـه او را تـرک کـرده بود، می دانسـت آن لحظات شـیرین و دلپذیر و جادویـی دیگـر زنـده و تکـرار نمی شـدند، همه بـه یکبار مـرده بودند.

حـالا فقـط مـی توانسـت در سـکوت با او گفتگـو کند، امید داشـت که این سـکوت پیغامـش را به عشـقش برسـاند و او صدایش را بشـنود حتـی اگر جوابی بـه او نمی داد. نـادر بـدون اینکـه بدانـد در اطراف خود به دنبال روح عشـقش می گشـت. می دانسـت که روح عشـقش در کنارش بود و داشـت او را تماشـا می کرد و اشـکهای روان شـده در چشـم و گونـه هایـش را مـی دید. امید داشـت که شـاید بر او ظاهر شـود و بـا او گفتگو کنـد، همانطـور کـه روح مادرش اینکار را مـی کرد، نگاهش به برف هـا افتاد، چیزی که فریبـا آن را خیلـی دوسـت داشـت، برفی کـه بالاخره با آن یکی شـده بود، حتم داشـت کـه روح فریبـا در بـرف هـا در پـرواز است و نـادر را تماشـا مـی کـرد؟ اما نـادر چیزی

را نمـی دیـد. نـادر وارد ایـوان شـد و بـی اراده و صورتـش را به طـرف بالا بلنـد کرد. به طـرف خـدا و بـرف، نمی دانسـت با کـدام در گفتگـو و راز و نیـاز بود، بـرف ها صورتش را نـوازش مـی دادنـد و اشـکهایش را مـی شسـتند و می بردنـد، حتی با اینکـه برف ها سـبب باز و بسـته شـدن چشـمهایش می شـد ،اما نمی توانسـت از ریختن اشـکهایش جلوگیـری کنـد، حـالا اشـکهایش با برفهـا قاطی شـده بودند و بـه یکباره صـدای گریه هـای عمیقـش در دل بـرف هـا پیچیـد و حالا ایـن برف هـا بودند که صـدای گریه اش را در آغـوش گرفتـه و پیغـام او را بـه عشـق مـرده اش نویـد مـی دادنـد کـه هنـوز او را دوسـت دارد و مـی خواهـد کـه روحش بـر او ظاهر شـود، و بالاخره همسـایه ها یک به یـک بـا شـنیدن گریـه ی نادر و حالتـش دریافتند آنها بـرای مرگ فریبا مـی نواختند و مـی خواندنـد و نـه برای عروسـی آنهـا، و بالاخر موسـیقی و آواز آنها هـم همچون فریبا مردنـد، حـالا نـادر زیـر برف هـا نشسـته و در انتظـار ظهور روح عشـقش بود. بـا خدا و بـرف هـا و هـر کس دیگـری که شـاید صـدای او را می شـنیدند در گفتگو بـود. از خدا پاسـخ مـی خواسـت. می خواسـت بداند کـه آیا ایـن حقیقت داشـت؟ هنـوز در باورش نمـی شـد کـه فریبـا او را تـرک کـرده بـود. طولی نکشـید که نـادر تنهـا در زیـر برفها ایسـتاده بـود و تماشـا مـی کرد کـه آمبولانس قلبـش را برای همیشـه با خـود می برد. و بعـد فقـط او بـود و برفهـا و تنهایی و غم.

بـا نشسـتن دسـت نـادر پسـر فریبـا بـر شـانه نـادر او را از خاطـرات تلخ و شـیرین گذشـته بریـد و بـه خـود و حال برگرداند. نـادر همین جور به نـادر جـوان زل‌زده بود. در ایـن فکـر بـود که چگونه می توانسـت آنچه گذشـته بـود را بـرای او بازگو کنـد و آیا باید اصلا ایـن کار را مـی کـرد یا نه؟ آیا بهتر نیسـت که آنچـه بر او و فریبا گذشـته بود برای همیشــه در قلـب او باقـی بمانـد؟ شـاید اینگونه این رابطه برای همیشـه پـاک و ملکوتی باقـی مـی مانـد و به هیچ چیـز ناپاکی آلوده نمی شـد. مـدت کوتاهی بعد هـر دوی آنها کنـار پنجـره نشسـته و بـه طبیعت نگاه مـی کردنـد و در عزای مـرگ زنی که بـرای هر دوی آنهـا عزیـز بـود و بـدون هیـچ قید و شـرطی او را دوسـت داشـتند در غم از دسـت دادنـش در داخـل مـی گریسـتند .نادر جوان بالاخره سـکوت را شکسـت. "مـن به همراه پـدرم بـه بیمارسـتان رفتم تـا به وضعیت مادرم رسـیدگی کنیـم، همانطور کـه پدرم در حـال امضـای مـدارک دفـن بود صدای مـن بلند شـد، به آنها گفتـم مـادرم وصیت نامه

ای جا گذاشته و باید به خواسته او عمل بشه، بعد هم من وصیتنامه ی مادرم را که برایم پست کرده بود را به مسئولین دادم، می دانستم که اگر با پدرم در مورد آن حرفی بزنم آن را آتش می زد برای همین این چیزی نبود که پدر و پدر بزرگم منتظر آن بودند، بعد از اینکه وصیتنامه را خواندند، خصوصا وقتی فهمیدند مادرم شوهر کرده و شما شوهرش هستید و شوهرش مسئول اجرای وصیتنامه اش هست... کارد به آنها می زدی خونشان در نمی آمد هر دو چنان از من خشمگین شده بودند که چرا وصیتنامه را رو کرده بودم که کمی نمانده بود من و بکشند اما مادر بزرگم لبخند می زد، لبخند خوشحالی که بالاخره مادرم جلوی آنها ایستاده بود. بعدش هم با دیدن و خواندن وصیتنامه به ما گفتند ما مجاز به تصمیم گیری در مورد او نیستیم... گفتند شوهرش باید این تصمیم را بگیرد. پدرم دوباره گفت من شوهرش هستم اما هیچ فایده ای نداشت. انگار شوهر کردن مادرم چندان آنها را عصبانی نکرده بود تا چه کسی شوهرش بود؟ شما؟ به شما خیلی حساسیت داشتند..."

نادر زمزمه کرد". من هم می دونم... مادرت می خواست بدنش را بسوزانیم و من و شما خاکسترش را در یک روز بارانی به دریا بریزیم... اما از بالای صخره خاصی ... در ضمن او نمی خواست پدرت ابراهیم و پدرش دخالتی در خواسته او داشته باشند... در حقیقت مادرت با این کارش می خواسته به خاطر آنچه بر او کردند قد علم کند و شاید از پدرش و ابراهیم انتقام بگیرد ...کپی وصیتنامه را برای من جا گذاشته بود"

نادر جوان از سکوت نادر استفاده کرد و گفت. "پدر من ابراهیم، من نمی‌دانم شما او را می شناسید یا نه؟ اون و پدر بزرگم خیلی از قضیه سوزاندن جسد مادرم عصبانی هستند. اونا نمی خواهند بدن او کریمید بشه، این کار را بی احترامی و توهین به مذهب و عقاید خانوادگی می دانند... اما آنها نمی توانند هیچ تصمیمی در این باره بگیرند... زیرا شما شوهر آخر او هستید و شما را برای اجرای وصیتنامه اش وکیل کرده... برای همین من و فرستادند اینجا که از شما بخواهم که از این کار صرف نظر کنید. «چند لحظه سکوت جاری شد وسپس نادر سکوت را شکست. "نظر خود شما چیه؟" «من می خوام خواسته مادرم را انجام بدهیم و بهش احترام بگذارم"

آن دو چندی دوباره در سکوت در خود شدند و دوباره نادر جوان سکوت را شکست. "شما باید برای مادرم خیلی مهم باشید که اسم شما را روی تنها پسرش،

مـن گذاشـته؟ بایـد از زمان های قدیـم، دوران جوانـی هم دیگر را بشناسـید؟ من همه ی دوسـتان مـادر و پـدرم را مـی شناسـم و یا آنها در موردشـان با من گفتگـو کردند... امـا هیـچ کـدام هیچ گونـه حرفی در مورد شـما با مـن در میان نگذاشـتند... خیلی دلم مـی خواهـد ایـن قسـمت زندگی مادرم برام روشـن بشـه حالا تنها کسـی کـه می تونه ایـن محبـت و به من بکنه شـما هسـتی... مـادرم که دیگه نیسـت..."

نـادر در حـال جـدال بـا خـود بود کـه آیا بایـد آنچه را کـه بر آنها گذاشـته بـود را با نـادر جـوان در میـان بگـذارد یا نه، شـاید اگـر او حقیقت ایـن را که پدر بـزرگ و پدرش چـه بـا آنهـا کـرده بودنـد را بدانـد نتواند آنهـا را ببخشـد و رابطـه اش با آنها بهـم بخورد و ایـن چیـزی نبـود کـه نـادر می خواسـت نادر جـوان را بـا آن آشـنا و در گیر کنـد، در آخـر تصمیـم گرفت کـه اگر خاموش بمانـد و صبـر و حوصله اختیار کند شـاید بهترین تصمیـم باشـد چـرا کـه می دانسـت که عشـق او فریبا پـاک و دسـت نخـورده باقی می مانـد و ایـن بهتریـن بـرای همـه آنها بـود. حداقـل برای ایـن زمان تـا ببیند بعـدا" زمانه چـه در آسـتینش بـرای آنهـا داشـت. نـادر زمزمـه کـرد. "مـا از دوران نـو جوانـی بـا هم آشـنا بودیم... زمان برای گفتگو بسـیار اسـت... اما در حال حاضرانجام خواسـته و آرزوی مادرت الویـت دارد"

نـادر جـوان چـاره ای جـز قبـول و صبـر و حوصلـه نداشـت. صدایش باز بلند شـد. "همانطـور کـه گفتـم مـا بایـد آرزوی مـادرم را آنچنان که خواسـته انجام دهیـم... فقط مـن مـی خواهم مـادر بزرگم هم در پاشـیدن خاکسـتر مادرم بـه دریا همراه ما باشـد."

و بعـد سـکوتی طولانـی بیـن آن دو حاکـم شـد، اما نادر نمی دانسـت چرا سـکوت را شکسـته بـود و چنیـن سـوالی را از نادر جـوان کرده بود. "چه کسـی نام نـادر را برای شـما انتخاب کرده؟ "

«مـادرم... البتـه پـدرم بـه هیـچ عنـوان بـا ایـن اسـم موافـق نبـوده و عصبانـی هم شـده بـود... امـا وقتـی فهمیـده بود کـه دیگه دیر شـده بـوده ... مـادرم قبـلا کاغذهای بیمارسـتان را پـر کـرده بـود و اسـم نـادر در بیمارسـتان ثبت شـده بود، هنـوز هم که هنـوزه پـدرم مـرا جاشـوا صدا می کنـد و هیچ کس جز مـادرم و مادر بزرگـم حق نداره منو نـادر صدا کنـه..."

و دوبـاره یـک سـکوت طولانی حاکـم شـد و آن دو فقط به یکدیگر نـگاه می کردند

اما نادر نتوانست تحمل اختیار کند. "امیدوارم که ما همه یاد گرفته باشیم که به همه به عنوان یک انسان نگاه کنیم و احترام بگذاریم و عشق بورزیم ... و اجازه ندهیم عقاید مذهبی در این عشق ورزیدن به یکدیگر دخالتی داشت باشد.»

چند روز بعد شعله های آتش صورت نادر، نادر جوان و مادر فریبا را سرخ و گرم می کرد، هر سه داشتند سوختن بدن عزیزشان فریبا را تماشا می کردند و اشک می ریختند، انگار آنها هم داشتند در آتش می سوختند. آنها خواسته بودند سوختن فریبا را تماشا کنند و با خواسته آنها موافقت شده بود. دست مادر بزرگش به طرف دست نادر جوان رفته آن را گرفت که او را در غمش حمایت کند. طولی نکشید که شعله ها مردند، همانطور که قلب نادر و مادر فریبا و شاید نادر جوان مرده بودند. حالا تنها خاکستر فریبا باقی مانده بود و دنیایی از خاطرات تلخ و شیرین.

* * * * *

فصل ۳۳

ادعای آنچه که زمانی متعلق به او بود...

در یک روز بارانی بهاری، هنگامی که شکوفه ها به زیبایی طبیعت افزوده و می درخشیدند، روزی که می توانست پر از شادی و خوشبختی باشد، به دور از چشم آدم ها برروی یک صخره، جلوی اقیانوس، نادر، مادر فریبا و نادر جوان زیر باران که بر لاشه ی صخره و بوته ها و اقیانوس می بارید و آنها را تمیز و زنده تر می کرد ایستاده و به اقیانوس نگاه می کردند، آهنگ باران این بار چندان چون گذشته برای آنها دلپذیر نبود، خصوصا برای نادر. شاید نادر جوان و مادر فریبا چندان در مورد آن صخره چیزی نمی دانستند که چرا فریبا این صخره را برای ریختن خاکسترش به دریا انتخاب کرده بود اما برای نادر روشن، روشن بود. این صخره نشانه ی آزادی، آزادگی و عشق آن دو بود، جایی که برای اولین بار با هم عشق بازی کرده و با هم یکی شده بودند و باران برایشان آهنگ دل نواز و شاد آزادی و عشق و یکی شدن را نواخته بود و امروز هم باران داشت آهنگ غم انگیز آزاد شدن و جدایی را می زد. اما این بار صدای دیگری هم نوازشگر گوش و روح و ذهن نادر بود، صدای ویولن فریبا که در گوش و قلب او و همه طنین انداز شده بود، تا بدانجایی که انگار او حتی آنجا نبود. به نظر می رسید او با تن ویولن در سفر شده و با آن یکی شده و در زمین و هوا به دنبال روح فریبا می گشت. اما این بار این فریبا نبود که آهنگ جدایی را می نواخت، بلکه پسرش نادر جوان بود که اولین ویولن مادرش را از خانه ی نادر برداشته بود و با زدن آن با مادرش خداحافظی می کرد. نادر جوان چشمانش بسته بود حتی ریزش باران هم نمی توانست او را از نواختن باز دارد. نادر و مادر فریبا می خواستند به اندازه کافی برای ریختن خاکستر فریبا به دریا صبر و شکیبایی داشتنه باشند که به نادر جوان فرصت بدهند که آهنگش را تمام کند تا خاکسترهای فریبا با طبیعت، زمین، آسمان و روح او و شاید خدا یکی شود. سپس مادر فریبا باقی مانده خاکستر را داخل دستش ریخت و در هوای بارانی پخش کرد،

بـا از بیـن رفتـن خاکسـترها در بـاران، صدای ویولـن هم چون خاکسـترها مـرده بود و دیگـر شـنیده نمی شـد. انـگار همه چیز بـه یکباره مـرده بود.

بالاخـره وقـت خداحافظی فرا رسـید. مادر بزرگ دسـت نـوه اش را گرفت تـا او را از آنجـا دور کنـد. امـا نـادر جوان ایسـتاد به طرف نـادر برگشـت. آنها برای مـدت طولانی بـه هـم نـگاه کردنـد و بالاخـره دسـت نـادر جـوان بـه طرف نـادر رفـت و با هم دسـت خداحافظـی دادنـد، سـپس آن دو دوبـاره براه افتادنـد، اما قبل از اینکه در پشـت صخره ناپدیـد شـوند نـادر جوان باز ایسـتاد و بـه طرف نادر برگشـت و صدایش بلند شـد، این درسـت زمانـی بـود کـه ابراهیـم بالای صخـره در چنـد قدمی پسـرش ظاهر شـده بود. "حـالا مـی فهمـم کـه چـرا مادرم ایـن صخـره را بـرای ریختن خاکسـترهایش بـه دریا انتخـاب کـرده اسـت... او یـک روز مـن را بـه اینجـا آورد و گفـت، نطفه ی من درسـت زیـر ایـن صخـره در یک روز بارانی گذاشـته شـده بود... بـه همین دلیل او می خواسـته خاکسـترهایش در اینجـا بـه دریـا ریخته شـود..." بعـد هم ویلـون مـادرش را بلند کرد و ادامـه داد، "از اینکـه قبـول کردیـد آخریـن یادگار مـادرم پیش من باقـی بماند خیلی متشـکرم..." هنـوز نـادر جـوان حرفـش تمـام نشـده بود کـه صـدای ابراهیم بلند شـد. "پسـرم مـا بایـد برویـم ... پس از مرگ مادرت، مـا باید به فکر آرامش روحش باشـیم... « نگاه نادر به سـمت ابراهیم درسـفر شـد، به سـختی می توانسـت او را بشناسـد. ابراهیم بسـیار پیر وشکسـته شـده بود. سـپس آنها در پشـت صخره ناپدید شـدند.

اکنـون نـادر تنهـا ایسـتاده بودفکـر می کرد که شـاید ایـن صخره اهمیتـی فراتر از آنچـه کـه فکـر می کـرد برایـش دارد .ادعای آنچـه روزی متعلق بـه او بود امـا اکنون از بیـن رفتـه اسـت. جایـی کـه فریبـا هرگز بـا هیچ مـرد دیگـری حتـی ابراهیم بـه آنجا نیامـده بـود؟ ایـن مـکان مقـدس آن دو بـود و هنـوز هـم هسـت؟ تـوان تـرک آنجـا را نداشـت. حـالا زیـر صخـره کوچکـی نشسـته و بـه بـاران خیره شـده بـود. در ایـن فکر بـود کـه زمان چـه زود می گـذرد. انگار زمـان واقعاً هرگز وجود نداشـته و نـدارد. گویی هیـچ گذشـته و آینـده ای وجـود نـدارد، انسـان هـا فقط مسـافرانی هسـتند کـه بدون اینکـه بداننـد بـرای رسـیدن به مرگ تـلاش می کنند، سـپس در حالت ناشـناخته می میرنـد، از هیچ آمـده و بـه هیـچ تبدیـل می شـوند. امـا هنوز هـم مشـکلات و تأثیرات دیـن در زندگـی روزمـره ی مـردم بـرای او مشـکلی حل ناشـدنی بـود. او تردید داشـت

که بسیاری از مردم فهمیده باشند که عبادت باید در مورد صلح و خوشبختی باشد .احترام و عشق باشد .چگونه کسی ادعا می کند که می داند نجات بشریت در چیست، چگونه انسان واقعاً به بهشت یا خدا می رسد؟ مردانی که فکر و ادعا می کردند حقیقت را می دانند ،در حالی که زندگی های بسیاری را نابود کرده بودند خانواده های زیادی را دربدر و از بین برده بودند و هنوز هم این کار را می کنند. آیا خداوند کسانی را که کورکورانه و یا دانسته و ندانسته دیگران را دنبال می کنند، می بخشد؟ آیا خداوند کسانی که آگاهانه دیگران را نابود می کنند را می بخشد؟ اما هیچ جوابی نداشت. فکر می کرد که این خود مردم بودند که باید به نتیجه گیری های خود برسند. اما برای نادر و فریبا روشن بود که چه می خواستند ،آنها می دانستند که عشق را تمرین می کنند. آنها می دانستند که به دنبال صلح هستند و این تنها چیزی بود که می خواستند درباره یهودی یا مسلمان بودن بدانند. آنها همیشه قبل از مسلمان یا یهودی بودن یک انسان بودند. حالا تصویری از خودش به همراه فریبا و پسرشان نادر جوان در ذهنش شکل گرفته و همراه دلنشین تن ویلونش بازی می کرد. اما همه ی این ها فکر و خیال بودند و بس .حالا او تنها نشسته بود و به گذشته فکر می کرد. به زمانی که در مزرعه فقط یک نوجوان بود، تهران، آمریکا، دوستان و خانواده، کسانی که زنده بودند، کسانی که مرده بودند و دختر ویولنیش، عشق او ... که اکنون فقط در خاطراتش جا داشت.

به این فکر می کرد که انسان تنها و بی گناه و لخت و عور متولد می شود و تنها و بی گناه و لخت و عور هم میمرد. او فقط یاد می گیرد که در طول سفر خود از بدو تولد تا مرگ بدی ها و خوبی ها را تجربه کند. بد باقی بماند و یا مفید و خوب، نفرت یا عشق ورزیدن را انتخاب کند؟ در فکر اینکه آیا نادر جوان واقعا پسرش است یا نه؟ گم شده بود اما باید این حقیقت برای او روشن می شد. اما چگونه؟ او هیچ نام و نشانی از او نداشت. به این فکر می کرد که چرا بفکرش نخورده بود که آدرس نامه ای را که فریبا برای پسرش برای فرستادن به نیویورک آماده کرده بود و او برایش پست کرده بود را یادش نکرده بود. حالا او چاره ای جز صبر وشکیبایی نداشت، تا شاید روزی او درست مثل مادرش دوباره ظاهر شود؟

صدای غور غور پرنده ای نادر را بخو د آورد ،برگشت ،یک پرنده غمگین زیر

صخـره‌ای درسـت همانجایـی کـه روزی دوتـا از آنهـا را دیده بودنـد کز کرده بـود، انگار او هـم یـارش را از دسـت داده بـود و داشـت در غمـش می گریسـت. بـدون اینکه بداند سـر نادر از روی پرنده به سـمت آسـمان و خدا سـفر کرد، باران صورتش را نوازش می داد و شـاید غمـش را تـا انـدازه ای مـی شسـت و با خود بـه دریا و پیش عشـقش فریبا مـی بـرد. در ذهنـش با خدای خود در گفتگو شـد. "خدایا این اسـت آنچـه از ما در آخر باقـی می مانـد...؟! هیچ...؟"

اگـر چـه عشـقش بـرای همیشـه او را ترک کـرده بود، اما نـادر هنوز در جسـتجوی عشـق بـود... زمـان آن بـود که باید به آینده فکـر می کردم، او اکنـون ماموریت جدیدی داشـت، ماموریت در جسـتجوی صلح، در جسـتجوی حقیقت، در جسـتجوی مرگ ... و در جستجوی عشق...

... و قصه‌ی عشق هنوز ادامه دارد

پایان.